www.nwb.de

Ärztliche Kooperationen

- ▸ Berufsrecht
- ▸ Vertragsarztrecht
- ▸ zahlreiche Hinweise und Beispiele

Von
Steuerberater Dr. Rolf Michels und
Rechtsanwalt, Fachanwalt für Medizinrecht
Dr. Karl-Heinz Möller

2. Auflage

nwb BRENNPUNKT

ISBN 978-3-482-**55412**-4 (online)
ISBN 978-3-482-**57312**-5 (print)

2. Auflage 2010

© Verlag Neue Wirtschafts-Briefe GmbH & Co. KG, Herne 2007

www.nwb.de

Satz: Neufeld Media, Weißenburg i. Bay.
Druck: medienhaus Plump, Rheinbreitbach

VORWORT

In der Bundesrepublik Deutschland sind etwa 138.000 Ärzte und 55.000 Zahnärzte niedergelassen. Nach wie vor überwiegen – noch – die Einzelpraxen. Allerdings ist innerhalb der letzten zehn Jahre – aus den unterschiedlichsten Gründen – die Tendenz zur Kooperation und zur Bildung auch größerer Gemeinschaftspraxen deutlich festzustellen. Zudem treten zunehmend Krankenhäuser an Niedergelassene heran, um einzelne Abteilungen „outzusourcen" oder mit den niedergelassenen Ärzten Kooperationen einzugehen, die den Krankenhäusern den Einstieg in den ambulanten Bereich ermöglichen oder zumindest Behandlungspfade erschließen sollen.

Das am 1. 1. 2007 in Kraft getretene Vertragsarztrechtsänderungsgesetz (VÄndG) stellte im vertragsärztlichen Bereich einen wahren Quantensprung dar, indem die Änderungen des Berufsrechts ins Vertragsarztrecht aufgenommen wurden. Mit der Anerkennung von überörtlichen Berufsausübungsgemeinschaften, Teilgemeinschaften, Filialpraxen und den Medizinischen Versorgungszentren sowie der Möglichkeit, Berufskollegen, auch fachübergreifend, anzustellen, ergeben sich bisher ungeahnte Möglichkeiten. So ist in der Praxis eine wahre Gründungswelle überörtlicher Gemeinschaftspraxen festzustellen. Immer mehr Ärzte stellen einen Antrag auf Zulassung einer Filialpraxis und immer häufiger tauchen in der Beratung Fragen im Zusammenhang mit der Anstellung von Ärzten in Praxen auf.

Ferner sorgt die immer rasanter fortschreitende Entwicklung neuer Technologien für weiteren Kooperationszwang. Neue, teurere Technologien zwingen den in einer Einzelpraxis niedergelassenen Arzt zur Kooperation mit anderen niedergelassenen Ärzten und Krankenhäusern, denn allein ist die Praxis oft nicht in der Lage, die Geräteinvestitionen, die sich z. T. im hohen Millionenbereich bewegen können, zu tragen und die Geräte auszulasten.

Die Umstellung des Vergütungssystems im vertragsärztlichen Bereich auf Regelleistungsvolumina führt in der Praxis zu erheblichen Schwierigkeiten.

Ärztliches Berufsrecht, Vertragsarztrecht und Steuerrecht sind nicht aufeinander abgestimmt. Mit der Zulässigkeit der zahlreichen neuen Kooperationsmöglichkeiten drohen neue „Steuerfallen", insbesondere entstehen bei ungeschickter Gestaltung eine gewerbliche Infizierung der gesamten Einkünfte der Arztpraxis und nicht gewollte Umsatzsteuerbelastungen. Deren Vermeidung erfordert eine gründliche Beratung.

Rechtsanwälte und Steuerberater haben die Ärzteschaft längst als ein neues, zunehmend interessanter werdendes Geschäftsfeld entdeckt. Die Vielschichtigkeit möglicher Kooperationsformen macht die Beratung durch diese Berufsgruppen zwingend erforderlich.

5

In diesem Buch werden die aktuellen rechtlichen und steuerrechtlichen Rahmenbedingungen ärztlicher Kooperationen aufgezeigt. Die aktuellen Problemstellungen werden in kurzer und prägnanter Form dargestellt und Lösungsansätze aufgezeigt. Es soll sowohl dem „Anfänger" in der Beratung von Ärzten einen ersten Einstieg in die Thematik vermitteln und ihm einen Überblick über die Rahmenbedingungen geben als auch dem Spezialisten auf der Suche nach Sonderfragen geeignete und schnell umsetzbare Lösungen anbieten.

Besonderer Dank gilt Herrn Steuerberater Thomas Ketteler-Eising, der auch bei der 2. Auflage an der Bearbeitung des steuerlichen Teils maßgebend mitgewirkt hat, und Herrn Rechtsanwalt Dr. Kyrill Makoski für die Betreuung des rechtlichen Manuskriptteils sowie für die Erstellung des Stichwortverzeichnisses.

Die Autoren würden sich freuen, auch weiterhin aus der Praxis heraus von den Lesern weitere Anregungen zur Beratung ärztlicher Kooperationen zu erhalten.

Köln und Düsseldorf, im November 2009 **Dr. R. Michels, Dr. K.-H. Möller**

INHALTSVERZEICHNIS

LITERATURVERZEICHNIS

B

Bäune, St./ Meschke, A./ Rothfuß, S., Kommentar zur Zulassungsverordnung für Vertragsärzte und Vertragszahnärzte (Ärzte-ZV, Zahnärzte-ZV), Berlin, 2008
Baums, T./ Wertenbruch, J. (Hrsg.), Festschrift für Ulrich Huber zum siebzigsten Geburtstag, Tübingen 2006
Baur, U., Chefarzt- und Belegarztvertrag, Köln 2006
Blümich, EStG, KStG, GewStG, München, Stand: 2009

D

Dahm, F.-J./ Möller, K.-H./ Ratzel, R., Rechtshandbuch Medizinische Versorgungszentren, Berlin 2005
Deutsche Krankenhausgesellschaft (Hrsg.), Hinweise zur Gründung Medizinischer Versorgungszentren nach § 95 SGB V, Düsseldorf, 3. Aufl. 2007
Dötsch, E./ Eversberg, H./ Jost, W./ Pung, A./ Witt, G., Körperschaftssteuer, Stuttgart, 15. Aufl. 2009

E

Ehlers, A. (Hrsg.), Fortführung von Arztpraxen, München, 3. Aufl. 2009
Eisenberg, J., Ärztliche Kooperations- und Organisationsformen, Frankfurt a.M. 2002

G

Gollasch, Ch.-W., Die fachübergreifende Gemeinschaftspraxis, Baden-Baden 2003
Gummert, H./ Riegger, B./ Weipert, L. (Hrsg.), Münchener Handbuch des Gesellschaftsrechts, Bd. 1, München, 2. Aufl. 2004

H

Halbe, U./ Schirmer, H.-D. (Hrsg.), Handbuch Kooperationen im Gesundheitswesen, Heidelberg, Stand: 2009

K

Kraus, S./ Kunz, J. u.a., Sozietätsrecht, München, 2. Aufl. 2006

L

Laas, H., Die überörtliche Gemeinschaftspraxis, Marburg 2006
Lang, H.-U./ Burhoff, A., Besteuerung der Ärzte, Zahnärzte und sonstiger Heilberufe, Herne, 6. Aufl. 2007
Laufs, A./ Uhlenbruck, W. (Hrsg.), Handbuch des Arztrechts, München, 3. Aufl. 2002
Lindenau, L., Das Medizinische Versorgungszentrum, Heidelberg 2008

M

Mössner, J.M./ Seeger, S. (Hrsg.), Körperschaftssteuergesetz, Herne, Stand: 2009

N

Nentwig, W.-M./ Bonvie, H./ Hennings, S., Das Partnerschaftsgesellschaftsgesetz: Die berufliche Zusammenarbeit von Medizinern, Mainz, 2. Aufl. 2003

O

Orlowski, U./ Halbe, B./ Karch, Th., Vertragsarztrechtsänderungsgesetz, Heidelberg, 2. Aufl. 2007

P

Preißler, R./ Sozietät Dr. Rehborn, Ärztliche Gemeinschaftspraxis versus Scheingesellschaft, Köln 2002

Q

Quaas, M./ Zuck, R., Medizinrecht, München, 2. Aufl. 2009

R

Ramb, J./ Schneider, J., Die Einnahme-Überschussrechnung von A-Z, Stuttgart, 4. Aufl. 2007
Ratzel, R./ Lippert, H.-D., Kommentar zur Musterberufsordnung deutscher Ärzte (MBO), Berlin, 4. Aufl. 2006
Ratzel, R./ Luxenburger, B. (Hrsg.), Handbuch Medizinrecht, Köln 2008
Rieger, H.-J., Verträge zwischen Ärzten in freier Praxis, Frankfurt a.M., 8. Aufl. 2009
Rieger, H.-J./ Dahm, F.-J./ Steinhilper, G. (Hrsg.), Heidelberger Kommentar Arztrecht Krankenhausrecht Medizinrecht (HK-AKM), Heidelberg, Stand: 2009

S

Schallen, R., Zulassungsverordnung für Vertragsärzte, Vertragszahnärzte, Medizinische Versorgungszentren, Psychotherapeuten, Heidelberg, 7. Aufl. 2009
Schirmer, H.-D., Vertragsarztrecht kompakt, Köln 2005
Schnapp, F./ Wigge, P., Handbuch des Vertragsarztrechts, München, 2. Aufl. 2006

T

Terbille, M. (Hrsg.), Münchener Anwaltshandbuch Medizinrecht, München 2009

U

Ulmer, P./ Schäfer, C., Gesellschaft bürgerlichen Rechts und Partnerschaftsgesellschaft, München, 5. Aufl. 2009

W

Weber, U./ Müller, K., Chefarzt- und Belegarztvertrag, Köln 2001
Wenner, U., Vertragsarztrecht nach der Gesundheitsreform, München 2008
Wenzel, F. (Hrsg.), Handbuch des Fachanwalts Medizinrecht, 2. Aufl. Köln 2009
Widmann, S./ Mayer, D., Umwandlungsrecht, Bonn, Stand: 2009

Z

Zwingel, B./ Preißler, R., Ärzte-Kooperationen und Medizinische Versorgungszentren, Köln 2008

ABKÜRZUNGSVERZEICHNIS

A

AEKV	Arzt-Ersatzkassen-Vertrag
AOP-Vertrag	Vertrag über Ambulantes Operieren im Krankenhaus
Ärzte-ZV	Zulassungsverordnung für Vertragsärzte
ArztR	ArztRecht (Zs.)
ASiG	Gesetz über Betriebsärzte, Sicherheitsingenieure und andere Fachkräfte für Arbeitssicherheit
AÜG	Arbeitnehmerüberlassungsgesetz
AuR	Arbeitnehmer und Recht (Zs.)

B

BÄO	Bundesärzteordnung
BMV-Ä	Bundesmantelvertrag Ärzte
BMV-Z	Bundesmantelvertrag Zahnärzte
BO	Berufsordnung
BPflV	Bundespflegesatzverordnung

C

Cardio-MRT	Cardio-Magnet-Resonanz-Therapie

D

DÄBl.	Deutsches Ärzteblatt (Zs.)
DAV	Deutscher Anwaltsverein e. V.
DB	Der Betrieb (Zs.)
DokID	Dokumentenidentifikation (NWB-online)
DStR	Deutsches Steuerrecht (Zs.)
DStZ	Deutsche Steuer-Zeitung

E

EBM	Einheitlicher Bewertungsmaßstab
EGInsO	Einführungsgesetz zur Insolvenzordnung
EKV	Ersatzkassenvertrag

F

FR	Finanz-Rundschau (Zs.)

G

GbR	Gesellschaft bürgerlichen Rechts
GesR	GesundheitsRecht (Zs.)
GKV	Gesetzliche Krankenversicherung
GKV-OrgWG	Organisationsstrukturen der Gesetzlichen Krankenkasse

GmbHR	GmbH-Rundschau (Zs.)
GOÄ	Gebührenordnung für Ärzte
GSG	Gesundheitsstrukturgesetz

H

HFR	Humboldt Forum Recht (Zs.)
HHR	Herrmann/Heuer/Raupach (Kommentar)
HVV	Honorarverteilungsvertrag

I

IGeL	Individuelle Gesundheitsleistungen
InsO	Insolvenzordnung
InvZulG	Investitionszulagengesetz

K

KBV	Kassenärztliche Bundesvereinigung
KH	Das Krankenhaus (Zs.)
KHEntgG	Krankenhausentgeltgesetz
KHGG NRW	Krankenhausgestaltungsgesetz des Landes Nordrhein-Westfalen
KÖSDI	Kölner Steuerdialog (Zs.)
KV	Kassenärztliche Vereinigung
KVNO	Kassenärztliche Vereinigung Nordrhein

M

MB/KK	Musterbedingungen Krankheitskosten und Krankenhaustagegeldversicherung
MBO	Muster-Berufsordnung
MBO-Ä	Musterberufsordnung für Ärztinnen und Ärzte
MedR	Medizinrecht (Zs.)
MoMiG	Gesetz zur Modernisierung des GmbH-Rechts und zur Bekämpfung von Missbräuchen
MwStSystRL	Mehrwertsteuersystem-Richtlinie

N

NJW	Neue Juristische Wochenschrift (Zs.)
NJW-RR	NJW-Rechtsprechungs-Report (Zs.)
NZS	Neue Zeitschrift für Sozialrecht
NWB	Neue Wirtschafts-Briefe (Zs.)

P

PartGG	Gesetz über Partnergesellschaften Angehöriger Freier Berufe
PFB	Praxis Freiberufler-Beratung (Zs.)

R

RLV	Regelleistungsvolumen

S

SGB	Sozialgesetzbuch
SEStEG	Gesetz über steuerliche Begleitmaßnahmen zur Einführung der Europäischen Gesellschaft
SGG	Sozialgerichtsgesetz
StEK	Steuer-Erlasse in Karteiform

U

UmwStG	Umwandlungssteuergesetz
UR	Umsatzsteuer-Rundschau (Zs.)
UStB	Der Umsatz-Steuer-Berater (Zs.)
UWG	Gesetz gegen den unlauteren Wettbewerb

V

VÄndG	Vertragsarztrechtsänderungsgesetz

Z

Zahnärzte-ZV	Zulassungsverordnung für Vertragszahnärzte
ZIP	Zeitschrift für Wirtschaftsrecht
ZMGR	Zeitschrift für das gesamte Medizin- und Gesundheitsrecht
Zs.	Zeitschrift

A. Einleitung

I. Wirtschaftliche Rahmenbedingungen

1. Einkommenssituation

Der niedergelassene Arzt sieht sich einer Vielzahl immer härter werdender Rahmenbedingungen ausgesetzt. Um die Existenz dauerhaft zu sichern, ist medizinische Kompetenz alleine nicht mehr ausreichend. Sie ist natürlich nach wie vor grundlegende Bedingung für eine erfolgreiche Tätigkeit in eigener Niederlassung.

Die Erlöse im vertragsärztlichen Bereich sind in den letzten Jahren ständig gesunken. Aufgrund der in vielen KV-Bezirken geltenden Budgetierungsregelungen waren diese Rückgänge auch durch eine Erweiterung der Patientenzahl nicht aufzufangen, da die Ärzte i. d. R. ihr Budgetvolumen ausgeschöpft hatten und zusätzliche Leistungen nicht mehr honoriert werden. Mit einer Erhöhung der Gesamtvergütungen im KV-Bereich ist grundsätzlich nicht zu rechnen.

Durch die ab dem 1.1.2009 eingeführten Regelleistungsvolumina gibt es in der Honorierung der vertragsärztlichen Tätigkeit Gewinner und Verlierer. Welche monetären Konsequenzen sich daraus endgültig ergeben, muss abgewartet werden.

Auch im privatärztlichen Bereich ist eine Steigerung der Honorare nicht zu erwarten. Anstehende Neuregelungen im Gesundheitswesen lassen vielmehr auch hier deutliche Honorareinbußen für die Zukunft befürchten.

Die Versuche, durch das Anbieten von IGeL-Leistungen neue Honorare zu generieren, gelingen nur zum Teil und vorwiegend nur innovativen und unternehmerisch handelnden Medizinern. Hinzu kommt gerade im GKV-Bereich und bei den IGeL-Leistungen der zunehmende Konkurrenzdruck durch die anderen niedergelassenen Kollegen.

Neben diesen Begrenzungen auf der Einnahmenseite sind Steigerungen auf der Kostenseite unvermeidlich, nicht zuletzt veranlasst durch immer neuere Technologien und immer teurere Geräte.

Letztlich werden die Patienten auch immer kritischer.

In einer Zeit sich wandelnder Märkte sind dies die Rahmenbedingungen, denen sich Heilberufler ausgesetzt sehen.

2. Kooperationsanlässe

In welcher Ausgangssituation befinden sich Mediziner, die sich mit dem Thema Kooperation beschäftigen?

Wachstumsstrategie

Kooperation als Wachstumsstrategie. Dies sind Praxen, die festgestellt haben, dass sie über Kooperationen neue Geschäftsfelder eröffnen und neue Leistungen generieren können. Die Kooperation ermöglicht es ihnen, Leistungen anzubieten, die sie alleine nicht erbringen können. So kann beispielsweise eine Leistung am Cardio-MRT weder vom Radiologen (dieser versteht etwas von der Radiologie, aber nicht von der Kardiologie) noch vom Kardiologen (dieser versteht etwas von der Kardiologie, nicht aber von der Radiologie) allein erbracht werden, wohl aber in Kooperation, beispielsweise über die neue Möglichkeit der Teilgemeinschaftspraxis.

Neue Technologien, immer teurere Geräte, die durch den Arzt alleine nicht finanziert werden können oder durch ihn allein nicht voll ausgenutzt werden können, zwingen zu Kooperationen. Erst die gemeinsame Anschaffung und Nutzung solcher Investitionen durch mehrere Praxen oder in Kooperation mit Krankenhäusern machen die Anschaffung wirtschaftlich. Möglich wird dies beispielsweise über eine Apparategemeinschaft.

Überlebensstrategie

Praxen, die sich einem Umfeld ständig größer werdender Konkurrenzeinheiten gegenübersehen, sind letztlich selbst gezwungen zu wachsen, um nicht zum „Übernahmekandidaten" zu werden. Durch zunehmende eigene Größe und durch zunehmende Erweiterung des Leistungsangebotes kann die weitere Existenzberechtigung gesichert werden.

Standortsicherung

Eine ähnliche Strategie verfolgt die Kooperation zur Standortsicherung. Hier geht es um die Festigung der räumlichen Position und die Abgrenzung von anderen. Durch Kooperation mit anderen Praxen, beispielsweise durch die neue Möglichkeit der überörtlichen Gemeinschaftspraxis, wird das eigene Terrain vergrößert und gesichert. Aus Konkurrenzpraxen werden Verbündete.

Praxisabgabe

Der Arzt, der dem Ende seines aktiven Berufslebens entgegensieht, sichert durch Einbringung seiner Praxis in einen Verbund seinen Praxiswert in Zeiten, in denen Praxen noch (gut) bezahlt werden. Bereits jetzt ist in einzelnen Fachbereichen festzustellen, dass die Praxen gar nicht mehr oder nur schwer verkäuflich sind. Gleichzeitig stellt er so sein Einkommen für die noch verbleibenden Jahre sicher.

Sanierung

Der sanierungsbedürftige Mediziner sieht in der Kooperation oft die Chance zur Genesung. Dies funktioniert jedoch nur dann, wenn er dem neuen Verbund auch Beiträge bringt, die für die anderen von Nutzen sind. Die Kooperationspartner werden die Probleme des Sanierungsbedürftigen ohne Gegenleistung nicht lösen können und wollen.

3. Chancen und Risiken

Dieses sich verändernde Umfeld kann man alleine aus dem Blickwinkel des Risikos betrachten. Es bietet aber dem unternehmerisch engagierten Arzt auch Chancen.

Es ist ein zunehmender Fachärztemangel festzustellen, während gleichzeitig eine Verlagerung von Leistungen aus dem Krankenhaus zu Fachärzten stattfindet. Neue Möglichkeiten, wie beispielsweise die Telemedizin, werden zulässig.

Der 107. Bremer Ärztetag in Jahre 2004 legte den Grundstein, das Berufsrecht für neue Kooperationsformen zu öffnen. Seinen vorläufigen Abschluss fand dieser Prozess durch das 2007 in Kraft getretene Vertragsarztrechtsänderungsgesetz. Die Gesundheitspolitik fördert neue Kooperationsformen; es entsteht eine Vielzahl ambulanter Versorgungsstrukturen.

Der zunehmende Wettbewerb unter den Ärzten fördert deren Initiativkraft. Der Arzt sieht sich zunehmend als Unternehmer. Es findet ein Umbau der kleinen Praxis zur Großpraxis (vom Tante-Emma-Laden zum Supermarkt) statt. Diese sich verändernden Bedingungen und der zunehmende Wettbewerbsdruck zwingen die Praxisinhaber zu neuen, innovativen Konzepten und einer betriebswirtschaftlichen „Unternehmensführung".

Die Aufgabe des Rechtsanwalts und Steuerberaters ist es, den Arzt bei diesen Vorhaben beratend zu unterstützen.

II. Das Vertragsarztrechtsänderungsgesetz und weitere wichtige Neuerungen ab dem 1. 1. 2007

Zum 1.1.2007 trat das Vertragsarztrechtsänderungsgesetz – VÄndG – (BGBl I S. 3439 v. 30.12.2006) in Kraft. Ziel dieses Gesetzes war es, neben der Beseitigung von Versorgungsengpässen die in der MBO vorgegebenen Liberalisierungen in das Vertragsarztrecht zu übernehmen.

Das VÄndG enthielt an vielen Stellen den Auftrag an die Partner der Bundesmantelverträge, die teilweise recht allgemein gehaltenen gesetzlichen Vorgaben zu konkretisieren. Die zum 1.7.2007 in Kraft getretenen Vorgaben der Bundesmantelverträge konnten bei Fertigstellung des Manuskripts der ersten Auflage noch nicht berücksichtigt werden. Da die Änderungen sowohl im Bundesmantelvertrag Ärzte (BMV-Ä) als auch im Bundesmantelvertrag Ersatzkassen inhaltsgleich sind, werden im Folgenden aus Gründen der vereinfachten Lesbarkeit ausschließlich die Bestimmungen des BMV-Ä genannt.

Anzuführen sind ferner die Einführung der Betriebsstättennummer sowie lebenslangen Arztnummer sowie die Umstellung des vertragsärztlichen Vergütungssystems auf Regelleistungsvolumina.

Mit dem Gesetz zur Weiterentwicklung der Organisationsstrukturen der Gesetzlichen Krankenversicherung – GKV-OrgWG – (BGBl 2008 I S. 2426) wurde insbesondere die Beendigungsaltersgrenze von 68 Jahren mit Wirkung zum 1.1.2009 aufgehoben. Im Einzelnen:

1. Zugangsaltersgrenze

Auf Initiative des Bundesrats wurde mit dem VÄndG die **Zugangsaltersgrenze von 55 Jahren** aufgehoben (§ 98 Abs. 2 Nr. 12 SGB V, § 25 Ärzte-ZV). Hierdurch sollte es auch älteren Ärzten ermöglicht werden, sich als Vertragsarzt freiberuflich zu betätigen. Weiterhin war es Motivation des Gesetzgebers, die Unterversorgung zu lindern.

2. Beendigungsaltersgrenze

Die **Beendigungsaltersgrenze von 68 Jahren** (§ 95 Abs. 7 SGB V), die der Gesetzgeber noch mit dem VÄndG grundsätzlich bestätigt hatte, wurde durch das GKV-OrgWG mit Wirkung zum 1.1.2009 beseitigt. Nunmehr kann ein Arzt so lange vertragsärztlich tätig sein, wie er eine Approbation besitzt. Für Vertragsärzte, die im Jahr 2008 das 68. Lebensjahr vollendet haben, galt die Altersgrenze nur dann, wenn bereits ein Nachfolger auf ihren Vertragsarztsitz zugelassen wurde. Wenn kein Nachfolger zugelassen wurde, musste der Vertragsarzt bis zum 31.3.2009 erklären, ob er wieder an der vertragsärztlichen Versorgung teilnehmen will; in diesem Fall galt seine Zulassung als ruhend. Gab er keine Erklärung ab, verlor er die Zulassung endgültig (§ 95 Abs. 7 Satz 4 SGB V). Unberührt bleibt das Recht des Arztes, sich (im Rahmen der Bedarfsplanung) erneut niederzulassen.

3. Verpflichtung zur vollzeitigen Tätigkeit

Gemäß § 19a Abs. 1 Ärzte-ZV ist der Vertragsarzt verpflichtet, die vertragsärztliche Tätigkeit vollzeitig auszuüben. Darüber hinaus wird die Zulassung als **Versorgungsauftrag** definiert.

Nach § 17 Abs. 1a Satz 1 BMV-Ä ist der Vertragsarzt verpflichtet, zur Erfüllung eines vollen Versorgungsauftrages pro Woche mindestens 20 Stunden für Sprechstunden zur Verfügung zu stehen.

4. Teilzulassung

§ 19a Abs. 2 Ärzte-ZV räumt dem Vertragsarzt das Recht ein, den Versorgungsauftrag auf die Hälfte zu beschränken („Teilzulassung"). Gesetzgeberisches Motiv war auch hier die

Flexibilisierung der vertragsärztlichen Tätigkeit zu ermöglichen, wobei insbesondere daran gedacht wurde, die Kompatibilität von Beruf und Familie zu verbessern.

Die Teilzulassung kann bereits im Rahmen der Erstzulassung beantragt werden. Es ist aber auch möglich, eine Vollzulassung nachträglich auf die Hälfte zu beschränken. Erforderlich ist ein entsprechender Antrag an den Zulassungsausschuss. Auf die Reduzierung besteht ein Rechtsanspruch. Bei einer Teilzulassung ist der Vertragsarzt zum Angebot von zehn Sprechstunden pro Woche verpflichtet (§ 17 Abs. 1a Satz 2 BMV-Ä).

Grundsätzlich gilt das Prinzip: „Halber Status – halbe Rechte und Pflichten". Dem Grundsatz kommt besondere Bedeutung bei der **Bemessung von Abrechnungsvolumina** zu!

Die Gesetzesänderung führt dazu, dass ein Vertragsarzt über zwei Teilzulassungen verfügen kann, wobei diese durchaus unterschiedliche Kassenärztliche Vereinigungen betreffen können.

Es war umstritten, ob ein Arzt seinen „vollen" Versorgungsauftrag auf die Hälfte reduzieren konnte, indem er eine Hälfte seines Versorgungsauftrages zur Ausschreibung brachte und selbst mit einem halben Versorgungsauftrag vertragsärztlich tätig blieb. Der Gesetzgeber hat die Zulässigkeit eines solchen Vorhabens mit Wirkung zum 1.1.2009 durch § 103 Abs. 4 Satz 2 SGB V (neu) klargestellt.

Die **Nachbesetzungsfähigkeit einer bestehenden Teilzulassung** ist unproblematisch gegeben.

Aus § 19a Abs. 3 Ärzte-ZV ist abzuleiten, dass die Teilzulassung durch schriftlichen Antrag des Vertragsarztes durch den Zulassungsausschuss in eine „Vollzulassung" umgewandelt werden kann. Allerdings dürfen für das entsprechende Fachgebiet im Zeitpunkt der Antragstellung keine Zulassungsbeschränkungen angeordnet sein!

5. Teilentziehung

In konsequenter Umsetzung der Vorgaben zur Teilentziehung sieht das Gesetz nunmehr in § 95 Abs. 6 Satz 2 SGB V vor, dass der Zulassungsausschuss die hälftige Zulassungsentziehung beschließen kann. Dies könnte der Fall sein, wenn ein Arzt gesundheitsbedingt dauerhaft täglich nur drei Stunden arbeiten kann.

6. Hälftiges Ruhen der Zulassung

Liegen die Voraussetzungen für die Anordnung des Ruhens der Zulassung vor, kann bei vollem Versorgungsauftrag das hälftige Ruhen der Zulassung angeordnet werden (§ 95 Abs. 5 Satz 2 SGB V). Die Voraussetzungen können vorliegen, wenn ein Vertragsarzt mittelfristig arbeitstäglich nur für drei Stunden tätig sein kann.

7. Aufweichung der Inkompatibilitätsvorschrift in § 20 Abs. 2 Ärzte-ZV

§ 20 Abs. 2 Satz 2 Ärzte-ZV in der ab dem 1.1.2007 geltenden Fassung bestimmt, dass die Tätigkeit eines Vertragsarztes „in oder die **Zusammenarbeit mit einem zugelassenen Krankenhaus** nach § 108 SGB V oder einer Vorsorge- oder Rehabilitationseinrichtung nach § 111 SGB V mit der Tätigkeit des Vertragsarztes vereinbar" ist. Durch diese „Klarstellung" hat der Gesetzgeber primär Krankenhausträger beim Betrieb von in ihrer Trägerschaft stehenden MVZ unterstützen wollen. Ein Krankenhausarzt darf nunmehr – selbstverständlich unter Beachtung etwaig bestehender Zulassungsbeschränkungen – teilzeitig in einem MVZ tätig werden, selbst wenn dieses von seinem Krankenhausträger betrieben wird. Der Regelung kommt Bedeutung auch insofern zu, als hiervon Berufsausübungsgemeinschaften betroffen sind, die eng mit Krankenhäusern kooperieren. Zu denken ist etwa an die radiologische Praxis, die ihren Sitz auf dem Krankenhausgelände hat und deren Gesellschafter die Abteilung für Radiologie führen. Insofern ist es durchaus denkbar, dass ein oder mehrere Gesellschafter der Gemeinschaftspraxis im Rahmen einer Teilzeitzulassung die Funktion des Leitenden Abteilungsarztes (Chefarztes) übernimmt/übernehmen.

8. Anstellung von Ärzten durch Ärzte

§ 32b Ärzte-ZV bietet nunmehr auch Ärzten die Möglichkeit, Ärzte anderer Fachgebiete in Vollzeit oder Teilzeit anzustellen. Die unbeschränkte Anstellungsmöglichkeit setzt allerdings voraus, dass für das entsprechende Fachgebiet keine Zulassungsbeschränkungen bestehen.

Ungeklärt ist allerdings die Frage, ob die Anstellung eines **fachfremden Arztes** für den vertragsärztlichen Bereich zulässig ist, wenn die entsprechende Berufsordnung – so z. B. in Nordrhein – die Anstellung fachfremder Ärzte untersagt.

Die Bedeutung von Arztanstellungen im ambulanten Bereich nimmt mit wachsender Tendenz zu; zu den vielfältigen Problemen vgl. S. 285 ff.

9. Überörtliche Berufsausübungsgemeinschaft

Von vielen Ärzten wird die nunmehr auch vertragsarztrechtlich zulässige überörtliche Berufsausübungsgemeinschaft (§ 33 Abs. 2 und 3 Ärzte-ZV) als Kernstück des VÄndG angesehen. Berufsausübungsgemeinschaften können, und zwar unabhängig vom Fachgebiet, sogar KV-übergreifend gebildet werden. Den Ärzten steht ein **Wahlrecht** zu, welche Kassenärztliche Vereinigung sie als „Stamm-KV" wählen. An die Ausübung des Wahlrechts sind sie für die Dauer von **zwei Jahren** gebunden.

Ob der tatsächliche Bedarf für die Durchführung überörtlicher Kooperationen erheblich sein wird, bleibt abzuwarten.

Details zur überörtlichen Berufsausübungsgemeinschaften finden sich auf S. 167 ff.

10. Tätigkeit außerhalb des Vertragsarztsitzes („Filialisierung")

§ 24 Abs. 3 Ärzte-ZV lässt die Errichtung von Zweigpraxen zu. Voraussetzung ist, dass die Versorgung der Versicherten an dem Ort der Zweigpraxis verbessert und die ordnungsgemäße Versorgung der Versicherten am Vertragsarztsitz nicht beeinträchtigt wird. Die Tätigkeit in der Zweigpraxis ist im vertragsärztlichen Bereich – anders als für die privatärztliche Tätigkeit – genehmigungsbedürftig. Einzelheiten finden sich unter S. 173 ff.

11. Teilberufsausübungsgemeinschaft

Das VÄndG übernahm aus der MBO das Institut der sog. Teilberufsausübungsgemeinschaft (§ 33 Abs. 2 Satz 3 Ärzte-ZV). Dem Gesetzgeber ist nicht verborgen geblieben, dass Teilberufsausübungsgemeinschaften im privatärztlichen Bereich gebildet werden, um auf vermeintlich legalem Weg am Honorar Dritter zu partizipieren. Im vertragsärztlichen Bereich wird die Zulässigkeit der Teilberufsausübungsgemeinschaft unter den Vorbehalt gestellt, dass diese nicht zur Erbringung überweisungsgebundener medizinisch-technischer Leistungen mit überweisungsberechtigten Leistungserbringern gebildet wird.

Die ausführliche Darstellung der Teilgemeinschaftspraxis erfolgt auf S. 152 ff.

12. Medizinische Versorgungszentren

In § 95 Abs. 1 und 2 SGB V hat der Gesetzgeber die Gründungsvoraussetzungen erleichtert, indem zukünftig nicht mehr zwei selbständige ärztliche Fachgebiete repräsentiert werden müssen, sondern **Schwerpunkte** ausreichen. Ferner wird eine kooperative Leitung des MVZ ausdrücklich auch für den Fall vorgesehen, dass in dem MVZ Vertragsärzte und Vertragszahnärzte tätig werden. Zum Schutz gegründeter MVZ trägt es bei, dass diesen die Zulassung erst dann entzogen wird, wenn die Gründungsvoraussetzungen länger als sechs Monate nicht vorliegen (§ 95 Abs. 6 Satz 3 SGB V).

Das VÄndG hat für MVZ nicht nur Vorteile gebracht. Sofern als Rechtsform eine juristische Person gewählt wird, muss eine selbstschuldnerische Bürgschaft deren Gesellschafter beigebracht werden. Auch wurde die Privilegierung aufgehoben, wonach Vertragsärzte, die auf ihre Zulassung verzichtet haben, um in einem MVZ als angestellter Arzt tätig zu werden, unter bestimmten Voraussetzungen nach Ablauf einer Tätigkeit von mindestens fünf Jahren in diesem MVZ eine neue Zulassung beantragen konnten.

Zu MVZ detaillierter ab S. 241 ff.

13. Lebenslange Arztnummer, Betriebsstättennummer

Von erheblicher praktischer Bedeutung ist die zum 1.7.2008 eingeführte Vergabe von lebenslangen Arztnummern und von Betriebsstättennummern. Die Arztnummer ermöglicht die Zuordnung der erbrachten und abgerechneten vertragsärztlichen Leistungen zur Person des Leistungserbringers (z. B. Vertragsarzt, Job-Sharer, angestellter Arzt). Die aus neun Ziffern bestehende Arztnummer wird von der KV vergeben, in deren Bereich der Arzt – unberührt von seinem Status – erstmals im Rahmen der vertragsärztlichen Versorgung tätig wird. Bei einer Änderung des Versorgungsbereichs, der Fachgruppe oder des Schwerpunkts werden die Ziffern acht und neun neu vergeben.

Daneben erhalten jede Betriebsstätte und jede Nebenbetriebsstätte eine ebenfalls neunstellige Kennzeichnungsnummer. Hierdurch wird eine Zuordnung der ärztlichen Leistungen zum Ort der Leistungserbringung ermöglicht.

Der Vertragsarzt ist verpflichtet, in den vorgesehenen Fällen, seine Arztnummer sowie die Betriebsstätten-/Nebenbetriebsstättennummer anzugeben (§ 37a BMV-Ä). Vereinbart wird die Angabe in den Honorarverteilungsverträgen (HVV) der einzelnen KVen. Folge dieser mit Transparenz begründeten Neuerung ist die „gläserne Arztpraxis". Es kann genauestens nachverfolgt werden, wer wann an welcher Betriebsstätte welche Leistungen erbracht hat. Wer die Abläufe in Praxen kennt, weiß, dass Fehleingaben ebenso vorprogrammiert sind wie die damit verbundenen Konsequenzen!

14. Regelleistungsvolumen (RLV)

Seit dem 1.1.2009 werden die vertragsärztlichen Leistungen auf der Grundlage der regional geltenden Eurogebührenverordnung vergütet (§ 87a Abs. 2 SGB V). Jedem Arzt wird dabei – als Ersatz der bisher geltenden „Budgets" – ein Regelleistungsvolumen (RLV) zugeordnet. Das RLV wird definiert als die von einem Arzt oder einer Arztpraxis in einem bestimmten Zeitraum abrechenbare Menge vertragsärztlicher Leistungen, die mit dem in der Eurogebührenordnung enthaltenen und für jeden Arzt oder die Arztpraxis geltenden Preisen zu vergüten ist. Die das RLV überschreitende Leistungsmenge wird mit abgestaffelten Preisen bezahlt. Bestimmte, als förderungswürdig eingestufte Leistungen werden außerhalb des RLV vergütet. Insgesamt handelt es sich um einen hochkomplexen, überregulierten Verteilungsmechanismus, dessen wesentliche Stellschrauben ständig nachjustiert werden (müssen). Die grundlegenden Beschlüsse erlässt der (Erweiterte) Bewertungsausschuss, dem Vertreter der Kassenärztlichen Bundesvereinigung (KBV) und des Spitzenverbandes Bund der Krankenkassen angehören. Die Beschlüsse des (Erweiterten) Bewertungsausschusses sind veröffentlicht unter http://www.kbv.de/8157.html (zu den ab dem 1.7.2009 – bis zur nächsten Änderung – geltenden Grundregeln vgl. den Überblick von Henkel, Der Radiologe 2009 S. 458). Auf der Basis dieser Beschlüsse vereinbaren die einzelnen Kassenärztlichen Vereinigungen mit den Landesverbänden der Krankenkassen die Detailregelungen für den jeweiligen KV-Bereich (Gesamtverträge und Honorarverteilungsverträge).

Grundsätzlich gilt, dass das RLV auf der Basis von Behandlungsfällen ermittelt wird. Wenn ein Patient in einem Quartal eine Praxis oder ein MVZ aufsucht, liegt ein Behandlungsfall vor. Dies gilt auch dann, wenn er von mehreren Ärzten einer Gemeinschaftspraxis oder eines MVZ behandelt wird (dadurch entstehen mehrere Arztfälle). Bei der Einzelpraxis entspricht der Behandlungsfall dem Arztfall. Bei Gemeinschaftspraxen, Praxen mit angestellten Ärzten oder MVZ werden die gesamten Behandlungsfälle den einzelnen Ärzten im Verhältnis ihrer Arztfälle zugeteilt. Handelt es sich um eine fachgruppenübergreifende Gemeinschaftspraxis oder ein MVZ, kann die Ermittlung der RLV auch arztgruppenbezogen erfolgen.

Das RLV selber ergibt sich aus der Multiplikation des fachgruppenspezifischen Fallwerts mit der arztspezifischen Fallzahl. Bei den RLV erfolgt eine Abstaffelung. Wenn ein Arzt bei seinen Fallzahlen mehr als 150 % über dem Fachgruppendurchschnitt liegt, werden die weiteren Fälle nur noch mit einem niedrigeren (abgestaffelten) Fallwert bei der Berechnung berücksichtigt. Liegen Praxisbesonderheiten vor, können diese zu einer Erhöhung des RLV führen.

Für Berufsausübungsgemeinschaften und MVZ ist (jedenfalls bis Ende 2009) ein Zuschlag zum (Praxis-)RLV vorgesehen. Dieser beträgt für fach- und schwerpunktgleiche Berufsausübungsgemeinschaften und Praxen mit angestellten Ärzten der gleichen Fachgruppe oder des gleichen Schwerpunktes 10 %. Bei fachgruppen- und schwerpunktübergreifenden Berufsausübungsgemeinschaften, MVZ und Praxen mit angestellten Ärzten anderer Fachgruppen beträgt der Zuschlag für die ersten sechs Arztgruppen jeweils 5 %, danach pro Arztgruppe 2,5 %, insgesamt aber maximal 40 %.

Für Neuzulassungen sowie bei Änderungen der Zusammensetzung von Berufsausübungsgemeinschaften/MVZ sind Regelungen in den jeweiligen Gesamt-(Honorarverteilungs-)verträgen der Kassenärztlichen Vereinigungen zu treffen. Normalerweise erhält ein neu zugelassener Arzt für einen begrenzten Zeitraum (z. B. die ersten zwölf Quartale der Niederlassung) die durchschnittliche Fallzahl zugeteilt. Bei einer Nachfolgezulassung hat er regelmäßig die Wahl zwischen der Übernahme der Fallzahl des Abgebers und der durchschnittlichen Fallzahl der Fachgruppe. Hierbei gilt das Günstigkeitsprinzip, d. h. bei der Übernahme einer kleinen Praxis darf der Übernehmer wachsen, bei der Übernahme einer großen Praxis kann er das bisherige Niveau halten.

Da das RLV arztbezogen ermittelt wird, wird es bei Veränderungen von Berufsausübungsgemeinschaften arztbezogen verteilt. Scheidet ein Arzt aus einer Gemeinschaftspraxis aus, nimmt er „sein" RLV – vorbehaltlich anderer im HVV vorgesehenen Aufteilungsmöglichkeiten – mit. Tritt er in ein MVZ ein, gilt dasselbe.

III. Daten, Zahlen und Fakten zur Ärzteschaft

In Deutschland waren Ende 2008 insgesamt 319.697 Ärzte berufstätig, davon 138.330 im ambulanten und 153.799 im stationären Bereich. Im ambulanten Bereich übten 125.700 Ärzte ihren Beruf in Form der Niederlassung, also freiberuflich, aus, davon 119.800 als Vertragsärzte und 5.900 als ausschließlich privatärztlich tätige Ärzte. Der Anteil der Vertragsärzte teilte sich auf in 58.500 Hausärzte und 61.300 Fachärzte. Diese Ärzte waren in 73.200 Einzelpraxen und 19.013 Gemeinschaftspraxen sowie (Stand: I/2009) 1.257 Medizinischen Versorgungszentren tätig. Die Zahl der in Gemeinschaftspraxen tätigen Ärzte nahm von 29.731 in 1993 auf 46.831 in 2007 zu, so dass heute etwa 30 % der Vertragsärzte ihre Tätigkeit in Gemeinschaftspraxen ausüben. Die Tendenz ist steigend. In den MVZ sind Ende 2008 5.852 Ärzte tätig, von denen 4.572 angestellt sind; die anderen haben ihre Vertragsarztzulassung und damit ihre Selbständigkeit beibehalten. Durchschnittlich sind in einem MVZ 4,5 Ärzte tätig.

Der Prozess der „Feminisierung" der medizinischen Professionen wächst. Der Anteil der Ärztinnen an der Gesamtzahl der Ärzte ist in 2008 leicht auf 41,5 % zurückgegangen.

Im ambulanten Bereich stieg die Anzahl der angestellten Ärzte im Vergleich zum Vorjahr um knapp 21 % auf 12.576. Gegenüber 1993 hat sich die Zahl nahezu verdoppelt. Durch die ab 2007 zulässige Umwandlung von Vertragsarztzulassungen in angestellte Arztstellen ist mit einer Fortsetzung dieses Trends zu rechnen.

Das Durchschnittsalter der Vertragsärzte nimmt ständig zu und lag 2007 bei 51,3 Jahren. Hieraus ist zu folgern, dass in den kommenden Jahren eine Vielzahl von Ärzten altersbedingt ihre Praxen abgeben werden. Auf der anderen Seite ist ein Ärztemangel insbesondere in bestimmten Fachgebieten zu verzeichnen. In manchen Regionen sind Praxen bereits unveräußerbar.

In 2007 betrug der durchschnittliche GKV-Umsatz je Vertragsarzt 206.247 €. Hausärzte kamen im Durchschnitt auf 184.821 € und Fachärzte auf 225.153 €. Das durchschnittliche GKV-Einkommen eines Vertragsarztes – vor Steuern, Altersvorsorge und Krankenversicherung – wird mit 91.780 € angegeben. Aus privatärztlicher Tätigkeit erzielten die niedergelassenen Ärzte im Schnitt 33.000 € (vgl. Vetter, DÄBl. 2009 S. A-1318). Bezogen auf 2003 wird der durchschnittliche Gewinn der Einzelpraxis mit 117.000 € und derjenige eines in einer Gemeinschaftspraxis niedergelassenen Arztes mit 142.000 € ausgewiesen (vgl. FAZ vom 17.3.2009).

Ende 2008 waren in Deutschland 83.339 Zahnärzte tätig, von denen 55.799 niedergelassen waren. Die meisten Zahnärzte sind immer noch in Einzelpraxen tätig; auch sind nur relativ wenige Zahnärzte in Praxen angestellt.

Quellen: Kassenärztliche Bundesvereinigung, http://www.kbv.de/themen/6246.html, Bundesärztekammer, http://www.baek.de → Ärztestatistik, Kassenzahnärztliche

Bundesvereinigung, http://www.kzbv.de/statistik, Bundeszahnärztekammer, http://www.bzaek.de/.

IV. Zulassungsbeschränkungen als Kooperationshindernis

Literatur:

Meschke in Bäune/Meschke/Rothfuß, Kommentar zur Zulassungsverordnung für Vertragsärzte, 2008, § 27 Rn. 28 ff.; Steck, Verkauf einer psychotherapeutischen Praxis, Einholung eines Verkehrswertgutachtens trotz Einigung über den Kaufpreis, MedR 2008 S. 238; *Dahm* in Rieger/Dahm/Steinhilper (Hrsg.), Heidelberger Kommentar Arztrecht Krankenhausrecht Medizinrecht, 720 – Bedarfsplanung (2009).

1. Rechtsnatur der Vertragsarztzulassung

Die Zulassung als Vertragsarzt stellt ein höchstpersönliches öffentliches Recht dar (BSG v. 10.5.2000 – B 6 KA 67/98 R, BSGE 86 S. 121). Dieser öffentlich-rechtliche Status („Zulassung, Vertragsarztsitz") unterliegt nicht der Verfügungsberechtigung des Rechtsinhabers und kann demgemäß nicht Gegenstand eines Kaufvertrages sein. Ein auf die Veräußerung einer Vertragsarztzulassung gerichteter Vertrag ist nichtig.

2. Überblick über das Nachbesetzungsverfahren

a) Voraussetzungen

Zum 1.1.1993 hat der Gesetzgeber eine verschärfte Bedarfszulassung eingeführt. Diese betrifft Fachgebiete mit mehr als eintausend Vertragsärzten. Inzwischen bestehen für die meisten Fachgebiete in den attraktiveren Regionen Zulassungsbeschränkungen, was die Durchführung vieler auch im Patienteninteresse sinnvoller Kooperationsvorhaben unmöglich macht.

Um den Inhabern von Praxen oder von Gesellschaftsanteilen eine wirtschaftliche Verwertung trotz angeordneter Zulassungssperren zu ermöglichen, hat der Gesetzgeber in § 103 Abs. 4 SGB V ein **Ausschreibungsverfahren** vorgesehen, unter welchen Voraussetzungen eine Übertragung der Praxis oder eines Gesellschaftsanteils an einer Berufsausübungsgemeinschaft zulässig ist:

„Wenn die Zulassung eines Vertragsarztes in einem Planungsbereich, für den Zulassungsbeschränkungen angeordnet sind, durch Tod oder Verzicht oder Entziehung endet und die Praxis von einem Nachfolger fortgeführt werden soll, hat die Kassenärztliche Vereinigung auf Antrag des Vertragsarztes oder seiner zur Verfügung über die Praxisbefugten berechtigten Erben diesen Vertragsarztsitz in den für ihre Bekanntmachungen vorgesehenen Blättern unverzüglich auszuschreiben und eine Liste der eingehenden Bewerbungen zu erstellen."

aa) Erreichen der Altersgrenze

Bis zum 31.12.2008 endete die Vertragsarztzulassung kraft Gesetzes grundsätzlich mit Ablauf des Kalendervierteljahres, in welchem der Vertragsarzt sein 68. Lebensjahr vollendete (§ 95 Abs. 7 Satz 3 SGB V). Das Bundesverfassungsgericht hatte wiederholt entschieden, dass die Beendigungsaltersgrenze im **Allgemeinwohlinteresse** verfassungsgemäß ist (zuletzt mit Beschluss v. 26.1.2007 – 2 BvR 2408/06, AuR 2007 S. 91).

Mit Wirkung zum 1.1.2009 hat der Gesetzgeber die Beendigungsaltersgrenze aufgehoben.

bb) Todesfall

Mit dem Tod fällt der an die Person gebundene Zulassungsstatus weg (§ 95 Abs. 7 Satz 1 SGB V). Gemäß § 20 Abs. 3 MBO-Ä kann die Praxis eines verstorbenen Arztes zugunsten seiner Witwe oder eines unterhaltsberechtigten Angehörigen i. d. R. bis zur Dauer von drei Monaten nach dem Ende des Kalendervierteljahres durch einen anderen Arzt fortgesetzt werden. Für den vertragsärztlichen Bereich lässt § 4 Abs. 3 BMV-Ä die Fortführung bis zur Dauer von zwei Quartalen zu.

cc) Verzicht

Der Verzicht auf die Zulassung richtet sich nach § 28 Abs. 1 Satz 1 Ärzte-ZV. Der Zulassungsverzicht ist eine einseilige, an den Zulassungsausschuss gerichtete Willenserklärung, die auf die **Beendigung der Mitgliedschaft in der Kassenärztlichen Vereinigung** abzielt. Die Verzichtserklärung ist wirksam mit ihrem Zugang beim Zulassungsausschuss (§ 130 BGB), ohne dass es zur Wirksamkeit des Verzichts einer gesonderten Annahme durch den Zulassungsausschuss bedarf. Der Arzt kann sich von der Verzichtserklärung nicht lösen.

PRAXISHINWEISE:

Im Nachbesetzungsverfahren hat es sich bewährt, die Verzichtserklärung mit der Bedingung zu versehen, dass ein Nachfolger bestandskräftig für den Vertragsarztsitz zugelassen wird.

Gemäß § 28 Abs. 1 Satz 1 Ärzte-ZV wird der Verzicht auf die Zulassung mit dem Ende des auf den Zugang der Verzichtserklärung folgenden Kalendervierteljahres wirksam. Der Zulassungsausschuss kann die Frist auf Antrag abkürzen.

dd) Zulassungsentziehung

Der Zulassungsausschuss muss dem Vertragsarzt von Amts wegen die Zulassung entziehen, wenn ihre Voraussetzungen nicht oder nicht mehr vorliegen, der Vertragsarzt die vertragsärztliche Tätigkeit nicht aufnimmt oder nicht mehr ausübt oder seine vertragsärztlichen Pflichten gröblich verletzt (§ 95 Abs. 6 Satz 1 SGB V i. V. m. § 27 Ärzte-ZV). Der zuletzt genannte Tatbestand der gröblichen Pflichtverletzung bildet in der Rechtspraxis die Grundlage für die zahlenmäßig häufigsten Zulassungsentziehungen.

Der Gesetzgeber hat in § 103 Abs. 4 Satz 2 SGB V klargestellt, dass die Nachbesetzung auch eines hälftigen Versorgungsauftrages zulässig ist. Erfolgt mithin ein Teilverzicht gem. § 19a Abs. 2 Satz 2 Ärzte-ZV oder eine Teilentziehung nach § 27 Satz 1 Ärzte-ZV, kann die betroffene halbe Zulassung Gegenstand des Nachbesetzungsverfahrens sein.

b) Antrag auf Ausschreibung

Die Nachbesetzung des Vertragsarztsitzes setzt einen **Antrag auf Ausschreibung** voraus. Der Antrag ist an die Kassenärztliche Vereinigung – nicht an den Zulassungsausschuss – zu richten. Bei einer Gemeinschaftspraxis steht das Recht auf Ausschreibung nach dem Ausscheiden eines seine Zulassung nicht mitnehmenden Gesellschafters auch den verbleibenden Gesellschaftern zu. Verstirbt der Vertragsarzt, sind dessen Erben, bei Anordnung von Testamentsvollstreckung ist der Testamentsvollstrecker antragsbefugt. Wird kein Ausschreibungsantrag gestellt, **verfällt der Vertragsarztsitz.**

Der Berechtigte kann den Antrag auf Ausschreibung zurücknehmen. Teilweise wird vertreten, dies sei bis zum Eintritt der Rechtskraft zulässig (vgl. Meschke, a. a. O. § 16b Rn. 73).

Die Kassenärztliche Vereinigung **veröffentlicht die Ausschreibung** – regelmäßig anonym – unter Angabe der Praxisform sowie Nennung einer Bewerbungsfrist in ihren amtlichen Bekanntmachungen. Die Bewerberliste stellt sie dem abgebenden Vertragsarzt sowie dem Zulassungsausschuss zur Verfügung. Die weitere Verfahrenszuständigkeit liegt nun beim Zulassungsausschuss. Ob Bewerbungen zu berücksichtigen sind, die nicht innerhalb der Bewerbungsfrist eingehen, ist strittig. Richtigerweise sollten zumindest Bewerbungen zugelassen werden, die vor Abgabe der Bewerbungsliste an den Zulassungsausschuss bei der KV eingehen.

c) Auswahlentscheidung

aa) Ermessensentscheidung

Im Rahmen seiner **Ermessensentscheidung** hat der Zulassungsausschuss bei der Bewerberauswahl folgende, in § 103 Abs. 4 Satz 4 SGB V aufgeführte Kriterien zu beachten:

▶ berufliche Eignung,

▶ Approbationsalter,

▶ Dauer der ärztlichen Tätigkeit,

▶ Ehegatte oder Kind des Abgebers,

▶ angestellter Arzt des Abgebers,

▶ Gemeinschaftspraxispartner des Abgebers als Bewerber,

▶ wirtschaftliche Interessen des Praxisabgebers.

Der Gesetzgeber hat die Auswahlkriterien nicht gewichtet, so dass von deren **grundsätzlicher Gleichrangigkeit** auszugehen ist. In der Praxis wird den leicht überprüfbaren Kriterien **Approbationsalter** sowie **Dauer der ärztlichen Tätigkeit** ein besonderes Gewicht beigemessen. Über die gesetzlichen Voraussetzungen hinaus kann die – längere – Mitarbeit des Bewerbers in der Praxis des Abgebers oder dessen Vertretung in die Ermessensentscheidung einfließen (LSG Schleswig-Holstein v. 5.5.2006 – L 4 B 269/06 KA ER, NZS 2007 S. 108; LSG Nordrhein-Westfalen v. 30.11.2005 – L 10 KA 29/05, GesR 2006 S. 457).

Es ist zu beachten, dass die öffentlich-rechtliche Regelung der Nachbesetzung von dem nach Maßgabe des Zivilrechts zu beurteilenden Praxisübergabevertrag zu trennen ist. Jedoch ist derjenige Bewerber, der nicht bereit ist, den Verkehrswert der Praxis zu zahlen, **nicht zulassungsfähig.** Der Kaufpreis ist dabei nicht nur auf Grundlage des vertragsärztlichen Teils der Praxis zu bestimmen, sondern er ergibt sich aus der **Bewertung der gesamten Praxis** als organisatorisch-wirtschaftliche Einheit. Regelmäßig können die Ressourcen der Praxis nämlich nicht eindeutig dem privatärztlichen oder vertragsärztlichen Bereich der Praxis zugeordnet werden, besonders wenn die Praxis nach außen als Einheit und nicht als selbständige Privatpraxis und davon getrennte Vertragsarztpraxis auftritt.

Der Abgeber kann sich selbstverständlich vorbehalten, weiterhin noch privatärztlich tätig zu bleiben. In diesem Fall beschränkt sich die Verkehrswertbestimmung auf den vertragsärztlichen Bereich, wobei Abgeber und Übernehmer eine Praxisgemeinschaft oder eine privatärztlich-vertragsärztliche Gemeinschaftspraxis bilden können.

Umstritten ist, ob der Zulassungsausschuss selber ein Gutachten über den Praxiswert einholen darf (so LSG Baden-Württemberg v. 22.11.2007 – L 5 KA 4107/07 ER-B, MedR 2008 S. 235 mit kritischer Anmerkung Steck). In der Praxis unterbleibt regelmäßig die Einholung von Bewertungsgutachten durch den Zulassungsausschuss. Dieser Umstand ist mitursächlich dafür, dass aus strategischen Gründen teilweise deutlich überhöhte Kaufpreise vereinbart werden.

bb) Eintragung in die Warteliste

Gemäß § 103 Abs. 5 SGB V sind die Kassenärztlichen Vereinigungen (Registerstellen) verpflichtet, für jeden Planungsbereich eine Warteliste zu führen. In dieser Warteliste werden auf Antrag die Ärzte aufgenommen, die sich um einen Vertragsarztsitz bewerben und in das Arztregister eingetragen sind (§ 103 Abs. 5 Satz 2 SGB V). Die Antragsteller müssen zulassungsfähig sein. Die Eintragung in Wartelisten mehrerer Kassenärztlicher Vereinigungen ist zulässig. Im Rahmen ihrer Auswahlentscheidung haben die Zulassungsgremien die Dauer der Eintragung in der Warteliste zu berücksichtigen (§ 103 Abs. 5 Satz 3 SGB V). Die Dauer der Eintragung wird regelmäßig nur dann relevant werden, wenn hinsichtlich der übrigen Auswahlkriterien, insbesondere derjenigen zum persönlichen Eignungsprofil, eine Pattsituation vorliegt.

cc) Privilegierung von Berufsausübungsgemeinschaften

§ 103 Abs. 6 SGB V bestimmt, dass bei der Auswahlentscheidung die Interessen der in der Praxis verbleibenden Vertragsärzte angemessen zu berücksichtigen sind.

Es ist zu begrüßen, dass das Bundessozialgericht mit Urteil v. 5.11.2003 (B 6 KA 11/03 R, MedR 2004 S. 697) seine Rechtsprechung weiterentwickelt und die Rechtsposition der verbleibenden Partner einer Berufsausübungsgemeinschaft deutlich gestärkt hat, indem es deren wirtschaftliches Interesse am Fortbestand der Praxis als im Auswahlverfahren zu berücksichtigen betont hat.

PRAXISHINWEIS:

In vielen Fällen ist eine Gemeinschaftspraxis an dem Vertragsarztsitz des Abgebers interessiert. Hier bietet es sich an, dass der Abgeber seinen Vertragsarztsitz verlegt und der „Zielpraxis **beitritt**" mit der Folge, dass die Ausschreibung aus einer Gemeinschaftspraxis heraus erfolgt und die Interessen der Mitgesellschafter bei der Auswahlentscheidung berücksichtigt werden.

---

d) Weiterführung der Praxis

Die Durchführung des Nachbesetzungsverfahrens setzt eine **fort- oder weiterführungsfähige Praxis** bzw. einen funktionsfähigen Praxisanteil voraus. Das Bundessozialgericht geht von Fortführungsfähigkeit aus, wenn „Besitz bzw. Mitbesitz von Praxisräumen, die Ankündigung von Sprechzeiten, die tatsächliche Entfaltung einer ärztlichen Tätigkeit unter den üblichen Bedingungen sowie das Bestehen der für die Ausübung der ärztlichen Tätigkeit im jeweiligen Fachgebiet erforderlichen Praxisinfrastruktur in apparativ-technischer Hinsicht" gegeben ist. Die Vertragsarztpraxis muss noch **tatsächlich existieren und betrieben** werden. Idealerweise erfolgt ein gleitender Übergang zwischen Abgeber und Übernehmer. Zumindest hat die Realisierung der Nachfolge zeitnah zu geschehen.

Eine vollständige Identität der Geräteausstattung, des medizinischen Leistungsspektrums, der Räumlichkeiten sowie des Personals ist nicht unbedingt erforderlich. Bei Praxisübergaben werden Inventar und Geräte nicht selten komplett oder größtenteils ausgetauscht, um gegenüber Patienten „frischen Wind" (Innovationsfähigkeit) zu demonstrieren. An einer Weiterführung der Praxis bestehen in diesen Fällen keine Zweifel.

Richtigerweise ist vor allem darauf abzustellen, ob der **Goodwill der Praxis** oder des Praxisanteils zum überwiegenden Teil tatsächlich übernommen wird. Bei den meisten Praxen übersteigt der immaterielle Wert den materiellen Wert, so dass diesem Kriterium besonderes Gewicht zukommt. Der immaterielle Wert besteht – vereinfacht ausgedrückt – aus dem Patientenstamm. Maßgeblich ist mithin, ob aus Patientensicht die bisherige ärztliche Tätigkeit – möglicherweise zeitgemäßer und innovativer – fortgeführt wird.

Die **Verlegung** des Vertragsarztsitzes im unmittelbaren zeitlichen Zusammenhang mit der Nachfolgezulassung kann – unter anderem – ein **Indiz für die fehlende Praxisfortführung** sein. Dabei gilt der Grundsatz, dass eine Praxisfortführung mit **zunehmender Entfernung** der Verlegung abnimmt. Etwas anderes gilt für solche Arztgruppen, die mit einem speziellen Angebot arbeiten und bei denen die Patienten erfahrungsgemäß weitere Wege in Kauf nehmen, wenn kein anderer Leistungsanbieter existiert.

Viele Zulassungsausschüsse genehmigen eine **Verlegung** nach erfolgter Nachfolgezulassung erst nach drei bis sechs Monaten!

e) Rechtsschutzprobleme

Jeder abgelehnte Bewerber, ferner der Praxisabgeber sowie die Kassenärztliche Vereinigung und die Verbände der Krankenkassen können gegen die Zulassung eines Kandidaten **Widerspruch zum Berufungsausschuss** einlegen.

Der zugelassene Bewerber kann seine vertragsärztliche Tätigkeit nach mündlicher Bekanntgabe des Zulassungsbeschlusses aufnehmen. Allerdings geht er ein nicht unerhebliches Risiko ein. Der gegen seine Zulassung gerichtete Widerspruch hat **aufschiebende Wirkung** (§ 86a Abs. 1 Satz 1 SGG). Diese tritt rückwirkend auf den Zeitpunkt des Erlasses des angefochtenen Zulassungsbeschlusses ein mit der Konsequenz, dass die erbrachten vertragsärztlichen Leistungen nicht zu vergüten sind. Allerdings hat das BSG (v. 11.3.2009 – B 6 KA 15/08 R) nunmehr entschieden, dass dem zugelassenen Bewerber zumindest bis zur Kenntnis vom Widerspruch bzw. der Klage Vertrauensschutz zu gewähren ist und die im entsprechenden Zeitraum erbrachten Leistungen zu vergüten sind, die aufschiebende Wirkung damit faktisch erst ab Kenntnis des zugelassenen Bewerbers vom Widerspruch eintritt.

Die Einlegung des Widerspruchs kann dazu führen, dass sich die Aufnahme der Tätigkeit des ausgewählten Bewerbers nicht nur verzögert, sondern durch die lange Verfahrensdauer insgesamt vereitelt wird, weil der zugelassene Bewerber nicht abwarten will oder nicht mehr von einer fortführungsfähigen Praxis ausgegangen werden kann.

Umstritten ist, ob bereits der Zulassungsausschuss berechtigt ist, seine Entscheidung für sofort vollziehbar zu erklären. Da hierfür eine Rechtsgrundlage fehlt, ist dies zu verneinen. Erst der Berufungsausschuss kann die Vollziehung seiner Auswahlentscheidung **im öffentlichen Interesse** anordnen (§ 97 Abs. 4 SGB V). Umstritten ist, ob das öffentliche Interesse aus planungsrechtlichem Blickwinkel zu beurteilen ist mit der Konsequenz, dass in überversorgten Gebieten regelmäßig kein Sofortvollzug in Betracht käme, oder ob auf die individuelle Situation der in der konkreten Praxis betreuten Patienten (Behandlungskontinuität) abzustellen ist.

Ordnet der Berufungsausschuss die sofortige Vollziehung nicht an, können die Beteiligten deren Anordnung beim Sozialgericht beantragen (§ 86b Abs. 1 Satz 1 Nr. 1 SGG). Das Bundessozialgericht hat mit Urteil v. 5.11.2003 (B 6 KA 11/03 R, MedR 2004 S. 697) explizit hervorgehoben, dass die Anordnung der sofortigen Vollziehbarkeit durch das Sozialgericht auch im **überwiegenden Interesse eines Beteiligten** erfolgen kann.

Wird die einstweilige Anordnung später aufgehoben, kann die Kassenärztliche Vereinigung die an den Vertragsarzt gezahlte Vergütung **nicht zurückfordern.**

Von praktischer Relevanz ist die Frage, inwieweit die Durchführung des Widerspruchsverfahrens für den letztlich unterliegenden Widerspruchsführer mit einem **besonderen Kostenrisiko** verbunden ist. Das Bundessozialgericht hat dies mit Urteil v. 31.5.2006 (B 6 KA 62/04 R, GesR 2007 S. 19) wegen einer fehlenden gesetzlichen Rechtsgrundlage verneint und für den Fall eines rechtsmissbräuchlich eingelegten Widerspruchs auf die vor den Zivilgerichten geltend zu machenden deliktsrechtlichen Ansprüche verwiesen.

3. Nachbesetzung einer „halben Zulassung"

Der Gesetzgeber hat durch § 103 Abs. 4 Satz 2 SGB V klargestellt, dass auch eine „halbe Zulassung" nachbesetzungsfähig ist. Das Verfahren entspricht dem bei der Nachbesetzung einer vollen Zulassung.

4. Zukunft der Zulassungsbeschränkungen

Das GKV-Wettbewerbsstärkungsgesetz (BGBl 2007 I S. 378) hat die Zulassungsbeschränkungen für Vertragszahnärzte mit Wirkung ab dem 1.4.2007 aufgehoben.

In § 87 Abs. 7 SGB V i. d. F. des GKV-Wettbewerbsstärkungsgesetzes findet sich der Auftrag an den Bewertungsausschuss, dem Bundesministerium für Gesundheit bis zum 31.3.2012 zu berichten, ob auch für den Bereich der ärztlichen Versorgung auf die Steuerung des Niederlassungsverhaltens durch Zulassungsbeschränkungen verzichtet werden kann. Vor diesem Hintergrund ist es nicht unwahrscheinlich, wenn die Zulassungsbeschränkungen auch für den vertragsärztlichen Bereich **abgeschafft** werden.

B. Berufsausübungsgemeinschaften

I. Numerus clausus der Organisationsformen

Die gemeinsame Tätigkeit von Ärzten kann in verschiedenen Organisationen erfolgen. Allerdings ist die Gestaltungsfreiheit begrenzt.

1. Der berufsrechtliche Rahmen

Das Berufsrecht kennt die **Berufausübungsgemeinschaft** (z. B. Gemeinschaftspraxis), die **Organisationsgemeinschaft** (Praxis-, Apparate-, Laborgemeinschaft) sowie den **Praxisverbund**. Im Mai 2004 hat der 107. Deutsche Ärztetag grundlegende Änderungen der MBO im Hinblick auf diese Kooperationsmodelle beschlossen, die mittlerweile in den meisten Landesärztekammerbereichen, soweit die Heilberufe-Kammergesetze dies zuließen, umgesetzt wurden. Als Begründung wurde angegeben, das Berufsrecht müsse im Hinblick auf das GMG so „liberalisiert" werden, dass Ärzte hinsichtlich der neuen Versorgungsformen ihre Wettbewerbsfähigkeit wahren könnten. Ausgangsvorschrift für Ärztekooperationen ist § 18 MBO. Der Grundsatz, dass ein Arzt prinzipiell nur einer Berufsausübungsgemeinschaft angehören darf, wurde aufgehoben. Nach § 18 Abs. 1 MBO kann sich eine Berufsausübungsgemeinschaft auf Teile der gemeinsamen Berufsausübung (im Extremfall sogar auf eine einzelne Leistung) beschränken, die sog. „Teilgemeinschaftspraxis". Schließlich soll die überörtliche Gemeinschaftspraxis allen Arztgruppen offen stehen, also nicht nur wie bisher denjenigen Arztgruppen, die nicht unmittelbar patientenbezogen tätig sind wie z. B. Pathologen oder Laborärzte. Organisationsgemeinschaften dürfen jetzt auch gegenüber Patienten angekündigt werden (§ 18a Abs. 3 MBO n. F.), wodurch der Unterschied zwischen beiden Kooperationsformen für den Patienten/Verbraucher völlig unkenntlich wird.

2. Vertragsarztrechtliche Regelungen

Das Vertragsarztrecht unterscheidet zwischen der gemeinsamen Nutzung von Praxisräumen und Praxiseinrichtung durch mehrere Ärzte (§ 33 Abs. 1 Ärzte-ZV) und der gemeinschaftlichen Ausübung vertragsärztlicher Tätigkeit (§ 33 Abs. 2 Ärzte-ZV). Während im ersten Fall die zuständige Kassenärztliche Vereinigung nur zu unterrichten ist, bedarf die Berufsausübungsgemeinschaft der Genehmigung durch den Zulassungsausschuss (§ 33 Abs. 3 Ärzte-ZV).

Im Vertragsarztrecht haben die „neuen Freiheiten" noch keinen umfassenden Niederschlag gefunden – so ist die Ärzte-GmbH noch nicht zulassungsfähig. Andererseits hat das VÄndG Liberalisierungen eingeführt, die über die Vorgaben in der MBO hinausgehen.

Das Medizinische Versorgungszentrum (§ 95 Abs. 1 Satz 1 Var. 2 SGB V) stellt einen besonderen Typus dar. Es dient der Erbringung vertragsärztlicher Leistungen. Die juristische Person des Privatrechts ist ausdrücklich als Organisationsform anerkannt.

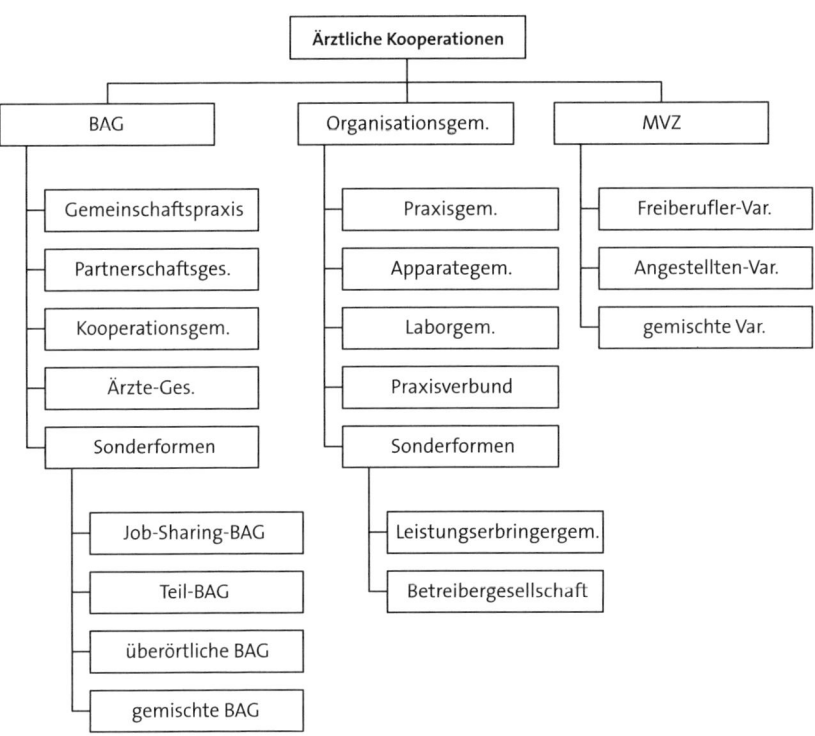

Abkürzungen:

BAG	Berufsausübungsgemeinschaft
MVZ	Medizinisches Versorgungszentrum
...ges.	...gesellschaft
...gem.	...gemeinschaft
Var.	Variante

II. Begriff der Berufsausübungsgemeinschaft

Literatur:

Peikert in Rieger/Dahm/Steinhilper (Hrsg.), Heidelberger Kommentar Arztrecht Krankenhausrecht Medizinrecht, 150 – Apparategemeinschaft (2003); *Dahm/Ratzel,* Liberalisierung der Tätigkeitsvoraussetzungen des Vertragsarztes und Vertragsarztrechtsänderungsgesetz – VÄndG, MedR 2006 S. 555; *Weimer,* in Rieger/Dahm/Steinhilper (Hrsg.), Heidelberger Kommentar Arztrecht Krankenhausrecht Medizinrecht, 840 – Berufsausübungsgemeinschaft (2007).

Das VÄndG hat sowohl im SGB V als auch in der Ärzte-Zulassungsverordnung den jahrzehntelang für die gemeinschaftliche Berufsausübung exklusiv verwendeten Begriff der Gemeinschaftspraxis durch denjenigen der Berufsausübungsgemeinschaft ersetzt. Pate gestanden haben die MBO-Ärzte, die bereits seit längerem berücksichtigen, dass die gemeinschaftliche Berufsausübung auch in einer Partnerschaftsgesellschaft erfolgen kann. Wesen der Berufsausübungsgemeinschaft ist – in Abgrenzung zur Organisationsgemeinschaft – die gemeinschaftliche Berufsausübung der Ärzte.

An keiner Stelle im Gesetz oder in der MBO-Ä sind die an die gemeinschaftliche Berufsausübung zu stellenden Anforderungen konkretisiert. Durch die Möglichkeit zur Bildung von Teilberufsausübungsgemeinschaften wird die Begriffsbestimmung zudem erschwert. Völlig konturenlos ist der Begriff der Berufsausübungsgemeinschaft dadurch geworden, dass § 33 Abs. 2 Ärzte-ZV selbst den in der Rechtsform der juristischen Person betriebenen MVZ-Trägergesellschaften die Fähigkeit zuerkennt, Mitglied in einer Berufsausübungsgemeinschaft zu werden.

In § 1a Nr. 12 BMV-Ä findet sich folgende Definition:

„**Berufsausübungsgemeinschaft:** Rechtlich verbindliche Zusammenschlüsse von Vertragsärzten oder/und Vertragspsychotherapeuten oder Vertragsärzten/Vertragspsychotherapeuten und Medizinischen Versorgungszentren oder Medizinischen Versorgungszentren untereinander zur gemeinsamen Ausübung der Tätigkeit."

Darüber hinaus definiert § 1a Nr. 12a BMV-Ä negativ:

„Berufsausübungsgemeinschaften sind nicht Praxisgemeinschaften, Apparategemeinschaften oder Laborgemeinschaften oder andere Organisationsgemeinschaften."

III. Gemeinschaftspraxis

1. Rechtliche Aspekte – Allgemeines

Literatur:

Dahm, Ärztliche Kooperationsgemeinschaften und Beteiligungsmodelle, MedR 1998 S. 70; *Möller,* Rechtliche Probleme von „Nullbeteiligungsgesellschaften" – wie viel wirtschaftliches Risiko muss sein?, MedR 1999 S. 493; *Dahm*, Die „fehlerhafte" Gesellschaft der Gemeinschaftspraxis, in: Schriftenreihe der Arbeitsgemeinschaft Medizinrecht im DAV, Bd. 2, 2000, S. 39; *Eisenberg*, Ärztliche Kooperations- und Organisationsformen, 2002; *Goette*, Mindestanforderungen an die Gesellschafterstellung in der BGB-Gesellschaft, MedR 2002 S. 1; *Großbölting/Jacklin*, Formen ärztlicher Tätigkeit im Vertragsarztrecht, Zulassung und Konkurrentenstreit, NZS 2002 S. 130; *Preißler/Sozietät Dr. Rehborn*, Ärztliche Gemeinschaftspraxis versus Scheingesellschaft, 2002; *Rieger*, Verträge zwischen Ärzten in freier Praxis (Heidelberger Musterverträge), 7. Aufl. 2002; *Gollasch*, Die fachübergreifende Gemeinschaftspraxis, 2003; ausführlich zur Gemeinschaftspraxis unter vielfältigen praxisrelevanten Aspekten *Rieger* in Rieger/Dahm/Steinhilper (Hrsg.), Heidelberger Kommentar Arztrecht Krankenhausrecht Medizinrecht, 2050 – Gemeinschaftspraxis (2003); *Schmidt, K.*, Die Gesellschafterhaftung bei der Gesellschaft bürgerlichen Rechts als gesetzliches Schuldverhältnis, NJW 2003 S. 1897; *Ulmer*, Die Haftungsverfassung der BGB-Gesellschaft, ZIP 2003 S. 1113; *Cramer*, Praxisgemeinschaft versus Gemeinschaftspraxis – Auf den Gesellschaftszweck kommt es an, MedR 2004 S. 552; *Engelmann*, Die Gemeinschaftspraxis im Vertragsarztrecht, ZMGR 2004 S. 3; *Engelmann*, Kooperative Berufsausübung von Ärzten und Vertragsärzten, Festschrift 50 Jahre Bundessozialgericht, 2004, S. 429; *Möller*, Beitritt zur Gemeinschaftspraxis – persönliche Haftung für Altverbindlichkeiten, MedR 2004 S. 69; *Ratzel/Lippert*, Das Berufsrecht der Ärzte nach den Beschlüssen des 107. Deutschen Ärztetags in Bremen, MedR 2004 S. 525; *Trautmann*, Die vertragsarztrechtlichen Voraussetzungen der gemeinschaftlichen Berufsausübung von Ärzten nach § 33 Abs. 2 Ärzte-ZV, NZS 2004 S. 238; *Benecke*, Inhaltskontrolle im Gesellschaftsrecht oder: „Hinauskündigung" und das Anstandsgefühl aller billig und gerecht Denkenden, ZIP 2005 S. 1437; *Braun/Richter*, Vertragsärztliche Gemeinschaftspraxis: zivil-, steuer- und sozialrechtliche Aspekte der Nachfolge von Todes wegen, MedR 2005 S. 446; *Gehrlein*, Neue Tendenzen zum Verbot der freien Hinauskündigung eines Gesellschafters, NJW 2005 S. 1969; ausführlich *Halbe/Rothfuß* in Halbe/Schirmer (Hrsg.), Handbuch Kooperationen im Gesundheitswesen, A 1000 – Berufsausübungsgemeinschaft (2005); *Koch*, Niederlassung und berufliche Kooperation – Neue Möglichkeiten nach der novellierten (Muster-)Berufsordnung für Ärzte, GesR 2005 S. 241; *Reiter*, Ärztliche Berufsausübungsgemeinschaften vs. Organisationsgemeinschaft – Ist die wirtschaftliche Beteiligung Dritter an einer Arztpraxis statthaft?, GesR 2005 S. 6; *Dahm/Ratzel*, Liberalisierung der Tätigkeitsvoraussetzungen des Vertragsarztes und Vertragsarztrechtsänderungsgesetz, MedR 2006 S. 555; *Goette*, Zur jüngeren Rechtsprechung des II. Zivilsenats zum Gesellschaftsrecht, DStR 2006 S. 139; *Kraus/Kunz u. a.*, Sozietätsrecht, 2. Aufl. 2006; *Möller*, Aktuelle Probleme bei Gründung und Betrieb von Gemeinschaftspraxen, MedR 2006 S. 621; *Pestalozza*, Kompetentielle Fragen des Entwurfs eines Vertragsarztrechtsänderungsgesetzes, GesR 2006 S. 389; *Steinhilper/Weimer*, Zur Anpassung des Vertragsarztrechts an die Musterberufsordnung – Stand März 2006, GesR 2006 S. 200; *Steffen*, Formen der Arzthaftung in interdisziplinär tätigen Gesundheitseinrichtungen, MedR 2006 S. 75; *Wenner/Bernard*, Der Gegenstandswert der anwaltlichen Tätigkeit in vertragsärztlichen Streitigkeiten, NZS 2006 S. 1; *Wessing/Dann*, Scheinselbständigkeit als Strafbarkeitsrisiko für Vertragsärzte – zugleich Anmerkung zu LG Lübeck, Beschluss v. 25.8.2005 – 6 KLs 22/04, GesR 2006 S. 150; *Gummert/Meier*, Nullbeteiligungsgesellschaften, MedR 2007 S. 1; *Gummert/Meier*, Beteiligung Dritter an den wirtschaftlichen Ergebnissen ärztlicher Tätigkeit, MedR 2007 S. 75; *Gummert/Meier*, Zulässigkeit von Vereinbarungen der Gesellschafter einer Gemeinschaftspraxis zur Nachbesetzung und zur Hinauskündigung, MedR 2007 S. 400; *Bonvie*, Bindung des Vertragsarztsitzes an das Unternehmen „Arztpraxis", GesR 2008 S. 505; *Bäune*, Die Haftung in ärztlichen Kooperationsformen in zivil- und vertragsarztrechtlicher Sicht, Festschrift 10 Jahre AG Medizinrecht im DAV, 2008, S. 139; *Cramer*, Abfindungsregelungen und Praxiswertermittlungen in Berufsausübungsgemeinschaften, Festschrift 10 Jahre AG Medizinrecht im DAV, 2008, S. 689; *Deckenbrock*, Sozietät und Bürogemeinschaft – berufsrechtlich gebotene Gleichbehandlung, NJW

2008 S. 3529; *Krafczyk*, Beendigung von Berufsausübungsgemeinschaften im Spannungsverhältnis von Gesellschaftsrecht und Vertragsarztrecht, Festschrift 10 Jahre AG Medizinrecht im DAV, 2008, S. 769; *Möller* in Ratzel/Luxenburger (Hrsg.), Handbuch Medizinrecht, 2008, § 15; *Morawietz*, Nachvertragliche Wettbewerbsverbote beim Ausscheiden aus einer ärztlichen Gemeinschaftspraxis, ArztR 2008 S. 116; *Pfisterer*, Gesellschaftsvertragliche Vereinbarungen über vertragsärztliche Zulassungen, Festschrift 10 Jahre AG Medizinrecht im DAV, 2008, S. 785; *Rüping/Mittelstaedt*, Abgabe, Kauf und Bewertung psychotherapeutischer Praxen, 2008; *Volb*, Gründungen von Personengesellschaften und Wechsel im Gesellschafterbestand, 2009; *Wertenbruch*, Festlaufzeiten und Kündigungsausschluss in Freiberufler-Gesellschaftsverträgen, DB 2009 S. 1222; *Wolff*, Die Auseinandersetzung von Freiberuflergesellschaften und ihre prozessuale Bewältigung, NJW 2009 S. 1302; *Dahm*, Besondere Probleme bei Schieds-Gerichtsverfahren, ZMGR 2009 S. 198.

a) Definition

In ständiger Rechtsprechung definiert der Bundesgerichtshof die Gemeinschaftspraxis als „gemeinsame Ausübung ärztlicher Tätigkeit durch mehrere Ärzte der gleichen oder verwandter Fachgebiete in gemeinsamen Räumen mit gemeinschaftlichen Einrichtungen und mit einer gemeinsamen Büroorganisation und Abrechnung, wobei die Leistungen für den Patienten während der Behandlung von dem einem wie von dem anderen Partner erbracht werden können" (v. 8.11.2005 – VI ZR 319/04, MedR 2006 S. 290).

Es ist offensichtlich, dass diese die gemeinsame Nutzung der Ressourcen und Verwandtschaft der beteiligten Fachgebiete betonende Begriffsbestimmung vor dem Hintergrund der Bildung standortübergreifender Berufsausübungsgemeinschaften der Realität nicht (mehr) gerecht wird. Wie im Einzelnen die **Abgrenzung** zu Organisationsgemeinschaften vorzunehmen ist, wird derzeit in der medizinrechtlichen Wissenschaft intensiv diskutiert.

Fest steht jedenfalls, dass es sich bei Gemeinschaftspraxen um **teilweise hochkomplexe** Gebilde mit einer Vielzahl von Gesellschaftern und vertretenen Fachgebieten handelt. Größere Gemeinschaftspraxen ähneln von ihrer Struktur her mittelständischen Unternehmen und bedürfen einer kaufmännisch ausgerichteten Leitung. Gleichwohl sind auch diese Einrichtungen an die Vorgaben des Berufs- und Vertragsarztrechts gebunden, was sie und ihre Berater vor oftmals erhebliche Schwierigkeiten stellt.

b) Motive

Die Gründe für die Errichtung einer Gemeinschaftspraxis sind **vielfältig**. Einige seien aufgeführt:

▶ breiteres medizinisches Angebot,

▶ umfassendere Sprechstundenzeiten,

▶ Spezialisierungsmöglichkeit,

▶ kollegialer Gedankenaustausch,

▶ Flexibilisierung des zeitlichen Einsatzes,

▶ Stabilität: Vertretung bei Urlaub und Krankheit,

▶ wirtschaftlichere Nutzung der Ressourcen,

▶ Einbindung des Nachfolgers („Übergangsgemeinschaftspraxis"),

▶ Systemvorteile (z. B. Mitwirkungsrecht bei Auswahl eines Nachfolgers gem. § 103 Abs. 6 SGB V),

▶ Abrechnungsvorteile.

c) Rechtsnatur der Gemeinschaftspraxis

Mit seinem Grundsatzurteil v. 29.1.2001 (II ZR 331/00, BGHZ 146 S. 341) hat der Bundesgerichtshof entschieden, dass die im Rechtsverkehr als Außengesellschaft auftretende GbR selbst **Trägerin von eigenen Rechten und Pflichten** sein kann. Es unterliegt keinem Zweifel, dass die in der Rechtsform der GbR betriebene Gemeinschaftspraxis eine **Außengesellschaft** ist und die vom Bundesgerichtshof aufgestellten Kriterien erfüllt und ihr demgemäß **Rechtsfähigkeit** zukommt. Dies hat zur Folge, dass die Gemeinschaftspraxis gesetzliche und vertragliche Rechte und Pflichten erwerben kann. Von besonderer Bedeutung ist insofern, dass der Behandlungsvertrag grundsätzlich nicht mit dem einzelnen Arzt, sondern mit der Gemeinschaftspraxis zustande kommt.

Konsequenz der Rechtsfähigkeit der Gemeinschaftspraxis ist, dass sie **aktiv und passiv prozessfähig ist** (§ 50 ZPO). Inzwischen ist auch die Grundbuchfähigkeit der GbR anerkannt.

Die Gemeinschaftspraxis kann – auch im Sozialrecht – als Gesellschaft klagen und verklagt werden, obwohl sie über keine eigene Vertragsarztzulassung verfügt. Im Verhältnis zur Kassenärztlichen Vereinigung ist die genehmigte Gemeinschaftspraxis Adressat von Verwaltungsakten – z. B. den Honorarbescheiden. Im Falle des Passivprozesses kann sich die Klage bei Zahlungsverpflichtungen sowohl gegen die Gesellschaft als auch gegen deren akzessorisch haftenden Gesellschafter richten. Im Vertragsarztrecht wird die Gemeinschaftspraxis – selbst nach ihrer Liquidation – als fortbestehend angesehen, solange sie noch Pflichten aus ihrem Status zu erfüllen hat oder ihr hieraus noch Rechte zustehen (BSG v. 7.2.2007 – B 6 KA 6/06 R, MedR 2007 S. 669).

Ein Wechsel der Gesellschafter berührt nicht die Identität der Gesellschaft. Dies gilt selbst beim Wechsel sämtlicher Gesellschafter. Da sich die Rechtspersönlichkeit des Betriebsinhabers nicht ändert, liegt kein Betriebsübergang i. S. d. § 613a BGB vor (BAG v. 14.8.2007 – 8 AZR 803/06, NJW 2008 S. 314).

d) Vertragsschluss – Beschränkte Vertragsfreiheit

Die BGB-Gesellschaft entsteht durch **schuldrechtlichen Vertrag**. Auf ihn sind – mit gewissen Modifizierungen – die §§ 145 f. BGB anzuwenden. Bei Abschluss des Gesellschaftsvertrages bestehen wechselseitige Informationspflichten. So sind die möglichen zukünftigen Gesellschafter auf das Vorliegen einer Erkrankung hinzuweisen, die zu vorzeitiger Berufsunfähigkeit führen kann (OLG Frankfurt a. M. v. 10.6.2005 – 2 U 208/03, NJW-RR 2005 S. 1437).

Im Bereich des BGB-Gesellschaftsrechts herrscht **weitgehende Vertragsfreiheit**. In gesellschaftsrechtlicher Hinsicht unterliegen die Gesellschafter bei der Gestaltung der Binnenstruktur der Gemeinschaftspraxis nur wenigen Einschränkungen. Als zwingendes Innenrecht sind beispielsweise die §§ 716 f. BGB anzusehen, die den von der Geschäftsführung ausgeschlossenen Gesellschaftern unverzichtbare Kontrollrechte einräumen. Selbstverständlich sind daneben die allgemeinen zwingenden gesetzlichen Vorschriften zu beachten. So darf der Vertragsinhalt nicht gegen ein gesetzliches Verbot (§ 134 BGB) oder die guten Sitten (§ 138 BGB) verstoßen. Da die Gemeinschaftspraxis eine Berufsausübungsgemeinschaft ist, können sich Beschränkungen für die Gestaltung der Binnenstruktur aus Vorgaben insbesondere des Berufsrechts ergeben. Allgemein gilt, dass Vertragsklauseln nicht die **ordnungsgemäße Berufsausübung** gefährden dürfen.

Bestimmte **Formerfordernisse** sind beim Abschluss des Gesellschaftsvertrages regelmäßig nicht zu beachten. Insbesondere ist keine Schriftform einzuhalten. Allerdings versteht es sich von selbst, dass gerade bei komplizierteren Gesellschaftsverhältnissen ein schriftlicher, möglichst professionell begleiteter Vertrag unabdingbar ist. Steht die gesellschaftsvertragliche Regelung im Zusammenhang mit einem Grundstücksvertrag, bedarf auch der Abschluss des Gesellschaftsvertrages der notariellen Beurkundung (§ 311b Abs. 1 BGB). Gleiches gilt, wenn der Gemeinschaftspraxisvertrag Bestimmungen z. B. zur Abtretung von Geschäftsanteilen an einer GmbH enthält (§ 15 Abs. 4 GmbHG).

Eine **Registerpflichtigkeit** existiert bei der GbR nicht.

Gemäß § 24 MBO sollen die Verträge der Ärztekammer vorgelegt werden, damit diese prüfen kann, ob die beruflichen Belange gewahrt sind. In einzelnen Landesärztekammern besteht allerdings eine Vorlagepflicht (z. B. § 24 BO Niedersachsen); deren Verletzung ist zivilrechtlich unerheblich.

Die Bundesärztekammer erwähnt in ihren Hinweisen zur Vertragsgestaltung bei Kooperationen zu Recht (Stand: 28.3.2008, DÄBl. 2008 S. A-1019, 1021), dass die schriftliche Fixierung des Willens der gemeinsamen Berufsausübung nicht allein über die Rechtmäßigkeit des Zusammenschlusses entscheidet. Maßgeblich ist stets die **praktische Handhabung**. Insofern ist es anerkannt, dass Gesellschaftsverträge auch durch eine abweichende Handhabung geändert werden können, sofern sich aus den Umständen ergibt, dass die Gesellschafter einvernehmlich und dauerhaft von den Vorgaben im Gesellschaftsvertrag abgewichen sind. Die Schriftformklausel steht der konkludent praktizierten Vertragsänderung im Übrigen nicht entgegen!

e) Schriftformerfordernis im Vertragsarztrecht

Im Vertragsarztrecht sind die formalen Anforderungen strenger. § 33 Abs. 2 Ärzte-ZV bestimmt, dass die gemeinsame vertragsärztliche Tätigkeit der **vorherigen Genehmigung** durch den Zulassungsausschuss bedarf. Bei Vorliegen der Voraussetzungen besteht auf die Erteilung der Genehmigung ein Rechtsanspruch. Die Genehmigung ist statusbegründend. Vor ihrer Erteilung darf die Gemeinschaftspraxis keine Leistungen im vertragsärztlichen System erbringen.

Mit Wirkung zum 1.1.2007 hat der Verordnungsgeber die Prüfungskompetenz der Zulassungsgremien maßgeblich beschränkt. Die bis dahin in § 33 Abs. 2 Satz 4 Ärzte-ZV enthaltene Vorgabe, dass die Zulassung zu versagen sei, wenn landesrechtliche Vorschriften über die Berufsausübung der Genehmigung entgegenstünden, wurde ersatzlos gestrichen.

Seit der grundlegenden Entscheidung des Bundessozialgerichts v. 16.7.2003 (B 6 KA 34/ 02 R, MedR 2004 S. 118) kann eine Gemeinschaftspraxis nur auf der Grundlage eines **schriftlichen Vertrages** genehmigt werden. Allerdings halten sich nicht sämtliche Zulassungsgremien an diese Vorgaben. Für den vertragszahnärztlichen Bereich enthält § 6 Abs. 7 BMV-Z eine ausdrückliche Pflicht zur Vorlage des Gesellschaftsvertrages.

Die Zulassungsgremien prüfen regelmäßig, ob die Rechtsstellung der Gesellschafter freiberuflich geprägt ist oder tatsächlich ein „verkapptes Anstellungsverhältnis" vorliegt. Ihnen **steht keine umfassende zivilrechtliche Prüfungskompetenz** hinsichtlich der gesellschaftsrechtlichen Binnenstruktur (z. B. zur Wirksamkeit von Kündigungsbestimmungen oder Wettbewerbsabreden) zu. Hiergegen wird in der Zulassungspraxis massiv verstoßen. Zeitdruck und – teilweise – mangelnde Konfliktbereitschaft der Ärzte sind die Ursache für fehlende korrigierende gerichtliche Entscheidungen.

PRAXISHINWEIS:

Keinesfalls sollten separate, ausschließlich zur Vorlage bei den Zulassungsgremien bestimmte Verträge und daneben die Wirklichkeit abbildende **„Schubladenverträge"** gefertigt werden. Wer so handelt, riskiert nicht nur Honorarrückforderungen in ggf. beträchtlicher Höhe, sondern sogar die Entziehung seiner Vertragsarztzulassung. Darüber hinaus kann eine Bestrafung wegen Betruges in Betracht kommen. Das LG Bad Kreuznach hat mit Urteil v. 7.1.2008 (1043 Js 11880/01, ZMGR 2008 S. 219) drei Vertragsärzte, die wegen Abrechnungsvorteilen im Außenverhältnis eine Praxisgemeinschaft und im Innenverhältnis eine Gemeinschaftspraxis betrieben hatten, wegen **gemeinschaftlichen gewerbsmäßigen Bandenbetrugs** verurteilt.

2. Praxisrelevante Konstellationen

Im Zusammenhang mit der rechtlichen/steuerlichen Beratung ärztlicher Berufsaus-übungsgemeinschaften sind – mit unterschiedlichen Varianten – folgende Fallgestaltungen von Bedeutung:

▶ Gründung der Gesellschaft,

▶ Beitritt zu einer bestehenden Gesellschaft,

▶ Gesellschafterwechsel,

▶ Ausscheiden aus einer Gesellschaft bei Fortführung als Einzelpraxis,

▶ Ausscheiden aus einer fortgeführten Gesellschaft,

▶ Sonderkonstellation: Ausscheiden durch Tod,

▶ Sonderkonstellation: Gesellschafterinsolvenz,

▶ Liquidation der Gesellschaft.

a) „Eintritt" in eine Einzelpraxis

Nicht selten ist Grundlage der Kooperation die Tatsache, dass ein Arzt bereits eine Praxis betreibt und gemeinsam mit einem Kollegen beschließt, die ärztliche Tätigkeit zukünftig gemeinschaftlich auszuüben. Regelmäßig erfolgt die Gründung einer Gemeinschafts-praxis, in welche der „Seniorgesellschafter" die bisherige Praxis mit ihren materiellen und immateriellen Werten einbringt. Ob der „Juniorgesellschafter" sich „einkauft" oder zunächst keine Beteiligung am materiellen und immateriellen Vermögen erwirbt, bleibt bei Einhaltung des Gestaltungsrahmens der individuellen Entscheidung der Beteiligten vorbehalten.

Ein derartiges Modell erfährt in der Praxis großen Zuspruch im Rahmen einer **sog. Über-gangsgemeinschaftspraxis**, bei der die Dauer der Zusammenarbeit zeitlich befristet ist und zugleich vereinbart wird, dass der „Juniorgesellschafter" nach dem Ausscheiden des „Seniorgesellschafters" die Praxis allein oder mit einem anderen Arzt fortführt. Da die Bedingungen des Ausstiegs bereits zu einem frühen Zeitpunkt festgelegt werden und das ordentliche Kündigungsrecht für den „Juniorgesellschafter" ausgeschlossen wird, er-gibt sich für den „Seniorgesellschafter" im Hinblick auf seine berufliche Zukunft und die Verwertungsmöglichkeit der Praxis eine große **Planungssicherheit**.

b) Zusammenschluss mehrerer Praxen

Seit geraumer Zeit ist festzustellen, dass Ärzte mit ihrer Organisationsstruktur unzufrie-den sind. Ein Zusammenschluss mit weiteren Ärzten wird angestrebt. Die bisherigen Pra-xen werden regelmäßig in die **neu gegründete Gesellschaft eingebracht**. Die Beteili-gungsverhältnisse an der Gemeinschaftspraxis bilden häufig den Wert der bisherigen Einzelpraxen ab.

Großer Beliebtheit erfreut sich dieses Vorgehen bei Ärzten, die vor der Abgabe ihrer Praxis stehen. Häufig sind andere Praxen in besonderem Maße an der Zulassung des zukünftigen Praxisabgebers interessiert. Durch Bildung einer Gemeinschaftspraxis werden die aus § 103 Abs. 6 SGB V resultierenden Vorteile der **Einflussnahme** der Mitgesellschafter auf die Auswahlentscheidung des Zulassungsausschusses genutzt.

c) Beitritt zu einer bestehenden Gemeinschaftspraxis

Praxisrelevant sind ferner Konstellationen, bei denen ein Arzt einer **bestehenden Gemeinschaftspraxis** beitritt.

Der Eintritt erfolgt durch einen Aufnahmevertrag, dem die Qualität eines Gesellschaftsvertrages zukommt und der zwischen dem Eintretenden und **allen bisherigen Gesellschaftern** – nicht der Gesellschaft! – abgeschlossen wird. Für den Aufnahmevertrag gibt es keine speziellen Formvorschriften. Sieht der Gesellschaftsvertrag Schriftform vor, ist diese auch hinsichtlich des Aufnahmevertrages einzuhalten.

Das Verpflichtungsgeschäft für die Aufnahme und die Abtretung der Gesellschaftsanteile liegt – sofern Gesellschaftsanteile übertragen werden sollen – regelmäßig in einem Kaufvertrag. Mit Wirksamwerden des Beitritts wächst das Gesellschaftsvermögen dem Eintretenden entsprechend der im Gesellschaftsvertrag getroffenen Regelung an und den anderen Gesellschaftern ab. Möglich ist indes auch die **Einbringung** einer bereits bestehenden Praxis gegen Gewährung von Gesellschaftsanteilen an der bestehenden Gemeinschaftspraxis.

Durch den Beitritt eines weiteren Gesellschafters ändert sich die **Identität der Gesellschaft** nicht. Da die Außen-GbR Vertragspartnerin ist, bedarf es insofern keiner Änderung der Verträge.

d) Ausscheiden – Gesellschafterwechsel

Grundsätzlich ist die Mitgliedschaft in der BGB-Gesellschaft übertragbar. Heute ist es anerkannt, dass die Gesellschafterstellung auch unmittelbar von dem ausscheidenden Gesellschafter auf den Neugesellschafter übertragen werden kann (§ 413 BGB). Grundlage des Verpflichtungsgeschäfts ist regelmäßig ein Kaufvertrag, in welchem die Einzelheiten des Übergangs geregelt werden. Neben der Kaufpreisbestimmung gehören hierzu Regelungen zur Rechnungsabgrenzung und Freistellung.

Der Verkauf eines Gesellschaftsanteils an einer Gemeinschaftspraxis ist Rechtskauf i. S. d. § 453 BGB. Kaufgegenstand ist nicht das Praxisinventar als Summe der Einzelgegenstände sowie der anteilige Goodwill, sondern der Gesellschaftsanteil. Ein zur Haftung des Veräußerers führender Rechtsmangel liegt demgemäß nicht vor, wenn der Wert des Gesellschaftsanteils nicht den Vorstellungen des Erwerbers entspricht oder ein medizinisches Gerät defekt ist.

Da die Mitgliedschaft als Ganzes übertragen wird, stehen dem Ausscheidenden keine Abfindungsansprüche gegen die Gesellschaft zu, da die §§ 738 f. BGB das Erlöschen der Mitgliedschaft voraussetzen. Mit Vollzug der Übertragung wird der Erwerber Vollmitglied der GbR, und zwar mit allen Rechten und Pflichten, die der übertragende Gesellschafter aufgrund des Gesellschaftsvertrages besaß. Auch wenn die Mitgliedschaft im Ganzen übergeht, verbleiben entstandene und fällige Gewinnansprüche bei dem veräußernden Gesellschafter.

Die übrigen Gesellschafter müssen der Anteilsübertragung zustimmen, werden jedoch nicht Vertragspartei. Eine besondere Form ist gesetzlich nicht vorgesehen. Sieht der Gesellschaftsvertrag Schriftform vor, gilt diese auch für den Übernahmevertrag.

PRAXISHINWEISE:

Besonders praxisrelevant ist die Frage, ob der Erwerber das ggf. **negative Kapitalkonto** des Veräußerers übernimmt. Findet sich im Übertragungsvertrag keine Regelung, gilt der Grundsatz, dass **sämtliche Rechte und Pflichten** aus der Mitgliedschaft übergehen. Vor diesem Hintergrund empfiehlt sich häufig eine Klarstellung, wonach das (variable) Kapitalkonto durch den Ausscheidenden auszugleichen ist oder im Falle eines negativen Kapitalkontos eine Kaufpreisreduzierung in entsprechender Höhe erfolgt.

PRAXISHINWEISE:

Gerade bei vertragsärztlich tätigen Gemeinschaftspraxen kommt es häufig vor, dass z. B. die zuständige Kassenärztliche Vereinigung **Honorarrückforderungsansprüche** geltend macht, die den Zeitraum vor dem Beitrittsdatum betreffen. Auch kommt es durchaus vor, dass Widerspruchsverfahren erst später entschieden werden und zu **Nachzahlungen** führen. Findet sich im Gesellschaftsvertrag keine Regelung und ist der Wille auch nicht durch Auslegung zu ermitteln, ist regelmäßig der Erwerber berechtigt bzw. verpflichtet.

e) Ausscheiden aus der Zwei-Personen-Gemeinschaftspraxis

Besteht eine Gemeinschaftspraxis aus lediglich zwei Gesellschaftern, führt das Ausscheiden eines Gesellschafters automatisch zur **Auflösung der Gesellschaft** und deren sofortiger Vollbeendigung. Verbleibt nur ein Gesellschafter, vereinigen sich sämtliche Gesellschaftsanteile in seiner Hand. Es entsteht ein „Einzelunternehmen". Das Gesellschaftsvermögen geht automatisch im Wege der **Gesamtrechtsnachfolge** auf den Gesellschafter über, in dessen Person sich sämtliche Gesellschaftsanteile vereinigen. Aufgrund der kraft Gesetzes eintretenden Gesamtrechtsnachfolge bedarf es keiner rechtsgeschäftlichen Übertragung der einzelnen Vermögensgegenstände.

Konsequenz der Gesamtrechtsnachfolge ist, dass der allein verbleibende Gesellschafter die zuvor mit der Gesellschaft abgeschlossenen Verträge fortführt. Gesonderter rechtsgeschäftlicher Vereinbarungen bedarf es nicht.

Die Rechtsposition des Ausscheidenden – insbesondere dessen Abfindungsanspruch – ergibt sich aus den gesellschaftsvertraglichen Bestimmungen. Fehlen diese, finden die §§ 738 bis 740 BGB Anwendung.

f) Ausscheiden aus der Mehrpersonen-Gemeinschaftspraxis

Es kommt nicht gerade selten vor, dass ein Gesellschafter – z. B. einvernehmlich oder aufgrund eigener Kündigung – aus einer Gemeinschaftspraxis ausscheidet. Dabei ist darauf zu achten, dass der Gesellschaftsvertrag eine **Fortsetzungsklausel** enthält, da andernfalls die Auseinandersetzung/Liquidation zu erfolgen hat (§ 723 Abs. 1, § 730 Abs. 1 BGB).

Regelmäßig enthält der Gesellschaftsvertrag Regelungen zum Ausscheiden (Modalitäten zur Berechnung und Fälligkeit der Abfindung, Verpflichtung zur Ausschreibung des Vertragsarztsitzes, Wettbewerbsverbot etc.). Fehlen Bestimmungen über das Schicksal des Gesellschaftsanteils, gelten die §§ 738 f. BGB. Der Gesellschaftsanteil des Ausscheidenden wächst den verbleibenden Gesellschaftern an, die ihrerseits **abfindungspflichtig** sind.

g) Sonderkonstellation: Ausscheiden durch Tod

§ 727 Abs. 1 BGB enthält den Grundsatz, dass die Gesellschaft mit dem Tod eines Gesellschafters aufgelöst wird. Der Gesellschaftsvertrag kann abweichende Bestimmungen enthalten. Gerade bei ärztlichen Berufsausübungsgemeinschaften wird bei fehlender ausdrücklicher Fortsetzungsregelung im Gesellschaftsvertrag zu überprüfen sein, ob die Gesellschafter eine stillschweigende Vereinbarung zur Fortsetzung im Falle des Todes eines Mitgesellschafters getroffen haben. Problematisch ist allerdings, dass die Erben eines Gesellschafters regelmäßig dessen Stellung in der Berufsausübungsgemeinschaft nicht übernehmen können, weil sie meist die erforderlichen subjektiven Voraussetzungen nicht erfüllen.

Gesellschaftsvertraglich kann bestimmt werden, dass die verbleibenden Gesellschafter – mit oder ohne Stimmrecht der Erben – im Falle des Todes eines Mitgesellschafters einen Fortsetzungsbeschluss fassen. Enthält der Gesellschaftsvertrag keine Regelung und gelangt man im Wege der Auslegung zu dem Ergebnis, dass die Erben Gesellschafter geworden sind, obwohl sie die berufsrechtlichen **Voraussetzungen** nicht erfüllen, sind die verbleibenden Gesellschafter berechtigt, die **Erben** aus der Gesellschaft **auszuschließen**, sofern diese den Gesellschaftsanteil nicht freiwillig auf die verbleibenden Gesellschafter gegen Zahlung der Abfindung übertragen (§ 738 BGB).

Enthält der Gesellschaftsvertrag eine Fortsetzungsklausel, wächst der Anteil des Verstorbenen am Gesellschaftsvermögen den Gesellschaftern kraft Gesetzes an (§ 738 Abs. 1 Satz 1 BGB). Dies gilt auch bei einer zweigliedrigen Gesellschaft.

Durch den Tod des Gesellschafters erlischt dessen Mitgliedschaft in der Gesellschaft, deren Identität und Bestand des Gesamthandsvermögens unberührt fortbestehen.

Treten die Erben in die Gesellschafterstellung des durch Tod ausgeschiedenen Gesellschafters ein, geht dessen Haftungsverpflichtung in vollem Umfang auf sie über. Den Erben soll die Möglichkeit der Haftungsbeschränkung auf den Nachlass zustehen, wobei mehrere Erben gesamtschuldnerisch haften. Im Übrigen gelten die Grundsätze der Nachhaftung. Insofern gilt die **Fünfjahresfrist** des § 736 Abs. 2 BGB i. V. m. § 160 HGB. Im Einzelfall wird auch zu prüfen sein, inwiefern eine Haftungsbegrenzung aus der entsprechenden Anwendung des § 139 Abs. 3 HGB herbeigeführt werden kann, wobei es allerdings zu berücksichtigen gilt, dass eine Umwandlung in eine Kommanditgesellschaft nach derzeit herrschender Meinung bei Berufsausübungsgemeinschaften ausscheidet.

h) Sonderkonstellation: Gesellschafterinsolvenz

§ 728 BGB in der durch Art. 33 EGInsO v. 5.10.1994 modifizierten Fassung sieht vor, dass mit Eröffnung des Insolvenzverfahrens über das Vermögen der GbR oder durch Eröffnung des Insolvenzverfahrens über das Vermögen eines Gesellschafters die GbR aufgelöst wird.

PRAXISHINWEISE:

Um die Rechtsfolge der Auflösung zu vermeiden, sollte vertraglich bestimmt werden, dass der betroffene Gesellschafter mit Eröffnung des Insolvenzverfahrens aus der ohne ihn fortgeführten Gesellschaft ausscheidet.

Mit **Zustimmung des Insolvenzverwalters** können die übrigen Gesellschafter die Fortsetzung der Gesellschaft ohne den von der Insolvenz betroffenen Gesellschafter beschließen. Nach herrschender Meinung liegt ein Auflösungs- oder Ausscheidensgrund nicht vor, wenn der Insolvenzantrag mangels Masse abgelehnt wird (§ 26 InsO). Im Gesellschaftsvertrag kann Abweichendes bestimmt werden.

i) Auseinandersetzung der Gesellschaft

Bestimmungen zur Auseinandersetzung der GbR finden sich in §§ 730 bis 735 BGB. Der Begriff der Auseinandersetzung ist mit demjenigen der **Liquidation** identisch (vgl. §§ 145 ff. HGB für die OHG). Nach der Vorstellung des Gesetzgebers ist das Ziel der Auseinandersetzung die **vermögensrechtliche Abwicklung der Gesellschaft**. Insofern bestimmt § 733 Abs. 1 BGB, dass aus dem Gesellschaftsvermögen zunächst die Gesellschaftsschulden sowie diejenigen Schulden, die ihren Grund in der Betätigung der Gesellschaft haben, nach dem Willen der Gesellschafter von der Gesamthand getragen werden sollen, zu begleichen sind. Bleibt Gesellschaftsvermögen nach Berichtigung der Verbindlichkeiten übrig, sind die Einlagen zurückzuerstatten (§ 733 Abs. 2 BGB).

Grundlage der vermögensmäßigen Auseinandersetzung ist die Erstellung einer **Auseinandersetzungsbilanz**. Dabei stellt sich stets die Frage, ob die Zerschlagung der unternehmerischen Einheit als wirtschaftliche Art der Verwertung anzusehen ist. Im Einzelfall kann die Gesamtveräußerung zu einem besseren Verwertungsergebnis führen.

Die Gesellschafter sind frei, das Auseinandersetzungsverfahren zu regeln. Sie können z. B. vereinbaren, dass ein Gesellschafter oder mehrere Gesellschafter gegen Zahlung einer Abfindung das **Gesellschaftsvermögen übernehmen**. Im Grunde handelt es sich dann um dieselben Rechtsfolgen wie bei dem Ausscheiden eines Gesellschafters aus der ohne ihn fortgesetzten Gesellschaft. Denkbar ist eine Einigung der Gesellschafter dahingehend, eine Realteilung des materiellen und immateriellen Praxisvermögens vorzunehmen, indem die Gegenstände aufgeteilt werden und jeder Gesellschafter berechtigt ist, seine berufliche Tätigkeit fortzuführen.

Die **Umwandlung** einer Gemeinschaftspraxis in eine Praxisgemeinschaft stellt regelmäßig keine Auseinandersetzung dar. Der Gesellschaftszweck der gemeinsamen Berufsausübung wird lediglich dahingehend modifiziert, dass Ressourcen gemeinschaftlich vorgehalten werden. In den meisten Fällen wird dieselbe Gesellschaft fortgeführt werden, indem – von dem immateriellen Vermögen abgesehen – das materielle Vermögen der Gesellschaft nach wie vor gemeinschaftlich genutzt wird.

Nach den Vorstellungen des Gesetzgebers sind sämtliche Gesellschafter geborene Abwickler. Demgemäß endet, sofern nichts anderes vereinbart ist, die Geschäftsführungsbefugnis einzelner Gesellschafter und wird durch die **Gesamtgeschäftsführungsbefugnis** ersetzt.

Mit der Auflösung ändert sich der Gesellschaftszweck mit dem Ziel der Abwicklung, ohne dass die Identität und rechtliche Selbständigkeit der Gesellschaft beeinträchtigt werden.

Während der Auseinandersetzung gilt – vergleichbar dem Ausscheiden eines Gesellschafters gegen Abfindung – der Grundsatz der **Durchsetzungssperre**. Insofern soll ein Hin- und Herzahlen vermieden werden. Einzelansprüche stellen unselbständige Rechnungsposten in der Auseinandersetzungsbilanz dar. Die Durchsetzungssperre betrifft sämtliche Ansprüche, die eine Schlussabrechnung voraussetzen. Bei Gemeinschaftspraxen ist des Öfteren die Situation festzustellen, dass die Auflösung der Gesellschaft eintritt, weil z. B. ein Gesellschafter kündigt, ohne dass der Gesellschaftsvertrag eine Fortsetzungsklausel enthält oder sämtliche Gesellschafter auf denselben Zeitpunkt kündigen. Teilweise erfolgen Nachkündigungen mit dem Motiv, den Abfindungsanspruch des zuerst Kündigenden ins Leere laufen zu lassen. Nutzen einzelne Gesellschafter die Ressourcen der Abwicklungsgesellschaft im Rahmen ihrer zukünftigen Berufsausübung, müssen sie mit der Geltendmachung von **Unterlassungsansprüchen** rechnen.

3. Binnenstruktur, Vertragsgestaltung

Die folgenden Ausführungen geben einen Überblick über wesentliche Punkte, die in einem Gemeinschaftspraxisvertrag zu regeln sind.

a) Beginn

Die GbR entsteht mit dem **Abschluss des Gesellschaftsvertrages** oder mit dem im Vertrag bestimmten Zeitpunkt. Da die vertragsärztlich tätige Gemeinschaftspraxis der Genehmigung durch den Zulassungsausschuss bedarf (§ 33 Abs. 2 Satz 2 Ärzte-ZV), wird der Zeitpunkt der Entstehung der Gesellschaft regelmäßig von der Genehmigung der Gemeinschaftspraxis oder sogar vom Eintritt der Bestandskraft des Genehmigungsbescheides abhängig gemacht.

Die Gesellschaft kann im Außenverhältnis **nicht rückwirkend** gegründet werden. Die Gesellschafter können den Zeitpunkt der Entstehung lediglich bezogen auf das Innenverhältnis vor- oder zurückverlegen. Sie sind dann verpflichtet, einander wirtschaftlich so zu stellen, als sei die Gesellschaft zu dem im **Innenverhältnis** vereinbarten Zeitpunkt entstanden.

b) Sitz

Als Sitz der Gemeinschaftspraxis wird regelmäßig die postalische Anschrift der Gemeinschaftspraxis bestimmt. Diese ist meist identisch mit dem Ort der Niederlassung (§ 17 Abs. 1 MBO) oder dem Vertragsarztsitz (§ 24 Abs. 1 Ärzte-ZV) ihrer Gesellschafter. Klagen gegen die Gemeinschaftspraxis sind an deren Sitz zu erheben (§ 17 Abs. 1 Satz 1 ZPO).

Hat die Gemeinschaftspraxis mehrere Betriebsstätten (vgl. § 18 Abs. 3 Satz 2 MBO, § 33 Abs. 3 Ärzte-ZV), muss ein Hauptsitz bestimmt werden. Gehören der überörtlichen Gemeinschaftspraxis Mitglieder in mehreren KV-Bezirken an, so haben die Gesellschafter für die Dauer von mindestens zwei Jahren die KV zu wählen, die zuständig ist für Genehmigungsentscheidungen sowie die auf die gesamte Leitungserbringung anzuwendenden ortsgebundenen Regelungen.

c) Gemeinsamer Zweck, Förderpflicht, Beiträge, Einlagen

Von **zentraler Bedeutung für jede Gemeinschaftspraxis** ist § 705 BGB:

„Durch den Gesellschaftsvertrag verpflichten sich die Gesellschafter gegenseitig, die Erreichung eines gemeinsamen Zweckes in der durch den Vertrag bestimmten Weise zu fördern, insbesondere die vereinbarten Beiträge zu leisten."

Zweck einer Berufsausübungsgemeinschaft ist naturgemäß, dass deren Gesellschafter sich verpflichten, durch ihre Tätigkeit den auf **gemeinsame Berufsausübung** ausgerichteten Gesellschaftszweck zu unterstützen.

Die Bundesärztekammer hat im März 2006 Hinweise und Erläuterungen zu Niederlassungen und für berufliche Kooperationen (DÄBl. 2006 S. A-801) veröffentlicht und diese im März 2008 aktualisiert (DÄBl. 2008 S. A-1019). Unter der Rubrik „Kriterien der gemeinsamen Berufsausübung" findet sich als erster Punkt der Hinweis, dass die Gesellschafter den **Willen zur gemeinsamen Berufungsausübung in einer auf Dauer angelegten systematischen Kooperation** haben müssen. Es wird als **unzureichend** angesehen, lediglich **Ressourcen** gemeinsam zu nutzen. Von einer gemeinsamen Berufsausübung könne ebenfalls nicht gesprochen werden, wenn sich die Zusammenarbeit z. B. auf die Bildung von Qualitätszirkeln zu Fortbildungszwecken, einen gemeinsamen Vertretungs- oder Notdienstplan oder reine Managementtätigkeit beschränkt. Auch ein reines Gewinnpooling genüge nicht den Anforderungen, die an eine gemeinsame Tätigkeit zu stellen seien.

d) Förderpflicht, Beitragsleistung

aa) Allgemeines

Zu den wesentlichen Pflichten eines Gesellschafters gehört es u. a., **Einlagen** und/oder **Beiträge** an die Gesellschaft zu leisten (§§ 706, 707 BGB). Die Begriffe „Einlagen" und „Beiträge" sind nicht klar voneinander abgegrenzt. Von Einlagen sollte man nur dann sprechen, wenn Beiträge in das Gesellschaftsvermögen übergehen und bei der Gesellschaft aktivierbar sind.

Den Gesellschaftern steht es frei, gesellschaftsvertraglich festzulegen, welche Art von Beiträgen geschuldet wird. Beiträge können in den **unterschiedlichsten Leistungen** bestehen.

bb) Arbeitsleistung

Bei einer freiberuflich geprägten Gemeinschaftspraxis kommt der qualifizierten individuellen ärztlichen Tätigkeit der Gesellschafter eine besondere Bedeutung zu, da nicht zuletzt hierdurch die Basis für den Erfolg des Unternehmens Arztpraxis geschaffen wird. Die Verpflichtung zur Erbringung ärztlicher Leistungen beruht auf dem Gesellschaftsvertrag, so dass **kein separater Dienstvertrag** abzuschließen ist. Folgerichtig ist der Gesellschafter nicht Arbeitnehmer mit der Konsequenz, dass er am Gewinn der Gesellschaft beteiligt ist und weder der Lohnsteuer- noch der Sozialversicherungspflicht unterliegt. Eine besondere Beitragsleistung kann in der Übernahme der Geschäftsführungstätigkeit liegen.

Berufsrechtlich ist es zulässig, an mehreren Stellen (§ 17 Abs. 2 MBO) ärztlich tätig zu sein und mehreren Berufsausübungsgemeinschaften (§ 18 Abs. 3 MBO) anzugehören. Gerade hoch spezialisierte Ärzte werden zukünftig immer häufiger den Wunsch äußern,

Leistungen außerhalb der „Stammpraxis" erbringen zu können. Vor diesem Hintergrund empfiehlt sich eine Klarstellung im Gesellschaftsvertrag, ob die Gesellschafter der Gesellschaft ihre gesamte Arbeitskraft schulden und welche Tätigkeiten zulässigerweise anderweitig – z. B. allein auf eigene Rechnung oder in einer anderen Berufsausübungsgemeinschaft – ausgeübt werden dürfen.

PRAXISHINWEISE:

Mit Wirkung ab dem 1.1.2007 ist es ausdrücklich normiert, dass die Vertragsarztzulassung jeden Vertragsarzt verpflichtet, die vertragsärztliche Tätigkeit vollzeitig auszuüben (§ 19a Abs. 1 Ärzte-ZV). § 17 Abs. 1a BMV-Ä definiert die vollzeitige Tätigkeit mit einem Sprechstundenumfang von 20 Wochenstunden. Unabhängig davon, dass mit der Durchführung von Kontrollen durch die Kassenärztlichen Vereinigungen zu rechnen sein wird, darf der Gesellschaftsvertrag insofern keine unzutreffenden Angaben enthalten, wonach eine vollzeitige Tätigkeit in den Vertrag aufgenommen wird, jedoch im Innenverhältnis feststeht, dass nur eine Teilzeittätigkeit ausgeübt wird.

PRAXISHINWEISE:

§ 20 Abs. 2 Ärzte-ZV lässt es zu, dass auch vertragsarztrechtlich eine teilzeitige Doppeltätigkeit z. B. im ambulanten und stationären Bereich zulässig ist, weshalb klare Regelungen zur Arbeitsleistung unverzichtbar sind. Sofern eine Tätigkeit außerhalb der Gemeinschaftspraxis in deren Interesse ausgeübt wird, ist zu klären, ob die erzielte Vergütung der Gesellschaft oder dem die Tätigkeit ausübenden Arzt zusteht.

Enthält der Gesellschaftsvertrag keine Regelungen, ist aus der gesellschaftsrechtlichen Treuepflicht abzuleiten, dass **während der Zugehörigkeit** zur Gemeinschaftspraxis deren Interessen nicht durch eine konkurrierende Tätigkeit beeinträchtigt werden dürfen.

PRAXISHINWEISE:

Generell ist zu empfehlen, eine **Anpassungsklausel** vorzusehen, wie zu verfahren ist, wenn ein Gesellschafter seine Verpflichtung zur Förderung des Gesellschaftszwecks nicht oder nur unvollständig erfüllt. Praxisrelevant sind Konstellationen, in denen z. B. der Seniorgesellschafter in den letzten Jahren seiner Gesellschaftszugehörigkeit den zeitlichen Umfang seiner Tätigkeit einschränkt. Nicht selten stellt eine mit der Gewinnverteilung korrespondierende Regelung angemessene Reaktionsmöglichkeiten zur Verfügung. Zu regeln ist dann, ab welcher Schwelle und in welchem Umfang die Anpassungspflicht besteht. Gegebenenfalls ist die Einschaltung eines neutralen Dritten als **Schiedsgutachter** (§ 317 BGB) für die Durchführung der Anpassung vorzusehen.

cc) Sacheinlagen

Als Beitrag in Betracht kommt ferner die Leistung von **Sacheinlagen**. Insbesondere in den Fällen, in denen eine (neue) Gesellschaft gegründet wird, sei es, dass ein Arzt „in eine Einzelpraxis eintritt" oder aber mehrere Praxen in eine neue Gesellschaft überführt werden, wird oftmals die Einbringung von Sachgesamtheiten als Sacheinlage vereinbart.

Es sind folgende Konstellationen zu unterscheiden:

Zum einen kann die Übertragung zu Eigentum vereinbart werden (**quoad dominium**). Dabei wird das Eigentum an die Gesellschaft nach Maßgabe der allgemeinen sachenrechtlichen Grundsätze übertragen. Die Einbringung kann im Gesellschaftsvertrag oder aber in einem separaten Einbringungsvertrag geregelt werden. Da auch nach der Schuldrechtsreform Uneinigkeit über die Rechtsfolgen von Leistungsstörungen besteht, sollten Störungen bei der Abwicklung vertraglich geregelt werden. Das sachenrechtliche Bestimmtheitsgebot ist zu beachten. Gegenstand der Einbringung kann neben den materiellen Werten auch der Goodwill einer Praxis sein. Meist übersteigt der Wert des Goodwill den des materiellen Vermögens.

> **PRAXISHINWEISE:**
>
> § 20 Abs. 2 Ärzte-ZV lässt es zu, dass auch vertragsarztrechtlich eine teilzeitige Doppeltätigkeit z. B. im ambulanten und stationären Bereich zulässig ist, weshalb klare Regelungen zur Arbeitsleistung unverzichtbar sind. Sofern eine Tätigkeit außerhalb der Gemeinschaftspraxis in deren Interesse ausgeübt wird, ist zu klären, ob die erzielte Vergütung der Gesellschaft oder dem die Tätigkeit ausübenden Arzt zusteht.

> **PRAXISHINWEISE:**
>
> Weiterhin ist es unabdingbar zu regeln, ob Forderungen und Verbindlichkeiten (besonders wichtig für Verpflichtungen gegenüber der Kassenärztlichen Vereinigung und den Prüfgremien!!) ebenfalls eingebracht werden. Regelmäßig sollen bis zum Zeitpunkt der Einbringung erwirtschaftete ärztliche Honorare dem einbringenden Arzt zustehen, der die bis zu diesem Zeitpunkt entstandenen Verbindlichkeiten zu tragen hat.

Für Leistungen, die vor dem Einbringungszeitpunkt erbracht wurden, jedoch auch die Zeit nach der Einbringung erfassen, ist eine zeitanteilige Aufteilung vorzunehmen.

Theoretisch in Betracht kommt eine Sacheinlage dem Werte nach (**quoad sortem**). Diese Konstellation ist bei Arztpraxen jedoch von untergeordneter Bedeutung.

Praxisrelevant ist die Einbringung zur Gebrauchsüberlassung (**quoad usum**). Bei dieser Variante gehen der einzelne Gegenstand oder die Sachgesamtheit (Praxis) nicht in das Vermögen der Gesellschaft über. Überlassen wird nur das Nutzungsrecht. Die Überlassung hat mietähnlichen Charakter, obwohl der Rechtsgrund für die Überlassung gesellschaftsrechtlicher Natur ist. Demgemäß hat der überlassende Gesellschafter keinen Anspruch auf Mietzahlung. Tunlichst wird ein solcher zwecks Vermeidung von Umsatzsteuer auch nicht ausgewiesen. Die Überlassung ist vielmehr **mit dem Gewinnanteil abgegolten**.

PRAXISHINWEISE:

Gesellschaftsvertraglich ist zu bestimmen, wer die **Unterhaltungskosten** (Wartung, Reparaturen, Versicherung etc.) zu tragen hat. Auch die eventuelle Verpflichtung zur Tätigung von Ersatzbeschaffungen sollte vertraglich konkretisiert werden. Im Falle seines Ausscheidens aus der Gesellschaft kann der Eigentümer die Rückgabe der Sache verlangen. Eine Kündigung der Überlassung während der Dauer der Mitgliedschaft des Eigentümers in der Gesellschaft wird regelmäßig zu verneinen sein, sofern vertraglich nichts anderes bestimmt ist. Eine vertragliche Klarstellung empfiehlt sich gleichwohl.

In ärztlichen Kooperationsverträgen erfreut sich die Gebrauchsüberlassung einer außerordentlich großen Beliebtheit. In der Vertragssprache wird häufig die steuerrechtliche Terminologie übernommen, indem der Begriff des **Sonderbetriebsvermögens** verwandt wird. Die Ursache für die große Akzeptanz ist darin zu sehen, dass für einen Fall der Trennung Vorsorge getroffen werden kann. Häufig behält sich der Seniorpartner das Recht vor, den Mietvertrag im eigenen Namen – als Beitragsleistung! – zugunsten der Gemeinschaftspraxis fortzuführen. Bei Fallgestaltungen, in denen ein Sonderkündigungsrecht z. B. wegen Überschreitens der zulässigen Erprobungsdauer unzulässig wäre, führt die Kündigung des Seniorpartners dazu, dass die Gesellschaft beendet und der kündigende Gesellschafter weiterhin über die Ressourcen der Praxis verfügen kann. Faktisch handelt es sich hierbei um eine Hinauskündigung!

Ein weiterer Grund, diese Gestaltung zu wählen, liegt darin, dass viele Zulassungsgremien eine **Vermögensbeteiligung sämtlicher Gesellschafter** verlangen. Diese wird dann auf zukünftige Anschaffungen und den zukünftig entstehenden Goodwill beschränkt, so dass den Anforderungen der Zulassungsgremien formal Folge geleistet wird.

dd) Geldeinlagen

Die Beitragspflicht kann ferner in der Leistung einer Geldeinlage bestehen. Bei der entgeltlichen Aufnahme eines Gesellschafters in eine bestehende Gemeinschaftspraxis gegen Abtretung von Gesellschaftsanteilen ist zu regeln, ob der Aufzunehmende in das Gesellschaftsvermögen oder das Privatvermögen des den Gesellschaftsanteil abtretenden Altgesellschafters leistet.

e) Firmierung, Außenauftritt

Die Vorgaben der MBO zum zulässigen Außenauftritt einer Arztpraxis – und damit auch zur Firmierung – sind nach wie vor asketisch. Für jeden niedergelassenen Arzt besteht die Verpflichtung, seine Tätigkeit durch ein **Praxisschild** zu dokumentieren. Gemäß § 17 Abs. 4 MBO muss das Praxisschild den Namen, die (Fach-)Arztbezeichnung, die Sprechstundenzeiten sowie ggf. die Zugehörigkeit zu einer Berufsausübungsgemeinschaft angeben.

Praxisbezeichnungen mit dem Wortbestandteil „Zentrum" – z. B. Orthopädisches Behandlungszentrum – oder die Ankündigung als „Institut" wurden im ärztlichen Bereich lange Zeit wegen des Anscheins der damit verbundenen Größe und Bedeutung als unzulässig angesehen. § 21 Abs. 5 MBO-Zahnärzte verbietet es dem in Einzelpraxis oder Berufsausübungsgemeinschaft niedergelassenen Zahnarzt, die Praxis als Institut, Akademie oder Zentrum zu bezeichnen oder eine sonstige auf ein gewerbliches Unternehmen hindeutende Bezeichnung zu verwenden. Diese restriktive Beurteilung wird sich vor dem Hintergrund der liberalen Rechtsprechung des Bundesverfassungsgerichts nicht aufrechterhalten lassen. Was die Bezeichnung „Zentrum" betrifft, ist zudem durch die Einführung Medizinischer Versorgungszentren gem. § 95 Abs. 1 SGB V eine Aufweichung eingetreten, da zwei Fachgebiete und damit lediglich zwei Ärzte zur Errichtung genügen. So darf eine aus zwei Hausärzten bestehende Praxis die Bezeichnung „Hausarzt-Zentrum" führen (OVG NRW v. 3.9.2008 – 6t 429/08.T, GesR 2009 S. 49).

Zwischenzeitlich kann die Firmierung bei Beachtung wettbewerbsrechtlicher Vorgaben – insbesondere dem Alleinstellungsverbot – durchaus **flexibel gestaltet** werden. Denkbar sind die Einbeziehung einer Ortsangabe – z. B. „Gemeinschaftspraxis für Radiologie Stadt-Ortsteil" –, eines Straßennamens – z. B. „Gemeinschaftspraxis Brunnenallee" – oder einer örtlichen Gegebenheit – z. B. „Gemeinschaftspraxis im Stadttor", „Gemeinschaftspraxis für Kardiologie am Marienkrankenhaus". Erforderlich ist aber, dass – zusätzlich – die Namen der Berufsträger genannt werden, damit im Rechtsverkehr erkennbar ist, wer Vertragspartner wird.

Sofern bei der Bezeichnung § 17 Abs. 4 MBO Rechnung getragen wird und sämtliche Ärzte namentlich aufgeführt werden, müsste auch eine Bezeichnung zulässig sein wie „Dr. X und Kollegen – Fachärzte für ..." oder „Dr. X et al. – Fachärzte für ...".

Allerdings gilt es zu bedenken, dass § 18a Abs. 1 Satz 3 MBO die **Fortführung des Namens** eines nicht mehr berufstätigen ausgeschiedenen oder verstorbenen Partners für unzulässig erklärt (bestätigt durch OVG NRW v. 29.8.2006 – 13 A 3968/04, MedR 2007 S. 188). Eine namensbezogene Marke mit dauerhafter Wirkung kann so nicht gebildet werden.

Die Verwendung eines **Logos** dürfte heute nicht mehr zu beanstanden sein. Hilfreich ist es, wenn das Logo einen grafischen Bezug zum Tätigkeitsbereich der Gemeinschaftspraxis aufweist.

§ 19 Abs. 3 MBO enthält die Verpflichtung, dass die Patienten über die in der Praxis tätigen **angestellten Ärzte** informiert werden müssen. Hieraus folgt, dass ein entsprechender Hinweis auf das Praxisschild aufgenommen werden kann. Allerdings ist aus haftungsrechtlichen Gründen unbedingt der Rechtsschein zu vermeiden, der angestellte Arzt sei Gesellschafter der Gemeinschaftspraxis.

Hinweise auf eine Haftungsbeschränkung im Namen der Gemeinschaftspraxis – z. B. „GbR mbH" – werden von der Rechtsprechung nicht akzeptiert.

f) Gesellschafterbeschlüsse

aa) Rechtsnatur des Beschlusses

Das Gesetz schweigt zu der Frage, auf welche Weise die BGB-Gesellschafter ihre Kollektiventscheidungen treffen. Aus § 712 Abs. 1 BGB ergibt sich indes, dass die Willensbildung durch Beschlüsse stattfindet. Insbesondere bei aus mehreren Gesellschaftern bestehenden Gemeinschaftspraxen sollte eine detaillierte Regelung zur Beschlussfassung nicht fehlen.

Der **Beschluss** wird als mehrseitiges Rechtsgeschäft sui generis qualifiziert. Hat ein Beschluss die Änderung des Gesellschaftsvertrages zum Inhalt, kommt ihm die **Rechtsnatur eines Vertrages** zu. Ein Beschluss kommt dadurch zustande, dass zu einem Antrag die nach Gesetz oder Vertrag erforderliche Anzahl von Zustimmungen (positive Stimmabgabe) erklärt wird. Die einzelne Stimmabgabe ist eine Willenserklärung. Daraus folgt, dass die §§ 104 ff. BGB sowie die §§ 164 bis 166 BGB Anwendung finden.

bb) Durchführung der Beschlussfassung

Der Gesetzgeber stellt die Modalitäten zur Durchführung des Beschlussverfahrens in die Entscheidungsfreiheit der Gesellschafter. Vor diesem Hintergrund ist grundsätzlich jede Form der Abstimmung zulässig. Allerdings ist in wesentlichen Fragen der Gesellschaft und bei grundlegenden Angelegenheiten der Gesellschafter ein Verfahren durchzuführen, das eine ausreichende Information und Absprache über die zu entscheidenden Sachfragen gewährleistet. Hieraus folgt, dass bei Beschlussgegenständen von erheblicher Bedeutung ein Anspruch auf **Entscheidung in Gesellschafterversammlungen** besteht. Auch insoweit gilt das Prinzip des rechtlichen Gehörs.

cc) Ablauf von Gesellschafterversammlungen

Der Ablauf der Gesellschafterversammlungen sollte ausdrücklich geregelt werden. Hierzu zählt, wer zur Einladung berechtigt ist und welche Formen und Fristen einzuhalten sind. Auch ist zu konkretisieren, an welchem **Ort** die Gesellschafterversammlungen stattfinden und wer die Versammlung leitet. Unabdingbar ist eine Regelung zur **Beschlussfähigkeit**. Insofern ist zu bestimmen, bei Vertretung wie vieler Stimmen Beschlüsse gefasst werden können (sog. **Teilnahmequorum**). Jedem Gesellschafter sollte das Recht zugestanden werden, sich durch einen anderen Gesellschafter oder durch einen von Berufs wegen zur Verschwiegenheit verpflichteten Angehörigen der steuer- oder rechtsberatenden Berufe begleiten oder vertreten zu lassen. Auch kommt die Vertretung durch einen Mitgesellschafter in Betracht. Insofern ist indes zu überlegen, ob die Anzahl der Vertretungen beschränkt wird.

dd) Stimmrechte

§ 709 Abs. 1 BGB geht vom **Einstimmigkeitsprinzip** aus. Stimmenthaltungen gelten als Ablehnung. Gerade bei mitgliederstarken Gemeinschaftspraxen kann ein konsequentes Einstimmigkeitsprinzip zur Handlungsunfähigkeit der Gesellschaft führen. Insofern ist zu berücksichtigen, dass die Gesellschafter grundsätzlich nicht zur Zustimmung verpflichtet sind. Etwas anderes gilt nur dann, wenn die Durchführung der zur Abstimmung gestellten Maßnahme im Interesse der Gesellschaft dringend geboten ist, da die Gesellschaft andernfalls existentiell gefährdet wäre. Bei Selbstbetroffenheit kann ein Stimmrechtsausschluss des jeweiligen Gesellschafters bestehen (vgl. §§ 712, 715, 737 Satz 2 BGB).

Finden sich im Gesellschaftsvertrag keine Regelungen, erfolgt die **Abstimmung nach Köpfen**. Demgemäß hat jeder Gesellschafter eine Stimme. Häufig trifft man auf Regelungen, wonach die Stimmenverhältnisse anhand der prozentualen Vermögensbeteiligung abgebildet werden etwa mit der Maßgabe, dass 0,1 % Vermögensbeteiligung eine Stimme gewährt. Denkbar sind auch Kombinationen, wonach jeder Gesellschafter, und zwar unabhängig von seiner Vermögensbeteiligung, eine bestimmte Anzahl von Stimmen erhält und die Vermögensbeteiligung darüber hinaus zusätzliche Stimmen gewährt.

PRAXISHINWEISE:

Bei Festlegung des Abstimmungsquorums sollte vorgegeben werden, ob sich dieses auf

▶ sämtliche vorhandenen,

▶ sämtliche vertretenen

▶ oder lediglich auf die abgegebenen Stimmen

bezieht.

ee) Mehrheiten

§ 709 Abs. 2 BGB lässt Mehrheitsentscheidungen zu. Mehrheitsklauseln reduzieren das Mitverwaltungsrecht derjenigen Gesellschafter, die mit dem jeweiligen Beschlussantrag nicht einverstanden sind, auf das Teilnahmerecht an der Beschlussfassung und auf die Möglichkeit, die übrigen Gesellschafter von ihrer abweichenden Meinung zu überzeugen. Die Möglichkeit, in Beschlüssen überstimmt zu werden, widerspricht weder Vorgaben des ärztlichen Berufsrechts noch des Vertragsarztrechts.

Mit der Anerkennung von Mehrheitsbeschlüssen wird die Gefahr akzeptiert, dass Minderheiten dominiert und deren Privatautonomie aufgehoben wird. Für die Minderheit können gegen deren Willen in erheblichem Umfang haftungsauslösende oder sonstige nachteilige Konsequenzen entstehen. Von daher drängt sich die Frage nach den Grenzen der Mehrheitsmacht und der Wirksamkeit minderheitsschützender Kontrollmechanismen geradezu auf.

Nach der jüngeren Rechtsprechung (vgl. die sog. OTTO-Entscheidung des BGH v. 15.1.2007 – II ZR 245/05, NJW 2007 S. 1685) ist eine zweistufige Überprüfung vorzunehmen. Zunächst ist festzustellen, ob sich aus dem Gesellschaftsvertrag – sei es auch durch Auslegung – eindeutig ergibt, dass der in Frage stehende Beschlussgegenstand einer Mehrheitsentscheidung unterworfen sein soll. Der BGH verlangt ausdrücklich keine minutiöse Aufzählung der Gegenstände der Beschlussfassung!

Auf der zweiten Stufe nimmt der BGH eine inhaltliche Wirksamkeitsprüfung vor. Er überprüft, ob trotz Zulassung der betreffenden Mehrheitsentscheidung im Gesellschaftsvertrag ein unzulässiger Eingriff in schlechthin unverzichtbare oder in „relativ unentziehbare", d. h. nur mit (ggf. antizipierter) Zustimmung des einzelnen Gesellschafters oder aus wichtigem Grund entziehbare Mitgliedschaftsrechte vorliegt. Bei der zweiten Fallgestaltung kommt es darauf an, ob die Gesellschaftermehrheit die inhaltlichen Grenzen der ihr erteilten Ermächtigung eingehalten und sie sich nicht etwa treupflichtwidrig über beachtenswerte Belange der Minderheit hinweggesetzt hat. Letzteres wäre von der überstimmten Minderheit nachzuweisen.

Schlechthin unverzichtbar dürften z. B. das gesellschaftsrechtliche Informations- und Einsichtsrecht, das Stimmrecht sowie das Recht auf Teilhabe am Gesellschaftsergebnis sein. Grundsätzlich wird man auch die Zustimmung zur Aufnahme neuer Gesellschafter bei einer Gemeinschaftspraxis als personenbezogener Arbeits- und Haftungsgemeinschaft hierzu zählen müssen. Allerdings kann die im Wege der einzelfallorientierten Wertung vorzunehmende Abgrenzung z. B. bei einer großen überörtlichen Gemeinschaftspraxis anders ausfallen, wenn ein relativ hohes Quorum vorausgesetzt wird und sich die Tätigkeitsbereiche des widersprechenden und des aufzunehmenden Gesellschafters ggf. nur in geringem Maße überschneiden.

Auch unter Berücksichtigung der neueren BGH-Rechtsprechung empfiehlt es sich, einen umfassenden und konkreten, jedoch als nicht abschließend auszuweisenden Katalog der Gegenstände der Beschlussfassung in den Gesellschaftsvertrag aufzunehmen und das Quorum der Bedeutung der Angelegenheit anzupassen.

ff) Beschlussmängel

Fehler der Beschlussfassung können das Zustandekommen und/oder den Inhalt eines Beschlusses betreffen. Im Regelfall ist von der Nichtigkeit eines fehlerhaft gefassten Beschlusses auszugehen.

Die Heilung eines nichtigen Beschlusses durch **Neuvornahme oder konkludente Bestätigung** ist möglich. Eine über einen längeren Zeitraum unterbliebene Geltendmachung der Nichtigkeit eines bekannten Mangels kann ebenfalls zu dessen Heilung führen, sofern nicht ein Verstoß gegen §§ 134 oder 138 BGB vorliegt.

Um im Falle einer Auseinandersetzung um die Wirksamkeit eines Gesellschafterbeschlusses zeitnah Rechtssicherheit zu erhalten, sollte gesellschaftsvertraglich bestimmt werden, innerhalb welcher **Fristen** Widerspruch erhoben und ggf. eine gerichtliche Überprüfung eingeleitet werden muss. Die Bestimmung in einer GmbH-Satzung, wonach die Anfechtung eines Gesellschafterbeschlusses binnen – lediglich – eines Monats nach **Absendung des Beschlussprotokolls** zu erfolgen hat, ist unwirksam. Entsprechendes dürfte für eine Gemeinschaftspraxis gelten.

Von Bedeutung ist ferner, wer Adressat des Widerspruchs und/oder der Klage ist. Relevant wird diese Frage bei Einleitung eines Schiedsgerichtsverfahrens auf der Grundlage einer vertraglichen Schiedsgerichtsklausel. Um die Problematik eines **Mehrparteienschiedsgerichts** zu vermeiden, bietet es sich an, gesellschaftsvertraglich zu bestimmen, dass mehrere Gesellschafter auf Kläger- oder Beklagtenseite als eine Partei gelten und sich auf einen Schiedsrichter einigen müssen. Teilweise wird auch die Regelung als zulässig angesehen, wonach Mitgliedschaftsprozesse mit der Gesellschaft zu führen sind, mithin die Gesellschaft im Falle der Anfechtung eines Gesellschafterbeschlusses zu verklagen ist.

g) Geschäftsführung

Die §§ 709 ff. BGB enthalten allgemeine Regelungen zur Geschäftsführung und Vertretung. Unter Geschäftsführung versteht man heute alle Vorgänge, die für die Gesellschaft zur Förderung des Gesellschaftszwecks wahrgenommen werden und nicht die Grundlagen der Gesellschaft betreffen. Die Geschäftsführung umfasst sowohl die tatsächliche **interne Organisation** (z. B. Personalplanung und -überwachung, Buchführung, Rechnungslegung) wie auch **rechtsgeschäftliche Maßnahmen mit und ohne Außenwirkung** (z. B. Widerspruchsverfahren gegenüber der Kassenärztlichen Vereinigung, Abschluss von Beschaffungsverträgen etc.).

Das Gesetz geht davon aus, dass sämtliche Gesellschafter **gemeinschaftlich geschäftsführungsbefugt** sind. Die gesetzlichen Bestimmungen können durch vertragliche Absprachen modifiziert werden, indem die Geschäftsführung insgesamt oder bestimmte Bereiche **einem oder mehreren Gesellschaftern** zur eigenverantwortlichen Ausführung übertragen werden. Insbesondere bei größeren Gemeinschaftspraxen wird häufig ein **Geschäftsführungsgremium** installiert, welches in allen Fragen, die nicht der Zuständigkeit der Gesellschafterversammlung vorbehalten sind, entscheidet. Im Einzelfall sind klare vertragliche Abgrenzungen erforderlich, um die Befugnisse der Geschäftsführung deutlich von derjenigen der Gesellschafterversammlung abzugrenzen.

Bei ärztlichen Berufsausübungsgemeinschaften konkretisieren berufsrechtliche Vorgaben die Grenzen einer an Selbstverantwortlichkeit und Weisungsunabhängigkeit orientierten freiberuflichen Tätigkeit. Bei der Patientenbehandlung muss der Arzt zumindest **im Kern weisungsunabhängig** sein. Die Gesellschafterversammlung ist zwar berechtigt, bestimmte Standards und praxisübliche Schemata festzulegen, vermag jedoch nicht den Einzelnen im Kernbereich der Berufsausübung zu einem mit dessen Gewissen nicht vereinbaren Verhalten zu zwingen.

Die **Vertretung** bezieht sich auf das Rechtsverhältnis zu Dritten. Sie ist ein Teilaspekt solcher Geschäftsführungshandlungen, denen eine rechtsgeschäftliche Außenwirkung zukommt. Im BGB-Gesellschaftsrecht gilt der **Grundsatz der Selbstorganschaft**, wonach die Geschäftsführung und organschaftliche Vertretung ausschließlich den Gesellschaftern obliegt. Selbstverständlich kann die Gesellschafterversammlung Dritten auf der Grundlage eines separaten Vertrages beschränkt oder umfassend Geschäftsführungsaufgaben zur selbständigen Erledigung übertragen. Diese Dritten können ggf. sogar mit einer **weitreichenden Generalvollmacht** ausgestattet werden.

Die Geschäftsführung resultiert aus der **Gesellschafterstellung**. Es bedarf keines gesonderten Vertrages zur Bestellung. Von daher ist gesetzlich eine gesonderte Vergütung für die Durchführung von Geschäftsführungsaufgaben nicht vorgesehen. Die Geschäftsführungstätigkeit ist Beitragspflicht und mit dem Gewinnanteil abgegolten. Sieht der Gesellschaftsvertrag gleichwohl eine separate Vergütung für die Geschäftsführertätigkeit vor, handelt es sich regelmäßig um **Gewinnvorab**, der auf den Jahresgewinn des Geschäftsführer-Gesellschafters nicht anrechenbar ist.

In diesem Fall sind die übrigen Gesellschafter von der Geschäftsführung ausgeschlossen (vgl. § 716 BGB). Gerade bei größeren Gemeinschaftspraxen ist es üblich, die Geschäftsführung nach Bereichen aufzuteilen.

Den von der Geschäftsführung ausgeschlossenen Gesellschaftern steht ein im Kern **unentziehbares Kontrollrecht** zu (§ 716 BGB), welches die **Einsichtnahme** in Geschäftsunterlagen umfasst und sich ggf. auf das Recht erstreckt, sich auf eigene Kosten Kopien zu fertigen. Neben dem Einsichtsrecht steht das **Recht auf Auskunftserteilung**.

§ 712 Abs. 1 BGB bildet die Rechtsgrundlage für die **Entziehung** der durch Gesellschaftsvertrag oder Gesellschafterbeschluss übertragenen Geschäftsführungsbefugnis. Für die Entziehung muss ein wichtiger Grund vorliegen. Als einen solchen nennt das Gesetz – beispielhaft – die **grobe Pflichtverletzung** oder die **Unfähigkeit zur ordnungsgemäßen Geschäftsführung**. Die Pflichtverletzung muss schuldhaft sein. Der Beschluss bedarf – sofern der Gesellschaftsvertrag nichts anderes bestimmt – der Einstimmigkeit, wobei der betroffene Gesellschafter nicht stimmberechtigt ist. In der Zweipersonengesellschaft wird der Beschluss durch die einseitige Erklärung des Mitgesellschafters ersetzt.

Der geschäftsführende Gesellschafter haftet für die Nicht- oder Schlechterfüllung. Das Verhalten von Erfüllungsgehilfen wird ihm zugerechnet (§ 278 BGB). Er haftet in vollem Umfang für angestellte Ärzte oder sonstige Mitarbeiter, die in Erfüllung des Behandlungsvertrages eingesetzt werden. Als Haftungsmaßstab gilt § 708 BGB. Dieser sollte gesellschaftsvertraglich abbedungen werden.

h) Vertretung der Gesellschaft

Die BGB-Gesellschaft besitzt eigene Rechtsfähigkeit. Sie wird von den geschäftsführenden Gesellschaftern vertreten. Die Vertretungsmacht ist nicht rechtsgeschäftlicher, sondern organschaftlicher Natur.

Die Vertretungsmacht umfasst einen Teil der Geschäftsführungsbefugnis. Sind sämtliche Gesellschafter gesamtgeschäftsführungsbefugt, bedarf es zur Vertretung grundsätzlich gemeinschaftlichen Handelns aller Gesellschafter. Der Gesellschaftsvertrag kann die **Vertretungsmacht konkretisieren**. Geschäftsführungsbefugnis und Vertretungsmacht können unterschiedlich geregelt werden. Die BGB-Gesellschaft muss sich gem. § 166 Abs. 1 BGB Motive und Wissen ihrer Vertreter zurechnen lassen. Bei Gesamtvertretungsbefugnis genügt das Wissen eines Vertreters. Dies gilt auch für die Entgegennahme empfangsbedürftiger Willenserklärungen. Nicht anerkannt wird eine Beschränkung der Vertretungsmacht im Außenverhältnis durch den Zusatz „BGB-Gesellschaft mit beschränkter Haftung".

Verstößt ein Gesellschafter gegen die ihm im Innenverhältnis eingeräumte Vertretungs-macht, ändert dies regelmäßig nichts an der Verpflichtung der BGB-Gesellschaft, die je-doch bei dem Gesellschafter Regress nehmen kann.

i) Vermögensbeteiligung

§ 718 Abs. 1 BGB geht davon aus, dass das Gesamthandsvermögen der Gesellschaft den Gesellschaftern sachenrechtlich als Sondervermögen zusteht. Das Vorhandensein von **Gesamthandsvermögen** ist für das Bestehen einer GbR indes nicht konstitutiv. Zivilrecht-lich ist es nicht zu beanstanden, wenn ein Gesellschafter von der Vermögensbeteiligung ausgeschlossen wird. Zulässig ist auch die Bildung von Bruchteilseigentum mit unter-schiedlich hohen Anteilen.

Der vollständige Ausschluss eines Arztes am Vermögen einer Gemeinschaftspraxis wurde als unvereinbar mit den ursprünglich in der MBO enthaltenen Merkmalen „Nie-derlassung in freier Praxis" sowie „Niederlassung in eigener Praxis" angesehen. Nach-dem die auf dem 107. Deutschen Ärztetag in Bremen (2004) beschlossene Musterberufs-ordnung die Anforderungen gesenkt hat und lediglich von der Niederlassung „in einer Praxis" spricht, kann diesem Umstand bei der Formulierung der Beteiligungsanforderun-gen Rechnung getragen werden.

Bis in die jüngste Zeit hat die Frage des sog. **„Nullbeteiligungs-Gesellschafters"** die Sozial- und Strafgerichte, das Bundesverfassungsgericht, die Bundesärztekammer, die Kassen-ärztliche Bundesvereinigung, insbesondere aber die medizinrechtliche Literatur intensiv beschäftigt. Hervorzuheben ist, dass der Gesetzgeber keine konkreten Vorgaben zu die-sem Problem macht.

Konsens besteht darin, dass der in Einzelpraxis niedergelassene Arzt ebenso wenig Eigen-tümer der Praxisgegenstände sein muss wie die Gesellschafter einer Gemeinschaftspra-xis. Insofern ist es durchaus zulässig, dass die gesamten materiellen Ressourcen, z. B. auf der Grundlage eines Leasing-Vertrages, genutzt werden. Nicht verkannt werden darf auch, dass gerade bei geräteintensiven Praxen die Geräte häufig im (Sicherungs-)Eigen-tum der finanzierenden Bank stehen.

Nach Auffassung der Kassenärztlichen Bundesvereinigung (Stellungnahme v. 15.1.2003) ist es nicht erforderlich, dass sämtliche Gesellschafter am Vermögen der Gesellschaft be-teiligt sind. Die nicht am Vermögen beteiligten Gesellschafter bringen hiernach aus-schließlich ihre **Arbeitsleistung** in die Gesellschaft ein. In ihrer Ausarbeitung zur Nieder-lassung und beruflichen Kooperationen kommt die Bundesärztekammer (DÄBl. 2006 S. A-801; 2008 S. A-1019) allerdings – und insoweit im Widerspruch zur Kassenärztlichen Bundesvereinigung – zu dem Ergebnis, dass eine vermögensrechtliche Nullbeteiligung zwar nicht auf Dauer, jedoch zumindest für eine „Kennenlernphase" zulässig sei, wobei maßgeblich „vor allem eine Beteiligung am immateriellen Wert und weniger am materiellen Wert" sei.

In diese Richtung gehen auch Feststellungen des BSG v. 22.3.2006 (B 6 KA 76/04 R, ZMGR 2006 S. 148):

„Für die Annahme einer gemeinschaftlichen Berufsausübung im Rahmen einer Gemeinschaftspraxis ist neben der Beteiligung der Partner an den Investitionen und Kosten der Praxis grundsätzlich auch eine Beteiligung am immateriellen Wert der Praxis (dem sog. „Goodwill") erforderlich, wobei die vertragliche Ausgestaltung im Einzelfall unterschiedlich sein kann" (vgl. hierzu Engelmann in: von Wulffen/Krasney [Hrsg.], Festschrift 50 Jahre BSG, 2004, S. 429, 451 f. m. w. N.).

Pointiert formuliert Wenner (§ 20 Rn. 44, S. 214):

„Wenn ein Arzt von Gewinn, Vermögen und Geschäftsführung seiner Gemeinschaftspraxis auf Dauer ausgeschlossen ist, wird nur der Beobachter kein zwingendes Indiz für eine Tätigkeit im Anstellungsverhältnis sehen, der bei der Unterscheidung von Kreis und Rechteck so lange über die generelle Irrelevanz von Ecken zu schreiben vermag, dass er am Ende selbst glaubt, auf die Ecken als Unterscheidungsmerkmal könne notfalls verzichtet werden."

In Einzelfällen ist bereits festzustellen, dass diese Ausführungen ihre Wirkungen sowohl bei den Zulassungsausschüssen, insbesondere aber bei den Sozialgerichten nicht verfehlen (vgl. LSG Niedersachsen-Bremen v. 17.12.2008 – L 3 KA 316/04, GesR 2009 S. 206). Dies verwundert nicht, da Wenner Vorsitzender des für Fragen des Vertragsarztrechts zuständigen 6. Senats des BSG ist!

PRAXISHINWEISE:

Zu berücksichtigen ist aber Folgendes: Der Gesetzgeber hat die Nachbesetzung eines Vertragsarztsitzes bei bestehenden Zulassungsbeschränkungen (§ 103 Abs. 4 SGB V) aus Gründen der verfassungsrechtlich garantierten Eigentumsgarantie ermöglicht. Dieser Aspekt sollte bei der Vertragsgestaltung beachtet werden, indem nach Ablauf von **drei Jahren** – so von maßgeblichen Stimmen in der Literatur empfohlen – eine Beteiligung zumindest am immateriellen Wert erfolgt.

---

j) Buchführung, Überschussrechnung, Bilanzierung

Freiberuflern steht ein **Wahlrecht** zwischen der Gewinnermittlung durch Einnahmen-Überschussrechnung (§ 4 Abs. 3 EStG) oder durch Betriebsvermögensvergleich (Bilanzierung – § 4 Abs. 1 EStG) zu. Welcher Methode der Vorzug gegeben wird, ist im Gesellschaftsvertrag zu regeln. Die meisten ärztlichen Gemeinschaftspraxen ermitteln den Gewinn im Rahmen einer Einnahmen-Überschussrechnung gem. § 4 Abs. 3 EStG. Dies gilt insbesondere bei weniger mitgliederstarken Gesellschaften.

In Abstimmung mit dem Steuerberater der Gesellschaft sollte die Frist zur Aufstellung des Jahresabschlusses bestimmt werden. Regelmäßig wird vereinbart, dass der Jahresabschluss bis zum 30.6. oder 30.9. des Folgejahres aufzustellen ist.

Besondere Bedeutung kommt der Feststellung des Jahresabschlusses zu. Durch ihn wird das Jahresergebnis und die hieraus resultierende individuelle Gewinn- und Verlustverteilung verbindlich festgelegt. Man spricht demgemäß auch von einem kausalen Schuldanerkenntnis.

Sofern der Gesellschaftsvertrag keine anderen Regelungen enthält, bedarf die Feststellung des Rechnungsabschlusses der Einstimmigkeit. Für die Feststellung ist keine besondere Form vorgesehen; sie kann auch konkludent erklärt werden.

k) Ergebnisverteilung

Die gerechte Ergebnisverteilung stellt einen der schwierigsten Aspekte bei der Abfassung des Gesellschaftsvertrages dar. Im Zeitpunkt der Verhandlung der Gesellschaftsgründung oder des Beitritts können die Beteiligten oftmals die wirtschaftliche Entwicklung der Gemeinschaftspraxis insgesamt oder die Bedeutung der individuellen Gesellschafterbeiträge nicht voraussehen. Dies mag manchmal an der Fehleinschätzung der persönlichen Leistungsfähigkeit liegen. Andererseits ist das vertragsärztliche Vergütungssystem generell nicht geeignet, Planungssicherheit zu garantieren. Politisch wegen der Steuerungswirkung gewollt, werden bestimmte Leistungen auf- oder abgewertet oder bestimmte Sachverhalte durch Zuschläge prämiert.

Die in § 722 BGB vorgesehene **Gewinnverteilung nach Köpfen** wird in der Praxis häufig modifiziert. Nach der Vorstellung der Bundesärztekammer (DÄBl. 2006 S. A-801, 2008 S. A-1019) richtet sich die typische Ergebnisverteilung einer Berufsausübungsgemeinschaft nach einem **prozentualen Verteilungsschlüssel**. Diese Annahme trifft sicherlich auf viele Gemeinschaftspraxen zu. Es ist jedoch festzustellen, dass diese statische Regelung häufig durch eine Vielzahl anderer – oftmals mehr oder weniger leistungsbezogener – Faktoren wie z. B.

▶ individuell erwirtschafteter Umsatz,

▶ zeitlicher Einsatz,

▶ Übernahme von Geschäftsführungsaufgaben,

▶ besondere Qualifikationen

ergänzt oder ersetzt wird.

Nicht selten wird das Gesamtergebnis gequotelt mit der Maßgabe, dass einzelne Quoten den Gesellschaftern **nach unterschiedlichen Kriterien** zugerechnet werden. So kommt es nicht selten vor, dass die Gesellschafter einen Gewinnanteil als Tätigkeitsvergütung erhalten und der verbleibende Gewinn den Gesellschaftern im Verhältnis ihrer Gesellschaftsbeteiligung zugewiesen wird.

Weiterhin kann es im Rahmen der Ergebnisverteilung der Berufsausübungsgemeinschaft selbstverständlich berücksichtigt werden, wenn ein Gesellschafter der Gesellschaft bestimmte Ressourcen zur Verfügung stellt. Oftmals wird die Ressourcenüberlassung durch Gewährung eines **Vorabgewinns** erfasst, so dass lediglich der bereinigte Gewinn nach Maßgabe des vereinbarten Schlüssels zur Verteilung gelangt.

Die Vereinbarung eines festen Gewinnbetrags (Fixums) ist grundsätzlich zulässig, darf aber bei einer vorzunehmenden Gesamtbewertung der Rechtsstellung nicht zu der Annahme eines „verkappten Anstellungsverhältnisses" führen.

l) Haftung/Beitrittshaftung/Nachhaftung

aa) Grundsätze der Haftung

Seit der Entscheidung des Bundesgerichtshofs v. 29.12.2001 (II ZR 331/00, BGHZ 146 S. 341) ist es anerkannt, dass die Außen-GbR **Trägerin von Rechten und Pflichten** sein kann. Haftungssubjekt ist die Gesellschaft; diese ist zu verklagen. Haftungobjekt ist das Gesellschaftsvermögen. Die Gesellschafter haften entsprechend § 128 HGB für Gesellschaftsverbindlichkeiten **gesamtschuldnerisch in unbeschränktem Umfang mit ihrem Privatvermögen**. Dies gilt auch für Abfindungsansprüche ausgeschiedener Gesellschafter. Abweichende Absprachen der Gesellschafter untereinander betreffen ausschließlich das Innenverhältnis und können – lediglich – Freistellungsansprüche begründen. Hinweise im Außenauftritt, wonach eine Haftung nur mit dem Gesellschaftsvermögen erfolgt („GbR mbH"), erkennt die Rechtsprechung nicht an. Die Ausgleichspflicht der Gesellschafter im Innenverhältnis richtet sich grundsätzlich nach §§ 420 f. BGB.

bb) Beitrittshaftung

In haftungsrechtlicher Sicht grundlegend war das Urteil des Bundesgerichtshofs v. 7.4.2003 (II ZR 56/02, MedR 2003 S. 634), durch welches klargestellt wurde, dass der einer **bestehenden** Freiberuflersozietät beitretende Gesellschafter in entsprechender Anwendung des § 130 HGB für die vor seinem Eintritt begründeten Verbindlichkeiten der Gesellschaft grundsätzlich auch persönlich und als Gesamtschuldner gemeinsam mit den Altgesellschaftern haftet. Hatte der Bundesgerichtshof in seiner Entscheidung v. 7.4.2003 aus Vertrauensschutzgründen noch betont, die Haftung solle sich nur auf zukünftige Beitrittsfälle erstrecken, stellte er mit Urteil v. 12.12.2005 (II ZR 283/03, MedR 2006 S. 427) fest, dass Neugesellschafter für Altverbindlichkeiten schon dann **vollumfänglich privat haften**, wenn sie diese bei Eintritt in die Gesellschaft kannten oder deren Vorhandensein bei auch nur geringer Aufmerksamkeit hätten erkennen können.

Die Beitrittshaftung umfasst Ansprüche aus Vertrags- und Deliktsrecht (für Ärzte relevant: Behandlungsfehler – vom Bundesgerichtshof aber ausdrücklich offengelassen!), Bereicherungsrecht, Produkt- oder Gefährdungshaftung, Steuerverbindlichkeiten etc.

Regressansprüche der Prüfgremien oder Honorarrückforderungen der Kassenärztlichen Vereinigung zählen indes aufgrund der Besonderheiten des vertragsärztlichen Zulassungssystems nicht zu den von der Beitrittshaftung umfassten Verbindlichkeiten. Das BSG hat dies mit Urteil v. 7.2.2007 (B 6 KA 6/06 R, ZMGR 2007 S. 92) für den Fall der Neugründung einer Gemeinschaftspraxis, deren Gesellschaftsvertrag die Übernahme der Altverbindlichkeiten der Praxispartner ausdrücklich ausschloss, zutreffend festgestellt. Wenner (§ 20 Rn. 54, S. 219) hält den zu einer Gemeinschaftspraxis beitretenden Arzt im Hinblick auf Regressverbindlichkeiten allerdings nicht für besonders schutzbedürftig.

Der Grundsatz der Beitrittshaftung findet nach derzeit herrschender Meinung **keine** Anwendung, wenn die Gesellschaft erst gegründet wird, indem z. B. ein Arzt in die Einzelpraxis eines anderen Arztes „eintritt" oder durch mehrere Ärzte eine (neue) Gemeinschaftspraxis gegründet wird.

Die Beitrittshaftung kann wirksam nur durch **individuelle Vereinbarungen** mit den Gläubigern ganz oder teilweise beschränkt werden. Freistellungen im Innenverhältnis sind indes eine unerlässliche Hilfsmaßnahme. Dem Beitritt sollte eine ausführliche **due-diligence-Überprüfung** vorausgehen. Der – möglichst fachkundig beratene – Beitrittswillige sollte sich hierdurch einen genauen Überblick über die wirtschaftliche und rechtliche Situation der Gesellschaft verschaffen und seinen Beitrittsentschluss von einem positiven Prüfungsergebnis abhängig machen.

Der folgende Fragenkatalog (vgl. Möller, MedR 2004 S. 69) versucht, eine möglichst umfassende Grundlage für die Beurteilung der Gemeinschaftspraxis zu bieten.

Informationen zum Bestand der Gesellschaft:

▶ lückenlose Erfassung sämtlicher gesellschaftsrechtlicher Absprachen (Verträge, Nebenabreden, Gesellschafterbeschlüsse etc.),

▶ zu übertragende Gesellschaftsanteile bestehen, unterliegen keinen Belastungen, Unterbeteiligungen, Verfügungsbeschränkungen usw.,

▶ Einlagen sind voll eingezahlt und nicht zurückgewährt,

▶ Sacheinlagen sind vollwertig erbracht,

▶ kein Investitionsrückstau,

▶ keine Ansprüche ehemaliger Gesellschafter gegen die Gesellschaft,

▶ Mitgliedschaft in Apparategemeinschaften, Laborgemeinschaften,

▶ Angaben zur wirtschaftlichen Situation,

▶ Steuerbescheide,

▶ betriebswirtschaftliche Auswertungen,

▶ Finanzstatus (Gesellschaft nicht überschuldet, nicht zahlungsunfähig),

▶ Geschäfts- und Finanzplanung.

Fragen der Beziehungen zu Dritten:

▶ Auflistung der bestehenden Dauerschuldverhältnisse, insbesondere:

   – Raummietverträge (Restlaufzeit, Verlängerungsoption, Rückbauverpflichtung),

   – Miet- und Leasingverträge über bewegliche Gegenstände,

   – Arbeitsverträge (evtl. Pensionszusagen, Erziehungszeiten),

   – Wartungsverträge,

▶ Verbindlichkeiten, insbesondere gegenüber Banken,

▶ Steuerschulden,

▶ offene Mahn- oder Klageverfahren auf Aktiv- und Passivseite,

▶ Behandlungsfehlerverfahren (beendete, anhängige, drohende),

▶ Sicherungsabtretungen von Honoraransprüchen an wen und wegen welcher Forderungen,

▶ Sicherungsübereignungen an wen und wegen welcher Forderungen,

▶ Eigentumsvorbehalt von Lieferanten,

▶ Versicherungsverträge (Berufshaftpflicht-Deckungssumme).

Gefährdung des Status:

▶ Verfahren auf Widerruf der Approbation als Arzt gem. § 5 Abs. 2 BÄO (beendete, anhängige, drohende),

▶ berufsrechtliche Maßnahmen (beendete, anhängige, drohende).

Vertragsärztliche Sondersituation:

▶ Verfahren auf Entziehung der Vertragsarztzulassung gem. § 27 Ärzte-ZV (beendete, anhängige, drohende),

▶ gesicherter Bestand besonderer Abrechnungsgenehmigungen,

▶ Disziplinarverfahren (beendete, anhängige, drohende),

▶ Honorarberichtigungsverfahren (beendete, anhängige, drohende),

▶ Regressverfahren (beendete, anhängige, drohende),

▶ Planungssicherheit bei Abrechnungsgrundlagen.

Gesellschaftsrelevante Verhältnisse der Partner:

▶ Gesundheitszustand,

▶ güterrechtliche Vereinbarungen,

▶ Mitgesellschafter nicht zahlungsunfähig.

Aus der Sicht des beitretenden Arztes wäre es wünschenswert, die **Zusicherung** seiner potenziellen Vertragspartner zu erhalten, dass die Angaben zutreffend sind. Der beitrittswillige Kandidat sollte sich das Recht einräumen lassen, den Steuerberater und ggf. den Rechtsanwalt der Gemeinschaft befragen zu dürfen und sich von diesen schriftlich bestätigen zu lassen, dass die nach Maßgabe der Checkliste zusammengetragenen Daten/Informationen **vollständig und zutreffend** sind.

Eine umfassende Analyse der tatsächlichen und rechtlichen Verhältnisse einer Gemeinschaftspraxis ist mit erheblichem zeitlichen und finanziellen Aufwand verbunden. Gerade für in wirtschaftlichen Angelegenheiten noch unerfahrene Berufsanfänger wird es oftmals schwierig sein, sich den erforderlichen Beraterstab zu leisten, um die Verhandlungen „auf Augenhöhe" führen zu können. Nicht selten sieht der Gemeinschaftspraxisvertrag eine Kennenlern- oder Erprobungsphase vor, während der der „Juniorgesellschafter" auch ohne Vorliegen eines wichtigen Grundes aus der Gesellschaft herausgekündigt werden kann. Oder aber der „Juniorgesellschafter" geht – aus welchen Gründen auch immer – selbst nicht von seiner dauerhaften Gesellschaftszugehörigkeit aus. In diesen Fällen wird der beitrittswillige Arzt häufig geneigt sein, den Prüfungsaufwand möglichst gering zu halten.

Probleme ergeben sich aber auch aus der Sicht der „Seniorgesellschafter". Diese müssen eine „wirtschaftliche Nabelschau" erdulden, ohne sich sicher zu sein, dass der Beitritt zustande kommt. Einen Teil der im Rahmen der due-diligence-Prüfung gestellten Fragen werden sie möglicherweise als Zumutung empfinden und befürchten, der Beitrittswillige werde sein inquisitorisches Verhalten auch als Mitgesellschafter fortsetzen.

cc) Nachhaftung bei Ausscheiden

Für die Nachhaftung im Falle des Ausscheidens eines Gesellschafters verweist § 736 Abs. 2 BGB auf § 160 HGB. Das Ausscheiden aus der Gesellschaft hat grundsätzlich keine rechtlichen Auswirkungen auf die zwischen der Gesellschaft und Dritten abgeschlossenen Verträge. Der Ausgeschiedene haftet auch insofern nach seinem Ausscheiden akzessorisch für die vor seinem Ausscheiden begründeten, aber nach seinem Ausscheiden fällig werdenden Gesellschaftsverbindlichkeiten Der Anspruch gegen ihn **verjährt** allerdings nach **fünf Jahren** (§ 160 Abs. 1 HGB). Für den Beginn der Verjährung kommt es darauf an, wann der Gläubiger von dem Ausscheiden **Kenntnis** erlangt.

Für nach seinem Ausscheiden begründete Verbindlichkeiten kann der Ausgeschiedene haften, wenn ein entsprechender Rechtsschein gesetzt wurde (z. B. Fortführung des Namens auf dem Geschäftspapier).

Im Fall der Anteilsübertragung haftet der Erwerber unbeschränkt sowohl für die alten als auch für neu begründete Verbindlichkeiten. Für den ausscheidenden Veräußerer verbleibt es bei der fünfjährigen Nachhaftung.

m) Kündigungsregelungen

aa) Vereinbarung von Festlaufzeiten

Gemeinschaftspraxen als Erwerbsgesellschaften grenzen sich in erheblichem Umfang von losen Personenverbindungen ab, wie sie dem Gesetzgeber vorschwebten. In dem Maße, in welchem sich die Organisationsstrukturen verfestigen, nimmt – mit zunehmender Anzahl der Gesellschafter – die Bedeutung des individuellen Freiraums ab. Gerade wenn es Ziel der Gesellschaft ist, gegebenenfalls im Wettbewerb mit anderen Arztkooperationen zu bestehen und den Bekanntheitsgrad der Praxis zu fördern, wird dieses Ziel nicht auf der Grundlage eines lockeren Verbundes erreicht werden können, sondern bedarf einer gewissen **Kontinuität**. Die Umsetzung der gesetzgeberischen Vorstellung einer jederzeit möglichen Kündigung mit der Folge der Auseinandersetzung der Gesellschaft hätte vielfach existenzvernichtende Folgen.

Die Interessen eines oder sämtlicher Gesellschafter, die ordentliche Kündbarkeit des Gesellschaftsverhältnisses für eine **bestimmte Dauer auszuschließen**, kann vielfältiger Natur sein. Häufig gilt es, Investitionen gemeinsam zu tätigen oder bestimmte Kooperationsvorhaben – z. B. Erbringung von Leistungen für einen Krankenhausträger – durchzuführen, weshalb eine Mindestanzahl von Gesellschaftern erforderlich ist oder die bestimmte Qualifikation eines Gesellschafters benötigt wird.

Denkbar ist auch die Situation, dass der Seniorgesellschafter durch die Festlaufzeit des Vertrages sein Ausscheiden aus der Gesellschaft sowie die Realisierung des Abfindungsanspruchs absichern möchte. Schutzwürdig gegen eine Kündigung ist insbesondere der Job-Sharing-Partner, der nach zehnjähriger Gesellschaftszugehörigkeit einen Anspruch auf eine „Vollzulassung" hat (§ 101 Abs. 1 Nr. 4 SGB V).

Soweit ersichtlich, hat sich die Rechtsprechung bisher mit der festen Laufzeit ärztlicher Gemeinschaftspraxisverträge nicht befasst. Es erscheint nicht sachgerecht, Höchstfristen anderer Kündigungsregelungen zu Dauerschuldverhältnissen (vgl. § 624 BGB: fünf Jahre) entsprechend anzuwenden. Richtig ist es vielmehr, eine auf die **konkreten gesellschaftsvertraglichen Verhältnisse** abstellende Betrachtung vorzunehmen, indem die **wechselseitigen Interessen der Gesellschafter** gegeneinander abgewogen werden. Die Freiheitsinteressen des ausscheidenswilligen Gesellschafters sind den schutzwürdigen

Belangen der Gesellschaft und der Mitgesellschafter gegenüberzustellen. Die Interessenlagen sollten im Vertrag Erwähnung finden.

Eine feste Vertragslaufzeit von **fünf Jahren** dürfte regelmäßig nicht zu beanstanden und bei Vorliegen sachlicher Gründe eine Bindung von bis zu zehn Jahren durchaus zulässig sein. Dabei müssen die Kündigungsfristen – bei Vorliegen eines sachlichen Grundes – nicht bei allen Gesellschaftern gleich lang sein.

Eine überlange Zeitbestimmung ist regelmäßig als unzulässige kündigungsbeschränkende Klausel wegen Verstoßes gegen § 723 Abs. 3 BGB nichtig. An die Stelle der nichtigen Vereinbarung tritt im Wege der **ergänzenden Vertragsauslegung** oder der geltungserhaltenden Reduktion eine den Vorstellungen der Gesellschafter möglichst nahe kommende Befristungsregelung oder auch die Möglichkeit der vorzeitigen Kündigung (vgl. BGH v. 18.9.2006 – II ZR 137/04, NJW 2007 S. 295 mit Anmerkung Römermann).

Exkurs: Vertragsarztrecht

Die Beendigung der Gemeinschaftspraxis bedarf – anders als deren Errichtung – nicht der Genehmigung des Zulassungsausschusses. Die Erklärung eines Gesellschafters, er scheide zu einem bestimmten Zeitpunkt aus der Gemeinschaftspraxis aus, ist sozialrechtlich trotz ggf. zivilrechtlich entgegenstehender Rechtslage wirksam. Der Zulassungsausschuss stellt dann die Beendigung „dieser" Gemeinschaftspraxis durch Verwaltungsakt fest.

bb) Anschlusskündigung/Nachkündigung

Gesellschaftsvertraglich kann geregelt werden, dass ein Gesellschafter sich innerhalb einer bestimmten Frist der Kündigung des anderen Gesellschafters anschließen kann. In diesem Fall werden beide Kündigungen zum selben Zeitpunkt wirksam. Bei der Zwei-Personengesellschaft hat dies die Beendigung (Liquidation, Auseinandersetzung) der Gesellschaft zur Folge. Verfügt ein Gesellschafter über die Ressourcen der Praxis, kann er seine berufliche Tätigkeit möglicherweise fortsetzen, ohne den Abfindungsanspruch des anderen Gesellschafters erfüllen zu müssen. Ob dies in jedem Fall als treuwidrig anzusehen ist, erscheint zweifelhaft.

Auch ohne ausdrückliches Nachkündigungsrecht steht es jedem Gesellschafter, dem eine Kündigung zugegangen ist, frei, seinerseits zu kündigen, sofern die Kündigungsfrist eingehalten wird. Will man dieses Recht beschränken, muss der Gesellschaftsvertrag bestimmen, dass mit Zugang der Erstkündigung die Verpflichtung zur Übernahme des Gesellschaftsanteils des Erstkündigenden besteht.

cc) Hinauskündigung

Gesellschaftsvertragliche Regelungen, die einem oder mehreren Gesellschaftern das Recht einräumen, einen oder mehrere Mitgesellschafter **nach freiem Ermessen**, also ohne Vorliegen eines wichtigen Grundes, aus der Gesellschaft auszuschließen, verstoßen grundsätzlich gegen § 138 BGB und sind deshalb nichtig. Nach der Rechtsprechung ist der von der Ausschließung oder Kündigung bedrohte Gesellschafter zu schützen. Das freie Kündigungsrecht der anderen Gesellschafter könnte von ihm als **Disziplinierungs-mittel** empfunden werden („Damoklesschwert") und ihn veranlassen, ihm zustehende Gesellschafterrechte nicht oder nur in beschränktem Umfang auszuüben.

Mit Urteil v. 8.3.2004 (II ZR 165/02, MedR 2004 S. 563 mit Anmerkung Dahm) hat der Bundesgerichtshof der besonderen Situation von Berufsausübungsgemeinschaften Rechnung getragen und es für einen Ausschluss ohne wichtigen Grund als ausreichend angesehen, dass die Altgesellschafter den hinzukommenden Gesellschafter kennenlernen müssen. Fraglich ist, ob das Recht zum Kennenlernen das alleinige anzuerkennende Motiv für ein Hinauskündigungsrecht ohne Vorliegen eines wichtigen Grundes ist. In der Literatur wird zu Recht auch eine **wirtschaftliche Erprobungsphase** dahingehend anerkannt, dass für einen bestimmten Zeitraum abgewartet wird, ob die Gesellschaft eine ausreichende wirtschaftliche Grundlage erarbeitet, um auch dem eintretenden Gesellschafter einen auskömmlichen Gewinnanteil zu ermöglichen. Die Ausnahmen von dem Grundsatz, dass der kündigende Gesellschafter aus der Gemeinschaftspraxis ausscheidet, lassen sich angesichts der Komplexität der Lebenssachverhalte nicht auf enumerative Fallgruppen beschränken.

Der Bundesgerichtshof hat in der zitierten Entscheidung allerdings die zeitlichen Grenzen für ein derartiges Hinauskündigungsrecht offengelassen, einen Zeitraum von zehn Jahren jedoch zu Recht als bei weitem zu lang angesehen. Das OLG Frankfurt a. M. (v. 20.10.2005 – 16 U 3/05, NJW-RR 2006 S. 405) beschränkt die Dauer der Kennenlern- oder Erprobungsphase nach Auswertung der medizinrechtlichen Literatur im Sinne einer geltungserhaltenden Reduktion auf **drei Jahre**. Der BGH hat dies bestätigt (v. 7.5.2007 – II ZR 281/05, MedR 2007 S. 595). Dies erscheint grundsätzlich sachgerecht. In der Literatur wird ein Zeitraum von zwei bis drei Jahren als ausreichend angesehen, um festzustellen, ob eine dauerhafte gesellschaftsrechtliche Zusammenarbeit möglich ist. War der Gesellschafter bereits als angestellter Arzt in der Praxis tätig, kann es sachgerecht sein, die Dauer der Kennenlernphase abzukürzen.

PRAXISHINWEISE:

Im Interesse einer fairen Vertragsgestaltung sollte der während der Erprobungsphase ohne Vorliegen eines wichtigen Grundes aus der Gesellschaft hinausgekündigte „Juniorgesellschafter", sofern er am Gesellschaftsvermögen beteiligt ist, zumindest seine Abfindung für den Gesellschaftsanteil zeitgleich oder zumindest zeitnah mit dem Ausscheiden erhalten und von den Gesellschaftsverbindlichkeiten freigestellt werden.

n) Vereinbarungen zum Vertragsarztsitz

Die Zulassung als Vertragsarzt stellt ein höchstpersönliches öffentliches Recht dar. Dieser **öffentlich-rechtliche Status** („Zulassung, Vertragsarztsitz") unterliegt nicht der Verfügungsberechtigung des Rechtsinhabers und kann demgemäß nicht Gegenstand eines Kaufvertrages sein. Der Gesetzgeber hat diesem Umstand Rechnung getragen, indem über eine Nachfolgezulassung der zuständige Zulassungsausschuss nach Maßgabe gesetzlicher Vorgaben zu entscheiden hat (§ 103 Abs. 4, 6 SGB V). Die Feststellung, wonach es sich bei der Vertragsarztzulassung um ein **höchstpersönliches unveräußerliches Recht** handelt, darf aber nicht den Blick dafür verstellen, dass zwar die Verfügungsbefugnis des Vertragsarztes über seine Vertragsarztzulassung beschränkt ist, nicht jedoch die zivilrechtliche Befugnis zur Disposition über seinen Gesellschaftsanteil, einhergehend mit der Begründung von Verpflichtungen im Zusammenhang mit der Mitwirkung an der Nachbesetzung des Vertragsarztsitzes – ggf. einschließlich der Erklärung des Verzichts auf die Vertragsarztzulassung. Diese sind hiervon unabhängig und können grundsätzlich wirksam begründet werden.

Bedenkt man, dass die Zulassungsbeschränkungen durch das GSG zum 1.1.1993 eingeführt wurden, verwundert es, dass die Frage, in welchem Umfang Vereinbarungen darüber zulässig sind, dass der aus einer Gemeinschaftspraxis ausscheidende Gesellschafter verpflichtet ist, an der Nachbesetzung seines Vertragsarztsitzes mitzuwirken, noch keiner abschließenden gerichtlichen Klärung zugeführt wurde. Dabei ist das wirtschaftliche Bedürfnis einer Gemeinschaftspraxis evident, nach dem Ausscheiden eines Gesellschafters dessen Vertragsarztzulassung in der Gemeinschaftspraxis zu behalten und durch eine Ärztin/einen Arzt nachbesetzen zu lassen. Häufig wurden gemeinsame Investitionen getätigt, die auf eine bestimmte Anzahl von Ärzten und deren Qualifikationen zugeschnitten sind. Hinzu kommt die Besonderheit des vertragsärztlichen Abrechnungssystems, wonach sich die Abrechnungsgrundlage nach der Anzahl der zugelassenen Leistungserbringer richten kann.

Aber auch der ausscheidende Gesellschafter wird vielfach einwenden, der Verlust der Vertragsarztzulassung sei für ihn und ggf. seine Familie existenzgefährdend oder -vernichtend. Dies mag etwa dann gelten, wenn in dem konkreten Planungsbereich oder in angrenzenden Planungsbereichen auf längere Sicht keine entsprechenden Praxen zu akzeptablen Konditionen angeboten werden.

In Gesellschaftsverträgen, insbesondere von kapitalintensiven Großgerätepraxen, finden sich regelmäßig Klauseln, wonach der – egal aus welchem Grunde – aus der Gemeinschaftspraxis ausscheidende Gesellschafter verpflichtet ist, auf seine Vertragsarztzulassung zu verzichten und an allen erforderlichen Maßnahmen mitzuwirken, damit sein Vertragsarztsitz durch eine Ärztin/einen Arzt nachbesetzt werden kann.

Die Instanzgerichte haben sich mit unterschiedlichen Fallkonstellationen befasst, in denen aus der Gemeinschaftspraxis ausscheidende Vertragsärzte vertraglich zur Nachbesetzung ihrer Vertragsarztsitze verpflichtet wurden. Sie sind dabei zu diametral entgegengesetzten Ergebnissen gelangt. Der Bundesgerichtshof hat mit zwei Urteilen v. 22.7.2002 (II ZR 265/00, MedR 2002 S. 647; II ZR 90/01, NJW 2002 S. 3536) zumindest für etwas Erhellung gesorgt. Die Entscheidungen können als Grundsatzaussage dahingehend verstanden werden, dass Vereinbarungen zur Nachbesetzung des Vertragsarztsitzes nicht generell unzulässig sind. Bei relativ kurzer Dauer der Gesellschaftszugehörigkeit (im Verfahren II ZR 90/01 betrug die Dauer der Gesellschaftszugehörigkeit sechs Monate, im Verfahren II ZR 265/00 waren es 21 Monate) geht der Bundesgerichtshof von einer fehlenden Möglichkeit aus, die Praxis maßgeblich geprägt zu haben. Für den Bundesgerichtshof ist erheblich, dass die ausscheidenden Ärzte ihre Vertragsarztzulassung jeweils nicht „mitgebracht" hatten, sondern **in bestehende Gemeinschaftspraxen eintraten**, indem sie dort vorhandene Zulassungen erhielten – im einen Fall entgeltlich, im anderen Fall unentgeltlich. In beiden Fällen ließen sich die ausscheidenden Gesellschafter im Planungsbereich der ehemaligen Gemeinschaftspraxis nieder.

Der Bundesgerichtshof hat allerdings zu erkennen gegeben, dass seine Wertung dann anders ausfallen könne, wenn das Ausscheiden auf Gründen beruhe, die der aufnehmende Arzt zu verantworten habe und der **Verbleib in der Gemeinschaftspraxis für den Aufgenommenen unzumutbar** sei. In diesem Zusammenhang drängt sich die Frage auf, ob die Hinauskündigung während einer rechtmäßig vereinbarten Kennenlernphase zum Verlust der Vertragsarztzulassung für die Praxis führt. Richtigerweise wird man die Verpflichtung zur Durchführung des Nachbesetzungsverfahrens auch im Falle einer Hinauskündigung während der Kennenlernphase als zulässig ansehen müssen, sofern der ausscheidende Gesellschafter die Vertragsarztzulassung von einem Vorgänger aus der Praxis übernommen hat. Eine derartige Vereinbarung ist weder sittenwidrig noch verletzt sie den Ausscheidenden in seinem Grundrecht aus Art. 12 Abs. 1 GG. Häufig kennen sich die Gesellschafter vor dem Zusammenschluss nicht oder nur unzureichend. Dem Bestand der Praxis ist dabei im Interesse einer **unternehmenserhaltenden Bewertung** eindeutig der Vorzug vor den Interessen des Hinausgekündigten zu geben. Falls der Hinausgekündigte Gesellschaftsanteile entgeltlich erworben hat, sollte der Abfindungsanspruch allerdings zeitgleich oder zumindest zeitnah mit dem Ausscheidenszeitpunkt fällig werden.

In Fällen, in denen der Ausscheidende von seiner Vertragsarztzulassung keinen Gebrauch machen kann – z. B. Eintritt von Berufsunfähigkeit, Tod, Wegzug aus dem Planungsbereich –, bestehen gegen die Wirksamkeit von Mitwirkungsklauseln an der Nachbesetzung keine Bedenken, wonach das Ausschreibungsrecht jedenfalls dem/den verbleibenden Gesellschafter(n) zusteht.

Letztlich hängt die Beantwortung vieler Fragen davon ab, ob man die Interessen des einzelnen Vertragsarztes an seiner Berufsausübungsfreiheit höher einstuft als diejenigen der Berufsausübungsgemeinschaft und deren Gesellschafter. Insoweit sollte nicht unberücksichtigt bleiben, dass der beitretende Gesellschafter die gesellschaftsvertragliche Verpflichtung zur Durchführung des Nachbesetzungsverfahrens im Falle des Ausscheidens bei Vertragsabschluss akzeptiert hat. Er hat damit – teilweise – auf seine individuelle Rechtsposition zugunsten der Berufsausübungsgemeinschaft in zulässigem Umfang verzichtet. Ob demgegenüber ein Interessenausgleich durch Zahlung einer Karenzentschädigung erforderlich ist, erscheint fraglich.

Dass die vorzunehmende Wertung im Einzelfall aufgrund besonderer Umstände zu dem Ergebnis führen kann, die Verpflichtung zur Mitwirkung an der Nachbesetzung sei unbillig (§ 242 BGB), bedarf keiner besonderen Hervorhebung. Insofern ist insbesondere an Situationen zu denken, in denen der Ausscheidende seine eigene Vertragsarztzulassung „mitgebracht" hat.

PRAXISHINWEISE:

Bei Gestaltung des Gesellschaftsvertrages empfiehlt es sich, die Verpflichtung zur Mitwirkung an der Nachbesetzung mit einer **Vertragsstrafe** zu unterlegen.

o) Regelungen zu Anstellungsgenehmigungen

Die Anstellungsgenehmigung wird arzt- und nicht gesellschaftsbezogen erteilt. Im Falle der Ausschreibung eines Vertragsarztsitzes, an welchen eine Arztstelle/Anstellungsgenehmigung gekoppelt ist, ist die Arztstelle von der Ausschreibung mit umfasst, da die Praxis ansonsten in der bisherigen Weise nicht fortgeführt werden könnte (SG Marburg, Urt. v. 14.1.2009 – S 12 KA 507/08, GesR 2009 S. 248). Scheidet ein Vertragsarzt aus einer Gemeinschaftspraxis aus, nimmt er die Genehmigung zur Arztanstellung – unabhängig von einer hiervon ggf. abweichenden arbeitsrechtlichen Beurteilung – mit.

Ebenso wenig wie eine Vertragsarztzulassung wirksam Gegenstand eines Kaufvertrages sein kann, ist es möglich, die vertragsärztliche Zuordnung auf Gesellschafterebene zu ändern. Eine entsprechende Regelung wäre nichtig. Da die Gemeinschaftspraxis häufig den Aufwand für den Erwerb einer Praxis und die hiermit einhergehende Umwandlung einer Vertragsarztzulassung in eine Arztstelle getragen hat, bieten sich gesellschaftsvertragliche Regelungen an, wonach der Inhaber der Arztstelle für den Fall seines Ausscheidens verpflichtet ist, gegenüber den Zulassungsgremien daran mitzuwirken, dass eine Neuzuordnung der Arztstelle an einen Gesellschafter der fortgeführten Gemeinschaftspraxis erfolgt.

p) Vereinbarungen zum Regelleistungsvolumen (RLV)

Ab dem 1.1.2009 erfolgt die Vergütung im KV-System auf der Grundlage von RLV. Da viele Praxen in erheblichem Umfang gesetzlich versicherte Patienten betreuen, ist die Anzahl sowie die Höhe der RLV von elementarer Bedeutung für das wirtschaftliche Ergebnis der Praxis. Grundsätzlich können die arztbezogenen RLV einer Berufsausübungsgemeinschaft – dies gilt zumindest für die innerhalb eines KV-Bereichs liegenden Betriebsstätten – miteinander verrechnet werden.

Scheidet ein Gesellschafter aus der ohne ihn fortgeführten Berufsausübungsgemeinschaft aus mit dem Ziel, sich anderweitig niederzulassen, stellt sich die Frage, ob er „sein" RLV zwangsläufig „mitnimmt" oder ob individualvertraglich Abweichendes bestimmt werden kann.

Die Vorgaben der einzelnen Honorarverteilungsverträge (HVV) zu den Folgen bei Änderungen im Gesellschafterbestand sind uneinheitlich. Teilweise wird die Gesamtfallzahl der Praxis durch die Anzahl der Ärzte dividiert (so in Bayern). In Nordrhein behält im Falle der Trennung jeder Arzt das ihm zugewiesene RLV, ohne dass der HVV die Möglichkeit zur individuellen Regelung einräumt. Demgegenüber besteht etwa im Bereich der KV Baden-Württemberg bei arztgruppen- und schwerpunktgleichen Berufsausübungsgemeinschaften die Möglichkeit zur einvernehmlichen Aufteilung.

Häufig ist ein sachliches Bedürfnis für individuelle Regelungen aufgrund unterschiedlicher Leistungsbeiträge der Gesellschafter anzuerkennen. Die Zuordnung des Behandlungsfalls ausschließlich zu dem die Untersuchung/Behandlung durchführenden Arzt ist z. B. dann sachwidrig, wenn sich sein Partner mehr um die organisatorischen und wirtschaftlichen Praxisbelange kümmert.

Vor diesem Hintergrund kann es sachgerecht sein, Regelungen zur Aufteilung der RLV in den Gesellschaftsvertrag aufzunehmen. Da die HVV in den kommenden Jahren ständig angepasst werden, ist damit zu rechnen, dass die KVen zunehmend das Bedürfnis für individualvertragliche Absprachen anerkennen und – sofern noch nicht erfolgt – entsprechende Bestimmungen in ihren HVV einfügen.

Fehlt für eine Aufteilungsmöglichkeit die Rechtsgrundlage, kann daran gedacht werden, über finanzielle Regelungen einen Ausgleich zu schaffen. Eine zu starke Beschränkung des RLV kann jedoch zu einer Aushöhlung des Vertragsarztstatus führen und unter dem Aspekt der Kündigungsbeschränkung (§ 723 Abs. 3 BGB) sowie der Sittenwidrigkeit (§ 138 BGB) zur Unwirksamkeit der Vertragsbestimmung führen.

q) Nachvertragliches Wettbewerbsverbot

Nachvertragliche Wettbewerbsverbote unter Ärzten sind **prinzipiell zulässig**. Die Gemeinschaftspraxis kann ein erhebliches Interesse daran haben zu verhindern, dass Patienten, die die Grundlage des wirtschaftlichen Erfolgs bilden, abgezogen werden und damit die Existenzgrundlage der Gesellschaft beeinträchtigt wird.

Wettbewerbsverbote erfordern grundsätzlich eine ausdrückliche Vereinbarung. Wegen ihrer einschneidenden Auswirkungen auf die grundrechtlich gewährleistete Berufsfreiheit können sie nach § 138 BGB i. V. m. Art. 12 Abs. 1 GG unwirksam sein, wenn sie nicht durch ein schutzwürdiges Interesse des Berechtigten gerechtfertigt sind und das erforderliche Maß in **gegenständlicher, örtlicher** und **zeitlicher Hinsicht** überschreiten (vgl. BGH v. 18.7.2005 – II ZR 159/03, NJW 2005 S. 3061 m. w. N.).

Während bei Rechtsanwälten und Steuerberatern Mandantenschutzklauseln anerkannt sind, dürften entsprechende Klauseln – insbesondere bezogen auf gesetzlich versicherte Patienten wegen der insofern grundsätzlich bestehenden Behandlungspflicht – im ärztlichen Bereich nichtig sein. Das Wettbewerbsverbot darf allerdings nicht dazu eingesetzt werden, den früheren Mitgesellschafter als Wettbewerber auszuschalten. Der Wunsch, den ausgeschlossenen Gesellschafter einer **besonderen Sanktion** zu unterwerfen, rechtfertigt nicht, die räumlichen, gegenständlichen und zeitlichen Grenzen eines nachvertraglichen Wettbewerbsverbotes auszuweiten.

aa) Gegenständliche (sachliche) Grenzen

Bei Bestimmung der gegenständlichen Grenzen ist das Interesse des Berechtigten an Unterbindung der Konkurrenztätigkeit in besonderem Maße zu überprüfen. Es darf nur der tatsächlich gegebenen Gefahr von Wettbewerb begegnet werden. Unzulässig ist z. B. eine Klausel, die einem aus einer ausschließlich im ambulanten Bereich tätigen Gemeinschaftspraxis ausscheidenden Gesellschafter eine Tätigkeit im stationären Bereich (Krankenhaus) verbieten würde. Verfügt ein Gesellschafter über mehrere Facharztbezeichnungen, darf das Wettbewerbsverbot nur den Bereich der ärztlichen Tätigkeit umfassen, mit welchem der Gesellschafter in der Gemeinschaftspraxis tätig ist.

Eine unzulässige gegenständliche Überschreitung führt zur Nichtigkeit des gesamten Wettbewerbsverbots; eine **geltungserhaltende Reduktion** findet nicht statt.

bb) Zeitliche Grenze

Die zulässige Dauer eines Wettbewerbsverbots lässt sich nicht mit starren Grenzen festlegen. Zu berücksichtigen ist u. a., wie lange die Gesellschafter zusammengearbeitet haben. Der Bundesgerichtshof hat die zeitliche Obergrenze allerdings auf **zwei Jahre** festgelegt (v. 29.9.2003 – II ZR 59/02, NJW 2004 S. 66).

Ein lediglich in zeitlicher Hinsicht übermäßiges Verbot wird von der Rechtsprechung **geltungserhaltend reduziert**.

cc) Örtliche Grenzen

Die räumlichen Grenzen eines rechtmäßigen Wettbewerbsverbots hängen von dem jeweiligen **Einzugsbereich** der Praxis ab. Dieser ist bei einer großstädtischen Allgemeinarztpraxis geringer und regelmäßig auf den betreffenden Stadtteil begrenzt. Der Einzugsbereich einer Facharztpraxis im ländlichen Bereich wird regelmäßig deutlich größer sein. Bei Laborärzten und Pathologen, die mittels ihres Botendienstes einen überörtlichen Einzugsbereich abdecken, kann die Verbotszone deutlich umfassender sein.

Kilometerangaben in der Wettbewerbsklausel werden als Luftlinie ausgelegt. Verstößt ein Wettbewerbsverbot gegen die zulässigen räumlichen Grenzen, erfolgt **keine geltungserhaltende Reduktion**. Das gesamte Wettbewerbsverbot ist dann **unwirksam**.

dd) Ausnahmen

Unter **Verhältnismäßigkeitsaspekten** sollten Ausnahmen von der strikten Unterlassungsverpflichtung etwa für eine zeitlich beschränkte Vertreterzeit vorgesehen werden.

ee) Auswirkungen auf den Abfindungsanspruch

Wettbewerbsverbote ohne Karenzentschädigung i. S. d. § 74 Abs. 2 HGB sind zulässig. Ein Wettbewerbsverbot ohne Zahlung einer Abfindung ist problematisch und bedarf zumindest der besonderen Rechtfertigung im Einzelfall.

Andererseits ist die Abfindung für den immateriellen Wert ein Ausgleich für den zu unterlassenden Wettbewerb. Auch wenn ein ausdrückliches Wettbewerbsverbot nicht vereinbart wurde, kann die inhaltliche Ausgestaltung der Abfindungsregelung die Pflicht zur Unterlassung von Konkurrenztätigkeit begründen. Die Aufnahme von Wettbewerb führt dann zum teilweisen oder vollständigen **Verlust des Abfindungsanspruchs** für den immateriellen Wert. Gesellschaftsvertraglich kann allerdings eine Begünstigung des Ausgeschiedenen vereinbart werden, dass dieser eine Abfindung für den anteiligen immateriellen Wert erhält und – zusätzlich – den Zugriff auf den Patientenstamm behält, sich mithin im Einzugsbereich der Praxis niederlassen darf.

ff) Beschäftigungsverbot

Bei der Vertragsgestaltung ist daran zu denken, ein ausdrückliches Verbot aufzunehmen, wonach es dem Ausscheidenden untersagt ist, für einen bestimmten Zeitraum Personal der bisherigen Praxis abzuwerben.

gg) Vertragsstrafe

Ein Wettbewerbsverbot ohne Vertragsstrafe ist ein schwaches Instrument. Die Vertragsstrafe muss angemessen sein, da sie ansonsten durch ein Gericht herabgesetzt werden kann (§ 343 BGB).

§ 340 Abs. 1 Satz 1 BGB gibt dem Gläubiger ein Wahlrecht, ob er die Vertragsstrafe verlangt oder den Unterlassungsanspruch geltend macht. Vertragsstrafe neben Unterlassung kann nach der Vorstellung des Gesetzgebers mithin nicht verlangt werden! Allerdings ist die Vorschrift dispositiv.

PRAXISHINWEISE:

Vorsorglich sollte eine Regelung in den Gesellschaftsvertrag aufgenommen werden, wonach die Vertragsstrafe und **zusätzlich Unterlassung oder Schadensersatz wegen Nichterfüllung** (teilweise pauschaliert) verlangt werden können. Im Einzelfall kann die Gesamtwürdigung der vereinbarten Rechtsfolgen allerdings zu dem Ergebnis gelangen, dass ein Verstoß gegen §§ 242, 138 BGB vorliegt.

---

r) Abfindungsanspruch

Die Rechtsfolgen des Ausscheidens aus der BGB-Gesellschaft ergeben sich aus den §§ 738 bis 740 BGB, sofern ein Ausscheiden mit Anwachsungsfolge bei dem oder den verbleibenden Gesellschaftern vorliegt. Bei fehlender anderslautender Regelung findet die Anwachsung im Verhältnis der bestehenden Gesellschaftsbeteiligung statt. Erfolgt das Ausscheiden auf der Grundlage der Anteilsübertragung, finden §§ 738 f. BGB keine Anwendung.

Seit Anerkennung der Rechtsfähigkeit der GbR ist es allgemein anerkannt, dass **Schuldner des Abfindungsanspruchs die Gesellschaft** ist. Die Gesellschafter haften gesamtschuldnerisch für die Erfüllung des Abfindungsanspruchs. Die Bestimmungen der §§ 738 bis 740 BGB enthalten weitestgehend dispositives Recht. Grenzen für die Beschränkung des Abfindungsanspruchs ergeben sich aus § 138 BGB sowie aus § 723 Abs. 3 BGB, wonach die Abfindungsmodalitäten nicht die Wirkung einer **kündigungsbeschränkenden Klausel** haben dürfen. Bei Berufsausübungsgemeinschaften ist festzustellen, dass – zumal in zulassungsbeschränkten Fachgebieten – der ideelle Praxiswert deutlich höher ist als der materielle. Um insofern zu praktikablen Ansätzen für die Bewertung des materiellen Vermögens zu gelangen, werden nicht selten die um einen bestimmten Prozentsatz erhöhten Buchwerte zugrunde gelegt. Hinsichtlich der Bewertung des immateriellen Praxiswerts (Goodwill) wird häufig ein bestimmter Prozentsatz des gewichteten Gewinns oder Umsatzes zugrunde gelegt. Derartige statische Berechnungsmethoden haben den Vorteil der Planungssicherheit, vermögen indes aufgrund ihrer Vergangenheitsbezogenheit zukünftige Entwicklungen kaum zu berücksichtigen.

Alternativ kommt die **Bewertung durch Sachverständige** in Betracht. Angesichts der beschränkten Anzahl von öffentlich bestellten und vereidigten Sachverständigen für die Bewertung von Arztpraxen ist nicht selten mit einer mehrmonatigen Bearbeitungsdauer zu rechnen.

Gesellschaftsvertraglich wird häufig eine **Realteilung hinsichtlich des ideellen Praxiswerts** vorgenommen. Lässt sich der ausscheidende Gesellschafter im Einzugsbereich der Praxis nieder, wird fingiert, dass er seine ehemaligen Patienten auch zukünftig betreuen wird und hierdurch seinen anteiligen Goodwill realisiert. Nach Goette (Vorsitzender des für Gesellschaftsrecht zuständigen BGH-Senats), MedR 2002 S. 5, geht die Überzeugung seines Senats dahin, „dass die Teilung der Sachwerte und das rechtlich nicht eingeschränkte Werben um die bisherigen Patienten, Klienten oder Mandanten der Sozietät die „natürliche Art der Auseinandersetzung" einer solchen Partnerschaft ist." Zwischen Abfindungsanspruch und Wettbewerbsverbot bestehe eine Wechselbeziehung: Der Ausgeschiedene könne nicht eine Abfindung beanspruchen und darüber hinaus seine Patienten „mitnehmen". Goette: „Man kann den Kuchen nicht essen und zugleich behalten wollen."

Enthält der Gesellschaftsvertrag kein Wettbewerbsverbot und lässt sich der ausscheidende Gesellschafter im Einzugsbereich der Praxis nieder, **erlischt der Anspruch auf Abfindung für den anteiligen immateriellen Wert** (BGH v. 8.5.2000 – II ZR 308/98, NJW 2000 S. 2584). Bestimmt der Gesellschaftsvertrag, dass der Abfindungsanspruch für den anteiligen immateriellen Wert entfällt, wenn sich der ausscheidende Gesellschafter innerhalb der vereinbarten Wettbewerbszone niederlässt, sind die verbleibenden Gesellschafter nicht berechtigt, die Abfindung für den anteiligen immateriellen Praxiswert zu kürzen, wenn die Niederlassung knapp außerhalb der vertraglich vereinbarten Wettbewerbszone erfolgt.

Von der Rechtsprechung bisher nicht geklärt ist die Frage, ob durch die Chance, Patienten mitnehmen zu können, der gesetzliche Abfindungsanspruch ersetzt werden kann. Grundsätzlich wird man von der Zulässigkeit einer derartigen Klausel ausgehen können. Etwas anderes gilt für den Fall des Ausscheidens wegen Berufsunfähigkeit, aus Altersgründen oder wegen Todes, da der Ausscheidende durch den faktischen Abfindungsausschluss unbillig benachteiligt wird.

s) Ausscheidensbilanz

Die Feststellung des Abfindungsanspruchs ist häufig mit tatsächlichen und rechtlichen Komplikationen verbunden. Für den Ausscheidenden regelmäßig nachteilig ist der **Grundsatz der Gesamtabrechnung**. Die Forderungen der Gesellschaft gegen den Ausgeschiedenen sowie dessen Forderungen gegen die Gesellschaft werden unselbständige Rechnungspositionen in der Bilanz und können grundsätzlich nicht selbständig geltend gemacht werden. Etwas anderes gilt nur dann, wenn feststeht, dass ein Gesellschafter einen Anspruch auf einen bestimmten Betrag hat.

Sämtliche Gesellschafter – einschließlich des Ausgeschiedenen – haben das Recht, an der Erstellung der Ausscheidensbilanz mitzuwirken. Die Pflicht zur Aufstellung der Abschichtungsbilanz trifft nach herrschender Meinung die Gesellschaft, da diese Schuldnerin des

Abfindungsanspruchs ist. Im Falle des Ausscheidens des vorletzten Gesellschafters aus einer zweigliedrigen BGB-Gesellschaft müsste angesichts der kraft Gesetzes eintretenden Gesamtrechtsnachfolge die Verpflichtung zur Aufstellung der Ausscheidensbilanz den verbleibenden Gesellschafter treffen. Die **Feststellung der Abschichtungsbilanz** ist durch die Gesellschaft bzw. den allein verbleibenden Gesellschafter und den Ausgeschiedenen als Berechtigten des Abfindungsanspruchs vorzunehmen. Bei Streit über Grund und/oder Höhe des Abfindungsanspruchs wird eine einvernehmliche Feststellung der Abschichtungsbilanz häufig scheitern. Anerkannt ist, dass der Ausgeschiedene den Anspruch auf Zahlung der Abfindung klageweise ohne vorherige Feststellung der Bilanz geltend machen kann. Im Rahmen der zu erhebenden Leistungsklage muss der ausgeschiedene Gesellschafter substantiiert darlegen, aus welchen Gründen die vorgelegte Bilanz falsch ist. Kommt die Gesellschaft trotz Aufforderung mit der Erstellung der Abschichtungsbilanz in Verzug, kann der Ausgeschiedene Leistungsklage auf Aufstellung der Bilanz erheben. Die Klage kann im Wege der **Stufenklage** nach § 254 ZPO mit Geltendmachung des Abfindungsanspruchs verbunden werden.

Der Abfindungsanspruch entsteht im **Ausscheidenszeitpunkt**. Wann der Abfindungsanspruch fällig wird, ist höchstrichterlich bisher nicht geklärt. Vieles spricht dafür, die Fälligkeit – ebenfalls – mit dem Ausscheiden eintreten zu lassen (vgl. § 271 BGB). Teilweise wird vertreten, dass die Fälligkeit erst mit Berechenbarkeit des Abfindungsanspruchs eintritt. Viele Gemeinschaftspraxisverträge enthalten im Interesse der Liquidität der verbleibenden Gesellschafter Regelungen, wonach Teilbeträge zu unterschiedlichen Zeitpunkten fällig werden. Dabei ist zu bedenken, dass die **Steuerpflicht von derartigen Stundungsabreden unabhängig** ist (vgl. § 16 Abs. 2 EStG i. V. m. R 4.5 EStR). Die erste Teilrate sollte deshalb zumindest in Höhe der zu erwartenden Steuern vereinbart werden. Weiterhin kann es sich empfehlen, laufende monatliche Zahlungen in Höhe eines zu bestimmenden Prozentsatzes des bisherigen monatlichen Gewinnvorabs zu vereinbaren, um den finanziellen Interessen des Ausgeschiedenen bzw. dessen Rechtsnachfolgern Rechnung zu tragen. Je länger die Fälligkeit hinausgeschoben wird, desto eher ist eine **Verpflichtung zur Verzinsung** vorzusehen.

t) Ehevertrag

Gesellschaftsverträge insbesondere kapitalintensiver Gemeinschaftspraxen verlangen häufig von den am Gesellschaftsvermögen beteiligten Gesellschaftern den Abschluss eines Ehevertrages, durch welchen die Zugewinnansprüche des jeweiligen Partners, zumindest bezogen auf den Gesellschaftsanteil an der Gemeinschaftspraxis (sog. **modifizierter Zugewinnausgleich**), ausgeschlossen werden. Naturgemäß gibt es in der Praxis eine Vielzahl von Gestaltungsmöglichkeiten.

Als Alternative wird die Vereinbarung einer notariell beurkundeten Vollstreckungsverzichtserklärung vorgeschlagen, in welcher sich der Partner zur Unterlassung von Vollstreckungsmaßnahmen in den Gesellschaftsanteil oder in Rechte aus der Mitgliedschaft verpflichtet. Ein effektiver Schutz hängt allerdings davon ab, dass der Anspruch ebenfalls nicht an Dritte abgetreten werden darf!

Bei Eheverträgen ist zu beachten, dass die Parteien nicht volle Vertragsfreiheit genießen. Der Bundesgerichtshof (v. 11.2.2004 – XII ZR 265/02, NJW 2004 S. 930) hat in Umsetzung mehrerer Entscheidungen des Bundesverfassungsgerichts eine **zweistufige Kontrolle** von Eheverträgen entwickelt: Zunächst wird geprüft, ob die Vereinbarung bereits zum Zeitpunkt des Zustandekommens zu einer einseitigen Lastenverteilung im Scheidungsfall führt, wobei eine Gesamtwürdigung vorzunehmen ist. In einem zweiten Schritt wird geprüft, ob und inwieweit ein Partner seine durch den Vertrag eingeräumte Rechtsmacht missbraucht, wenn er sich auf die vertraglichen Regelungen beruft; dabei sind die Verhältnisse im Zeitpunkt der Scheidung maßgeblich.

PRAXISHINWEISE:

Eheverträgen sollte eine Präambel vorangestellt werden, in der die Gründe für den teilweisen Ausschluss der gesetzlichen Regelungen festgehalten sind, um dem Gericht im Streitfall die Ausgangslage darstellen zu können. Darüber hinaus ist zu empfehlen, für den teilweisen Ausschluss des Zugewinns einen adäquaten materiellen Ausgleich vorzusehen.

---

u) Schiedsgutachten

Strikt von Schiedsklauseln sind **Schiedsgutachterklauseln** gem. § 317 BGB zu unterscheiden. Der Schiedsgutachter hat nicht – wie das Schiedsgericht – einen Rechtsstreit zu entscheiden, sondern eine rechtsgestaltende Leistungsbestimmung/-anpassung vorzunehmen oder Tatsachen verbindlich festzustellen.

Im Rahmen eines gesellschaftsrechtlichen Zusammenschlusses von Ärzten sind Schiedsgutachten mit Feststellungswirkung (sog. Schiedsgutachten im engeren Sinne) – hierauf beschränken sich die nachfolgenden Ausführungen – zu folgenden Fragestellungen besonders relevant:

► Wert von medizinischen Geräten, Inventarstücken etc.,

► Wert eines Gesellschaftsanteils,

► Berechnung eines Schadens,

► Feststellung der Berufsunfähigkeit.

Ein Schiedsgutachten wird im Rahmen einer Auseinandersetzung nur dann erstellt, wenn die Parteien eine – auch formfrei abzuschließende – Schiedsgutachtenvereinbarung getroffen haben. Die Parteien müssen sich hinsichtlich der Person des Schiedsgutachters oder eines dessen Auswahl regelnden Verfahrensmodus – z. B. Bestellung durch einen hierzu geeigneten und bereiten Dritten – einigen. Bei Benennung einer konkreten Person sollte dem Umstand Rechnung getragen werden, dass der ursprünglich Benannte zur Erstellung des Gutachtens nicht mehr in der Lage sein könnte. Abzuraten ist von einer Kombination aus Funktion und Person (z. B. „der Steuerberater der Berufsausübungsgemeinschaft, Herr Dr. A."), da das spätere Auseinanderfallen von Funktion und Person ungeklärt ist. Soll auch eine juristische Personen – z. B. Steuerberatungsgesellschaften – als Schiedsgutachter in Betracht kommen, empfiehlt sich insoweit eine Klarstellung, die auch – zumindest der Funktion nach – regelt, welche natürliche Person das Schiedsgutachten erstellt.

Insbesondere bei Bewertungsfragen ist es sinnvoll, einen von der Industrie- und Handelskammer bestellten und öffentlich vereidigten Sachverständigen zu beauftragen. In Betracht kommt auch die Einschaltung eines Wirtschaftsprüfers oder Steuerberaters, die dann allerdings die speziellen Marktverhältnisse kennen und über besondere Erfahrungen auf dem Gebiet ärztlicher Kooperationen verfügen sollten.

In ärztlichen Kooperationsverträgen findet sich im Zusammenhang mit den Abfindungsregelungen häufig die Bestimmung, dass über die Höhe des Praxiswerts ein Sachverständiger abschließende Feststellungen zu treffen hat. Wird der Abfindungsanspruch eingeklagt in der Erwartung, die Einholung des Bewertungsgutachtens erfolge durch das Gericht, läuft der Kläger Gefahr, dass die Klage als zurzeit unbegründet abgewiesen wird.

Zwischen den Parteien und dem Schiedsgutachter ist ein Schiedsgutachtervertrag abzuschließen, bei dem es sich um einen dem Schiedsrichtervertrag ähnlichen Geschäftsbesorgungsvertrag handelt. Er kann formlos geschlossen werden.

Die Beauftragung des Schiedsgutachters durch eine Partei ist unschädlich, wenn klargestellt wird, dass das Schiedsgutachten für beide Parteien zu erstellen ist.

Der Schiedsgutachter ist in der Gestaltung des Verfahrens grundsätzlich frei. Allerdings sind die Parteien berechtigt, einvernehmlich Voraussetzungen festzulegen, die den Schiedsgutachter bei der Verfahrensdurchführung (z. B. Abhaltung einer mündlichen Verhandlung) oder der Ausübung des Ermessens (z. B. Vorgabe von Bewertungskriterien wie „Bestimmung des Praxiswerts nach dem modifizierten Ertragswertverfahren") binden. Darüber hinaus können sie die Verfahrensstruktur konkretisieren (z. B. Fristen, Anforderungen an Schriftsätze und Beweismittel, Kostentragung, Vorschusszahlungen). Im Falle der Befangenheit des Schiedsgutachters kann der Schiedsgutachtervertrag aus wichtigem Grund gekündigt werden; eine Ablehnung des Schiedsgutachters ist nach herrschender Meinung ausgeschlossen.

Die Kosten des Schiedsgutachters sind regelmäßig von den Parteien hälftig als Gesamtschuldner zu tragen. Dies erscheint in den Fällen ungerecht, in denen die Parteien im Vorfeld unterschiedliche Vorstellungen hinsichtlich der Höhe des zu bestimmenden Leistungsinhalts geäußert haben und der Schiedsgutachter die Auffassung der einen Partei ganz oder zum überwiegenden Teil bestätigt. Insofern kann es sachgerecht sein zu vereinbaren, dass die Parteien verpflichtet sind, im Vorfeld ihre Vorstellungen zur Höhe des zu bestimmenden Leistungsinhalts zu konkretisieren und die Kosten des Schiedsgutachters den Parteien nach dem Verhältnis des Unterliegens entsprechend den §§ 91 f. ZPO zuzurechnen.

Liegt den Parteien das Gutachten vor, ist das Arsenal der Angriffsmöglichkeiten beschränkt. Insofern bestimmt § 319 Abs. 1 Satz 1 BGB:

„Soll der Dritte die Leistung nach billigem Ermessen bestimmen, so ist die getroffene Bestimmung für die Vertragsschließenden nicht verbindlich, wenn sie offenbar unbillig ist."

Offenbar unbillig ist das Schiedsgutachten, wenn die Leistungsbestimmung in grober Weise gegen Treu und Glauben verstößt und sich die Unrichtigkeit einem sachkundigen Betrachter sofort aufdrängt. Wesentlich ist, dass der Schiedsgutachter die Tatbestandselemente zutreffend festgestellt und sein Ergebnis transparent begründet hat. Heben sich Fehler – wie bei Praxisbewertungen durchaus möglich – auf, liegt keine offenbare Unrichtigkeit vor. Toleranzgrenzen von 20 % bis 25 % sind ohnehin zu akzeptieren.

Die Partei, die sich auf die offenbare Unrichtigkeit der Leistungsbestimmung beruft, muss in dem von ihr angestrengten Klageverfahren diejenigen Tatsachen vortragen, aus denen sich dem Sachkundigen die Erkenntnis offenbarer Unrichtigkeit aufdrängt.

v) Schlichtung

aa) Vorbemerkung

Bereits bei der Vertragsverhandlung sollte mit den Parteien erörtert werden, wie eventuell auftretende Streitigkeiten gelöst werden sollen. Dabei ist darauf hinzuweisen, dass die Ursachen für Auseinandersetzungen vielfältig sein können.

Erfahrungsgemäß beruhen Konflikte nicht selten auf Kommunikationsstörungen der Beteiligten. Von daher ist es nicht immer sinnvoll, Streitigkeiten sofort durch Einschaltung von Gerichten klären zu wollen. Dies gilt insbesondere, wenn die Beteiligten noch für längere Zeit zusammenarbeiten müssen. Allerdings ist zu bedenken, dass die Durchführung eines Schlichtungsversuchs Zeit und Geld kostet. Niemand kann im Übrigen rechtlich gezwungen werden, konstruktiv an einer Problemlösung mitzuwirken.

Wird trotz Schlichtungsvereinbarung sofort Klage erhoben, ist diese als derzeit unzulässig abzuweisen (§ 1032 Abs. 1).

bb) Schlichtung durch die Ärztekammer

Sowohl im ärztlichen als auch im zahnärztlichen Bereich enthalten die Satzungen einzelner Kammern Vorgaben zur Bildung von Schlichtungsausschüssen (oftmals anders genannt), auf deren Grundlage Schlichtungsordnungen erlassen wurden, die das Verfahren detailliert regeln. In der Praxis wird von der Einleitung förmlicher kollegialer Schlichtungsverfahren nur äußerst zurückhaltend Gebrauch gemacht.

Einige Ärztekammern bieten ihren Mitgliedern die Möglichkeit zur Durchführung kollegialer Schlichtungsgespräche unter Beteiligung des Justitiars und/oder eines Arztes an. Der Verfahrensablauf ist informell, die Vorbereitung durch den Austausch umfassender Schriftsätze eher unüblich. Vorzugswürdig sind derartige Verfahren, wenn der Kern der Auseinandersetzung eher im ärztlichen Miteinander oder im Atmosphärischen liegt. Der Schlichter verfügt regelmäßig aufgrund seiner Berufstätigkeit über eine besondere Nähe zu Fragen der ärztlichen Berufsausübung sowie über Kenntnisse und Erfahrungen zur „spezifisch ärztlichen Mentalität". Für Lösungen komplexerer gesellschaftsrechtlicher Fragestellungen – wie z. B. die Berechnung des Kapitalkontostandes eines ausgeschiedenen Gesellschafters – ist das Verfahren im Regelfall weniger geeignet. Es kann insofern sogar kontraproduktiv sein, da möglicherweise eine in der Sache unzutreffende Vorfestlegung erfolgt. Im Übrigen hängt die Bearbeitungstiefe naturgemäß von der Person des jeweiligen Schlichters ab.

cc) Mediation

In Deutschland spielt die Mediation bei der Streitbeilegung im Wirtschaftsleben und auch bei der Konfliktlösung unter Ärzten aus Gesellschafts- oder sonstigen Verträgen allerdings bisher noch keine deutlich wahrnehmbare Rolle. Dies mag auch daran liegen, dass das Verfahren als solches gesetzlich lediglich ansatzweise geregelt ist und über die Qualifikation des Mediators und die Effizienz einer Mediation oftmals Unklarheit herrscht. Dies wird sich zukünftig mit großer Wahrscheinlichkeit ändern.

Am 23.4.2008 hat das Europäische Parlament die „Richtlinie über bestimmte Aspekte der Mediation in Zivil- und Handelssachen" verabschiedet; die Richtlinie ist inzwischen als Richtlinie 2008/52/EG in Kraft getreten. Ziel dieser Richtlinie ist, den Zugang zur alternativen Streitbeilegung zu erleichtern und die gütliche Beilegung von Rechtsstreitigkeiten zu fördern (Art. 1). Art. 3 Buchst. a der Richtlinie definiert die Mediation als

„... strukturiertes Verfahren ..., in dem zwei oder mehr Streitparteien mit Hilfe eines Mediators auf freiwilliger Basis selbst versuchen, eine Vereinbarung über die Beilegung ihrer Streitigkeiten zu erzielen."

Mediator ist gem. Art. 3 Buchst. b der Richtlinie

„... eine dritte Person, die ersucht wird, eine Mediation auf wirksame, unparteiische und sachkundige Weise durchzuführen, unabhängig von ihrer Bezeichnung oder ihrem Beruf in dem betreffenden Mitgliedsstaat und der Art und Weise, in der sie für die Durchführung der Mediation benannt oder mit dieser betraut wurde."

Die Ausbildung zum Mediator ist (derzeit) gesetzlich nicht geregelt. Bezeichnet sich ein Rechtsanwalt als Mediator, muss er die in § 7a BORA genannten Voraussetzungen erfüllen, um nicht wettbewerbswidrig zu handeln.

Bei der Mediation handelt es sich um ein in jeder Hinsicht freiwilliges Verfahren, denn niemand kann zur Teilnahme und erst recht nicht zu einer Einigung gezwungen werden. Die Parteien müssen die Durchführung der Mediation vereinbaren.

Die Mediationsvereinbarung kann verbindlich oder unverbindlich ausgestaltet werden. Die unverbindliche Mediationsvereinbarung informiert über die Möglichkeit dieser außergerichtlichen Streitbeilegung und hat keine Auswirkungen auf die Zulässigkeit einer Klage. Verbindliche Mediationsklauseln entfalten einen dilatorischen Klageverzicht. Eine gleichwohl erhobene Klage müsste als derzeit unzulässig abgewiesen werden. Maßnahmen des vorläufigen Rechtsschutzes bleiben jedoch zulässig. Auf Verfahrensordnungen von Mediationsvereinigungen kann verwiesen werden. Eine Mediationsvereinbarung entfaltet Mitwirkungspflichten. Die Vertragsparteien haben sich durch deren Abschluss – rechtlich verbindlich – zur aktiven Mitwirkung an einer außergerichtlichen Streiterledigung verpflichtet. Als Sanktionsmechanismus könnte die vertragliche Bestimmung aufgenommen werden, dass die Partei, die sich weigert, an der Verfahrensdurchführung mitzuwirken, zumindest die Kosten eines eventuellen Folgeprozesses zu tragen hat. Verschärfend könnte das Rechtsschutzbedürfnis für ein Klageverfahren verneint werden.

Bei Abschluss einer verbindlichen Mediationsklausel ist entsprechend § 1031 ZPO die Schriftform – bei Verbrauchern in einer separaten Urkunde – einzuhalten.

Es empfiehlt sich, bereits in der Mediationsabrede ein Verfahren zur Auswahl des Mediators vorzusehen. Insofern sollte bedacht werden, dass der Mediator die ärztliche Denkweise ebenso kennen sollte wie die branchentypischen Verhältnisse. Viele gesellschaftsrechtliche Streitigkeiten sind nur vor dem Hintergrund der überregulierten und durch Zulassungs- und Abrechnungsbeschränkungen geprägten Rahmenbedingungen zu verstehen.

w) Schiedsgerichtsverfahren

aa) Grundsätzliches

Die private Schiedsgerichtsbarkeit ist das Resultat konsequent realisierter Privatautonomie. Der Schiedsspruch hat unter den Parteien die Wirkung eines rechtskräftigen gerichtlichen Urteils (§ 1055 ZPO). Aus § 1041 Abs. 1 Satz 2 ZPO folgt, dass das Schiedsgericht, sofern die Parteien nichts anderes vereinbart haben, auch vorläufige und sichernde Maßnahmen anordnen kann. Zwischen Staatsgericht und Schiedsgericht besteht insofern ein **Konkurrenzverhältnis**.

bb) Schiedsvereinbarung

Wollen die Parteien die Zuständigkeit eines Schiedsgerichts herbeiführen, müssen sie unter Beachtung der in § 1031 ZPO normierten Form eine **Schiedsvereinbarung** (Oberbegriff für Schiedsabrede und Schiedsklausel) treffen (§ 1029 Abs. 1 BGB). Diese entzieht den staatlichen Gerichten die Entscheidungsbefugnis und überträgt sie den Schiedsrichtern.

Ein Arzt, der einen Vertrag zum Eintritt in eine Gemeinschaftspraxis unterschreibt, ist kein Verbraucher i. S. d. § 13 BGB. Existenzgründer sind Unternehmer i. S. d. § 14 BGB. Eine Schiedsvereinbarung bedarf deshalb keiner besonderen, von den Parteien unterzeichneten Urkunde, die nur auf das schiedsrichterliche Verfahren bezogene Vereinbarungen enthält. Es genügt vielmehr eine Schiedsklausel im Gemeinschaftspraxisvertrag.

Die sachliche Reichweite einer Schiedsvereinbarung erfasst bei Streitigkeiten aus dem Gesellschaftsverhältnis im Zweifel auch ausgeschiedene Gesellschafter.

Enthält die Schiedsvereinbarung keine weiteren Bestimmungen zur Verfahrensdurchführung, gelten die §§ 1025 ff. ZPO.

cc) Zusammensetzung des Schiedsgerichts

Die Parteien können die Anzahl der Schiedsrichter bestimmen. Fehlt eine solche Vereinbarung, setzt sich das Schiedsgericht aus **drei Personen** zusammen (§ 1034 Abs. 1 ZPO).

Ein aus einem **Einzelschiedsrichter** bestehendes Schiedsgericht kann im Interesse der Kostenminimierung sowie der Beschleunigung insbesondere in tatsächlich und rechtlich überschaubaren Fällen sinnvoll sein.

Von zentraler Bedeutung sowohl für die Effizienz des Verfahrens als auch dessen Akzeptanz bei den Parteien ist die Zusammensetzung des Schiedsgerichts.

Bei der Auswahl der Schiedsrichter (auch: Beisitzer) haben die Parteien grundsätzlich ein **unbeschränktes Bestimmungsrecht** hinsichtlich „ihres" Schiedsrichters. Zulässig ist die Vereinbarung, wonach die Schiedsrichter durch **Dritte** ernannt werden.

In aus einer Vielzahl von Ärzten bestehenden Berufsausübungsgemeinschaften können sich Probleme bei der Schiedsrichterbestellung auf der Beklagtenseite insbesondere dann ergeben, wenn ein in den Status des Gesellschafters eingreifender Gesellschafterbeschluss angefochten wird (**Problem des Mehrparteienschiedsgerichts**). Ungeklärt ist, ob sich die Klage gegen die Gesellschaft oder die Gesellschafter zu richten hat. Vieles spricht dafür, dass – mangels abweichender gesellschaftsvertraglicher Regelung – allein die Mitgesellschafter als notwendige Streitgenossen zu verklagen sind. Die beklagten Gesellschafter sind verpflichtet, sich auf einen Schiedsrichter zu einigen. Unterbleibt die Einigung, erfolgt die Benennung durch das staatliche Gericht.

Das Gesetz schreibt **keine besondere Qualifikation** der Schiedsrichter – insbesondere nicht die Befähigung zum Richteramt – vor, so dass auch Personen ohne Rechtskenntnisse bestellt werden können.

dd) Verfahrensgrundsätze

Grundsätzlich unterliegt der Verfahrensablauf der Parteiherrschaft (§ 1042 Abs. 3 ZPO). Regelmäßig erfolgt die konkrete Ausgestaltung der Verfahrensmodalitäten durch die Schiedsvereinbarung und/oder durch den Schiedsrichtervertrag.

Wesentlich ist § 1042 Abs. 1 ZPO. Hiernach sind die Parteien gleich zu behandeln. Jeder Partei ist rechtliches Gehör zu gewähren. Es ist selbstverständlich, dass sämtliche Schriftsätze, Dokumente und sonstige Mitteilungen, die dem Schiedsgericht von einer Partei vorgelegt werden, der anderen Partei zur Kenntnis zu bringen sind.

Regelmäßig wird die Einleitung des Schiedsgerichts verbunden mit der Bestellung des „eigenen Schiedsrichters" und der Aufforderung an die andere Partei, ebenfalls einen Schiedsrichter zu benennen. Nach Konstituierung des Schiedsgerichts erfolgt innerhalb der vereinbarten oder durch das Schiedsgericht bestimmten Frist die Klageerhebung (§ 1046 ZPO). Der Kläger hat seinen Anspruch und die ihn tragenden Tatsachen, darzulegen. Es ist sachgerecht, die in § 253 ZPO genannten Anforderungen zu beachten. § 1046 Abs. 1 S. 1 ZPO verpflichtet den Beklagten, zu der Klageschrift Stellung zu nehmen. Dies betrifft insbesondere den Tatsachenvortrag (§ 276 ZPO).

Ein Versäumnisurteil ist dem Schiedsverfahrensrecht fremd! Erscheint eine Partei nicht zur mündlichen Verhandlung, kann das Schiedsgericht den Schiedsspruch nach Lage der Akten erlassen.

§ 1047 Abs. 1 ZPO sieht vor, dass das Schiedsgericht vorbehaltlich einer Vereinbarung der Parteien entscheidet, ob eine mündliche Verhandlung durchgeführt wird oder eine Entscheidung auf der Grundlage von Dokumenten oder anderen Unterlagen erfolgt. Bei Auseinandersetzungen in ärztlichen Kooperationen ist eine mündliche Verhandlung geradezu obligat, da ein wesentliches Ziel des schiedsgerichtlichen Verfahrens in der Herbeiführung einer einvernehmlichen Erledigung liegt.

Die mündliche Verhandlung ist parteiöffentlich. Jede Partei darf sich durch Dritte (z. B. Berater) begleiten lassen.

Im schiedsgerichtlichen Verfahren können die Beweismittel wie im staatlichen gerichtlichen Verfahren genutzt werden (z. B. Augenschein, Urkunden, Sachverständigengutachten, Zeugen, Parteivernehmung).

Praxisrelevant ist der Zeugenbeweis. Das Schiedsgericht ist berechtigt, Zeugen zu laden. Häufig stellt die beweisbelastete Partei den von ihr genannten Zeugen zum Beweistermin. Weigert sich der Zeuge zu erscheinen, kann das Schiedsgericht die Unterstützung durch das zuständige Amtsgericht beantragen (§ 1050 ZPO). Dies gilt auch für den Fall der Vereidigung eines Zeugen. Das Schiedsgericht und die Parteien sind berechtigt, an der Sitzung des Amtsgerichts teilzunehmen und Fragen zu stellen.

ee) Verfahrensbeendigung

Es kommen mehrere Arten der Verfahrensbeendigung in Betracht.

(1) Beendigung durch Beschluss

Reicht der Schiedskläger die Schiedsklage nicht ein, stellt das Schiedsgericht die Verfahrensbeendigung durch Beschluss fest (§ 1056 Abs. 2 Nr. 1 Buchst. a ZPO).

Gleiches gilt im Falle der Klagerücknahme, sofern nicht der Beklagte widerspricht und das Schiedsgericht ein berechtigtes Interesse des Beklagten an der endgültigen Beilegung der Streitigkeit anerkennt (§ 1056 Abs. 2 Nr. 1 Buchst. b ZPO).

In der Praxis relevant – insbesondere nach Zugang der Kostenvorschussrechnung des Schiedsgerichts – ist die außergerichtliche Einigung. Auch in dieser Konstellation stellt das Schiedsgericht die Beendigung des Verfahrens durch Beschluss fest (§ 1056 Abs. 2 Nr. 2 ZPO).

Vereinbaren die Parteien nicht etwas anderes, entscheidet das Schiedsgericht in dem Beschluss über die Kosten des Verfahrens (§ 1057 ZPO).

(2) Beendigung durch Schiedsspruch

Die ZPO kennt keine Anerkenntnis- oder Versäumnisschiedssprüche.

§ 1052 Abs. 1 ZPO geht davon aus, dass das Schiedsgericht seine Entscheidung mit der Mehrheit der Stimmen aller Mitglieder trifft. Die Schiedsvereinbarung kann Einstimmigkeit vorsehen.

Der Schiedsspruch ist schriftlich zu erlassen und durch den oder die Schiedsrichter zu unterschreiben (§ 1054 Abs. 1 ZPO) und jeder Partei zu übermitteln. Grundsätzlich ist jeder Schiedsspruch zu begründen (§ 1054 Abs. 2 ZPO). Hiervon abweichende Parteivereinbarungen sind zulässig.

Einem Schiedsspruch kommt unter den Parteien die Wirkung eines rechtskräftigen gerichtlichen Urteils zu (§ 1055 ZPO).

(3) Beendigung durch Schiedsspruch mit vereinbartem Wortlaut

Viele Schiedsverfahren finden eine vergleichsweise Erledigung. Auf Antrag der Parteien hält das Schiedsgericht den Vergleich in Form eines Schiedsspruchs mit vereinbartem Wortlaut fest (§ 1053 Abs. 1 Satz 2 ZPO). Das Schiedsgericht kann den Parteien bei der Formulierung Hilfestellung gewähren. Häufig ist der Schiedsspruch mit vereinbartem Wortlaut das Resultat langwieriger Vergleichsverhandlungen und wird durch das Schiedsgericht maßgeblich initiiert.

Der Schiedsspruch mit vereinbartem Wortlaut entfaltet die Wirksamkeit eines Schiedsspruchs. Eine Begründung muss er nicht enthalten.

ff) Gerichtliche Überprüfung

Sofern die Parteien nichts anderes vereinbart haben, ist das Schiedsgerichtsverfahren einstufig. In einem einstufigen Verfahren kann gegen einen Schiedsspruch nur der **Antrag auf dessen Aufhebung** gestellt werden (§ 1059 Abs. 1 ZPO). Zuständig ist das OLG, welches in der Schiedsvereinbarung bezeichnet ist, oder, wenn eine solche Bezeichnung fehlt, das OLG, in dessen Bezirk der Ort des schiedsrichterlichen Verfahrens liegt (§ 1062 Abs. 1 ZPO). Der Schiedsspruch kann nur aus den in § 1059 Abs. 2 ZPO genannten Gründen aufgehoben werden (Beispiel: Partei hat Schiedsabrede nicht abgeschlossen; Schiedsabrede erfasst den Streitgegenstand nicht; Verletzung des Rechts auf Gehör).

Das Aufhebungsverfahren ist **kein allgemeines Rechtsmittelverfahren**. Aus inhaltlichen Gründen erfolgt eine Aufhebung des Schiedsspruchs nur, wenn dessen Anerkennung oder Vollstreckung zu einem Ergebnis führt, welches der öffentlichen Ordnung (ordre public) widerspricht (§ 1059 Abs. 2 Nr. 2 Buchst. a ZPO). Dies ist nur in extremen Ausnahmefällen und nur dann anzunehmen, wenn die Akzeptanz des Schiedsspruchs unerträglich wäre.

gg) Vollstreckbarkeit

Schiedssprüche bedürfen, um als Grundlage der Zwangsvollstreckung zu dienen, der staatlichen Anerkennung durch Vollstreckbarerklärung (§ 1060 Abs. 1 ZPO). Zuständig ist das in der Schiedsvereinbarung bezeichnete OLG. Mangels Parteivereinbarung ist das OLG zuständig, in dessen Bezirk der Ort des schiedsrichterlichen Verfahrens liegt (§ 1062 Abs. 1 Nr. 4 ZPO).

Eine Überprüfung des Schiedsspruchs auf inhaltliche Richtigkeit erfolgt nicht. Etwas anderes gilt nur dann, wenn die Vollstreckung des Schiedsspruchs zu einem Ergebnis führt, das der öffentlichen Ordnung (ordre public) widerspricht (§§ 1063 Abs. 2, 1059 Abs. 2 Nr. 2 Buchst. a ZPO).

hh) Pros und Contras

Die Zweckmäßigkeit einer Schiedsgerichtsvereinbarung in Gemeinschaftspraxisverträgen ist umstritten.

Vorteile:

▶ Nichtöffentlichkeit,

▶ abschließende Entscheidung,

▶ Sachkunde,

▶ Beschleunigung,

▶ hohe Vergleichsquote.

Nachteile:

▶ hohe Kosten,

▶ keine gerichtliche Korrekturmöglichkeit.

x) Schriftformklausel

Sinnvoll ist die Vereinbarung einer Schriftformklausel. Hierbei ist zu beachten, dass zumindest die einfache Schriftformklausel („Vertragsänderungen bedürfen der Schriftform.") durch eine abweichende Praxis ersetzt werden kann.

Bei einer doppelten Schriftformklausel („Vertragsänderungen bedürfen der Schriftform. Dies gilt auch für die Aufhebung des Schriftformerfordernisses.") müssen zusätzliche Elemente hinzukommen, um eine Vertragsänderung durch eine abweichende Praxis, d. h. stillschweigend, anzunehmen. Erforderlich ist, dass die Parteien ihren Willen, trotz der Schriftformklausel den Vertrag ändern zu wollen, deutlich zum Ausdruck bringen, eine abweichende Praxis reicht hierfür alleine nicht aus.

y) Bedingungen

Für die vertragsärztlich tätige Gemeinschaftspraxis ist die (vorherige) Genehmigung durch den Zulassungsausschuss (§ 33 Abs. 2 Ärzte-ZV) erforderlich. Da Gemeinschaftspraxen ihre Tätigkeit nicht selten vor Eintritt der Bestandskraft des Genehmigungsbescheides aufnehmen, bedarf es insofern der Vereinbarung einer – aufschiebenden – Bedingung. Da der Bedingungseintritt nicht sicher ist, sollte bestimmt werden, dass die Gesellschafter sich im Innenverhältnis wirtschaftlich so stellen, als sei die Bedingung eingetreten.

Neben der bestandskräftigen Genehmigung der Gemeinschaftspraxis kommen als Bedingungen u. a. in Betracht:

▶ Bestandskraft einer Zulassung,

▶ Bestandskraft einer Verlegungsgenehmigung,

▶ Bestandskraft von Abrechnungsgenehmigungen,

▶ Teilnahmemöglichkeit an Strukturverträgen,

▶ Zustandekommen eines Anteilskaufvertrages,

▶ Finanzierungszusage,

▶ Zustandekommen eines Praxismietvertrages.

z) Salvatorische Klausel

Keinesfalls fehlen darf eine sog. salvatorische Klausel. Hierdurch versuchen die Parteien, ein in Teilen nichtiges Rechtsgeschäft in den nicht von der Nichtigkeit erfassten Teilen zu retten. Die Vereinbarung einer Erhaltens- oder Ersetzungsklausel entbindet nicht von der nach § 139 BGB vorzunehmenden Prüfung, ob die Parteien das teilnichtige Geschäft als

Ganzes verworfen oder den Rest hätten gelten lassen. Die Darlegungs- und Beweislast trifft dabei die Partei, die den Vertrag entgegen der Erhaltensklausel als Ganzes für unwirksam hält.

4. Steuerliche Aspekte

Literatur:

Schulze zur Wiesche, Die Einlage in eine atypisch stille Gesellschaft und die Einlage als Sonderbetriebsvermögen als Einbringungsvorgänge i. S. d. § 24 UmwStG, DB 1986 S. 1744; *Hörger/Stöbbe*, Die Zuordnung stiller Reserven beim Ausscheiden eines Gesellschafters einer Personengesellschaft – Modifizierte Stufentheorie –, DStR 1991 S. 1230; *Richter*, Praxisfragen bei Wiederaufnahme bzw. geringfügiger Fortsetzung der Steuerberatertätigkeit nach Praxisveräußerung, DStR 1998 S. 442; *Märkle*, Die Übertragung eines Bruchteils eines Gesellschaftsanteils bei vorhandenem Sonderbetriebsvermögen, DStR 2001 S. 685; *Ehlers*, Praxisveräußerungen und Sozietätsgründungen in ertragsteuerlicher Sicht, NWB F. 3 S. 12201 ff.; *Spindler*, Der „Gesamtplan" in der Rechtsprechung des BFH, DStR 2005 S. 1; *Korn/Strahl*, Freiberufliche Tätigkeit im Steuerrecht, NWB F. 3 S. 13417 ff.; *Rogall/ Stangl*, Die unentgeltliche Übertragung von Mitunternehmeranteilen und Teilmitunternehmeranteilen mit Sonderbetriebsvermögen, DStR 2005 S. 1073; *Klein*, Zweifelsfragen zu Übertragungsakten nach § 6 Abs. 3 EStG, NWB F. 3 S. 13771; *Korn*, Brennpunkte zur Einnahmenüberschussrechnung nach § 4 Abs. 3 EStG, KÖSDI 2/2006 S. 14968; *Rogall*, Steuerneutrale Bar- und Sachabfindung beim Ausscheiden aus Personengesellschaften – zum Verhältnis von § 6 Abs. 5 EStG zu § 16 EStG, DStR 2006 S. 731; *Michels/Ketteler-Eising*, Ertragsteuerliche Behandlung des Kaufpreises für Kassenarztpraxen, DStR 2006 S. 961; *Michels/Ketteler-Eising*, Die Vertragsarztzulassung als praxiswertbildender Faktor – Kritik an der Verfügung der OFD Koblenz vom 12.12.2005 (DStR 2008, 610), DStR 2008 S. 314; *Ghirardini*, Übertragung von Wirtschaftsgütern, NWB direkt Nr. 40 S. 6; *Gragert*, Ertragsteuerliche Behandlung der integrierten Versorgung im Gesundheitswesen, NWB F. 3 S. 14239; *Korn*, Einbringung in Personengesellschaften nach § 24 UmwStG, NWB F. 18 S. 4417; *Brandenberg*, Steuerschonende Übertragung bei Personengesellschaften, NWB F. 3, S. 15317.

a) Grundsätze zur Besteuerung der Gemeinschaftspraxis

aa) Allgemeine Hinweise zur Besteuerung von Ärzten

Der Arzt in eigener Praxis unterliegt als natürliche Person mit Wohnsitz oder gewöhnlichem Aufenthalt im Inland nach § 1 Abs. 1 Satz 1 EStG der Einkommensteuer. Die selbständige Berufstätigkeit als Arzt und die arztähnliche selbständige Berufstätigkeit gehört dabei zur **freiberuflichen Tätigkeit i. S. d. § 18 Abs. 1 Nr. 1 EStG** und führt zu Einkünften aus selbständiger Arbeit.

Einen Heil- oder Heilhilfsberuf übt derjenige aus, dessen Tätigkeit der Feststellung, Heilung oder Linderung von Krankheiten, Leiden oder Körperschäden beim Menschen dient. Dazu gehören auch Leistungen der vorbeugenden Gesundheitspflege. Soweit **Heil- oder Heilhilfsberufe** nicht zu den Katalogberufen Arzt oder Zahnarzt zählen, ist ein solcher Beruf einem der in § 18 Abs. 1 Nr. 1 Satz 2 EStG genannten **Katalogberufen ähnlich**, wenn das typische Bild des Katalogberufs mit seinen wesentlichen Merkmalen dem Gesamtbild des zu beurteilenden Berufes vergleichbar ist. Dazu gehört die Vergleichbarkeit der jeweils ausgeübten Tätigkeit nach den charakterisierenden Merkmalen, die Vergleichbarkeit der Ausbildung und die Vergleichbarkeit der Bedingungen, an die das Gesetz die Ausübung des zu vergleichenden Berufes knüpft; z. B. Altenpfleger, Ergotherapeuten, Logopäden, staatlich geprüfte Masseure, Podologen, Rettungsassistenten oder Zahnpraktiker. Die Zulassung des jeweiligen Steuerpflichtigen bzw. die regelmäßige Zulassung seiner Berufsgruppe nach § 124 Abs. 2 SGB V durch die zuständigen Stellen der gesetzlichen Krankenkassen stellt ein ausreichendes Indiz für das Vorliegen einer dem Katalogberuf ähnlichen Ausbildung, Erlaubnis und Tätigkeit i. S. d. § 18 Abs. 1 Nr. 1 EStG dar (BMF v. 22.10.2004 – IV B 2 – S 2246 – 3/04, BStBl 2004 I S. 1030).

Ein Angehöriger eines freien Berufes in diesem Sinne ist nach § 18 Abs. 1 Nr. 1 Satz 3 EStG auch dann freiberuflich tätig, wenn er sich der **Mithilfe fachlich vorgebildeter Arbeitskräfte** bedient; Voraussetzung ist, dass der Arzt weiterhin aufgrund eigener Fachkenntnisse **leitend und eigenverantwortlich** tätig wird (sog. **Stempeltheorie;** H 15.6 EStH – „Mithilfe anderer Personen"). Dies ist nach den Umständen des Einzelfalls zu beurteilen und kann nicht exakt und allgemein gültig festgelegt werden. Hierfür sind die Praxisstruktur, die individuellen Kapazitäten des Arztes, das in der Praxis anfallende Leistungsspektrum und die Qualifikation der Mitarbeiter zu berücksichtigen (vgl. ausführlich S. 297 ff.). Eine freiberufliche Tätigkeit liegt im Einzelfall beispielsweise dann nicht vor, wenn die Zahl der vorgebildeten Arbeitskräfte und die Zahl der täglich anfallenden Untersuchungen eine Eigenverantwortlichkeit ausschließen. Hiervon betroffen sind z. B. die Bereiche der Labormedizin oder andere ärztliche „Massenarbeit" (BMF v. 12.2.2009 – IV C 6 – S 2246/08/10001, BStBl 2009 I S. 398).

Übt der Einzelarzt neben seiner freiberuflichen Tätigkeit noch eine gewerbliche Tätigkeit aus, so sind die Tätigkeiten nach der steuerlichen Rechtsprechung zu trennen, sofern dies nach der Verkehrsauffassung möglich ist. Nur die anteiligen Einkünfte aus der gewerblichen Tätigkeit unterliegen dann der Gewerbesteuer. Dies gilt auch dann, wenn sachliche und wirtschaftliche Bezugspunkte zwischen den verschiedenen Tätigkeiten bestehen (BFH v. 8.10.2008 – VIII R 53/07, BStBl 2009 II S. 143; vgl. auch H 15.6 EStH „Gemischte Tätigkeit"). Handelt es sich aber um Tätigkeiten, die so miteinander verflochten sind und sich gegenseitig so unlösbar bedingen, dass sie nach der Verkehrsauffassung nicht zu trennen sind, weil z. B. dem Patienten gegenüber ein einheitlicher Erfolg geschuldet wird, so ist die Tätigkeit insgesamt einheitlich zu beurteilen. Eine solche einheitliche Tätigkeit ist dann steuerlich danach zu qualifizieren, ob das freiberufliche oder das gewerbliche Element vorherrscht (BFH v. 18.10.2006 – XI R 10/06, BStBl 2008 II S. 54, m. w. N.). So ist z. B. eine Impfung unter gleichzeitiger Abgabe der Impfstoffe noch als einheitliche freiberufliche Leistung zu beurteilen (vgl. OFD Frankfurt v. 16.6.2008 – S 2246 A – 33 – St 210, DB 2008 S. 2109). Auch bei der Annahme einer gewerblichen Tätigkeit infolge der schädlichen Mithilfe fachlich vorgebildeter Arbeitskräfte kommt eine Trennung nach diesen

Grundsätzen in Betracht, z. B. bei einem getrennten Patientenklientel, abgrenzbaren Aufträgen und insbesondere einer örtlichen Trennung (vgl. BFH v. 8.10.2008 – VIII R 53/07, BStBl II 2009 S. 143; BFH v. 25.10.1963 – IV 373/60 U, BStBl 1963 III S. 595). Bei Gemeinschaftspraxen dagegen ist eine Trennung nicht möglich (BFH v. 4.7.2007 – VIII R 77/05, BFH/NV 2008 S. 53).

Typische Beispiele für eine gewerbliche Tätigkeit sind der **Verkauf von Kontaktlinsen nebst Pflegemittel** durch Augenärzte, der **Verkauf von Nahrungsergänzungsmitteln oder Zahnpflegeprodukten**, Leistungen der **häuslichen Pflegehilfe** durch Krankenschwestern/ Krankenpfleger, **Massagen und Pediküren** bei Fußpflegern oder das **medizinische Gerätetraining durch Krankengymnasten** (zu unterscheiden von der ärztlich verordneten gerätegestützten Krankengymnastik; OFD München v. 11.6.2004 – S 2246 – 37 St 41/42, DStR 2004 S. 1963).

bb) Besteuerung der Gemeinschaftspraxis

Die Gemeinschaftspraxis als Personengesellschaft unterliegt selbst weder der Einkommensteuerpflicht (nach § 1 EStG sind natürliche Personen einkommensteuerpflichtig) noch der Körperschaftsteuerpflicht (nach § 1 KStG sind juristische Personen körperschaftsteuerpflichtig). Zu den Einkünften natürlicher Personen gehören nach § 15 Abs. 1 Satz 1 Nr. 2 EStG (i. V. m. § 18 Abs. 4 Satz 2 EStG) vielmehr die Gewinnanteile der Gesellschafter einer Personengesellschaft, bei der der Gesellschafter als Unternehmer (Mitunternehmer) des Betriebes anzusehen ist. Die Feststellung der Gewinnanteile der einzelnen Mitunternehmer erfordert eine **einheitliche und gesonderte Feststellung von Besteuerungsgrundlagen** nach § 180 Abs. 1 Nr. 2a AO.

Mitunternehmer i. S. d. § 15 Abs. 1 Satz 1 Nr. 2 EStG (i. V. m. § 18 Abs. 4 Satz 2 EStG) ist, wer zivilrechtlich Gesellschafter einer Personengesellschaft ist und eine gewisse **unternehmerische Initiative** („Mitunternehmerinitiative") entfalten kann sowie **unternehmerisches Risiko** („Mitunternehmerrisiko") trägt. Beide Merkmale können im Einzelfall mehr oder weniger ausgeprägt sein (H 15.8 EStH „Allgemeines" m. w. N.). Der Umfang des steuerlichen Betriebsvermögens und der Betriebseinnahmen und -ausgaben bestimmt sich nach § 18 Abs. 4 Satz 2 i. V. m. § 15 Abs. 1 Satz 1 Nr. 2 EStG und umfasst das Gesamthandvermögen und das Sonderbetriebsvermögen. Wirtschaftsgüter, die einem, mehreren oder allen Mitunternehmern gehören und die nicht Gesamthandvermögen der Mitunternehmer der Personengesellschaft sind, gehören zum **notwendigen (Sonder-)Betriebsvermögen,** wenn sie entweder unmittelbar dem Betrieb der Personengesellschaft dienen oder unmittelbar zur Begründung oder Stärkung der Beteiligung des Mitunternehmers an der Personengesellschaft eingesetzt werden sollen (R 4.2 Abs. 2 Satz 2 EStR 2005). Somit gehört z. B. die Praxisimmobilie, die einem Gesellschafter gehört und die dieser an seine Gemeinschaftspraxis vermietet, ebenso zum notwendigen Sonderbetriebsvermögen der Gemeinschaftspraxis wie auch der Praxis-PKW, den der Arzt zu mehr als 50 % betrieblich nutzt.

Schließen sich Ärzte als Angehörige eines freien Berufes zu einer Gemeinschaftspraxis zusammen, erzielen diese nur dann freiberufliche Einkünfte, wenn **alle Gesellschafter die Merkmale eines freien Berufes erfüllen.** Kein Gesellschafter darf nur kapitalmäßig beteiligt sein oder im Rahmen der Gesellschaft Tätigkeiten ausüben, die keine freiberuflichen sind. Auch die Beteiligung einer Kapitalgesellschaft führt zur **Gewerblichkeit,** denn eine Kapitalgesellschaft kann die Merkmale eines freien Berufes nicht erfüllen, weil ihre Tätigkeit nach § 2 Abs. 2 Satz 1 GewStG stets als Gewerbebetrieb gilt (BFH v. 3.12.2003 – IV B 192/03, BStBl 2004 II S. 303). Dies gilt selbst dann, wenn sämtliche Gesellschafter der Kapitalgesellschaft wiederum natürliche Personen sind, die die Voraussetzungen eines freien Berufes erfüllen (BFH v. 8.4.2008 – VIII R 73/05, BStBl 2008 II S. 681; BFH v. 3.12.2003 – IV B 192/03, BStBl 2004 II S. 303), wie z. B. eine MVZ-GmbH, deren Gesellschafter ausschließlich Ärzte sind.

Auch wenn alle Gesellschafter einer Gemeinschaftspraxis die Merkmale eines freien Berufes erfüllen und in der Gemeinschaftspraxis grundsätzlich eine freiberufliche ärztliche Tätigkeit ausüben, kann eine Gemeinschaftspraxis zum Gewerbebetrieb werden, wenn entweder im Rahmen der Gemeinschaftspraxis auch eine gewerbliche Tätigkeit ausgeübt wird (1. Alternative) oder die Gemeinschaftspraxis als Mitunternehmer gewerbliche Einkünfte aus einer Beteiligung an einer anderen Personengesellschaft bezieht (2. Alternative).

Nach § 15 Abs. 3 Nr. 1 EStG gilt die Tätigkeit einer Gemeinschaftspraxis in der **ersten Alternative** dann in vollem Umfang als Gewerbebetrieb, wenn **auch eine Tätigkeit i. S. d. § 15 Abs. 1 Satz 1 Nr. 1 EStG, d. h. auch eine gewerbliche Tätigkeit** ausgeübt wird (sog. **gewerbliche Infizierung** oder Abfärbung). Es ist dabei zunächst unerheblich, welchen Umfang die gewerblichen Einkünfte im Verhältnis zu den freiberuflichen Einkünften einnehmen. Allerdings greift die Umqualifizierung des § 15 Abs. 3 Nr. 1 EStG jedenfalls bei einem Anteil der originär gewerblichen Tätigkeit von 1,25 % der Gesamtumsätze (**Geringfügigkeitsgrenze**) nicht ein (H 15.8 EStR 2005 „Geringfügige gewerbliche Tätigkeit" mit Hinweis auf BFH v. 11.8.1999 – XI R 12/98, BStBl 2000 II S. 229). In der Literatur werden aber auch höhere Geringfügigkeitsgrenzen gewerblicher Einnahmen – bezogen auf den Gesamtumsatz von maximal 2–3% bis hin zu 5 % bis 10 % und dagegen auch eine betragsmäßig absolute Geringfügigkeitsgrenze bezogen auf den Gewinn maximal in Höhe des Gewerbesteuerfreibetrages von 24.500 € – diskutiert, wobei Letzteres von Teilen der Literatur und der Rechtsprechung offenbar abgelehnt wird (Korn/Strahl, Freiberufliche Tätigkeit im Steuerrecht, NWB F. 3 S. 13417 ff.; Schmidt/Wacker, EStG 2008, § 15 Rn. 188 m. w. N.; Stuhrmann/Blümich, EStG – KStG – GewStG Stand Oktober 2008, EStG § 15 Rn. 228; FG Münster v. 19.6.2008 – 8 K 4272/06 G, EFG 2008 S. 1975 m. w. N. = maximal

5 % des Gesamtumsatzes und keine absolute Gewinngrenze). In einem Verfahren zur Aussetzung der Vollziehung ging der IV. Senat des BFH bei summarischer Prüfung jedenfalls davon aus, dass bei einem gewerblichen Umsatzanteil in den Streitjahren von bis zu 2,81 % des Gesamtumsatzes (aus land- und forstwirtschaftlichem Betrieb) die Rechtsfolge der gewerblichen Abfärbung des § 15 Abs. 3 Nr. 1 EStG nicht eintritt (BFH v. 8.3.2004 – IV B 212/03, BFH/NV 2004 S. 954). Die abschließende Entscheidung – auch in Bezug auf die absolute betragsmäßige Begrenzung – bleibt allerdings dem Hauptverfahren vorbehalten; kritisch dagegen äußert sich der I. Senat des BFH zur Geringfügigkeitsgrenze und ablehnend bei einem gewerblichen Anteil am Gewinn von 6,27 % (BFH v. 10.8.1994 – I R 133/93, BStBl 1995 II S. 171). Die Grenzziehung einer nur geringfügigen gewerblichen Betätigung, die nicht zur gewerblichen Abfärbung nach § 15 Abs. 3 Nr. 1 EStG führt, ist daher offen.

Ist der Umfang der gewerblichen Tätigkeit in der Gemeinschaftspraxis nicht mehr als geringfügig anzusehen, führen diese gewerblichen Einkünfte als **Folge der Infizierung** zur **Umqualifizierung sämtlicher Einkünfte** der Gemeinschaftspraxis in solche aus Gewerbebetrieb. Auch die Einkünfte aus der ärztlichen Tätigkeit unterliegen dann der Gewerbesteuer. (Diese Umqualifizierung verstößt nicht gegen den Gleichheitssatz des Grundgesetzes (BVerfG v. 15.1.2008 – 1 BvL 2/04, DB 2008 S. 1243).)

PRAXISHINWEISE:

Zur **Vermeidung der gewerblichen Infizierung** durch eine gewerbliche Tätigkeit ist die Gründung einer gesonderten **gewerblichen (beteiligungsidentischen) GbR** unter Berücksichtigung eines entsprechenden formalen Vorgehens **anerkannt** (BMF v. 14.5.1997 – IV B 4 – S 2246 – 23/97, BStBl 1997 I S. 566; BFH v. 19.2.1998, IV R 11/97, BStBl 1998 II S. 603). Besondere Vorsicht ist allerdings auch im Falle gesonderter GbRs geboten, wenn die freiberufliche Gemeinschaftspraxis der gewerblichen GbR Wirtschaftsgüter, z. B. Einrichtungsgegenstände, zur Nutzung gegen Entgelt überlässt. In einem solchen Fall besteht die **Gefahr einer mitunternehmerischen Betriebsaufspaltung.**

PRAXISHINWEISE:

Vermietet eine Personengesellschaft, hier die Gemeinschaftspraxis, Betriebsvermögen gegen Entgelt oder Teilentgelt an eine ganz oder mehrheitlich personenidentische Personengesellschaft (Schwestergesellschaft), hier die gewerbliche GbR, ist die vermietende Personengesellschaft als dann gewerbliche Besitzgesellschaft im Rahmen einer mitunternehmerischen Betriebsaufspaltung anzusehen. Die gesamten Einkünfte der Gemeinschaftspraxis wären wiederum als gewerblich anzusehen. Fälle einer unentgeltlichen Überlassung von Wirtschaftsgütern sind hiervon nicht betroffen.

> Bei einer entsprechenden Gestaltung ist darauf zu achten, dass Einlagen in die gewerbliche GbR nicht als verdecktes Entgelt gewertet werden können (vgl. ausführlich BMF v. 28.4.1998 – IV B 2 – S 2241 – 42/98, BStBl 1998 I S. 583).

Ein besonderes, verdecktes Gefahrenpotenzial bilden im Zusammenhang mit der gewerblichen Infizierung auch Verträge zur integrierten Versorgung. In den Fällen der **integrierten Versorgung nach §§ 140a ff. SGB V** werden u. a. zwischen dem Arzt und einer Krankenkasse Verträge abgeschlossen, nach denen die Krankenkasse dem Arzt für die Behandlung der Patienten eine Fallpauschale zahlt, die je nach Vereinbarung in Einzelfällen sowohl die medizinische Betreuung als auch die Abgabe von Arzneien und Hilfsmitteln abdeckt. Diese Fallpauschalen können damit Vergütungen sowohl für freiberufliche ärztliche Tätigkeiten als auch für gewerbliche Tätigkeiten (Abgabe von Arzneimitteln und Hilfsmitteln) umfassen. Nach der aktuellen Auffassung des Bundesfinanzministeriums (BMF v. 1.6.2006 – IV B 2 – S 2240 – 33/06, DB 2006 S. 1763) kommt es in den Fällen der integrierten Versorgung, bei denen die Fallpauschale auch für die Abgabe von Arzneimitteln und Hilfsmitteln gezahlt wird, zu einer gewerblichen Infizierung der gesamten Tätigkeit der Gemeinschaftspraxen nach § 15 Abs. 3 Nr. 1 EStG, sofern die von der Rechtsprechung aufgestellte Geringfügigkeitsgrenze überschritten ist. Werden im Rahmen der integrierten Versorgung jedoch Hilfsmittel verwendet, ohne deren Einsatz die ärztliche Heilbehandlung nicht möglich wäre, wie z. B. bei Einsatz künstlicher Hüftgelenke, künstlicher Augenlinsen sowie sonstiger Implantate und Verbrauchsmaterialien, so sind diese derart eng mit der eigentlichen Behandlung verbunden, dass deren Abgabe nicht selbständig betrachtet werden kann, sondern als Bestandteil der ärztlichen Gesamtleistung gesehen werden muss. Insoweit erbringt der Arzt eine einheitliche, heilberufliche Leistung, bei der die Abgabe von Hilfsmitteln und Medikamenten einen unselbständigen Teil der Heilbehandlung darstellt und eine gewerbliche Tätigkeit, die eine gewerbliche Infizierung herbeiführen würde, nicht gegeben ist (OFD Frankfurt a.M. v. 28.2.2007 – S 2241 A – 65 – St 213, DB 2007 S. 1282).

Nach § 15 Abs. 3 Nr. 1 EStG gilt die Tätigkeit einer Gemeinschaftspraxis in der **zweiten Alternative** ebenfalls in vollem Umfang als Gewerbebetrieb, wenn die Gesellschaft **Einkünfte i. S. d. § 15 Abs. 1 Satz 1 Nr. 2 EStG, d. h. gewerbliche Einkünfte als Mitunternehmer einer anderen Personengesellschaft**, bezieht. Beteiligt sich eine im Grundsatz freiberufliche Gemeinschaftspraxis (Obergesellschaft) unmittelbar als Gesellschafter einer anderen Personengesellschaft (Untergesellschaft) mit entsprechender Mitunternehmerinitiative und Mitunternehmerrisiko und erzielt die andere Personengesellschaft gewerbliche Einkünfte, führt die Beteiligung an den gewerblichen Einkünften zur Gewerblichkeit der Gemeinschaftspraxis.

BEISPIEL: ➤ Eine radiologische Gemeinschaftspraxis mit drei Gesellschaftern beteiligt sich direkt als Gesellschafterin an einer Mammographie-Screening-GbR und erzielt entsprechende anteilige Einkünfte im Gesamthandsbereich aus der Beteiligung. Im Rahmen einer steuerlichen Betriebsprüfung wird festgestellt, dass die Mammographie-Screening-GbR als gewerblich und nicht als freiberuflich anzusehen ist, weil an der Mammographie-Screening-GbR eine MVZ-GmbH beteiligt ist und damit ein Gesellschafter die Merkmale eines freien Berufes als notwendige Voraussetzung für die Freiberuflichkeit nicht erfüllt. Die radiologische Gemeinschaftspraxis erzielt somit gewerbliche Einkünfte aus der Beteiligung an der Mammographie-Screening-GbR. Dies führt zur Infektion/Abfärbung auf die gesamte radiologische Gemeinschaftspraxis, die somit insgesamt gewerbliche Einkünfte erzielt.

PRAXISHINWEISE:

Zur **Vermeidung der gewerblichen Infizierung** durch eine gewerbliche Beteiligung ist die Verlagerung der Beteiligung auf die Ebene der Gesellschafter der Personengesellschaft anerkannt. **Gewerbliche Einkünfte im Sonderbetriebsbereich des Gesellschafters** einer freiberuflich tätigen Personengesellschaft führen nicht zu einer Abfärbung gem. § 15 Abs. 3 Nr. 1 EStG auf die Einkünfte der Gesellschaft im Gesamthandsbereich (BFH v. 28.6.2006 – XI R 31/05, BStBl 2007 II S. 378). Beteiligt sich also nicht direkt die freiberuflich tätige Personengesellschaft, sondern deren Gesellschafter an einer anderen gewerblichen Personengesellschaft, erzielen die Gesellschafter im Sonderbetriebsbereich gewerbliche Einkünfte aus der Beteiligung, aber weiterhin freiberufliche Einkünfte aus dem Gesamthandsbereich der freiberuflich tätigen Personengesellschaft.

BEISPIEL: ➤ Die drei Gesellschafter einer radiologischen Gemeinschaftspraxis beteiligen sich persönlich zugleich als Gesellschafter an einer Mammographie-Screening-GbR und erzielen entsprechende anteilige Einkünfte im Sonderbetriebsbereich aus der Beteiligung. Im Rahmen einer steuerlichen Betriebsprüfung wird festgestellt, dass die Mammographie-Screening-GbR als gewerblich und nicht als freiberuflich anzusehen ist, weil an der Mammographie-Screening-GbR eine MVZ-GmbH beteiligt ist und damit ein Gesellschafter die Merkmale eines freien Berufes als notwendige Voraussetzung für die Freiberuflichkeit nicht erfüllt. Die Gesellschafter erzielen somit persönlich gewerbliche Einkünfte aus der Beteiligung an der Mammographie-Screening-GbR. Dies führt aber nicht zur Infektion/Abfärbung auf die gesamte radiologische Gemeinschaftspraxis. Im Gesamthandsbereich werden weiterhin freiberufliche Einkünfte erzielt.

PRAXISHINWEISE:

Die gewerbliche Infizierung durch den Bezug gewerblicher Einkünfte aus einer mitunternehmerischen Beteiligung wurde durch das Jahressteuergesetz 2007 v. 13.12.2006 (BGBl I 2006 S. 2878) in den Gesetzestext eingefügt und soll nach § 52 Abs. 32a EStG auch für Veranlagungszeiträume vor 2006 gelten. Die Zulässigkeit einer solchen Rückwirkung kann verfassungsrechtlich bezweifelt werden, da es sich bei der Änderung weniger um eine gesetzliche Klarstellung als vielmehr um eine echte Gesetzes änderung handelt. Zu der alten **Rechtslage vor dem Jahressteuergesetz 2007** hat der BFH jedenfalls entgegen der Auffassung der Finanzverwaltung entschieden, dass schon nach dem Wortlaut des § 15 Abs. 3 Nr. 1 EStG allein Beteiligungseinkünfte i. S. v. § 15 Abs. 1 Satz 1 Nr. 2 EStG eine Abfärbung der gewerblichen auf die übrigen Einkünfte nicht herbeiführen (BFH v. 6.10.2004 – IX R 563/01, BStBl 2005 II S. 383). Die Gesetzesänderung ist insofern als Reaktion des Gesetzgebers auf die BFH-Rechtsprechung im Sinne einer gesetzlichen Normierung der bisherigen Verwaltungsauffassung zu verstehen.

Durch die **pauschalierte Anrechnung der Gewerbesteuerbelastung** auf die Einkommensteuer mit Einführung des § 35 EStG ab dem Veranlagungszeitraum 2004 und der weiteren Anpassungen ab dem Veranlagungszeitraum 2008 hat sich die Gewerbesteuerproblematik entschärft. Ab einem Gewerbesteuerhebesatz von mehr als ca. 400 % verbleibt es jedoch bei einer Erhöhung der Gesamtsteuerbelastung im Falle der Umqualifizierung von bis zu drei bis vier Prozentpunkten je nach Höhe des individuellen Gewerbesteuerhebesatzes. Die Anrechnung der Gewerbesteuer auf die Einkommensteuer nach § 35 EStG beschränkt sich zudem auf die anteilige Einkommensteuer, die auf die (positiven) gewerblichen Einkünfte im Verhältnis zu den gesamten positiven Einkünften entfällt (**Ermäßigungshöchstbetrag**). Dies kann im Extremfall, z. B. bei hohen steuerlichen Verlusten aus anderen Einkunftsarten (z. B. Vermietungsverluste) oder steuerlichen Verlusten aus anderen gewerblichen Beteiligungen (z. B. Schiffsfonds, Filmfonds), dazu führen, dass auf die (positiven) gewerblichen Einkünfte überhaupt keine Einkommensteuer entfällt. In diesen Fällen geht die anfallende Gewerbesteuer für die Anrechnung auf die Einkommensteuer verloren und führt zu einer definitiven Zusatzbelastung. Erzielt eine Personengesellschaft gewerbliche Einkünfte, kann die Finanzverwaltung des Weiteren dazu auffordern, dass die **Gewinnermittlung im Rahmen einer Bilanzierung** und nicht mehr im Rahmen einer Einnahmen-Überschuss-Rechnung zu erfolgen hat, wenn der Umsatz über 500.000 € oder der Gewinn über 50.000 € liegt. Die Gemeinschaftspraxis hat dann die Betriebseinnahmen nicht erst bei Zufluss, sondern bei ihrer wirtschaftlichen Entstehung als Forderung zu erfassen. Dies führt zum einen wegen der erhöhten Anforderungen an die Buchführungspflicht zu mehr Verwaltungsaufwand und zum anderen zu einem erheblichen Zinsnachteil, weil die Steuern dann vorgezogen gezahlt werden müssen, d. h. vor dem Zeitpunkt des Honorareinganges.

cc) Folgen einer vermögenslosen Beteiligung

Auf dem Weg in die „echte" Beteiligung wird bei der Aufnahme eines neuen Arztes in eine Praxis dieser häufig für eine Übergangsfrist als Kennlernphase – manchmal auch auf Dauer – vermögenslos oder mit einem nur geringen Anteil an der Praxis beteiligt. Für einen solchen Fall stellt sich die Frage, ob die Gemeinschaftspraxis die Voraussetzungen für das Vorliegen einer steuerlichen Mitunternehmerschaft erfüllt. Nach der Rechtsprechung des BFH ist nicht jeder zivilrechtliche Gesellschafter einer Personengesellschaft auch Mitunternehmer i. S. d. § 15 Abs. 1 Satz 1 Nr. 2 EStG.

Das FG Baden-Württemberg, Außensenate Freiburg v. 16.6.2005 – 3 K 101/01, EFG 2005 S. 1539 (rechtskräftig durch Rücknahme der Revision, vgl. auch BFH v. 14.4.2005 – XI R 82/03, BStBl 2005 II S. 752) verneint das Vorliegen einer Mitunternehmerschaft bei einem allenfalls **schwach ausgeprägten Mitunternehmerrisiko** des neu eintretenden Arztes wegen

▶ eines festen Gewinnanteils ohne Rücksicht auf das Praxisergebnis;

▶ fehlender Beteiligung an einem eventuellen Verlust;

▶ fehlender Beteiligung an den stillen Reserven der Gemeinschaftspraxis;

▶ eines durch Abschluss einer Berufshaftpflichtversicherung stark eingeschränkten Haftungsrisikos

und einer **beschränkten Mitunternehmerinitiative** bei

▶ keiner Befugnis des neu eintretenden Arztes zur Geschäftsführung der Gemeinschaftspraxis;

▶ Abrechnung mit der Kassenärztlichen Vereinigung und den Patienten allein durch den Seniorpartner;

▶ im Wesentlichen lediglich bestehenden Informations- oder Kontrollrechten, jedoch keinen Widerrufs- oder Stimmrechten betreffend das gemeinsame Unternehmen,

auch dann, wenn alle Mitglieder der Gemeinschaftspraxis als solche nach außen als sog. Außensozietät auftreten und deshalb nach Rechtsscheingrundsätzen unbeschränkt persönlich haften und ihre Patienten im Wesentlichen eigenverantwortlich und selbständig betreuen. Die selbständige Berufsausübung begründet keine auf eine gemeinschaftliche Unternehmensführung bezogene „Mitunternehmer"-Initiative. Berufs- und Vertragsarztrecht sind für die steuerliche Beurteilung insoweit nicht bindend.

Im Ergebnis verfügen der oder die Seniorpartner und der vermögenslos Beteiligte – wenn das Vertragsverhältnis nicht als Mitunternehmerschaft anerkannt wird – somit jeweils über **eigene Einkunftsquellen**. Nach dem Gesamtbild der Verhältnisse kann der vermögenslos Beteiligte unter Umständen sogar als Arbeitnehmer im sozialversicherungs- und lohnsteuerrechtlichen Sinne anzusehen sein (Schmidt/Wacker, EStG 2008, § 18 Rn. 42 m. w. N.; zu den Merkmalen der Arbeitnehmereigenschaft vgl. H 67 LStH). Eine einheitliche und gesonderte Feststellung (§ 180 Abs. 1 Nr. 2a AO) entfällt. Ermittelt der Seniorpartner seinen Gewinn nach § 4 Abs. 3 EStG, sind die „Gewinn-Zahlungen" an den neu eintretenden Arzt nach § 11 EStG jeweils im Zeitpunkt der Zahlung als Betriebsausgaben zu erfassen.

Wenn ein vermögenslos beteiligter Gesellschafter steuerlich nicht Mitunternehmer der Praxis ist, besteht die Gefahr, dass die Finanzverwaltung vermutet, dass die Seniorpartner im Umfang der Tätigkeit des vermögenslos beteiligten Gesellschafters selbst nicht mehr leitend und eigenverantwortlich im Rahmen ihrer Praxis tätig sind. Es wird nur in Einzelfällen glaubhaft darstellbar sein, dass ein Seniorpartner einen vermögenslos beteiligten Gesellschafter laufend überwacht und grundsätzliche Fragen selbst entscheidet sowie die uneingeschränkte fachliche Verantwortung der erbrachten Leistungen übernimmt. Als Folge führt dies im Einzelfall zu gewerblichen Einkünften für die Seniorpartner (vgl. insbesondere FG Köln v. 11.9.2007 – 9 K 2035/07, n. v., NWB DokID: IAAAC-62851; siehe aber auch FG Münster v. 31.5.2006 – 1 K 2819/04 G, EFG 2006 S. 1913).

PRAXISHINWEISE:

Um das Vorliegen einer Mitunternehmerschaft, insbesondere des Mitunternehmerrisikos, zu gewährleisten, sollte bezüglich der Hauptaspekte eine gewisse Beteiligung am Gewinn und Verlust, an den stillen Reserven (z. B. durch eine Abfindungsregelung bezüglich des seit Eintritt entstehenden Goodwill-Zuwachses), der Haftung und der Geschäftsführung vertraglich vereinbart werden.

b) Errichtung einer Gemeinschaftspraxis

Im Rahmen der Errichtung einer Gemeinschaftspraxis sind **verschiedene Fallgruppen** zu unterscheiden:

▶ die **Neugründung** einer Gemeinschaftspraxis durch mehrere Ärzte,

▶ der **Erwerb** einer Einzelpraxis durch mehrere Ärzte,

▶ die **Aufnahme** eines neuen Partners in eine bestehende Einzelpraxis,

▶ der **Zusammenschluss** mehrerer Praxen zu einer neuen Gemeinschaftspraxis.

Die **Neugründung** einer Gemeinschaftspraxis durch mehrere Ärzte stellt unter steuerlichen Aspekten wohl den einfachsten – gleichzeitig in der Praxis den wohl seltensten – Fall dar. Zwei oder mehrere Ärzte, die noch nicht selbständig praktiziert haben, eröffnen eine gemeinsame Praxis. Zu vereinbarten Teilen bringen die zukünftigen Partner vorhandene Eigenmittel ein. Entsprechend anteilig übernehmen sie die Finanzierungen und erwerben dadurch gemeinsam die anzuschaffende Praxisausrüstung.

Auch der Fall des **gemeinschaftlichen Erwerbs einer bestehenden Einzelpraxis** durch mehrere Ärzte wirft nur wenige steuerliche Fragen auf. Für die Erwerber steht die Abschreibungsfähigkeit der Anschaffungskosten für das materielle Vermögen der Praxis und insbesondere der Anschaffungskosten für das immaterielle Vermögen der Praxis im Vordergrund (siehe hierzu S. 129 ff.). Für den veräußernden Einzelarzt ergibt sich die

Frage der Behandlung des Veräußerungsgewinns, insbesondere im Hinblick auf eine steuerbegünstigte Behandlung (siehe hierzu S. 133 ff.).

aa) Aufnahme eines neu eintretenden Arztes in eine Einzelpraxis

Die Errichtung einer Gemeinschaftspraxis durch die Aufnahme eines neu eintretenden Arztes in eine Einzelpraxis stellt **steuerlich die Veräußerung eines Teils** einer Einzelpraxis gegen Entgelt dar. Die entgeltliche Aufnahme eines Sozius in eine Einzelpraxis ist dabei nicht als steuerbegünstigte Veräußerung i. S. d. § 18 Abs. 3 und § 34 EStG zu beurteilen, sondern als nicht begünstigter laufender Gewinn zu erfassen (BFH v. 18.10.1999 – GrS 2/ 98, BStBl 2000 II S. 123).

Gegenstand des Erwerbs ist steuerlich nicht der Anteil an der Einzelpraxis selbst, sondern die einzelnen Wirtschaftsgüter entsprechend dem Anteil an der entstehenden Mitunternehmerschaft. Soweit der neu eintretende Arzt als Erwerber eine Ausgleichszahlung zu leisten hat und die Erwerbsaufwendungen den Buchwert des auf den Erwerber übergehenden Kapitalkontos übersteigen oder unterschreiten, ist eine Ergänzungsbilanz bzw. Ergänzungsrechnung zum Gesamthandsvermögen aufzustellen (BFH v. 30.3.1993 – VIII R 63/91, BStBl 1993 II S. 706 m. w. N.).

Zur Vermeidung bzw. Abmilderung der durch die Aufdeckung der stillen Reserven verursachten Steuern bietet das Steuerrecht verschiedene Möglichkeiten, u. a.:

▶ der **Ausgleich** über die **Gewinnverteilung**,

▶ die **Nutzung** des **Umwandlungssteuerrechts** (Einbringung nach § 24 UmStG),

▶ das **Überlassungsmodell**.

(1) Ausgleich über die Gewinnverteilung

Bei dieser auch als „Gewinnverzichtsmodell" bezeichneten Möglichkeit erfolgt **keine Kaufpreiszahlung**, sondern der Ausgleich erfolgt über die Verteilung des laufend zu versteuernden Gewinns. Der Praxisanteilsinhaber erhält im Rahmen der Gewinnverteilung durch eine zeitlich begrenzte Regelung zunächst einen höheren Gewinnanteil. Er profitiert damit befristet überproportional von der Tätigkeit und den Leistungen des eintretenden Gesellschafters. Dies wird so lange durchgeführt, bis der eintretende Gesellschafter die erworbenen stillen Reserven „abgearbeitet" hat.

Da der eintretende Gesellschafter an den Einzelpraxisinhaber keinen Kaufpreis zu zahlen hat, sondern seinen Eintritt in die Gemeinschaftspraxis im Rahmen der Gewinnverteilung „abzahlt", entfällt für ihn die Notwendigkeit der Finanzierung. Für den Praxisinhaber liegt der Vorteil in der Verteilung als laufender Gewinn auf mehrere zukünftige Veranlagungszeiträume, wodurch sich die sofortige Versteuerung als laufender Gewinn vermeiden lässt (Korn/Strahl, Freiberufliche Tätigkeit im Steuerrecht, NWB F. 3 S. 13417 ff.; Ehlers, NWB F. 3 S. 12201 ff.).

Diese Gestaltung hat jedoch auch Nachteile für den Verkäufer: Er bekommt erst später seinen „Kaufpreis", er trägt das Risiko, dass der Käufer nicht mehr zahlen kann oder will und er trägt das Risiko, dass die Gewinnerwartung, auf der die Gewinnverteilung berechnet ist, nicht erreicht wird. Auch muss, insbesondere für den Bereich der Abfindung, im Gesellschaftsvertrag geregelt sein, welche Folgen eintreten, wenn der Käufer vorzeitig, d. h. vor Ende der zeitlich begrenzten besonderen Gewinnverteilungsregelung und damit des „Abzahlungszeitraumes", aus der Gemeinschaftspraxis ausscheidet.

PRAXISHINWEISE:

Im Rahmen dieses Modells besteht zudem steuerlich die **Gefahr**, dass die Finanzverwaltung in dem Mehrgewinn **Kaufpreisraten** sieht, wenn die Gewinnanteile, die der Einzelpraxisinhaber als Vorabgewinn erhält, in Bezug auf die Höhe und den Zeitpunkt zu eindeutig festgelegt sind. Die Finanzverwaltung würde dann den Barwert der Vorabgewinne als Kaufpreiszahlung in das Privatvermögen ansehen und steuerlich entsprechend den allgemeinen Grundsätzen (siehe hierzu S. 136) sofort versteuern (FG München v. 30.11.1989 – 16 K 10133/81, EFG 1990 S. 319; R 16 Abs. 11 EStR).

(2) § 24 Umwandlungssteuergesetz

Die Einbringung einer Einzelpraxis in eine Gemeinschaftspraxis gegen Gewährung von Gesellschaftsrechten ist aus ertragsteuerlicher Sicht ein **tauschähnlicher Vorgang im Sinne einer Betriebsveräußerung** (BFH v. 26.1.1994 – III R 39/91, BStBl 1994 II S. 458). Die Versteuerung des Veräußerungsgewinns nach § 18 Abs. 3 i. V. m. § 16 EStG (ggf. i. V. m. § 34 EStG) lässt sich allerdings unter Anwendung der Vorschrift des § 24 UmwStG (teilweise) vermeiden. § 24 UmwStG erfasst insoweit auch das Vermögen, welches einer selbständigen Tätigkeit dient (BFH v. 13.12.1979 – IV R 69/74, BStBl 1980 II S. 239; so auch Widmann/Mayer, Umwandlungsrecht, UmwStG § 20 Tz. 2).

Wird ein Betrieb, Teilbetrieb (vgl. zum Begriff Teilbetrieb S. 134 f.) oder Mitunternehmeranteil an einer Personengesellschaft gegen Gewährung von Gesellschaftsrechten eingebracht und wird der Einbringende Mitunternehmer der Gesellschaft oder wird seine Mitunternehmerstellung aufgestockt, darf das eingebrachte Betriebsvermögen nach § 24 Abs. 2 UmwStG bei der Übertragung **auf Antrag anstelle mit dem gemeinen Wert mit dem Buchwert** oder einem höheren Wert, höchstens aber mit dem gemeinen Wert angesetzt werden, wenn das Besteuerungsrecht der Bundesrepublik Deutschland nicht eingeschränkt wird, wovon bei Arztpraxen in aller Regel auszugehen ist. Handelsbilanzielle Restriktionen für den Wertansatz sind bei Freiberuflern dabei nicht zu beachten. Durch den Buchwertansatz kann auf Antrag die Aufdeckung der stillen Reserven vermieden werden. Der Antrag ist spätestens bis zur erstmaligen Abgabe der steuerlichen Schlussbilanz bei dem für die Besteuerung der übernehmenden Gesellschaft zuständigen Finanzamt zu stellen (§ 24 Abs. 2 Satz 3 i. V. m. § 20 Abs. 2 Satz 3 UmwStG).

Im Gegensatz zur Einbringung in eine Kapitalgesellschaft nach § 20 UmwStG genügt im Rahmen des § 24 UmwStG eine Einbringung in das Sonderbetriebsvermögen. Im Rahmen der Einbringung ist es zur Anwendung des § 24 UmwStG daher nicht erforderlich, dass sämtliche wesentliche Betriebsgrundlagen auch in das Gesamthandvermögen übertragen werden; es genügt, wenn sie zukünftig der Gemeinschaftspraxis zur Nutzung zur Verfügung gestellt werden (BMF v. 25.3.1998 – IV B 7 – S – 1978 – 21/98/IV B 2b – 1909 – 33/98, BStBl 1998 I S. 268, geändert durch BMF v. 21.8.2001 – IV A 6 – S 1909 – 11/ 01, BStBl 2001 I S. 543, im Folgenden Umwandlungsteuererlass Tz. 24.06).

PRAXISHINWEISE:

Die Auffassung, eine Einbringung von wesentlichen Betriebsgrundlagen in das Sonderbetriebsvermögen genüge für die Anwendung von § 24 UmwStG, wird seit der grundlegenden Änderung des Umwandlungsteuergesetzes durch das SEStEG Ende 2006 von Teilen der Literatur in Frage gestellt (vgl. Patt in Dötsch u.a. Die Körperschaftsteuer, UmwStG § 24 (SEStEG) Rn. 14, 16 und 19). Begründet wird diese Auffassung mit der Änderung von § 1 Abs. 3 UmwStG. Nach § 1 Abs. 3 UmwStG gilt der siebte Teil des Umwandlungsteuergesetzes, also § 24 UmwStG, nur für die dort abschließend aufgeführten Fälle. Entsprechend gilt u. a. § 24 UmwStG nach § 1 Abs. 3 Nr. 4 UmwStG nur für die Einbringung von Betriebsvermögen durch Einzelrechtsnachfolge in eine Personengesellschaft. Dies erfordert nach dieser Auffassung, dass bei einer Einbringung der Sachgesamtheit „Betrieb" i. S. d. § 24 Abs. 1 UmwStG alle wesentlichen Betriebsgrundlagen zivilrechtlich in das Gesellschaftsvermögen (Gesamthandvermögen) der (neuen) Personengesellschaft übergehen müssen. Die Einbringung lediglich in das steuerliche Sonderbetriebsvermögen zur (neuen) Personengesellschaft durch z. B. eine Nutzungsüberlassung reicht dann für eine Anwendung von § 24 UmwStG nicht aus, weil dieser Vorgang aus dem Anwendungsbereich von § 24 UmwStG i. V. m. § 1 Abs. 3 Nr. 4 UmwStG herausgenommen sei. Diese Auffassung wird vom überwiegenden Teil abgelehnt (z. B. Brandenberg, NWB Fach 3, S. 15317), da eine derart weit reichende Einschränkung der bisherigen Rechtslage durch den Gesetzgeber nach der Gesetzesbegründung nicht beabsichtigt gewesen ist. Nach Aussage zumindest des Ministeriums für Finanzen und Energie des Landes Schleswig-Holstein (Erlass v. 17.3.2008 – VI 30 – S 1978d – 005, Einkommensteuer-Kurzinformation Nr. 2008/13) ist es vorgesehen, Auslegungsfragen zum UmwStG in der Neufassung durch das SEStEG in einem umfassenden BMF-Schreiben zu beantworten. Die Abstimmung eines solchen BMF-Schreibens wird offenbar noch einige Zeit in Anspruch nehmen. Bis zum Ergehen einer ggf. abweichenden Verwaltungsanweisung kann – zumindest für Schleswig-Holstein – auch bei der Anwendung des § 24 UmwStG in der Neufassung durch das SEStEG von der Weitergeltung der Rn. 24.06 des BMF-Schreibens vom 25.3.1998 (a. a. O.) ausgegangen werden. Für die Praxis empfiehlt sich allerdings bis zur endgültigen Klärung der Rechtslage einen Antrag auf verbindliche Auskunft zu stellen, um für den Einzelfall Rechtssicherheit zu schaffen.

Werden im Rahmen der Einbringung Wirtschaftsgüter nicht in das Betriebsvermögen, sondern in das Sonderbetriebsvermögen eingebracht, ist besondere Vorsicht bezüglich des Rechtsinstituts der **mitunternehmerischen Betriebsaufspaltung** geboten (vgl. ausführlich z. B. Widmann/Mayer, Umwandlungsrecht, UmwStG § 24 Tz. 6.10). Im Bereich der freiberuflichen Einkünfte ist dies allerdings insoweit nicht nötig, da das Rechtsinstitut der mitunternehmerischen Betriebsaufspaltung bei einer rein freiberuflichen Tätigkeit keine Anwendung findet (BFH v. 10.11.2005 – IV R 29/04, BStBl 2006 II S. 173).

Zur Anpassung der Kapitalkonten an das zutreffende gesellschaftsrechtliche Verhältnis werden in der Eröffnungsbilanz der neuen Personengesellschaft häufig die Buchwerte aufgestockt. Gleiches gilt, wenn eine höhere Gesellschaftseinlage geleistet werden muss als nachher in der Bilanz der Personengesellschaft auf dem Kapitalkonto gutgeschrieben wird. In diesen Fällen können die Gesellschafter der Personengesellschaften **Ergänzungsbilanzen** aufstellen, durch die der Buchwertansatz ermöglicht wird und die sofortige Versteuerung der stillen Reserven vermieden werden kann (Umwandlungsteuererlass, a. a. O., Tz. 24.09 ff.). Der Aufstockung der Buchwerte in der Eröffnungsbilanz werden somit in gleicher Höhe negative Beträge in der Ergänzungsrechnung gegenübergestellt. Diese negativen Beträge werden dann korrespondierend mit der Behandlung der aufgestockten Buchwerte steuerlich neutralisierend berücksichtigt.

Wird ein Betrieb, Teilbetrieb oder Mitunternehmeranteil teilweise auf Rechnung des Einbringenden, teilweise auf Rechnung eines Dritten in eine Personengesellschaft eingebracht, der dafür dem Einbringenden ein Entgelt zahlt (Zuzahlung), so stellt sich die Einbringung auf Rechnung des Dritten als Veräußerungsvorgang dar. Als Entgelt ist auch die Übernahme privater Verbindlichkeiten oder Verbindlichkeiten Dritter anzusehen. Bei einer **Zuzahlung in das Betriebsvermögen** kann durch die Aufstellung einer negativen Ergänzungsbilanz die sofortige Versteuerung stiller Reserven ausgeglichen werden. Die negativen Ergänzungsrechnungen sind dann korrespondierend zur Behandlung der Wirtschaftsgüter in der Gesamthand im Laufe der Zeit gewinnerhöhend aufzulösen.

Die Besteuerung des Gewinns, der durch eine Zuzahlung in das Privatvermögen des Einbringenden entsteht (**Zuzahlung ins Privatvermögen**), kann nicht durch Erstellung einer negativen Ergänzungsbilanz vermieden werden (Umwandlungsteuererlass, Tz. 24.10). Eine Zuzahlung in das Privatvermögen liegt auch vor, wenn mit ihr eine zugunsten des Einbringenden begründete (nicht betrieblich veranlasste) Verbindlichkeit in der Gesellschaft getilgt wird, z. B. ein durch Privatentnahmen negatives Kontokorrentkonto ausgeglichen wird. (BFH v. 8.12.1994 – IV R 82/92, BStBl 1995 II S. 599).

Bei der Gewinnermittlung der Gemeinschaftspraxis nach § 4 Abs. 3 EStG ist im Übrigen zum Einbringungszeitpunkt auf die Gewinnermittlung nach § 4 Abs. 1 EStG überzugehen und eine Einbringungsbilanz zu erstellen. Der dabei entstehende **Übergangsgewinn** ist laufender Gewinn. Die spätere Rückkehr zur Gewinnermittlung nach § 4 Abs. 3 EStG – wenn steuerlich zulässig – wird im Allgemeinen als nicht willkürlich zu erachten sein. Ein dabei entstandener Übergangsverlust ist nach dem neuen Gewinnverteilungsschlüssel zu verteilen (OFD Frankfurt a. M. v. 16.1.2006 – S-1978d A – 4 – St II 2.02, DStZ 2006 S. 242; kritisch BFH v. 13.9.2001 – IV R 13/01, BStBl 2002 II S. 287; vgl. auch kritisch Korn, Brennpunkte zur Einnahmenüberschussrechnung nach § 4 Abs. 3 EStG, KÖSDI 2/2006 S. 14968).

Forderungen z. B. aus vor dem Einbringungszeitpunkt erbrachten ärztlichen Leistungen gegenüber Privatpatienten oder der KV/KZV, die anlässlich einer Einbringung zurückbehalten werden, kann der Steuerpflichtige nach der Einbringung auch ohne Betrieb als Restbetriebsvermögen behandeln. Dieses Restbetriebsvermögen, d. h. die vom Einbringenden zurückbehaltenen Forderungen, ist nicht in die Einbringungsbilanz und auch nicht in die Ermittlung des Übergangsgewinns mit einzubeziehen. Werden betriebliche Forderungen ausdrücklich von der Einbringung ausgenommen, tritt – vom Fall einer bewussten Entnahme in das Privatvermögen abgesehen – keine Gewinnrealisierung zum Einbringungszeitpunkt ein. Voraussetzung ist, dass die in den Forderungen enthaltenen betrieblichen Werte der Besteuerung nicht verloren gehen und entsprechend der bei Zahlungseingang durch den Zufluss realisierte Gewinn im Zuflussjahr als nachträgliche Einkünfte gem. § 24 Nr. 2 EStG bei der Einkommensteuerveranlagung erfasst wird (BFH v. 14.11.2007 – XI R 32/06, BFH/NV 2008 S. 385). Da die bis zur Einbringung erwirtschafteten Forderungen i. d. R. von der Einbringung ausgenommen werden, dürfte somit in der überwiegenden Zahl der Fälle kein oder nur ein geringer Übergangsgewinn entstehen.

(3) Überlassungsmodell

Der bisherige Einzelpraxisinhaber bleibt Eigentümer des gesamten vorhandenen Praxisvermögens, zumindest aller wesentlichen Betriebsgrundlagen, welches er der Gemeinschaftspraxis einschließlich des Praxiswertes zur Nutzung überlässt. Gemeinschaftliches Eigentum wird – ggf. mit Ausnahme von nicht wesentlichem Umlaufvermögen – also vorerst nicht gebildet, und die Gemeinschaftspraxis wird auch nicht Eigentümer der Geräte oder des Praxiswertes. Das Vermögen der Einzelpraxis wird insoweit nach § 18 Abs. 4 i. V. m. § 15 Abs. 1 Satz 1 Nr. 2 EStG **Sonderbetriebsvermögen des bisherigen Einzelpraxisinhabers** bei der Gemeinschaftspraxis, ohne dass dies einen Veräußerungsvorgang auslöst. Im Laufe der Zeit werden die Ersatzbeschaffungen von der Gemeinschaftspraxis selbst durchgeführt, so dass die Gemeinschaftspraxis nach und nach einen eigenen materiellen und immateriellen Praxiswert aufbaut, während der Praxiswert des Einzelpraxisinhabers sukzessive abnimmt.

Ungeklärt scheint die Frage, ob dieses Modell als **Unterfall des § 24 UmwStG**, bei dem sämtliche wesentlichen Betriebsgrundlagen in das Sonderbetriebsvermögen eingebracht werden, anzusehen und damit auch der Zwischenwertansatz bis zur Höhe der gemeinen Werte möglich ist (vgl. Widmann/Mayer, Umwandlungsrecht, UmwStG § 24 Tz. 6 f. m. w. N.). Zumindest Schulze zu Wiesche vertritt die Auffassung, dass die Einbringung lediglich des Umlaufvermögens in eine Personengesellschaft unter Zurückbehaltung aller wesentlichen Grundlagen als Sonderbetriebsvermögen zwingend zur Buchwertfortführung verpflichtet (Schulze zur Wiesche, DB 1986 S. 1744). Unseres Erachtens ist aber Widmann zuzustimmen, der die Auffassung vertritt, dass es genügt, dass die wesentlichen Wirtschaftsgüter der Sacheinlage Bestandteil des Betriebsvermögens werden, das der aufnehmenden Personengesellschaft zuzurechnen ist, und dass damit die Einbringung in das Sonderbetriebsvermögen durch die Zurverfügungstellung zur Nutzung ausreichend ist. In der Praxis dürfte allerdings lediglich von Bedeutung sein, dass eine Fortführung der Buchwerte ohne Aufdeckung der stillen Reserven möglich erscheint.

Im Laufe der Zeit verflüchtigt sich der Praxiswert der überlassenen Praxis und es entsteht ein neuer Praxiswert der Gemeinschaftspraxis. Sollte dementgegen das Finanzamt die Auffassung vertreten, der immaterielle Wert wäre im Laufe der Zeit auf die Gemeinschaftspraxis übergegangen, so wäre dieser Vorgang steuerneutral nach **§ 6 Abs. 5 Satz 3 Nr. 2 EStG** als unentgeltliche Übertragung eines einzelnen Wirtschaftsgutes aus dem Sonderbetriebsvermögen eines Mitunternehmers in das Betriebsvermögen der Mitunternehmerschaft anzusehen. Dies kann auch nicht als Gestaltungsmissbrauch angesehen werden, denn selbst bei Annahme einer direkten Übertragung in das Gesamthandsvermögen der Mitunternehmerschaft wäre nach § 24 UmwStG der Buchwertansatz möglich. Bei der Gestaltung im Rahmen eines Überlassungsmodells ergibt sich allerdings umso stärker die Frage, ob eine Einbringung wesentlicher Betriebsgrundlagen in das Sonderbetriebsvermögen die Anwendung von § 24 UmwStG ermöglicht (vgl. ausführlich S. 111 ff.).

Für die Überlassung erhält der Einzelpraxisinhaber laufend einen angemessenen Ausgleich über die Gewinnverteilung, bemessen am Wert des überlassenen Vermögens (als Gewinnvorab).

Es könnte auch ein festes Mietentgelt vereinbart werden. Aus umsatzsteuerlicher Sicht ist dies jedoch nicht empfehlenswert, da ein festes Mietentgelt zu einem umsatzsteuerpflichtigen Leistungsaustausch zwischen der Gemeinschaftspraxis und dem Gesellschafter führt (R 6 Abs. 3 ff. UStR; BFH v. 24.9.2004 – V B 177/02, BFH/NV 2005 S. 258; siehe ausführlich Seite 151 f.). Die Entstehung von zusätzlicher Umsatzsteuer liegt sicherlich nicht im Interesse der Partner, da bei der Gemeinschaftspraxis i. d. R. mangels steuerpflichtiger Umsätze der Vorsteuerabzug gem. § 15 Abs. 2 Nr. 1 UStG ausgeschlossen ist. Trotz der Möglichkeit der Vorsteuerberichtigung nach § 15a UStG für den Gesellschafter wird bei diesem eine Nettobelastung mit Umsatzsteuer verbleiben.

bb) Zusammenschluss mehrerer Einzelpraxen

Die Errichtung einer Gemeinschaftspraxis durch den **Zusammenschluss mehrerer Einzelpraxen** stellt steuerlich ebenfalls grundsätzlich die Veräußerung gegen Entgelt dar. Die Gegenleistung für die Übertragung besteht insoweit in der Gewährung der Gesellschaftsrechte an der neuen Gemeinschaftspraxis. Auf den Übertragungsvorgang ist § 24 UmwStG anwendbar (vgl. zu § 24 UmwStG im Einzelnen S. 110 ff.).

Aufgrund unterschiedlicher Wertverhältnisse der bestehenden Praxen sind i. d. R. Ausgleichzahlungen zwischen den Gesellschaftern erforderlich. Soweit Ausgleichszahlungen in das Privatvermögen eines Einbringenden stattfinden, findet § 24 UmwStG insoweit keine Anwendung. Die Vermeidung der Entstehung eines steuerpflichtigen laufenden Gewinns durch die Erstellung von Ergänzungsbilanzen ist nicht möglich (Umwandlungsteuererlass, a. a. O., Tz. 24.10).

Gleiches gilt im Übrigen auch beim Zusammenschluss mehrerer Gemeinschaftspraxen. In diesem Fall findet die Einbringung von Mitunternehmeranteilen gegen Gewährung von Gesellschaftsrechten statt.

c) Aufnahme neuer Gesellschafter in eine Gemeinschaftspraxis

Die Aufnahme eines neuen Gesellschafters in eine Gemeinschaftspraxis – ohne dass einer der bisherigen Mitunternehmer ausscheidet – stellt steuerlich die **Veräußerung eines Teils eines Mitunternehmeranteils** durch die bisherigen Gesellschafter der Gemeinschaftspraxis dar.

Durch das Unternehmensteuerfortentwicklungsgesetz (UntStFG) wurde ab dem 1.1.2002 die Begünstigung der §§ 16 und 34 EStG in § 16 Abs. 1 Satz 1 Nr. 2 EStG auf den Fall der Veräußerung des gesamten Mitunternehmeranteils unter Aufdeckung aller stiller Reserven beschränkt. Die bis dahin ebenfalls begünstigte Veräußerung eines Teils eines Mitunternehmeranteils ist seither als laufender Geschäftsvorfall zu behandeln und damit der Veräußerung eines Teils einer Einzelpraxis gleichgestellt (vgl. BT-Drucks. 14/6882 v. 10.9.2001 S. 34). Entsprechend bieten sich für die steuerliche Gestaltung dieselben Modelle an, die sich auch für die Aufnahme eines neu eintretenden Arztes in einer Einzelpraxis anbieten (der Ausgleich über die Gewinnverteilung, die Einbringung nach § 24 UmwStG durch Zahlung des Eintretenden in das Betriebsvermögen der Gemeinschaftspraxis und das Überlassungsmodell; vgl. hierzu S. 113 ff.).

Erfolgt der **Eintritt eines weiteren Arztes** in eine bestehende Gemeinschaftspraxis gegen Geldeinlage oder Einlage anderer Wirtschaftsgüter, bringen in diesem Fall die bisherigen Gesellschafter der Personengesellschaft – aus Sicht des § 24 UmwStG – ihre Mitunternehmeranteile an der bisherigen Personengesellschaft in eine neue, durch den neu hinzutretenden Gesellschafter vergrößerte Personengesellschaft ein (Umwandlungsteuererlass, a. a. O., Tz. 24.01 c).

Der Gewinn, der durch eine Zuzahlung in das Privatvermögen der bisherigen Gesellschafter der Personengesellschaft entsteht, kann nicht nach § 24 UmwStG durch Erstellung einer (negativen) Ergänzungsbilanz vermieden werden (Umwandlungsteuererlass, a. a. O., Tz. 24.10). Eine Zuzahlung in das Privatvermögen liegt auch vor, wenn mit ihr eine zugunsten der bisherigen Gesellschafter begründete (nicht betrieblich veranlasste) Verbindlichkeit der Gesellschaft getilgt wird, z. B. ein durch Privatentnahmen negatives Kontokorrentkonto ausgeglichen wird. (BFH v. 8.12.1994 – IV R 82/92, BStBl 1995 II S. 599).

d) Gesellschafterwechsel

Der bloße Gesellschafterwechsel bei einer bestehenden Personengesellschaft – ein Gesellschafter scheidet aus, ein anderer erwirbt seine Anteile und tritt an seine Stelle – fällt nicht unter § 24 UmwStG (Umwandlungsteuererlass, a. a. O., Tz. 24.01 c).

Gegenstand des Erwerbs ist dabei steuerlich nicht der Anteil an der Mitunternehmerschaft selbst, sondern sind die einzelnen Wirtschaftsgüter des Gesamthandsvermögens entsprechend dem Anteil an der Mitunternehmerschaft. Soweit der neu eintretende Arzt an den bisherigen Mitunternehmer der Gemeinschaftspraxis als Erwerber eine Ausgleichszahlung zu leisten hat und die Erwerbsaufwendungen den Buchwert des auf den Erwerber übergehenden Kapitalkontos übersteigen oder unterschreiten, ist eine Ergänzungsbilanz bzw. Ergänzungsrechnung zum Gesamthandsvermögen aufzustellen (BFH v. 30.3.1993 – VIII R 63/91, BStBl 1993 II S. 706 m. w. N.). Dem Erwerber stehen aus seinen Anschaffungskosten entsprechende Abschreibungen zu (vgl. hierzu S. 129 ff.).

Der ausscheidende Gesellschafter erzielt im Rahmen der Veräußerung seines gesamten Mitunternehmeranteils ggf. einen im Rahmen der § 18 Abs. 3 i. V. m § 16 Abs. 1 Satz 1 Nr. 2, Abs. 2 bis 4 und § 34 EStG steuerbegünstigten Veräußerungsgewinn (vgl. S. 133 ff.).

e) Ausscheiden eines Gesellschafters

Scheidet ein Gesellschafter aus einer Mitunternehmerschaft aus, ohne dass ein anderer Gesellschafter dessen Anteile erwirbt, führt dies zur **Anwachsung der anteiligen Wirtschaftsgüter bei den verbleibenden Gesellschaftern**, die die Gesellschaft fortsetzen. Steuerrechtlich sind jedoch die durch die Anwachsung eintretenden Vermögensmehrungen wie eine Anteilsübertragung zu behandeln, weil die Anwachsung **wirtschaftlich gesehen der Anteilsübertragung** entspricht (BFH v. 14.9.1994 – I R 12/94, BStBl 1995 II S. 407).

Hat der Ausscheidende Anspruch auf eine Abfindung, so stellt diese ein Entgelt für den Übergang seines Gesellschaftsanteils auf die Verbleibenden dar (BFH v. 15.4.1993 – IV R 66/92, BStBl 1994 II S. 227). Wie bei der Anteilsübertragung ist daher für den Ausscheidenden zu beurteilen, in welchem Umfang dieser eine Abfindung anlässlich seines Ausscheidens von den verbleibenden Gesellschaftern erhält.

Die Besteuerung des Ausscheidenden richtet sich dabei nach den allgemeinen Grundsätzen der Veräußerung des gesamten Mitunternehmeranteils bzw. der Aufgabe des gesamten Mitunternehmeranteils, falls Wirtschaftsgüter des Sonderbetriebsvermögens oder des Gesamthandsvermögens in das Privatvermögen überführt werden (vgl. S. 133 ff.).

Werden dem Ausscheidenden zur Abgeltung seines Abfindungsanspruchs Wirtschaftsgüter der Gemeinschaftspraxis übertragen, ist zu unterscheiden, ob die Übertragung in das Privatvermögen oder ein anderes Betriebsvermögen des Ausscheidenden erfolgt.

Erfolgt die **Übertragung in das Privatvermögen des Ausscheidenden**, ist der Sachverhalt steuerlich in zwei Vorgänge zu trennen (BMF v. 14.3.2006 – IV B – S 2242 – 7/06, BStBl 2006 I S. 253 Rn. 51 mit Beispiel). Das übertragene Wirtschaftsgut wird zunächst **in Höhe des gemeinen Wertes** zum **Veräußerungspreis des Ausscheidenden** gerechnet und führt damit in Höhe der anteiligen stillen Reserven zu einem zu versteuernden Veräußerungsgewinn. Im Gegenzug zur Aufdeckung der anteiligen stillen Reserven des ausscheidenden Gesellschafters entsteht eine Verbindlichkeit gegenüber dem ausscheidenden Gesellschafter in Höhe des Abfindungsanspruchs. Anschließend entsteht auf der Ebene der Gemeinschaftspraxis für die **verbleibenden Gesellschafter** ein **laufender Gewinn durch Aufdeckung der anteiligen stillen Reserven**, da die verbleibenden Gesellschafter insoweit das Wirtschaftsgut zur Abgeltung des Abfindungsanspruches einsetzen. Im Ergebnis sind sämtliche stillen Reserven in dem übertragenen Wirtschaftsgut aufzudecken, die anteiligen stillen Reserven des ausscheidenden Gesellschafters werden zum zu versteuernden Veräußerungsgewinn gerechnet, die anteiligen stillen Reserven der verbleibenden Gesellschafter zum laufenden Gewinn. Die Anschaffungskosten im Privatvermögen des ausscheidenden Gesellschafters entsprechen dem gemeinen Wert des übertragenen Wirtschaftsgutes.

BEISPIEL: ► An der Gemeinschaftspraxis A, B und C sind die Ärzte zu je 1/3 beteiligt. Der Wert des Betriebsvermögens beträgt 900.000 €, der Buchwert 300.000 €. Die Bilanz der Praxis sieht wie folgt aus:

Aktiva		Passiva	
	€		€
Wirtschaftsgut 1	90.000	Kapitalkonto A	100.000
(TW: 300.000)		Kapitalkonto B	100.000
Wirtschaftsgut 2	210.000	Kapitalkonto C	100.000
(TW: 600.000)			
	300.000		300.000

C scheidet gegen eine Abfindung von 300.000 € in Form des Wirtschaftsgutes 1 in das Privatvermögen aus der Praxis aus. Nach dem Ausscheiden des C hat die Bilanz folgendes Bild:

Vorgang 1:

(Aufdeckung der anteiligen stillen Reserven durch das Ausscheiden von C)

Aktiva		Passiva	
	€		€
Wirtschaftsgut 1		Kapitalkonto A	100.000
(90 T €+ 1/3 v. 210 T €)	160.000		
	(TW: 300.000)	Kapitalkonto B	100.000
Wirtschaftsgut 2		Anspruch C	300.000
(210 T € + 1/3 v. 390 T €)	340.000		
	(TW: 600.000)		
	500.000		500.000

Für C ist ein tarifbegünstigter Veräußerungsgewinn von 200.000 € entstanden (Anspruch 300.000 € / Buchwert des Betriebsvermögens (Kapitalkonto) 100.000 €). A und B müssen die Buchwerte der Wirtschaftsgüter 1 und 2 entsprechend aufstocken. Da die Wirtschaftsgüter zu 1/3 entgeltlich erworben wurden, erhöht sich die AfA-Bemessungsgrundlage um 200.000 € (Anschaffungskosten 300.000 € ./. Buchwert 100.000 €). Wenn C das Wirtschaftsgut 1 (Buchwert nunmehr 160.000 €) zur Tilgung seiner Ausgleichsforderung von 300.000 € erhält, müssen A und B dieses Wirtschaftsgut aus dem Betrieb nehmen. Da das Wirtschaftsgut 300.000 € wert ist, entsteht dadurch ein Veräußerungsgewinn i. H. v. 140.000 €, den A und B je zur Hälfte als laufenden Gewinn versteuern müssen. Ein Veräußerungsgewinn – und kein Entnahmegewinn – entsteht deshalb, weil die Hingabe des Sachwerts zum Wegfall der Schuld führt. Darin ist keine Entnahme, sondern eine Veräußerung, verbunden mit einer Gewinnrealisierung hinsichtlich des den Buchwert des Wirtschaftsguts übersteigenden Schuldenteils (Ausgleichsanspruch des C), zu sehen.

Vorgang 2:

(Ausgleich Abfindungsanspruch)

Aktiva	€	Passiva	€
Wirtschaftsgut 2	340.000	Kapitalkonto A	100.000
	(TW: 600.000)	+ Gewinn A	70.000
		Kapitalkonto B	100.000
		+ Gewinn B	70.000
	340.000		340.000

Erfolgt die **Übertragung des (einzelnen) Wirtschaftsgutes in ein Betriebsvermögen** des Ausscheidenden oder **sein Sonderbetriebsvermögen bei einer anderen Mitunternehmerschaft**, ist bei der Übertragung gem. § 6 Abs. 5 EStG der **Buchwert** anzusetzen (zur Abgrenzung zur Realteilung siehe S. 125). Der Buchwertansatz verhindert die Aufdeckung der stillen Reserven und der Vorgang wird buchmäßig durch die **steuerneutrale Anpassung der Kapitalkonten** abgebildet (Rogall, DStR 2006 S. 731 m. w. N.). Die stillen Reserven in dem übertragenen Wirtschaftsgut gehen auf den ausscheidenden Gesellschafter über.

An der Gemeinschaftspraxis A, B und C sind die Ärzte zu je 1/3 beteiligt. Der Wert des Betriebsvermögens beträgt 900.000 €, der Buchwert 300.000 €. Die Bilanz der Praxis sieht wie folgt aus:

Aktiva	€	Passiva	€
Wirtschaftsgut 1	90.000	Kapitalkonto A	100.000
	(TW: 300.000)	Kapitalkonto B	100.000
Wirtschaftsgut 2	210.000	Kapitalkonto C	100.000
	(TW: 600.000)		
	300.000		300.000

C scheidet gegen eine Abfindung von 300.000 € in Form des Wirtschaftsgutes 1 (Buchwert 90.000 €) in das Betriebsvermögen seiner neuen Einzelpraxis aus der Praxis aus.

Das Kapitalkonto von C wird erfolgsneutral von 100.000 € um 10.000 € auf 90.000 € abgestockt und die Kapitalkonten von A und B um je 5.000 € aufgestockt. Durch die Umbuchung verlagern sich stille Reserven von A und B auf C. Anschließend wird das Wirtschaftsgut 1 (Buchwert 90.000 €) gegen das Kapitalkonto von C erfolgsneutral ausgebucht.

Nach dem Ausscheiden des C hat die Bilanz folgendes Bild:

Aktiva		Passiva	
	€		€
Wirtschaftsgut 2	210.000	Kapitalkonto A	105.000
	(TW: 600.000)	Kapitalkonto B	105.000
	210.000		210.000

Wird das übertragene Wirtschaftsgut allerdings innerhalb einer **Sperrfrist von drei Jahren** nach Abgabe der Steuererklärung des Übertragenden für den Veranlagungszeitraum veräußert oder entnommen, ist gem. § 6 Abs. 5 Satz 4 EStG rückwirkend auf den Zeitpunkt der Übertragung der Teilwert anzusetzen. Die in diesem Rahmen vorgesehene Option, den rückwirkenden Teilwertansatz bei Veräußerung und Entnahme durch die Erstellung einer Ergänzungsbilanz zu verhindern, kann hier nicht zur Anwendung kommen, da die Erstellung einer Ergänzungsbilanz im Rahmen der Gemeinschaftspraxis für einen ausgeschiedenen Gesellschafter nicht möglich ist. Der Teilwert ist gem. § 6 Abs. 5 Satz 5 und 6 EStG ebenfalls anzusetzen, soweit unmittelbar oder mittelbar der Anteil einer Körperschaft, Personenvereinigung oder Vermögensmasse an dem Wirtschaftsgut begründet wird oder im Laufe von sieben Jahren nach der Übertragung des Wirtschaftsguts begründet wird oder sich erhöht.

Werden anlässlich des Ausscheidens Wirtschaftsgüter zu Buchwerten, z. B. nach § 6 Abs. 5 EStG, in ein anderes Betriebsvermögen oder Sonderbetriebsvermögen des Ausscheidenden überführt oder übertragen, liegt insgesamt **kein Fall der steuerlich begünstigten Aufgabe des Mitunternehmeranteils** vor. In diesem Fall verhindert die Tatsache, dass nicht sämtliche stille Reserven im Mitunternehmerantteil aufgedeckt werden, die Anwendung der Steuerbegünstigung der §§ 16 und 34 EStG.

Nach § 6 Abs. 5 EStG nicht begünstigt ist insbesondere die **direkte Übertragung** eines einzelnen Wirtschaftsgutes aus dem Gesamthandsvermögen einer Mitunternehmerschaft (Gemeinschaftspraxis) **in das Gesamthandsvermögen einer anderen Mitunternehmerschaft** (z. B. in eine andere Gemeinschaftspraxis). Eine Fortführung der Buchwerte ist in diesem Fall nicht möglich. Wird das einzelne Wirtschaftsgut zunächst zu Buchwerten in das Sonderbetriebsvermögen bei einer anderen Mitunternehmerschaft übertragen und anschließend zu Buchwerten aus dem Sonderbetriebsvermögen in das Gesamthandsvermögen der anderen Mitunternehmerschaft, ist die Gesamtplanrechtsprechung des BFH zu beachten (Spindler, DStR 2005 S. 1). Unter Anwendung dieser Rechtsprechung würden beide Vorgänge zu einer einheitlichen, nicht begünstigten Übertragung zusammengefasst, wenn diese zeitnah erfolgen.

Darüber hinaus ist für weitere Gestaltungen zu beachten, dass insbesondere eine nachfolgende **weitere Übertragung gegen Gewährung von Gesellschaftsrechten** als tauschähnlicher Umsatz im Sinne einer Veräußerung anzusehen ist, die innerhalb der Sperrfristen den rückwirkenden Ansatz des Teilwertes auslöst.

Ferner wird die Anwendung von § 6 Abs. 5 EStG verhindert, wenn der Ausscheidende im Zusammenhang mit der Übertragung von einzelnen Wirtschaftsgütern zu Buchwerten auch **Verbindlichkeiten mit übernimmt.** In diesem Fall ist die Übernahme der Verbindlichkeiten als Entgelt zu werten. Im Verhältnis zu den Teilwerten der übernommenen Wirtschaftsgüter liegt ein (teil-)entgeltliches Veräußerungsgeschäft vor (BMF v. 7.6.2001 – IV A 6 – S 2241 – 52/ 01, BStBl 2001 I S. 367).

PRAXISHINWEISE:

Aufgrund der Gefahr, dass unter Umständen rückwirkend der Teilwert im Rahmen der Übertragung anzusetzen ist, empfiehlt es sich, in die Vereinbarung über das Ausscheiden eine Regelung aufzunehmen, die im Falle einer schädlichen Verfügung über das Wirtschaftsgut regelt, wer die steuerlichen Folgen zu verantworten und den durch den Verstoß entstandenen Vermögensschaden vollumfänglich zu ersetzen hat.

---

f) Unentgeltliche Übertragungsvorgänge

Von den entgeltlichen Vorgängen abzugrenzen sind die **unentgeltlichen Vermögensübertragungen**, z. B. im Rahmen einer vorweggenommenen Erbfolge. Zu unterscheiden sind hier

▶ die **unentgeltliche Aufnahme** eines Gesellschafters in eine Einzelpraxis zur Gründung einer Gemeinschaftspraxis,

▶ die **unentgeltliche Übertragung** eines **Teils eines Mitunternehmeranteils** an einer Gemeinschaftspraxis sowie

▶ die **unentgeltliche Übertragung** des gesamten Mitunternehmeranteils an einer Gemeinschaftspraxis

(hierzu ausführlich BMF v. 3.3.2005 – IV B 2 – S 2241 – 14/05, BStBl 2005 I S. 458). Diese unentgeltlichen Vorgänge beurteilen sich nach **§ 6 Abs. 3 EStG.** Die Grundsätze des § 6 Abs. 3 EStG sind dabei auch auf Fälle anwendbar, bei denen der Gewinn **durch Einnahmen-Überschuss-Rechnung gem. § 4 Abs. 3 EStG** ermittelt wird; dies ergibt sich bereits aus § 6 Abs. 7 EStG (OFD Düsseldorf v. 9.9.1999 – S 1978d – 4 St 111 K, EStK § 6 EStG Karte 10.1).

aa) Die unentgeltliche Aufnahme eines Gesellschafters in eine Einzelpraxis zur Gründung einer Gemeinschaftspraxis

Bei einer **unentgeltlichen Aufnahme einer natürlichen Person in eine bestehende Einzelpraxis** ist nach § 6 Abs. 3 Satz 2, 2. Halbsatz EStG zwingend die **Buchwertfortführung** vorgeschrieben. Erforderlich ist, dass **sämtliche wesentliche Betriebsgrundlagen** anteilig auf den Übernehmer übergehen.

Im Rahmen des § 6 Abs. 3 EStG kommt es für die Beurteilung des Betriebsvermögens zur Frage der **Wesentlichkeit** nur auf die **funktionale Betrachtung** an. Funktional wesentlich können nur solche Wirtschaftsgüter sein, die für die Funktion des Betriebes von Bedeutung sind; auf das Vorhandensein erheblicher stiller Reserven kommt es nicht an (BMF v. 3.3.2005, a. a. O. Tz. 3 ff.).

Der Buchwertansatz gilt aber auch im Falle der **Zurückbehaltung von funktional wesentlichem Betriebsvermögen**, wenn das zurückbehaltene Betriebsvermögen **Sonderbetriebsvermögen** bei der entstehenden Gemeinschaftspraxis wird und damit weiterhin zum steuerlichen Betriebsvermögen der entstehenden Mitunternehmerschaft zählt. Der Mitunternehmeranteil umfasst insoweit den Anteil am Gesamthandsvermögen als auch das dem einzelnen Mitunternehmer zuzurechnende Sonderbetriebsvermögen (BFH v. 12.4.2000 – XI R 35/99, BStBl 2001 II S. 26). Voraussetzung für die Buchwertfortführung ist nach § 6 Abs. 3 Satz 2 EStG allerdings dann, dass der Eingetretene den übernommenen Mitunternehmeranteil über einen Zeitraum von mindestens fünf Jahren ab dem Übergang des wirtschaftlichen Eigentums nicht veräußert oder aufgibt (**Behaltefrist**). Wird diese Behaltefrist nicht eingehalten, erfolgt rückwirkend für den Übertragungsvorgang der Teilwertansatz (BMF v. 3.3.2005, a. a. O. Tz. 21, 11 ff.).

Eine Veräußerung ist grundsätzlich auch eine **Einbringung nach den §§ 20, 24 UmwStG**, unabhängig davon, ob die Buchwerte, gemeinen Werte oder Zwischenwerte angesetzt werden. Auch die **Übertragung** einzelner Wirtschaftsgüter zu Buchwerten gegen Gewährung von Gesellschaftsrechten **nach § 6 Abs. 5 EStG stellt eine Veräußerung dar**. Im Grundsatz würde damit infolge der Behaltefrist eine nachfolgende Übertragung des übernommenen Mitunternehmeranteils oder einzelner Wirtschaftsgüter gegen Gewährung von Gesellschaftsrechten innerhalb der fünf Jahre rückwirkend den Buchwertansatz für die erste unentgeltliche Übertragung unmöglich machen und zur **Aufdeckung von stillen Reserven** führen.

In diesen Fällen liegt allerdings nach Auffassung der Finanzverwaltung **keine schädliche Veräußerung** i. S. d. § 6 Abs. 3 Satz 2 EStG vor, wenn der Einbringende die gewährten Gesellschaftsrechte über einen Zeitraum von mindestens fünf Jahren – beginnend mit der ursprünglichen Übertragung des Mitunternehmeranteils nach § 6 Abs. 3 Satz 2 EStG – nicht veräußert oder aufgibt und auch die neue Gesellschaft den eingebrachten Mitunternehmeranteil oder die eingebrachten Wirtschaftsgüter innerhalb der genannten Frist nicht veräußert (BMF v. 3.3.2005, a. a. O. Tz. 11, 13 ff.). Die im Rahmen einer Einbringung in eine Kapitalgesellschaft erhaltenen Anteile dürfen innerhalb der Fünfjahresfrist darüber hinaus auch nicht durch einen Ersatzrealisationstatbestand – wie z. B. bei Wegzug des Anteilseigners ins Ausland durch die Anwendung der Vorschrift des § 6 AStG – „entstrickt" werden (OFD Rheinland v. 18.12.2007 – S-2241 Kurzinformation Einkommensteuer Nr. 001/2008, DB 2008 S. 265). Die Finanzverwaltung verlängert somit im Ergebnis die Behaltefrist auf die gewährten Gesellschaftsrechte.

bb) Die unentgeltliche Übertragung eines Teils eines Mitunternehmeranteils an einer Gemeinschaftspraxis

Die gleichen Grundsätze gelten auch im Falle der **Übertragung eines Teils eines Mitunternehmeranteils**. Ist bereits Sonderbetriebsvermögen im Rahmen einer bestehenden Gemeinschaftspraxis vorhandenen, ist zur Anwendung des § 6 Abs. 3 EStG grundsätzlich erforderlich, dass im selben Verhältnis sowohl Gesamthandsvermögen als auch Sonderbetriebsvermögen auf den Eintretenden übergehen.

Bei der Übertragung nur eines Teils eines Mitunternehmeranteils ist zu unterscheiden zwischen einer unterquotalen, einer quotalen und einer überquotalen Übertragung des vorhandenen Sonderbetriebsvermögens.

Wird anlässlich der Teilanteilsübertragung von Gesamthandsvermögen funktional wesentliches **Sonderbetriebsvermögen** nicht oder in geringerem Umfang (**unterquotal**) übertragen als es dem übertragenen Teil des Anteils am Gesamthandsvermögen entspricht, liegt insgesamt noch eine Übertragung nach § 6 Abs. 3 EStG vor (BMF v. 3.3.2005, a. a. O. Tz. 10 ff.).

Wird anlässlich der Teilanteilsübertragung von Gesamthandsvermögen **Sonderbetriebsvermögen** in größerem Umfang (**überquotal**) übertragen als es dem übertragenen Teil des Anteils am Gesamthandsvermögen entspricht, ist der Vorgang in eine Übertragung nach § 6 Abs. 3 Satz 1 EStG für den quotalen Teil des Sonderbetriebsvermögens und eine Übertragung nach § 6 Abs. 5 EStG für den überquotalen Teil des Sonderbetriebsvermögens aufzuteilen. Zu beachten ist dann insbesondere, dass es nach § 6 Abs. 5 EStG anders als nach § 6 Abs. 3 EStG nicht steuerneutral möglich ist, auch Verbindlichkeiten zu übertragen. Wenn im Zusammenhang mit dem überquotal übertragenen Sonderbetriebsvermögen auch Verbindlichkeiten übernommen werden, liegt insoweit eine entgeltliche Übertragung vor, auf die § 6 Abs. 5 EStG keine Anwendung findet (BMF v. 3.3.2005, a. a. O. Tz. 16 f.). Für spätere Verfügungen über den Mitunternehmeranteil ist zudem zu beachten, dass unterschiedliche Behalte- bzw. Sperrfristen ausgelöst werden, die jeweils zu prüfen sind.

War der Arzt, der den Mitunternehmeranteil unentgeltlich erhält, bereits vorher Mitunternehmer der Gemeinschaftspraxis, so kann er in Bezug auf die Behaltefrist nach § 6

Abs. 3 Satz 2 EStG allerdings insoweit seinen alten, vorhandenen Mitunternehmeranteil unschädlich veräußern oder aufgeben. Die Schädlichkeit setzt erst ein, wenn auch Teile des unentgeltlich übernommenen Mitunternehmeranteils veräußert oder aufgegeben werden (BMF v. 3.3.2005, a. a. O. Tz. 12 ff.).

cc) Die unentgeltliche Übertragung des gesamten Mitunternehmeranteils an einer Gemeinschaftspraxis

Die unentgeltliche Übertragung des gesamten Mitunternehmeranteils erfolgt nach § 6 Abs. 3 EStG zu Buchwerten. Erforderlich ist für die Buchwertfortführung in diesem Fall die Übertragung des gesamten funktional wesentlichen Sonderbetriebsvermögens (BMF v. 3.3.2005, a. a. O. Tz. 4 ff.).

Die unentgeltliche Übertragung des Mitunternehmeranteils unter Zurückbehaltung funktional wesentlicher Betriebsgrundlagen des Sonderbetriebsvermögens und deren **Überführung ins Privatvermögen** verhindert die Anwendung der Buchwertfortführung. In diesem Fall liegt insgesamt eine (tarifbegünstigte) Aufgabe des gesamten Mitunternehmeranteils vor unter **Aufdeckung sämtlicher stiller Reserven.**

Wird infolge der unentgeltlichen Übertragung des gesamten Mitunternehmeranteils funktional wesentliches Sonderbetriebsvermögen in ein anderes Betriebsvermögen bzw. Sonderbetriebsvermögen nach **§ 6 Abs. 5 EStG zu Buchwerten** übertragen, verhindert dies die Anwendung von § 6 Abs. 3 EStG für das unentgeltlich übertragene Vermögen. Der Gewinn aus der **Aufdeckung der stillen Reserven** in dem unentgeltlich übertragenen Mitunternehmeranteil ist nicht nach den §§ 16, 34 EStG tarifbegünstigt, weil nicht sämtliche stille Reserven in dem Mitunternehmeranteil aufgedeckt werden.

Die gleichen Grundsätze gelten für Überführungen ins Privatvermögen und Übertragungen nach § 6 Abs. 5 EStG, die in zeitlichem und sachlichem Zusammenhang mit der unentgeltlichen Übertragung des gesamten Mitunternehmeranteils stehen (Gesamtplanrechtsprechung).

PRAXISHINWEISE:

Zurzeit nicht abschließend geklärt ist die Frage, ob die unentgeltliche Übertragung eines Mitunternehmeranteils im Wege der vorweggenommenen Erbfolge die Voraussetzungen des § 6 Abs. 3 EStG auch erfüllt, wenn zeitgleich wesentliches Sonderbetriebsvermögen erfolgsneutral zum Buchwert in ein anderes Betriebsvermögen überführt worden ist. Nach Ansicht des FG Schleswig-Holstein ist eine Buchwertfortführung nach § 6 Ab. 3 EStG in einem solchen Fall nicht zulässig, weil der Begriff des Mitunternehmeranteils nach der Rechtsprechung des BFH nicht nur den Anteil des Mitunternehmers am Vermögen der Gesellschaft sondern auch etwaiges Sonderbetriebsvermögen des Gesellschafters umfasst (FG Schleswig-Holstein v. 5.11.2008 – 2 K

175/05, EFG 2009 S. 233, Revision eingelegt BFH IV R 52/08). Die gleiche Frage stellt sich auch im Fall der unentgeltlichen Übertragung einer Einzelpraxis unter Zurückbehaltung wesentlicher Betriebsgrundlagen und erfolgsneutraler Übertragung zum Buchwert in ein anderes Betriebsvermögen.

g) Beendigung einer Gemeinschaftspraxis

Bei der Beendigung der Gemeinschaftspraxis lassen sich zwei Hauptfälle unterscheiden:

▶ das **Ausscheiden des vorletzten Gesellschafters** aus einer zweigliedrigen Gemeinschaftspraxis und

▶ die **Realteilung** der Gemeinschaftspraxis.

Das Ausscheiden des vorletzten Gesellschafters aus einer zweigliedrigen Gemeinschaftspraxis ist vergleichbar mit den übrigen Fällen des Ausscheidens eines Gesellschafters aus einer (fortbestehenden) Gemeinschaftspraxis (BFH v. 10.3.1998 – VIII R 76/96, BStBl 1999 II S. 269). In diesem Fall führt allerdings die Anwachsung des Anteils des ausscheidenden Gesellschafters beim verbleibenden Gesellschafter zur Beendigung der Mitunternehmerschaft. Die Gemeinschaftspraxis wird zur Einzelpraxis. Für den ausscheidenden Gesellschafter sind dabei die Fälle der Barabfindung, der Sachwertabfindung ins Privatvermögen und die Sachwertabfindung in ein (anderes) Betriebsvermögen denkbar (hierzu im Einzelnen S. 116 ff.).

Denkbar ist zudem, dass die Gemeinschaftspraxis steuerlich im Wege der Realteilung (§ 16 Abs. 3 EStG) beendet wird.

aa) Zur Abgrenzung zwischen Realteilung und Sachwertabfindung

Scheidet ein Arzt als Gesellschafter aus einer Gemeinschaftspraxis aus, erhält als Abfindung wesentliche materielle oder immaterielle Betriebsgrundlagen des Betriebsvermögens und setzt seine ärztliche Tätigkeit mit diesen Wirtschaftsgütern in örtlicher Nähe zur bisherigen Praxis fort, ergeben sich im Einzelfall **Abgrenzungsschwierigkeiten** zwischen einer Sachwertabfindung in ein Betriebsvermögen (§ 6 Abs. 5 EStG) und einer Realteilung (§ 16 Abs. 3 EStG). (Zu den unterschiedlichen steuerlichen Folgen vgl. zur Sachwertabfindung S. 117 ff. und zur Realteilung S. 127 ff.)

Die **Sachwertabfindung in ein Betriebsvermögen und die Realteilung unterscheiden sich** in Bezug auf die Frage, ob die bestehende Praxis, aus der der Gesellschafter ausscheidet – lediglich eingeschränkt – fortgeführt wird (Sachwertabfindung) oder ob die Praxis in der bisherigen Form eingestellt wird und zwei neue Praxen entstehen, die aus dem aufgeteilten Betriebsvermögen der real geteilten Praxis gegründet werden (Realteilung). Erhält der Ausscheidende als Abfindung wesentliche materielle oder immaterielle Betriebsgrundlagen, die er in ein (anderes) Betriebsvermögen überträgt, stellt sich die

Frage, ob in der steuerlichen Bewertung die Praxis, aus der der Gesellschafter ausscheidet, im eigentlichen Sinn noch fortbesteht. Dies wird sich nur im Einzelfall abgrenzen lassen.

Die **Realteilung** i. S. d. § 16 Abs. 3 Satz 2 ff. EStG ist nach Auffassung der Finanzverwaltung insoweit durch den auf der Ebene der Mitunternehmerschaft verwirklichten **Tatbestand der Betriebsaufgabe** gekennzeichnet (BMF v. 28.2.2006 – IV B 2 – S 2242 – 6/06, BStBl 2006 I S. 228, vgl. auch Mitschke, Ausscheiden eines Mitunternehmers als steuerbegünstigte Realteilung?, NWB Fach 3 S. 15453). Die Realteilung hat dann Vorrang vor den Regelungen des § 6 Abs. 5 EStG (Sachwertabfindung in ein Betriebsvermögen).

Als Realteilung ist somit ertragsteuerlich die **Aufgabe einer Mitunternehmerschaft durch Aufteilung des Gesellschaftsvermögens** zwischen den Mitunternehmern unter der Voraussetzung, dass mindestens eine wesentliche Betriebsgrundlage nach der Realteilung weiterhin Betriebsvermögen eines Realteilers darstellt, zu verstehen. Nach den allgemeinen Grundsätzen würde der Vorgang als Betriebsaufgabe der Mitunternehmerschaft anzusehen sein und damit zur Aufdeckung aller stillen Reserven im Betriebsvermögen der Mitunternehmerschaft führen (BFH v. 29.4.2004 – IV B 124/02, BFH/NV 2004 S. 1395). § 16 Abs. 3 Satz 2 ff. EStG verhindert diese Aufdeckung dann für den Sonderfall der Realteilung.

> **BEISPIEL:** ▶ Die Ärzte A und B lösen ihre Gemeinschaftspraxis in der Weise auf, dass durch bauliche Maßnahmen (Zwischenwände, zweiter Eingang) in den bisherigen Praxisräumen zwei getrennte Einzelpraxen entstehen. Die Geräte werden untereinander aufgeteilt und jeder Arzt betreut „seine" Patienten weiter. Dieser Vorgang dürfte als Realteilung gewertet werden.

> **BEISPIEL:** ▶ Der Arzt C scheidet aus der Gemeinschaftspraxis A, B & C aus. Als Abfindung erhält er einige teure Spezialgeräte, mit denen er außerhalb des örtlichen Wirkungskreises der Gemeinschaftspraxis eine Einzelpraxis errichtet. Die Ärzte A und B betreuen fortan die Patienten der Gemeinschaftspraxis nur noch zu zweit. Dieser Vorgang dürfte als Sachwertabfindung in ein Betriebsvermögen gewertet werden.

PRAXISHINWEISE:

Zwischen diesen Beispielen liegt noch eine beachtliche Grauzone. Betrachtet man die Aussagen der Finanzverwaltung zur Abgrenzung (BMF v. 28.2.2006, a. a. O.), dürfte tendenziell beim Ausscheiden eines Mitunternehmers aus einer mehrgliedrigen Mitunternehmerschaft und deren Fortführung durch die übrigen Mitunternehmer eine Sachwertabfindung anzunehmen sein. Bei Beendigung einer zweigliedrigen Mitunternehmerschaft durch Ausscheiden des vorletzten Gesellschafters dürfte dagegen tendenziell wahrscheinlich von einer Realteilung auszugehen sein, wenn beide Mitunternehmer wesentliche Betriebsgrundlagen des Betriebsvermögens erhalten und damit (eigene) Praxen fortführen. Bei Zweifeln empfiehlt sich die Einholung einer verbindlichen Auskunft.

bb) Steuerliche Folgen einer Realteilung

Werden im Zuge einer Realteilung einer Mitunternehmerschaft Teilbetriebe, Mitunternehmeranteile oder einzelne Wirtschaftsgüter in das jeweilige Betriebsvermögen der einzelnen Mitunternehmer oder in deren Sonderbetriebsvermögen bei einer anderen Mitunternehmerschaft übertragen, so sind nach § 16 Abs. 3 Satz 2 ff. EStG bei der Ermittlung des Gewinns der Mitunternehmerschaft diese Wirtschaftsgüter mit den Werten anzusetzen, die sich nach den Vorschriften über die Gewinnermittlung ergeben, sofern die Besteuerung der stillen Reserven sichergestellt ist; der übernehmende Mitunternehmer ist an diese Werte gebunden. § 16 Abs. 3 Satz 2 EStG schreibt insofern die **Buchwertfortführung** für diese Fälle der Realteilung vor. Anders als bei § 6 Abs. 5 EStG ist es dabei unbeachtlich, wenn im Rahmen der Realteilung auch Verbindlichkeiten auf die einzelnen Gesellschafter übertragen werden.

Dagegen ist für den jeweiligen Übertragungsvorgang **rückwirkend der gemeine Wert** anzusetzen, soweit bei einer Realteilung, bei der einzelne Wirtschaftsgüter übertragen worden sind, zum Buchwert übertragener Grund und Boden, übertragene Gebäude oder andere übertragene wesentliche Betriebsgrundlagen innerhalb einer **Sperrfrist** nach der Übertragung veräußert oder entnommen werden; diese Sperrfrist endet drei Jahre nach Abgabe der Steuererklärung der Mitunternehmerschaft für den Veranlagungszeitraum der Realteilung (§ 16 Abs. 3 Satz 2 und 3 EStG).

> PRAXISHINWEISE:
>
> Der Ansatz des gemeinen Wertes und damit der entstehende Gewinn ist im Grundsatz der Gemeinschaftspraxis insgesamt zuzurechnen und nicht allein dem Realteiler, der das Wirtschaftsgut erhalten hat. In den Ausscheidensvereinbarungen sollte daher geregelt werden, wer die steuerlichen Konsequenzen zu tragen hat, wenn einer der Realteiler gegen die Einhaltung der Sperrfrist verstößt.

Soweit im Rahmen der Realteilung ein **Spitzenausgleich** zur Abgeltung unterschiedlicher Werte gezahlt wird, führt dieser zu einem **nicht begünstigten steuerlichen Veräußerungsgewinn**.

Die Grundsätze der Realteilung sind nach § 16 Abs. 3 Satz 4 EStG ebenfalls nicht anzuwenden, soweit die Wirtschaftsgüter **unmittelbar oder mittelbar auf eine Körperschaft, Personenvereinigung oder Vermögensmasse übertragen** werden (z. B. eine MVZ-GmbH) und die Körperschaft nicht schon bisher mittelbar oder unmittelbar an dem übertragenen Wirtschaftsgut beteiligt war; in diesem Fall ist bei der Übertragung der gemeine Wert anzusetzen.

PRAXISHINWEISE:

An dieser Stelle lässt sich zunächst festhalten, dass sowohl die Sachwertabfindung in ein Betriebsvermögen (§ 6 Abs. 5 EStG) als auch die Realteilung (§ 16 Abs. 3 EStG) die Buchwertfortführung ermöglichen. Dabei bietet die Realteilung zunächst den Vorteil, dass bei Anwendung von § 16 Abs. 3 EStG die Übernahme von Verbindlichkeiten nicht als entgeltlicher Vorgang gewertet wird. Die **Annahme einer Realteilung** dürfte in der Praxis in vielen Fällen aber auch zu **erheblichen Schwierigkeiten** führen.

Zum einen bezieht sich § 6 Abs. 5 EStG nur auf die Wirtschaftsgüter, die der Ausscheidende als Abfindung erhält, § 16 Abs. 3 EStG bezieht sich dagegen auf alle Wirtschaftsgüter der Gemeinschaftspraxis.

Zum anderen ist nach Auffassung der Finanzverwaltung eine Übertragung einzelner Wirtschaftsgüter des Gesamthandsvermögens **in das Gesamthandsvermögen einer anderen Mitunternehmerschaft**, an der der Realteiler ebenfalls beteiligt ist, zu Buchwerten nicht möglich (BMF v. 28.2.2006 – IV B 2 – S 2242 – 6/06, BStBl 2006 I S. 228).

Wird eine Gemeinschaftspraxis daher in der Weise geteilt, dass im Rahmen der Realteilung Wirtschaftsgüter in das Gesamthandsvermögen einer anderen ggf. neu gegründeten Gemeinschaftspraxis übergehen, ist für diese Wirtschaftsgüter der gemeine Wert anzusetzen.

BEISPIEL: ▶ Die Ärzte A, B und C beenden ihre Gemeinschaftspraxis im Rahmen einer Realteilung. Jeder der Ärzte erhält Teile des materiellen und immateriellen Betriebsvermögens. Während A seine ärztliche Tätigkeit als Einzelarzt fortsetzt, beschließen B und C ihre Tätigkeit mit den erhaltenen Wirtschaftsgütern gemeinsam im Rahmen einer Gemeinschaftspraxis fortzuführen. Sie übertragen im Rahmen der Realteilung daher die Wirtschaftsgüter auf die Gemeinschaftspraxis B und C. Die Übertragung der Wirtschaftsgüter aus der Gemeinschaftspraxis A, B und C in die Gemeinschaftspraxis B und C im Rahmen der Realteilung ist zu Buchwerten nicht möglich. Bei der Übertragung sind für diese Wirtschaftsgüter vielmehr die gemeinen Werte anzusetzen und somit die stillen Reserven aufzudecken.

Daneben ist zu beachten, dass auch eine spätere Übertragung der Wirtschaftsgüter im Rahmen eines tauschähnlichen Vorgangs gegen Gewährung von Gesellschaftsrechten – z. B. im Rahmen einer **Einbringung nach § 24 UmwStG – innerhalb der Sperrfrist** zu einem rückwirkenden Ansatz des gemeinen Wertes im Rahmen der Realteilung führt.

BEISPIEL: ▶ Die Ärzte A und B beenden ihre Gemeinschaftspraxis im Rahmen einer Realteilung. Jeder der Ärzte erhält Teile des materiellen und immateriellen Betriebsvermögens und beide setzen anfangs ihre ärztliche Tätigkeit jeweils im Rahmen einer Einzelpraxis fort. Zeitnah beschließt

B allerdings seine Tätigkeit gemeinsam mit C im Rahmen einer Gemeinschaftspraxis fortzusetzen. B bringt daher innerhalb der Sperrfrist seine Einzelpraxis in die Gemeinschaftspraxis B und C gegen Gewährung von Gesellschaftsrechten ein. Bei der Übertragung der Wirtschaftsgüter aus der Gemeinschaftspraxis A und B an B sind insoweit rückwirkend die gemeinen Werte anzusetzen.

Liegt eine Realteilung vor und ist geplant, im Rahmen der Realteilung oder zeitnah eine neue Gemeinschaftspraxis zu gründen, empfiehlt es sich, die Wirtschaftsgüter der real zu teilenden Gemeinschaftspraxis zunächst **auf unbestimmte Zeit in das Sonderbetriebsvermögen** der einzelnen Gesellschafter bei der neuen Gemeinschaftspraxis zu übertragen und **nicht in das Gesamthandsvermögen** der neuen Gemeinschaftspraxis, da die Übertragung in ein Sonderbetriebsvermögen zu Buchwerten erfolgt. Unter Ausschaltung der „Gesamtplanrechtsprechung" **(Einhaltung einer Karenzzeit)** können dann zu einem späteren Zeitpunkt die Wirtschaftsgüter aus dem Sonderbetriebsvermögen in das Gesamthandsvermögen der Mitunternehmerschaft übertragen werden.

h) Steuerliche Behandlung der Anschaffungskosten eines Gemeinschaftspraxisanteils/Berücksichtigung der Vertragsarztzulassung

Aus steuerlicher Sicht ist Gegenstand der Anschaffung nicht der Anteil an der Gesellschaft, sondern es sind die **ideellen Anteile an den einzelnen Wirtschaftsgütern des Gesellschaftsvermögens.** Hat der Ausgeschiedene auch vorhandenes Sonderbetriebsvermögen mitveräußert, gehört dieses ebenfalls zu den angeschafften Wirtschaftsgütern. Bei einer Abweichung der Anschaffungskosten von den Buchwerten im Gesamthandsvermögen wird die Aufstellung einer Ergänzungsbilanz bzw. Ergänzungsrechnung erforderlich (vgl. Schmidt/Wacker, EStG 2008, § 16 Rn. 480 ff. m. w. N.).

Scheidet ein Gesellschafter aus einer Gemeinschaftspraxis gegen eine Abfindung aus, die höher ist als der Buchwert des Gesellschaftsanteils (des Kapitalkontos) im Zeitpunkt seines Ausscheidens, so spricht eine tatsächliche Vermutung dafür, dass der Buchwert der bilanzierten Wirtschaftsgüter des Betriebsvermögens stille Reserven enthält und/ oder ein Geschäftswert vorhanden ist und dass die Mehrzahlungen den Anteil des ausscheidenden Gesellschafters an diesen stillen Reserven und/oder immateriellen Einzelwirtschaftsgütern und/oder einen Geschäftswert abgelten sollen und demgemäß für den übernehmenden Gesellschafter Anschaffungskosten für diese Anteile sind. Nur wenn festgestellt werden kann, dass die Buchwerte der bilanzierten Wirtschaftsgüter des Betriebsvermögens der Personengesellschaft keine stillen Reserven enthalten und/ oder auch keine nicht bilanzierte immaterielle Einzelwirtschaftsgüter und/oder kein Geschäftswert vorhanden ist, kommt eine Nichtaktivierung der Mehrzahlungen und damit ein sofortiger Abzug als Betriebsausgaben in Betracht, sofern die Mehrzahlungen nicht außerbetrieblich veranlasst waren (BFH v. 25.1.1979 – IV R 56/75, BStBl 1979 II S. 302).

Die Aktivierung im Einzelnen erfolgt nach der Stufentheorie bzw. der modifizierten Stufentheorie durch Verteilung der stillen Reserven auf die einzelnen materiellen und immateriellen Wirtschaftsgüter und den Praxiswert. Soweit nachweislich ein Mehrbetrag nicht zur Abgeltung stiller Reserven, sondern infolge der „Lästigkeit" (geschäftsschädigendes Verhalten) eines Gesellschafters gezahlt wird, um diesen zum Ausscheiden zu bewegen, sind die Aufwendungen sofort abziehbare Betriebsausgaben (Schmidt/Wacker, EStG 2008, § 16 Rn. 487 ff. m. w. N.; Blümich/Stuhrmann, EStG – KStG – GewStG, Stand Oktober 2008, EStG § 16 Rn. 175 ff. m. w. N.; Hörger/Stöbbe, DStR 1991 S. 1230).

Im Zusammenhang mit der **Abschreibungsfähigkeit** der Anschaffungskosten eines **Praxiswerts** unterscheidet der BFH in seinen älteren Entscheidungen (BFH v. 24.2.1994 – IV R 33/93, BStBl 1994 II S. 590) deutlich zwischen dem personenbezogenen Praxiswert als grundsätzlich verschieden vom unternehmensbezogenen Geschäftswert und lässt entgegen der Vorschrift des § 7 Abs. 1 Satz 3 EStG die Abschreibung eines Praxiswertes beim Erwerb einer **Einzelpraxis über drei bis fünf Jahre** bzw. bei einem Erwerb von Anteilen an einer **Gemeinschaftspraxis über sechs bis zehn Jahre** zu. Diesen Grundsätzen folgt auch die Finanzverwaltung (BMF v. 15.1.1995 – IV B 2 – S 2172 – 15/95, BStBl 1995 I S. 14).

Durch jüngere Finanzgerichtrechtsprechung (FG Niedersachsen v. 28.9.2004 – 13 K 412/01, EFG 2005 S. 420; FG Baden-Württemberg, Außensenate Freiburg v. 16.6.2005 – 3 K 101/01, EFG 2005 S. 1539 in einer Art obiter dictum) ist für den Fall des Erwerbs einer kassenärztlichen Praxis mit der Übertragung der entsprechenden Vertragsarztzulassung zunehmend eine **Aufteilung des immateriellen Vermögens** der Praxis auf ein **nicht abschreibungsfähiges Wirtschaftsgut, die Vertragsarztzulassung,** und einen verbleibenden abschreibungsfähigen Praxiswert in die Diskussion geraten.

Kann die Vertragsarztzulassung nicht abgeschrieben werden, wirken sich die Anschaffungskosten steuerlich erst im Zeitpunkt der Praxisveräußerung aus. Hierdurch fehlen in den anfänglichen Jahren die notwendigen Abschreibungen zur Finanzierung des Praxiskaufpreises.

In der Praxis dürfte dies als **Nachteil** zum einen dazu führen, dass sich die Laufzeiten der zur Finanzierung aufgenommenen Darlehen verlängern müssen, da aufgrund der fehlenden steuerlichen Entlastung durch die Abschreibung ein Anteil des Kapitaldienstes aus dem **Cashflow** erbracht werden muss. Folglich werden die Erwerber härter über die Höhe des Kaufpreises verhandeln, wenn dieser zukünftig zum Teil nicht mehr abschreibungsfähig ist.

Ein weiterer **Nachteil** ergibt sich bei der Anwendung der Steuerbegünstigung nach § 16 i. V. m. § 34 Abs. 3 EStG für einen Veräußerungsgewinn bei der späteren Veräußerung der Praxis. Können – wie bisher – Abschreibungen vorgenommen werden, reduzieren diese den laufenden Gewinn. Bei einer späteren Veräußerung aufgedeckte stille Reserven sind dann unter den Voraussetzungen des § 16 EStG i. V. m. § 34 Abs. 3 EStG steuerbegünstigt.

Können auf einen Teil des Kaufpreises keine Abschreibungen vorgenommen werden, ergibt sich ein **höherer Buchwert der Praxis im Zeitpunkt der Veräußerung**, welcher auf den Veräußerungspreis anzurechnen ist. Auf diese Weise erhöhen sich die normal zu besteuernden laufenden Gewinne. Im Gegensatz dazu reduziert sich in den meisten Fällen der steuerbegünstigte Veräußerungsgewinn. Es entsteht eine höhere Gesamtsteuerbelastung.

Nach Auffassung des FG Niedersachsen stellt der mit der Vertragsarztzulassung verbundene wirtschaftliche Vorteil ein gesondertes, nicht abnutzbares immaterielles Wirtschaftsgut dar. Das Wirtschaftsgut bestehe dabei nicht in der öffentlich-rechtlichen Zulassung als solcher, sondern in der damit verbundenen wirtschaftlichen Chance. Insoweit sei zu differenzieren wie bei der Beurteilung von Güterverkehrsgenehmigungen. Die Einzelveräußerbarkeit sei keine Voraussetzung für ein Wirtschaftsgut. Daher sei nach Auffassung des FG Niedersachsen der Umstand, dass eine Vertragsarztzulassung zivilrechtlich nicht gesondert veräußerbar sei, sondern nur der Vermögensgegenstand Arztpraxis (BSG v. 29.9.1999 – B 6 KA 1/99 R, BSGE 85 S. 1), nicht maßgebend. Der Entscheidung des FG Niedersachsen lag allerdings ein Fall zugrunde, bei dem nach Darstellung des Finanzgerichts die vertraglichen Vereinbarungen ausschließlich darauf abzielten, die Vertragsarztzulassung übernehmen zu können.

Die OFD Koblenz hat sich in einer Verfügung (v. 12.12.2005 – Nr. 129/05 S 2134 a A – St 31 4, mittlerweile gleich lautend OFD Magdeburg v. 6.2.2006 – S 2134 a – 15 – St 213) mit diesem Urteil auseinander gesetzt und ist zu dem Ergebnis gelangt, dass der wirtschaftliche Vorteil der Vertragszulassung grundsätzlich ein selbständiges, immaterielles Wirtschaftsgut des Anlagevermögens und nicht nur einen unselbständigen wertbildenden Faktor darstellt, der nur im Rahmen des Praxiswertes in Erscheinung tritt.

Diese Auffassung begegnet in der Literatur allerdings erheblichen Bedenken (hierzu Michels/ Ketteler-Eising, DStR 2009 S. 814, DStR 2008 S. 314, DStR 2006 S. 961). Auch ist unklar, welchen Wert die Finanzverwaltung einer Vertragsarztzulassung beimessen wird (hierzu Michels/ Ketteler-Eising, DStR 2009 S. 814, DStR 2006 S. 961; OFD Münster v. 11.2.2009 – S 2172 – 152 – St 12 – 33, DStR 2009 S. 798). Der Auffassung des FG Niedersachsen und insbesondere der Auffassung der OFD Koblenz kann nicht gefolgt werden.

Die Zulassung als Vertragsarzt stellt sich als Zuerkennung einer öffentlich-rechtlichen Berechtigung durch Stellen staatlicher Verwaltung, nämlich der Zulassungs- und Berufungsausschüsse (§§ 96, 97 SGB V), dar. § 103 Abs. 4 bis 6 SGB V regelt das Nachbesetzungsverfahren, wenn die Zulassung eines Vertragsarztes in einem Planungsbereich endet und die Praxis durch einen Nachfolger fortgeführt werden soll. § 103 Abs. 4 bis 6 SGB V legt dabei die Auswahlkriterien fest, nach denen der zuständige Zulassungsausschuss nach pflichtgemäßem Ermessen über die Nachbesetzung zu entscheiden hat. § 103

Abs. 4 Satz 6 SGB V trägt ergänzend den nach dem Grundgesetz schutzwürdigen Interessen, insbesondere dem Eigentumsrecht an der eigenen Praxis und damit dem Praxiswert des ausscheidenden Vertragsarztes bzw. seiner Erben, Rechnung. Die wirtschaftlichen Interessen sind allerdings nur insoweit zu berücksichtigen, als der Kaufpreis die Höhe des Verkehrswerts der Praxis nicht übersteigt. Eine Vertragsarztzulassung ist damit weder allein noch zusammen mit dem Betrieb veräußerbar und damit nicht wirtschaftlich verwertbar. Ebenso ist die Vertragsarztzulassung nicht gesondert bewertbar und findet auch in keinem Verfahren zur Bewertung von Arztpraxen eine gesonderte Berücksichtigung. § 104 Abs. 4 SGB V sollte entsprechend der Gesetzesbegründung gerade verhindern, dass sich aufgrund der mit der Praxisübernahme verbundenen Kassenzulassung der Kaufpreis für die Praxis ungerechtfertigt erhöht (BT-Drucks. 12/3608 S. 99). Eine Vertragsarztzulassung stellt somit kein gesondert zu erfassendes Wirtschaftsgut dar. Es handelt sich vielmehr um einen wertbildenden Faktor des Wirtschaftsguts „Praxiswert" im Rahmen des Gesamtkaufpreises zum Erwerb der Vertragsarztpraxis. Steht daher für den Erwerber die Praxis bzw. deren Fortführung klar im Vordergrund und orientiert sich der zu zahlende Kaufpreis ausschließlich an der Ertragskraft (Umsatz/Gewinn) dieser Praxis aufgrund deren Patientenstruktur, so stellt die (fortgeführte) Praxis zusammen mit dem bisherigen Patientenstamm eine – auch steuerlich – untrennbare Einheit mit der Kassenzulassung dar; Letztere bildet den Praxiswert. Dieser ist in besonderem Maße gekennzeichnet durch das persönliche Vertrauensverhältnis zwischen Arzt und Patient; der Übernehmer muss sich in dieses einfinden (FG Rheinland-Pfalz v. 9.4.2008, EFG 2008 S. 1107; Revision anhängig, BFH – VIII R 13/08).

PRAXISHINWEISE:

Sollte zur Vermeidung einer Auseinandersetzung mit dem Finanzamt vor dem Finanzgericht eine Bewertung dennoch notwendig sein, bietet sich zur Reduzierung des Problems eine Aufteilung nach der Methode der Patienten-Leistungsquote an (Michels/ Ketteler-Eising, DStR 2006 S. 961; vgl. auch OFD Münster v. 11.2.2009 – S 2172 – 152 – St 12 – 33, DStR 2009 798; zur Kritik und Weiterführung Michels/Ketteler-Eising, DStR 2009 S. 814). In jedem Fall sollte für spätere Diskussionen mit der Finanzverwaltung bereits im Zeitpunkt des Vertragsabschlusses die Kaufpreisfindung/Praxisbewertung und die Orientierung am Gewinn/Verlust der Praxis dokumentiert werden. **Keinesfalls** sollte der Empfehlung (so Welper, NWB F. 2 S. 9041) gefolgt werden, **in dem Kaufvertrag einen Wert für die Vertragsarztzulassung betragsmäßig zu differenzieren.** Hierdurch wird dem Finanzamt bereits nach außen ein Wert dokumentiert und eine Diskussion über die Frage, ob Vertragsarztzulassungen überhaupt ein gesonderter Wert zukommt oder die Vertragsarztzulassung nicht vielmehr Teil des Praxiswertes ist, unmöglich gemacht.

i) Besteuerung der Veräußerung bzw. Aufgabe des Vermögens

Im Rahmen der Begründung ärztlicher Kooperationen spielt die Besteuerung für den abgebenden, nicht mehr an der Kooperation teilnehmenden Arzt eine erhebliche Rolle. Nach § 18 Abs. 3 EStG gehört für den Veräußerer einer Praxis oder eines Gemeinschaftspraxisanteils auch der Gewinn, der bei der Veräußerung des Vermögens oder eines selbständigen Teils des Vermögens oder eines Anteils am Vermögen erzielt wird, das der selbständigen Arbeit dient, zu den Einkünften aus selbständiger Arbeit. § 16 Abs. 1 Satz 1 Nr. 1 und 2 und Abs. 1 Satz 2 sowie Abs. 2 bis 4 EStG gelten entsprechend. Auch die Aufgabe der selbständigen Tätigkeit ist damit wie die Aufgabe der gewerblichen Tätigkeit zu behandeln. In Verbindung mit § 34 EStG führt daher die Veräußerung oder Aufgabe einer ganzen Praxis und des gesamten Mitunternehmeranteils an einer Gemeinschaftspraxis unter Berücksichtigung der gesetzlichen Voraussetzungen zu einem steuerbegünstigten Veräußerungsgewinn.

Voraussetzung für die Annahme einer (steuerbegünstigten) **Praxis- bzw. Praxisanteilsveräußerung** ist, dass sämtliche **quantitativ oder funktional wesentlichen Betriebsgrundlagen auf den Erwerber übergehen** (BFH v. 24.5.1956 – IV 24/55 U, BStBl 1956 III S. 205).

Zu den wesentlichen wirtschaftlichen Grundlagen der freiberuflichen Tätigkeit gehören insbesondere die immateriellen Wirtschaftsgüter der Praxis wie der Patientenstamm und der Praxiswert. Nach ständiger Rechtsprechung des BFH ist bei Praxisübertragungen eine Veräußerung dieser wesentlichen Betriebsgrundlagen daher nur anzunehmen, wenn der Veräußerer seine freiberufliche Tätigkeit in dem bisherigen **örtlichen Wirkungskreis** wenigstens für eine **gewisse Zeit** einstellt. Diese Rechtsprechung zum Erfordernis der zeitweiligen Einstellung einer freiberuflichen Tätigkeit am bisherigen örtlichen Wirkungskreis beruht auf der Überlegung, dass bei fortdauernder Tätigkeit des Freiberuflers in seinem bisherigen örtlichen Wirkungskreis eine weitere Nutzung der persönlichen Beziehungen zu den bisherigen Patienten nahe liegt. Dies stünde aber einer echten Übertragung dieser wesentlichen wirtschaftlichen Grundlage an den Erwerber entgegen. Die Veräußerungserlöse sind dann als laufender Gewinn zu erfassen.

Die Rechtsprechung hat dabei die Begriffe der „gewissen Zeit" und des „örtlichen Wirkungskreises" nicht näher bestimmt. Die Erheblichkeit der zeitlichen Dauer der Einstellung der Tätigkeit und das Gebiet des örtlichen Wirkungskreises sind von den Umständen des Einzelfalles abhängig (BFH v. 10.6.1999 – IV R 11/99, BFH/NV 1999 S. 1594). Im Schrifttum wird insoweit eine Zeitspanne von drei Jahren als ausreichende Wartezeit angesehen, nach deren Ablauf nicht mehr von einer Praxisverlegung, sondern von einer Neueröffnung auszugehen ist (OFD Koblenz v. 15.12.2006 – S 2249 A – St 31 1, DB 2007 S. 314). Diese Zeitspanne entspricht in etwa der Nutzungsdauer eines erworbenen Praxiswerts, aber auch den Fristen, die oft einem Wettbewerbsverbot zugrunde gelegt werden.

Soll nach einer „gewissen Zeit" die Tätigkeit im örtlichen Wirkungskreis wieder aufgenommen werden, empfiehlt es sich, eine verbindliche Auskunft hierzu einzuholen (vgl. Richter, DStR 1998 S. 442; Brandt, in: Herrmann/Heuer/Raupach, EStG, § 18 EStG Anm. 322 ff. m. w. N.; zu Einzelfragen vgl. Schmidt/Wacker, EStG 2008, § 18 Rn. 229 m. w. N.).

Behandelt der Veräußerer einer freiberuflichen Praxis nach einer Veräußerung frühere Patienten auf Rechnung und im Namen des Erwerbers, so steht dies der Anwendung des § 18 Abs. 3 EStG nicht entgegen. Wird der Veräußerer als Arbeitnehmer für die Praxis tätig und erzielt Einkünfte aus § 19 EStG, ist dies allein aufgrund der geänderten Einkunftsart unstreitig. Dies soll aber auch gelten, wenn der Veräußerer zwar freiberuflich, aber ausschließlich auf Rechnung des Erwerbers der Praxis tätig wird. Entscheidend ist, dass der Veräußerer die wesentlichen wirtschaftlichen Grundlagen der Praxis einschließlich des Patientenstamms zivilrechtlich und wirtschaftlich auf den Erwerber überträgt und nur dieser die Rechtsbeziehungen zu den Patienten verwertet (BFH v. 17.7.2008 – X R 40/ 07, BStBl II 2009, 43; BFH v. 18.5.1994 – I R 109/93, BStBl 1994 II S. 925). Da diese Frage allerdings in Bezug auf rechtsmissbräuchliche Gestaltungen streitbehaftet ist (OFD Düsseldorf v. 28.2.1989 – S 2290 A – St 111, DB 1989 S. 555), empfiehlt es sich wenn möglich, nach der Veräußerung Einkünfte aus nichtselbständiger Arbeit als Arbeitnehmer zu erzielen.

Nach der Rechtsprechung des BFH ist von einer Veräußerung der wesentlichen Grundlagen der Praxis auch dann auszugehen, wenn nur **einzelne Patienten zurückbehalten** werden, auf die in den letzten drei Jahren weniger als 10 % der gesamten Einnahmen entfielen (BFH v. 7.11.1991 – IV R 14/90, BStBl 1992 II S. 457). Die **Hinzugewinnung neuer Patienten** innerhalb der gewissen Zeit ist jedoch – auch ohne Überschreiten der 10%-Grenze – schädlich, da eine Betriebsaufgabe dann tatsächlich nicht stattgefunden hat. Dies gilt selbst dann, wenn es sich bei der Hinzugewinnung nur um eine vorübergehende Maßnahme handelt (OFD Koblenz v. 15.12.2006 – S 2249 A – St 31 1, DB 2007 S. 314).

Auch die Veräußerung eines selbständigen Teils des Vermögens, das der selbständigen Arbeit dient, fällt unter § 18 Abs. 3 EStG. Damit ist analog des § 16 Abs. 1 Satz 1 Nr. 1 EStG auch im Rahmen einer freiberuflichen Tätigkeit eine Teilbetriebsveräußerung denkbar.

Ein **Teilbetrieb** ist in Anlehnung an den Begriff i. S. d. § 16 Abs. 1 Nr. 1 EStG ein mit einer gewissen Selbständigkeit ausgestatteter, organisatorisch in sich geschlossener und für sich lebensfähiger Teil der Gesamtpraxis. Dabei kann im Hinblick auf die Eigenart der selbständigen Arbeit, insbesondere das Abstellen auf die persönliche Betätigung bei Teilen einer freiberuflichen Praxis, die erforderliche Selbständigkeit nur dann angenommen werden, wenn sich die freiberufliche Arbeit entweder auf wesensmäßig verschiedene Tätigkeiten mit zugehörigen **unterschiedlichen Patientenkreisen** erstreckt (1. Fallgruppe) oder bei gleichartiger Tätigkeit in voneinander getrennten **örtlich abgegrenzten Bereichen** ausgeübt wird (2. Fallgruppe). Handelt es sich hingegen um eine einheitlich gleichartige freiberufliche Tätigkeit, so kann regelmäßig ausgeschlossen werden, dass Teile der Praxis eine so weitgehende organisatorische Selbständigkeit erreicht haben, dass sie Teilbetrieben im gewerblichen Bereich gleichgestellt werden können (BFH v. 4.11.2004 – IV R 17/03, BStBl 2005 II S. 208).

Die Tätigkeiten des Arztes im Bereich der privatärztlichen Behandlung und die Tätigkeiten im Bereich der Kassenpatienten sind nicht wesensverschieden. Die „Kassenpraxis" ist im Rahmen der Gesamtpraxis insoweit kein Teilbetrieb i. S. d. ersten Fallgruppe (BFH v. 6.3.1997 – IV R 28/96, BFH/NV 1997 S. 746).

Der Veräußerung des gesamten Mitunternehmeranteils steht die **Aufgabe des gesamten Mitunternehmeranteils** gleich. Von einer steuerbegünstigten Aufgabe des gesamten Mitunternehmeranteils ist beispielsweise auszugehen, wenn im zeitlichen und wirtschaftlichen Zusammenhang mit der Veräußerung des Anteils am Gesamthandsvermögen der Gemeinschaftspraxis die wesentlichen (funktional und quantitativ) Betriebsgrundlagen im Sonderbetriebsvermögen in das Privatvermögen überführt werden (Schmidt/Wacker, EStG 2008, § 16 Rn. 400 ff., 414). Entscheidend ist, dass in einem als einheitlich zu beurteilenden Vorgang sämtliche stillen Reserven in dem Mitunternehmeranteil aufgedeckt werden.

Veräußerungsgewinn ist nach § 16 Abs. 2 Satz 1 EStG der Betrag, um den der Veräußerungspreis nach Abzug der Veräußerungskosten den Wert des Betriebsvermögens oder den Wert des Anteils am Betriebsvermögen übersteigt. Auch bei Steuerpflichtigen, die ihren Gewinn nach § 4 Abs. 3 EStG ermitteln, erfolgt die Ermittlung des Veräußerungsgewinns infolge § 16 Abs. 2 Satz 2 EStG nach § 4 Abs. 1 oder nach § 5 EStG. Insoweit sind die Erstellung einer Schlussbilanz und eine Übergangsgewinnermittlung notwendig. Der Übergangsgewinn ist dabei laufender Gewinn.

Liegt eine Veräußerung i. S. d. § 18 Abs. 3 EStG vor, gehört der Veräußerungsgewinn zu den außerordentlichen Einkünften nach § 34 Abs. 2 Nr. 1 EStG. Hat der Veräußerer das **55. Lebensjahr vollendet** oder ist er im sozialversicherungsrechtlichen Sinne **dauernd berufsunfähig**, dann kann der Veräußerungsgewinn steuerermäßigt nach § 34 Abs. 3 EStG („halber" Steuersatz) besteuert werden. Diese Ermäßigung kann der Steuerpflichtige nach § 34 Abs. 3 Satz 4 nur einmal im Leben in Anspruch nehmen. Ansonsten besteht die Möglichkeit der Anwendung der „Fünftelungsregelung" des § 34 Abs. 1 EStG, die jedoch in den meisten Fällen wegen der Höhe der Einkünfte durch das Erreichen des Spitzensteuersatzes ohne Wirkung bleibt.

Unter den gleichen Voraussetzungen, Vollendung des 55. Lebensjahres oder dauernde Berufsunfähigkeit im sozialversicherungsrechtlichen Sinne, wird der Veräußerungsgewinn nach § 16 Abs. 4 EStG auf Antrag zur Einkommensteuer nur herangezogen, soweit er 45.000 € übersteigt. Der **Freibetrag** ist dem Steuerpflichtigen nur einmal zu gewähren. Er ermäßigt sich um den Betrag, um den der Veräußerungsgewinn 136.000 € übersteigt.

Als Alternative zur sofortigen Besteuerung bietet sich für einen Veräußerer die **Veräußerung gegen wiederkehrende Bezüge** an. Veräußert ein Steuerpflichtiger seinen Betrieb gegen eine Leibrente oder alternativ gegen Ratenzahlungen mit einer Laufzeit von mehr als zehn Jahren, hat er ein Wahlrecht. Er kann wählen zwischen einer Sofortbesteuerung des Barwertes und der sich anschließenden Ertragsanteile aus den vereinbarten Zahlungen oder einer Besteuerung der Renten-/Ratenzahlungen als nachträgliche Betriebseinnahmen. Denkbar zur Gestaltung ist auch eine Kombination der Betriebsveräußerung gegen wiederkehrende Bezüge und festes Entgelt (zu Einzelheiten vgl. R 16 Abs. 11 EStR m. w. H.).

Ebenso denkbar ist die Veräußerung gegen einen gewinn- oder umsatzabhängigen Kaufpreis.

5. Exkurs Umsatzsteuer

Literatur:

Rasche, Mitunternehmerische Übertragungsvorgänge – Umsatzsteuerliche Auswirkungen der Buchwertverknüpfung, UStB 2002 S. 14; *Krengel/Horrichs*, Umsatzsteuerbefreiung für die ästhetisch-plastische Chirurgie?, NWB F. 7 S. 6119; *Fuhrmann/Strahl*, Rechtsentwicklung und Streitpunkte zu § 4 Nr. 14 (Steuerfreiheit bestimmter heilberuflicher Tätigkeiten), DStR 2005 S. 266; *Krieger*, Nicht alle IGeL sind umsatzsteuerpflichtig, Der Deutsche Dermatologe 2005 S. 584; *Küntzel*, Umsatzsteuerliche Behandlung von Leistungen der Ästhetisch-Plastischen Chirurgen, MedR 2005 S. 346; *Kranenberg*, Umsatzsteuerliche Leistungen bei heilberuflicher Tätigkeit – Voraussetzungen und Nachweise, UStB 2006 S. 111; *Michels/Ketteler-Eising*, Leistungen im Gesundheitswesen – Eine umsatzsteuerliche Standortbestimmung, DB 2006 S. 2597; *Michels/Ketteler-Eising*, Umsatzsteuerliche Regelungen für medizinische Analysen und Abgrenzung zwischen § 4 Nr. 14 UStG und § 4 Nr. 16 UStG, UR 2006 S. 619.

a) Einleitung

Die nachfolgenden Ausführungen erheben nicht den Anspruch, das Thema „Arzt und Umsatzsteuer" umfassend darzustellen. Sie beschränken sich vielmehr auf einige neue, aktuelle Aspekte und die Schwerpunkte, die für die Ausführungen zu den einzelnen Kooperationsformen über die umsatzsteuerlichen Grundkenntnisse hinaus von Bedeutung sind.

Die Umsatzsteuer ist eine auf europäischer Ebene harmonisierte Steuer mit dem Ziel, innerhalb des Gebietes aller Mitgliedstaaten im Grundsatz alle Leistungen gleich zu behandeln. Entsprechende Grundlage ist die Richtlinie 2006/112/EG des Rates über das gemeinsame Mehrwertsteuersystem (RL 2006/112/EG) (MwStSystRL) in der aktuellen Fassung v. 28.11.2006, zuletzt geändert durch die Dienstleistungsort-Richtlinie v. 12.2.2008. Diese hat als Gemeinschaftsrecht im Grundsatz Vorrang vor dem deutschen Umsatzsteuergesetz, so dass sich der Steuerpflichtige im Zweifel zu seinen Gunsten auch unmittelbar auf Bestimmungen der MwStSystRL, die inhaltlich als unbedingt und hinreichend genau erscheinen, gegenüber allen innerstaatlichen, nicht richtlinienkonformen Vorschriften berufen kann (EuGH v. 08.06.2006 – C 430/04, DStR 2006 S. 1082 m. w. N.). Ist die nationale deutsche Vorschrift günstiger, wird sich der Steuerpflichtige nicht auf die MwStSystRL berufen (können), allerdings ist das deutsche Umsatzsteuergesetz richtlinienkonform im Zweifel auch zu seinen Lasten auszulegen (BFH v. 2.4.1998 – V R 34/97, BStBl 1998 II S. 695 unter Gründe II 3. b).

Der Umsatzsteuer unterliegen nach § 1 Abs. 1 Nr. 1 UStG die Lieferungen und sonstigen Leistungen, die ein umsatzsteuerlicher Unternehmer im Inland gegen Entgelt im Rahmen seines Unternehmens ausführt. Jeder Arzt in einer Einzelpraxis bzw. einer Gemeinschaftspraxis ist umsatzsteuerlicher Unternehmer, weil von dem Arzt bzw. der Gemeinschaftspraxis eine Tätigkeit selbständig und nachhaltig mit der Absicht Einnahmen zu erzielen ausgeübt wird. Damit unterliegen die Leistungen eines Arztes grundsätzlich der Umsatzsteuer und wären umsatzsteuerpflichtig. Von dieser grundsätzlichen Umsatzsteuerpflicht kennt das Gesetz aus den verschiedensten politischen oder sozialen Gründen Ausnahmen, die zu einer Befreiung von der Umsatzsteuer führen. Entsprechende Ausnahmen gibt es für den Bereich des Gesundheitswesens mit dem Ziel, die Kosten medizinisch indizierter ärztlicher Heilbehandlungen zu senken und so den Zugang zu diesen Leistungen zu erleichtern sowie die Kosten für die Sozialversicherungsträger zu senken.

Nach **Art. 132 Buchst. b der MwStSystRL** befreien die Mitgliedstaaten folgende Umsätze von der Umsatzsteuer:

„Krankenhausbehandlungen und ärztliche Heilbehandlungen sowie damit eng verbundene Umsätze, die von Einrichtungen des öffentlichen Rechts oder unter Bedingungen, welche mit den Bedingungen für diese Einrichtungen in sozialer Hinsicht vergleichbar sind, von Krankenanstalten, Zentren für ärztliche Heilbehandlung und Diagnostik und anderen ordnungsgemäß anerkannten Einrichtungen gleicher Art durchgeführt beziehungsweise bewirkt werden."

In der Fassung des Jahressteuergesetzes 2009 hat die darauf beruhende deutsche Vorschrift in **§ 4 Nr. 14 Buchst. b UStG** (bisher geregelt in § 4 Nr. 16 UStG) folgenden Wortlaut:

„Von den unter § 1 Abs. 1 Nr. 1 UStG fallenden Umsätzen sind steuerfrei:

Krankenhausbehandlungen und ärztliche Heilbehandlungen einschließlich der Diagnostik, Befunderhebung, Vorsorge, Rehabilitation, Geburtshilfe und Hospizleistungen sowie damit eng verbundene Umsätze, die von Einrichtungen des öffentlichen Rechts erbracht werden. Die in Satz 1 bezeichneten Leistungen sind auch steuerfrei, wenn sie von

aa) zugelassenen Krankenhäusern nach § 108 des Fünften Buches Sozialgesetzbuch, bb) Zentren für ärztliche Heilbehandlung und Diagnostik oder Befunderhebung, die an der vertragsärztlichen Versorgung nach § 95 des Fünften Buches Sozialgesetzbuch teilnehmen oder für die Regelungen nach § 115 des Fünften Buches Sozialgesetzbuch gelten,

cc) Einrichtungen, die von den Trägern der gesetzlichen Unfallversicherung nach § 34 des Siebten Buches Sozialgesetzbuch an der Versorgung beteiligt worden sind,

dd) Einrichtungen, mit denen Versorgungsverträge nach den §§ 111 und 111a des Fünften Buches Sozialgesetzbuch bestehen,

ee) Rehabilitationseinrichtungen, mit denen Verträge nach § 21 des Neunten Buches Sozialgesetzbuch bestehen,

ff) Einrichtungen zur Geburtshilfe, für die Verträge nach § 134a des Fünften Buches Sozialgesetzbuch gelten, oder

gg) Hospizen, mit denen Verträge nach § 39a Abs. 1 des Fünften Buches Sozialgesetzbuch bestehen,

erbracht werden und es sich ihrer Art nach um Leistungen handelt, auf die sich die Zulassung, der Vertrag oder die Regelung nach dem Sozialgesetzbuch jeweils bezieht, oder

hh) von Einrichtungen nach § 138 Abs. 1 Satz 1 des Strafvollzugsgesetzes erbracht werden."

Nach **Art. 132 Buchst. c der MwStSystRL** befreien die Mitgliedstaaten folgende Umsätze von der Umsatzsteuer:

„Heilbehandlungen im Bereich der Humanmedizin, die im Rahmen der Ausübung der von dem betreffenden Mitgliedstaat definierten ärztlichen und arztähnlichen Berufe durchgeführt werden."

In der Fassung des Jahressteuergesetzes 2009 hat die darauf beruhende deutsche Vorschrift in **§ 4 Nr. 14 Buchst. a UStG** (bisher geregelt in § 4 Nr. 14 S. 1 UStG) folgenden Wortlaut:

„Von den unter § 1 Abs. 1 Nr. 1 UStG fallenden Umsätzen sind steuerfrei:

Heilbehandlungen im Bereich der Humanmedizin, die im Rahmen der Ausübung der Tätigkeit als Arzt, Zahnarzt, Heilpraktiker, Physiotherapeut, Hebamme oder einer ähnlichen heilberuflichen Tätigkeit durchgeführt werden."

Damit gibt es zwei Kategorien von Umsatzsteuerbefreiungen, einerseits die Krankenhausbehandlungen und ärztlichen Heilbehandlungen nach Art. 132 Buchst. b der MwSt-SystRL/§ 4 Nr. 14 Buchst. b UStG und andererseits die Heilbehandlungen im Bereich der Humanmedizin nach Art. 132 Buchst. c der MwStSystRL/§ 4 Nr. 14 Buchst. a

UStG. Beide Befreiungsvorschriften stehen dabei nebeneinander, so dass eine Heilbehandlung entweder nach der einen oder nach der anderen Vorschrift zu beurteilen ist, in beide Kategorien kann eine Leistung nicht fallen. Erbringt ein Steuerpflichtiger Krankenhausleistungen i. S. d. § 4 Nr. 14 Buchst. b UStG, erfüllt aber die notwendigen Voraussetzungen der Steuerbefreiung nicht, kommt daneben eine Steuerbefreiung der Krankenhausleistungen nach § 4 Nr. 14 Buchst. a UStG nicht in Betracht (BFH v. 18.3.2004 – V R 53/00, BStBl 2004 II S. 677; EuGH v. 8.6.2006 – C 106/05, BFH/NV-Beilage 2006 S. 442 Nr. 4).

Nach der Rechtsprechung des EuGH (EuGH v. 23.2.1988 – 353/85, HFR 1989 S. 401 Rn. 32 f.; EuGH v. 6.11.2003 – C 45/01, HFR 2004 S. 70 Rn. 47; EuGH v. 8.6.2006 – C 106/05, BFH/NV Beilage 4, 2006, 442; vgl. auch BVerfG v. 31.5.2007 – 1 BvR 1316/04, HFR 2007 S. 1028 Nr. 10) steht das Kriterium, das für die Abgrenzung des Anwendungsbereichs der beiden Befreiungstatbestände zu berücksichtigen ist, weniger in Zusammenhang mit der Art der Leistung als vielmehr mit dem Ort ihrer Erbringung und dem Arzt-Patientenverhältnis. Art. 132 Buchst. b MwStSystRL (§ 4 Nr. 14 Buchst. b UStG) befreit nämlich solche Leistungen, die aus einer Gesamtheit von ärztlichen Heilbehandlungen in Einrichtungen mit sozialer Zweckbestimmung (i. d. R. ohne Gewinnerzielungsabsicht) wie der des Schutzes der menschlichen Gesundheit bestehen, während nach Art. 132 Buchst. c MwStSystRL (§ 4 Nr. 14 Buchst. a UStG) Leistungen steuerfrei sein sollen, die außerhalb von Krankenhäusern, Diagnosezentren und ähnlichen Einrichtungen im Rahmen einer auf Vertrauen gegründeten Beziehung zwischen Patient und Behandelndem erbracht werden, sei es in den Praxisräumen des Behandelnden als Normalfall, in der Wohnung des Patienten oder an einem anderen Ort.

Diese Abgrenzung auf europäischer Ebene war auch zum Teil Anlass für die Änderung von § 4 Nr. 14 UStG a. F. und § 4 Nr. 16 UStG a. F. durch das Jahressteuergesetz 2009. Streitig war die umsatzsteuerliche Behandlung medizinischer Laboranalysen durch einen Laborarzt. Nach Auffassung des EuGH können diese Leistungen als ärztliche Heilbehandlungsleistungen einzustufen sein und unter den Voraussetzungen des Art. 132 Buchst. b MwStSystRL (§ 4 Nr. 16 UStG a. F.) als Leistung eines Zentrums für ärztliche Heilbehandlung und Diagnostik von der Umsatzsteuer befreit sein (EuGH v. 8.6.2006 – C 106/05, BFH/NV Beilage 4, 2006 S. 442, UR 2006 S. 464 mit Anm. Klenk). Der BFH dagegen hatte in Auslegung des deutschen, an dem Berufsbild des Arztes orientierten Wortlautes des Umsatzsteuergesetzes entschieden, dass die Laboranalysen als Heilbehandlungen unter den Voraussetzungen des § 4 Nr. 14 Satz 1 UStG und somit in Anlehnung an Art. 132 Buchst. c MwStSystRL von der Umsatzsteuer befreit sein können (BFH v. 15.3.2007 – V R 55/03, BStBl 2008 II S. 31). Begründet wurde dies vom BFH mit der Tatsache, dass in § 4 Nr. 14 Satz 1 UStG in der bis zum 31.12.2008 geltenden Fassung für die Befreiung von der Umsatzsteuer explizit die Umsätze aus der Tätigkeit der klinischen Chemiker aufgeführt war, so dass auch ein Laborarzt die Umsatzsteuerbefreiung nach § 4 Nr. 14 Satz 1 UStG für sich geltend machen konnte. Dies führte zu einer divergenten Beurteilung zwischen dem EuGH und dem BFH bezüglich der anzuwendenden Befreiungsvorschrift, der BFH sah § 4 Nr. 14 Satz 1 UStG a. F. anwendbar, nach der richtlinienkonformen Auslegung des EuGH hätte § 4 Nr. 16 UStG a. F. anwendbar sein müssen. Durch das Jahressteuergesetz 2009 soll die Divergenz beseitigt und die Vorschrift i. S. d. europäischen Vorgaben angepasst werden. Entsprechend der Gesetzesbegründung (BT-Drucks. 16/10189 S. 74) zum Jahressteuergesetz wurde die Tätigkeit der klinischen Chemiker ausdrücklich aus der Befreiungsvorschrift des § 4 Nr. 14 Buchst. a UStG ausgeklammert, da deren Leistungen nicht auf einem persönlichen Vertrauensverhältnis zwischen Patienten und behandelnder Person beruhen. Entsprechend der Entscheidung des EuGH (v. 8.6.2006, a. a. O.) sind damit z. B. Laborärzte mit ihren Laboren zukünftig nach § 4 Nr. 14 Buchst. b UStG zu beurteilen.

b) Umsatzsteuerliche Behandlung von Heilbehandlungen im Bereich der Humanmedizin (§ 4 Nr. 14 Buchst. a UStG)

aa) Grundsätzliches

Nach R 91a Abs. 2 UStR 2008 gilt Folgendes:

„Unter Beachtung der Rechtsprechung des Europäischen Gerichtshofs sind Heilbehandlungen im Sinne des Artikels 132 Abs. 1 Buchstabe c MwStSystRL Tätigkeiten, die zum Zweck der **Vorbeugung, Diagnose, Behandlung und, soweit möglich, der Heilung von Krankheiten oder Gesundheitsstörungen bei Menschen** vorgenommen werden. Die befreiten Leistungen müssen dem **Schutz der Gesundheit des Betroffenen** dienen (EuGH-Urteile vom 14.9.2000, C-384/98, EuGHE I S. 6795, vom 20.11.2003, C-212/01, EuGHE I S. 13859, und vom 20.11.2003, C-307/01, EuGHE I S. 13989). § 4 Nr. 14 und § 4 Nr. 16 UStG (Anmerkung: jetzt § 4 Nr. 14 Buchst. a) UStG und § 4 Nr. 14 Buchst. b) UStG), die auf der Grundlage von Artikel 132 Abs. 1 Buchstaben b und c MwStSystRL „ärztliche Heilbehandlungen" bzw. „Heilbehandlungen im Bereich der Humanmedizin" von der Umsatzsteuer befreien, sind im Sinne der o.g. EuGH-Urteile auszulegen. Dies gilt unabhängig davon, um welche konkrete heilberufliche Leistung es sich handelt (Untersuchung, Attest, Gutachten usw.), für wen sie erbracht wird (Patient, Gericht, Sozialversicherung o.a.) und wer sie erbringt (freiberuflicher oder angestellter Arzt, Heilpraktiker, Physiotherapeut, Unternehmer, der ähnliche heilberufliche Tätigkeiten nach § 4 Nr. 14 UStG ausübt, sowie Krankenhäuser, Kliniken usw.). Heilberufliche Leistungen sind daher nur steuerfrei, wenn bei der Tätigkeit ein **therapeutisches Ziel im Vordergrund** steht."

Der BFH ist dem gefolgt, indem er z. B. für betriebsärztliche Leistungen, die ein Unternehmer gegenüber einem Arbeitgeber erbringt und die darin bestehen, die Arbeitnehmer zu untersuchen, arbeitsmedizinisch zu beurteilen und zu beraten sowie die Untersuchungsergebnisse zu erfassen und auszuwerten (§ 3 Abs. 1 Nr. 2 ASiG), entschieden hat, dass diese gem. § 4 Nr. 14 UStG 1993 steuerfrei sind, soweit die Leistungen nicht auf Einstellungsuntersuchungen entfallen (BFH v. 13.7.2006 – V R 7/05, BStBl 2007 II S. 412). Bei den in § 3 Abs. 1 Nr. 2 ASiG vorgesehenen Untersuchungen geht es im Kern darum, Beeinträchtigungen der Gesundheit zu verhindern bzw. diese frühzeitig zu erkennen, damit ihren Auswirkungen rechtzeitig begegnet werden kann. Insoweit liegt eine individualisierte Beziehung zwischen dem Arbeitnehmer als Patient und dem Betriebsarzt vor, die Kennzeichen einer therapeutischen Maßnahme ist. Dabei kann es durchaus Nebenzweck der Untersuchung sein, die Arbeitsbedingungen zu verändern oder zu verbessern. Im Vordergrund steht jedoch die Gesundheit des Arbeitnehmers. Die Finanzverwaltung ist dem gefolgt (BMF v. 4.5.2007 – IV A 5 -S 7100/07/0011 – IV A 6 -S 7170/07/0003, BStBl 2007 I S. 481).

Die Steuerbefreiung nach § 4 Nr. 14 Buchst. a UStG setzt nicht voraus, dass der Unternehmer Umsätze gegenüber einem Patienten als Leistungsempfänger erbringt und mit ihm oder seiner Krankenkasse hierüber abrechnet (BFH v. 25.11.2004 – V R 44/02, BStBl 2005 II S. 190). Entscheidend sind nicht die Qualifikation des Unternehmers und die Person des umsatzsteuerlichen Leistungsempfängers. Entscheidend ist die **berufliche Qualifikation des Leistungserbringers**. Dieser kann auch Arbeitnehmer oder Subunternehmer des Unternehmers sein (BFH v. 18.1.2005 – V R 99/01, BFH/NV 2005 S. 1392; BFH v. 22.4.2004 – V R 1/98, BStBl 2004 II S. 849).

Unerheblich ist entsprechend, in welcher **Rechtsform** der Unternehmer die Leistung erbringt (R 93 Abs. 1 UStR). Die Umsätze aus einer heilberuflichen Tätigkeit sind zudem auch nach § 4 Nr. 14 Buchst. a UStG umsatzsteuerfrei, wenn die Einkünfte als **Einkünfte aus Gewerbebetrieb** zu qualifizieren sind (R 93 Abs. 2 UStR). Die umsatzsteuerliche Beurteilung und die ertragsteuerliche Beurteilung sind insoweit vollkommen getrennt zu sehen.

Die Prüfung der Befreiungsvorschrift des § 4 Nr. 14 Buchst. a UStG im Bereich der Humanmedizin beschränkt sich somit auf zwei Voraussetzungen:

1. **Steht bei der heilberuflichen Leistung ein therapeutisches Ziel im Vordergrund?**

2. **Verfügt der Leistungserbringer über die nötige berufliche Qualifikation?**

Systematisch kann wie folgt vorgegangen werden (Michels/Ketteler-Eising, DB 2006 S. 2597):

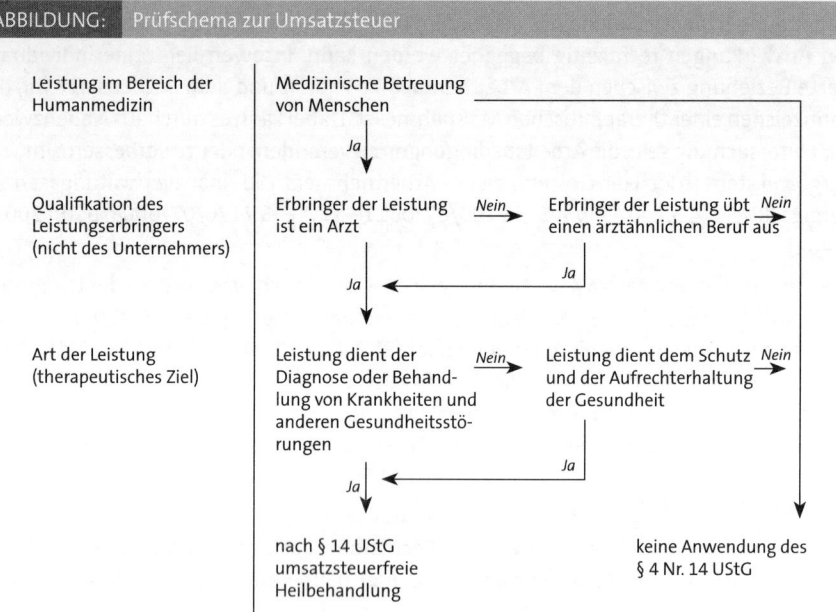

ABBILDUNG: Prüfschema zur Umsatzsteuer

bb) Beurteilung der Qualifikation des Leistungserbringers

Zu den Anforderungen an die Qualifikation bezüglich des Angehörigen eines arztähnlichen Berufs gilt nach R 90 UStR aus Sicht der Finanzverwaltung Folgendes:

„Neben den Leistungen aus der Tätigkeit als (Zahn-)Arzt oder (Zahn-)Ärztin und aus den in § 4 Nr. 14 Satz 1 UStG genannten nichtärztlichen Heilberufen können auch die Umsätze aus der Tätigkeit von nicht ausdrücklich genannten Heil- und Heilhilfsberufen (Gesundheitsfachberufe) unter die Steuerbefreiung fallen. Dies gilt jedoch nur dann, wenn es sich um eine einem Katalogberuf ähnliche heilberufliche Tätigkeit handelt und die sonstigen Voraussetzungen dieser Vorschrift erfüllt sind. Ein Beruf ist einem der im Gesetz genannten Katalogberufe ähnlich, wenn das typische Bild des Katalogberufs mit seinen wesentlichen Merkmalen dem Gesamtbild des zu beurteilenden Berufs vergleichbar ist. Dazu gehören die **Vergleichbarkeit der jeweils ausgeübten Tätigkeit** nach den charakterisierenden Merkmalen, die **Vergleichbarkeit der Ausbildung** und die **Vergleichbarkeit der Bedingungen, an die das Gesetz die Ausübung des zu vergleichenden Berufs knüpft** (BFH-Urteil v. 29.1.1998 – V R 3/96, BStBl 1998 II S. 453). Dies macht vergleichbare berufsrechtliche Regelungen über Ausbildung, Prüfung, staatliche Anerkennung sowie staatliche Erlaubnis und Überwachung der Berufsausübung erforderlich. **Ausreichendes Indiz für das Vorliegen einer ähnlichen heilberuflichen Tätigkeit ist die Zulassung des jeweiligen Unternehmers bzw. die regelmäßige Zulassung seiner Berufsgruppe gem. § 124 Abs. 2 SGB V** durch die zuständigen Stellen der gesetzlichen Krankenkassen (vgl. hierzu auch BMF-Schreiben v. 28.2.2000 – IV D 2 S 7170 – 12/00, BStBl 2000 I S. 433 und BFH-Urteil v. 19.12.2002 – V R 28/00, BStBl 2003 II S. 532). Ist weder der jeweilige Unternehmer selbst noch – regelmäßig – seine Berufsgruppe nach § 124 Abs. 2 SGB V durch die zuständigen Stellen der gesetzlichen Krankenkassen zugelassen, kann Indiz für das Vorliegen eines beruflichen Befähigungsnachweises die Aufnahme von Leistungen der betreffenden Art in den Leistungskatalog der gesetzlichen Krankenkassen (§ 92 SGB V) sein (vgl. BFH-Urteil vom 11.11.2004, V R 34/02, BStBl 2005 II S. 316). Darüber hinaus kommen nach § 4 Nr. 14 UStG (Anmerkung jetzt § 4 Nr. 14 Buchst. a) UStG) steuerfreie Leistungen auch dann in Betracht, wenn eine Rehabilitationseinrichtung auf Grund eines Versorgungsvertrags nach § 11 Abs. 2, §§ 40, 111 SGB V mit Hilfe von Fachkräften Leistungen der Rehabilitation erbringt. In diesem Fall sind regelmäßig sowohl die Leistungen der Rehabilitationseinrichtung als auch die Leistungen der Fachkräfte an die Rehabilitationseinrichtung steuerfrei, soweit sie die im Versorgungsvertrag benannte Qualifikation haben (vgl. BFH-Urteil vom 25.11.2004, V R 44/02, BStBl 2005 II S. 190)."

Ergänzend ist anzumerken, dass der EuGH in seinem Urteil v. 27.4.2006 (C-443/04, H. A. Solleveld, und C-444/04, J. E. van den Hout von Eijnsbergen, HFR 2006 S. 735) darüber hinaus entschieden hat, dass die Vorschrift der 6. EG-Richtlinie dahingehend auszulegen ist, dass er den Mitgliedstaaten bei der **Definition der arztähnlichen Berufe** und der Heilbehandlungen im Bereich der Humanmedizin, die zu diesen Berufen gehören, für die Zwecke der in dieser Bestimmung vorgesehenen Befreiung ein **Ermessen einräumt**. Bei der Ausübung dieses Ermessens haben die Mitgliedstaaten jedoch erstens das mit dieser Bestimmung verfolgte Ziel zu gewährleisten, dass die Befreiung nur für Leistungen gilt, die von Personen erbracht werden, die über die erforderlichen **beruflichen Qualifikationen** verfügen, und zweitens den **Grundsatz der steuerlichen Neutralität** zu wahren.

Eine nationale Regelung verstößt nach Auffassung des EuGH insoweit gegen dieses Ziel und diesen Grundsatz, wenn unterschiedliche Berufe unter Berücksichtigung deren jeweiliger **beruflicher Qualifikationen** als **qualitativ gleichwertig anzusehende Leistungen** erbringen, die Angehörigen der jeweiligen Berufsgruppe aber umsatzsteuerlich unterschiedlich behandelt werden. Erbringen also Angehörige unterschiedlicher Berufe Heilbehandlungsleistungen, die, unter Berücksichtigung der jeweiligen beruflichen Qualifikation eine gleichwertige Qualität gewährleisten, ist es insoweit nicht zulässig, den einen Beruf als arztähnlich anzusehen und die Umsatzsteuerbefreiung zuzusprechen, den anderen Beruf aber von der Definition der arztähnlichen Berufe auszunehmen.

cc) Beurteilung der Art der Leistung

Aufgrund der Tatsache, dass zur Anwendung der Umsatzsteuerbefreiung nach § 4 Nr. 14 Buchst a) UStG das therapeutische Ziel im Vordergrund stehen muss, kommt der Frage der **medizinischen Indizierung der Leistungen** im Einzelfall erhebliche Bedeutung zu. Nicht jede ärztliche Leistung ist somit eine Heilbehandlungsleistung im umsatzsteuerlichen Sinne.

Nach Auffassung der Finanzverwaltung und der Rechtsprechung (OFD Frankfurt v. 31.1.2007 – S 7170 A – 69 – St 112, n. v., NWB DokID: OAAAC-40392, BFH, v. 18.2.2008 – V B 35/06, BFH/NV 2008 S. 1001) kommt entsprechend z. B. eine generelle Steuerbefreiung nach § 4 Nr. 14 Buchst a UStG für ästhetisch-plastische Leistungen eines Chirurgen (**Schönheitsoperationen**) nicht in Betracht. Es hängt insoweit von den Umständen des Einzelfalles ab, ob ein therapeutisches Ziel im Vordergrund steht (z. B. bei Maßnahmen zur Behebung/Vermeidung von Fehlfunktionen des Körpers oder durch Entstellung, also durch einen regelwidrigen Körperzustand i. s. krankenversicherungsrechtlicher Grundsätze veranlasst, sowie zutreffend nach Auffassung der OFD bei Eingriffen wegen psychischer Belastung; nicht jedoch bei rein kosmetischen Eingriffen).

> **BEISPIEL:** ▶ Beispiele für **steuerpflichtige Umsätze** im Bereich der Schönheitsoperationen sind nach Auffassung der Finanzverwaltung:
>
> Fettabsaugung, Faltenbehandlung, Brustvergrößerung, Brustverkleinerung, Lifting, Nasenkorrekturen, Hautverjüngung (Lasertherapie), Lippenaufspritzung, Botox-Behandlung (Verminderung von Falten durch Einspritzen des stark verdünnten Nervengiftes Botulinum-Toxin), Permanent Make-up, Anti-Aging-Behandlung, Bleaching (Bleichen der Zähne) und Dentalkosmetik.

Zu den Beispielen der Finanzverwaltung ist anzumerken, dass aber in den Bereichen Brustverkleinerung und Nasenkorrekturen häufig auch eine medizinische Indizierung gegeben ist, um akute oder prognostizierte zukünftige Beschwerden zu lindern bzw. zu verhindern.

Die **Feststellungslast** für das Vorliegen eines therapeutischen Ziels liegt grundsätzlich bei demjenigen, der sich auf die Steuerbefreiung beruft. Es ist also Aufgabe des Arztes, im Einzelfall die medizinische Indikation konkret darzutun (BFH v. 22.2.2006 – V B 30/05, BFH/NV 2006 S. 1168). Es ist daher notwendig, eine Zuordnung zwischen den einzelnen Zahlungen und den einzelnen Leistungen vornehmen zu können. Die medizinische Indizierung der Leistung muss dann substantiiert nachweisbar sein, ggf. durch Offenlegung der Befunddokumentation. Allein die Aussage des behandelnden Arztes, der die Umsatzsteuerbefreiung begehrt, wird jedenfalls nicht ausreichen. Fraglich erscheint, ob grundsätzlich vollständige, richtige, zeitgerechte und geordnete Aufzeichnungen auch inhaltlich so gestaltet sein müssen, dass ein Finanzbeamter als medizinischer Laie in die Lage versetzt wird, über die medizinische Indizierung ohne die Hinzuziehung eines ärztlichen Sachverständigen selbst entscheiden zu können.

PRAXISHINWEISE:

Problematisch bleiben für den Arzt die Vorgaben der ärztlichen Schweigepflicht (vgl. Küntzel, Umsatzsteuerliche Behandlung von Leistungen der ästhetisch-plastischen Chirurgen, MedR 2005 S. 346). Auch die vollständige Anonymisierung der personenbezogenen Daten des Einzelfalls in den ärztlichen Unterlagen wird dann nicht helfen, wenn dem Finanzbeamten der Name des Patienten bereits aus den Zahlungsunterlagen (Kontoauszügen) bekannt ist und die umsatzsteuerliche Behandlung dieser Zahlung geprüft wird. Hierzu wären im Vorfeld bereits sämtliche Zahlungsunterlagen (Kontoauszüge/Rechnungen) zu anonymisieren. In der Praxis wäre es daher hilfreich – gerade bei wesentlichen Umsätzen – **bereits im Aufklärungsgespräch vor Behandlungsbeginn die Einwilligung des Patienten einzuholen**, dem Finanzamt die Grundlagen der medizinischen Indizierung für Zwecke der Nachweispflichten zur Umsatzsteuer offenbaren zu dürfen unter Hinweis auf die Verschwiegenheitspflicht des Finanzbeamten.

Ein deutliches Indiz für ein therapeutisches Ziel ist die **Übernahme der Kosten durch die Krankenversicherung**. Auch der **ärztlichen Verordnung** von Leistungen wird gerade in den Bereichen arztähnlicher Berufsgruppen ein hoher Beweiswert zukommen (Kranenberg, UStG 2006 S. 111). Hieraus kann aber nicht der Umkehrschluss gezogen werden, dass bei fehlender Kostenübernahme und ohne ärztliche Verordnung zugleich eine Umsatzsteuerpflicht gegeben ist (Fuhrmann/Strahl, DStR 2005 S. 266; a. A. Krengel/Horrichs, NWB F. 7 S. 6119). Zu dieser Frage führt z. B. das Finanzgericht Köln (v. 19.1.2006 – 10 K 5354/ 02, EFG 2006 S. 774) zutreffend aus: „Die Übernahme der Kosten durch die gesetzlichen Krankenkassen ist zwar ein wichtiges Indiz für das Vorliegen einer Krankheit, dafür alleine aber nicht ausschlaggebend. Insbesondere ist zu berücksichtigen, dass dieses Indiz umso mehr an Wirkung verliert, als die Krankenkassen im Zuge sog. Gesundheitsreformen immer mehr auch Kosten für eine eindeutige Heilbehandlung nicht übernehmen. Hinzu kommt, dass, um es vorsichtig auszudrücken, die Zurückhaltung der gesetzlichen Krankenkassen bei der Erstattung von Kosten neuartiger Heilbehandlungsmethoden für die umsatzsteuerliche Behandlung nicht ausschlaggebend sein darf."

Folgt man der Auffassung des EuGH (v. 20.11.2003 – C-307/01, d'Ambrumenil, EGHE 2003 S. 13888 Rn. 31; a. A. Krengel/Horrichs, a. a. O.; Kranenberg, a. a. O.), liegt der Zweck der Umsatzsteuerbefreiung nicht primär, wie das BVerfG ausführt (BVerfG v. 10.11.1999 – 2 BvR 2861/93, BStBl 2000 II S. 160), in der Entlastung der Sozialversicherungsträger, sondern darin, durch die Steuerbefreiung den Zugang zu ärztlichen Heil- und Krankenhausbehandlungen nicht durch höhere Kosten dieser Behandlungen zu versperren, wenn sie der Umsatzsteuer unterstellt würden. Die Entlastung der Sozialversicherungsträger ist insoweit für den EuGH nur mittelbar.

Die dargestellten Grundsätze sind auf jede Form der individuellen Gesundheitsleistungen (IGeL) übertragbar. Entgegen der Auffassung von Krengel/Horrichs (a. a. O.) bedingt die fehlende Kostenübernahme durch die Krankenkassen keine Umsatzsteuerpflicht, sondern eine **Prüfung der medizinischen Indizierung in jedem Einzelfall.**

c) Umsatzsteuerliche Behandlung von Krankenhausbehandlungen und ärztlichen Heilbehandlungen (§ 4 Nr. 14 Buchst. b UStG)

Die Abgrenzung und damit der Anwendungsbereich von § 4 Nr. 14 Buchst. b UStG (siehe S. 137 f.) machen es erforderlich, sich auch mit Teilbereichen dieser Vorschrift im Rahmen der Beratung ärztlicher Kooperationen auseinanderzusetzen. Nach der richtlinienkonformen Auslegung des EuGH erfasst § 4 Nr. 14 Buchst. b UStG Leistungen, die aus einer Gesamtheit von ärztlichen Heilbehandlungen in Einrichtungen mit sozialer Zweckbestimmung wie der des Schutzes der menschlichen Gesundheit bestehen, und nicht solche Leistungen, die außerhalb von Krankenhäusern, Diagnosezentren und ähnlichen Einrichtungen im Rahmen einer auf Vertrauen gegründeten Beziehung zwischen Patient und Behandelndem erbracht werden, sei es in den Praxisräumen des Behandelnden, in der Wohnung des Patienten oder an einem anderen Ort. Entsprechend der Auslegung des EuGH muss ein (Fremd- bzw. Einsende-)Labor als eine Einrichtung „gleicher Art" wie „Krankenanstalten" und „Zentren für ärztliche Heilbehandlung und Diagnostik" im Sinne dieser Bestimmung angesehen werden (EuGH v. 8.6.2006 – C 106/05, BFH/NV-Beilage 2006 S. 442 Nr. 4 Rn. 35). Nach diesen Grundsätzen sind ab dem 1.1.2009 insbesondere die von Fachärzten für Laboratoriumsmedizin, Pathologen oder Neuropathologie betriebenen Einrichtungen, aber auch ggf. eine Tätigkeit im Bereich z. B. der gynäkologischen Exfoliativ-Zytologie oder der Humangenetik nach § 4 Nr. 14 Buchst. b UStG zu beurteilen.

In der vor dem 1.1.2009 geltenden Gesetzesfassung war die Befreiung der Krankenhäuser, Diagnosekliniken und anderen Einrichtungen ärztlicher Heilbehandlung, Diagnostik oder Befunderhebung von der Umsatzsteuer in § 4 Nr. 16 UStG geregelt. Für die Befreiung von der Umsatzsteuer war es dabei erforderlich, dass die Analysen unter ärztlicher Aufsicht erbracht werden und mindestens 40 % von ihnen Personen betreffen, die bei einem Träger der Sozialversicherung versichert sind. Die erste Voraussetzung bezüglich der ärztlichen Aufsicht wurde von EuGH als nicht richtlinienkonform beurteilt (EuGH v. 8.6.2006, a. a. O.). Die zweite Voraussetzung, dass mindestens 40 % der Leistungen Personen betreffen, die bei einem Träger der Sozialversicherung versichert sind, begegnete insoweit verfassungsrechtlichen Bedenken, als sich die Frage stellte, ob ein entsprechender Nachweis in diesen Fällen überhaupt erfüllbar ist (Michels/Ketteler-Eising, Umsatzsteuerliche Regelungen für medizinische Analysen u. Abgrenzung zwischen § 4 Nr. 14 UStG u. § 4 Nr. 16 UStG (Rs C-106/05 L. u P. GmbH), UR 2006 S. 620; BFH v. 15.3.2007 – V R 55/03, BStBl 2008 II S. 31; vgl. aber Nichtanwendungserlass in diesem Punkt BMF v. 17.12.2007 – IV A 6 – S 7172/07/0001, DStR 2008 S. 98 sowie auch klarstellend BFH

v. 24.1.2008 – V R 54/06, BStBl 2008 II S. 643). Jedenfalls wird es z. B. einem Einsendelabor praktisch unmöglich sein, nachzuweisen, dass 40% seiner Analysen Personen betreffen, die bei einem Träger der Sozialversicherung versichert sind, da i. d. R. entsprechende Daten nicht vorliegen können.

In der ab dem 1.1.2009 geltenden Gesetzesfassung wurden die Voraussetzungen für die Anwendung der Befreiungsvorschrift – jetzt geregelt in § 4 Nr. 14 Buchst. b UStG – neu gefasst (siehe S. 137 f.). Bezogen auf ärztliche Kooperationen ist dabei § 4 Nr. 14 Buchst. b Doppelbuchst. bb UStG die entscheidende Vorschrift, nach der die Leistungen nicht öffentlich-rechtlicher Einrichtungen auch umsatzsteuerfrei sind, wenn sie von Zentren für ärztliche Heilbehandlung und Diagnostik oder Befunderhebung, die an der vertragsärztlichen Versorgung nach § 95 SGB V teilnehmen oder für die Regelungen nach § 115 SGB V gelten, erbracht werden und es sich ihrer Art nach um Leistungen handelt, auf die sich die Zulassung, der Vertrag oder die Regelung nach dem Sozialgesetzbuch jeweils bezieht. Wie die Finanzverwaltung die Regelung im Einzelnen interpretieren wird und ob die Neufassung den verfassungsrechtlichen und europarechtlichen Anforderungen entspricht, wird sich in Zukunft zeigen.

d) Umsatzsteuerliche Behandlung der Übertragung von Wirtschaftsgütern (§ 6 Abs. 3 und 5 EStG, § 16 Abs. 3 EStG, § 24 UmwStG)

Für die Übertragung von Betrieben, Teilbetrieben, Mitunternehmeranteilen und einzelner Wirtschaftsgüter ist es neben der ertragsteuerlichen Beurteilung (§ 6 Abs. 3 und 5 EStG, § 16 Abs. 3 EStG, § 24 UmwStG 2006) für die Beratung von Ärzten notwendig, sich auch mit der umsatzsteuerlichen Beurteilung dieser Vorgänge auseinanderzusetzen.

Soweit eine Praxis im Ganzen, ggf. inkl. sämtlicher Mitunternehmeranteile, im Rahmen des § 24 UmwStG gegen Gewährung von Gesellschaftsrechten oder unentgeltlich übertragen wird, dürfte i. d. R. von einer nicht steuerbaren Geschäftsveräußerung im Ganzen auszugehen sein (zum Teilbetrieb bei Arztpraxen siehe S. 134 f.). Diese liegt vor, wenn die wesentlichen Grundlagen eines Unternehmens an einen Unternehmer für dessen Unternehmen übertragen werden (zu Einzelheiten vgl. R 5 UStR).

PRAXISHINWEISE:

Der EuGH (v. 27.11.2003 – C-497/01, HFR 2004 S. 402) hat bezüglich einer nicht steuerbaren Geschäftsveräußerung im Ganzen entschieden, dass der durch die Übertragung Begünstigte jedoch beabsichtigen muss, den übertragenen Geschäftsbetrieb oder Unternehmensteil zu betreiben und nicht nur die **betreffende Geschäftstätigkeit sofort abzuwickeln** sowie ggf. den Warenbestand zu verkaufen. Wird zeitnah nach der Übertragung der Praxis der Praxissitz verlegt und die bisherige Tätigkeit der Praxis im örtlichen Wirkungskreis eingestellt, ist im Einzelfall zu prüfen, ob tatsächlich noch von

> einer nicht steuerbaren Geschäftsveräußerung im Ganzen ausgegangen werden kann.

Liegt keine nicht steuerbare Geschäftsveräußerung im Ganzen vor, insbesondere bei der Übertragung einzelner Wirtschaftsgüter, besteht eine Lieferung gegen Entgelt (gewährte Gesellschaftsrechte) bzw. steht ihr bei unentgeltlichen Übertragungen als unentgeltliche Wertabgabe gleich. Soweit im Grundsatz eine unentgeltliche Wertabgabe vorliegt, ist diese nach § 3 Abs. 1b UStG allerdings tatsächlich nur dann einer Lieferung gegen Entgelt gleichgestellt und damit umsatzsteuerbar, wenn der Gegenstand oder seine Bestandteile zum vollen oder teilweisen Vorsteuerabzug berechtigt haben. Diese Frage gewinnt umso mehr an Bedeutung bei Ärzten, die zunehmend umsatzsteuerpflichtige Umsätze ausführen und diese ggf. von den Ärzten mangels umsatzsteuerlicher Detailkenntnisse nicht erkannt werden.

Betroffen hiervon sind insbesondere die Vorgänge des § 6 Abs. 3 und Abs. 5 EStG und des § 16 Abs. 3 EStG (Realteilung), wenn keine gesondert geführten Unternehmensteile übertragen werden. Dies gilt allerdings nur insoweit, als der Vermögensgegenstand das umsatzsteuerliche Unternehmensvermögen tatsächlich verlässt.

BEISPIEL: ► Zum Betriebsvermögen der Einzelpraxis Dr. A gehört ein medizinisches Großgerät. Da er dieses in der Praxis nicht mehr benötigt, überlässt er es einer Privatklinik GmbH & Co. KG, an der er als Mitunternehmer beteiligt ist. Die Überlassung erfolgt gegen ein festes umsatzsteuerpflichtiges Entgelt. Ertragsteuerlich handelt es sich um eine Überführung aus seinem Betriebsvermögen in das **Sonderbetriebsvermögen** bei der GmbH & Co. KG zum Buchwert nach § 6 Abs. 5 EStG. Umsatzsteuerlich ist der Vorgang unbeachtlich, da Dr. A das medizinische Großgerät weiterhin selbst unternehmerisch i. S. d. § 2 Abs. 1 UStG zur Erzielung von Einnahmen (Miete) nutzt. Das Umsatzsteuerrecht kennt insoweit nicht die Untergliederung in verschiedene Unternehmensvermögen einer Person. Anders läge der Fall, wenn Dr. A das medizinische Großgerät unentgeltlich an die Privatklinik GmbH & Co. KG überlassen würde. Erfolgt die Überlassung unentgeltlich, fehlt es an der erforderlichen Absicht, Einnahmen mit dem Gerät zu erzielen, und damit würde aus umsatzsteuerlicher Sicht der unternehmerische Zusammenhang gelöst. Auf Ebene des Unternehmensvermögens (Praxis) ist dann von einer unentgeltlichen Wertabgabe für unternehmensfremde Zwecke nach § 3 Abs. 1b UStG auszugehen, eine zumindest teilweise Vorsteuerabzugsberechtigung vorausgesetzt. Der Vorgang steht dann einer Lieferung gegen Entgelt gleich.

BEISPIEL: ► Zum Betriebsvermögen der Einzelpraxis Dr. A gehört ein medizinisches Großgerät. Da er dieses in der Praxis nicht mehr benötigt, überträgt er es in das **Gesamthandsvermögen** seiner Privatklinik GmbH & Co. KG, an der er als Mitunternehmer beteiligt ist. Unabhängig davon, ob der Vorgang entgeltlich im Rahmen eines Kaufvertrages oder gegen Gewährung von Gesellschaftsrechten erfolgt, liegt umsatzsteuerlich eine Lieferung gegen Entgelt vor. Die Grundsätze der Mindestbemessungsgrundlage nach § 10 Abs. 5 UStG sind dabei zu beachten. Erfolgt die Übertragung unentgeltlich, ist wiederum zu prüfen, ob eine Vorsteuerabzugsberechtigung ganz oder teilweise vorgelegen hat.

BEISPIEL: ► Im Rahmen einer Realteilung der Gemeinschaftspraxis A & B wird das Gesellschaftsvermögen zwischen den Ärzten aufgeteilt, die ihre Tätigkeit in Einzelpraxen fortsetzen. Gesondert geführte Unternehmensteile liegen nicht vor. Der Vorgang steht umsatzsteuerlich, eine zumindest teilweise Vorsteuerabzugsberechtigung vorausgesetzt, als unentgeltliche Wertabgabe nach § 3 Abs. 1b UStG einer Lieferung gegen Entgelt gleich (hierzu mit mehreren Fallgestaltungen Rasche, Mitunternehmerische Übertragungsvorgänge – Umsatzsteuerliche Auswirkungen der Buchwertverknüpfung, UStB 2002 S. 14).

PRAXISHINWEISE:

Soweit der Unternehmer **Kleinunternehmer** i. S. d. § 19 UStG ist, besteht nach § 19 Abs. 1 Satz 4 UStG ausdrücklich keine Berechtigung zum Vorsteuerabzug. In diesen Fällen können umsatzsteuerliche Probleme bei unentgeltlichen Vorgängen verhindert werden.

Soweit ein **Übertragungsvorgang** nicht die Voraussetzungen für eine nicht steuerbare Geschäftsveräußerung im Ganzen erfüllt oder bei unentgeltlichen Vorgängen mangels Vorsteuerabzugsberechtigung nicht steuerbar ist, wird regelmäßig von einer **Lieferung gegen Entgelt** auszugehen sein. Dass der Ort der Lieferung im Inland liegt, dürfte die Regel sein. Damit liegt umsatzsteuerlich ein **umsatzsteuerbarer Umsatz** i. S. d. § 1 Abs. 1 Nr. 1 UStG vor.

Liegt ein umsatzsteuerbarer Umsatz vor, ist im nächsten Schritt zu prüfen, ob eine **Umsatzsteuerbefreiung** in Betracht kommt.

§ 4 Nr. 14 UStG kommt nicht in Betracht, da die Lieferung von Gegenständen nicht als ärztliche Heilbehandlungsleistung anzusehen ist. Allerdings befreit § 4 Nr. 28 UStG die Lieferungen von Gegenständen von der Umsatzsteuer, für die der Vorsteuerabzug nach § 15 Abs. 1a Nr. 1 UStG ausgeschlossen ist, oder wenn der Unternehmer die gelieferten Gegenstände während des gesamten Verwendungszeitraums ausschließlich für eine nach § 4 Nr. 8 bis 27 UStG steuerfreie Tätigkeit verwendet hat. „Ausschließlich" ist in diesem Zusammenhang aus Vereinfachungsgründen so zu verstehen, dass eine Nutzung für nicht nach § 4 Nr. 8 bis 27 umsatzsteuerfreie Umsätze in geringfügigem Umfang (höchstens 5 %) nicht schädlich ist (R 122 Abs. 2 UStR).

Hat der Arzt den gelieferten Gegenstand während des gesamten Verwendungszeitraums ausschließlich (zu mehr als 95 %) für umsatzsteuerfreie Umsätze nach § 4 Nr. 14 UStG genutzt, ist der Vorgang umsatzsteuerfrei.

PRAXISHINWEISE:

§ 4 Nr. 28 gilt nach den gleichen Grundsätzen auch für die **„Lieferung" von Praxiswerten** (BFH v. 21.12.1988 – V R 24/87, BStBl 1989 II S. 430).

PRAXISHINWEISE:

Bei der Prüfung darf dabei nicht auf die tatsächlich in Anspruch genommene Vorsteuer abgestellt werden. Die Tatsache, dass kein Vorsteuerabzug in Anspruch genommen wurde, ist nicht gleichbedeutend mit der Prüfung, ob eine **Berechtigung zum Vorsteuerabzug** bestanden hat, die ggf. nur nicht in Anspruch genommen wurde.

BEISPIEL: Der Zahnarzt Dr. D mit einem Gesamtumsatz i. H. v. jährlich 350.000 € erbringt darin enthaltene umsatzsteuerpflichtige zahnprothetische Leistung i. H. v. jährlich 17.500 €. Der Zahnarzt nimmt für sich die Kleinunternehmerregelung nach § 19 UStG in Anspruch. Für seine gesamte Tätigkeit nutzt Herr Dr. D ein Gerät, das er am Ende der Nutzung für 11.900 € unter Inanspruchnahme von § 4 Nr. 28 UStG umsatzsteuerfrei veräußert. Im Rahmen einer Betriebsprüfung wird festgestellt, dass Dr. D neben den unstreitig umsatzsteuerpflichtigen zahnprothetischen Leistungen noch umsatzsteuerpflichtige Leistungen im Rahmen von Bleaching (Bleichen der Zähne) und Dentalkosmetik i. H. v. jährlich 3.500 € erbracht hat. Der umsatzsteuerpflichtige Umsatz beträgt somit jährlich tatsächlich insgesamt 21.000 €, dies entspricht 6 %. Zum einen hat Dr. D die Kleinunternehmerregelung zu Unrecht in Anspruch genommen, zum anderen war er zum Vorsteuerabzug i. H. v. 6 % berechtigt, so dass auch die Veräußerung des Gerätes nach § 4 Nr. 28 UStG nicht in Anspruch genommen werden kann. Aus den umsatzsteuerpflichtigen Umsätzen hat Dr. D jährlich 3.353 € (19 % aus 21.000 €) sowie aus der Veräußerung 1.900 € (19 % aus 11.900 €) nachzuentrichten. Dies gilt unabhängig davon, ob der Vorsteuerabzug bei Anschaffung des Gerätes noch berichtigt werden kann.

PRAXISHINWEISE:

In der Praxis sollte die Wirkungsweise und die Voraussetzungen von § 4 Nr. 28 UStG nicht unterschätzt werden. Veräußert z. B. ein Zahnarzt mit einem eingegliederten umfangreichen zahntechnischen Labor (**umsatzsteuerpflichtiger Umsatzanteil > 5 %**) im Rahmen einer **Praxisteilveräußerung** den kassenärztlichen Teil seiner Praxis und des Labors, der i. d. R. nicht als gesonderter Unternehmensteil anzusehen ist, führt dies zur vollen Umsatzsteuerpflicht auf den Gesamtkaufpreis einschließlich Praxiswert, ohne dass der Erwerber zum vollen Vorsteuerabzug berechtigt wäre. Gleiches gilt für die Veräußerung einzelner Wirtschaftgüter, die zum Teil zum Vorsteuerabzug berechtigt haben.

Will der Zahnarzt die Umsatzsteuerbelastung vermeiden, geht dies nur durch eine nicht steuerbare Geschäftsveräußerung im Ganzen. Denkbar wäre es aus steuerlicher Sicht z. B., dass der Zahnarzt seine Praxis insgesamt gegen Gewährung von Gesellschaftsrechten in eine Gemeinschaftspraxis einbringt. In dem Gesellschaftsvertrag kann dann zur Aufgabenverteilung und der Gewinnverteilung klar geregelt werden, dass sich die Tätigkeit des Zahnarztes sukzessive auf die Behandlung von Privatpatienten konzentrieren wird und der Kollege die Behandlung der gesetzlich Versicherten übernimmt.

e) Umsatzsteuerliche Behandlung der Leistungen zwischen Arzt und Gemeinschaftspraxis

Zwischen einem Arzt als Gesellschafter einer Gemeinschaftspraxis und der Gemeinschaftspraxis selbst ist ein umsatzsteuerpflichtiger Leistungsaustausch möglich. Ein Arzt kann an die Gemeinschaftspraxis sowohl Leistungen erbringen, die ihren Grund in einem gesellschaftsrechtlichen Beitragsverhältnis haben, als auch Leistungen, die auf einem gesonderten schuldrechtlichen Austauschverhältnis beruhen und damit zu einem umsatzsteuerpflichtigen Umsatz führen können. Die umsatzsteuerrechtliche Behandlung dieser Leistungen richtet sich danach, ob es sich um Leistungen handelt, die als Gesellschafterbeitrag durch die Beteiligung am Gewinn oder Verlust der Gemeinschaftspraxis abgegolten werden, oder um Leistungen, die gegen Sonderentgelt ausgeführt werden und damit auf einen Leistungsaustausch gerichtet sind. Umsatzsteuerrechtlich maßgebend für das Vorliegen eines Leistungsaustauschs ist, dass ein Leistender und ein Leistungsempfänger vorhanden sind und der Leistung eine (konkrete bzw. konkretisierbare) Gegenleistung gegenübersteht. Auf die Bezeichnung kommt es nicht an, entscheidend ist die tatsächliche Handhabung. Der Arzt einer Gemeinschaftspraxis kann grundsätzlich frei entscheiden, in welcher Eigenschaft er für die Gesellschaft tätig wird. Er kann wählen, ob er einen Gegenstand verkauft, vermietet oder ihn selbst bzw. seine Nutzung als Einlage einbringt. Gleiches gilt für Geschäftsführungs- und Vertretungsleistungen eines Gesellschafters gegen gesondertes Entgelt. (vgl. ausführlich R 6 UStR sowie BMF v. 31.5.2007 – IV A 5 – S 7100/07/0031, BStBl 2007 I S. 503).

Da die Gemeinschaftspraxis i. d. R. nicht zum Vorsteuerabzug berechtigt ist, führt eine – ungewollte – Umsatzsteuerpflicht i. d. R. zu einer zusätzlichen Steuerbelastung für den Arzt bzw. die Gemeinschaftspraxis. Vereinbarungen zwischen dem Arzt und der Gemeinschaftspraxis sollten daher immer auch einer umsatzsteuerlichen Prüfung unterzogen werden.

BEISPIEL: ► An einer Gemeinschaftspraxis sind die Ärzte A, B und C zu je 1/3 beteiligt. C hat sich aufgrund eines gesonderten Vertrages verpflichtet, der Gemeinschaftspraxis ihm persönlich gehörende medizinische Geräte zu Nutzung zu überlassen. C erhält hierfür gem. Vertrag monatlich 5.000 €, die bei der Gemeinschaftspraxis als Betriebsausgaben erfasst werden und den Gewinn mindern. Das nach Abzug der Betriebsausgaben verbleibende Ergebnis (Gewinn und Verlust) wird nach den Beteiligungsverhältnissen verteilt. Es liegt ein umsatzsteuerbarer und umsatzsteuerpflichtiger Leistungsaustausch vor, weil der Leistung (Nutzungsüberlassung) eine konkrete bzw. konkretisierbare Gegenleistung (Nutzungsentgelt) gegenübersteht. Ertragsteuerlich stellt das Nutzungsentgelt von jährlich 60.000 € bei C Sonderbetriebseinnahmen dar und wird den Einkünften aus der Gemeinschaftspraxis zugerechnet.

BEISPIEL: ► An einer Gemeinschaftspraxis sind die Ärzte A, B und C zu je 1/3 beteiligt. C hat sich nach den gesellschaftsrechtlichen Vereinbarungen z. B. im Gesellschaftsvertrag verpflichtet, der Gemeinschaftspraxis ihm persönlich gehörende medizinische Geräte zur Nutzung zu überlassen. C erhält im Rahmen der Gewinnverteilung der Gemeinschaftspraxis unabhängig vom Ergebnis (Gewinn und Verlust) 60.000 € vorab. Nach Berücksichtigung des Gewinnvorab wird im Übrigen das verbleibende Ergebnis (verbleibender Gewinn und verbleibender bzw. entstehender Verlust) nach den Beteiligungsverhältnissen verteilt. Es liegt ein umsatzsteuerbarer und umsatzsteuerpflichtiger Leistungsaustausch vor, weil der Leistung (Nutzungsüberlassung) eine konkrete bzw. konkretisierbare Gegenleistung (gewinnunabhängige Vorabvergütung) gegenübersteht. Unabhängig vom Ergebnis (Gewinn und Verlust) erhält C 60.000 €, selbst wenn durch das Gewinnvorab aus einem Gewinn ein Verlust wird, der nach den Beteiligungsverhältnissen verteilt wird.

BEISPIEL: ▶ An einer Gemeinschaftspraxis sind die Ärzte A, B und C zu je 1/3 beteiligt. C hat sich nach den gesellschaftsrechtlichen Vereinbarungen verpflichtet, der Gemeinschaftspraxis ihm persönlich gehörende medizinische Geräte zu Nutzung zu überlassen. C ist mit 40 %, A und B mit jeweils 30 % am Ergebnis (Gewinn und Verlust) der Gemeinschaftspraxis beteiligt. Es liegt ein nicht umsatzsteuerbarer Gesellschafterbeitrag vor, weil der Leistung (Nutzungsüberlassung) keine konkrete bzw. konkretisierbare Gegenleistung gegenübersteht, denn im Zweifel (Verlustfall) erhält C keine Vergütung

BEISPIEL: ▶ An einer Gemeinschaftspraxis sind die Ärzte A, B und C zu je 1/3 beteiligt. C hat sich nach den gesellschaftsrechtlichen Vereinbarungen verpflichtet, der Gemeinschaftspraxis ihm persönlich gehörende medizinische Geräte zu Nutzung zu überlassen. C erhält im Gewinnfall 25 % des Gewinns (maximal 60.000 €) vorab, im Übrigen wird der Gewinn nach den Beteiligungsverhältnissen verteilt; ein Verlust wird ausschließlich nach den Beteiligungsverhältnissen verteilt Es liegt ein nicht umsatzsteuerbarer Gesellschafterbeitrag vor, weil der Leistung (Nutzungsüberlassung) keine konkrete bzw. konkretisierbare Gegenleistung gegenübersteht, denn im Zweifel (Verlustfall) erhält C keine Vergütung.

IV. Teilberufsausübungsgemeinschaft

1. Rechtliche Aspekte

Literatur:

Ratzel/Möller/Michels, Die Teilgemeinschaftspraxis – Zulässigkeit, Vertragsinhalte, Steuern, MedR 2006 S. 377; *Wigge*, Die Teilgemeinschaftspraxis – Innovative Kooperationsform oder unzulässiges Kick-Back-Modell?, NZS 2007 S. 393.

a) Rechtsgrundlagen

Nach § 18 Abs. 1 MBO kann sich eine Berufsausübungsgemeinschaft auf Teile der gemeinsamen Berufsausübung (im Extremfall sogar auf **eine einzelne Leistung**) beschränken (sog. „Teilgemeinschaftspraxis").

Als einen Vorläufer der jetzigen Teilgemeinschaftspraxen könnte man die sog. Leistungserbringergemeinschaft gem. § 15 Abs. 3 BMV-Ä ansehen, auch wenn sie vom rechtlichen Ansatz her eher als Organisationsgemeinschaft zu verstehen ist. Faktisch ist danach im vertragsärztlichen Bereich seit etlichen Jahren für **gerätebezogene Untersuchungsleistungen** vieles von dem möglich, was nun in ein anderes Gewand gekleidet ist.

§ 33 Abs. 2 Satz 3 Ärzte-ZV erklärt die Teilberufsausübungsgemeinschaft auch für den vertragsärztlichen Bereich für zulässig, sieht jedoch die **Einschränkung** vor, dass diese Kooperationsform für medizinisch-technische Untersuchungen, die auf Überweisung erbracht werden, unzulässig ist. Der Gesetzgeber führt in der Gesetzesbegründung (BT-Drucks. 16/2474 S. 31) aus, dass hierdurch sog. **Kick-Back-Konstellationen** verhindert werden sollen.

b) Formalien

Im privatärztlichen Bereich war die Errichtung einer Teilgemeinschaftspraxis der zuständigen Ärztekammer zunächst lediglich **anzuzeigen**. Viele Berufsordnungen (vgl. § 18 Abs. 1 BO Nordrhein) verlangen inzwischen die Vorlage des Gesellschaftsvertrages.

Bei kammerübergreifenden Vorhaben ist jeder Gesellschafter verpflichtet, die für ihn zuständige Kammer auf alle am Zusammenschluss beteiligten Ärztinnen und Ärzte hinzuweisen (§ 18 Abs. 6 MBO).

Die vertragsärztliche Teilgemeinschaftspraxis bedarf der **vorherigen Genehmigung** durch den Zulassungsausschuss. Sind bei einer in einem KV-Bereich tätigen überörtlichen Teilberufsausübungsgemeinschaft mehrere Zulassungsausschüsse zuständig, wird die Zuständigkeit durch die Kassenärztliche Vereinigung und die Landesverbände der Krankenkassen bestimmt. Gehören der Teilgemeinschaftspraxis Ärzte aus unterschiedlichen Kassenärztlichen Vereinigungen an, hat die Teilgemeinschaftspraxis den Sitz zu wählen, der maßgeblich ist für die Genehmigungsentscheidung sowie die für die gesamte Leistungserbringung dieser überörtlichen Teilgemeinschaftspraxis anzuwendenden ortsgebundenen Regelungen. Die Wahl hat jeweils für einen Zeitraum von zwei **Jahren** zu erfolgen (§ 33 Abs. 3 Ärzte-ZV). Weitere Regelungen enthalten §§ 15a Abs. 5, 17 Abs. 1a Satz 2 BMV-Ä.

c) Einige Modelle

Nach Anerkennung der Teilberufsausübungsgemeinschaften durch das regionale Kammerrecht werden die ersten Kooperationsmodelle – im privatärztlichen Bereich – praktiziert. Sie sind äußerst unterschiedlich und lassen sich im Wesentlichen wie folgt skizzieren:

Eine niedergelassene Kinderärztin möchte regelhaft gemeinsam mit einem Neurologen an einem Tag in der Woche Kinder mit neurologischen Problemen versorgen. In der sonstigen Zeit möchten sowohl der Neurologe als auch die Kinderärztin an ihrem Praxissitz ihre Einzelpraxen führen (Beispiel der Bundesärztekammer).

Ein Laborarzt bietet bisherigen und potenziellen Zuweisern die Gründung einer Teilberufsausübungsgemeinschaft in der Rechtsform der Partnerschaftsgesellschaft an mit dem Hinweis, dass Analysen des Speziallabors (früher sog. M III-Leistungen) nicht laborgemeinschaftsfähig, aber sehr wohl von einer Teilberufsausübungsgemeinschaft erbringbar seien. Der umworbene Zuweiser hat eine Einlage von 50 € zu leisten und wird ausschließlich an dem Honorar der von ihm initiierten Untersuchungsaufträge – nicht am Gesamtergebnis der Gesellschaft – beteiligt.

Die Ärzte-Zeitung berichtete, dass in zwei Städten 21 bzw. 27 Ärzte jeweils eine Teilgemeinschaftspraxis gebildet haben. Beteiligt sind Hausärzte, aber auch Fachärzte – z. B. aus den Gebieten Labor, Neurologie, Orthopädie und Gynäkologie. Als Ziel wird die Förderung der Kooperation unter den beteiligten Ärzten durch gezielte Überweisungen bei individuellen Gesundheitsleistungen (IGeL = Selbstzahlerleistungen) und bei Privatpatienten formuliert. Der Zusammenschluss soll Klinikambulanzen und Medizinischen Versorgungszentren Patienten abwerben, indem die Zusammenarbeit zwischen Haus- und Fachärzten intensiviert und der Patient auf der ambulanten Schiene geführt statt ins Krankenhaus eingewiesen wird. Die Initiatoren erwarten einen zusätzlichen Umsatz von 15.000 € bis 20.000 € für Haus- und bis zu 45.000 € für Fachärzte. Der Gesellschafter der Teilgemeinschaftspraxis erbringt seine Leistungen mit den Ressourcen seiner (eigenen) Praxis.

Nichtoperative Augenärzte gründen eine Teilgemeinschaftspraxis mit einem operativ tätigen Augenarzt, dem sie bereits in der Vergangenheit Patienten zu Katarakt- und Lasik-Operationen überwiesen hatten. Gesellschaftszweck ist **ausschließlich die operative Tätigkeit**. Am Ergebnis der Honorare aus der operativen Tätigkeit sind die Zuweiser mit 10 %, und zwar bezogen auf die jeweils individuell überwiesenen Patienten, beteiligt.

Nichtoperative Ärzte gründen mit dem Operateur eine Teilgemeinschaftspraxis, wobei der Gesellschaftszweck in der vollständigen Betreuung von Patienten mit einer OP-Indikation besteht. Die nichtoperativen Ärzte erbringen sämtliche prä- und postoperativen Leistungen, der Operateur führt ausschließlich den operativen Eingriff durch.

Ein Radiologe und ein Kardiologe verabreden sich, Kardio-MRT-Leistungen in der Weise durchzuführen, dass der Kardiologe nach entsprechenden Voruntersuchungen die Indikationsstellung vornimmt und der Radiologe die Schnittbilddiagnostik durchführt. Die Befundung erfolgt gemeinsam im Wege der Teleradiologie. Das Honorar wird nach einem Schlüssel, der die hohen Gerätekosten berücksichtigt, aufgeteilt.

d) Gestaltungsmissbrauch

Einem wesentlichen Teil der Modelle ist gemeinsam, dass die Tätigkeiten eines (Organ-)Facharztes und eines Facharztes der methodendefinierten Fächer (Radiologie, Labor, Pathologie) vergesellschaftet werden sollen. Speziell bei den sog. virtuellen oder Publikumsteilgemeinschaftspraxen stellt sich dabei die Frage, was Gegenstand gerade der **gemeinsamen Berufsausübung** ist. Eine gemeinsame Behandlung sämtlicher Patienten findet oftmals nicht statt. Teilweise ist sie nach Maßgabe der einzelnen Fächerkombinationen noch nicht einmal möglich. Nicht selten beschränkt sich die Tätigkeit eines Gesellschafters auf die Überweisung seines Patienten. Ein zulässiger Gesellschaftszweck i. S. v. §§ 705, 726 BGB liegt nicht vor. Tatsächlich dient das „Gesellschaftsmäntelchen" nur zur Verschleierung des nach wie vor geltenden Verbots der Zuweisung gegen Entgelt (§ 31 MBO). Liegt ein Verstoß gegen § 31 MBO vor, führt dies zur **Nichtigkeit des Gesellschaftsvertrages** (§ 134 BGB).

Die Problematik ist den Ärztekammern nicht verschlossen geblieben. So änderte der Vorstand der BÄK mit Beschluss vom 23.11.2006 § 18 Abs. 1 MBO wie folgt:

„Der Zusammenschluss zur gemeinsamen Ausübung des Arztberufs kann zum Erbringen einzelner Leistungen erfolgen, sofern er nicht lediglich einer Umgehung des § 31 dient. Eine Umgehung liegt insbesondere vor, wenn sich der Beitrag der Ärztin oder des Arztes auf das Erbringen medizinisch-technischer Leistungen auf Veranlassung der übrigen Mitglieder einer Teil-Berufsausübungsgemeinschaft beschränkt oder der Gewinn ohne Grund in einer Weise verteilt wird, die nicht dem Anteil der von ihnen persönlich erbrachten Leistungen entspricht. Die Anordnung einer Leistung, insbesondere aus den Bereichen der Labormedizin, der Pathologie und der bildgebenden Verfahren, stellt keinen Leistungsanteil im Sinne des Satzes 3 dar."

Die kritischen Anmerkungen dürfen allerdings den Blick nicht dafür verschließen, dass es nicht nur zulässige, sondern durchaus **sinnvolle Gesellschaftsmodelle** gibt, z. B. wenn sich ein Radiologe und ein Kardiologe zur Erbringung von Schnittbilddiagnostik zusammenschließen. Gleiches kann z. B. für Laborärzte und Endokrinologen gelten.

e) Rechtsformen

Zur Bildung einer Teilberufsausübungsgemeinschaft stehen den Ärzten die Rechtsformen der Gemeinschaftspraxis (BGB-Gesellschaft), der Partnerschaftsgesellschaft sowie – je nach Kammerrecht – der Ärzte-Gesellschaft in der Form der Kapitalgesellschaft zur Verfügung. Das Vertragsarztrecht erkennt indes die juristische Person nicht an, sofern diese nicht als MVZ zugelassen ist.

Ist die Gemeinschaftspraxis in Form einer Partnerschaftsgesellschaft organisiert, gilt bezüglich des Vertragsschlusses prinzipiell nichts anderes. Für Verbindlichkeiten der Partnerschaft haften neben der Partnerschaft mit ihrem Vermögen auch die Partner als Gesamtschuldner; gem. § 8 Abs. 2 PartGG ist die Haftung für Schäden wegen fehlerhafter Berufsausübung neben der Partnerschaft allerdings auf den Partner beschränkt, der innerhalb der Partnerschaft die berufliche Leistung zu erbringen oder verantwortlich zu leiten und zu überwachen hat. Dies ist ein wesentlicher Vorteil, der gerade auf Teilberufsausübungsgemeinschaften zugeschnitten scheint. In der Praxis haben sich Gesellschaften mit einer Vielzahl von Ärzten diesen Vorteil zu Nutze gemacht.

f) Gesellschaftsrechtliche Binnenstruktur

Die Teilgemeinschaftspraxis ist **Berufsausübungsgemeinschaft**. Von daher ist der Gesellschafterkreis auf Ärzte beschränkt. Die gesetzlichen Vorgaben für die Gestaltung der Binnenstruktur sowohl der BGB-Gesellschaft als auch der Partnerschaftsgesellschaft sind im Wesentlichen dispositiv und können durch den Gesellschaftsvertrag individuell gestaltet werden. So ist es zivilrechtlich grundsätzlich zulässig, den Gesellschaftern unterschiedliche Rechte und Pflichten zuzuweisen.

aa) Gesellschaftszweck

Gerade bei Teilgemeinschaftspraxen kommt der **Festlegung des Gesellschaftszwecks** eine besondere Bedeutung zu. Da die Ärzte sich lediglich zur Erbringung einzelner Leistungen zusammenschließen, ist eine Abgrenzung zum Leistungsangebot der „Stammpraxis" besonders wichtig. Es ist unbedingt zu regeln, ob eine Verpflichtung besteht, bestimmte Untersuchungen nicht in der „Stammpraxis", sondern ausschließlich in der Teilgemeinschaftspraxis zu erbringen und über diese abzurechnen.

bb) Gesellschafterbeiträge

Jeden Gesellschafter trifft eine **Zweckförderungspflicht** (Beitragspflicht). Bei der Teilgemeinschaftspraxis als Berufsausübungsgemeinschaft besteht die Förderpflicht primär in der (ärztlichen) Mitwirkung zur Erreichung eines diagnostischen oder therapeutischen Zwecks, also der Patientenbetreuung im weiteren Sinne. Hiervon unabhängig kann die Bereitstellung von Ressourcen (Räume, Geräte, Personal) ebenso von der Beitragspflicht umfasst sein wie die Mitwirkung an der Organisation. So kann z. B. ein Gesellschafter verpflichtet sein, die Abrechnung gegenüber den Patienten durchzuführen.

Gesetzlich ist **keine Einlageverpflichtung** vorgesehen. Soweit Teilgemeinschaftspraxisverträge die Gesellschafter zur Leistung von Mini-Einlagen i. H. v. z. B. 50 € verpflichten, im Übrigen jedoch ein umfassender Haftungsausschluss suggeriert wird, spricht das nicht für eine „echte" Teilgemeinschaftspraxis, sondern weckt Erinnerungen an Einkaufsgemeinschaften, wie sie im Laborbereich zum Teil jahrelang praktiziert wurden.

cc) Beschlussfassung

In der Personengesellschaft sind grundsätzlich die Gesellschafter für die Entscheidung in allen Gesellschafts- und Gesellschafterangelegenheiten zuständig. Je größer die Anzahl der Gesellschafter ist, desto schwieriger kann es im Einzelfall sein, einen Beschluss der Gesellschafter herbeizuführen. Vielfach bietet sich zur Abwicklung des Tagesgeschäfts die **Bildung eines Geschäftsführungsgremiums** an. Dabei darf nicht vergessen werden, dass die Teilgemeinschaftspraxis eine mit persönlicher Haftung des einzelnen Gesellschafters verbundene Berufsausübungsgesellschaft ist. Entscheidungen, die in den Kernbereich der Gesellschafterrechte eingreifen – wie insbesondere die Aufnahme weiterer Ärzte als Gesellschafter –, sollten stets der Gesellschafterversammlung vorbehalten bleiben. Ob ein einstimmiger Beschluss bei größeren Teilgemeinschaftspraxen sachgerecht ist, erscheint zweifelhaft.

dd) Geschäftsführungs- und Vertretungsbefugnis

Bei größeren Zusammenschlüssen wird die Geschäftsführung nicht von allen Gesellschaftern gemeinschaftlich ausgeübt werden können. Gesellschaftsvertraglich ist zu regeln, welchem Gesellschafter in welchem Umfang insbesondere Vertretungsmacht eingeräumt wird. Zum Schutz der anderen Gesellschafter wird man mehreren Gesellschaftern gemeinschaftlich auszuübende Vertretungsmacht einräumen und ggf. deren Rahmen bei finanziellen Rechtsgeschäften betragsmäßig begrenzen. Denkbar ist auch die Beauftragung eines Nichtgesellschafters mit der Erledigung der Geschäftsführungstätigkeit.

ee) Vermögensbeteiligung

Für die Ordnungsmäßigkeit der Leistungserbringung und die Abrechnungsfähigkeit sind die Eigentums- und Besitzverhältnisse an den Praxisräumen sowie den eingesetzten medizinisch-technischen Geräten anerkanntermaßen unerheblich.

In vielen Fällen wird die Teilgemeinschaftspraxis über **kein wesentliches eigenes medizinisches Anlagevermögen** verfügen. Meist erbringt der einzelne Gesellschafter „seine" Leistungen" mit den Ressourcen seiner „Stammpraxis". Größere Einheiten werden möglicherweise über eine separate kaufmännische Organisation verfügen. Gleichwohl dürften sich die insofern zu tätigenden Investitionen im Rahmen halten. Ob ein Arzt hieran vermögensmäßig beteiligt ist, dürfte für seinen gesellschaftsrechtlichen Status unerheblich sein.

Der immaterielle oder ideelle Wert einer ärztlichen Praxis wird regelmäßig verstanden als die Chance, mit dem Ansehen und dem guten Ruf der Einrichtung Patienten zu werben und hierdurch Einkommen zu erzielen. Naturgemäß liegen bisher keine Erkenntnisse zur Marktfähigkeit von Teilgemeinschaftspraxen vor. Es ist aber zu bezweifeln, dass es den meisten Teilgemeinschaftspraxen gelingen wird, bei den Patienten als eigenständiges Rechtssubjekt mit der für die Entstehung eines „Goodwill" gebotenen Deutlichkeit wahrgenommen zu werden. Dies gilt insbesondere dann, wenn die einzelnen Ärzte die ärztlichen Leistungen in ihrer angestammten Praxis erbringen. Dann kann ggf. der ideelle Wert dieser Praxis von der Einbindung in die Teilgemeinschaftspraxis profitieren, ohne dass ein eigenständiger immaterieller Wert der Teilgemeinschaftspraxis entsteht.

ff) Ergebnisverteilung

Bei Überprüfung der rechtlichen Zulässigkeit von Kooperationsmodellen kommt den **finanziellen Regelungen eine zentrale Bedeutung** zu, da bei kaum einem anderen Punkt unlautere Motive deutlicher zutage kommen. Die gerechte Ergebnisverteilung stellt – auch bei zulässigen Vorhaben – einen der schwierigsten Aspekte bei der Abfassung des Gesellschaftsvertrages dar. Die in § 722 BGB vorgesehene Gewinnverteilung nach Köpfen wird in der Praxis häufig modifiziert. Der Gestaltungsrahmen wird einerseits vom Grundsatz der Vertragsfreiheit (§ 311 BGB) und andererseits von berufsrechtlichen Vorgaben wie dem **Verbot unzulässiger Honorarbeteiligung** sowie dem **Verbot der Zuweisung gegen Entgelt** (§ 31 MBO) geprägt. Beide Verbote sind – und hierauf kann nicht oft genug hingewiesen werden – durch die Zulässigkeit von (Teil-)Berufsausübungsgemeinschaften nicht aufgehoben. Allerdings wird es schwieriger werden, gesellschaftsrechtlich korrekt als „Gewinnzuweisung" bezeichnete Zahlungen als kaschierte unzulässige Zuwendungen zu entlarven.

Nach der Vorstellung der Bundesärztekammer richtet sich die typische Ergebnisverteilung einer Berufsausübungsgemeinschaft nach einem prozentualen Verteilungsschlüssel. Diese Annahme trifft sicherlich auf viele Gemeinschaftspraxen zu. Es ist jedoch festzustellen, dass diese statische Regelung häufig durch eine Vielzahl anderer – mehr oder weniger leistungsbezogener – Faktoren wie z. B. individuell erwirtschafteter Umsatz, zeitlicher Einsatz, Übernahme von Geschäftsführungsaufgaben oder Tätigkeitsvergütungen ergänzt oder ersetzt wird.

Gegen eine prozentuale Ergebnisverteilung sind keine Einwendungen zu erheben, sofern sie die Beiträge der einzelnen Gesellschafter zur Förderung des Gesellschaftszwecks zutreffend abbildet. Allerdings dürften feste prozentuale Verteilungsschlüssel in der Praxis die Ausnahme bilden, da sie bei (Voll-)Berufsausübungsgemeinschaften meist die Beteiligung der einzelnen Gesellschafter am Gesellschaftsvermögen abbilden. Über ein solches werden viele (Teil-)Berufsausübungsgemeinschaften indes nicht verfügen.

Auch im Rahmen einer (Teil-)Berufsausübungsgemeinschaft ist die Ergebnisverteilung nach Maßgabe der individuell erbrachten ärztlichen Leistungen unproblematisch. Schließen sich nichtoperative und operative Ärzte zusammen, könnte die Ergebnisverteilung die tatsächlichen Beiträge abbilden. Die nichtoperativ tätigen Ärzte wären am Gesamtergebnis in dem Verhältnis zu beteiligen, in welchem der Wert der von ihnen erbrachten prä- und postoperativen Leistungen zum Wert der Gesamtleistungen steht. Da mit dem ärztlichen Honorar die Praxiskosten und somit auch der Investitionsaufwand abgegolten wird (vgl. § 4 Abs. 3 GOÄ), kann der Umstand der persönlichen finanziellen Beteiligung selbstverständlich auch im Rahmen einer leistungsbezogenen Gewinnverteilung berücksichtigt werden. Aber: Wird der Gewinnverteilungsmaßstab dadurch geändert, dass die von der Zuweisung profitierenden Gesellschafter ohne sachlichen Grund auf Gewinn verzichten, erhöht sich hierdurch – unzulässigerweise – der Gewinnanteil der zuweisenden Gesellschafter. Insofern hat die BÄK in ihrem Beschluss vom 24.11.2006 zur Änderung des § 18 Abs. 1 MBO hervorgehoben, dass die Gewinnverteilung in einer Teilberufsausübungsgemeinschaft nach Maßgabe der von den einzelnen Ärzten persönlich erbrachten Leistungen erfolgen müsse. Auch die geänderte MBO enthält diese Bedingung. Die **Anordnung** einer Leistung – insbesondere, aber nicht ausschließlich aus den Bereichen der Labormedizin, der Pathologie sowie der bildgebenden Verfahren – darf hiernach kein gewinnverteilungsrelevantes Kriterium darstellen.

Andererseits kann es im Rahmen der Ergebnisverteilung der (Teil-)Berufsausübungsgemeinschaft selbstverständlich berücksichtigt werden, wenn ein Gesellschafter Geschäftsführungsaufgaben übernimmt oder der Gesellschaft bestimmte Ressourcen zur Verfügung stellt. Oftmals wird die Ressourcenüberlassung durch Gewährung eines Vorabgewinns erfasst, so dass lediglich der bereinigte Gewinn nach Maßgabe des vereinbarten Schlüssels zur Verteilung gelangt.

Nicht auf ein wirklich gewolltes Gesellschaftsverhältnis, sondern vielmehr auf eine – unzulässige – Kick-Back-Beziehung deuten Regelungen hin, wonach der „überweisende" Gesellschafter unabhängig vom wirtschaftlichen Gesamtergebnis der Teilgemeinschaftspraxis stets einen bestimmten prozentualen Anteil des durch seine „Überweisung" ausgelösten Rechnungsbetrages als Gewinn erhält.

Die Vereinbarung eines festen Gewinnbetrages (Fixums) dürfte – obwohl rechtlich zulässig – in der Praxis allenfalls eine untergeordnete Rolle spielen.

g) Außenauftritt

Gemäß § 18a Abs. 1 MBO sind bei Berufsausübungsgemeinschaften die **Namen und Arztbezeichnungen aller beteiligten Ärzte anzukündigen**. Dies gilt nicht nur für Praxisschilder (am jeweiligen Ort der „Teil-"Leistungserbringung), sondern für alle Tätigkeiten im Rahmen eines Außenauftritts, also auch für Briefbögen, Praxisstempel, Homepage (der Teilgemeinschaftspraxis). Man kann sich leicht vorstellen, dass insbesondere bei größeren überörtlichen Teilgemeinschaftspraxen erheblicher bürokratischer und finanzieller Aufwand entstehen kann. Umgehungsversuche, diesen Aufwand durch Phantasienamen oder Bezeichnungen wie „Dr. A. und Partner" zu vermeiden, sind unzulässig, sofern nicht die Namen sämtlicher Gesellschafter aufgeführt werden.

h) Behandlungsvertrag

Bei (Teil-)Gemeinschaftspraxen in der Rechtsform einer GbR wird der Behandlungsvertrag i. d. R. mit der Gesellschaft abgeschlossen, es sei denn, der Patient erklärt vor Beginn der Behandlung, den Arztvertrag nur mit einem der Ärzte abschließen zu wollen. Wenn der Arzt dies akzeptiert, kommt der Behandlungsvertrag nur mit ihm zustande. In diesem

Falle haftet nur er, nicht die Gesellschaft. Diese Fallvariante dürfte im Rahmen einer Teilgemeinschaftspraxis aber keine Rolle spielen.

i) Abrechnung

Abrechnungstechnisch bedeutet dies, dass die privatärztlichen Leistungen nach Maßgabe der GOÄ von der Teilgemeinschaftspraxis unter Nennung aller Gesellschafter abgerechnet werden müssen. Die Teilgemeinschaftspraxis wird sich zwar zu den üblichen Bedingungen einer Verrechnungsstelle bedienen dürfen, was jedoch an den vorgenannten Voraussetzungen nichts ändert. Der **Grundsatz der persönlichen Leistungserbringung** gilt auch in einer Teilberufsausübungsgemeinschaft.

Setzt die Erbringung und Abrechnung einer Leistungsposition eine **bestimmte Fachkunde** voraus, muss bei einem (zulässigen) Leistungssplitting jeder der an der Leistungserbringung beteiligten Gesellschafter über diese Fachkunde verfügen.

j) Haftung, Versicherung

Sämtliche Ärzte einer Teilgemeinschaftspraxis haften gegenüber den Patienten gesamtschuldnerisch. Bei einer Teilgemeinschaftspraxis in Form einer GbR wird man aber auch für nicht austauschbare Leistungen eine Mithaftung annehmen müssen, da die (Weiter-)Behandlung des Patienten in der Teilgemeinschaftspraxis ja gerade besonderer Inhalt des Behandlungsvertrages ist und i. d. R. dem Gesellschaftszweck entspricht.

Den Gesellschaftern einer Partnerschaftsgesellschaft kann das Haftungsprivileg des § 8 Abs. 2 PartGG zugute kommen. Dort, wo die Ausübung ambulanter Heilkunde in Form einer juristischen Person des Privatrechts erlaubt ist, kommt der Vertrag mit dieser zustande. Sie haftet alleine aus Vertrag. Die deliktsrechtliche Verantwortlichkeit des handelnden Arztes bleibt allerdings unberührt.

Bezüglich der **Berufshaftpflichtversicherung** ist dringend anzuraten, dass jeder Gesellschafter seinen Eintritt in die Teilgemeinschaftspraxis seiner Versicherung unter Angabe der übrigen Gesellschafter und ihres Risikospektrums meldet, weil es sich aus den o. g. Gründen um eine Gefahrerhöhung handelt. Meldet der Arzt seinen Eintritt in die Teilgemeinschaftspraxis nicht, riskiert er im Schadensfall seinen Versicherungsschutz wegen Obliegenheitsverletzung. Haben die Haftpflichtversicherungen der jeweiligen Teilgemeinschaftsgesellschafter unterschiedliche Bedingungen oder auch Deckungssummen bzw. versicherte Risiken, sind im Schadensfall Konflikte mit den betroffenen Versicherungsgesellschaften vorprogrammiert. Dieses Problem könnte nur durch einen einheitlichen Berufshaftpflichtversicherungsvertrag aller Teilgemeinschaftsgesellschafter bei einem Versicherungsunternehmen gelöst werden.

2. Steuerliche Aspekte

Literatur:

Gragert/Wichert, Abgrenzung gewerblicher Einkünfte von Einkünften aus selbständiger Arbeit, NWB F. 3 S. 15083; *Karsten*, Steuerliche Fragen der kooperativen Leistungserbringung am Modell der Teilgemeinschaftspraxis, SchadeBrief September/Oktober 2005, 14. Jahrgang S. 4; *Ratzel/Möller/ Michels*, Die Teilgemeinschaftspraxis, MedR 2006 S. 377.

a) Allgemeine steuerliche Grundsätze

Die Teilgemeinschaftspraxis als Sonderform der Gemeinschaftspraxis unterliegt den gleichen **steuerlichen Grundsätzen wie die Gemeinschaftspraxis.** Ist die Teilgemeinschaftspraxis von der Intention getragen, gemeinschaftlich einen Gewinn zu erzielen, führt dies zu einer Beteiligung des Arztes an einer (weiteren) gesonderten **Mitunternehmerschaft.** Ist ein Arzt sowohl an einer Gemeinschaftspraxis wie auch an einer weiteren Teilgemeinschaftspraxis beteiligt, erzielt er aus beiden Gesellschaften Einkünfte aus selbständiger Arbeit, soweit die Gesellschaften die Voraussetzungen für eine freiberufliche Tätigkeit i. S. d. § 18 EStG erfüllen. Durch das Auftreten nach außen und die nachhaltige Tätigkeit zur Erzielung von Einnahmen entsteht durch den Zusammenschluss der Ärzte zur Teilgemeinschaftspraxis **umsatzsteuerlich ein selbständiges gesondertes Unternehmen.**

Die steuerlich besonders relevanten **Fragestellungen** ergeben sich im Zusammenhang mit

▶ der **Gewinnverteilung** (Gewerblichkeitsrisiko) und

▶ den **Leistungsbeziehungen zwischen den Gesellschaftern und der Teilgemeinschaftspraxis.**

b) Gewinnverteilung

Gerade weil bei der Teilgemeinschaftspraxis häufig Ärzte verschiedener Fachrichtungen miteinander kooperieren, erfordert die Ausgestaltung einer angemessenen betrieblich veranlassten Gewinnverteilung bei der Teilgemeinschaftspraxis eine erhöhte Aufmerksamkeit. Gegenüber der Gemeinschaftspraxis besteht insoweit ein besonderes Risiko der Gewerblichkeit.

Für die Abgrenzung der gewerblichen von den freiberuflichen Einkünften bei interprofessionellen Partnerschaftsgesellschaften und Sozietäten zwischen Steuerberatern, Rechtsanwälten und Wirtschaftsprüfern vertritt die Finanzverwaltung die Auffassung, dass eine freiberufliche Tätigkeit grundsätzlich durch die Personenbezogenheit der erbrachten Leistung gekennzeichnet ist (sog. **„Höchstpersönlichkeit der Einkünfteerzielung"**). Durch die gemeinschaftliche Gewinnerzielungsabsicht werden im Rahmen einer interprofessionellen Gesellschaft Gewinne unterschiedlicher freiberuflich tätiger Berufsgruppen gemeinsam erzielt, so dass im Einzelfall ein Berufsträger an Gewinnen aus einer Tätigkeit beteiligt wird, die ihm selbst nicht gestattet ist. Eine berufsgruppenbezogene Gewinnverteilung wird allerdings nicht zwingend vorgeschrieben, solange in Bezug auf Kapitalbeteiligung und Arbeitsleistung keine unangemessene Gewinnverteilung vorliegt. Eine Gewinnverteilung nach Köpfen, nach Leistung, nach Kapitaleinsatz einschließlich der Berücksichtigung eines eingebrachten Firmenwertes oder Kundenstammes in die Gesellschaft sind also denkbar, ohne dass die Gesellschaft unmittelbar gewerblich wird. Etwas anderes gilt aber dann, wenn ein Gesellschafter zwar Freiberufler, aber ohne eigenen Tätigkeitsbeitrag nur kapitalmäßig beteiligt ist. Dies führt zur Gewerblichkeit der Einkünfte der Partnerschaftsgesellschaft bzw. Sozietät. Bei dem Tätigkeitsbeitrag muss es sich nicht um eine hauptberufliche Tätigkeit handeln, es muss auch nicht jeder Gesellschafter im gleichen Umfang leitend und eigenverantwortlich tätig sein, aber andererseits reicht auch eine bloße Beschaffung von Aufträgen nicht aus (OFD Hannover v. 1.7.2007 – G 1401 – 24 – StO 252, DStR 2007 S. 1628)

Diese steuerlichen Grundsätze zu interprofessionellen Partnerschaftsgesellschaften sollten zur Vorsicht auch bei der Ausgestaltung der Gewinnverteilungsabrede einer Teilgemeinschaftspraxis Berücksichtigung finden. Es fehlt zwar an einer klaren Aussage, ob Gemeinschaften von Ärzten unterschiedlicher Fachrichtungen als „interprofessionell" anzusehen sind, es bleibt aber festzustellen, dass auch in diesem Fall Mitunternehmer partnerschaftlich zusammenarbeiten, denen im Einzelfall die Tätigkeit des anderen Partners nicht erlaubt ist.

Diese Probleme verstärken sich in den Fällen der Teilgemeinschaftspraxis zwischen Ärzten und deren „klassischen **Zuweisern**". Hier muss zudem aus steuerlicher Sicht – neben den arztrechtlichen Fragestellungen – darauf geachtet werden, dass sich die Gewinnanteile der beteiligten zuweisenden Ärzte letztlich nicht darauf beschränken, die Zuweisungen als entscheidende Tätigkeit abzugelten. Die **bloße Beschaffung von Patienten** (i. S. v. Aufträgen) für die Teilgemeinschaftspraxis dürfte im Einzelfall als Tätigkeitsbeitrag nicht ausreichen, eine freiberufliche Betätigung des zuweisenden Arztes im Rahmen der Teilgemeinschaftspraxis anzunehmen (Schmidt/Wacker, EStG 2006, § 18 Rn. 43 m. w. N.). Es ist daher empfehlenswert, einen ausreichenden Zusammenhang zwischen der ärztlichen Tätigkeit des Gesellschafters im Rahmen der Teilgemeinschaftspraxis und der Gewinnverteilung herzustellen und die tatsächliche ärztliche Tätigkeit des Gesellschafters zu dokumentieren.

PRAXISHINWEISE:

Es empfiehlt sich bei komplexeren Teilgemeinschaftspraxen die Gewinnermittlung – soweit praktikabel – mit einer Kostenstellenrechnung zu verbinden. Auf diese Weise kann eine detaillierte Gewinnverteilung ausgestaltet werden, bei der allerdings auch

> die Leistungen der einzelnen Gesellschafter (Risiko, Kapitaleinsatz, Arbeitseinsatz, Geräteeinsatz) Berücksichtigung finden sollten.

c) Ertragsteuerliche Beurteilung der Leistungsbeziehungen

Die Teilgemeinschaftspraxis kann zur Erbringung ihrer Leistungen

▶ eigene Geräte, eigenes Material und Personal besitzen,

▶ in unentgeltlichen Leistungsbeziehungen zu den beteiligten Gesellschaftern/Praxen stehen,

▶ in entgeltlichen Leistungsbeziehungen zu den beteiligten Gesellschaftern/Praxen stehen.

aa) Eigene Geräte, eigenes Material und Personal

Setzt die Teilgemeinschaftspraxis zur Erbringung ihrer Leistungen eigene Ressourcen (Geräte/Material/Personal) ein, entstehen hierdurch **keine Leistungsbeziehungen** zwischen den Praxen der Gesellschafter der Teilgemeinschaftspraxis und der Teilgemeinschaftspraxis. Die Abgeltung der Tätigkeit der Gesellschafter erfolgt über die Gewinnverteilung und ist steuerlich im Sinne einer Leistungsbeziehung unbeachtlich. Der Wert der eigenen Arbeitsleistung des Arztes ist für sich nicht entnahmefähig (BFH v. 9.7.1987 – IV R 87/85, BStBl 1988 II S. 342).

bb) Unentgeltliche Leistungsbeziehungen zu den beteiligten Gesellschaftern/Praxen

In einer Vielzahl der Fälle wird die Teilgemeinschaftspraxis zur Erbringung ihrer Leistungen die Ressourcen (Geräte/Material/Personal) der beteiligten Gesellschafter/Praxen einsetzen. Sofern dies unentgeltlich, d. h. über die allgemeine Gewinnbeteiligung erfolgt, liegt ertragsteuerlich auf Ebene der abgebenden Praxis eine **Nutzungsentnahme** vor und korrespondierend erfolgt eine gewinnmindernde Berücksichtigung der **angefallenen Aufwendungen als Sonderbetriebsausgaben bei der Teilgemeinschaftspraxis** (BFH v. 26.10.1987 – GrS 2/86, BStBl 1988 II S. 348); dabei wird unterstellt, dass das Wirtschaftsgut zu mehr als 50 % von der Praxis genutzt wird.

Wird das Wirtschaftsgut dagegen zu mehr als 50 % in der Teilgemeinschaftspraxis genutzt, so ist es aufgrund der überwiegenden Nutzung durch die Teilgemeinschaftspraxis insgesamt dem Sonderbetriebsvermögen des betreffenden Mitunternehmers bei der Teilgemeinschaftspraxis zuzurechnen. In diesem Falle liegt hinsichtlich der durch das Wirtschaftsgut verursachten Aufwendungen auf der Ebene der Teilgemeinschaftspraxis eine Nutzungsentnahme vor und korrespondierend eine gewinnmindernde Berücksichtigung dieser Aufwendungen als Betriebsausgaben bei der Praxis (OFD Koblenz v. 13.12.2006 – S 2241 A – St 31 1, UR 2007 S. 391; OFD Frankfurt v 28.2.2007 – S 2241 A – 94 – St 213, StEK EStG § 18 Nr. 280, n. v.).

cc) Entgeltliche Leistungsbeziehungen zu den beteiligten Gesellschaftern/Praxen

Überlässt die Praxis eines Gesellschafters Ressourcen (Geräte/Material/Personal) an die Teilgemeinschaftspraxis gegen ein gesondertes Entgelt, ist diese Leistung **originär keine freiberufliche ärztliche Tätigkeit**, kann aber im Einzelfall subsidiär zu Einkünften aus § 18 EStG führen.

Dient das Entgelt lediglich dazu, die tatsächlichen Selbstkosten (anteilige Gesamtaufwendungen) der Praxen zu ersetzen, so kann aus der Überlassung kein Gewinn erzielt werden. Die Überlassung führt durch das **Fehlen einer Gewinnerzielungsabsicht insoweit nicht zu gewerblichen Einkünften.**

Aber auch wenn in dem Entgelt ein Gewinnaufschlag enthalten ist, entstehen nicht in jedem Fall zwangsläufig gewerbliche Einkünfte. So führt nach Auffassung der Finanzverwaltung die **entgeltliche Überlassung medizinisch-technischer Großgeräte mit Gewinnaufschlag** dann nicht zu gewerblichen Einkünften, wenn mit der Überlassung keine Zusatzleistungen, z. B. die Gestellung von Verbrauchsmaterialien oder Personalgestellung zur Bedienerunterstützung, verbunden sind (OFD Rheinland – Kurzinformation Einkommensteuer Nr. 9/2006 v. 2.2.2006, DB 2006 S. 304; vgl. allerdings zur Unschädlichkeit einer technischen Unterstützung bei der Bedienung durch geschultes Personal im Rahmen einer entgeltlichen Überlassung medizinischer Großgeräte im Rahmen des Mammographie-Screenings OFD Rheinland v. 20.11.2007 – Kurzinformation Einkommensteuer Nr. 76/2007 S 2246 – St 157, n. v., NWB DokID: UAAAC-64373). Auch wenn sich die Aussage der Finanzverwaltung auf medizinisch-technische Großgeräte beschränkt, dürfte die Auffassung auch auf **andere reine Geräteüberlassungen** (im Sinne einer Vermietung von Sachinbegriffen oder einzelner beweglicher Wirtschaftsgüter) **und reine Untervermietungen mangels einer originären gewerblichen Betätigung** übertragbar sein (Ratzel/Möller/Michels, MedR 2006 S. 377).

Liegen keine gewerblichen Einkünfte vor, führt die Behandlung der Geräte als Betriebsvermögen, das einer selbständigen Tätigkeit dient, subsidiär (§ 21 Abs. 3, § 22 Nr. 3 EStG) zu Einkünften aus § 18 EStG (a. A. offenbar Gragert/Wichert, NWB F. 3 S. 15083 ff. unter I b) bb), wonach die entgeltliche Nutzungsüberlassung von Praxisräumen im Rahmen des Mammographie-Screenings aus ertragsteuerlicher Sicht tendenziell als eine gewerbliche Tätigkeit beurteilt wird).

Beschränkt sich die Leistung der Praxis des Gesellschafters nicht auf eine reine Geräteüberlassung oder Untervermietung, sondern werden **Zusatzleistungen** (Gestellung von Verbrauchsmaterialien oder Personalgestellung zur Bedienerunterstützung) erbracht, liegen **originäre gewerbliche Einkünfte** vor. Erfolgt die Überlassung durch eine Mitunternehmerschaft (z. B. eine Gemeinschaftspraxis), ist § 15 Abs. 3 Nr. 1 EStG (Infektionstheorie) zu beachten.

d) Umsatzsteuerliche Beurteilung der Leistungsbeziehungen

Auch für die umsatzsteuerliche Beurteilung ist für die Teilgemeinschaftspraxis zu unterscheiden, ob diese zur Erbringung ihrer Leistungen

▶ eigene Geräte, eigenes Material und Personal besitzen,

▶ in unentgeltlichen Leistungsbeziehungen zu den beteiligten Gesellschaftern/Praxen stehen,

▶ in entgeltlichen Leistungsbeziehungen zu den beteiligten Gesellschaftern/Praxen stehen.

aa) Eigene Geräte, eigenes Material und Personal

Setzt die Teilgemeinschaftspraxis zur Erbringung ihrer Leistungen eigene Ressourcen (Geräte/Material/Personal) ein, entstehen hierdurch **keine umsatzsteuerlich relevanten Leistungsbeziehungen**.

bb) Unentgeltliche Leistungsbeziehungen zu den beteiligten Gesellschaftern/Praxen

Tritt ein Gesellschafter in Leistungsbeziehungen zu seiner Gesellschaft, steht es ihm umsatzsteuerlich frei, diese als **nichtsteuerbaren Gesellschafterbeitrag** (unentgeltlich) oder als umsatzsteuerlich relevanten Leistungsaustausch (entgeltlich) auszugestalten (R 6 Abs. 3 UStR). Steht der Gesellschafter zu der Teilgemeinschaftspraxis in einer unentgeltlichen Leistungsbeziehung, liegt auf dieser Ebene kein umsatzsteuerbarer Sachverhalt vor.

Wenn die überlassenen Ressourcen (Geräte/Material/Personal) allerdings zum umsatzsteuerlichen Unternehmensvermögen der überlassenden Praxis gehören, sind die Leistungsbeziehungen daneben auch auf dieser Ebene zu beurteilen. Entscheidend ist, ob die Überlassung aus Sicht der abgegebenen Praxis aus deren unternehmerischen Gründen erfolgt. Erfolgt die Überlassung nicht aus unternehmerischen Gründen, sondern für Zwecke, die außerhalb des Unternehmens liegen, sind dann die weiteren Voraussetzungen für die Annahme einer **unentgeltlichen Wertabgabe** nach § 3 Abs. 9a UStG zu prüfen.

Die Gründe, die für eine **unternehmerische Veranlassung** der unentgeltlichen Leistung seitens der abgebenden Praxis sprechen, können vielfältig sein (Ratzel/Möller/Michels, MedR 2006 S. 377):

▶ Die Kooperation eröffnet die Möglichkeit der Zuweisung von Patienten ohne das Risiko, den Patienten zu verlieren.

▶ Eine fachübergreifende Zusammenarbeit unter gemeinsamen Namen wird möglich und entwickelt damit eine Multiplikatorwirkung durch einen höheren Bekanntheitsgrad, d. h. Marketing i. S. d. Gewinnung neuer Patienten für die eigene Praxis.

▶ Eine Erweiterung des Leistungsangebotes und eine Verbesserung der Honorarsituation auch der eigenen Praxis kann erreicht werden.

▶ Die Teilgemeinschaftspraxis kann zudem ein erster Schritt in eine weitere enge Zusammenarbeit zwischen den Gesellschaftern der Teilgemeinschaftspraxis sein.

Daneben sind auch Parallelen zum Leistungsaustausch bei Arbeitsgemeinschaften des Baugewerbes erkennbar, so dass die hierzu entwickelten Grundsätze (R 6 Abs. 7 UStR) auch in dem Fall der Teilgemeinschaftspraxis Anwendung finden dürften.

Verneint man unternehmerische Gründe für die Überlassung und unterstellt im Grundsatz eine unentgeltliche Wertabgabe, ist zu unterscheiden, ob diese in der Überlassung von Gegenständen (Geräten) oder anderen sonstigen Leistungen (z. B. Personalgestellung) besteht. Handelt es sich um Mischleistungen, ist dabei zunächst zu klären, ob die Leistung einheitlich oder getrennt beurteilt werden muss (R 29 UStR).

Besteht die Leistung in der **Überlassung von Gegenständen**, ist für die Annahme einer unentgeltlichen Wertabgabe nach § 3 Abs. 9a Nr. 1 UStG weitere Voraussetzung, dass der Gegenstand zum **vollen oder teilweisen Vorsteuerabzug** berechtigt hat. Solange die Gegenstände ausschließlich zur Erbringung umsatzsteuerfreier ärztlicher Leistungen eingesetzt wurden, liegt damit keine unentgeltliche Wertabgabe vor. Erst wenn die Gegenstände auch für umsatzsteuerpflichtige Umsätze verwendet wurden – was nicht generell auszuschließen ist –, liegt eine unentgeltliche Wertabgabe vor, die einer sonstigen Leistung gegen Entgelt gleichgestellt ist.

Die **Personalgestellung** für nicht unternehmerische Zwecke zulasten des Unternehmens ist **grundsätzlich eine steuerbare Wertabgabe** nach § 3 Abs. 9a Nr. 2 UStG (R 24c Abs. 5 UStR).

cc) Entgeltliche Leistungsbeziehungen zu den beteiligten Gesellschaftern/Praxen

Die Überlassung von Ressourcen (Geräte/Material/Personal) gegen ein gesondertes Entgelt stellt einen **umsatzsteuerbaren Leistungsaustausch** dar. Da es sich hierbei nicht um eine ärztliche Leistung handelt, findet die Umsatzsteuerbefreiung des § 4 Nr. 14 UStG auf diese Leistungen keine Anwendung. Auch die Umsatzsteuerbefreiung § 4 Nr. 28 UStG findet keine Anwendung, da es sich insoweit bei der Gebrauchsüberlassung um eine sonstige Leistung und keine Lieferung von Gegenständen handelt. In der Regel dürfte die Leistung daher **umsatzsteuerpflichtig** sein.

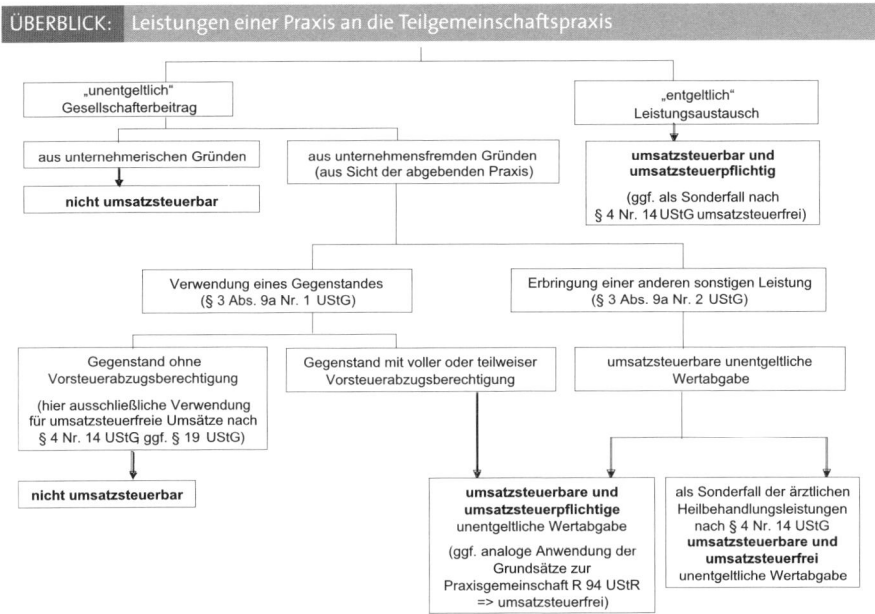

V. Überörtliche Berufsausübungsgemeinschaft

1. Rechtliche Aspekte

Literatur:

Preißler, Das verfassungswidrige Verbot der überörtlichen Ärztesozietät, MedR 2001 S. 543; *Dahm/ Ratzel*, Liberalisierung der Tätigkeitsvoraussetzungen des Vertragsarztes und Vertragsarztrechtsänderungsgesetz – VÄndG, MedR 2006 S. 555; *Laas*, Die überörtliche Gemeinschaftspraxis, 2006; *Weimer*, Die KV-Grenzen überschreitende überörtliche Berufsausübungsgemeinschaft, GesR 2007 S. 204; *Harney/Müller*, Bedarfsprüfung bei ärztlichen Zweigpraxen, NZS 2008 S. 286; *Wollersheim*, Genehmigung von Zweigpraxen, GesR 2009 S. 281.

a) Hintergrund

Bis zur Änderung der MBO durch den 2004 in Bremen abgehaltenen 107. Deutschen Ärztetag bestimmte Kapitel D II Nr. 8 Abs. 2 MBO, dass die Berufsausübungsgemeinschaft nur an einem einzigen Praxissitz zulässig war. Daneben war es unter restriktiven Voraussetzungen möglich, ärztliche Leistungen in einem ausgelagerten Praxisteil oder in einer genehmigten Zweigpraxis zu erbringen. Lediglich für solche Ärzte, die ihrem typischen Fachgebietsinhalt nach nicht regelmäßig unmittelbar patientenbezogen tätig wa-

167

ren, sah die MBO die Bildung einer überörtlichen Berufsausübungsgemeinschaft vor. Dies galt insbesondere für Ärzte für Pathologie, Laboratoriumsmedizin und Mikrobiologie.

Mit Urteil v. 16.7.2003 (B 6 KA 49/02 R, MedR 2004 S. 114) entschied das Bundessozialgericht, dass eine bezirksübergreifende überörtliche Gemeinschaftspraxis zwischen Laborärzten unzulässig sei, sofern die Gesellschafter **unterschiedlichen** Kassenärztlichen Vereinigungen angehörten. Das Bundessozialgericht führte detailliert aus, dass das grundsätzliche Verbot der überörtlichen Gemeinschaftspraxis die freie ärztliche Berufsausübung schütze. Ungerechtfertigte Einflüsse Dritter auf die Berufsausübung gelte es zu verhindern. Ärztliche Praxen sollten nicht im Wege franchiseähnlicher Modelle durch Dritte, zu denen gesellschaftsrechtliche Beziehungen bestehen, betrieben werden können. In einer anderen Entscheidung, ebenfalls v. 16.7.2003 (B 6 KA 34/02 R, MedR 2004 S. 119), erklärte das Bundessozialgericht eine Konstellation für zulässig, in welcher zwei Laborarztpraxen ihren Sitz im Bereich **derselben** Kassenärztlichen Vereinigung hatten. Unter Berücksichtigung der BSG-Rechtsprechung sowie der Liberalisierung des Berufsrechts wurden teilweise überörtliche Berufsausübungsgemeinschaften innerhalb eines KV-Bereichs oder zumindest innerhalb eines Planungsbereichs zugelassen. Keine einheitliche Regelung bestand hinsichtlich des zeitlichen Umfangs, in welchem die Gesellschafter der Berufsausübungsgemeinschaft am jeweils anderen Standort tätig sein durften.

In der rechtswissenschaftlichen Literatur wurden gegen die **Verfassungsmäßigkeit** des berufs- und vertragsarztrechtlichen Verbots der überörtlichen Gemeinschaftspraxis für patientenbezogene ärztliche Tätigkeit **erhebliche Bedenken** vorgetragen.

b) Voraussetzungen

aa) Vorgaben des ärztlichen Berufsrechts – § 18 Abs. 3 MBO 2004

§ 18 Abs. 3 Satz 3 MBO bildet die berufsrechtliche Grundlage für die (privatärztliche) überörtliche Gemeinschaftspraxis:

„Eine Berufsausübungsgemeinschaft mit mehreren Praxissitzen ist zulässig, wenn an dem jeweiligen Praxissitz verantwortlich mindestens ein Mitglied der Berufsausübungsgemeinschaft hauptberuflich tätig ist."

Da sämtliche Landesärztekammern die Vorgaben der MBO in ihre jeweiligen Satzungen übernommen haben, steht die überörtliche Berufsausübungsgemeinschaft allen Arztgruppen bundesweit offen.

Unternimmt man den Versuch einer Definition der überörtlichen Berufsausübungsgemeinschaft, könnte wie folgt formuliert werden:

„Zusammenschluss mehrerer Berufsträger mit dem Ziel, ihren Beruf gemeinsam unter Nutzung gemeinschaftlich vorgehaltener Ressourcen, einer einheitlichen Kartei und eines zumindest teilweise gemeinsamen Patientenstammes an mindestens zwei Praxissitzen auszuüben."

Bei einem Zusammenschluss von Ärzten mit Praxissitzen jeweils in einer Stadt sollte man nicht von einer überörtlichen, sondern von einer **intralokalen Berufsausübungsgemeinschaft** sprechen.

Die **Anzahl** der einer überörtlichen Berufsausübungsgemeinschaft angehörenden Praxissitze ist berufsrechtlich ebenso wenig beschränkt wie diejenige der sich zusammenschließenden Ärzte. Gleiches gilt für die **räumliche Entfernung** der einzelnen Standorte zueinander. Da sich theoretisch eine Praxis in Kiel mit einer Praxis in München zusammenschließen kann, ist es offensichtlich, dass sich mit zunehmender Distanz selbständige Organisationen an den einzelnen Praxissitzen entwickeln werden. Zudem drängt sich die Frage auf, ob eine **gemeinschaftliche Patientenbehandlung** – sieht man von der Möglichkeit telemedizinischer Befunddiskussion ab – überhaupt erfolgen kann. Nach den Vorgaben der Bundesärztekammer (DÄBl. 2008 S. A-1019, 1022 f.) sind allerdings eine gemeinsame Patientenbehandlung und ein gemeinsamer Patientenstamm ebenso zwingend wie die Zugriffsmöglichkeit auf die (gemeinsame) Patientenkartei!

Ferner verlangt die Bundesärztekammer, dass an jedem der Praxissitze mindestens ein Mitglied der Berufsausübungsgemeinschaft **hauptberuflich tätig** ist. Eine hauptberufliche Tätigkeit wird dann angenommen, wenn die überwiegende Arbeitszeit an dem Praxissitz verbracht wird.

bb) Vorgaben des Vertragsarztrechts

Mit Inkrafttreten des VÄndG zum 1.1.2007 hat der Gesetzgeber die Möglichkeit geschaffen, auch im vertragsärztlichen Bereich bundesweit überörtliche Berufsausübungsgemeinschaften zu errichten. § 33 Abs. 2 Ärzte-ZV bestimmt:

„Sie [die Berufsausübungsgemeinschaft] ist auch zulässig bei unterschiedlichen Vertragsarztsitzen der Mitglieder der Berufsausübungsgemeinschaft (überörtliche Berufsausübungsgemeinschaft), wenn die Erfüllung der Versorgungspflicht des jeweiligen Mitglieds an seinem Vertragsarztsitz unter Berücksichtigung der Mitwirkung angestellter Ärzte und Psychotherapeuten in dem erforderlichen Umfang gewährleistet ist sowie das Mitglied und die bei ihm angestellten Ärzte und Psychotherapeuten an den Vertragsarztsitzen der anderen Mitglieder nur in zeitlich begrenztem Umfang tätig werden."

Auch im Vertragsarztrecht ist die **Anzahl** der Mitgliedspraxen sowie diejenige der ihr angehörenden Ärzte **nicht begrenzt**. Von Bedeutung ist, dass jedes Mitglied der Berufsausübungsgemeinschaft nach wie vor einen eigenen **Vertragsarztsitz** hat. Dieser wird durch die Praxisanschrift konkretisiert (§ 24 Abs. 1 Ärzte-ZV). Außerhalb des Vertragsarztsitzes dürfen vertragsärztliche Leistungen nur in den gesetzlich vorgesehenen Fällen erbracht werden. Bei einem Verstoß gegen diesen Grundsatz drohen der Verlust des Honoraranspruchs sowie disziplinarische Ahndungen!

Der Gesetzgeber hat nicht näher bestimmt, was er unter einer Tätigkeit an den anderen Vertragsarztsitzen versteht, deren Umfang zeitlich begrenzt ist. Die Partner der Bundesmantelverträge haben dies in § 17 Abs. 1a BMV-Ä konkretisiert. Hiernach muss der über einen „vollen" Vertragsarztsitz verfügende Arzt persönlich mindestens 20 Stunden in Form von Sprechstunden zur Verfügung stehen. Von Ärzten mit einem halben Versorgungsauftrag sind wöchentlich am Vertragsarztsitz mindestens zehn Sprechstunden abzuhalten. Jeder Vertragsarzt darf ohne gesonderte Genehmigung des Zulassungsausschusses an den anderen Standorten der Gemeinschaftspraxis tätig sein. Allerdings muss die Tätigkeit am Vertragsarztsitz zeitlich insgesamt alle Tätigkeiten außerhalb des Vertragsarztsitzes überwiegen. In die Erfüllung der Präsenzpflicht können angestellte Ärzte eingebunden werden. Gleichwohl schränken die Vorgaben die Möglichkeiten zur Tätigkeit an weiteren Orten faktisch erheblich ein.

Die überörtliche Berufsausübungsgemeinschaft kann Standorte in **unterschiedlichen KV- Bereichen** haben (§ 33 Abs. 3 Ärzte-ZV). In diesem Fall hat sie den **Vertragsarztsitz** zu wählen, der maßgeblich ist für die Genehmigungsentscheidung sowie die auf die gesamte Leistungserbringung dieser Gesellschaft anzuwendenden ortsgebundenen Regelungen, insbesondere zur Vergütung, zur Abrechnung sowie zu den Wirtschaftlichkeits- und Qualitätsprüfungen. Die Wahl hat jeweils für die **Dauer von zwei Jahren** zu erfolgen.

Die überörtliche Gemeinschaftspraxis rechnet gegenüber der KV unter einer Abrechnungsnummer ab, sofern deren sämtliche Standorte im Bezirk derselben KV liegen. Komplizierter ist die Abrechnung der KV-übergreifenden Berufsausübungsgemeinschaft. Diese richtet sich nach der „KV-übergreifenden Berufsausübungsrichtlinie" (v. 29.5.2007, DÄBl. 2007 S. A-1868). § 2 dieser Richtlinie bestimmt, dass der Ort der Leistungserbringung maßgeblich ist für die Abrechnung und deren Überprüfung. Die KV-übergreifende Berufsausübungsgemeinschaft erhält demgemäß mehrere Honorarbescheide (vgl. Schroeder-Printzen in Ratzel/Luxenburger (Hrsg.), Handbuch Medizinrecht, 2008, § 7 Rn. 474).

Vom Grundsatz her unterscheidet sich die Berechnung des Regelleistungsvolumens nicht von einer Berufsausübungsgemeinschaft mit einer Betriebsstätte, da insofern die Regelleistungsvolumina sämtlicher in der Gesellschaft tätiger Ärzte zu addieren sind. Bei einer KV-übergreifenden Berufsausübungsgemeinschaft erfolgt die Berechnung des RLV für den Bereich jeder KV gesondert.

c) Formalien

aa) Berufsrecht

Jeder Arzt ist verpflichtet, die für ihn zuständige Kammer über den Zusammenschluss zu einer überörtlichen Berufsausübungsgemeinschaft unter Hinweis auf die übrigen beteiligten Ärzte zu **informieren** (§ 18 Abs. 6 MBO). Ein Genehmigungserfordernis besteht allerdings nicht!

Gemäß § 18a MBO besteht die Verpflichtung, auf dem **Praxisschild** die **Namen** aller in der Gemeinschaft zusammengeschlossenen Ärzte sowie die **Rechtsform anzukündigen**.

bb) Vertragsarztrecht

Die Berufsausübungsgemeinschaft bedarf der **vorherigen Genehmigung** des Zulassungsausschusses. Die Genehmigung erfolgt auf der Grundlage eines schriftlichen Gesellschaftsvertrages. Für überörtliche Berufsausübungsgemeinschaften mit Vertragsarztsitzen in mehreren Zulassungsbezirken einer Kassenärztlichen Vereinigung wird der zuständige Zulassungsausschuss durch Vereinbarung zwischen der Kassenärztlichen Vereinigung sowie den Landesverbänden der Krankenkassen und den Verbänden der Ersatzkassen bestimmt (§ 33 Abs. 3 Satz 2 Ärzte-ZV). Gehören die Mitglieder einer überörtlichen Berufsausübungsgemeinschaft mehreren Kassenärztlichen Vereinigungen an, bestimmt sich die Zuständigkeit des Zulassungsausschusses nach der von den Mitgliedern getroffenen Wahlentscheidung zur KV-Zuständigkeit.

Der Zulassungsausschuss kann die Genehmigung der überörtlichen Berufsausübungsgemeinschaft mit **Auflagen** versehen.

Keiner Genehmigung bedarf die Tätigkeit eines Vertragsarztes an den anderen Vertragsarztsitzen eines Mitglieds der überörtlichen Berufsausübungsgemeinschaft, der er angehört (§ 24 Abs. 3 Ärzte-ZV).

d) Der Weg in die überörtliche Berufsausübungsgemeinschaft

Es existieren unterschiedliche praxisrelevante (Grund-)Modelle zur Errichtung einer überörtlichen Berufsausübungsgemeinschaft:

aa) Niederlassung

Mehrere Ärzte lassen sich an unterschiedlichen Praxissitzen nieder und gründen zeitgleich mit der Niederlassung eine überörtliche Berufsausübungsgemeinschaft.

bb) Aufspaltung

Eine bereits bestehende Berufsausübungsgemeinschaft eröffnet – ohne Gründung einer neuen Gesellschaft – einen weiteren Standort, zu welchem ein Gesellschafter seinen Praxissitz verlegt.

171

cc) Einbringung in neu gegründete Gesellschaft

Mehrere Ärzte errichten unter Beibehaltung von mindestens zwei selbständigen Praxissitzen eine Berufsausübungsgemeinschaft. In diese (neue) Gesellschaft bringen sie ihre bisherigen Praxen ein. Dabei ist es unerheblich, ob es sich um Einzel- oder Gemeinschaftspraxen handelt.

Hervorzuheben ist, dass durch die Verbindung zur gemeinschaftlichen standortübergreifenden Berufsausübung keine Doppel- oder Mehrfach-Gesellschaft, sondern **eine** Berufsausübungsgesellschaft entsteht.

dd) Beitrittsmodell

Ein niedergelassener Arzt tritt einer bereits bestehenden Berufsausübungsgemeinschaft unter Einbringung seiner Praxis, Beibehaltung seines Praxissitzes oder Eröffnung eines neuen Praxissitzes bei.

e) Binnenstruktur

Es gelten die Ausführungen zur Gemeinschaftspraxis/Partnerschaftsgesellschaft in modifizierter Weise.

Angesichts der möglicherweise erheblichen räumlichen Entfernung der einzelnen Praxissitze wird sich oftmals die Frage stellen, ob überhaupt eine **gemeinsame Berufsausübung** bezweckt ist. Der Bundesärztekammer (DÄBl. 2008 S. A-1019, 1023) ist zuzustimmen, dass auch bei einer überörtlichen Berufsausübungsgemeinschaft der Wille, lediglich Ressourcen gemeinschaftlich zu nutzen, unzureichend ist. Gleiches gilt, wenn sich die Kooperation lediglich auf den gemeinsamen Außenauftritt, die Bildung von Qualitätszirkeln oder Gewinnpooling beschränkt.

Das Vorhandensein mehrerer Praxissitze kann im Sinne einer größeren Autonomie und Zuweisung individueller Leitungskompetenz eine **standortbezogene Anpassung** der Regelungen zur Beschlussfassung, Geschäftsführung und Vertretung sachdienlich erscheinen lassen.

Bei der Ergebnisverteilung können Besonderheiten der Betriebsstätten durchaus berücksichtigt werden. Aber auch bei einer überörtlichen Berufsausübungsgemeinschaft ist es unzulässig, die Beteiligungsquote am Gewinn von der Anzahl und/oder dem Umfang der an einen Mitgesellschafter gerichteten Überweisungen abhängig zu machen.

Besonderheiten können sich beim **nachvertraglichen Wettbewerbsverbot** ergeben. Dessen berufsrechtsbeschränkende Auswirkungen können es – je nach Lage des Einzelfalles – geboten erscheinen lassen, den räumlichen Geltungsbereich auf den individuellen Praxissitz zu beziehen und nicht jede Tätigkeit an einer weiteren Betriebsstätte zu erfassen. Andererseits sind Fälle praxisrelevant, in denen die Gemeinschaftspraxis dem ausscheidenden Gesellschafter eine nicht unerhebliche Abfindung zahlt. Hiermit wäre es kaum in

Einklang zu bringen, wenn der Ausgeschiedene unmittelbar in Konkurrenz zu seiner ehemaligen Gesellschaft tritt.

f) Exkurs: Bildung von Filialen („Zweigpraxen")

Von der Möglichkeit, sich überörtlich zu einer Berufsausübungsgemeinschaft zusammenzuschließen, ist die Gründung einer Zweigpraxis/Filiale gem. § 24 Abs. 3 Ärzte-ZV zu unterscheiden:

„Vertragsärztliche Tätigkeiten außerhalb des Vertragsarztsitzes an weiteren Orten sind zulässig, wenn und soweit

▶ dies die Versorgung der Versicherten an den weiteren Orten verbessert und

▶ die ordnungsgemäße Versorgung der Versicherten am Ort des Vertragsarztsitzes nicht beeinträchtigt wird."

Eine Verbesserung der Versorgung tritt ein, wenn die Versorgungsdichte und/oder die Versorgungsqualität gesteigert werden. Die Möglichkeit zur scheinbar unbeschränkten Filialbildung scheint in Widerspruch zu den Grundsätzen der Bedarfsplanung zu stehen. Andererseits betragen die Wartezeiten für Untersuchungen z. B. für bildgebende Verfahren – nicht zuletzt wegen der budgetierten Vergütungssituation – teilweise mehrere Wochen. Jede Abkürzung wäre als qualitative Verbesserung der Versorgungssituation zu werten! Dürfte nun jeder Vertragsarzt eine Filiale in einem gesperrten Planungsbereich eröffnen, würde dies zwangsläufig zu einem Unterlaufen der Bedarfsplanung führen. Demgemäß zeichnet sich in der Rechtsprechung die Tendenz ab, dass im Rahmen des Genehmigungsverfahrens Bedarfsplanungsaspekte grundsätzlich zu beachten sind (vgl. LSG Bayern, Urt. v. 23.7.2008 – L 12 KA 3/08, MedR 2009 S. 56; Revision anhängig beim BSG unter B 6 KA 42/08 R). In nicht zulassungsbeschränkten Fachgebieten – z. B. Strahlentherapie, Nuklearmedizin – ist eine großzügigere Betrachtungsweise geboten. Die in der Zweigpraxis angebotenen Leistungen müssen auch in der Hauptpraxis angeboten werden, da es sich ansonsten um ausgelagerte Praxisräume handelt. Enthalten Abrechnungsvorschriften Vorgaben zu bestimmten Ausstattungsmerkmalen der Praxis, müssen diese auch in der Zweigpraxis erfüllt sein, wenn dort die entsprechenden Leistungen erbracht werden.

Keine Beeinträchtigung der Tätigkeit am Vertragsarztsitz ist gegeben, wenn der Vertragsarzt wöchentlich mindestens 20 Sprechstunden am Hauptsitz abhält (§ 17 Abs. 1a BMV-Ä). Bei einem Teilversorgungsauftrag reduziert sich der zeitliche Umfang auf zehn Wochenstunden. Die Präsenzpflicht kann auch durch angestellte Ärzte erfüllt werden. Der zeitliche Tätigkeitsumfang in der Zweigpraxis muss geringer sein als derjenige am Hauptsitz. Bei einer Vollzulassung dürfen mithin am Filialsitz nicht mehr als 19 Sprechstunden wöchentlich abgehalten werden. Die Tätigkeit an den weiteren Orten kann durch Einbindung angestellter Ärzte erfolgen. Dabei kommt dem Praxisinhaber die Leitungs- und Überwachungsfunktion auch hinsichtlich der Filiale zu. Vom Grundsatz her kann der angestellte Arzt seine Tätigkeit relativ weisungsfrei verrichten. Das **Bundessozialgericht** hat bereits mit Urteil v. 20.9.1995 (6 Rka 37/94, MedR 1996 S. 470) betont, dass die Stellung des angestellten Arztes trotz fehlender Vertragsarztzulassung eher derjenigen eines Partners in einer Gemeinschaftspraxis entspreche als derjenigen eines Assistenten. Der angestellte (Zahn-)Arzt dürfe selbständig und ohne Abhängigkeit von Weisungen und Aufsicht des Praxisinhabers Versicherte behandeln.

Die Gründung der Filiale kann in dem KV-Bezirk erfolgen, in welchem der Vertragsarzt seinen Vertragsarztsitz hat. In diesem Fall erfolgt die Genehmigung durch seine Kassenärztliche Vereinigung. Soweit die weiteren Orte außerhalb des Bezirks seiner Kassenärztlichen Vereinigung liegen, erteilt der Zulassungsausschuss, in dessen Bezirk er die Tätigkeit aufnehmen will, eine Ermächtigung. Auf die Erteilung der Genehmigung/Ermächtigung besteht bei Vorliegen der Voraussetzungen ein Rechtsanspruch. Gerichtlich ungeklärt – aber wegen fehlender Rechtsgrundlage zu verneinen – ist die Frage, ob die Ermächtigung zur Mitgliedschaft in der KV führt, in welcher sich die Zweigpraxis befindet.

PRAXISHINWEISE:

Erwägt eine Berufsausübungsgemeinschaft die Errichtung einer Zweigpraxis oder mehrerer Zweigpraxen in dem für ihren Praxissitz maßgeblichen Planungsbereich, kann es sich anbieten, Vertragsarztsitze zwecks Bildung einer standortübergreifenden Berufsausübungsgemeinschaft zu verlegen. In diesem Fall bedarf es keiner Bedarfsprüfung. Auf die Genehmigung der Verlegung durch den Zulassungsausschuss besteht ein Rechtsanspruch, wenn Gründe der vertragsärztlichen Versorgung nicht entgegenstehen.

Besondere praktische Brisanz kommt der Frage zu, ob niedergelassene Vertragsärzte berechtigt sind, **Widerspruch** gegen die Zweigpraxisgenehmigung einzulegen und ob diesem Widerspruch **aufschiebende Wirkung** zukommt. Die Widerspruchsbefugnis ist mangels drittschützender Wirkung des § 24 Abs. 3 Ärzte-ZV zu verneinen. Bis zur Klärung dieser Frage durch das BSG muss damit gerechnet werden, dass sowohl die KVen als auch die Gerichte von der Zulässigkeit und damit auch von der aufschiebenden Wirkung des Widerspruchs ausgehen werden (vgl. LSG Bayern, Urt. v. 23.7.2008 – L 12 KA 3/08, MedR 2009 S. 56; Revision anhängig beim BSG unter B 6 KA 42/08 R). Vor diesem Hintergrund ist im Zusammenhang mit einer – vorschnellen – Realisierung von Projekten durchaus Vorsicht geboten.

2. Steuerliche Aspekte

a) Allgemeine steuerliche Grundsätze

Für die laufende Besteuerung überörtlicher Gemeinschaftspraxen ergeben sich keine steuerlichen Besonderheiten gegenüber Gemeinschaftspraxen mit nur einem Standort. Steuerlich handelt es sich um eine Gesellschaft mit mehreren Betriebsstätten.

Der Frage der **leitenden und eigenverantwortlichen Tätigkeit** der Gesellschafter (siehe S. 100) an allen Standorten sollte allerdings erhöhte Aufmerksamkeit gewidmet werden (BFH v. 19.10.1995 – IV R 11/95, BFH/NV 1996 S. 464). Da nach § 18 Abs. 3 MBO an dem jeweiligen Praxissitz verantwortlich mindestens ein Mitglied der Berufsausübungsgemeinschaft hauptberuflich tätig sein muss, kommt der Frage insbesondere Bedeutung im Bereich der „Filialbildung" mit angestellten Ärzten zu sowie wenn an einem Standort lediglich ein vermögenslos beteiligter Gesellschafter (siehe S. 106 ff.) tätig ist, da ansonsten von einer Gewerblichkeit der Gesellschaft auszugehen sein kann.

Auch sollte die **Gewinnverteilung** nicht eklatant von den tatsächlichen Tätigkeitsbeiträgen abweichen, so dass ein Gesellschafter über Gebühr an dem Gewinn eines Standortes partizipiert, an dem er überhaupt nicht tätig ist (siehe S. 161 f.).

b) Gründung durch Einbringung

Im Regelfall erfolgt steuerlich die Gründung der überörtlichen Gemeinschaftspraxis durch Einbringung mehrerer Einzel- oder Gemeinschaftspraxen gegen Gewährung von Gesellschaftsrechten an der überörtlichen Gemeinschaftspraxis (im Rahmen einer **Einbringung in eine neu gegründete Praxis** oder durch den **Beitritt in eine bestehende Praxis**). Diese Einbringung gegen Gewährung von Gesellschaftsrechten stellt grundsätzlich einen Veräußerungsvorgang dar, für den die Vorschriften des § 24 UmwStG angewendet werden können (siehe S. 110 ff.). Nach § 24 UmwStG kann bei der Einbringung von Betrieben oder Mitunternehmeranteilen in eine Personengesellschaft das eingebrachte Betriebsvermögen auf Antrag mit dem Buchwert bewertet werden. Die Aufdeckung stiller Reserven wird somit vermieden.

Entspricht das Verhältnis der Teilwerte der einzelnen Praxen zueinander nicht dem Beteiligungsverhältnis an der neuen überörtlichen Gemeinschaftspraxis, werden Zuzahlungen zugunsten der Gesellschafter notwendig, die teilweise Anteile ihrer Praxen an die anderen Gesellschafter abgeben. Diese **Zuzahlungen** können erfolgen

▶ **in das Privatvermögen** der abgebenden Gesellschafter:

In diesem Fall entsteht ein Veräußerungsgewinn in Höhe der Differenz zwischen der Zuzahlung und dem anteiligen Buchwert der Praxis, der als laufender Gewinn sofort zu versteuern ist (Umwandlungssteuererlass, a. a. O. Tz. 20.04).

▶ **in das Betriebsvermögen** der überörtlichen Gemeinschaftspraxis:

In diesem Fall kann die sofortige Versteuerung durch die Aufstellung von Ergänzungsrechnungen vermieden werden, da die Zuzahlung zum Betriebsvermögen der eingebrachten Praxis rechnet (Umwandlungssteuererlass, a. a. O. Tz. 20.01). Eine kurzfristige Entnahme der Zuzahlungen aus dem Betriebsvermögen der überörtlichen Gemeinschaftspraxis ist dabei als Umgehungstatbestand nach § 42 AO zu werten.

PRAXISHINWEISE:

Neben einer Zuzahlung wäre auch ein befristeter Ausgleich über die Gewinnverteilung denkbar (siehe S. 109 f.). Steuerlich wäre auch ein Überlassungsmodell möglich, bei dem die eingebrachten Praxen Sonderbetriebsvermögen der überörtlichen Gemeinschaftspraxis werden (siehe S. 113 f.).

c) Gründung durch Aufspaltung

Arztrechtlich ist es möglich, eine überörtliche Gemeinschaftspraxis in der Weise zu gründen, dass eine bestehende Gemeinschaftspraxis einen Teil ihrer Praxis an einen anderen, weiteren Praxissitz verlagert. Diese „Filialbildung" innerhalb einer bestehenden Gemeinschaftspraxis ist steuerlich unbeachtlich, da es insoweit nicht zu Übertragungs- oder Überführungsvorgängen kommt. Es findet lediglich eine räumliche „Standortverlegung/-erweiterung" innerhalb ein und desselben Betriebsvermögens statt.

VI. Job-Sharing-Gemeinschaftspraxis

1. Rechtliche Aspekte

Literatur:

Kamps, Der neue Teilnahmestatus der eingeschränkten Zulassung gem. § 103 Abs. 1 Nr. 4 SGB V, MedR 1998 S. 103; *Gleichner,* Job-Sharing in der Vertragsarztpraxis, MedR 2000 S. 399; sehr ausführlich *Reiling* in Rieger/Dahm/Steinhilper (Hrsg.), Heidelberger Kommentar Arztrecht Krankenhausrecht Medizinrecht, 2730 – Job-Sharing (2001); *Halbe/Rothfuß* in Halbe/Schirmer (Hrsg.), Handbuch Kooperationen im Gesundheitswesen, A 1100 Rn. 25 ff. (2005).

a) Rechtsgrundlage

Die Zulassungsbeschränkungen in der im Wesentlichen noch heute geltenden Fassung wurden zum 1.1.1993 eingeführt. Es zeigte sich bald, dass das System zu starr war. Um den Bedürfnissen vieler Ärzte nach **individueller Festlegung ihres Arbeitseinsatzes** nachzukommen und **zusätzliche Beschäftigungschancen** für Ärzte zu schaffen, ohne damit die Gefahr einer Leistungsausweitung auszulösen, führte der Gesetzgeber zum 1.7.1997 das Rechtsinstitut des sog. Job-Sharings ein. Die Bildung einer Gemeinschaftspraxis in einem zulassungsgesperrten Planungsbereich wurde gem. § 101 Abs. 1 Nr. 4 SGB V zulässig, wenn ein Vertragsarzt sich mit einem Arzt desselben Fachgebiets zusammenschloss und beide Ärzte sich gegenüber dem Zulassungsausschuss zur **Einhaltung eines Leistungsumfangs** verpflichteten, der denjenigen der bisherigen Praxis nicht wesentlich überschritt.

Man spricht davon, dass der hinzukommende Arzt eine „**Job-Sharing-Zulassung**" oder auch eine „eingeschränkte" oder „beschränkte" oder „vinkulierte" Zulassung erhält, während sich im Zulassungsstatus des bisherigen Praxisinhabers nichts ändert. Dieser bleibt auch zukünftig Inhaber einer unbeschränkten Vollzulassung.

Bereits der Begriff „Job-Sharing" deutet darauf hin, dass eine Arbeitsplatzteilung erfolgt. Der über eine Vollzulassung verfügende Vertragsarzt und der Job-Sharing-Gesellschafter teilen sich – in der Terminologie des Vertragsarztrechtsänderungsgesetzes – einen Versorgungsauftrag. Demgemäß darf der Job-Sharer auch in der genehmigten Zweigpraxis oder an weiteren Standorten einer überörtlichen Gemeinschaftspraxis tätig sein. Die Ärzte in ihrer Gesamtheit haben die erforderlichen Sprechstunden abzuhalten und für Notfallbehandlungen zur Verfügung zu stehen. Insofern ist es zulässig, dass sich der vollzugelassene Vertragsarzt primär um die Privatpatienten der Praxis kümmert.

b) Zulassungsvoraussetzungen

Die Details zur Zulassung einer Job-Sharing-Gemeinschaftspraxis ergeben sich aus Abschnitt IVa der Bedarfsplanungs-Richtlinien-Ärzte.

Der „Job-Sharing-Gesellschafter" muss in seiner Person die Zulassungsvoraussetzungen erfüllen. Hierzu zählt, dass er in das **Arztregister eingetragen** und auch im Übrigen **vollumfänglich zulassungsfähig** sein muss. Zum 1.1.2007 wurde die bis dahin geltende Zugangsaltersgrenze von 55 Jahren aufgehoben.

Für die Zulassung der Job-Sharing-Gemeinschaftspraxis ist es ferner erforderlich, dass dem Zulassungsausschuss ein **Gemeinschaftspraxisvertrag vorgelegt** wird. Der Job-Sharing-Gesellschafter ist in Abgrenzung zum Job-Sharing-Assistenten oder Job-Sharing-Angestellten (vgl. § 101 Abs. 1 Nr. 5 SGB V) „**echter Gesellschafter**". Demgemäß muss sein gesellschaftsrechtlicher Status sich von dem eines Angestellten oder Scheingesellschafters abgrenzen.

In der Praxis ist festzustellen, dass die Zulassungsgremien an die Ausgestaltung der Rechtsposition des Job-Sharers geringere Anforderungen stellen als bei einem Gesellschafter mit einer Vollzulassung.

Die Beteiligten müssen bedarfsplanungsrechtlich derselben Arztgruppe angehören. Ob dies der Fall ist, richtet sich nach Nr. 23b Bedarfsplanungs-Richtlinien-Ärzte. So ist es zulässig, dass z. B. ein Facharzt für Allgemeinmedizin und ein Facharzt für Innere Medizin im Rahmen der hausärztlichen Versorgung eine Job-Sharing-Gemeinschaftspraxis gründen können. Ein versorgungsbereichsübergreifender Zusammenschluss wäre unzulässig. Die Einbindung als Job-Sharing-Gesellschafter ist auch bei einer fachübergreifenden Gemeinschaftspraxis zulässig. In diesem Fall wird die Zulassung des Job-Sharers an diejenige des Vertragsarztes seiner Arztgruppe gebunden.

Voraussetzung für die Genehmigung der Job-Sharing-Gemeinschaftspraxis ist ferner, dass sich sämtliche Gesellschafter gegenüber dem Zulassungsausschuss schriftlich bereit erklären, während des Bestands der Gemeinschaftspraxis den zum Zeitpunkt der Antragstellung bestehenden **Praxisumfang nicht wesentlich zu überschreiten** und in diesem Zusammenhang die vom Zulassungsausschuss festgelegte Leistungsbeschränkung anerkennen. Die Leistungsbeschränkung basiert auf dem Abrechnungsvolumen des Vertragsarztes vor Errichtung der Gemeinschaftspraxis bzw. dem Beitritt zu einer bestehenden Gemeinschaftspraxis. Im letzteren Fall wird nicht etwa das Abrechnungsvolumen lediglich des Vertragsarztes festgeschrieben, mit welchem das Job-Sharing praktiziert wird, sondern betroffen ist das gesamte Abrechnungsvolumen der Gemeinschaftspraxis. Dies ist der maßgebliche Grund dafür, dass das Job-Sharing in der Praxis nur von untergeordneter Bedeutung ist. Hieran ändert auch der Umstand nichts, dass der Job-Sharing-Gemeinschaftspraxis ein 3%-iges jährliches Wachstum zugestanden wird. Bei einer Gemeinschaftspraxis ist Grundlage des Wachstums der Honoraranteil lediglich des Gesellschafters, mit welchem das Job-Sharing praktiziert wird und nicht das Abrechnungsvolumen der gesamten Praxis. Bedenkt man, dass das Abrechnungsvolumen der gesamten Praxis – einschließlich auch der extrabudgetären (!) Leistungen – faktisch eingefroren wird, erscheint die auf einen Arzt beschränkte Wachstumsmöglichkeit ungerecht.

Vor dem Hintergrund der Leistungsmengenbeschränkung ist die gerichtlich bisher nicht entschiedene Frage, ob ein Vertragsarzt mit vollem Versorgungsauftrag sich mit mehr als einem Arzt im Rahmen des Job-Sharing zu einer Gemeinschaftspraxis zusammenschließen darf, von untergeordneter praktischer Relevanz.

c) Status

Der im Rahmen des Job-Sharing zugelassene Gesellschafter ist **Mitglied der Kassenärztlichen Vereinigung** und deren Disziplinargewalt unterworfen. Insofern ergeben sich keine Unterschiede zum Status des uneingeschränkt zugelassenen Vertragsarztes. Die Beschränkung der Zulassung bedeutet, dass die Job-Sharing-Zulassung **akzessorisch zur Vollzulassung** ist. Endet die Vollzulassung, teilt die Job-Sharing-Zulassung dieses Schicksal. Die Job-Sharing-Zulassung wird nicht bei der Bedarfsplanung berücksichtigt.

Im Nachbesetzungsverfahren gilt folgende Besonderheit: Gemäß § 101 Abs. 3 Satz 4 SGB V ist der Job-Sharer bei der Bewerberauswahl erst nach **fünfjähriger** gemeinsamer vertragsärztlicher Tätigkeit mit dem voll zugelassenen Vertragsarzt privilegiert. Dies hat

Auswirkungen primär auf die Nachfolge in der Einzelpraxis, da bei einer Gemeinschaftspraxis regelmäßig der Sondertatbestand des § 103 Abs. 6 SGB V einschlägig sein dürfte.

d) Wegfall der Beschränkung

Nach **zehnjährigem Bestand** der Job-Sharing-Zulassung erstarkt diese automatisch mit allen Konsequenzen (wie z. B. der Nachbesetzungsfähigkeit) zur Vollzulassung (§ 101 Abs. 4 Satz 2 SGB V). Nach wie vor ungeklärt ist die Frage, ob es im Rahmen einer Gemeinschaftspraxis erforderlich ist, dass das Job-Sharing mit ein und demselben Partner praktiziert wird. Würde man diese Frage bejahen, bedeutete dies eine unzumutbare Härte für den Job-Sharer, der für seine zehnjährige vertragsärztliche Tätigkeit belohnt werden soll.

Bei einer **Entsperrung des Planungsbereichs** erstarken so viele beschränkte Zulassungen zu Vollzulassungen wie durch die Entsperrung frei werden. Dabei wird eine Auswahl nach der Dauer des Bestehens der Job-Sharing-Zulassungen vorgenommen.

e) Gestaltungsnotwendigkeiten

Die Job-Sharing-Gemeinschaftspraxis unterscheidet sich zivilrechtlich nicht von einer Gemeinschaftspraxis mit unbeschränkt zugelassenen Vertragsärzten. Dies gilt insbesondere hinsichtlich der Abgrenzung des Scheingesellschafters zum „echten" Gesellschafter.

Andererseits bedarf die zulassungsbedingte **Unsicherheit der Rechtsposition** des Job-Sharers der besonderen Berücksichtigung bei der Vertragsgestaltung. Der über die Vollzulassung verfügende Vertragsarzt hat es rechtlich in der Hand, durch Gestaltungserklärungen gegenüber dem Zulassungsausschuss (z. B. Beendigung der Gemeinschaftspraxis oder Verzicht auf seine Vertragsarztzulassung) der Tätigkeit des Job-Sharers die Rechtsgrundlage zu entziehen. Hat der Job-Sharer Gesellschaftsanteile erworben, kann er diese oftmals ohne Vertragsarztzulassung nicht veräußern. Diesen Besonderheiten ist durch **Bestimmungen zur Laufzeit** Rechnung zu tragen, indem z. B. das ordentliche Kündigungsrecht des voll zugelassenen Vertragsarztes ausgeschlossen wird. Ungerechtfertigte Kündigungen gilt es mit Vertragsstrafen zu unterbinden. Auch muss die Rechtsposition des Job-Sharers durch Ausgestaltung von Vollmachten so gefestigt werden, dass dieser **Einfluss auf das Nachbesetzungsverfahren** nehmen kann. Hilfsweise sind zugunsten des Job-Sharers **Entschädigungsregelungen** für den Fall vorzusehen, dass er entgegen der ursprünglichen Planung keine Vollzulassung erhält.

Nachdem der Gesetzgeber mit Wirkung zum 1.1.2009 die Nachbesetzungsfähigkeit eines hälftigen Versorgungsauftrages ausdrücklich für zulässig erklärt hat (§ 103 Abs. 4 Satz 2 SGB V), kann es sich in geeigneten Fällen anbieten, die Vollzulassung aufzuteilen. Hierdurch können die dem Job-Sharing immanenten Abrechnungsbeschränkungen vermieden und auf gesellschaftsvertraglicher Ebene Gestaltungsspielräume genutzt werden.

2. Steuerliche Aspekte

Die Job-Sharing-Gemeinschaftspraxis unterscheidet sich steuerlich nicht von der Grundform der Gemeinschaftspraxis (siehe S. 99 ff.).

In der Praxis wird allerdings der neue Job-Sharing-Partner häufig für eine gewisse Zeit vermögenslos an der Gemeinschaftspraxis beteiligt. Trifft den Job-Sharing-Partner ein nur **schwach ausgeprägtes Mitunternehmerrisiko** und verfügt er zudem über eine **beschränkte** Möglichkeit, **Mitunternehmerinitiative** zu entfalten, können ihm die Voraussetzungen fehlen, um steuerlich als Mitunternehmer der Job-Sharing-Gemeinschaftspraxis angesehen zu werden. Bei der Job-Sharing-Gemeinschaftspraxis sind daher die steuerlichen Folgen einer vermögenslosen Beteiligung und deren Verhinderung besonders zu beachten (siehe S. 106 ff.).

VII. So genannte „gemischte Gemeinschaftspraxis"

1. Rechtliche Aspekte

Literatur:

Kleinke/Frehse, Kooperationsmöglichkeiten zwischen Vertragsarzt und Privatarzt, AusR 2003 S. 69; *Möller*, Gemeinschaftspraxis zwischen Privatarzt und Vertragsarzt, MedR 2003 S. 195; *Trautmann*, Die vertragsarztrechtlichen Voraussetzungen der gemeinschaftlichen Berufsausübung von Ärzten nach § 33 Abs. 2 Ärzte-ZV, NZS 2004 S. 238; *Blaurock*, Gestaltungsmöglichkeiten der Zusammenarbeit von Vertrags- und Privatarzt, MedR 2006 S. 643.

§ 33 Abs. 2 Satz 2 Ärzte-ZV in der bis zum 31.12.2006 geltenden Fassung bestimmte: „Die gemeinsame Ausübung vertragsärztlicher Tätigkeit ist nur zulässig unter Vertragsärzten."

Mit Wirkung zum 1.1.2007 hat im vertragsarztrechtlichen Sinne eine Begriffserweiterung stattgefunden. § 33 Abs. 2 Satz 1 Ärzte-ZV erklärt die gemeinsame Ausübung vertragsärztlicher Tätigkeit nunmehr „unter allen zur vertragsärztlichen Versorgung zugelassenen Leistungserbringern" für zulässig. Ausweislich der Gesetzesbegründung kann die Berufsausübungsgemeinschaft auch unter Einbindung einer MVZ-GmbH errichtet werden.

Sowohl das SGB V als auch § 33 Abs. 2 Ärzte-ZV schweigen zu der Frage, ob eine vertragsärztliche Berufsausübungsgemeinschaft auch dann gebildet werden darf, wenn nicht sämtliche Leistungserbringer an der vertragsärztlichen Versorgung teilnehmen. Fraglich ist mithin, ob im Rahmen einer Berufsausübungsgemeinschaft unterschiedliche Bereiche vorgehalten werden können. So wäre es denkbar, dass der Gesellschaftszweck darauf ausgerichtet ist, dass sämtliche Gesellschafter gemeinschaftlich privatärztliche Leistungen erbringen, wohingegen lediglich ein Teil der Gesellschafter vertragsarztrechtlich tätig ist.

Derartige Modelle sind für die Beteiligten in vielfacher Hinsicht vorteilhaft. So könnte z. B. ein Vertragsarzt, der auf seine Zulassung verzichtet hat, weiterhin in der Gesellschaft verbleiben. Vorteile könnten sich für sämtliche Gesellschafter auch dadurch ergeben, dass ein Arzt, der noch über keine eigene Vertragsarztzulassung verfügt, der Gesellschaft beitritt und zunächst primär privatärztlich tätig ist, wobei er die übrigen Ärzte im Rahmen des vertragsarztrechtlich Zulässigen vertritt. Im Falle des Ausscheidens eines Vertragsarztes aus der Gemeinschaftspraxis könnte er dessen Gesellschaftsanteil inklusive Vertragsarztsitz übernehmen.

Teilweise wird die Auffassung vertreten, § 33 Abs. 2 Satz 1 Ärzte-ZV enthalte ein Verbot einer Berufsausübungsgemeinschaft zwischen einem Privat- und einem Vertragsarzt. Es wird befürchtet, dass ein Arzt, dem die Vertragsarztzulassung entzogen wurde, auf diesem Wege selbständig eine Vertragsarztpraxis betreiben könnte.

Bei der rechtlichen Beurteilung ist zunächst hervorzuheben, dass § 33 Abs. 2 Satz 1 Ärzte-ZV nicht organisations- sondern primär **tätigkeitsbezogen** auszulegen ist. Die Regelung besagt nur Selbstverständliches, dass nämlich eine **gemeinsame vertragsärztliche Tätigkeit** nur vertragsärztlich zugelassenen Leistungserbringern vorbehalten bleibt.

Die Diskussion über die Zulässigkeit einer sog. „gemischten Berufsausübungsgemeinschaft" ist durch ein Urteil des OLG München (v. 12.9.2005 – 21 U 2982/05, MedR 2006 S. 172) neu entfacht worden. Es hat eine Klausel in einem Gemeinschaftspraxisvertrag, wonach ein Vertragsarzt und ein Nichtvertragsarzt sich zur **gemeinsamen vertragsärztlichen Tätigkeit** verpflichtet haben, wegen Verstoßes gegen § 33 Abs. 2 Ärzte-ZV als nichtig beurteilt. Dieser Entscheidung ist im Ergebnis zuzustimmen, da der Wille der Gesellschafter auf die gemeinschaftliche Erbringung vertragsärztlicher Leistungen ausgerichtet war.

Mit dieser Entscheidung ist jedoch nichts darüber gesagt, ob bei sauberer vertraglicher und tatsächlicher Trennung des privatärztlichen und des vertragsärztlichen Bereichs ein Verstoß gegen vertragsarztrechtliche Vorgaben vorliegt. Ob es dabei – wie teilweise gefordert – erforderlich ist, dass für Privatpatienten und GKV-Patienten getrennte Dokumentationssysteme geführt werden, erscheint überzogen. Richtigerweise wird bei Beachtung des Grundsatzes, dass Nichtvertragsärzte keinen Einfluss auf die vertragsärztliche Tätigkeit ausüben dürfen, von der Zulässigkeit des Modells auszugehen sein. Einzelne Kassenärztliche Vereinigungen haben hierzu ausdrücklich ihre Zustimmung erklärt (vgl. KV Nordrhein in KVNO aktuell online 5/03, S. 3 f.). Eine obergerichtliche oder höchstrichterliche Entscheidung steht jedoch nach wie vor aus.

2. Steuerliche Aspekte

Die sog. „gemischte Gemeinschaftspraxis" unterscheidet sich steuerlich nicht von der Grundform der Gemeinschaftspraxis (siehe S. 99 ff.).

Die Tatsache, dass Ärzte miteinander kooperieren, von denen nicht alle zur Abrechnung im Rahmen der vertragsärztlichen Versorgung zugelassen sind, hat keine Auswirkung auf die ertragsteuerliche Qualifikation der Einkünfte aus der vertragsärztlichen oder privatärztlichen Tätigkeit. Auch das Umsatzsteuerrecht kennt keine Differenzierung zwischen einer vertragsärztlichen und einer privatärztlichen Tätigkeit.

Wie bei der Teilgemeinschaftspraxis ist aber bei der Gewinnverteilungsabrede darauf zu achten, dass der ausschließlich privatärztlich tätige Arzt nicht eklatant an Gewinnen partizipiert, die sich durch die KV-Honorare aus der vertragsärztlichen Tätigkeit ergeben und umgekehrt. Ansonsten besteht die Gefahr der Gewerblichkeit der Einkünfte aus der „gemischten Gemeinschaftspraxis" (siehe S. 161). Da arztrechtlich bereits eine saubere vertragliche und tatsächliche Trennung des privatärztlichen und des vertragsärztlichen Bereichs erforderlich ist, empfiehlt es sich für gemischte Gemeinschaftspraxen, eine Kostenstellenrechnung für die Gewinnverteilung zugrunde zu legen.

VIII. Partnerschaftsgesellschaft

1. Rechtliche Aspekte

Literatur:

Krieger, Partnerschaftsgesellschaftsgesetz. Eine neue Möglichkeit in freier Praxis partnerschaftlich zusammenzuarbeiten, MedR 1995 S. 96; *Schirmer*, Berufsrechtliche und kassenarztrechtliche Fragen der ärztlichen Berufsausübung in Partnerschaftsgesellschaften, MedR 1995 S. 341, 383; *Nentwig/Bonvie/Hennings*, Das Partnerschaftsgesellschaftsgesetz: Die berufliche Zusammenarbeit von Medizinern, 2001; *Ulmer*, Gesellschaft bürgerlichen Rechts und Partnerschaftsgesellschaft, 4. Aufl. 2004; *Henssler*, Partnerschaftsgesellschaftsgesetz, 2. Aufl. 2008.

a) Rechtliche Struktur

Die Partnerschaftsgesellschaft (Partnerschaft) steht den Angehörigen freier Berufe seit dem 1.7.1995 zur Verfügung. Sie ist im Partnerschaftsgesellschaftsgesetz (PartGG) geregelt und stellt eine Sonderform der GbR dar, weist jedoch in vielen Bereichen Ähnlichkeiten mit der OHG auf, obwohl sie keine Handelsgesellschaft ist (§ 1 Abs. 1 Satz 2 PartGG). Gesellschafter können nur Angehörige freier Berufe (Aufzählung in § 1 Abs. 2 PartGG) zur **Ausübung ihrer Berufe** sein, wodurch eine lediglich kapitalmäßige Beteiligung ebenso ausgeschlossen wird wie die Gesellschafterstellung z. B. eines Krankenhausträgers. Das Gesetz sagt allerdings nichts dazu, in welchem zeitlichen Umfang der einzelne Partner seinen Beruf in der Partnerschaft auszuüben hat. Es nicht erforderlich, dass die Gesellschafter der Gesellschaft ihre volle Arbeitskraft schulden. Die Zugehörigkeit zu mehreren Partnerschaftsgesellschaften ist grds. zulässig. Die PartG kann lediglich für die Organisation der freiberuflichen Tätigkeit genutzt werden.

Da die Partnerschaft Berufsausübungsgesellschaft ist, kann diese Rechtsform nicht gewählt werden, wenn Vertragsärzte ein MVZ gründen, in welchem sie selbst nicht ärztlich tätig sind. Enthält das Berufsrecht vom PartGG abweichende Vorschriften, genießen diese Vorrang (§ 18 Abs. 5 MBO, § 1 Abs. 3 PartGG). So dürfen Ärzte die Heilkunde nur in arzttypischen Partnerschaftsgesellschaften ausüben. Ein gesellschaftsrechtlicher Zusammenschluss ist nur mit solchen anderen Berufsangehörigen und in der Weise gestattet, dass diese in ihrer Verbindung mit dem Arzt einen gleichgerichteten oder integrierenden diagnostischen oder therapeutischen Zweck bei der Heilbehandlung, der Prävention oder Rehabilitation erfüllen (§ 23b Abs. 1 MBO). Demgemäß dürfte ein Rechtsanwalt – obwohl unstreitig Angehöriger eines freien Berufs – nicht Angehöriger einer Ärzte-Partnerschaft sein.

Die Partnerschaftsgesellschaft setzt – ebenso wie die in der Rechtsform der BGB-Gesellschaft geführte Gemeinschaftspraxis – grundsätzlich die **aktive Berufstätigkeit** sämtlicher Partner voraus. Verliert ein Partner die Approbation als Arzt, scheidet er kraft Gesetzes aus der Partnerschaftsgesellschaft aus (§ 9 Abs. 3 PartGG).

Die Partnerschaftsgesellschaft ist rechts- und parteifähige Personengesellschaft (§ 7 Abs. 2 PartGG i. V. m. § 124 HGB). Sie hat einen Namen, unter dem sie klagen und verklagt werden kann (§§ 2, 11 PartGG). Der Name der Partnerschaft muss den Namen mindestens eines Partners, den Zusatz „und Partner" („+ Partner", „& Partner") oder „Partnerschaft" sowie die Berufsbezeichnung sämtlicher in der Partnerschaft vertretenen Berufe (§ 2 Abs. 1 PartGG) aufführen. Enthält das Berufsrecht strengere Anforderungen zur Firmierung, sind diese – ebenfalls – zu beachten. So gilt gem. § 17 Abs. 4 MBO, dass die **Namen sämtlicher Gesellschafter aufzuführen** sind. Der Name eines verstorbenen Gesellschafters darf – anders als z. B. nach dem anwaltlichen Berufsrecht – nicht weiter geführt werden (§ 18a Abs. 1 MBO). Diese Regelung verhindert den Aufbau einer dauerhaften Namensmarke. Ob das Verbot im Interesse des Patientenschutzes tatsächlich erforderlich ist, erscheint zweifelhaft.

b) Formalien

aa) Zivilrechtliche Voraussetzungen

Das PartGG ist ein recht knapp gefasstes Gesetz, welches die Rechtsanwendung allerdings durch vielfache Verweisungen auf Bestimmungen des OHG-Rechts im HGB verkompliziert. Ergänzend ist die „Verordnung über die Errichtung und Führung des Partnerschaftsregisters" zu beachten, die Einzelheiten zu dem nach §§ 4, 5 PartGG zu führenden

Partnerschaftsregister regelt. Die Partnerschaftsregister halten für die Gründung hilfreiche Formblätter bereit, die regelmäßig auch über das Internet zur Verfügung stehen.

Die Gründung der Ärztepartnerschaft erfordert zunächst den **Abschluss eines schriftlichen Gesellschaftsvertrages** unter Regelung der (Minimal-)Voraussetzungen des § 3 PartGG:

▶ Name der Gesellschaft,

▶ Sitz der Gesellschaft,

▶ Name und Vorname jedes Partners,

▶ in der Gesellschaft ausgeübte Berufe,

▶ Wohnort jedes Partners,

▶ Gegenstand der Partnerschaftsgesellschaft.

Das Schriftformerfordernis (§ 126 BGB) gilt nicht nur für den Abschluss des Gesellschaftsvertrages, sondern auch für **spätere Änderungen**. Bei einer Verletzung dieser Vorgaben laufen die Gesellschafter Gefahr, das Haftungsprivileg dieser Rechtsform zu verlieren.

Im Verhältnis zu Dritten wird die Partnerschaft erst mit der Eintragung in das Partnerschaftsregister wirksam. Bis zu diesem Zeitpunkt liegt eine BGB-Gesellschaft vor. Die Umwandlung einer als BGB-Gesellschaft geführten Gemeinschaftspraxis in eine Partnerschaftsgesellschaft ist **identitätswahrend** möglich (§ 2 Abs. 2 PartGG i. V. m. § 24 Abs. 2 HGB); es muss mithin keine neue Gesellschaft gegründet werden.

Die Anmeldung erfolgt bei dem für den Sitz der Partnerschaft zuständigen Partnerschaftsregister. Sie bedarf der öffentlichen Beglaubigung durch einen Notar. In der gleichen Form sind der Eintritt eines neuen Partners sowie das Ausscheiden eines Partners anzumelden. Der Partnerschaftsvertrag bedarf nicht der Vorlage beim Partnerschaftsregister, so dass insofern keine inhaltliche Überprüfung erfolgt.

Besteht die Partnerschaft nur aus zwei Partnern, führt das Ausscheiden eines Partners zum Erlöschen der Partnerschaftsgesellschaft, da es keine Einmann-Partnerschaftsgesellschaft gibt. Sofern der Gesellschaftsvertrag eine Fortsetzungsklausel enthält, führt der Verbleibende die Praxis als Einzelpraxis fort.

bb) Berufsrechtliche Anzeigepflicht

Der Zusammenschluss zu einer Partnerschaftsgesellschaft, deren Änderung und Beendigung sind der Ärztekammer anzuzeigen. Es besteht **keine Genehmigungspflicht**. Sind für die Beteiligten mehrere Ärztekammern zuständig, so ist jeder Arzt verpflichtet, die für ihn zuständige Ärztekammer auf alle am Zusammenschluss beteiligten Ärzte hinzuweisen (§ 18 Abs. 6 MBO).

cc) Vertragsarztrechtliche Genehmigung

Die vertragsärztlich tätige Partnerschaftsgesellschaft bedarf der **vorherigen Genehmigung** durch den für ihren Sitz zuständigen Zulassungsausschuss (§ 33 Abs. 2 Ärzte-ZV). Die Zulassungsausschüsse prüfen, ob der vorgelegte Gesellschaftsvertrag den berufs- und vertragsarztrechtlichen Vorgaben entspricht. Dabei wird regelmäßig dem Umstand besondere Bedeutung beigemessen, dass nicht „verkappte" Angestellte als Partner geführt werden. Auf die Erteilung der Genehmigung besteht bei Vorliegen der Voraussetzungen ein Rechtsanspruch. Insofern gelten die Ausführungen zur Gemeinschaftspraxis und überörtlichen Gemeinschaftspraxis entsprechend. Die in der Rechtsform der Partnerschaftsgesellschaft betriebene Berufsausübungsgemeinschaft wird im Übrigen genau so behandelt wie eine Gemeinschaftspraxis in der Rechtsform der BGB-Gesellschaft.

c) Binnenstruktur, Haftung

Die Binnenstruktur der in der Rechtsform der Partnerschaft geführten ärztlichen Berufsausübungsgemeinschaft unterscheidet sich nicht von derjenigen der Gemeinschaftspraxis in der Rechtsform der BGB-Gesellschaft. Es gilt ebenfalls der Grundsatz der gesamtschuldnerischen persönlichen Haftung der Partner für Gesellschaftsverbindlichkeiten. Ein der Partnerschaftsgesellschaft beitretender Partner haftet ab Eintragung in das Partnerschaftsregister für Altverbindlichkeiten unbegrenzt mit seinem Privatvermögen. Lediglich für **berufliche Fehler** enthält § 8 Abs. 2 PartGG in der ab dem 1.8.1998 geltenden Fassung ein **Haftungsprivileg**: „Waren nur einzelne Partner mit der Bearbeitung eines Auftrags befasst, haften nur sie persönlich für berufliche Fehler neben der Partnerschaft; ausgenommen sind Bearbeitungsvorgänge von untergeordneter Bedeutung."

Mit beruflichen Fehlern aus einem Auftrag ist im ärztlichen Bereich die Verletzung des schuldrechtlichen Behandlungsvertrages, mithin der klassische Behandlungsfehler, gemeint. Die besonders haftungsträchtige Abrechnung gegenüber der Kassenärztlichen Vereinigung fällt nicht in diese Kategorie. Bei **KV-Rückforderungen** bleibt es in diesem Zusammenhang bei dem Grundsatz der gesamtschuldnerischen persönlichen Haftung sämtlicher Partner neben der Partnerschaft. Das Prinzip der Haftungskonzentration auf die Partnerschaft und den handelnden Partner wirkt sich zugunsten der nicht in die Betreuung des Patienten eingebundenen Partner als Haftungsprivileg aus.

Wird ein Partner im Übrigen von einem Patienten in Anspruch – etwa wegen fehlender oder unzureichender Deckung aus der Berufshaftpflichtversicherung – genommen, steht dem Partner ein **Ausgleichsanspruch gegen die Partnerschaft** zu. Dies gilt jedoch regelmäßig nicht bei Schadensersatzansprüchen, die der Inanspruchgenommene persönlich zu vertreten hat.

d) Umwandlung

Die Umwandlung einer in der Rechtsform der BGB-Gesellschaft geführten Gemeinschaftspraxis in eine PartG ist aufgrund der identischen gesellschaftsrechtlichen Struktur identitätswahrend möglich. Erforderlich sind eine entsprechende gesellschaftsvertragliche Vereinbarung sowie die Eintragung in das Partnerschaftsregister. Die Umwandlung erfolgt vermögensrechtlich neutral. Die Dauerschuldverhältnisse müssen nicht „umgeschrieben" werden.

Soll umgekehrt aus der PartG eine BGB-Gesellschaft werden, bedarf es lediglich der Löschung der PartG im Partnerschaftsregister.

e) Bedeutung

Anders als im anwaltlichen Bereich kam der PartG lange Zeit bei ärztlichen Kooperationen keine grundlegende Bedeutung zu. Die Ursache ist darin zu sehen, dass das berufliche Haftungsrisiko zu relativ günstigen Bedingungen durch eine Berufshaftpflichtversicherung abgedeckt werden konnte. Auch schreckten die Formalien – wie z. B. die Registerpflichtigkeit – viele Ärzte ab. In der Beratungspraxis ist ein Wandel durch die Möglichkeit zur Bildung überörtlicher (Teil-)Berufsausübungsgemeinschaften eingetreten. Da sich häufig die an einem solchen Zusammenschluss beteiligten Ärzte noch nicht einmal persönlich kennen, wird die Rechtsform der PartGG zunehmend als bewusstes Gestaltungsmittel zur Haftungsbegrenzung eingesetzt.

2. Steuerliche Aspekte

Literatur:

Seibert, Die Partnerschaft für die Freien Berufe, DB 1994 S. 2381 f.

a) Allgemeine steuerliche Grundsätze

Die Partnerschaftsgesellschaft zählt wie auch die Gemeinschaftspraxis in Form der GbR steuerlich zu den Personengesellschaften und unterliegt damit denselben steuerlichen Grundsätzen, auf die verwiesen werden kann (siehe S. 99 ff.).

b) Umwandlung einer GbR in eine Partnerschaftsgesellschaft

Folgt man der Auffassung des BFH (BFH v. 21.6.1994 – VIII R 5/92, BStBl 1994 II S. 856), besteht bei der Gestaltung praktisch ein Wahlrecht zwischen der identitätswahrenden Fortführung der bisherigen Gesellschaft, bei der die identitätsbegründenden Merkmale (vergleichbare Gesellschaftsstruktur, gleicher Zweck, gleicher Gesellschafterbestand, gleiches Betriebsvermögen) im Wesentlichen erhalten bleiben und der identitätsaufhebenden Umwandlung mit Übergang des Gesellschaftsvermögens der erlöschenden Gesellschaft auf eine neu gegründete Personengesellschaft mit der Möglichkeit der Aufdeckung sämtlicher stiller Reserven.

Durch einen identitätswahrenden Formwechsel kann durch den Ansatz der Buchwerte die Aufdeckung stiller Reserven vermieden werden. Die formwechselnde Umwandlung einer Personengesellschaft in eine Personengesellschaft anderer Rechtsform unter Wahrung der zivilrechtlichen Identität und Beteiligungsverhältnisse ist steuerlich grundsätzlich weder eine Veräußerung noch eine Aufgabe der Mitunternehmeranteile noch eine Aufgabe der ganzen Personengesellschaft (Schmidt/Wacker, EStG 2006, § 16 Rn. 416).

Das Umwandlungsgesetz sieht die Möglichkeit der Umwandlung einer GbR in eine PartG indes nicht vor, da § 191 Abs. 1 UmwG die Gesellschaft bürgerlichen Rechts als formwechselnden Rechtsträger nicht aufführt. Auch das Partnerschaftsgesellschaftsgesetz enthält für diese Art der „Umwandlung" keine eigenständige Norm. Jedoch bringt § 2 Abs. 2 2. Halbsatz PartGG zum Ausdruck, dass eine formwechselnde, identitätswahrende Umwandlung einer Gesellschaft bürgerlichen Rechts in eine Partnerschaftsgesellschaft nach den allgemeinen Regeln zulässig erscheint (Seibert, Die Partnerschaft für die Freien Berufe, DB 1994 S. 2381 f.; Bayerisches OLG v. 26.11.1997 – 3 ZBR 279/97, DB 1998 S. 253).

Folgt man dieser Auffassung, ist auch aus steuerlicher Sicht nach Anpassung des Gesellschaftsvertrages die bestehende Gesellschaft lediglich in das Partnerschaftsregister einzutragen (Beck´sches Handbuch der Personengesellschaften, Bärwaldt, § 18 Rn. 51).

PRAXISHINWEISE:

Zur Vermeidung von Auseinandersetzungen mit der Finanzverwaltung sollte bei der vertraglichen Gestaltung der Umwandlung explizit zum Ausdruck kommen, dass der Formwechsel als identitätswahrende Fortführung der bisherigen Gesellschaft unter Fortführung der steuerlichen Buchwerte ohne Betriebsveräußerung oder Betriebsaufgabe vereinbart wird.

IX. Ärzte-Gesellschaft

1. Rechtliche Aspekte

Literatur:

Braun/Richter, Gesellschaftsrechtliche und steuerrechtliche Grundfragen der Ärzte-GmbH, MedR 2005 S. 685; *Häußermann/Dollmann*, Die Ärzte-Gesellschaft mbH, MedR 2005 S. 255; *Saenger*, Gesellschaftsrechtliche Binnenstruktur der ambulanten Heilkundegesellschaft, MedR 2006 S. 138; *Schäfer-Gölz*, Medizinisches Versorgungszentrum – Ärztegesellschaft, in: Baums/Wertenbruch (Hrsg.), Festschrift für Ulrich Huber zum siebzigsten Geburtstag, 2006, S. 951; *Gummert/Meier*, Beteiligung Dritter an den wirtschaftlichen Ergebnissen ärztlicher Tätigkeit, MedR 2007 S. 75; *Schiller/*

Broglie in Halbe/Schirmer (Hrsg.), Handbuch Kooperationen im Gesundheitswesen, A 1600 – Heilkunde-GmbH/Ärzte-GmbH (2007).

a) Voraussetzungen

Es entspricht einem seit Jahren geäußerten Wunsch der Ärzteschaft, sich zur gemeinsamen Berufsausübung „moderner Gesellschaftsformen" bedienen zu können. Die OHG und KG kommen als rechtlicher Mantel einer Berufsausübungsgemeinschaft nach herrschender Meinung generell wegen deren gewerblichen Gesellschaftszwecks nicht in Betracht. § 23a Abs. 1 MBO bestimmt seit 2004, dass Ärzte „auch in der Form der juristischen Person des Privatrechts ärztlich tätig" sein können.

Der Landesgesetzgeber kann bestimmen, dass die jeweilige Berufsordnung die Einzelheiten der Ärzte-GmbH festlegt (OLG Düsseldorf v. 6.10 2006 – I-3 Wx 107/06, MedR 2007 S. 249). Nicht alle Landesärztekammern haben die Ärztegesellschaft in ihre jeweiligen Berufsordnungen aufgenommen. In Nordrhein-Westfalen hat die Ärztekammer Westfalen- Lippe die Ärztegesellschaft – anders als ihre nordrheinische Schwesterkammer – anerkannt.

In der Praxis dürften die meisten Ärzte-Gesellschaften als GmbH und nicht als AG gegründet werden. In diesem Fall müssen neben den berufsrechtlichen Vorgaben die Voraussetzungen des GmbH-Gesetzes beachtet werden. Einer gesonderten Zulassung durch die Ärztekammer bedarf es nicht. Die Gründung der Ärzte-GmbH ist lediglich anzeigepflichtig (§ 18 Abs. 6 MBO).

Gesellschafter dürfen nur Ärzte und solche Personen sein, mit welchen der Arzt einen gleichgerichteten oder integrierenden diagnostischen oder therapeutischen Zweck bei der Heilbehandlung erfüllen kann (§ 23b Abs. 1 MBO = zur eigenverantwortlichen Berufsausübung befugte Angehörige anderer akademischer Heilberufe oder staatlicher Ausbildungsberufe im Gesundheitswesen sowie andere Personen mit naturwissenschaftlicher Ausbildung und Angehörige sozialpädagogischer Berufe: Physiotherapeuten, Sprachtherapeuten, Ergotherapeuten oder Hebammen), wobei weitere Vorgaben zur eigenverantwortlichen und selbständigen Berufsausübung zu beachten sind. Die Ärzte-Gesellschaft ist ebenfalls Berufsausübungsgesellschaft, wodurch eine rein kapitalistische Beteiligung ausgeschlossen ist. Selbst Krankenhausträger dürfen nicht Gesellschafter sein.

Ferner ist von Bedeutung, dass die Geschäftsführer mehrheitlich Ärzte sein und über die Stimmenmehrheit verfügen müssen. Hieraus ist zu folgern, dass die Gesellschaft, sofern auch Nicht-Ärzte Gesellschafter sind, zumindest zwei Ärzte-Gesellschafter-Geschäftsführer haben muss. Daneben sind angestellte Fremdgeschäftsführer grundsätzlich zulässig. Zwecks Vermeidung einer Fremdbestimmung dürfen Dritte nicht am Gewinn der Gesellschaft beteiligt sein. Hierdurch grenzt sich die Ärzte-Gesellschaft von der Heilkunde-GmbH ab, für welche diese Vorgaben nicht gelten, mithin eine rein kapitalistische Beteiligung in Betracht kommt.

b) Ärztegesellschaft und Vertragsarztrecht

Hervorzuheben ist, dass das Vertragsarztrecht die Ärzte-Gesellschaft als Leistungserbringerin nicht anerkennt. Eine Änderung hat auch das VÄndG nicht gebracht. Bei Erfüllung der gesetzlichen Voraussetzungen kann die Ärzte-Gesellschaft jedoch als Medizinisches Versorgungszentrum an der vertragsärztlichen Versorgung teilnehmen.

c) Gesellschaftsvertragliche Regelungen

Gesellschaftsvertraglich ist zu vereinbaren, dass ein Gesellschafter mit Beendigung seiner beruflichen Tätigkeit automatisch aus der Gesellschaft ausscheidet. Gleiches gilt bei Verlust der staatlichen Berufserlaubnis, z. B. dem Widerruf der Approbation als Arzt. Eine Übertragung von Geschäftsanteilen ist nur an solche Personen zulässig, die die berufsrechtlichen Voraussetzungen erfüllen und ihre berufliche Tätigkeit in der Gesellschaft ausüben. Bei Abtretung an eine unbefugte Person ist der zugrunde liegende Vertrag gem. § 134 BGB nichtig.

Kommt ein Gesellschafter, in dessen Person die subjektiven Gesellschaftervoraussetzungen nicht mehr vorliegen, der Aufforderung nicht nach, seinen Geschäftsanteil an die Mitgesellschafter oder eine von diesen benannte geeignete Person abzutreten, ist sein Geschäftsanteil einzuziehen (§ 34 GmbHG). Für den Erbfall sollte im Gesellschaftsvertrag bestimmt werden, dass die Erben durch die Gesellschafterversammlung angewiesen werden können, den Gesellschaftsanteil auf einen neu eintretenden Gesellschafter zu übertragen.

Darüber hinaus sollte der Gesellschaftsvertrag bestimmen, dass die in der Gesellschaft tätigen Ärzte in medizinischen Angelegenheiten keinesfalls Weisungen von Nicht-Ärzte-Geschäftsführern unterworfen sind.

d) Abrechnung medizinischer Leistungen

Die Gebührenordnung für Ärzte (GOÄ) findet nur Anwendung für die beruflichen Leistungen der Ärzte (§ 1 Abs. 1 GOÄ). Schließt die juristische Person (GmbH, AG) den Behandlungsvertrag und erbringt sie die medizinischen Leistungen durch angestellte Ärzte, ist die GOÄ nicht einschlägig. Dies gilt selbst dann, wenn die behandelnden Ärzte Gesellschafter z. B. der GmbH sind.

Die Abrechnung der von der Ärzte-GmbH erbrachten medizinischen Leistungen kann in der Praxis wegen § 4 Abs. 2 S. 1 MB/KK auf Schwierigkeiten stoßen (vgl. LG Stuttgart v. 30.7.2008 – 22 O 238/07, MedR 2008 S. 748 mit zu Recht kritischer Anmerkung von Rieger).

189

2. Steuerliche Aspekte

a) Ertragsteuerliche Grundsätze

Die Besteuerung der Ärzte-Gesellschaft in der Rechtsform der GmbH oder der AG unterscheidet sich grundlegend von den dargestellten Berufsausübungsgemeinschaften in der Rechtsform einer Personengesellschaft. Sie folgt insoweit dem Besteuerungsrecht für Kapitalgesellschaften als eigenständigem Steuersubjekt nach dem **Körperschaftsteuergesetz**. Ihre Tätigkeit gilt nach § 2 Abs. 2 Satz 1 GewStG **kraft Rechtsform stets als Gewerbebetrieb**. Eine Kapitalgesellschaft kann zudem die Merkmale eines freien Berufes nicht erfüllen, so dass die Gewerbesteuerpflicht auch jede Mitunternehmerschaft betrifft, an der neben freiberuflich tätigen Mitunternehmern eine Kapitalgesellschaft beteiligt ist. Dies gilt auch dann, wenn an der Kapitalgesellschaft ausschließlich Gesellschafter beteiligt sind, die selbst persönlich die Voraussetzungen für die Annahme einer freiberuflichen Tätigkeit erfüllen (BFH v. 8.4.2008 – VIII R 73/05, BStBl 2008 II S. 681; BFH v. 3.12.2003 – IV B 192/03, BStBl 2004 II S. 303).

Die steuerlichen Grundsätze zur Ärztegesellschaft finden zugleich Anwendung für **Medizinische Versorgungszentren in der Rechtsform der GmbH**, so dass die folgenden Ausführungen auch in diesem Zusammenhang von besonderer Bedeutung sind.

b) Errichtung einer Ärzte-Gesellschaft

Die Gründung einer Ärztegesellschaft als GmbH kann entweder als **Bargründung** durch Leistung einer Bareinlage oder als **Sachgründung** durch Leistung einer Sacheinlage ausgestaltet werden.

Die Bargründung durch Leistung einer Bareinlage ist steuerlich unbeachtlich. Die Zahlung in Geld ist steuerneutral und führt für den Gesellschafter zu Anschaffungskosten auf die Beteiligung. Hat der Gesellschafter im Rahmen der Gründung ein Agio zu leisten, wird die nicht in das Nennkapital geleistete Einlage in dem steuerlichen Einlagekonto der Gesellschaft nach § 27 KStG ausgewiesen.

Wird ein Betrieb, Teilbetrieb oder Mitunternehmeranteil gegen Gewährung neuer Anteile an der Gesellschaft (**Sacheinlage**) in eine GmbH eingebracht, ist nach **§ 20 UmwStG** das eingebrachte Betriebsvermögen mit dem gemeinen Wert zu bewerten, darf aber auf Antrag mit seinem Buchwert oder einem Zwischenwert angesetzt werden. Voraussetzung ist, dass sichergestellt ist, dass das übertragene Betriebsvermögen später bei der übernehmenden GmbH der Besteuerung nach dem Körperschaftsteuergesetz unterliegt; die Passivposten des eingebrachten Betriebsvermögens dürfen die Aktivposten nicht übersteigen (dabei ist das Eigenkapital nicht zu berücksichtigen). Das Recht der Bundesrepublik Deutschland hinsichtlich der Besteuerung des Gewinns aus der Veräußerung des eingebrachten Betriebsvermögens bei der übernehmenden Gesellschaft darf nicht ausgeschlossen oder eingeschränkt sein. Die Voraussetzung der Besteuerung nach dem Körperschaftsteuergesetz und dem Besteuerungsrecht der Bundesrepublik Deutschland dürfte bei der Ärzte-Gesellschaft i. d. R. erfüllt sein, da die Ärzte-Gesellschaft nicht grenzüberschreitend gegründet wird. Der Antrag ist spätestens bis zur erstmaligen Abgabe der steuerlichen Schlussbilanz bei dem für die Besteuerung der übernehmenden Gesellschaft zuständigen Finanzamt zu stellen.

Erhält der Einbringende für die Einbringung seines Betriebes, Teilbetriebes oder Mitunternehmeranteils neue Anteile an der Gesellschaft, ist dies aus ertragsteuerlicher Sicht ein veräußerungs- bzw. tauschähnlicher Vorgang. Aufgrund der i. d. R. bestehenden Möglichkeit, das eingebrachte Betriebsvermögen mit dem Buchwert zu bewerten, kann die **Einbringung auf Antrag steuerneutral** ohne Aufdeckung der stillen Reserven realisiert werden, denn es gilt als zum Buchwert veräußert. Voraussetzung für die Anwendung von § 20 UmwStG ist, dass **sämtliche wesentliche Betriebsgrundlagen** des Betriebes, Teilbetriebes oder Mitunternehmeranteils in die GmbH eingebracht werden. Dies gilt auch für wesentliche Betriebsgrundlagen, die sich im **Sonderbetriebsvermögen eines Gesellschafters** befinden. Wirtschaftsgüter im Rahmen der Anwendung des § 20 UmwStG sind allerdings nicht schon allein deshalb eine wesentliche Betriebsgrundlage, weil in ihnen erhebliche stille Reserven ruhen (funktionale Betrachtungsweise). Die **Zurückbehaltung funktional wesentlicher Betriebsgrundlagen** hat zur Folge, dass die im eingebrachten Vermögen ruhenden **stillen Reserven aufzudecken** und zu versteuern sind. Bei der Einbringung zurückbehaltene Wirtschaftsgüter sind grundsätzlich als entnommen zu behandeln mit der Folge der Versteuerung der enthaltenen stillen Reserven, es sei denn, dass die Wirtschaftsgüter steuerneutral in ein anderes Betriebsvermögen überführt werden.

Setzt die GmbH den **gemeinen Wert oder Zwischenwerte** an, so ist der beim Einbringenden entstehende **Gewinn nach § 20 UmwStG** i. V. m. den für die Veräußerung des Einbringungsgegenstandes geltenden allgemeinen Vorschriften **zu versteuern**. Der angesetzte Wert gilt dabei für den Einbringenden als Veräußerungspreis und als Anschaffungskosten der GmbH-Anteile. In den Fällen des Ansatzes der gemeinen Werte kommt zudem nach § 20 Abs. 4 UmwStG die Anwendung von § 16 Abs. 4 und § 34 EStG unter zwei weiteren Voraussetzungen in Betracht. Zum einen muss es sich bei dem Einbringenden um eine natürliche Person handeln und zum anderen darf es sich nicht um die Einbringung nur von Teilen eines Mitunternehmeranteils (in Anlehnung an § 16 EStG) handeln.

Besondere Probleme bereitet die **verdeckte („verschleierte") Sachgründung**. Als verdeckte Sachgründung/Sacheinlage wird es angesehen, wenn die gesetzlichen Regelungen über Sacheinlagen dadurch unterlaufen werden, dass zwar eine Bareinlage vereinbart wird, die Gesellschaft aber bei wirtschaftlicher Betrachtung von dem Einleger aufgrund einer im Zusammenhang mit der Übernahme der Einlage getroffenen Absprache einen Sachwert erhalten soll (BGH v. 7.7.2003 – II ZR 235/01, GmbHR 2003 S. 1051). Die

Umstände des Einzelfalls, insbesondere **ein enger zeitlicher und sachlicher Zusammen-hang** zwischen den Geschäften, können ein beweiskräftiges Indiz für eine solche Abrede begründen und die Beweislast umkehren mit der Folge, dass der einlagepflichtige Gesell-schafter das Fehlen einer solchen Abrede nachzuweisen hat (OLG Düsseldorf v. 16.12.2005 – I 16 U 176/05; zu Einzelheiten des sachlichen und zeitlichen Zusammen-hangs vgl. Widmann/Mayer, Umwandlungsrecht, Anhang 5 Rn. 238 ff., wobei der zeitli-che Zusammenhang mit sechs Monaten angenommen wird).

Zunächst wird insoweit die GmbH formell im Rahmen einer Bargründung errichtet. Im sachlichen und zeitlichen Zusammenhang erfolgt dann eine Rückgewähr oder Verrech-nung der Bareinlage zugunsten der Gesellschafter. Die verschleierte Sachgründung liegt insbesondere auch dann vor, wenn sich die Rückgewähr der Bareinlage als Kaufpreis für einen Betrieb, Teilbetrieb oder Mitunternehmeranteil sowie anderer Wirtschaftsgüter darstellt.

§ 20 UmwStG ist auf verdeckte („verschleierte") Sachgründungen **nicht anzuwenden**. Der Gesellschafter realisiert ein entsprechendes Veräußerungsgeschäft unter Aufdeckung der stillen Reserven. Ist der vereinbarte Kaufpreis unangemessen niedrig oder der Veräu-ßerungsvorgang erfasst nicht alle eingebrachten Wirtschaftsgüter (z. B. den Praxiswert), ist hinsichtlich des unentgeltlichen Teils eine verdeckte Einlage in die Kapitalgesellschaft anzunehmen und die stillen Reserven sind ebenfalls aufzudecken (BFH v. 14.1.1993 – IV R 121/91, BFH/NV 1993 S. 525).

BEISPIEL: ▶ Die Gesellschafter der Gemeinschaftspraxis A & B errichten im Rahmen einer Bar-gründung eine Ärzte-Gesellschaft mbH mit einem Stammkapital i. H. v. 150.000 €. Die Barein-lage wird sofort in bar eingezahlt. In zeitlichem und sachlichem Zusammenhang erwirbt die GmbH von A und B die Gemeinschaftspraxis mit allen wesentlichen Betriebsgrundlagen zum Preis von 150.000 € und zahlt den Kaufpreis an die Gesellschafter. Der Buchwert der Praxis be-läuft sich dabei auf 130.000 €, der Teilwert auf 300.000 €. Infolge der verschleierten Sachgrün-dung entsteht bei der Gemeinschaftspraxis ein steuerpflichtiger Gewinn i. H. v. 170.000 € (300.000 € abzgl. Buchwert 130.000 €).

Aufgrund des in § 19 Abs. 5 GmbHG a. F. vor Änderung durch das MoMiG bis zum 31.10.2008 geregelten **Umgehungsverbotes** bestehen die zivilrechtlichen Rechtsfolgen einer verdeckten Sacheinlage nach Auffassung des BGH in analoger Anwendung von § 27 Abs. 3 Satz 1 AktG auch bei der GmbH in der **Nichtigkeit** sowohl des schuldrechtlichen **Verpflichtungsgeschäftes** als auch des **dinglichen Erfüllungsgeschäfts** (Eigentumsüber-tragung; BGH v. 7.7.2003 – II ZR 235/01, GmbHR 2003 S. 1051). Zudem gilt die Einlagever-pflichtung als nicht erfüllt und besteht daher weiter fort. Zur Heilung der verdeckten Sacheinlage bedarf es insoweit neben einem Heilungsbeschluss zur Änderung der Bar-gründung in eine Sachgründung, der zugleich an Stelle des bisher nichtigen Kaufvertra-ges die Begründung für die beabsichtigte Übertragung darstellt, der (erneuten) Eigen-tumsübertragung seitens des Einbringenden an die GmbH.

Die steuerliche Beurteilung infolge der Auffassung des BGH, dass die GmbH zivilrechtlich nicht Eigentümer der Wirtschaftsgüter wird, ist nicht abschließend geklärt. Patt (Patt, in: Dötsch/Jost/Pung/Witt, Die Körperschaftsteuer, UmwStG n. F. § 20 Rn. 142 ff.) geht davon aus, dass die aufnehmende GmbH weder zivilrechtliches noch wirtschaftliches Eigentum an den Wirtschaftsgütern erlangt hat, da der Gesellschafter einen jederzeitigen Anspruch auf Rückgabe der von der GmbH in Besitz genommenen Wirtschaftsgüter hat. Insoweit sei nicht mehr von einem Tatbestand des § 16 EStG auszugehen und die Wirtschaftsgüter seien weiterhin dem Gesellschafter zuzuordnen. Nach einer zivilrechtlichen Heilung der verdeckten Einlage geht er zudem unmittelbar von einer Anwendbarkeit von § 20 UmwStG aus. Die Dres. Tillmann (Tillmann/Tillmann, Heilung einer verschleierten Sachgründung aus steuerlicher Sicht, DB 2004 S. 1853) dagegen gehen davon aus, dass die aufnehmende GmbH wirtschaftliches Eigentum an den Wirtschaftsgütern erlangt hat und die Folgen des § 16 EStG ausgelöst werden. Sie sehen allerdings die Möglichkeit, unter bestimmten Voraussetzungen nachträglich die Rechtsfolgen des § 16 EStG mit Rückwirkung zu beseitigen, um den Weg für eine Einbringung i. S. d. § 20 UmwStG frei zu machen. Ob sich die Auffassung in der Finanzverwaltung und der Rechtsprechung insoweit ändert und § 20 UmwStG im Falle der zivilrechtlichen Heilung der verdeckten („verschleierten") Sachgründung zur Anwendung kommen kann, ist unklar.

Durch die Änderung des § 19 GmbHG durch das MoMiG ist seit dem Inkrafttreten ab dem 1.11.2008 § 20 UmwStG eindeutig entsprechend der bisherigen Auffassung des BFH nicht mehr auf verdeckte („verschleierte") Sachgründungen anzuwenden. Nach § 19 Abs. 4 Satz 2 GmbHG sind die entsprechenden Verträge und die Rechtshandlungen zu ihrer Ausführung nicht unwirksam. Vielmehr besteht nach § 19 Abs. 4 Satz 3 GmbHG die Geldeinlageverpflichtung unter Anrechnung des Wertes der Vermögensgegenstände fort.

c) Gesellschafterbeitritt, -wechsel und -austritt

aa) Gesellschaftereintritt

Für den Beitritt eines Gesellschafters zu einer bestehenden Ärzte-Gesellschaft bieten sich mehrere Möglichkeiten an:

▶ Erwerb von Anteilen anderer Gesellschafter,

▶ Beitritt im Rahmen einer effektiven Kapitalerhöhung,

▶ Erwerb eigener Anteile von der GmbH.

(1) Erwerb von Anteilen anderer Gesellschafter

Der Beitritt kann sich als Veräußerung von Anteilen der bisherigen Gesellschafter vollziehen.

BEISPIEL: An der Ärzte-Gesellschaft mbH sind die Dres. A, B, C und D zu je einem Viertel beteiligt. Im Rahmen des geplanten Beitritts veräußern die Gesellschafter jeweils 5 % Anteile an der GmbH an Dr. E, so dass alle fünf Gesellschafter nunmehr zu 20 % an der Ärzte-Gesellschaft mbH beteiligt sind.

Aufgrund der Beteiligung von i. d. R. mehr als einem Prozent an der GmbH liegt ertragsteuerlich ein **Veräußerungsgeschäft von Anteilen an Kapitalgesellschaften** i. S. d. § 17 EStG vor, soweit es sich nicht um einbringungsgeborene Anteile i. S. d. § 21 UmwStG a. F. bzw. § 22 UmwStG 2006 handelt, deren Veräußerung (teilweise) als Veräußerung i. S. d. § 16 EStG gilt. Der Veräußerer hat einen entsprechenden Veräußerungsgewinn zwischen Veräußerungspreis und Anschaffungskosten unter Berücksichtigung der Veräußerungskosten zu versteuern. Der Veräußerungsgewinn i. S. d. § 17 EStG unterliegt dem Halbeinkünfteverfahren bzw. ab 2009 dem Teileinkünfteverfahren. Gehören die **Anteile zu einem Betriebsvermögen**, führt die Veräußerung zu einem entsprechenden betrieblichen Veräußerungsgewinn. Der Erwerber hat Anschaffungskosten auf die Beteiligung, die er entsprechend dann geltend machen kann, wenn er selbst die Beteiligung wiederum veräußert.

(2) Beitritt im Rahmen einer effektiven Kapitalerhöhung

Der Beitritt kann ebenso im Rahmen einer effektiven Kapitalerhöhung erfolgen. Die im Rahmen eines satzungsändernden Gesellschafterbeschlusses festzulegende Zuführung **neuen Kapitals gegen Gewährung neuer Gesellschaftsrechte** wird dabei von dem beitretenden Gesellschafter übernommen. Die Einlage des beitretenden Gesellschafters wird sich i. d. R. dabei aufteilen in Bezug auf den Nennwert der neuen Anteile und ein Agio (Ausgabeaufgeld) zur Abgeltung der stillen Reserven in der GmbH. Wie bei der Gründung der Kapitalgesellschaft kann die Einlage des beitretenden Gesellschafters aus einer Bareinlage oder einer Sacheinlage bestehen. Der beitretende Gesellschafter hat entsprechend seiner Einlage Anschaffungskosten auf die Beteiligung. Ist Gegenstand einer Sacheinlage ein Betrieb, Teilbetrieb oder Mitunternehmeranteil, bietet sich die Möglichkeit der Anwendung von § 20 UmwStG.

Erhält der Einbringende neben den Gesellschaftsanteilen auch andere Wirtschaftsgüter, deren gemeiner Wert den Buchwert des eingebrachten Betriebsvermögens übersteigt, so hat die GmbH das eingebrachte Betriebsvermögen mindestens mit dem gemeinen Wert der anderen Wirtschaftsgüter anzusetzen. Dies gilt z. B. für Zuzahlungen in bar seitens der aufnehmenden GmbH. Bei der Bemessung der Anschaffungskosten der neuen Anteile ist der gemeine Wert der anderen Wirtschaftsgüter in Abzug zu bringen.

Auf Ebene der GmbH ist die Kapitalerhöhung steuerneutral. Ein Agio ist im steuerlichen Einlagekonto i. S. d. § 27 KStG als Zugang zu erfassen.

Für die Altgesellschafter stellt sich die Kapitalerhöhung zugunsten des beitretenden Gesellschafters grundsätzlich als **Verfügung über ihre Bezugsrechte** dar. Soweit der beitretende Gesellschafter allerdings an die Altgesellschafter kein Entgelt für die Verfügung über die Bezugsrechte zahlt, sondern ein Agio in die GmbH (als Rücklage) leistet, folgt die steuerrechtliche auch der zivilrechtlichen Beurteilung. Insofern kann auch bei Berücksichtigung des wirtschaftlichen Gehaltes des Vorgangs nicht von einer entgeltlichen Veräußerung der Bezugsrechte die Rede sein. Die Altgesellschafter realisieren weder einen Vermögenswert, denn ihnen ist nichts zugeflossen, noch hat sich der Wert ihrer Geschäftsanteile verändert. Die Zahlung in die GmbH gleicht insoweit nur das aus, was an stillen Reserven der GmbH auf den beitretenden Gesellschafter übergeht bzw. was die Altgesellschafter durch die Übernahme des neuen Gesellschaftsanteils durch den beitretenden Gesellschafter an stillen Reserven verloren haben. Somit stellt sich der Vorgang **nicht als entgeltliche Veräußerung der Bezugsrechte** dar.

PRAXISHINWEISE:

Soweit jedoch den Altgesellschaftern in unmittelbarem zeitlichen Zusammenhang mit der Einzahlung des Agio ein Betrag wieder ausgezahlt wird, z. B. über Ausschüttungen, kann ein **Missbrauch rechtlicher Gestaltungsmöglichkeiten** i. S. d. § 42 AO vorliegen (BFH v. 13.10.1992 – VIII R 3/89, BStBl 1993 II 477).

BEISPIEL: Die Gesellschafter der A, B & C Ärzte-Gesellschaft mbH mit einem Stammkapital von 60.000 € und einem Teilwert von 750.000 € planen die Aufnahme des Dr. D als weiteren Gesellschafter mit einem Anteil von 25 %. Es wird beschlossen, das Stammkapital um 20.000 € verbunden mit einem Agio i. H. v. 230.000 € zu erhöhen. Dr. D zahlt entsprechend in die Gesellschaft 250.000 € ein und das Geld wird für Neuinvestitionen bzw. Rückzahlung von Bankdarlehen verwendet. Der Vorgang ist steuerneutral.

BEISPIEL: Die Gesellschafter der A, B & C Ärzte-Gesellschaft mbH mit einem Stammkapital von 60.000 € und einem Teilwert von 750.000 € planen die Aufnahme des Dr. D als weiteren Gesellschafter mit einem Anteil von 25 %. Da Dr. D über eine eigene Praxis verfügt, wird beschlossen, diese im Rahmen einer Sachkapitalerhöhung mit einer Erhöhung des Stammkapitals um 20.000 € in der Ärzte-Gesellschaft mbH einzubringen. Der Buchwert der Praxis beläuft sich auf 40.000 €, der Teilwert auf 300.000 €. Da der Teilwert der Praxis nicht dem anteiligen Teilwert an der Ärzte-Gesellschaft mbH entsprechen würde, erhält Dr. D von der GmbH neben den neuen Anteilen noch eine Zahlung i. H. v. 50.000 €. Da der gemeine Wert der neben den neuen Anteilen gewährten Zuzahlung i. H. v. 50.000 € höher liegt als der Buchwert der Praxis i.H.v. 40.000 €, sind die Buchwerte um 10.000 € aufzustocken sowie die stillen Reserven von Dr. D aufzudecken und zu versteuern. Die Anschaffungskosten der Anteile von Dr. D an der Ärzte-Gesellschaft mbH belaufen sich auf 0 €. Bei der Bemessung der Anschaffungskosten durch den Wertansatz der Ärzte-Gesellschaft mbH für das übertragene Betriebsvermögen i. H. v. 50.000 € ist insoweit der gemeine Wert der gewährten Wirtschaftsgüter (Zuzahlung) i. H. v. 50.000 € wieder in Abzug zu bringen. Für die Altgesellschafter ist der Vorgang steuerneutral.

(3) Erwerb eigener Anteile von der GmbH

Sollte die Ärzte-Gesellschaft über eigene Anteile verfügen, kann der Beitritt auch durch die Veräußerung dieser Anteile an den neuen Gesellschafter erfolgen.

Veräußert eine Kapitalgesellschaft eigene Anteile an einen bislang an der Gesellschaft nicht Beteiligten, führt dies in Höhe der Differenz des Buchwertes und des Veräußerungserlöses zu einem Veräußerungsgewinn/-verlust. Leistet der neu eintretende Gesellschafter in zeitlichem Zusammenhang mit dem Erwerb der Gesellschaftsanteile eine Zahlung in die Kapitalrücklage, kann dies als (disquotale) Einlage oder als zusätzliches Veräußerungsentgelt zu beurteilen sein (BFH v. 23.2.2005 – I R 44/04, BStBl 2005 II S. 522).

bb) Gesellschafterwechsel

Die Veräußerung der gesamten Anteile eines Gesellschafters an einen neu eintretenden Gesellschafter vollzieht sich steuerlich wie die partielle Veräußerung von Anteilen (siehe S. 193 f.). Das Steuerrecht unterscheidet insoweit nicht zwischen der Veräußerung der gesamten Beteiligung an einer Kapitalgesellschaft und der partiellen Veräußerung von Anteilen an einer Kapitalgesellschaft.

cc) Gesellschafteraustritt

In aller Regel erfolgt das Ausscheiden eines Gesellschafters aus einer Ärzte-Gesellschaft durch Veräußerung der gesamten Anteile an der Gesellschaft an einen oder anteilig an alle Gesellschafter bzw. einen neu beitretenden Gesellschafter (siehe S. 194 f.).

Im Grundsatz denkbar wäre es auch, dass das Ausscheiden durch den Erwerb eigener Geschäftsanteile durch die GmbH oder die Einziehung der Anteile gegen eine entsprechende angemessene Abfindung erfolgt. Nach herrschender Meinung dürften diese Fälle aber aus Sicht des ausscheidenden Gesellschafters ebenfalls zu einem steuerpflichtigen Gewinn i. S. d. § 17 EStG führen (vgl. Schmidt/Weber-Grellet, EStG 2008, § 17 Rn. 101 ff.). Dies betrifft auch den Sonderfall der Kapitalherabsetzung zu Lasten des Geschäftsanteils des ausscheidenden Gesellschafters. Insoweit entsteht ein Herabsetzungsgewinn oder -verlust nach § 17 Abs. 4 EStG (vgl. Schmidt/Weber-Grellet, EStG 2008, § 17 Rn. 233 ff.).

d) Unentgeltliche Übertragungsvorgänge

Bei der unentgeltlichen Übertragung der Anteile zwischen natürlichen Personen, z. B. bei einer Schenkung vom Vater an den Sohn, fehlt es an einem entsprechenden entgeltlichen Veräußerungsgeschäft, so dass keine Veräußerung i. S. d. § 17 EStG vorliegt. Der Erwerber tritt dann jedoch in die steuerliche Rechtsstellung des bisherigen Anteilsinhabers ein. Bei einer teilentgeltlichen Veräußerung ist der Vorgang nach der Trennungstheorie aufzuteilen in ein entgeltliches Veräußerungsgeschäft i. S. d. § 17 Abs. 1 EStG und eine voll unentgeltliche Übertragung (Schmidt/Weber-Grellet, EStG 2008, § 17 Rn. 105). Die unentgeltliche Anteilsübertragung an eine andere Kapitalgesellschaft als verdeckte Einlage steht dagegen nach § 17 Abs. 1 Satz 2 EStG einem Veräußerungsgeschäft gleich.

e) Beendigung der Ärzte-Gesellschaft

Die Beendigung der Ärzte-Gesellschaft erfolgt durch die Liquidation der GmbH und führt zu einem entsprechenden Liquidationsgewinn oder -verlust i. S. d. § 17 Abs. 4 EStG.

f) Umsatzsteuerliche Grundsätze

Umsatzsteuerlich ist für die Umsatzsteuerbefreiung des § 4 Nr. 14 UStG die **Rechtsform des Unternehmers und die ertragsteuerliche Einkunftsart ohne Bedeutung**. Werden Heilbehandlungen im Bereich der Humanmedizin i. S. v. § 4 Nr. 14 Buchst. a UStG oder Krankenhausbehandlungen und ärztliche Heilbehandlungen i. S. v. § 4 Nr. 14 Buchst. b UStG erbracht, kommt es für die Steuerbefreiung nach dieser Vorschrift nicht darauf an, in welcher Rechtsform der Unternehmer die Leistung erbringt (vgl. R 93 Abs. 1 Satz 1 UStR 2008). Die **Leistungen der Ärzte-Gesellschaft** in der Rechtsform der GmbH oder der AG sind somit **umsatzsteuerfrei**, wenn es sich um heilberufliche Leistungen handelt und diese von qualifizierten Leistungserbringern erbracht werden. Die Leistungen können auch mit Hilfe von Arbeitnehmern, die die erforderliche berufliche Qualifikation aufweisen, erbracht werden (vgl. R 93 Abs. 1 Satz 4 UStR 2008).

C. Organisationsgemeinschaften

I. Praxisgemeinschaft

1. Rechtliche Aspekte

Literatur:

Arens, Praxisgemeinschaften in Ärztehäusern mit Fremdgeschäftsführung – Voraussetzungen und Grenzen ärztlichen Unternehmertums, MedR 1992 S. 145; *Luxenburger*, Praxisgemeinschaft – sinnvolle Kooperationsform – Gestaltungsmissbrauch und Folgen, in Schriftenreihe der Arge Medizinrecht im DAV, Bd. 2, 2000, S. 67; *Eisenberg*, Ärztliche Kooperations- und Organisationsformen, 2002; *Rieger*, Verträge zwischen Ärzten in freier Praxis (Heidelberger Musterverträge), 7. Aufl. 2002; *Cramer*, Praxisgemeinschaft versus Gemeinschaftspraxis – Auf den Gesellschaftszweck kommt es an, MedR 2004 S. 552; *Reiter*, Ärztliche Berufsausübungsgemeinschaften vs. Organisationsgemeinschaft – Ist die wirtschaftliche Beteiligung Dritter an einer Arztpraxis statthaft?, GesR 2005 S. 6; *Wehebrink*, Plausibilitätsprüfung: Die Praxisgemeinschaft als „faktische Gemeinschaftspraxis" – Zur Abrechnung ärztlicher Leistungen in einer Praxisgemeinschaft bei auffällig hoher Patientenidentität, NZS 2005 S. 400; *Kremer* in Rieger/Dahm/Steinhilper (Hrsg.), Heidelberger Kommentar Arztrecht Krankenhausrecht Medizinrecht, 4270 – Praxisgemeinschaft (2009); aufgrund der umfassenden Darstellung und Bearbeitungstiefe besonders hervorzuheben *Schäfer-Gölz* in Halbe/Schirmer (Hrsg.), Handbuch Kooperationen im Gesundheitswesen, A 1200 – Praxisgemeinschaft (2009).

a) Definition

Die Praxisgemeinschaft wird definiert als Zusammenschluss zweier oder mehrerer Ärzte gleicher und/oder verschiedener Fachrichtungen, die gemeinsam Praxisräume und/oder Praxiseinrichtungen nutzen und/oder gemeinsam Praxispersonal in Anspruch nehmen. Die vom Ansatz her zutreffende Definition ist insofern zu eng, als nicht nur einzelne Ärzte, sondern auch ärztliche Berufsausübungsgemeinschaften einer Praxisgemeinschaft angehören können. Nach richtiger Ansicht ist die Bildung einer Praxisgemeinschaft **nicht nur zwischen Ärzten möglich**. Zulässigerweise können an ihr auch Angehörige nichtärztlicher Heil(hilfs)berufe, eine MVZ-Trägergesellschaft oder ein Krankenhausträger beteiligt sein. Die Praxisgemeinschaft zwischen einem Arzt und Zahnarzt ist ebenfalls nicht zu beanstanden.

Der Zugehörigkeit zu mehreren – ggf. auch überörtlichen – Praxisgemeinschaften stehen keine Bedenken entgegen.

In der rechtswissenschaftlichen Literatur spricht man von Praxisgemeinschaften im engeren Sinne, wenn ausschließlich Ärzte beteiligt sind und von einer Praxisgemeinschaft im weiteren Sinne, wenn ihr sonstige Dritte angehören. Bei der Ankündigung insbesondere neurologischer oder psychiatrischer Praxisgemeinschaften findet man die Bezeichnung „Praxengemeinschaft". Dies ist im Grunde eine präzisere Beschreibung des identischen Kooperationsmodells.

Das wesentliche Kriterium einer Praxisgemeinschaft ist die **gemeinsame Raumnutzung**. Dabei ist diese nicht so zu verstehen, dass jeder Angehörige der Praxisgemeinschaft Mitbesitz an sämtlichen Räumlichkeiten hat. Die Räumlichkeiten können durchaus individuell zugeteilt sein. Gemeinsam genutzt werden regelmäßig der Eingangsbereich, Wartezonen, Sanitärbereiche etc. Die gemeinsame Nutzung von Geräten und/oder Personal ist fakultativ.

Bei der Praxisgemeinschaft ist es unerheblich, ob deren Angehörige privatärztlich oder vertragsärztlich tätig sind.

b) Abgrenzung

Die Praxisgemeinschaft als **Organisationsgemeinschaft** ist abzugrenzen von der Berufsausübungsgemeinschaft. Bei der Abgrenzung kommt es – wie Cramer (MedR 2004 S. 552) zutreffend herausgearbeitet hat – auf den Gesellschaftszweck an. In der Praxisgemeinschaft übt jedes Mitglied seinen **ärztlichen Beruf grundsätzlich getrennt** von den anderen Gesellschaftern aus. Etwas anderes gilt nur dann, wenn eine Berufsausübungsgemeinschaft Mitglied der Praxisgemeinschaft ist. In diesem Fall üben die Mitglieder dieser Berufsausübungsgemeinschaft ihre ärztliche Tätigkeit gemeinschaftlich aus. Bei der Praxisgemeinschaft ist das Gemeinsame der Berufsausübung im Gegensatz zur Berufsausübungsgemeinschaft gerade nicht vergesellschaftet. Es besteht in der Außenwirkung grundsätzlich keine einheitliche Praxis.

c) Datenlage, Motive

Angaben zur Anzahl von Praxisgemeinschaften sind nicht bekannt, da weder bei den einzelnen Ärztekammern noch bei der Bundesärztekammer noch bei den Kassenärztlichen Vereinigungen oder der Kassenärztlichen Bundesvereinigung Register geführt werden.

Die **Motivation zur Bildung einer Praxisgemeinschaft** ist vielfältig, wobei wirtschaftliche Überlegungen meist im Vordergrund stehen:

▶ gemeinschaftliche Nutzung der Praxisressourcen,

▶ kollegialer Gedankenaustausch bei räumlicher Nähe,

▶ Aufteilung der Anschaffungs- und Unterhaltungskosten,

▶ Tätigkeit im eigenen Namen und eigene Abrechnung,

▶ keine Auseinandersetzungen bei der Gewinnverteilung,

▶ Kooperationsmöglichkeit bei Trennung einer Gemeinschaftspraxis,

▶ Vorstufe zur Bildung einer Gemeinschaftspraxis,

▶ Steigerung der Fallzahl durch Überweisungen.

d) Genehmigung/Anzeige

Ab Umsetzung der MBO 2004 ist nicht nur der Zusammenschluss zu einer Berufsausübungsgemeinschaft, sondern auch die Bildung einer Organisationsgemeinschaft sowie deren Änderung und Beendigung der zuständigen Ärztekammer anzuzeigen (§ 18 Abs. 6 MBO).

§ 33 Abs. 1 Satz 2 Ärzte-ZV bestimmt, dass die Kassenärztliche Vereinigung von der gemeinsamen Nutzung von Praxisräumen und Praxiseinrichtungen sowie der gemeinsamen Beschäftigung von Hilfspersonal zu unterrichten ist.

e) Berufs- und vertragsarztrechtliche Vorgaben

Bei Berufsausübungsgemeinschaften gilt, dass die Eigentumsverhältnisse für die Zulässigkeit der Berufsausübung unerheblich sind. Dies gilt erst recht bei Praxisgemeinschaften. Die Gestaltungsmöglichkeiten sind vielfältig. So können die Gesellschafter der Praxisgemeinschaft z. B. Gesamthandseigentümer der Einrichtungsgegenstände sein; diese können sich jedoch auch im Eigentum nur eines Gesellschafters oder einer Berufsausübungsgemeinschaft befinden oder z. B. auf der Grundlage eines Leasingvertrages genutzt werden.

Jeder der der Praxisgemeinschaft angehörenden Ärzte hat **seinen Beruf eigenverantwortlich und unabhängig** auszuüben. Vertragliche Abreden oder praktizierte Handhabungen, die die Mitglieder zu **nicht indizierten Leistungen** motivieren, sind unzulässig. Ein Verstoß gegen den Grundsatz des Verbots der Zuweisung gegen Entgelt (§ 31 MBO) liegt vor, wenn ein „Überweisungskartell" gebildet wird. So wäre es unzulässig, wenn z. B. die Kostenbeteiligungsquote eines Mitglieds der Praxisgemeinschaft davon abhängig gemacht wird, in welchem Umfang er einem oder mehreren anderen Mitgliedern Patienten zuweist. Es versteht sich von selbst, dass derartige Modelle den Grundsatz der freien Arztwahl (§ 7 Abs. 2 MBO) unterlaufen.

Bei der Durchführung von Praxisgemeinschaftskonzepten ist die **Beachtung der ärztlichen Schweigepflicht** (§ 9 MBO, § 203 StGB, §§ 27 f. BDSG) von elementarer Bedeutung. Nicht immer wird beachtet, dass die Patientenkartei grundsätzlich nach Praxen getrennt zu führen ist. Etwas anderes gilt nur dann, wenn die Patienten wirksam in die gemeinsame Datenführung eingewilligt haben. Verstöße sind besonders häufig nach Umwandlung einer Gemeinschaftspraxis in eine Praxisgemeinschaft festzustellen. Jede Praxis müsste darüber hinaus über eigene Kommunikationseinrichtungen erreichbar sein. Bei einer gemeinsam genutzten Telefonanlage müssen **Durchwahlnummern** individuell zugeordnet sein. Telefax und E-Mail-Adresse sind getrennt vorzuhalten. Problematisch ist die gemeinsame Nutzung von Warteeinrichtungen, deren Zulässigkeit lange Zeit umstritten war. Es entspricht der Natur der Sache, dass die Patienten Informationen darüber erhalten, wer welchen Arzt aufsucht. Richtigerweise wird man den Patienten das Recht einräumen müssen, zu entscheiden, ob sie eine Praxisgemeinschaft aufsuchen. Mit Betreten der Praxisräume willigen sie konkludent darin ein, dass dieser Vorgang zumindest teilöffentlich wird. Vom Ansatz her stellt sich das Problem ähnlich beim Aufsuchen jeder ärztlichen Einrichtung.

PRAXISHINWEISE:

Insbesondere im Zusammenhang mit der Ausübung vertragsärztlicher Tätigkeit verbieten sich Gestaltungsmodelle, in denen die Praxisgemeinschaft als „**faktische Gemeinschaftspraxis**" geführt wird. Das Phänomen ist vor dem Hintergrund zu verstehen, dass Gemeinschaftspraxen – bei Beibehaltung der Binnenstruktur – in Praxisgemeinschaften umgewandelt wurden. Wesentliches Motiv der Trennung war die Möglichkeit, durch Gestaltung der Praxiszeiten und/oder durch Überweisungen die Fallzahlen zu erhöhen oder sonstige Abrechnungsvorteile auszunutzen. Derartige Modelle werden zu Recht unter der Rubrik „**Gestaltungsmissbrauch**" kritisch beurteilt. Üben die Angehörigen der Praxisgemeinschaft ihre vertragsärztliche Tätigkeit im Grunde wie in einer Gemeinschaftspraxis aus, verstößt dies gegen § 33 Abs. 2 Ärzte-ZV, da die erforderliche vorherige Genehmigung des Zulassungsausschusses fehlt. Die Kassenärztlichen Vereinigungen führen gegen die beteiligten Ärzte **Plausibilitätsüberprüfungen** durch. Aufgreifkriterien sind 20 % Patientenidentität in (teil-)gebietsgleichen/versorgungsbereichsidentischen, 30 % bei gebietsübergreifenden/versorgungsübergreifenden sowie 10 % bei zahnärztlichen Praxisgemeinschaften (zu Letzteren LSG NRW v. 13.12.2008 – L 11 KA 60/06). Ergebnis dieser Verfahren können Honorarrückforderungen, aber auch die Einleitung von Disziplinarverfahren und ggf. Verfahren auf Zulassungsentziehung sein. Das Bundessozialgericht (v. 22.3.2006 – B 6 KA 76/04 R, MedR 2006 S. 611) spricht von einem „Verstoß gegen vertragsärztliche Pflichten von erheblichem Gewicht". Darüber hinaus kann eine Bestrafung wegen Betruges in Betracht kommen. Das LG Bad Kreuznach hat mit Urteil v. 7.1.2008 (1043 Js 11880/01, ZMGR 2008 S. 219) drei Vertragsärzte, die wegen Abrechnungsvorteilen im Außenverhältnis eine Praxisgemeinschaft und im Innenverhältnis eine Gemeinschaftspraxis betrieben hatten, wegen **gemeinschaftlichen gewerbsmäßigen Bandenbetrugs** verurteilt.

Obwohl grundsätzlich zulässig, kann das sog. Einnahme- oder Gewinnpooling ein Indiz dafür sein, dass die beteiligten Ärzte faktisch eine Gemeinschaftspraxis ausüben.

Bei der Vertragsgestaltung müssen sich die Beteiligten darüber bewusst sein, dass Verstöße gegen berufsrechtliche und/oder vertragsarztrechtliche Vorgaben zur Nichtigkeit der Verträge gem. § 134 oder § 138 BGB führen können.

f) Nachbesetzungsverfahren (§ 103 Abs. 4 bis 6 SGB V)

Bei Durchführung eines Nachbesetzungsverfahrens aus einer Berufsausübungsgemeinschaft heraus sind die verbleibenden Gesellschafter insofern privilegiert, als deren Interessen bei der Auswahlentscheidung angemessen zu berücksichtigen sind. Das Bundessozialgericht (v. 5.11.2003 – B 6 KA 11/03 R, MedR 2004 S. 697) hat die Rechtsposition der verbleibenden Gesellschafter deutlich gestärkt, indem es deren wirtschaftliches Interesse am Fortbestand der Praxis als im Auswahlverfahren zu berücksichtigen hervorgehoben hat. Ob § 103 Abs. 6 SGB V auch auf Praxisgemeinschaften anzuwenden ist, ist strittig. Nach richtiger Auffassung ist die Interessenlage zwischen einer Berufsausübungsgemeinschaft und einer Organisationsgemeinschaft nicht vergleichbar mit der Folge, dass die **Interessen der Praxisgemeinschaftspartner bei der Bewerberauswahl nicht zu berücksichtigen** sind.

g) Rechtsform, Vertragsinhalt

Als Rechtsform der Wahl für eine Praxisgemeinschaft hat Schäfer-Gölz in seiner Analyse zu den in Betracht kommenden Rechtsformen zu Recht die Gesellschaft bürgerlichen Rechts (GbR) herausgestellt (a. a. O., A 1200 Rn. 52 f.). Die Praxisgemeinschaft ist im Regelfall BGB-Außengesellschaft, da sie am Rechtsverkehr durch Abschluss z. B. des Mietvertrages, von Dienstverträgen sowie sonstigen Versorgungsverträgen teilnimmt.

Folgende Aspekte sind bei der Vertragsgestaltung besonders zu berücksichtigen:

▶ Hervorhebung der getrennten Berufsausübung insbesondere mit getrennter Patientenkartei,

▶ Pflichten der Gesellschafter zur Leistung von Zahlungen, Zurverfügungstellung von Sachen, Erbringung von Dienstleistungen,

▶ Beteiligungsverhältnisse am Gesellschaftsvermögen (Hinweis: Da die Praxisgemeinschaft sich aus getrennten Praxen zusammensetzt, wird der Praxisgemeinschaft regelmäßig kein eigenständiger Goodwill zugerechnet; dieser entsteht auf der Ebene der einzelnen Praxen),

▶ Regelungen zur Geschäftsführung und Vertretung,

▶ Praktikable und flexible Regelungen zur Kostenverteilung,

▶ Pflicht zur Aufrechterhaltung des Praxisbetriebs,

▶ Ausscheidens-, Abfindungsregelungen,

▶ Wettbewerbsverbot (Wettbewerb nur in Ausnahmefällen zulässig).

PRAXISHINWEISE:

Bei der Vertragsgestaltung kommt der Kostenverteilung besondere Bedeutung zu. Orientiert sich der Verteilungsschüssel an der Anzahl der behandelten Patienten, kann es zu Streit führen, wenn die beteiligten Ärzte unterschiedlich hohe Fallwerte erwirtschaften.

h) Haftung

Zur gesamtschuldnerischen Haftung, Beitrittshaftung sowie Nachhaftung für Gesellschaftsverbindlichkeiten gelten die im Zusammenhang mit der Gemeinschaftspraxis dargestellten Grundsätze S. 73 ff.

Für individuelle, auf die einzelne Praxis bezogene Verbindlichkeiten haftet der einzelne Arzt persönlich. Diese rechnet mit der Kassenärztlichen Vereinigung ab und ist ggf. Adressat von Honorarrückforderungsbescheiden.

Behandlungsverträge mit den Patienten kommen zustande zwischen den Mitgliedern der Praxisgemeinschaft und dem Patienten, so dass regelmäßig eine individuelle Haftungszuordnung erfolgen kann.

Praxisgemeinschaften dürfen als solche angekündigt werden (vgl. § 18a Abs. 3 MBO). Für die Patienten ist nicht immer hinreichend erkennbar, dass eine getrennte Berufsausübung erfolgt, so dass eine Haftungszuordnung nach Rechtsscheingrundsätzen durchaus möglich ist. Der Bundesgerichtshof (v. 8.11.2005 – VI ZR 319/04, MedR 2006 S. 290) hat die gesamtschuldnerische Haftung von im kooperativen Belegarztwesen verbundenen Ärzten bejaht und dies auch mit dem Außenauftritt begründet. Vor diesem Hintergrund ist größte Vorsicht geboten, wenn bei einer Praxisgemeinschaft der **Rechtsschein gemeinschaftlicher Berufsausübung** gesetzt wird.

i) Umwandlung

In der Beratungspraxis besteht – häufig aus durchaus anerkennenswerten Motiven – nicht selten das Bedürfnis, eine Gemeinschaftspraxis in eine Praxisgemeinschaft – oder umgekehrt eine Praxisgemeinschaft in eine Gemeinschaftspraxis – „umzuwandeln". In diesen Fällen bedarf es grundsätzlich nicht der Auseinandersetzung der alten und Gründung einer neuen Gesellschaft. Da **Rechtsformidentität** besteht, genügt eine Modifizierung des Gesellschaftsvertrages, in dem insbesondere eine Änderung des Gesellschaftszwecks dahingehend vorgenommen wird, dass die gemeinsame Berufsausübung nicht mehr Gegenstand der Gesellschaft ist. Selbstverständlich ist der Gesellschaftsvertrag insgesamt den aktuellen Verhältnissen anzupassen.

2. Steuerliche Aspekte

Literatur:

Wien, Ertragsteuerliche und umsatzsteuerliche Probleme ärztlicher Praxen und die neue Umsatzsteuerbefreiung medizinisch-technischer Großgeräte, DStZ 1998 S. 753; *Fuhrmann*, Büro-, Praxis- und Apparategemeinschaft im Umsatzsteuerrecht, KÖSDI 2002 S. 13396; *Greite*, Fördermittel: Investitionszulage – Keine InvZul für eine GbR (Praxisgemeinschaft) ohne Gewinnerzielungsabsicht, FR 2004 S. 175; *Kempermann*, Freiberufler: Ein einheitliches Auftreten nach außen begründet noch keine Mitunternehmerschaft, FR 2005 S. 1148; *Gragert*, Die ertragsteuerliche Behandlung der Realteilung, NWB F. 3 S. 13887; *Michels/Ketteler-Eising*, Neues zu Praxis- und Apparategemeinschaft, PFB 3/2009 S. 61.

a) Ertragsteuerliche Grundsätze

Ertragsteuerlich ist die Praxisgemeinschaft als Hilfsgesellschaft anzusehen. **Mangels Gewinnerzielungsabsicht** kann i. d. R. unterstellt werden, dass **kein Gewerbetrieb** vorliegt (Schmidt/Wacker, EStG 2008, § 15 Rn. 327). Die Praxisgemeinschaft selbst ist dann – auch bei einem gemeinschaftlichen Auftreten nach außen – **keine Mitunternehmerschaft** (BFH v. 14.4.2005 – XI R 82/03, BStBl 2005 II S. 752), die Verteilung der Betriebsausgaben erfordert aber dennoch nach § 1 der Verordnung zu § 180 Abs. 2 AO eine **gesonderte Feststellung** (Schmidt/Wacker, EStG 2008, § 18 Rn. 40 m. w. N., auch BMF v. 14.11.2002 – IV A 6 – S 2246 – 5/03, BStBl 2003 I S. 170). Erzielt der an der Praxisgemeinschaft Beteiligte aus seiner Praxis Einkünfte, die selbst wiederum nach § 180 AO gesondert und einheitlich festgestellt werden, ist die gesonderte Feststellung der Praxisgemeinschaft **bindend für die Gewinnfeststellung der Praxis und nicht für die Einkommensteuer** (BFH v. 10.6.1999 – IV R 25/98, BStBl 1999 II S. 545).

Bei Praxisgemeinschaften ohne Gewinnerzielungsabsicht ist die Gemeinschaft für die Investitionszulage für Investitionen i. S. v. § 2 Abs. 2 InvZulG 2007 anspruchsberechtigt. Nimmt eine Gesellschaft oder Gemeinschaft ohne Gewinnerzielungsabsicht eine Investition i. S. v. § 2 Abs. 1 InvZulG 2007 vor, ist aber jeder Miteigentümer anteilig zur Inanspruchnahme der Investitionszulage berechtigt. Es ist aus Vereinfachungsgründen nicht zu beanstanden, wenn in diesen Fällen die Gesellschaft oder Gemeinschaft die Investitionszulage beansprucht (BMF v. 8.5.2008 – IV C 3 – InvZ-1015/07/0001, BStBl 2008 I S. 590 Rn. 8).

b) Umsatzsteuerliche Grundsätze

aa) Unternehmereigenschaft der Praxisgemeinschaft

Aufgrund des Wortlautes des R 94 UStR 2008 ist davon auszugehen, dass die Praxisgemeinschaft nach Auffassung der Finanzverwaltung Unternehmer im umsatzsteuerlichen Sinne ist, die steuerbare, i. d. R. aber steuerfreie Leistungen erbringt.

Es kann allerdings bereits bei der Frage der **Unternehmereigenschaft einer Praxisgemein-schaft** nicht generell unterstellt werden, dass zwingend ein umsatzsteuerbarer **Leistungsaustausch zwischen der Praxisgemeinschaft und den Mitgliedern** stattfindet (vgl. BFH v. 28.11.2002 – V R 18/01, BStBl 2003 II S. 443; BFH v. 6.9.2007 – V R 16/06, n. v., NWB DokID: GAAAC-67029; BFH v. 1.10.1998 – V R 31/98, DStR 1998 S. 2007 siehe aber a. A. BMF v. 9.5.2008 – IV A 5 – S 7300/07/0017, BStBl 2008 I S. 675). In der überwiegenden Zahl der Fälle dürfte die Auffassung der Finanzverwaltung allerdings zutreffend sein, in Einzelfällen (u. U. bei Apparategemeinschaften), wenn der Leistung der Praxisgemeinschaft keine Gegenleistung gegenübersteht, könnte die Unternehmereigenschaft aber auch verneint werden.

Die Tatsache, dass die Praxisgemeinschaft nur gegenüber ihren Mitgliedern tätig wird, ist bei der Beurteilung nach § 2 Abs. 1 Satz 3 UStG unerheblich, denn eine Personenvereinigung kann auch dann steuerbare Leistungen ausführen, wenn sie nur gegenüber ihren Mitgliedern tätig wird. Erforderlich ist allerdings ein Leistungsaustausch (Leistung gegen Entgelt) zwischen Praxisgemeinschaft (Gesellschaft) und Mitgliedern (Gesellschafter). Für die Unternehmereigenschaft einer Personengesellschaft ist es dabei unerheblich, ob ihre Gesellschafter ertragsteuerlich Mitunternehmer i. S. d. § 15 Abs. 1 Nr. 2 EStG sind (R 16 Abs. 2 UStR 2008).

Der notwendige Leistungsaustausch kann sich bereits aus der Tätigkeit der Praxisgemeinschaft ergeben, wenn diese **ausschließlich oder teilweise den konkreten Interessen der Mitglieder dient** (BFH v. 27.9.2001 – V R 37/01, BFH/NV 2002 S. 378). Der Annahme eines Leistungsaustausches steht es weder entgegen, dass die Personenvereinigung für alle Mitglieder gleichartige Leistungen ausführt noch dass sie durch ihre Tätigkeit Leistungen gleichzeitig für alle Mitglieder erbringt. Ebenso wenig ist es erheblich, ob sich die Zahlungen nach dem Umfang der Inanspruchnahme der Leistungen richten oder sich an den Beteiligungsverhältnissen orientieren (BFH v. 18.4.1996 – V R 123/93, BStBl 1996 II S. 387). Diese Grundsätze dürften für die meisten Praxisgemeinschaften Leistungen gegen Entgelt begründen.

Für die Annahme eines Leistungsaustausches ist es aber nicht nur Voraussetzung, dass ein Leistender und ein Leistungsempfänger vorhanden sind, sondern zusätzlich, dass der (konkreten) Leistung eine (konkrete) Gegenleistung gegenübersteht, d. h. dass ein unmittelbarer Zusammenhang zwischen Leistung und Gegenleistung besteht. Für die Annahme eines unmittelbaren Zusammenhanges im Sinne eines Austausches von Leistung und Gegenleistung genügt es nicht schon, dass die Mitglieder der Personenvereinigung lediglich gemeinschaftlich die Kosten für den Erwerb und die Unterhaltung eines Wirtschaftsgutes tragen, das sie gemeinsam nutzen wollen oder nutzen. Eine wirtschaftliche Tätigkeit der Gesellschaft liegt insoweit nur vor, wenn die Nutzungsüberlassung selbst gegen Entgelt erfolgt (BFH v. 28.11.2002 – IV R 18/01, BStBl 2003 II S. 443 m. w. N.).

Bei dem diesem Urteil zugrunde liegenden Fall sollten die Gesellschafter einer GbR nach dem Gesellschaftsvertrag alle mit der Planung und Errichtung einer Lagerhalle sowie der Anschaffung von Maschinen verbundenen Kosten zu gleichen Teilen tragen. Gleiches galt für die Deckung der laufenden Kosten. Die GbR richtete ein Konto ein, auf das die Gesellschafter die für den Bau erforderlichen Beträge zu gleichen Teilen einzahlten. Anschließend eröffnete die GbR für die laufenden Kosten ein weiteres Konto. Bedient wurde das Konto von beiden Gesellschaftern mit Einlagen zu gleichen Teilen. Für die Benutzung der Halle sowie der von der GbR angeschafften Maschinen war kein Entgelt vereinbart. In dem vorliegenden Einzelfall gelangte der BFH zu seiner Auffassung, da mangels entgeltlicher Leistungen die GbR nicht Unternehmerin sei.

PRAXISHINWEISE:

Solange die Finanzverwaltung die Voraussetzungen des § 4 Nr. 14 UStG für eine umsatzsteuerfreie Leistung als erfüllt ansieht, dürfte die Frage nach der Umsatzsteuerbarkeit für die Praxis von untergeordneter Bedeutung sein.

bb) Grundlagen der umsatzsteuerlichen Behandlung der Leistungen der Praxisgemeinschaft

Die Leistungen der Praxisgemeinschaften an ihre Mitglieder sind i. d. R. von der Umsatzsteuer befreit. Die gesetzliche Grundlage bildet § 4 Nr. 14 Buchst. d UStG (bisher § 4 Nr. 14 Abs. 1 Satz 2 UStG). Die Vorschrift wurde durch das Jahressteuergesetz 2009 weitgehend an die europäische Regelung in Art. 132 Buchst. f MwStSystRL angelehnt. Umsatzsteuerfrei sind demnach die sonstigen Leistungen von Gemeinschaften, deren Mitglieder Angehörige der in § 4 Nr. 14 Buchst. a UStG bezeichneten Berufe (Ärzte/arztähnlichen Berufe) oder Einrichtungen i. S. d. § 4 Nr. 14 Buchst. b UStG (Krankenhäuser, Diagnosekliniken etc.) sind, gegenüber ihren Mitgliedern, soweit diese Leistungen für unmittelbare Zwecke der Ausübung der Tätigkeiten nach § 4 Nr. 14 Buchst. a und b UStG (Heilbehandlungsleistung im Bereich der Humanmedizin bzw. Krankenhausbehandlung und ärztliche Heilbehandlung) verwendet werden und die Gemeinschaft von ihren Mitgliedern lediglich die genaue Erstattung des jeweiligen Anteils an den gemeinsamen Kosten fordert. Art. 132 Buchst. f MwStSystRL fordert über den Wortlaut von § 4 Nr. 14 Buchst. d UStG hinaus, dass diese Befreiung nicht zu einer Wettbewerbsverzerrung führen darf.

Die Umsatzsteuerbefreiung für die Leistungen einer Praxisgemeinschaft an ihre Mitglieder fordert somit als Voraussetzungen

1. die unmittelbare Verwendung für umsatzsteuerfreie Heilbehandlungsleistungen der Mitglieder,

2. die genaue Erstattung des jeweiligen Anteils an den gemeinsamen Kosten sowie

3. die Vermeidung von Wettbewerbsverzerrungen.

cc) Unmittelbare Verwendung für umsatzsteuerfreie Heilbehandlungsleistungen der Mitglieder

Die sonstigen Leistungen einer ärztlichen Praxisgemeinschaft erfüllen die Voraussetzungen der Umsatzsteuerbefreiungsvorschrift des § 4 Nr. 14 Buchst. d UStG nur, wenn diese **unmittelbar von den Ärzten zur Ausführung ihrer umsatzsteuerfreien Heilbehandlungsleistungen** verwendet werden. Die unmittelbare Verwendung gegenüber dem Patienten und damit die Umsatzsteuerfreiheit ist nicht gegeben, wenn sie nur allgemein dem Praxisbetrieb dienen, z. B. bei der Übernahme von Verwaltungsaufgaben (Buchführung, Rechtsberatungen etc.) oder der Tätigkeit in der Art einer ärztlichen Verrechnungsstelle. Werden die Leistungen der Praxisgemeinschaft unmittelbar gegenüber dem Patienten für ärztliche Leistungen verwendet, bei denen es sich nicht um umsatzsteuerfreie Heilbehandlungen, sondern um umsatzsteuerpflichtige ärztliche Leistungen handelt, z. B. Schönheitsoperationen, sind die Leistungen der Praxisgemeinschaft ebenfalls nicht nach § 4 Nr. 14 Buchst. d UStG von der Umsatzsteuer befreit.

Die Überlassung der Praxisräume erfüllt aber i. d. R. die Umsatzsteuerbefreiungsvorschrift des § 4 Nr. 12 UStG.

dd) Genaue Erstattung des jeweiligen Anteils an den gemeinsamen Kosten

Aufgrund der Anpassung von § 4 Nr. 14 Buchst. d UStG durch das Jahressteuergesetz 2009 zur Anpassung an Art. 132f MwStSystRL wurden die Voraussetzungen für die Umsatzsteuerbefreiung bei Leistungen von Praxisgemeinschaften ab dem 1.1.2009 erweitert. Demnach sind die Leistungen der Praxisgemeinschaften an ihre Mitglieder nur noch von der Umsatzsteuer befreit, soweit die Gemeinschaft von ihren Mitgliedern lediglich die genaue Erstattung des jeweiligen Anteils an den gemeinsamen Kosten fordert. Aufgrund der Änderung bedarf es einer Auseinandersetzung mit den Begriffen „genaue Erstattung", „jeweiliger Anteil" und „gemeinsame Kosten".

Die wohl restriktivste Auslegung wäre es, nunmehr die Umsatzsteuerbefreiung nur noch zu gewähren, wenn die Praxisgemeinschaft im Rahmen einer Kostenstellenrechnung die anfallenden Kosten den einzelnen Leistungen der Praxisgemeinschaft im Detail zuordnet und sodann ausschließlich nach der individuellen Inanspruchnahme verteilt.

Nach ständiger Rechtsprechung des EuGH sind die Begriffe, mit denen die vorgesehenen Steuerbefreiungen umschrieben sind, eng auszulegen, da sie Ausnahmen von dem allgemeinen Grundsatz darstellen, dass jede Dienstleistung, die ein Unternehmer gegen Entgelt erbringt, der Umsatzsteuer unterliegt. Eine enge Auslegung darf dabei nicht mit einer restriktiven Auslegung verwechselt werden. Die Auslegung dieser Begriffe muss jedenfalls weiterhin mit den Zielen in Einklang stehen, die mit den Befreiungen verfolgt werden. Daher entspricht es nicht dem Sinn dieser Regel einer engen Auslegung, wenn die zur Umschreibung der verwendeten Begriffe so ausgelegt werden, dass sie den Befreiungen ihre Wirkung nehmen. Die Rechtsprechung des EuGH hat nicht zum Ziel, eine Auslegung vorzuschreiben, die diese Befreiungen praktisch unanwendbar macht (vgl. EuGH v. 11.12.2008 – C 407/07, BFH/NV 2009 S. 337 Nr. 2 Rn. 30).

Das Ziel der Umsatzsteuerbefreiung von Art. 132f MwStSystRL sieht der EuGH darin zu vermeiden, dass jemand, dessen Dienstleistungen umsatzsteuerfrei sind, indirekt Umsatzsteuer entrichten muss, wenn er sich veranlasst sieht (z. B. zur Nutzung von Synergieeffekten und zur Kosteneinsparung), mit anderen Berufsausübenden im Rahmen einer gemeinsamen Struktur zusammenzuarbeiten, die Tätigkeiten übernimmt, die zur Erbringung seiner umsatzsteuerbefreiten Dienstleistungen erforderlich sind (EuGH v. 11.12.2008, a. a. O. Rn. 38). Erbringt ein Arzt umsatzsteuerfreie ärztliche Heilbehandlungsleistungen am Patienten und bedient sich dafür der Ressourcen seiner Praxisgemeinschaft, ist es somit das Ziel von Art. 132 f) MwStSystRL den Arzt nicht dadurch (indirekt) mit Umsatzsteuer zu belasten, indem die Überlassung der Ressourcen durch seine Praxisgemeinschaft umsatzsteuerpflichtig behandelt wird. Vielmehr soll die vorgelagerte Überlassung der Ressourcen durch seine Praxisgemeinschaft von der Umsatzsteuerbefreiung der ärztlichen Heilbehandlungsleistungen am Patienten mit erfasst werden.

Entscheidend dürfte daher im Zusammenhang mit der „genauen Erstattung" an den Kosten der Umstand sein, dass auf Ebene der Praxisgemeinschaft keine – auch keine verdeckte – Absicht eines, mehrerer oder aller Gesellschafter der Praxisgemeinschaft besteht, auf Ebene der Praxisgemeinschaft Gewinne zu erzielen. Die Praxisgemeinschaft muss sich daher darauf beschränken, die für die Erfüllung der Bedürfnisse seiner Mitglieder verauslagten Kosten nur auf diese überzuwälzen, ohne dass auch nur der geringste Gewinn erzielt wird. Dies entspricht aber bereits dem Wesen der Praxisgemeinschaft.

Die Einzelfälle, in denen versucht wird, über die Praxisgemeinschaft Gewinne von einem Mitglied auf ein anderes Mitglied zu verschieben, dürften bezüglich der Befreiung von der Umsatzsteuer Problemen ausgesetzt sein. Gemeint sind damit die Fälle, in denen ein Mitglied mehr Kosten trägt als im Grundsatz angemessen wäre („Überlassung mit Gewinnaufschlag") in der Absicht, anderen Mitgliedern Kostenvorteile durch eine verbilligte Überlassung zukommen zu lassen. Ein solches Vorgehen führt zu einem Gewinn aus der Überlassung an die anderen Mitglieder, der zur Kostensenkung für diese Mitglieder eingesetzt wird.

Dies führt zu der Frage, wie der „jeweilige Anteil" an den Kosten begrifflich auszulegen ist. Aufgrund des Gesetzeswortlautes nunmehr in allen Fällen eine Verteilung nach der individuellen Inanspruchnahme auf Grundlage einer detaillierten leistungsbezogenen Kostenstellenrechnung zu fordern scheint unpraktikabel und überzogen. In der Praxis sind häufig auch pauschalierte Kostenverteilungsmaßstäbe vorzufinden, z. B. nach Köp-

fen, nach Beteiligungsverhältnissen, nach Umsätzen oder zur Vermeidung von Ermitt-
lungsaufwand pauschale Prozentsätze vom Umsatz mit Rückvergütung nach Verrech-
nung mit den Kosten. Inwieweit hier die Finanzverwaltung die Anpassung von § 4 Nr. 14
Buchst. d UStG restriktiv auslegen wird, bleibt leider abzuwarten, konkrete Aussagen stehen hier noch aus.

BEISPIEL: ► Die zahnärztliche Gemeinschaftspraxis Dres. A und B, die zahnärztliche Gemeinschaftspraxis Dres. C und D und der Facharzt für Mund-, Kiefer- und Gesichtschirurgie Dr. D mit
zusätzlicher Spezialisierung auf Implantologie gründen eine Praxisgemeinschaft zur gemeinschaftlichen Nutzung von zahnmedizinischem Fachpersonal, gemeinsamen Einrichtungen und
Geräten einschließlich deren Finanzierung sowie Praxisräumen (Fixkosten). Die übrigen Betriebsausgaben wie z. B. der Materialeinkauf, die Praxisversicherungen etc. (variable Kosten)
trägt jede Praxis individuell. An der Praxisgemeinschaft sind die drei Praxen (ggf. über ihre Gesellschafter) zu je einem Drittel beteiligt. Ein Gewinn wird nicht angestrebt. Zur Verteilung der
Kosten bzw. besser Ausgaben im Sinne eines Liquiditätsabflusses treffen die Beteiligten folgende Vereinbarung:

Variante 1:

Die Leistungen der Praxisgemeinschaft werden auf Grundlage der Ausgaben im Rahmen einer
detaillierten Kostenstellenrechnung im Einzelnen bewertet und nach Maßgabe der Inanspruchnahme auf die Mitglieder aufgeteilt.

Diese Variante erfüllt eindeutig die Anforderungen an eine genaue Erstattung des jeweiligen Anteils an den gemeinsamen Kosten.

Variante 2:

Die Ausgaben der Praxisgemeinschaft werden im Verhältnis der Patientenzahlen zueinander
verteilt. Eine solche Vereinbarung folgt der Vorstellung, dass im Verhältnis der Praxen zueinander pro Patient durchschnittlich in etwa die gleichen Einrichtungs-/Gerätekosten, Personalkosten und Raumkosten anfallen. Die positiven Kostenvorteile aufgrund der Synergie- und Kosteneinsparungseffekte sollen sich daher auch im Verhältnis der Patientenzahlen zueinander auswirken.

Auch diese Variante dürfte die Anforderungen an eine genaue Erstattung des jeweiligen Anteils
an den gemeinsamen Kosten ebenfalls erfüllen, weil die Kosten lediglich im Hinblick auf die
durchschnittlichen Kosten pro Patient pauschaliert werden (vgl. hierzu in Anlehnung EuGH
v. 11.12.2008 – C 407/07, BFH/NV 2009 S. 337, in dem Fall hatten Krankenhäuser Kosten nach
der Bettenanzahl umgelegt, was nicht beanstandet wurde).

Variante 3:

Die Ausgaben der Praxisgemeinschaft werden nach Köpfen, d. h. nach der Anzahl der Ärzte verteilt. Die zahnärztliche Gemeinschaftspraxis Dres. A und B trägt somit 2/5 der Ausgaben, die
zahnärztliche Gemeinschaftspraxis Dres. C und D trägt somit 2/5 der Ausgaben und Dr. D trägt
1/5 der Ausgaben. Im Rahmen einer Öffnungsklausel wird vereinbart, dass ein Mitglied – ggf. im
Schiedsverfahren – eine andere Verteilung verlangen kann, wenn eine Praxis zum Nachteil der
anderen Praxis eklatant mehr Ressourcen in Anspruch nimmt, als es der Verteilung nach Köpfen
entspricht und die anderen Praxen dadurch mehr Ausgaben zu tragen haben, als ohne die Pra-

xisgemeinschaft angefallen wären. Die Vereinbarung folgt der Vorstellung, dass im Verhältnis pro Arzt in der Summe in etwa die gleichen Einrichtungs-/Gerätekosten, Personalkosten und Raumkosten aufgrund der zahnärztlichen Tätigkeit anfallen. Die positiven Kostenvorteile aufgrund der Synergie- und Kosteneinsparungseffekte sollen sich daher auch im Verhältnis der Ärzte auf die Praxen auswirken.

Auch diese Variante dürfte die Anforderungen an eine genaue Erstattung des jeweiligen Anteils an den gemeinsamen Kosten ebenfalls erfüllen, soweit die Mitglieder zutreffend davon ausgehen, dass im Ergebnis jeder Arzt in etwa die gleichen (Fix-)Kosten verursacht.

Variante 4:

Die Ausgaben der Praxisgemeinschaft werden im Verhältnis des zahnärztlichen Honorars (Einnahmen abzüglich darauf entfallender Fremdlaborkosten) aus der zahnärztlichen Tätigkeit zueinander verteilt. Eine solche Vereinbarung folgt der Vorstellung, dass im Verhältnis zum Umsatz prozentual jeweils in etwa die gleichen Einrichtungs-/Gerätekosten, Personalkosten und Raumkosten aufgrund der zahnärztlichen Tätigkeit anfallen. Die positiven Kostenvorteile aufgrund der Synergie- und Kosteneinsparungseffekte sollen sich daher auch im Verhältnis der Umsätze zueinander auswirken.

Auch diese Variante sollte die Anforderungen an eine genaue Erstattung des jeweiligen Anteils an den gemeinsamen Kosten erfüllen. Dass sich dabei die Verteilung der Kosten nicht an der direkten Inanspruchnahme, sondern an den Umsätzen orientiert, dürfte der Umsatzsteuerbefreiung nicht entgegenstehen, da die Umsätze indirekt durch die eingesetzten Kosten erwirtschaftet werden.

Variante 5:

Nach den vorab durchgeführten Kalkulationen auf Basis der bisherigen Zahlen der einzelnen Praxen entspricht der Ausgabenanteil bezogen auf die Ausgaben der Praxisgemeinschaft von Dr. D i. d. R. bisher in etwa 40 % seines zahnärztlichen Honorars, für die Gemeinschaftspraxen liegt dieser dagegen bei etwa 45 %. Es wird auf dieser Basis zur Vereinfachung und Praktikabilität vereinbart, dass Dr. D vorläufig Einlagen zum Ausgleich der Ausgaben i. H. v. 40 % seines zahnärztlichen Honorars in die Praxisgemeinschaft einzahlt und die Gemeinschaftspraxen jeweils 45 %. Über die Einlagen wird jährlich abgerechnet und die Differenz zwischen Einlagen und Ausgaben ist im Beteiligungsverhältnis auszugleichen. Ist die Differenz positiv, erfolgt zu je einem Drittel der Differenz eine Einlagenrückgewähr an die Praxen, ist die Differenz negativ, hat jede Praxis zu je einem Drittel eine Nachschussverpflichtung zur Leistung von entsprechenden Einlagezahlungen. Die Beteiligten rechnen aufgrund der erwarteten Synergie- und Kosteneinsparungseffekte mit einer positiven Differenz und damit einer (teilweisen) Einlagerückgewähr. Die Vereinbarung erfolgt vor dem Hintergrund der gleichmäßigen Verteilung dieser positiven Synergie- und Kosteneinsparungseffekte zwischen den Praxen.

Auch diese Variante könnte im Grundsatz die Anforderungen an eine genaue Erstattung des jeweiligen Anteils an den gemeinsamen Kosten erfüllen. Problematisch bleibt aber, dass der ggf. entstehende „Überschuss" aus der Differenz zwischen der pauschalen Kostenumlage abzüglich der tatsächlichen Kosten unter Umstände nicht als Erstattung des „jeweiligen Anteils" an den gemeinsamen Kosten gewertet wird.

Variante 6:

Nach den vorab durchgeführten Kalkulationen auf Basis der bisherigen Zahlen der einzelnen Praxen entspricht der Ausgabenanteil bezogen auf die Ausgaben der Praxisgemeinschaft von Dr. D i. d. R. in etwa 41 % seines zahnärztlichen Honorars. Es wird auf dieser Basis zur Vereinfachung und Praktikabilität vereinbart, dass Dr. D Einlagen zum Ausgleich der Ausgaben – nach Berücksichtigung eines erwarteten positiven Synergie- und Kosteneinsparungseffekts – i. H. v. 38 % seines zahnärztlichen Honorars in die Praxisgemeinschaft einzahlt. Über die Einlagen wird nicht abgerechnet, sondern sie entfalten eine Abgeltungswirkung. Die Differenz zwischen den Einlagen von Dr. D und den Ausgaben der Praxisgemeinschaft tragen die zahnärztliche Gemeinschaftspraxis Dres. A und B und die zahnärztliche Gemeinschaftspraxis Dres. C und D je zur Hälfte. Diese Vereinbarung folgt der Vorstellung, dass weniger Dr. D als Spezialist, sondern vielmehr die „konservativen" zahnärztlichen Gemeinschaftspraxen durch Synergie- und Kosteneinsparungseffekte Einsparungspotential besitzen. Daher wollen sich auch die Gemeinschaftspraxen den Vorteil sichern, tragen dafür aber auch ein größeres Risiko.

Diese Variante dürfte vermutlich die Anforderungen an eine genaue Erstattung des jeweiligen Anteils an den gemeinsamen Kosten nicht erfüllen. Die Tatsache, dass Dr. D eine am Umsatz fixierte Vergütung für die Leistungen zahlt, dürfte gegen eine Erstattung des „jeweiligen Anteils" an den gemeinsamen Kosten sprechen.

Diese sechs Varianten geben einen Überblick über die denkbare Vielfalt möglicher Vereinbarungen zur Verteilung der Kosten einer Praxisgemeinschaft je nach Vorstellungen der Beteiligten. Weitere Varianten und Mischformen sind denkbar. Eine objektiv richtige Kostenverteilung gibt es nicht. Jede der Varianten folgt dabei nach den jeweils individuellen Vorstellungen der Beteiligten dem Grundgedanken einer fairen und angemessenen Verteilung der Kosten. Zu berücksichtigen sind in der Praxis auch die Probleme der Verteilung von Leerkosten, d. h. z. B. Gerätekosten in den Zeiten, in denen diese nicht genutzt werden, allein aufgrund der Verfügbarkeit für eine mögliche Inanspruchnahme. Auch die von Veranlagungszeitraum zu Veranlagungszeitraum schwankenden Bedürfnisse der Mitglieder der Praxisgemeinschaft bedürfen eines notwendigen Maßes an Praktikabilität. Jede Variante hat damit Vor- und Nachteile.

Auch die Kostenverteilung aufgrund einer detaillierten leistungsbezogenen Kostenstellenrechnung ist jedenfalls nicht für alle Fälle richtig und angemessen und kann damit nicht alleinige Variante für die Anerkennung der Umsatzsteuerbefreiung sein.

BEISPIEL: ▶ Die zwei Ärzte Dr. A und Dr. B arbeiten in einer Praxisgemeinschaft zusammen, an der sie jeweils zu 50 % beteiligt sind. Der eine Arzt Dr. A ist aktiv und akquisitorisch begabt. Er nutzt daher „seinen Anteil" an den Ressourcen der Praxisgemeinschaft zu 50 % voll aus. Der andere Arzt Dr. B ist eher freizeitorientiert und nutzt daher „seinen Anteil" an den Ressourcen der Praxisgemeinschaft nur zu 25 % aus. Bezogen auf die Ressourcen der Praxisgemeinschaft entstehen somit 25 % der Kosten als Leerkosten. Verteilen die Ärzte die Kosten auf Basis einer detaillierten leistungsbezogenen Kostenstellenrechnung nach dem Grad der Inanspruchnahme, würde die Verteilung im Verhältnis von 50 % zu 25 % Dr. A zu 66,67 % (50 % / (50 % + 25 %)) und Dr. B zu 33,33 % (25 % / (50 % + 25 %)) treffen. Damit würde Dr. A überproportional mit 16,67 % (66,67 % – 50 %) an den Leerkosten und Dr. B nur mit 8,33 % (33,33 % – 25 %) an den Leerkosten beteiligt, obwohl allein Dr. B aufgrund seines Verhaltens die Leerkosten verursacht hat. Hätte Dr. B die gleiche Aktivität an den Tag gelegt wie Dr. A, wären vermutlich keine Leerkosten entstanden. Eine derartige Kostenverteilung kann daher von Dr. A aus betriebswirtschaftlich nachvollziehbaren Gesichtspunkten nicht akzeptiert werden. Im Grundsatz dürfte Dr. A nicht bereit sein, mehr als 50 % der Kosten bezogen auf seinen Anteil an der Praxisgemeinschaft zu zahlen.

Ob die Finanzverwaltung in allen sieben dargestellten Varianten des vorangegangenen Beispiels die Voraussetzungen für die Umsatzsteuerbefreiung vor dem Hintergrund der Beteiligung der Mitglieder an den Kosten bezogen auf den „jeweiligen Anteil" anerkennen würde, muss derzeit mangels einer klaren Aussage der Finanzverwaltung offen bleiben. Eine praktikable Auslegung der Begriffs „jeweiliger Anteil" im Sinne einer fairen und angemessenen Verteilung der Kosten nach Vorstellungen der Beteiligten wäre als Voraussetzung für die Umsatzsteuerbefreiung nach § 4 Nr. 14 Buchst. d UStG jedenfalls wünschenswert, so dass in allen Varianten eine Befreiung der Leistungen von der Umsatzsteuer in Betracht kommt. Die Voraussetzung ist aber jedenfalls dann nicht mehr erfüllt, wenn die Verteilung der Kosten der Praxisgemeinschaft zu dem Ergebnis führt, dass ein Mitglied oder ein Teil der Mitglieder in unangemessener Weise mit überhöhten Kosten belastet wird, die in einem eklatanten Missverhältnis zu normalerweise anfallenden Kosten steht. In diesen Fällen drängt sich aber ebenso die Frage auf, ob überhaupt noch von einer echten Kostengemeinschaft oder nicht vielmehr von einer Gewinnerzielungsabsicht eines oder mehrerer Gesellschafter auszugehen ist und damit keine „genaue Erstattung" der anfallenden Kosten mehr vorliegt.

Abschließend ist noch der Begriff der „gemeinsamen Kosten" zu klären. Mit „gemeinsamen Kosten" sind nicht nur die Kosten gemeint, die sozusagen im kollektiven Interesse aller Mitglieder getätigt werden. Selbst wenn die Leistungen von der Praxisgemeinschaft nur gegenüber einem oder mehreren Mitgliedern, aber nicht gegenüber allen Mitgliedern der Praxisgemeinschaft erbracht werden, bleiben die für diese Leistungen anfallenden Kosten gemeinsame Ausgaben des für diesen Zweck gebildeten Zusammenschlusses. Dies gilt insbesondere vor dem Hintergrund, dass von Veranlagungszeitraum zu Veranlagungszeitraum die Bedürfnisse des einzelnen Mitglieds schwanken können. Insofern scheitert die Anwendung von § 4 Nr. 14 Buchst. d UStG nicht daran, dass Leistungen nur einem oder mehreren der Mitglieder, nicht aber allen Mitgliedern gegenüber erbracht werden (EuGH v. 11.12.2008 – C 407/07, BFH/NV 2009 S. 337 Nr. 2). Werden allerdings Leistungen von der Praxisgemeinschaft nur einem oder mehreren der Mitglieder gegenüber erbracht, könnten je nach Einzelfall erhöhte Anforderungen an die anzuwendende Kostenzurechnungsmethode gestellt werden, was die Frage des „jeweiligen Anteils" an den „gemeinsamen Kosten" angeht. Aber auch hier stellt sich dann die Frage der Zurechnung der Leerkosten und der Verfügbarkeit von möglichen Leistungen.

PRAXISHINWEISE:

Solange keine Klarheit über die Auslegung bezüglich der Forderung nach einer genauen Erstattung des jeweiligen Anteils an den gemeinsamen Kosten besteht, sollten die Vereinbarungen zur Kostenverteilung von Praxisgemeinschaften einer eingehenden Prüfung unterzogen und ggf. im Rahmen einer verbindlichen Auskunft mit dem Finanzamt abgestimmt werden. Ein besonderes Augenmerk ist bei der Prüfung darauf zu richten, ob eine betriebswirtschaftlich begründete Verteilung vor dem Hintergrund der Interessen der Mitglieder und einer Orientierung an der Inanspruchnahme unter ggf. besonderer Berücksichtigung des Themas Leerkosten und Verfügbarkeit vorliegt.

ee) Vermeidung von Wettbewerbsverzerrungen

Nach der zugrunde liegenden europäischen Vorgabe in Art. 132 Abs. 1 Buchst. f MwSt-SystRL darf die Umsatzsteuerbefreiung nur gewährt werden, wenn die Befreiung nicht zu einer Wettbewerbsverzerrung führt. Diese Voraussetzung ist nicht in die nationale deutsche Vorschrift in § 4 Nr. 14d UStG übernommen worden. Hierzu heißt es in der Begründung zum Jahressteuergesetz 2009 (BT-Drucks. 16/10189 S. 76): „Hinzu kommt: Die Befreiung darf entsprechend dem letzten Teilsatz in Art. 132 Abs. 1 Buchst. f MwSt-SystRL nicht zu einer Wettbewerbsverzerrung führen. Sie kann sich deshalb entsprechend dem bisherigen Rechtsverständnis (vgl. hierzu auch Abschnitt 94 der Umsatzsteuer-Richtlinien 2008) nur auf die sonstigen Leistungen der ärztlichen Praxis- und Apparategemeinschaften beziehen, nicht aber auf Fälle, in denen eine Gemeinschaft für ihre Mitglieder z. B. die Buchführung, die Rechtsberatung oder die Tätigkeit einer ärztlichen Verrechnungsstelle übernimmt." Dies lässt die Interpretation zu, dass – mit Ausnahme der Leistungen, die nicht unmittelbar für die umsatzsteuerfreien Heilbehandlungen der Mitglieder eingesetzt werden (vgl. S. 207 ff.) – davon auszugehen ist, dass die Umsatzsteuerbefreiung einer ärztlichen Praxisgemeinschaft weiterhin nicht zu einer Wettbewerbsverzerrung führt.

c) Ertragsteuerliche Beurteilung von Leistungen an Nichtmitglieder

Neben der Nutzung allein durch die Mitglieder ist in der Praxis zunehmend festzustellen, dass zur effektiveren Ausnutzung bei investitionsintensiven Geräten diese auch an Ärzte und Einrichtungen (z. B. Krankenhäuser) überlassen werden, die nicht Mitglied der Gemeinschaft sind.

Erbringt die Praxisgemeinschaft auch **Leistungen an Nichtmitglieder gegen Entgelt**, stellt sich die Frage nach einer gemeinschaftlichen Gewinnerzielungsabsicht auf Ebene der Gemeinschaft. Erfolgt die Abrechnung der Leistungen zu den Selbstkosten mit dem Ziel der Kostensenkung, mangelt es an einer **Gewinnerzielungsabsicht**. Es ändert sich daher nichts an der ertragsteuerlichen Beurteilung der Praxisgemeinschaft.

Enthält die Abrechnung der Leistungen an Nichtmitglieder einen Gewinnaufschlag, ist von einer Gewinnerzielungsabsicht auszugehen.

Sind an der Praxisgemeinschaft ausschließlich freiberuflich tätige Ärzte oder arztähnliche Berufe beteiligt, sind die Leistungen im Einzelfall wie folgt zu beurteilen:

aa) Untervermietung mit Gewinnaufschlag

Werden von der Praxisgemeinschaft angemietete Räume mit Gewinnaufschlag an Nichtmitglieder untervermietet, führt dies originär zunächst zu Einkünften i. S. d. § 21 EStG. Sind an der Praxisgemeinschaft ausschließlich freiberufliche Ärzte beteiligt, ergeben sich subsidiär Einkünfte gem. § 18 EStG i. V. m. § 21 Abs. 3 EStG.

bb) Überlassung von Geräten und Einrichtungen mit Gewinnaufschlag ohne Zusatzleistungen

Bei der entgeltlichen Nutzungsüberlassung von **medizinisch-technischen Großgeräten** (zur Frage, wann Großgeräte vorliegen, vgl. OFD Hannover v. 15.6.2005 – S 7172 – 9 – StO 181, UStK S-7172 Karte 1 § 4 Nr. 16 UStG) ist die Finanzverwaltung der Auffassung (OFD Rheinland – Kurzinformation Einkommensteuer Nr. 9/2006 v. 2.2.2006, DB 2006 S. 304), dass die Einnahmen auch dann nicht zu Einnahmen aus Gewerbebetrieb führen, wenn ein Gewinnaufschlag enthalten ist. **Voraussetzung** ist allerdings, dass **keine Zusatzleistungen**, z. B. die Gestellung von Verbrauchsmaterialien oder die Personalgestellung zur Bedienerunterstützung, **erbracht** werden. Offen ist die Frage, ob diese Grundsätze auch gelten, wenn es sich bei den Geräten und Einrichtungen **nicht um Großgeräte** handelt.

Im Rahmen der reinen Überlassung anderer Geräte und Einrichtung kann im Ergebnis nichts anderes gelten, wenn **keine ins Gewicht fallenden Sonderleistungen** erbracht werden oder der Umfang der Überlassungstätigkeit **keine unternehmerische Organisation** erfordert.

Bei der reinen Nutzungsüberlassung liegen im Grundsatz **originär Einkünfte aus Vermietung und Verpachtung** i. S. v. § 21 Abs. 1 Nr. 2 EStG vor, soweit Sachinbegriffe überlassen werden, oder bei einer Überlassung einzelner beweglicher Gegenstände – die Betriebsvermögenseigenschaft zunächst ausgeklammert – sonstige Einkünfte i. S. d. § 22 Nr. 3 EStG (zur Abgrenzung zwischen Sachinbegriffen und einzelnen beweglichen Wirtschaftsgütern vgl. FG Nürnberg v. 25.3.1994 – I 308/92, EFG 1994 S. 970). Da die überlassenen Geräte und Einrichtungen über die Praxisgemeinschaft zu einem freiberuflichen Betriebsvermögen gehören, werden die Einkünfte allerdings im Rahmen der **Subsidiarität in Einkünfte nach § 18 EStG** umqualifiziert. Erst wenn originär gewerbliche Merkmale vorliegen, d. h. besondere Umstände hinzutreten, hinter der die eigentliche Gebrauchsüberlassung in den Hintergrund tritt (BFH v. 22.1.2003 – X R 37/00, BStBl 2003 II S. 464), ist von gewerblichen Einkünften auszugehen.

cc) Überlassung von Geräten, Einrichtungen und Räumen einschließlich Zusatzleistungen mit Gewinnaufschlag

Erbringt die Praxisgemeinschaft gegenüber Nichtmitgliedern neben einer reinen Überlassung – im Sinne einer Vermietung von Räumen und Sachinbegriffen – auch **zusätzliche Dienstleistungen**, z. B. Gestellung von Verbrauchsmaterialien oder Personalgestellung zur Bedienerunterstützung, handelt es sich um eine **originär gewerbliche Tätigkeit**, die zu Einkünften i. S. d. § 15 EStG führt (vgl. allerdings zur möglicherweise unschädlichen technischen Unterstützung bei der Bedienung durch geschultes Personal im Rahmen einer entgeltlichen Überlassung medizinischer Großgeräte im Rahmen des Mammographie-Screenings OFD Rheinland v. 20.11.2007 – Kurzinformation Einkommensteuer Nr. 76/2007 S 2246 – St 157, n. v., NWB DokID: UAAAC-64373).

dd) Vermeidung gewerbesteuerlicher Risiken

Besteht ein – wenn auch nur latentes – **Risiko der Gewerblichkeit** der Praxisgemeinschaft, ergibt sich ein weiteres Gefährdungspotenzial für den Fall, dass eine **Gemeinschaftspraxis** an der Praxisgemeinschaft **beteiligt** ist. Die Beteiligung einer ansonsten freiberuflichen Mitunternehmerschaft an einer gewerblichen Mitunternehmerschaft führt aufgrund der gewerblichen Beteiligungseinkünfte zu einer **gewerblichen Infektion** der freiberuflichen Mitunternehmerschaft insgesamt.

Nach der Auffassung der Finanzverwaltung führten **gewerbliche Beteiligungseinkünfte** schon immer zur Abfärbung der Gewerblichkeit auf eine beteiligte Personengesellschaft (BMF v. 13.5.1996 – IV B 2 – S 2241 – 33/96, BStBl 1996 I S. 621). Mit seiner Entscheidung v. 6.10.2004 hat der BFH dementgegen entschieden, dass die Beteiligung einer vermögensverwaltenden Personengesellschaft (Obergesellschaft) mit Einkünften aus Vermietung und Verpachtung an einer gewerblich tätigen anderen Personengesellschaft (Untergesellschaft) nicht zur Folge hat, dass die gesamten Einkünfte der Obergesellschaft als Einkünfte aus Gewerbebetrieb gelten (BFH v. 6.10.2004 – IX R 53/01, BStBl 2005 II S. 383). Ob die hier entwickelten Grundsätze auch bei einer freiberuflich tätigen Personengesellschaft als Obergesellschaft anzuwenden sind, ist nicht abschließend geklärt. Einiges spricht allerdings für eine Übertragung der in dem Urteil ausgeführten Überlegungen. Die Finanzverwaltung hat auf dieses Urteil mit einem **Nichtanwendungserlass** reagiert und eine gesetzliche Festschreibung der bisherigen Auffassung angekündigt (BMF v. 18.5.2005 – IV B 2 – S 2241 – 34/05, BStBl 2005 I S. 698). Entsprechend wurde durch das Jahressteuergesetz 2007 v. 13.12.2006 (BGBl I S. 2878) § 15 Abs. 3 Nr. 1 EStG um diese Alternative der gewerblichen Abfärbung erweitert. Seitdem ist die gewerbliche Abfärbung aufgrund gewerblicher Beteiligungseinkünfte gesetzlich normiert. Nach § 52 Abs. 32a EStG gilt dies auch für Veranlagungszeiträume vor 2006. In Anbetracht der Rechtsprechung des BFH ist diese Rückwirkung verfassungsrechtlich bedenklich, da es sich um eine echte Gesetzesänderung und nicht nur um eine gesetzliche Klarstellung handelt (vgl. auch S. 105 f.).

> **PRAXISHINWEIS:**
>
> Für eine Gestaltung bietet es sich allerdings an, die **Beteiligung an der gewerblich tätigen Gesellschaft** von einem, mehreren oder allen Gesellschaftern **persönlich** halten zu lassen (BMF v. 13.5.1996 – IV B 2 – S 2241 – 33/96, BStBl 1996 I S. 621; BFH v. 28.6.2006 – XI R 31/05, BStBl 2007 II S. 378). Werden die gewerblichen Einkünfte von den Gesellschaftern persönlich (im Rahmen des Sonderbetriebsvermögens) und nicht

> von der Gemeinschaftspraxis bezogen, ist die Abfärberegelung auf die ansonsten nicht gewerblich tätige Personengesellschaft nicht anzuwenden.

Die ertragsteuerliche Gestaltung wirft allerdings eine umsatzsteuerliche Frage auf, die noch nicht abschließend geklärt zu sein scheint. Nach dem Wortlaut von R 94 UStR sind die Leistungen von der Umsatzsteuer befreit, die die Mitglieder für ihre Praxen in Anspruch nehmen. Soweit eine Praxisgemeinschaft Umsätze an Personen erbringt, die nicht Mitglieder sind, sind diese Umsätze nicht nach § 4 Nr. 14 Satz 2 UStG steuerfrei. Ist nicht die Gemeinschaftspraxis Mitglied der Praxisgemeinschaft, sondern sind es die Gesellschafter (Ärzte) der Gemeinschaftspraxis persönlich, könnte fraglich sein, ob die Praxisgemeinschaft im Rahmen ihrer Leistungen an die Gemeinschaftspraxis Leistungen gegenüber ihren Mitgliedern erbringt, denn in diesem Fall sind der Leistungsempfänger (Gemeinschaftspraxis) und das Mitglied (Gesellschafter) nicht personenidentisch.

Die Zielrichtung von § 4 Nr. 14 Buchst. d UStG und die Formulierung von R 94 UStR sprechen allerdings auch in diesem Falle für eine Befreiung von der Umsatzsteuer. In R 94 UStR ist mehrfach die Rede von den „Praxen ihrer Mitglieder" und auch von Leistungen gegenüber „den Mitgliedern für ihre Praxis". Dies könnte darauf hindeuten, dass es unerheblich ist, ob Mitglied der Praxisgemeinschaft eine Gemeinschaftspraxis ist oder die Gesellschafter einer Gemeinschaftspraxis persönlich Mitglieder sind, sondern nur entscheidend ist, dass die Leistungen unmittelbar dem Patienten der Gemeinschaftspraxis zugute kommen.

PRAXISHINWEISE:

> Es empfiehlt sich bei der Wahl der ertragsteuerlichen Gestaltung zur Verminderung umsatzsteuerlicher Risiken, dass alle Gesellschafter der Gemeinschaftspraxis persönlich an der Praxisgemeinschaft beteiligt sind und damit als Mitglieder gelten.

d) Umsatzsteuerliche Beurteilung von Leistungen an Nichtmitglieder

Soweit die Praxisgemeinschaft Leistungen an Personen erbringt, die nicht Mitglied der Gemeinschaft sind, sind diese Umsätze **nicht nach § 4 Nr. 14 Buchst. d UStG** von der Umsatzsteuer steuerfrei, da nur die Leistungen gegenüber den Mitgliedern von der Befreiungsvorschrift erfasst werden. Die Umsatzsteuerpflicht ist gleichzeitig verbunden mit einem entsprechenden Vorsteuerabzug. Die Steuerfreiheit der Umsätze an die Mitglieder wird dadurch nicht berührt (R 94 Abs. 4 UStR).

Zu prüfen ist aber, ob die Leistungen ggf. nicht aufgrund anderer Vorschriften von der Umsatzsteuer befreit sind. So kann z. B. die langfristige (Unter-)Vermietung von Praxisräumen nach § 4 Nr. 12 UStG von der Umsatzsteuer befreit sein.

e) Ertragsteuerliche Beurteilung im Falle von Nicht-Ärzten als Mitglieder

Ist an einer **vermögensverwaltenden Personengesellschaft** eine Kapitalgesellschaft oder ein anderer Gewerbetreibender beteiligt, erfolgt die Umqualifizierung nur hinsichtlich der Einkünfte dieses Beteiligten (**Zebragesellschaft**) (Schmidt/Wacker, EStG 2008, § 15 Rn. 201 ff. m. w. N.). In **Abgrenzung des Gewerbebetriebs** von der selbständigen Arbeit erzielen andererseits Gesellschaften nur dann freiberufliche Einkünfte, wenn **alle Gesellschafter die Merkmale eines freien Berufs erfüllen** (H 15.6 EStH „Gesellschaft"). Kein Gesellschafter darf nur kapitalmäßig beteiligt sein oder Tätigkeiten ausüben, die keine freiberuflichen sind (BFH v. 11.6.1985 – VIII R 254/80, BStBl 1985 II S. 584).

Gehören zu den Mitgliedern einer Praxisgemeinschaft Nicht-Ärzte, z. B. eine Krankenhaus gGmbH, stellt sich infolge dieser Grundsätze die Frage, ob es sich bei der Praxisgemeinschaft um einen Gewerbebetrieb handelt.

Mangelt es an einer Gewinnerzielungsabsicht, liegen wie bereits dargestellt keine Mitunternehmerschaft und kein Gewerbebetrieb vor (siehe S. 204). Erzielt die Praxisgemeinschaft mit der Überlassung von Geräten und Einrichtungen mit **Gewinnaufschlag und Zusatzleistungen** (z. B. Personal- und Materialgestellung) originär gewerbliche Einkünfte, liegt ein Gewerbebetrieb vor.

Übt die Praxisgemeinschaft neben der **Nutzungsüberlassung** an die Mitglieder eine Tätigkeit **mit Gewinnerzielungsabsicht** aus, die isoliert betrachtet die Grenzen der privaten Vermögensverwaltung nicht überschreitet (Überlassung von Grundstücken, Sachinbegriffen, beweglichen Gegenständen ohne Zusatzleistungen), führt die Beteiligung eines Nicht-Arztes an einer Praxisgemeinschaft nicht zwangsläufig zu einem Gewerbebetrieb und gewerblichen Einkünften auch für den beteiligten freiberuflich tätigen Arzt. Vielmehr ist nach den Grundsätzen zur Zebragesellschaft davon auszugehen, dass die freiberuflichen Mitglieder freiberufliche Einkünfte i. S. d. § 18 EStG erzielen und die gewerblichen Mitglieder gewerbliche Einkünfte i. S. d. § 15 EStG.

Die **Beteiligung eines Nicht-Arztes** an einer Praxisgemeinschaft führt möglicherweise damit **nicht** in allen Fällen zu dem Ergebnis, dass Einkünfte der Praxisgemeinschaft **zwangsläufig gewerblich** sind. Ziel und Gegenstand einer Praxisgemeinschaft ist i. d. R. nicht die Erzielung von Einkünften, welche dann durch die Beteiligung eines Nicht-Arztes als gewerbliche Einnahmen anzusehen sind. Die Tatsache, dass eine Umqualifizierung für die Beteiligten in andere – allerdings unterschiedliche – Einkunftsarten erfolgen muss, ergibt sich aus der jeweiligen Betriebsvermögenseigenschaft des Beteiligten. Die Abfärbetheorie des § 15 Abs. 3 Nr. 1 EStG ist nicht einschlägig, weil nicht die Personengesellschaft, sondern nur die jeweiligen Gesellschafter gewerbliche bzw. freiberufliche Einkünfte erzielen.

f) Umsatzsteuerliche Beurteilung im Falle von Nicht-Ärzten als Mitglieder

Die Finanzverwaltung verlangte zum Umsatzsteuergesetz in der Fassung bis 2008 in R 94 Abs. 1 Satz 1 UStR 2008 dem Wortlaut nach, dass **ausschließlich** Angehörige der in § 4 Nr. 14 Satz 1 UStG bezeichneten Berufe Mitglieder der Apparategemeinschaft sind. Nach diesen Grundsätzen wären die Leistungen einer Apparategemeinschaft **umsatzsteuerpflichtig, wenn ein Mitglied nicht Arzt o. Ä. ist**, z. B. ein Krankenhaus, selbst wenn dieses die Voraussetzungen der Umsatzsteuerbefreiung für Krankenhausleistungen nach § 4 Nr. 16 UStG a. F. erfüllt und die Geräte und Einrichtungen ausschließlich für die Heilbehandlungen ihrer Patienten einsetzt.

Somit stellte sich die Frage, wie die Beteiligung z. B. einer Ärzte-GmbH, einer Krankenhaus-gGmbH oder eines Medizinischen Versorgungszentrums an der Praxisgemeinschaft zu bewerten ist. Sind solche Gesellschaften an einer Praxisgemeinschaft beteiligt, werden die Leistungen an diese Mitglieder aber dort ausschließlich und unmittelbar für ärztliche Heilbehandlungen gegenüber Patienten eingesetzt, ist nach der hier vertretenen Auffassung die Umsatzsteuerfreiheit für die Leistungen der Praxisgemeinschaft zu gewähren, selbst wenn sich die Steuerbefreiung der nachfolgenden Leistung aus § 4 Nr. 16 UStG a. F. ergibt. Prinzipiell folgen die Umsatzsteuerbefreiungsvorschriften des § 4 Nr. 14 UStG und des § 4 Nr. 16 UStG a. F. unterschiedlichen steuerlichen Voraussetzungen. Beide Leistungen dienen jedoch dem Ziel der Erhaltung oder Wiederherstellung der menschlichen Gesundheit und verfolgen damit den gleichen Zweck. Bereits mit der Umsatzsteuerrichtlinie 2008 wurde daher die Mitgliedschaft von Medizinischen Versorgungszentren in Praxisgemeinschaften von der Finanzverwaltung als unschädlich für die Umsatzsteuerbefreiung angesehen (R 94 Abs. 1 Satz 2 UStR 2008).

Durch das Jahressteuergesetz 2009 wurde mit Wirkung ab dem 1.1.2009 der Anwendungsbereich der Umsatzsteuerbefreiung für Praxisgemeinschaften jetzt in § 4 Nr. 14 Buchst. d UStG in Anlehnung an Art. 132 Buchst. f MwStSystRL erweitert. Seitdem können sowohl Ärzte bzw. Arztpraxen als auch zugelassene Krankenhäuser, Zentren für Diagnostik und Befunderhebung, die nach § 95 SGB V an der vertragsärztlichen Versorgung teilnehmen, und weitere institutionelle Einrichtungen des Gesundheitswesens Mitglied einer umsatzsteuerbefreiten Praxisgemeinschaft sein. Auch für die Vergangenheit dürfte im Zweifelsfall die Möglichkeit bestehen, sich unmittelbar auf die Anwendbarkeit von Art. 132 Buchst. f MwStSystRL zu berufen. Jedenfalls wurden bereits in der Vergangenheit Anträge auf verbindliche Auskunft zugunsten der Praxisgemeinschaften entschieden.

Beteiligen sich dagegen Personen oder Unternehmen ohne entsprechenden Bezug zum Gesundheitswesen nach § 4 Nr. 14 Buchst. a und b UStG an Praxisgemeinschaften, sind die Voraussetzungen für die Umsatzsteuerbefreiung nach 4 Nr. 14 Buchst. d UStG nicht erfüllt.

g) Umwandlung der Praxisgemeinschaft in eine Gemeinschaftspraxis und umgekehrt

Die Umwandlung einer **Praxisgemeinschaft in eine Gemeinschaftspraxis** sollte unter Anwendung des **§ 24 UmwStG** zu Buchwerten möglich sein. In diesem Fall kann die Einbringung der einzelnen Praxen der Mitglieder der Praxisgemeinschaft gegen Gewährung von Gesellschaftsrechten in die neue Gemeinschaftspraxis erfolgen. Durch die Umwandlung der Praxisgemeinschaft entsteht mit der Gemeinschaftspraxis dann eine neue Mitunternehmerschaft.

Für die **Leistungen an Nichtmitglieder** und die **Beteiligung von Nicht-Ärzten** sind nach der Umwandlung die steuerlichen Grundsätze der Gemeinschaftspraxis zu beachten, insbesondere das **Risiko der Gewerblichkeit der Gemeinschaftspraxis** insgesamt.

Die steuerlichen Fragestellungen für die **Umwandlung einer Gemeinschaftspraxis in eine Praxisgemeinschaft** sind wesentlich komplexer. Auch wenn die Gesellschaft zivilrechtlich fortbesteht, ändert sich steuerlich ihre Beurteilung. War die Gesellschaft bisher als Gemeinschaftspraxis steuerlich eine Mitunternehmerschaft, erfüllt jedoch die Praxisgemeinschaft nach den ertragsteuerlichen Grundsätzen nicht mehr die Voraussetzungen für eine Mitunternehmerschaft, so ist die Umwandlung steuerlich als **Beendigung der Mitunternehmerschaft** zu werten.

Die Umwandlung einer Gemeinschaftspraxis in eine Praxisgemeinschaft und die Fortsetzung der ärztlichen Tätigkeit in getrennten Praxen dürfte in vielen Fällen daher wegen der Beendigung der Mitunternehmerschaft einer Betriebsaufgabe gleichkommen und unter den Voraussetzungen des § 16 Abs. 3 Satz 2 ff. EStG als **Realteilung der Gemeinschaftspraxis** zu beurteilen sein (zur Realteilung einer Gemeinschaftspraxis siehe S. 125 ff.). Besonders problematisch ist – neben der einsetzenden **Sperrfrist** – in diesem Zusammenhang der Umstand, dass im Rahmen einer Realteilung einzelne Wirtschaftsgüter nach Auffassung der Finanzverwaltung nicht zu Buchwerten in das Gesamthandsvermögen einer **anderen Mitunternehmerschaft** übertragen werden können, sondern dass der **gemeine Wert** anzusetzen ist (BMF v. 28.2.2006 – IV B 2 – S 2242 – 6/06, BStBl 2006 I S. 228).

Entstehen bei der Umwandlung (Realteilung) der Gemeinschaftspraxis in eine Praxisgemeinschaft nicht nur Einzelpraxen, sondern auch „neue" Gemeinschaftspraxen, führt die Übertragung von Wirtschaftsgütern von der real geteilten Gemeinschaftspraxis in das Gesamthandsvermögen der „neuen" Gemeinschaftspraxis zur **Aufdeckung der stillen Reserven**. Dieses Problem dürfte hauptsächlich den Praxiswert betreffen, da dieser i. d. R. die größten stillen Reserven enthält und i. d. R. auch nicht bei der Praxisgemeinschaft verbleiben wird. Während die materiellen Wirtschaftsgüter rechtlich weiterhin bei der Praxisgemeinschaft verbleiben können, verfügt die Praxisgemeinschaft selbst i. d. R. jedoch nicht über einen Praxiswert, sondern nur die einzelnen Praxen, da der Praxiswert der ärztlichen Tätigkeit zuzuordnen ist.

Nicht abschließend geklärt – und daher auch problematisch – scheint zudem die Frage, wie in diesem Zusammenhang mit den bei der Praxisgemeinschaft rechtlich verbleibenden Wirtschaftsgütern zu verfahren ist. Nach den ertragsteuerlichen Grundsätzen ist die Praxisgemeinschaft keine Mitunternehmerschaft. Die Praxisgemeinschaft kann aus diesem Grund aus steuerlicher Sicht nicht über mitunternehmerisch gebundenes gesamthänderisches Betriebsvermögen verfügen. Vielmehr dürften daher die einzelnen Wirtschaftsgüter entsprechend ihrem Anteil steuerlich dem **Betriebsvermögen der Mitglieder der Praxisgemeinschaft** zuzurechnen sein.

Folgt man diesen Überlegungen, führt die Beendigung der Gemeinschaftspraxis als Mitunternehmerschaft zu dem Ergebnis, dass sämtliche Wirtschaftsgüter aus steuerlicher Sicht anteilig aus dem bisherigen gesamthänderischen Betriebsvermögen in das **Betriebsvermögen der neu entstehenden Praxen** übergehen, soweit diese Mitglied der Praxisgemeinschaft sind. In Verbindung mit dem Umstand, dass bei einer Übertragung einzelner Wirtschaftsgüter von einer Mitunternehmerschaft auf eine andere Mitunternehmerschaft der gemeine Wert anzusetzen ist, würde dies zur Aufdeckung sämtlicher anteiliger stiller Reserven führen.

PRAXISHINWEIS:

Während im Rahmen einer Realteilung die Übertragung zu Buchwerten in das Gesamthandsvermögen einer anderen Mitunternehmerschaft nicht möglich ist, ist der Ansatz der **Buchwerte** zulässig, soweit Wirtschaftsgüter **in das Sonderbetriebsvermögen bei einer anderen Mitunternehmerschaft** übertragen werden (Gragert, NWB F. 3 S. 13887). Diese Beurteilung wird in vielen Fällen eine steuerneutrale Gestaltung zu Buchwerten ermöglichen, wenn im Rahmen der Umwandlung einer Gemeinschaftspraxis in eine Praxisgemeinschaft auch „neue" Gemeinschaftspraxen entstehen. Notwendig ist dann, dass im Rahmen der Umwandlung die Wirtschaftsgüter nicht auf die „neue" Gemeinschaftspraxis übergehen, sondern in das Sonderbetriebsvermögen der einzelnen Gesellschafter übertragen werden. Dies ist bei der vertraglichen Gestaltung – unter Beachtung der umsatzsteuerlichen Fragestellungen (siehe insbesondere S. 147 ff.) und Grundsätze – zu berücksichtigen.

II. Apparategemeinschaft

1. Rechtliche Aspekte

Literatur:

Peikert in Rieger/Dahm/Steinhilper (Hrsg.), Heidelberger Kommentar Arztrecht Krankenhausrecht Medizinrecht, 150 – Apparategemeinschaft (2002).

a) Definition

Die meist in räumlicher Trennung zur eigenen Praxis erfolgende, gemeinschaftlich mit Dritten organisierte Nutzung von Räumen und/oder Geräten und/oder Personal wird als „Apparategemeinschaft" bezeichnet. Hierbei handelt es sich um eine **Organisationsgemeinschaft** als Unterfall der Praxisgemeinschaft mit vielfältigen Variationsmöglichkeiten.

Abzugrenzen von der „Apparategemeinschaft", der ein Element der gemeinsamen Beschaffung und Organisation eigen ist, sind Rechtsverhältnisse auf der Basis **rein schuldrechtlicher Nutzungsüberlassung**. So liegt keine „Apparategemeinschaft" vor, wenn z. B. ein Radiologe den in seinem Eigentum befindlichen Kernspintomographen an andere Ärzte oder einen Krankenhausträger vermietet.

b) Formalien

Hinsichtlich der Vorlage der Verträge bei der Ärztekammer gilt die allgemeine **Soll-Vorschrift** des § 24 MBO. Insoweit ist es anerkannt, dass lediglich Verträge von grundsätzlicher Bedeutung bei der Ärztekammer eingereicht werden sollen.

Für den vertragsärztlichen Bereich bestimmt § 33 Abs. 1 Ärzte-ZV, dass die Kassenärztliche Vereinigung von der gemeinschaftlichen Nutzung von Praxisräumen und Praxispersonal zu unterrichten ist. Demgemäß ist die Tätigkeit in einer Apparategemeinschaft nicht genehmigungs-, sondern lediglich **anzeigepflichtig**. Die Beachtung dieser Vorgabe ist dann besonders wichtig, wenn sich das gemeinschaftlich mit Dritten genutzte medizinische Gerät außerhalb der eigenen Praxisräume befindet.

c) Rechtsform

Apparategemeinschaften werden meist in der Rechtsform der BGB-Gesellschaft betrieben. Theoretisch kommt auch die Gründung einer juristischen Person in Betracht. Die Partnerschaftsgesellschaft scheidet als rechtlicher Mantel aus, da Apparategemeinschaften nicht zur Kategorie der Berufsausübungsgemeinschaft gehören. Sie sind **nicht auf Gewinnerzielung ausgerichtet**, sondern legen die entstandenen Kosten nach einem zu bestimmenden Schlüssel auf die einzelnen Gesellschafter um (Kosten- oder Ausgabengesellschaft). In einfach gelagerten Fällen kommt die Bildung einer Bruchteilsgemeinschaft (§ 741 BGB) in Betracht.

Entgegen einer vielfach geäußerten Meinung handelt es sich bei der in der Rechtsform der BGB-Gesellschaft betriebenen Apparategemeinschaft nicht stets um eine BGB-Innengesellschaft, sondern häufig um eine BGB-Außengesellschaft. Dies ist insbesondere der Fall, wenn Geräte gemeinsam angeschafft und Räume gemeinsam genutzt werden. Dieser Befund hat die gravierende Folge der **gesamtschuldnerischen Haftung** für Gesellschaftsverbindlichkeiten sämtlicher Gesellschafter sowie beitretender neuer Gesellschafter mit ihrem Privatvermögen.

PRAXISHINWEISE:

Bei Investitionen kann es vorteilhaft sein, dass jeder Beteiligte lediglich den auf ihn entfallenden Finanzierungsanteil selbst übernimmt. Hierdurch kann eine gesamtschuldnerische Haftung für das Gesamtengagement vermieden werden.

Zivil- und berufsrechtlich ist es unerheblich, aus welchen Personen oder Personengruppen sich der Gesellschafterkreis der Apparategemeinschaft zusammensetzt. Gerade bei der Beschaffung und der Nutzung von medizinischen Großgeräten haben sich Kooperationsformen zwischen Krankenhäusern und niedergelassenen Ärzten bewährt. Selbstverständlich steht diese Organisationsform auch Krankenhausärzten offen.

Für die Abrechnungsfähigkeit der erbrachten ärztlichen Leistungen sind die zivilrechtlichen Eigentumsverhältnisse unerheblich.

d) Behandlungsvertrag

Der Behandlungsvertrag kommt weder mit der Apparategemeinschaft noch mit sämtlichen Gesellschaftern der Apparategemeinschaft, sondern mit dem jeweiligen behandelnden Arzt zustande. Dies hat zur Folge, dass die Apparategemeinschaft nicht Inhaberin des Honoraranspruchs wird und deren Gesellschafter grundsätzlich nicht für Behandlungsfehler der anderen Mitgesellschafter haften.

Beim Außenauftritt sollte jeder Anschein gemeinschaftlicher ärztlicher Tätigkeit vermieden werden. Ansonsten kann sich aus Aspekten des Rechtsscheins eine gesamtschuldnerische Haftung aller Beteiligten ergeben (vgl. BGH v. 8.11.2005 – VI ZR 319/04, MedR 2006 S. 209).

2. Steuerliche Aspekte

a) Ertragsteuerliche Grundsätze

Die Apparategemeinschaft als Sonderform der Praxisgemeinschaft folgt deren ertragsteuerlichen Grundsätzen (siehe S. 204 ff.). In der Regel liegt daher **keine Mitunternehmerschaft** vor, sondern es werden nur die anteilig auf die Praxen der Mitglieder entfallenden **Betriebsausgaben gesondert festgestellt**.

Stellt eine Apparategemeinschaft niedergelassener Ärzte medizinische Großgeräte Krankenhäusern oder nicht beteiligten Ärzten zur Verfügung, führt dies selbst bei einem Gewinnaufschlag in dem Nutzungsentgelt nicht zu gewerblichen Einkünften. Voraussetzung ist allerdings, dass neben der entgeltlichen Nutzungsüberlassung keine zusätzlichen Dienstleistungen erbracht werden (OFD Rheinland – Kurzinformation Einkommensteuer Nr. 9/2006 v. 2.2.2006, DB 2006 S. 304, ausführlich siehe S. 214 ff.; vgl. allerdings zur Unschädlichkeit einer technischen Bedienungsunterstützung durch geschultes Personal bei einer entgeltlichen Überlassung medizinischer Großgeräte im Rahmen des Mammographie-Screenings OFD Rheinland v. 20.11.2007 – Kurzinformation Einkommensteuer Nr. 76/2007 S 2246 – St 157, n. v., NWB DokID: UAAAC-64373).

b) Umsatzsteuerliche Grundsätze

Die Apparategemeinschaft als Sonderform der Praxisgemeinschaft folgt auch deren umsatzsteuerlichen Grundsätzen (siehe S. 204 ff.). Die sonstigen Leistungen gegenüber den Mitgliedern, die **unmittelbar von den beteiligten Ärzten zur Ausführung ihrer steuerfreien Heilbehandlungen** verwendet werden, erfüllen i. d. R. insoweit die Voraussetzungen der Umsatzsteuerbefreiungsvorschrift des § 4 Nr. 14 Buchst. d UStG, soweit die Gemeinschaft von ihren Mitgliedern lediglich die genaue Erstattung des jeweiligen Anteils an den gemeinsamen Kosten fordert.

Häufiger als bei der Praxisgemeinschaft könnte fraglich sein, ob die Apparategemeinschaft überhaupt als umsatzsteuerlicher Unternehmer anzusehen ist (vgl. ausführlich S. 204 f.).

BEISPIEL: ► Die drei in einem Ärztehaus niedergelassenen Ärzte A, B und C planen die gemeinsame Anschaffung einer Röntgenanlage. Sie vereinbaren hierzu jeweils zu einem Drittel selbst die Anschaffungskosten zu tragen und persönlich zu finanzieren und die Betriebsausgaben (Abschreibungen) in diesem Verhältnis aufzuteilen. Fraglich scheint, ob die Übernahme der Anschaffungskosten allein ausreicht, um als Entgelt (Gegenleistung) für die Überlassung des Gerätes gewertet zu werden (BFH v. 28.11.2002 – V R 18/01, BStBl 2003 II S. 443, m. w. N.; siehe auch S. 205 f.).

PRAXISHINWEIS:

Solange die Finanzverwaltung die Voraussetzungen des § 4 Nr. 14 Buchst. d UStG für eine umsatzsteuerfreie Leistung als erfüllt ansieht, dürfte die Frage nach der Umsatzsteuerbarkeit für die Praxis von untergeordneter Bedeutung sein.

III. Laborgemeinschaft

1. Rechtliche Aspekte

Literatur:

Möller, Gründung und Betrieb privatärztlicher Laborgemeinschaften, MedR 1994 S. 10; *Peikert* in Rieger/Dahm/Steinhilper (Hrsg.), Heidelberger Kommentar Arztrecht Krankenhausrecht Medizinrecht, 3300 – Laborgemeinschaften (2002); *Niggehoff*, Die zahnärztliche Praxislaborgemeinschaft – Zulässigkeit und Problemstellung Festschrift 10 Jahre AG Medizinrecht im DAV, 2008, S. 769; *Taupitz/Neikes*, Laboruntersuchungen als „eigene" Leistung im Sinne der GOÄ, MedR 2008 S. 121; *Imbeck*, Direktabrechnung durch Laborgemeinschaften – Das Ei des Kolumbus oder ein Irrweg? –, MedR 2009 S. 10.

a) Definition, Rechtsgrundlagen

Eine Laborgemeinschaft ist ein Zusammenschluss von Ärzten gleicher oder unterschiedlicher Fachrichtung zur gemeinsamen Nutzung von Laboreinrichtungen zwecks Erbringung der in der eigenen Praxis anfallenden Laboratoriumsuntersuchungen.

Im vertragsärztlichen Bereich ist die allgemeine Rechtsgrundlage in § 105 Abs. 2 SGB V zu sehen: „Die Kassenärztlichen Vereinigungen haben darauf hinzuwirken, dass medizinisch-technische Leistungen, die der Arzt zur Unterstützung seiner Maßnahmen benötigt, wirtschaftlich erbracht werden. Die Kassenärztlichen Vereinigungen sollen ermöglichen, solche Leistungen im Rahmen der vertragsärztlichen Versorgung von Gemeinschaftseinrichtungen der niedergelassenen Ärzte zu beziehen, wenn eine solche Einrichtung medizinischen Erfordernissen genügt."

Konkretisierend bestimmt § 25 Abs. 3 BMV-Ä: „Laborgemeinschaften sind Gemeinschaftseinrichtungen von Vertragsärzten, welche dem Zweck dienen, laboratoriumsmedizinische Analysen des Kapitels 32.2 [EBM 2000plus] regelmäßig in derselben gemeinschaftlichen Betriebsstätte zu erbringen."

Für den privatärztlichen Bereich bestimmt § 4 Abs. 2 GOÄ: „Der Arzt kann Gebühren nur für selbständige Leistungen berechnen, die er selbst erbracht hat oder die unter seiner Aufsicht nach fachlicher Weisung erbracht wurden (eigene Leistungen). Als eigene Leistungen gelten auch von ihm berechnete Laborleistungen des Abschnitts M II des Gebührenverzeichnisses (Basislabor), die nach fachlicher Weisung unter der Aufsicht eines anderen Arztes in Laborgemeinschaften [...] erbracht wurden."

Die Laborgemeinschaft gilt als **Unterfall der Apparategemeinschaft**. Nach überkommenem Verständnis ist sie eine reine Kostengemeinschaft. Jahrzehntelang rechnete der einzelne Gesellschafter die in der Laborgemeinschaft erbrachten Leistungen gegenüber der Kassenärztlichen Vereinigung oder seinen Patienten ab und beteiligte sich im Wege der Umlage an den entstandenen Kosten der Gesellschaft.

Ausschließlich beschränkt auf das vertragsärztliche System erfolgt dort ab dem 1.10.2008 durch Änderung der bundesmantelvertraglichen Bestimmungen (vgl. § 25 Abs. 3 BMV-Ä) die Direktabrechnung zwischen den Laborgemeinschaften und den KVen. Die Laborgemeinschaften müssen gegenüber der die Abrechnung durchführenden KV ihre Kosten durch Vorlage einer Gewinn- und Verlustrechnung nachweisen und erhalten diese jedoch höchstens nach den Kostensätzen des Anhangs zum Kapitel 32.2 EBM erstattet. Ziel dieser Reform ist die Senkung des Anforderungsverhaltens. Zudem sollen Koppelgeschäfte verhindert werden. Aufgrund des Protestes vieler Vertragsärzte und der Ablehnung der Direktabrechnung durch einzelne KV-Vorstände hat die KBV es – systemwidrig – ermöglicht, die Analysen des Basislabors in sog. regionalen Leistungserbringungsgemeinschaften gem. § 15 Abs. 3 BMV-Ä durchzuführen. Sie hat dies allerdings bis längstens zum 31.12.2009 befristet (informativ und zu Recht kritisch Imbeck, MedR 2009 S. 10, 14). Viele Laborgemeinschaften haben die Einführung der Direktabrechnung zum Anlass genommen, die Leistungserbringung für die vertragsärztliche Tätigkeit vollständig einzustellen. Ob durch die Überweisung der Analysen an Laborärzte Kosten eingespart werden, erscheint allerdings fraglich.

b) Rechtsform

Die meisten Laborgemeinschaften sind BGB-Gesellschaften. Da die Laborgemeinschaft als ausgelagerter Praxisteil verstanden wird und ärztliche Praxen jahrzehntelang – und auch heute noch z. B. in Nordrhein – nicht als juristische Personen betrieben werden durften, schieden die GmbH oder AG als Rechtsform aus. Im Vertragsarztrecht ist die juristische Person – außer als MVZ-Trägerin – nach wie vor nicht anerkannt.

c) Kooperation mit Laborärzten

Viele Laborgemeinschaften arbeiten mit Laborärzten oder von diesen gehaltenen Betriebsgesellschaften zusammen. Oftmals werden Räume, Geräte, Personal, Fahrdienst etc. gemeinsam genutzt. Teilweise verfügen die Laborgemeinschaften nicht (mehr) über eigene Ressourcen. Mittels eines **Dienstleistungsvertrages** nutzt die Laborgemeinschaft die Einrichtung des Laborarztes oder einer diesem nahe stehenden Gesellschaft, wobei dem Laborarzt häufig auch die ärztliche Leitung der Laborgemeinschaft obliegt. Der Laborarzt ist an der Zusammenarbeit interessiert, weil er sich die Überweisung von – lukrativen – Spezialuntersuchungen erhofft. In der Praxis wird dabei z. T. in mehr oder weniger offensichtlicher Form gegen das **berufsrechtliche Verbot der Zuweisung gegen Entgelt verstoßen.**

Der Bundesgerichtshof hat in diesem Zusammenhang festgestellt (v. 21.4.2005 – I ZR 201/ 02, MedR 2006 S. 168):

„1. Ein Laborarzt handelt unlauter i. S. v. §§ 3, 4 Nr. 1 UWG, wenn er niedergelassenen Ärzten die Durchführung von Laboruntersuchungen, die diese selbst gegenüber der

Kasse abrechnen können, unter Selbstkosten in der Erwartung anbietet, dass die niedergelassenen Ärzte ihm im Gegenzug Patienten für Untersuchungen überweisen, die nur von einem Laborarzt vorgenommen werden können.

2. Einem solchen Angebot unter Selbstkosten steht es gleich, wenn die günstigen Preise für die von den niedergelassenen Ärzten abzurechnenden Laboruntersuchungen dadurch ermöglicht werden, dass der Laborarzt einer von ihm betreuten Laborgemeinschaft der niedergelassenen Ärzte freie Kapazitäten seines Labors unentgeltlich oder verbilligt zur Verfügung stellt."

d) Exkurs: Speziallabor

Mit Änderung der GOÄ im Jahre 1996 wollte der Gesetzgeber die „Selbstzuweisung" unterbinden und hierdurch eine wirtschaftlichere/sparsamere Indikationsstellung herbeiführen. Er ging davon aus, dass ein Arzt seinen Patienten eher die Durchführung einer Laboruntersuchung empfiehlt, wenn er selbst von der Leistung wirtschaftlich profitiert. Um dieses Ziel zu erreichen, untersagte er den Bezug von Leistungen der Kapitel M III und IV GOÄ aus Laborgemeinschaften. Im vertragsärztlichen Bereich war dieses Verbot bereits wesentlich früher eingeführt worden.

Laborgemeinschaften sind derzeit sowohl im privat- als auch im vertragsärztlichen Bereich auf die **Erbringung von Leistungen des Basislabors** beschränkt. Immer wieder führt es zu Diskussionen, unter welchen Voraussetzungen ein Arzt die Laboreinrichtung eines Dritten – sei es eines Arztes, einer Laborgemeinschaft oder eines gewerblichen Unternehmens – zur Durchführung von Spezialuntersuchungen nutzen darf. § 4 Abs. 2 GOÄ verlangt, dass die Leistungserbringung nach fachlicher Weisung und unter der Aufsicht des abrechnenden Arztes erfolgt (hierzu ausführlich Taupitz/Neikes, MedR 2008 S. 121, 126 f.). Dabei wird von niemandem die Zulässigkeit des Einsatzes nichtärztlichen Hilfspersonals bezweifelt. Bei Nutzung von hochtechnisierten Analyseautomaten stellt sich die höchstrichterlich nie geklärte Frage, zu welchem Zeitpunkt der Leistungserbringung die persönliche Anwesenheit des Arztes erfolgen muss, um diesem die Abrechnung der Laborleistungen zu ermöglichen. Es spricht sehr viel dafür, die Leistungen als selbst erbracht und damit abrechnungsfähig einzustufen, wenn der Arzt, dem Weisungsrechte gegenüber dem nichtärztlichen Personal zustehen müssen, zumindest zeitnah nach der automatischen Analyseerbringung persönlich im Labor die Validierung des Messergebnisses vornimmt. Die telematische Befundübermittlung in die Praxis des Arztes und die von diesem dort getätigte Freigabe des Befundergebnisses wird allgemein als nicht ausreichend angesehen. Warnend hervorzuheben ist, dass sich die Staatsanwaltschaften seit einigen Jahren verstärkt dafür interessieren, ob die Abrechnungsvoraussetzungen eingehalten werden.

e) Ausblick

Bei den Laborgemeinschaften könnte es sich um ein „Auslaufmodell" handeln, da die Kassenärztliche Bundesvereinigung (KBV) mittel- bis langfristig deren **Abschaffung** plant. Die KBV geht davon aus, dass knapp 30 % der in Laborgemeinschaften erbrachten Leistungen überflüssig seien. Seit 1999 sei ein Honorarmehrbedarf von 120 Mio. Euro zu verzeichnen. Durch Auflösung der Laborgemeinschaften sollen die hierdurch frei werdenden Mittel im Rahmen der Honorarverteilung anderen Leistungen zugute kommen. Innerärztlich regt sich allerdings erheblicher Widerstand. Sollte die Abschaffung im vertragsärztlichen Bereich erfolgen, wird es mutmaßlich nur eine Frage der Zeit sein, bis diese Vorgaben auf den GOÄ-Bereich abfärben.

2. Steuerliche Aspekte

Literatur:

Michels/Ketteler-Eising, Umsatzsteuerliche Regelungen für medizinische Analysen und Abgrenzung zwischen § 4 Nr. 14 UStG und § 4 Nr. 16 UStG, UR 2006 S. 619; *Michels/Ketteler-Eising*, Gewerbesteuer- und Umsatzsteuerrisiken aus der Direktabrechnung von Laborgemeinschaften, GesR 10/2008 S. 510.

a) Ertragsteuerliche Grundsätze

Die Laborgemeinschaft als Sonderform der Praxisgemeinschaft folgt deren ertragsteuerlichen Grundsätzen (siehe S. 204 ff.). In der Regel liegt daher **keine Mitunternehmerschaft** vor.

Bei der Tätigkeit von Laborgemeinschaften handelt es sich steuerlich nach Auffassung der Finanzverwaltung um **Hilfstätigkeiten der ärztlichen Tätigkeit**, die lediglich aus technischen Gründen aus der Einzelpraxis ausgegliedert sind. Die Einnahmen aus einer Laborgemeinschaft bzw. aus Laborleistungen sind daher den Einnahmen aus selbständiger Arbeit der beteiligten Ärzte zuzurechnen. Laborgemeinschaften werden aufgrund der i. d. R. lediglich kostendeckenden Auftragsabwicklung nicht mit Gewinnerzielungsabsicht tätig, so dass insoweit **nicht von einer Gewerblichkeit der Laborgemeinschaften auszugehen** ist (BMF v. 31.1.2003 – IV A 6 – S 2246 – 5/03, BStBl 2003 I S. 170).

Fraglich ist, ob sich dies durch die ab 1. 10. 2008 eingeführte Direktabrechnung im vertragsärztlichen Bereich geändert hat. Seit dem 1. 10. 2008 erfolgt die Abrechnung von Laborgemeinschaften nach § 25 Abs. 3 BMV-Ä bzw. § 28 Abs. 3 EKV auf der Basis der bei der Abrechnung nachzuweisenden Kosten der Laborgemeinschaft, höchstens jedoch nach den Kostensätzen des Anhangs zum Kapitel 32.2. direkt mit der zuständigen Kassenärztlichen Vereinigung. Damit erhält die Laborgemeinschaft nicht mehr Einlagen von ihren Mitgliedern, sondern echte Einnahmen von Dritten.

Die Änderung der Abrechnungsgrundsätze ändert nach Auffassung der Finanzverwaltung an der bisherigen Rechtsauffassung nichts, wenn die Laborgemeinschaft weiterhin lediglich die Kosten gegenüber der gesetzlichen Krankenkasse in der Höhe abrechnet, in der diese ihr tatsächlich entstanden sind (BMF v. 12.2.2009 – IV C 6 – S 2246/08/10001, BStBl 2009 I S. 398 Rn. 8). Allerdings gilt auch weiterhin, dass eine Laborgemeinschaft keine Kosten-/Hilfsgemeinschaft mehr im oben genannten Sinne, sondern eine Mitunternehmerschaft nach § 15 Abs. 1 Satz 1 Nr. 2 EStG i. V. m. § 18 Abs. 4 Satz 2 EStG darstellt, wenn hingegen Gewinne erzielt werden (BMF v. 12.2.2009 – IV C 6 – S 2246/08/10001, BStBl 2009 I S. 398 Rn. 10).

Ob Laborgemeinschaften nunmehr Gewinne im steuerlichen Sinne erzielen werden, wird letztlich davon abhängen, wie die Abrechnung im Detail zukünftig konkret ausgestaltet sein wird. Jedenfalls kann je nach Auslegung des Begriffs „Kosten" im Sinne eines betriebswirtschaftlich kalkulierten Preises nach Abzug der steuerlichen Betriebsausgaben zu einem Gewinn der Laborgemeinschaft wenn auch nicht im betriebswirtschaftlichen, dann doch im steuerlichen Sinne führen. Konkrete Erfahrungen fehlen derzeit, so dass ein steuerliches Risiko nicht ausgeschlossen werden kann.

Erbringen Laborgemeinschaften auch **Leistungen an Nichtmitglieder** mit Gewinnerzielungsabsicht, ist unter Beachtung der Grundsätze zur leitenden und eigenverantwortlichen Tätigkeit von Laborärzten die Gewerblichkeit der Einkünfte zu prüfen. Für die Frage der leitenden und eigenverantwortlichen Tätigkeit bei Laborärzten ist insbesondere die Praxisstruktur, die individuelle Leistungskapazität des Arztes, das in der Praxis anfallende Leistungsspektrum und die Qualifikation der Mitarbeiter zu berücksichtigen. Eine leitende und eigenverantwortliche Tätigkeit liegt im Einzelfall z. B. dann nicht vor, wenn die Zahl der vorgebildeten Arbeitskräfte und die Zahl der täglich anfallenden Untersuchungen eine Eigenverantwortlichkeit ausschließen (BMF v. 31.1.2003 – IV A 6 – S 2246 – 5/03, BStBl 2003 I S. 170). In Einzelfall kann die Laborgemeinschaft als gewerbliche Mitunternehmerschaft zu qualifizieren sein (vgl. hierzu im Einzelnen S. 100).

PRAXISHINWEISE:

Ist eine freiberufliche Gemeinschaftspraxis an einer als gewerblich zu qualifizierenden Laborgemeinschaft beteiligt, ist von einer gewerblichen Infizierung auch der freiberuflichen Gemeinschaftspraxis auszugehen (vgl. ausführlich S. 104 f.). Es empfiehlt sich daher, dass nicht die Gemeinschaftspraxis, sondern der einzelne Arzt Mitglied der Laborgemeinschaft wird. Gewerbliche Einnahmen im Sonderbetriebsbereich des Gesellschafter führen nicht nach § 15 Abs. 3 Nr. 1 EStG zur Gewerblichkeit der Gesellschaft/Gesamthand (BFH v. 28.7.2006 – XI R 31/05, BFH/NV 2006 S. 2175).

b) Verfahrensrechtliche Grundsätze

Im Grundsatz erfolgt wie bei der Praxisgemeinschaft eine gesonderte Feststellung der auf den beteiligten Arzt entfallenden Betriebsausgaben der Laborgemeinschaft nach § 1 der Verordnung zu § 180 Abs. 2 AO, solange die Laborgemeinschaft als reine Kosten-/ Hilfsgemeinschaft gilt. Die von dem Arzt zu leistenden Kostenumlagen sind dann für den Arzt steuerlich keine Betriebsausgaben und für die Laborgemeinschaft keine Betriebseinnahmen. Die Zuordnung der negativen Einkünfte erfolgt ausschließlich über die gesonderte Feststellung bei der Gewinnermittlung der Praxis.

Laborgemeinschaften verfügen in der Praxis häufig über eine Vielzahl von Mitgliedern. Von der Finanzverwaltung wird es daher teilweise zugelassen, dass die Laborgemeinschaft die gezahlten Kostenumlagen als Betriebseinnahmen erfasst. In diesem Fall hat der Einnahme die Zahlung des beteiligten Arztes bei diesem als gewinnmindernde Betriebsausgabe gegenüberzustehen und ist entsprechend als solche zu verbuchen. Die Laborgemeinschaft ermittelt dann im Rahmen einer einheitlichen und gesonderten Feststellung die Differenz zwischen Betriebseinnahmen und -ausgaben und verteilt dieses Ergebnis auf die Mitglieder.

In beiden Fällen wirken sich bei dem beteiligten Arzt im Ergebnis nur die nach der gesonderten Feststellung gem. § 180 Abs. 2 AO auf ihn anteilig entfallenden Aufwendungen der Laborgemeinschaft gewinnmindernd aus. Das Feststellungsfinanzamt der Laborgemeinschaft hat dem für die Veranlagung der Praxis des Arztes zuständigen Finanzamt die Art der Behandlung der vereinnahmten Umlagen mitzuteilen (OFD Hannover v. 26.3.2003, GewStK § 2 GewStG, F. 3 Karte 4).

PRAXISHINWEISE:

Beteiligt sich ein Arzt an einer Laborgemeinschaft, sollte im Vorfeld die steuerliche Behandlung der Umlagezahlungen an die Laborgemeinschaft mit der Laborgemeinschaft und dem Finanzamt abgestimmt werden.

c) Umsatzsteuerliche Grundsätze

Die Laborgemeinschaft als Sonderform der Praxisgemeinschaft folgt auch deren umsatzsteuerlichen Grundsätzen (siehe S. 204 ff.). Die sonstigen Leistungen, die **unmittelbar von den beteiligten Ärzten zur Ausführung ihrer steuerfreien Umsätze** verwendet werden, erfüllen i. d. R. insoweit die Voraussetzungen der Umsatzsteuerbefreiungsvorschrift des § 4 Nr. 14 Buchst. d UStG, soweit die Gemeinschaft von ihren Mitgliedern lediglich die genaue Erstattung des jeweiligen Anteils an den gemeinsamen Kosten fordert.

Auch aus umsatzsteuerlicher Sicht stellt sich die Frage, ob sich umsatzsteuerliche Risiken aus der Einführung der Direktabrechnung im Rahmen der vertragsärztlichen Leistungen ergeben. Als Voraussetzung für die Befreiung von der Umsatzsteuer wird gefordert, dass die Gemeinschaft von ihren Mitgliedern lediglich die genaue Erstattung des jeweiligen Anteils an den gemeinsamen Kosten fordern darf. Dies kann im Rahmen der Direktabrechnung in Frage gestellt sein. Die Abrechnung erfolgt zunächst nicht mehr gegenüber den Mitgliedern, sondern gegenüber der zuständigen kassenärztlichen Vereinigung. Insofern ist unklar, ob überhaupt noch eine Leistungsbeziehung zwischen dem Mitglied und seiner Laborgemeinschaft vorliegt oder ob die Laborgemeinschaft ihre Leistungen nicht vielmehr gegenüber dem Patienten erbringt. Des Weiteren soll die Vergütung nach Aussage der KBV zukünftig auf einer Mischkalkulation beruhen und die Berechnung der Kosten für die einzelnen Parameter entfallen (vgl. KBV – Fragen- und Antwortenkatalog zur Direktabrechnung durch Laborgemeinschaften, Stand 1.4.2009, Rn. 8). Ferner stellt sich – wie bei der ertragsteuerlichen Betrachtung – die Frage, ob im Rahmen der Abrechnung die genaue Erstattung der gemeinsamen Kosten im umsatzsteuerlichen Sinne vorliegt oder ob nicht ggf. höhere Beträge erstattet werden, was ebenfalls in die Umsatzsteuerpflicht führen könnte.

Nach Auffassung der Finanzverwaltung (BMF v. 26.6.2009 – IV B 9 – S 7170/08/10009, Tz. 74, zur Veröffentlichung vorgesehen) erfüllen auch Laborleistungen gem. § 25 Abs. 3 BMV-Ä, wonach die Laborgemeinschaft für den Arzt die auf ihn entfallenden Analysekosten gegenüber der zuständigen Kassenärztlichen Vereinigung abrechnet, hinsichtlich der dort geforderten „genauen Erstattung des jeweiligen Anteils an den gemeinsamen Kosten" die Voraussetzung des § 4 Nr. 14 Buchst. d UStG. Für die Steuerbefreiung ist es unschädlich, wenn die Gemeinschaft den jeweiligen Anteil der gemeinsamen Kosten des Mitglieds direkt im Namen des Mitglieds mit den Krankenkassen abrechnet. Die Leistungsbeziehung zwischen Gemeinschaft und Mitglied bleibt nach Auffassung der Finanzverwaltung weiterhin bestehen. Der verkürzte Abrechnungsweg kann als Serviceleistung angesehen werden, die als unselbständige Nebenleistung das Schicksal der Hauptleistung teilt.

Besonderer Aufmerksamkeit bedarf darüber hinaus die umsatzsteuerliche Würdigung der **Kooperation von Laborgemeinschaften mit Laborärzten**. Da die Mitglieder der Laborgemeinschaft i. d. R. selbst ausschließlich oder überwiegend umsatzsteuerfreie ärztliche Leistungen erbringen, kommt der Frage besondere Bedeutung zu, ob aus der Kooperation mit Laborärzten **zusätzliche Umsatzsteuer** entsteht, die von den Ärzten nicht als Vorsteuer in Abzug gebracht werden kann.

Im ersten Schritt ist zu unterscheiden, ob es sich bei den Leistungen des Laborarztes an die Laborgemeinschaft um die Erbringung **medizinischer Laboruntersuchungen/Analysen** handelt, die nach § 4 Nr. 14 Buchst. b UStG steuerfrei sein können, oder ob es sich bei den Leistungen um die **Bereitstellung von Einrichtungen, Geräten und Personal**, eine organisatorische und wirtschaftliche Beratung und andere nicht umsatzsteuerbefreite Leistungen handelt. Soweit bei den Analysen durch den Laborarzt **Arbeitnehmer der La-**

borgemeinschaft eingesetzt werden, ist für die Frage der Höhe des umsatzsteuerlichen Entgeltes zudem zu prüfen, ob es sich seitens der Laborgemeinschaft um eine **nichtsteuerbare Personalbeistellung** oder eine **steuerbare Personalgestellung** nach den Abgrenzungskriterien der Werklieferung an den Laborarzt handelt.

Handelt es sich bei den Leistungen des Laborarztes um die Erbringung medizinischer Laboruntersuchungen/Analysen, sind diese bis 31.12.2008 nach § 4 Nr. 14 Satz 1 UStG steuerfrei (BFH v. 15.3.2007 – V R 55/03, BStBl 2008 II S. 31). In der ab dem 1.1.2009 geltenden Gesetzesfassung bestimmt sich die Umsatzsteuerbefreiung nach § 4 Nr. 14 Buchst. b Doppelbuchst. bb UStG. Demnach sind die Leistungen eines Laborarztes bzw. eines Labors (nur) dann von der Umsatzsteuer befreit, wenn der Laborarzt bzw. das Labor („Zentren für ärztliche Heilbehandlung und Diagnostik oder Befunderhebung") nach § 95 SGB V an der vertragsärztlichen Versorgung teilnimmt.

Diese Voraussetzung begegnet verfassungsrechtlichen bzw. europarechtlichen Bedenken. Nach der Gesetzesbegründung sollen auch klinische Chemiker weiterhin von der Umsatzsteuerbefreiung in der Fassung ab 1.1.2009 erfasst sein. Die nach dem Wortlaut geforderte Teilnahme nach § 95 SGB V an der vertragsärztlichen Versorgung trifft aber auf klinische Chemiker, die über die Bundesmantelverträge vergütet werden, nicht zu, obwohl ihre Leistungen mit denen der Laborärzte vergleichbar sind. Bereits nach § 4 Nr. 14 UStG in der Fassung von 1976 waren die labordiagnostischen Leistungen seinerzeit nicht von der Umsatzsteuer befreit (BFH v. 25.3.1977 – V R 144/74, BStBl 1977 II S. 579). Diese Ausklammerung der klinischen Chemiker wurde als unbefriedigend eingestuft, und im Umsatzsteuergesetz 1980 wurde zur Vermeidung einer Ungleichbehandlung die Umsatzsteuerbefreiung nach § 4 Nr. 14 UStG auf die klinischen Chemiker ausgedehnt. Da nunmehr die klinischen Chemiker wie bereits vor 1980 nicht mehr vom Wortlaut des § 4 Nr. 14 UStG erfasst sind, kommt es wiederum möglicherweise zu einer Ungleichbehandlung. Dies widerspricht dem Grundsatz der umsatzsteuerlichen Neutralität, vergleichbare Leistungen umsatzsteuerlich gleich zu behandeln.

IV. Praxisverbünde

1. Rechtliche Aspekte

Literatur:

Rieger, Vernetzte Praxen – Rechtsbeziehungen zwischen den Beteiligten – berufs-, vertragsarzt- und wettbewerbsrechtliche Aspekte, MedR 1998 S. 75; *Weimar*, Ärztliche Praxisnetze – Anwaltliche Gestaltung des Gesellschaftsvertrages, MDR 2000 S. 866; *Rieger* in Rieger/Dahm/Steinhilper (Hrsg.), Heidelberger Kommentar Arztrecht Krankenhausrecht Medizinrecht, 4305 – Praxisnetz (2001); *Walter*, Neue gesetzgeberische Akzente in der hausarztzentrierten Versorgung, NZS 2009 S. 370.

a) Definition

§ 23d Abs. 1 MBO definiert den Praxisverbund wie folgt: „Ärztinnen und Ärzte dürfen, auch ohne sich zu einer Berufsausübungsgemeinschaft zusammenzuschließen, eine Kooperation verabreden (Praxisverbund), welche auf die Erfüllung eines durch gemeinsame oder gleichgerichtete Maßnahmen bestimmten Versorgungsauftrages oder auf eine andere Art der Zusammenarbeit zur Patientenversorgung, z. B. auf dem Felde der Qualitätssicherung oder Versorgungsbereitschaft, gerichtet ist."

Gemäß § 23d Abs. 3 MBO können unter Berücksichtigung weiterer berufsrechtlicher Vorgaben einem Praxisverbund auch **Krankenhäuser, Vorsorge- und Rehabilitations-Kliniken und Angehörige anderer Gesundheitsberufe** angehören.

§ 73a Abs. 1 SGB V beschreibt „vernetzte Praxen" – aus der Sicht des Vertragsarztrechts – wenig präzise als Möglichkeit der Kassenärztlichen Vereinigungen, mit den Landesverbänden der Krankenkassen und Verbänden der Ersatzkassen in Gesamtverträgen Versorgungs- und Vergütungsstrukturen zu vereinbaren, die dem vom Versicherten gewählten Verbund haus- und fachärztlich tätiger Vertragsärzte Verantwortung für die Gewährleistung der Qualität und Wirtschaftlichkeit der vertragsärztlichen Versorgung sowie der ärztlich verordneten oder veranlassten Leistungen insgesamt oder für inhaltlich definierte Teilbereiche diese Leistungen überträgt. Wesentlich sind die Freiwilligkeit einerseits des Zusammenschlusses von Vertragsärzten und andererseits der Wahl der Versicherten zur Teilnahme. Im Hausarztmodell kommt dem vom Patienten gewählten Hausarzt – neben dessen eigener ärztlicher Tätigkeit – die **Koordinierungsfunktion** („Hausarzt als Lotse") zu.

In der Praxis werden die Begriffe „Praxisverbund" und „Praxisnetz = vernetzte Praxis" meist synonym verwandt. Die praktische Relevanz dieser Kooperationsform ist – zumindest derzeit noch – von untergeordneter Bedeutung.

b) Formalien

Der Vertrag über die Errichtung des Praxisverbundes ist der Ärztekammer zum Zweck der Prüfung vorzulegen (§ 23d Abs. 2 MBO). Ist der Verbund kammerübergreifend tätig, muss jeder Arzt den Vertrag der für ihn zuständigen Landesärztekammer einreichen. Ein Genehmigungserfordernis besteht nicht.

Der Arzt kann **Mitglied in mehreren Praxisnetzen** sein.

Im vertragsärztlichen Bereich ist ein formaler – schriftlicher – Beitritt des Vertragsarztes zu dem zwischen der Kassenärztlichen Vereinigung und den Krankenkassen abgeschlossenen Strukturvertrag erforderlich, der seinerseits an die Mitgliedschaft im Praxisnetz geknüpft ist.

c) Vertragsarztrechtliche Besonderheiten

Die Gründung eines Praxisnetzes setzt im Bereich der vertragsärztlichen Versorgung voraus, dass die Kassenärztliche Vereinigung mit den Verbänden der Krankenkassen und den Verbänden der Ersatzkassen einen Strukturvertrag abgeschlossen hat. **Strukturverträge** sind öffentlich-rechtliche, im Streitfall der Sozialgerichtsbarkeit unterfallende Verträge. Sie **konkretisieren qualitative Untersuchungs- und Behandlungsstandards** wie

▶ erweiterte Präsenz- und Dokumentationspflichten,

▶ Teilnahme an Qualitätszirkeln,

▶ Zweitmeinungsmodelle,

▶ Vorgaben zur Kommunikation,

▶ evtl. Netz-Positivliste für Arzneimittel.

In den Strukturverträgen sind die Rahmenbedingungen i. S. v. Mindestvoraussetzungen für die privatrechtliche Ausgestaltung des Netzes vorzugeben.

Der Zulassungsstatus des einzelnen Vertragsarztes wird durch die Teilnahme an einem Strukturvertrag nicht berührt, allerdings werden dessen vertragsärztliche Rechte und Pflichten entsprechend dem Inhalt des Strukturvertrages modifiziert. Auch die nach Maßgabe eines Strukturvertrages erbrachten vertragsärztlichen Leistungen sind Bestandteil des vertragsärztlichen Vergütungssystems.

Für die Leistungen des Praxisnetzes kann die **Bildung von Finanzierungsbudgets** vereinbart werden. Der am Strukturvertrag teilnehmende Arzt rechnet die von ihm erbrachten Leistungen unter Anwendung des EBM 2000plus oder nach vereinbarten Pauschalen ab. Im Rahmen der netzinternen Honorarverteilung kann sich je nach Grad der Budgetausschöpfung ein höherer oder niedrigerer Verteilungspunktwert ergeben als bei Leistungserbringung außerhalb des Praxisnetzes.

Die Teilnahme am Praxisnetz ist für jeden Vertragsarzt freiwillig. Bei Erfüllung der Voraussetzungen besteht grundsätzlich ein **Rechtsanspruch auf Teilnahme am Strukturvertrag und Aufnahme in das Praxisnetz.**

d) Rechtsbeziehungen der Ärzte untereinander

Der Praxisverbund ist **Organisationsgemeinschaft**, nicht Berufsausübungsgemeinschaft. Beim Praxisverbund schließen sich die Verbundärzte zusammen, um durch abgestimmte Maßnahmen die Untersuchungs- und Behandlungsqualität zu sichern und hierdurch Kosten einzusparen. Die gemeinsame ärztliche Leistungserbringung gegenüber den Patienten ist ebenso wenig Gesellschaftszweck wie das Ziel, die eigene Praxis nach ökonomischen Maximen zu betreiben. Der Praxisverbund kann aber durchaus die **Vorstufe für eine Teilgemeinschaftspraxis** bilden.

Als Rechtsformen kommen primär die BGB-Gesellschaft und – aus Haftungsgründen vorzugswürdig – die GmbH in Betracht, wobei die GmbH bei häufigem Mitgliederwechsel wegen der Pflicht zur notariellen Beurkundung und Eintragung in das Handelsregister faktisch Probleme bereitet. Die Partnerschaftsgesellschaft scheidet als Rechtsform aus, da die Gesellschafter ihren Beruf nicht in der Gesellschaft ausüben.

Folgende Aspekte sind bei der **Vertragsgestaltung** besonders zu berücksichtigen:

▶ Definition des Gesellschaftszwecks,

▶ Konkretisierung von Treue- und Förderpflichten,

▶ Pflichten der Gesellschafter zur Erbringung von Einlagen und Dienstleistungen,

▶ Hervorhebung der getrennten Berufsausübung insbesondere mit getrennter Patientenkartei,

▶ Regelungen zur Geschäftsführung und Vertretung,

▶ Vorgaben zur Willensbildung/Abstimmung,

▶ Bestimmungen zur Aufnahme und zum Ausschluss eines Arztes,

▶ Modalitäten zur Liquidation der Gesellschaft.

Der Praxisverbund kann sich zur organisatorischen Unterstützung einer **Betreibergesellschaft** bedienen. Auch kann er einen **Netzmanager** beschäftigen. Die Mitgliedschaft im Praxisverbund soll grundsätzlich allen zur Teilnahme bereiten Ärzten ermöglicht werden (§ 23d Abs. 1 Satz 2 MBO).

e) Rechtsbeziehungen zu Patienten

Der Patient schließt den **Behandlungsvertrag** nicht mit dem Praxisverbund, sondern mit seinem Arzt. Zum Praxisverbund tritt er in keine rechtliche Beziehung. Demgemäß haftet ausschließlich der behandelnde Arzt und nicht der Praxisverbund und/oder dessen Mitglieder für eine Vertragsverletzung. Etwas anderes kann gelten, wenn die Verbundärzte den Eindruck vermitteln, die ärztliche Leistung gemeinschaftlich zu erbringen (Rechtsscheinhaftung).

Für Versicherte kann die Teilnahme an einem Strukturvertrag die zeitlich befristete Einschränkung der freien Arztwahl auf die dem Netz beigetretenen Vertragsärzte bedeuten. Gerechtfertigt wird dieser Eingriff mit der angestrebten **verbesserten Versorgungsqualität**.

2. Steuerliche Aspekte

a) Ertragsteuerliche Grundsätze

In den rechtlichen Aspekten ist dargestellt, dass das Ziel des Praxisverbundes weder die gemeinsame ärztliche Leistungserbringung gegenüber dem Patienten noch die eigene

Praxis nach ökonomischen Maximen zu betreiben ist. Ertragsteuerlich kann demzufolge ein Praxisverbund mangels der Absicht, gemeinschaftlich Gewinne zu erwirtschaften, **keine Mitunternehmerschaft** sein. Dies gilt selbst in den Fällen der Teilnahme an einem Strukturvertrag, der netzintern die Honorarverteilung regelt. In diesen Fällen geht es ebenfalls nicht um eine gemeinsame Gewinnerzielung, sondern nur um die Liquidation der erbrachten Leistungen gegenüber den Patienten der Praxis unter Beachtung des zur Verfügung stehenden Budgets unter Anwendung des EBM 2000plus oder nach vereinbarten Pauschalen.

Soweit innerhalb des Praxisverbundes Kosten, z. B. für die Verwaltung, entstehen und von den Mitgliedern auszugleichen sind, sind diese **Aufwendungen** wie bei den anderen Formen der Kostengemeinschaft **gesondert festzustellen** und auf die Praxen der Mitglieder als Betriebsausgaben zu verteilen.

b) Umsatzsteuerliche Grundsätze

In der Regel tritt der Praxisverbund weder in Rechtsbeziehungen zu den Patienten, noch besteht die Absicht, Einnahmen zu erzielen. Der Praxisverbund ist daher umsatzsteuerlich **kein Unternehmer** i. S. d. § 2 Abs. 1 UStG.

V. Betreiber- und Beteiligungsmodelle

1. Rechtliche Aspekte

Literatur:

Ahrens, Praxisgemeinschaften in Ärztehäusern mit Fremdgeschäftsführung – Voraussetzungen und Grenzen ärztlichen Unternehmertums, MedR 1992 S. 143; *Taupitz*, Integrative Gesundheitszentren: neue Formen interprofessioneller ärztlicher Zusammenarbeit, MedR 1993 S. 367; *Ratzel/Cramer*, Ärztliche MRT-Kooperationen, Orthopädische Mitteilungen 2001 S. 30; *Eisenberg*, Ärztliche Kooperations- und Organisationsformen, 2002, S. 299 f.; *Reiter*, Ärztliche Berufsausübungsgemeinschaft vs. Organisationsgemeinschaft – Ist die wirtschaftliche Beteiligung eines Dritten an einer Arztpraxis zulässig?, GesR 2005 S. 6 f.; *Gummert/Meier*, Beteiligung Dritter an den wirtschaftlichen Ergebnissen ärztlicher Tätigkeit, MedR 2007 S. 75 f.; *Ratzel*, Zusammenarbeit von Ärzten mit Orthopädietechnikern und Sanitätshäusern, GesR 2007 S. 200 f.; *Ratzel*, Der verkürzte Versorgungsweg – ein Auslaufmodell?, GesR 2009, 623 f.

a) Beschreibung des Phänomens

Unter den vielschichtigen Begriffen „Betreiber-, Betriebs- oder Kostengesellschaft" werden Modelle verstanden, in denen Dritte einem Arzt oder mehreren Ärzten im Rahmen eines Gesamtkonzepts gegen Entgelt Ressourcen (Räume und/oder Geräte und/oder Personal) zur Verfügung stellen und ggf. weitergehende Dienstleistungen erbringen.

Beispielhaft sei auf **Gesundheitszentren/Ärztehäuser** hingewiesen, in denen zum einen Ärzte unterschiedlicher, sich häufig ergänzender Fachgebiete und zum anderen auch andere nichtärztliche Gesundheitsberufe (z. B. Physiotherapeuten, Ernährungsberater etc.) unter einem Dach oder in unmittelbarer räumlicher Nähe angesiedelt werden. Der Außenauftritt erfolgt häufig unter einem gemeinsamen Logo. Teilweise besteht eine **einheitliche betriebswirtschaftliche Geschäftsführung** mit zentralen Funktionsbereichen (Buchführung, Personalwesen, Einkauf, Schreibbüro, koordiniertem Abschluss von Versicherungen, Durchführung der Abrechnung und des Inkassos etc.).

Nicht selten wird das Konzept von Apothekern initiiert, die auf diese Weise die Besucherfrequenz ihrer Apotheke absichern wollen. Neuerdings ist festzustellen, dass verstärkt Krankenhausträger ihren potenziellen Einweisern günstige Rahmenbedingungen zur Ausübung ihrer beruflichen Tätigkeit anbieten.

Ebenfalls in die Kategorie der Betreibermodelle fallen **Kooperationen zwischen Überweisern und Überweisungsempfängern.** Praktiziert werden z. B. Apparategemeinschaften in der Rechtsform der GmbH & Co. KG, bei denen die GmbH & Co. KG hochpreisige medizinische Großgeräte an Spezialisten vermietet, die ihrerseits auf Überweisung von anderen Kollegen tätig werden. Diese zuweisenden Kollegen werden als Kommanditisten eingebunden und profitieren über ihre Ergebnisbeteiligung am Überweisungsumfang.

b) Zulässigkeitsgrenzen

Heute ist es absolut unstreitig, dass die Eigentumsverhältnisse an den medizinischen Geräten für die Frage der Zulässigkeit ärztlicher freiberuflicher Tätigkeit unerheblich sind. Zutreffend formuliert § 17 Abs. 1 MBO, dass die Ausübung ambulanter ärztlicher Tätigkeit an die **Niederlassung in einer Praxis** – nicht mehr: in „eigener" Praxis – gebunden ist. Vor diesem Hintergrund ist es nicht zu beanstanden, wenn ein Dritter – und zwar unabhängig von dessen Rechtsform – einem Arzt die Ressourcen zur Berufsausübung zur Verfügung stellt. Insofern darf nicht unberücksichtigt bleiben, dass die Banken sich bei größeren von ihnen finanzierten Investitionen ohnehin das Sicherungseigentum an Geräten und der Praxiseinrichtung einräumen lassen!

Bei der Einschaltung von Betreibergesellschaften wird man die Vereinbarung **umsatzabhängiger Entgelte,** deren Angemessenheit unterstellt, nicht untersagen können. Keinesfalls darf die Vergütung als stille Beteiligung an der Arztpraxis gestaltet werden. Auch darf die Fremdgeschäftsführung nicht so weit reichen, dass der Arzt faktisch in „seiner" Praxis nichts mehr zu sagen hat. Jede Einflussnahme in den Kernbereich der ärztlichen Berufsausübung kann zur Nichtigkeit der gesamten Konstruktion führen. Gleiches gilt, wenn die Belange der ärztlichen Schweigepflicht nicht in dem gebotenen Umfang gewahrt werden. Im Zusammenhang mit der Erbringung von Dienstleistungen, die GKV-Patienten betreffen, ist die Entscheidung des BSG v. 10.12.2008 – B 6 KA 37/07 R, GesR 2009 S. 305 von herausragender praktischer Bedeutung. Das BSG hat entschieden, dass im GKV-Bereich die Weitergabe von Patientendaten nur insoweit zulässig ist, als hierfür eine ausdrückliche gesetzliche Grundlage besteht, die auch nicht durch die Einwilligung der Patienten ersetzt werden kann. Hieraus folgt, dass Vertragsärzte, MVZ-Träger und Krankenhäuser keine Daten von GKV-Patienten an Dienstleistungsunternehmen – insbesondere Abrechnungsstellen – weitergeben dürfen.

> **PRAXISHINWEISE:**
>
> Soweit die Betriebsgesellschaft Dritten gewerbsmäßig Personal überlässt, ist § 1 Abs. 1 Satz 1 AÜG zu beachten. Danach ist die Erlaubnis der Bundesagentur für Arbeit einzuholen. Verstöße können mit Geldbuße geahndet werden.

c) Beteiligung des Arztes an gewerblichen Unternehmen

Das Berufsrecht verbietet dem Arzt nicht die allgemeine wirtschaftliche Betätigung. Der Arzt darf von daher neben seiner Arztpraxis ein gewerbliches Unternehmen – z. B. einen Autohandel – betreiben. Selbst die Beteiligung als Aktionär an einem Pharmaunternehmen wird als zulässig angesehen, obwohl der Arzt durch die Verordnung von Präparaten dieses Unternehmens – allerdings regelmäßig nur in geringfügigem Umfang – Einfluss auf die Ertragssituation nimmt. Korrespondiert die Ergebnisbeteiligung allerdings in erheblichem Umfang mit der Anzahl der selbst veranlassten Überweisungen, liegt ein Verstoß gegen das **Verbot der Zuweisung gegen Entgelt** (§ 31 MBO) vor mit der Folge der Nichtigkeit der Vertragskonstruktion.

Eine – noch – strengere Auffassung vertritt das OLG Stuttgart, Urt. v. 10.5.2007, GesR 2007 S. 320. Hiernach verstößt die Beteiligung eines Arztes an einer GbR, die einen Geschäftsanteil an einer Betriebsgesellschaft für eine Laborarztpraxis hält, auch dann gegen das in § 31 MBO normierte Verbot der Zuweisung gegen Entgelt, wenn die Ergebnisbeteiligung nicht von dem Volumen der durch den Arzt veranlassten Laboruntersuchungen abhängt.

d) Beteiligung Dritter an einer Arztpraxis

Im Zusammenhang mit der Zulässigkeit von Beteiligungsmodellen wird in umgekehrter Richtung die Frage diskutiert, ob sich ein Dritter an einer ärztlichen Praxis wirtschaftlich beteiligen darf. Bezogen auf die Einzelpraxis oder die Berufsausübungsgemeinschaft findet sich in der MBO kein ausdrückliches Beteiligungsverbot. Von daher wird vertreten, für gesellschaftsfremde Dritte – ggf. beschränkt auf ärztlich approbierte Personen – sei die Beteiligung zulässig, sofern die Einflussnahme auf die ärztliche Tätigkeit ausgeschlossen werde.

Im Mai 2004 hat der Deutsche Ärztetag durch Einfügung des § 23a MBO die juristische Person des Privatrechts unter engen Voraussetzungen als Trägerin einer ärztlichen Praxis anerkannt. Gesellschafter dürfen ausschließlich Ärzte oder Angehörige der in § 23b

Abs. 1 Satz 1 MBO genannten Berufe sein. Sie müssen in der Gesellschaft beruflich tätig sein. Die Beteiligung Dritter am Gewinn der Gesellschaft ist untersagt.

Es spricht viel dafür, dass diese Vorgaben Ausfluss einer allgemeinen Rechtsauffassung zur Struktur von ärztlichen Praxen und Berufsausübungsgemeinschaften sind. Unterstrichen wird dieses Ergebnis durch die Hinweise und Erläuterungen der BÄK zur Niederlassung und beruflichen Kooperation vom 28.3.2008 (DÄBl 2008 S. A-1019 f.). Unter Ziffer 2.2.1 wird betont, dass sämtliche Gesellschafter einer Berufsausübungsgemeinschaft ihren **ärztlichen Beruf aktiv** in der Gesellschaft ausüben müssen. Eine rein finanzielle Beteiligung ist hiermit nicht in Einklang zu bringen. Da die Berufsordnungen der (Landes-)Ärztekammern als Gesetze i. S. d. § 134 BGB angesehen werden, ist wegen drohender Vertragsnichtigkeit vor Beteiligungskonstruktionen zu warnen.

2. Steuerliche Aspekte

a) Ertragsteuerliche Grundsätze

Steuerlich unterscheiden sich die **kapitalistisch orientierten Betreibergesellschaften** grundlegend von den Kostentragungsgemeinschaften (Praxis-, Apparate- und Laborgemeinschaften).

Besteht die Tätigkeit der Betreibergesellschaft lediglich in der Überlassung der Infrastruktur ohne ins Gewicht fallende Sonderleistungen oder dass der Umfang der Tätigkeit eine unternehmerische Organisation erfordert, erzielt diese Einkünfte aus der **Vermietung und Verpachtung von Sachinbegriffen** i. S. d. § 21 Abs. 1 Satz 1 Nr. 2 EStG (R 15.7 Abs. 3 EStR).

Ein Sachinbegriff liegt vor, wenn mehrere Wirtschaftsgüter funktionell und technisch so aufeinander abgestimmt sind, dass sie eine wirtschaftliche Einheit bilden (Schmidt/ Drenseck, EStG 2008, § 21 Rn. 53). Da die Geräte und Einrichtungen der Praxis zusammen die Infrastruktur, d. h. die Grundlage der Praxis bilden, ist von einem Sachinbegriff auszugehen.

Eine der Voraussetzungen nach § 15 Abs. 2 EStG für die Annahme einer gewerblichen Betätigung ist, dass sie über den **Rahmen einer privaten Vermögensverwaltung** hinausgeht. Das Vermieten einzelner beweglicher Gegenstände geht aber i. d. R. über den Rahmen einer privaten Vermögensverwaltung nicht hinaus und erfüllt damit nicht alle Voraussetzungen für die Annahme eines Gewerbebetriebes. Eine gewerbliche Vermietungstätigkeit ist erst dann – ausnahmsweise – anzunehmen, wenn nach dem Gesamtbild der Verhältnisse im Einzelfall besondere Umstände hinzutreten, die der Tätigkeit als Ganzes das Gepräge einer selbständigen, nachhaltigen, von Gewinnstreben getragenen Beteiligung am allgemeinen wirtschaftlichen Verkehr geben, hinter der die eigentliche

Gebrauchsüberlassung des Gegenstandes in den Hintergrund tritt (BFH v. 2.5.2000 – IX R 71/ 96, BStBl 2000 II S. 467).

In der Regel ist das Ziel der Betreibergesellschaft, aus der Überlassung der Wirtschaftsgüter Gewinne zu erwirtschaften und nicht z. B. aus dem An- und Verkauf von Geräten und Einrichtungen. Beschränkt sich die Betreibergesellschaft auf die Beschaffung und Überlassung der Geräte und Einrichtungen bis zu deren weitgehendem wirtschaftlichen Verbrauch, ist nicht von einer gewerblichen Tätigkeit auszugehen. Zur Vermögensverwaltung gehören auch der Erwerb und die Veräußerung der beweglichen Sachen, wenn diese Vorgänge den Beginn und das Ende einer in erster Linie auf Fruchtziehung gerichteten Tätigkeit darstellen (BFH v. 10.12.2001 – GrS 1/98, BStBl 2002 II S. 291). Zur Vermögensverwaltung gehören zudem (unwesentliche) Leistungen wie Pflege, Wartung und Versicherung des vermieteten Objekts, die im Rahmen einer normalen Vermietungstätigkeit anfallen (BFH v. 22.1.2003 – X R 37/00, BStBl 2003 II S. 464).

Übernimmt die Betreibergesellschaft Sonderleistungen, z. B. Verwaltung der Praxis, Abrechnungsaufgaben, Wartungsleistungen außerhalb einer normalen Vermietungtätigkeit etc., oder erfordert der Umfang der Betätigung eine unternehmerische Organisation, erzielt die Betreibergesellschaft gewerbliche Einkünfte.

Ist an einer vermögensverwaltenden Betreibergesellschaft eine Kapitalgesellschaft oder ein anderer Gewerbetreibender beteiligt, müssen die Einkünfte aus der Investitionsgesellschaft anteilig als gewerblich erfasst werden (sog. Zebragesellschaft). § 15 Abs. 3 Nr. 1 EStG greift nicht, weil nicht die Investitionsgesellschaft, sondern nur der Gesellschafter gewerbliche Einkünfte erzielt (Schmidt/Wacker, EStG 2008, § 15 Rn. 201). Dies darf nicht mit einer gewerblichen Abfärbung einer freiberuflich tätigen Personengesellschaft nach § 15 Abs. 3 Nr. 1 EStG aufgrund einer Beteiligung eines (gewerblichen) Berufsfremden verwechselt werden (BFH v. 8.4.2008 – VIII R 73/05, BStBl 2008 II S. 681).

Ist der nutzende Arzt selbst an der vermögensverwaltenden Betreibergesellschaft beteiligt, gehört sein Anteil an den Wirtschaftsgütern zum Betriebsvermögen bzw. Sonderbetriebsvermögen der Praxis (BFH v. 10.11.2005 – IV R 29/04, BFH/NV 2006 S. 413).

Wird die Betreibergesellschaft als Kapitalgesellschaft (AG, KGaA, GmbH) oder als gewerblich geprägte Personengesellschaft errichtet, gilt ihre Tätigkeit im vollen Umfang qua Gesetz nach § 2 Abs. 2 Satz 1 GewStG bzw. § 15 Abs. 3 Nr. 2 EStG als Gewerbebetrieb.

b) Umsatzsteuerliche Grundsätze

Überlässt die Betreibergesellschaft Praxisräume, ist diese Überlassung als Vermietung und Verpachtung von Grundstücken gegen Entgelt steuerfrei gem. § 4 Nr. 12 UStG. Da der betreibende Arzt überwiegend umsatzsteuerfreie ärztliche Heilbehandlungsleistungen erbringt, kommt ein Verzicht auf die Steuerbefreiung nach § 9 Abs. 2 UStG nicht in Betracht.

Die Vermietung und Verpachtung der **Geräte und Einrichtungen sowie ggf. von Personal** gegen Entgelt ist dagegen in vollem Umfang umsatzsteuerpflichtig, verbunden mit der Berechtigung zum vollen Vorsteuerabzug.

An dieser Beurteilung ändert sich auch dann nichts, wenn auch der nutzende Arzt selbst und außer ihm ausschließlich weitere Ärzte Mitglieder der Betreibergesellschaft sind. Eine Anwendung der Umsatzsteuerbefreiungsvorschrift des § 4 Nr. 14 Buchst. d UStG für Praxis- und Apparategemeinschaften kommt nicht für den Fall in Betracht, bei dem ausschließlich ein Mitglied die Geräte und Einrichtungen nutzt. Ziel der weiteren Mitglieder ist es, Einnahmen mit Gewinnaufschlag aus der Nutzungsüberlassung zu erwirtschaften und nicht Einnahmen aus ärztlicher Tätigkeit durch Verwendung der Geräte und Einrichtungen. Es handelt sich insoweit nicht um eine Organisationsform der ärztlichen Zusammenarbeit mit dem Ziel, die Geräte und Einrichtungen gemeinschaftlich anzuschaffen und jeweils unmittelbar zur Ausführung eigener Umsätze der Mitglieder (insgesamt) einzusetzen sowie von ihren Mitgliedern lediglich die genaue Erstattung des jeweiligen Anteils an den gemeinsamen Kosten zu fordern (vgl. S. 207 ff.). Im Einzelfall ist zu prüfen, ob eine Praxisgemeinschaft oder eine Betreibergesellschaft vorliegt.

D. Medizinische Versorgungszentren

1. Rechtliche Aspekte

Literatur:

Behnsen, Medizinische Versorgungszentren – die Konzeption des Gesetzgebers, das Krankenhaus 2004 S. 602, 698; *Hanika*, Medizinische Versorgungszentren und Integrierte Versorgung – Rechtliche Vorgaben und neue Vergütungssysteme, Pflegerecht 2004 S. 433, 483; *Möller*, Der im zugelassenen Medizinischen Versorgungszentrum (MVZ) angestellte Arzt, GesR 2004 S. 456; *Wigge*, Medizinische Versorgungszentren nach dem GMG, MedR 2004 S. 123; *Andreas*, Medizinische Versorgungszentren – Chancen oder Risiken für Krankenhaus und Chefarzt, ArztR 2005 S. 144; *Dahm/Möller/Ratzel*, Rechtshandbuch Medizinische Versorgungszentren, 2005; *Pestalozza*, Kompetentielle Fragen des Entwurfs eines Vertragsarztrechtsänderungsgesetzes, GesR 2006 S. 389; *Deutsche Krankenhausgesellschaft* (Hrsg.), Hinweise zur Gründung Medizinischer Versorgungszentren nach § 95 SGB V, 3. Aufl. 2007; *Makoski/Möller*, Bürgschaftsprobleme bei der Errichtung von Medizinischen Versorgungszentren, MedR 2007 S. 524; *Möller*, Auswirkungen des VÄndG auf Medizinische Versorgungszentren, MedR 2007, 263; *Rau* in Rieger/Dahm/Steinhilper (Hrsg.), Heidelberger Kommentar Arztrecht Krankenhausrecht Medizinrecht, 3585 – Das Medizinische Versorgungszentrum (2007); *Bäune* in Bäune/Meschke/Rothfuß, Kommentar zur Zulassungsverordnung für Vertragsärzte und Vertragszahnärzte, 2008, Anhang zu § 18; *Basteck*, Die unbeschränkte Verbürgung beschränkt Haftender für die Zulassung medizinischer Versorgungszentren, GesR 2008 S. 14; *Dahm*, Die Bürgschaftserklärung nach § 95 Abs. 2 S. 6 SGB V als Gründungsvoraussetzung für die Zulassung eines Medizinischen Versorgungszentrums, MedR 2008 S. 257; *Lindenau*, Das medizinische Versorgungszentrum, 2008; *Möller/Dahm/Bäune*, Neue Versorgungsformen (MVZ, integrierte Versorgung), in Ratzel/Luxenburger (Hrsg.), Handbuch Medizinrecht, 2008, § 8; *Orlowski/Halbe/Schirmer*, Vertragsarztrechtsänderungsgesetz, 2. Aufl. 2008; *Peikert*, Medizinische Versorgungszentren und Vertragsarztrechtsänderungsgesetz, Festschrift 10 Jahre AG Medizinrecht im DAV, 2008, S. 389; *Rehborn*, Bürgschaften für die Gründung Medizinischer Versorgungszentren, Festschrift 10 Jahre AG Medizinrecht im DAV, 2008, S. 417; *Zwingel/Preißler*, Ärzte-Kooperationen und Medizinische Versorgungszentren – Rechtliche Rahmenbedingungen für Gründung und Betrieb, 2. Aufl. 2008; *Jahn* in Halbe/Schirmer (Hrsg.), Handbuch Kooperationen im Gesundheitswesen, A-1800 – Kooperationen von Zahnärzten, Gestaltungsmöglichkeiten und Besonderheiten, Rn. 58 ff. (2009); *Meschke*, MVZ-Trägergesellschaften – Veränderungen auf Gesellschafter- und Trägerebene, MedR 2009 S. 263; *Scholz*, Ärztliche Weiterbildung in medizinischen Versorgungszentren, Festschrift für Erwin Deutsch zum 80. Geburtstag, 2009, S. 481.

a) Entstehungsgeschichte

Zum 1.1.2004 hat der Gesetzgeber mit dem Medizinischen Versorgungszentrum (MVZ) einen **neuen Leistungserbringer** im System der gesetzlichen Krankenversicherung geschaffen. Gesetzgeberisches Ziel für die Einführung von MVZ war – in Anlehnung an die ärztlich geleiteten poliklinischen Einrichtungen nach § 311 SGB V – die Verbesserung der Versorgungsstruktur, indem eine enge Verzahnung ärztlicher und nichtärztlicher Leistungserbringer erfolgen sollte, um den Patienten eine **„Versorgung aus einer Hand"** anzubieten. Außerdem – so die Gesetzesbegründung – helfe die Neuregelung insbesondere

241

jungen Ärzten an der vertragsärztlichen Versorgung teilnehmen zu können, ohne die mit einer Praxisgründung verbundenen wirtschaftlichen Risiken eingehen zu müssen. Das VÄndG hat die Rahmenbedingungen für MVZ aktualisiert und insbesondere durch die Möglichkeit der Anstellung von Krankenhausärzten in MVZ die Realisierung vieler Krankenhausprojekte gefördert.

b) Die zahlenmäßige Situation
Die Anzahl der MVZ wächst kontinuierlich. Pro Quartal sind etwa 70 neue MVZ zu verzeichnen. Nach Angaben der KBV (http://www.kbv.de/koop/9157.html) waren am 31.12.2008 bundesweit 1.206 MVZ zugelassen. Diese verteilen sich wie folgt auf die einzelnen Bundesländer:

Bundesland	Anzahl	Anteil
Baden-Württemberg	65	5,39 %
Bayern	253	20,98 %
Berlin	126	10,45 %
Brandenburg	38	3,15 %
Bremen	7	0,58 %
Hamburg	30	2,49 %
Hessen	93	7,71 %
Mecklenburg-Vorpommern	20	1,66 %
Niedersachsen	121	10,03 %
Nordrhein-Westfalen	168	13,93 %
Rheinland-Pfalz	41	3,40 %
Saarland	14	1,16 %
Sachsen	101	8,37 %
Sachsen-Anhalt	38	3,15 %
Schleswig-Holstein	43	3,57 %
Thüringen	48	3,98 %
Gesamt		100,00 %
Alte Bundesländer	835	69,24 %
Neue Bundesländer (inklusive Berlin)	371	30,76 %

Zum 31.12.2008 waren in den 1.206 MVZ 5.536 Ärzte, davon 4.270 im Anstellungsverhältnis tätig. Demgemäß haben 1.266 Ärzte ihre Vertragsarztzulassung behalten. Die meisten MVZ werden in Gebieten mit einer hohen Einwohnerzahl errichtet. In MVZ, die sich in der Trägerschaft eines Krankenhauses befinden, sind überwiegend angestellte Ärzte tätig. Die durchschnittliche MVZ-Größe lag bei 4,6 Ärzten.

Die meisten MVZ werden mit – lediglich – zwei Fachgebieten gegründet. Am häufigsten beteiligt sind Hausärzte, Internisten und Chirurgen sowie Laborärzte. Zu der letztgenannten Berufsgruppe ist anzumerken, dass diese MVZ-Strukturen zunehmend mit dem Ziel nutzt, Investoren zu beteiligen (speziell hierzu Meschke, MedR 2009 S. 263).

Als Rechtsform für die Trägergesellschaft wurden überwiegend die GmbH (604 MVZ = 50 %) sowie die GbR (421 MVZ = 34,9 %) gewählt. Die Anzahl der MVZ in (Mit-)Trägerschaft von Krankenhausträgern nimmt ständig zu (451 = 37,4 %). In den neuen Bundesländern werden MVZ überwiegend von Krankenhausträgern, in den alten Bundesländern durch Vertragsärzte gegründet. Bei MVZ in Krankenhausträgerschaft überwiegt die Rechtsform der GmbH. 54,1 % der MVZ befinden sich in der Trägerschaft von Vertragsärzten. Dieser Anteil betrug im Dezember 2005 noch 75 %. Die Vertragsärzte bevorzugen als Rechtsform die GbR. Umfangreiches statistisches Material findet sich im MVZ-Survey 2008 der KBV (http://www.kbv.de/koop/9157.html). Bezugsdatum der von der KBV durchgeführten Erhebung ist der 30.6.2008. Die KBV hat ermittelt, dass die MVZ zunehmend durch Managementgesellschaften und Betriebswirte geleitet werden. Zwei Drittel aller MVZ haben ein Qualitätsmanagement-System eingeführt. In 15,3 % der MVZ sind 7 oder mehr Ärzte tätig. Etwa die Hälfte der MVZ-Träger beteiligen die angestellten Ärzte am Umsatz.

c) Vorteile/Nachteile

Zunächst sei mit einem Vorurteil aufgeräumt: MVZ sind bei der Abrechnung mit der Kassenärztlichen Vereinigung gegenüber vertragsärztlichen Praxen **nicht privilegiert!** Auch wenn sie häufig in einem Atemzug mit Modellen zur Integrierten Versorgung genannt werden, haben sie hiermit nicht notwendigerweise etwas zu tun.

Teilweise wurden fachübergreifende Gemeinschaftspraxen in MVZ umgewandelt, um nach 5 Jahren weitere **Vertragsarztzulassungen zu generieren** (§ 103 Abs. 4a SGB V). Allerdings hat der Gesetzgeber diese Bevorzugung mit Inkrafttreten des VÄndG zum 1.1.2007 für die ab diesem Zeitpunkt errichteten MVZ beseitigt.

Für Vertragsärzte und sonstige gründungsberechtigte Personen besteht – anders als bei ärztlichen Praxen – die Möglichkeit, mit dem MVZ eine medizinische Einrichtung mit angestellten Ärzten zu betreiben, ohne selbst in dieser Einrichtung medizinische Leistungen erbringen zu müssen.

Von besonderem Interesse ist die Errichtung eines MVZ für Krankenhausträger. **Für die Gründung eines MVZ** sprechen in diesem Zusammenhang folgende Motive:

▶ MVZ als wesentlicher Bestandteil des Behandlungspfades ambulant/stationär/ambulant,

▶ Schaffung ambulanter Komplementärfunktionen,

▶ MVZ als Nachbehandler bei verkürzten Liegezeiten,

▶ MVZ als Profitcenter,

▶ dauerhafte und planungssichere Substitution der wegen Bedarfsabhängigkeit und Drittwiderspruchsmöglichkeit unsicheren Ermächtigungen,

▶ Anstellung von Krankenhausärzten teilzeitig im MVZ – und umgekehrt **ab dem 1.1.2007**.

Gegen die Errichtung eines MVZ durch einen Krankenhausträger können ebenfalls Argumente angeführt werden:

▶ Verprellung niedergelassener Vertragsärzte und befürchtete Reduktion der Einweisungen,

▶ finanzieller Aufwand durch den Erwerb von Vertragsarztzulassungen,

▶ Unsicherheit der zukünftigen Struktur der ambulanten Versorgung,

▶ hausinterne Auseinandersetzungen mit Chefärzten wegen Wegfall/Beschränkung der Ermächtigungen und Entstehen einer Einrichtung für ambulante privatärztliche Tätigkeit.

d) Gesetzliche Vorgaben zum MVZ

§ 95 Abs. 1 SGB V beschreibt Medizinische Versorgungszentren als „fachübergreifende ärztlich geleitete Einrichtungen, in denen Ärzte, die in das Arztregister nach [§ 95] Abs. 2 Satz 3 Nr. 1 eingetragen sind, als Angestellte oder Vertragsärzte tätig sind."

Als Gründungsvoraussetzungen werden aufgeführt: „Die medizinischen Versorgungszentren können sich aller zulässigen Organisationsformen bedienen; sie können von den Leistungserbringern, die aufgrund von Zulassung, Ermächtigung oder Vertrag an der medizinischen Versorgung der Versicherten teilnehmen, gegründet werden."

aa) Einrichtung

Das Tatbestandsmerkmal der „Einrichtung" ist gesetzlich nicht näher präzisiert. Von daher dürfen keine zu strengen Voraussetzungen aufgestellt werden. Auch eine Arztpraxis ist eine medizinische Einrichtung. Vorhanden sein muss eine gewisse räumliche, personelle sowie ausstattungsmäßige Struktur. Die Eigentumsverhältnisse sind unerheblich. Die Ressourcen können grundsätzlich gemeinschaftlich mit Dritten genutzt werden, z. B. einem Krankenhaus. Bei durch Kommunen betriebenen Krankenhäusern verlangt die

Rechtsprechung teilweise eine rechtliche Verselbständigung der MVZ-Trägerschaft (vgl. SG Marburg v. 25.10.2007 – S 12 KA 404/07 ER, GesR 2008 S. 30), obwohl hierfür eine Rechtsgrundlage nicht existiert.

bb) Das „fachübergreifende" Element der Einrichtung

Ziel des Gesetzgebers war es, insofern orientiert am Vorbild der poliklinischen Einrichtungen gem. § 311 SGB V, mit den Medizinischen Versorgungszentren eine ärztliche Versorgung „aus einer Hand" zu ermöglichen. Um in diesem Zusammenhang zumindest Minimalvoraussetzungen zu schaffen, muss ein MVZ **fachübergreifend** tätig sein. Fachgebiete sind diejenigen der (Muster-)Weiterbildungsordnung. Zu beachten ist, dass die **Bedarfsplanungs-Richtlinien-Ärzte** speziell für das vertragsärztliche Zulassungsverfahren teilweise eine restriktivere Zuordnung vornehmen, indem verwandte Fachgebiete zusammengefasst werden mit der Folge, dass auch sie der Bedarfsplanung unterfallen. So gehören zur Arztgruppe der HNO-Ärzte auch die Fachärzte für Phoniatrie und Pädaudiologie und die Fachärzte für Sprach-, Stimm- und kindliche Hörstörungen. Der Arztgruppe der Chirurgen werden z. B. Gefäßchirurgen und Kinderchirurgen, nicht jedoch Herzchirurgen zugerechnet.

Nach ursprünglicher Definition war eine „fachübergreifende Einrichtung" gegeben, wenn mindestens zwei Ärzte verschiedener Fachgebiete im MVZ arbeiteten, wobei die Einbindung eines Psychologischen Psychotherapeuten oder auch eines Zahnarztes die Voraussetzung erfüllte.

Das VÄndG hat das Merkmal „fachübergreifend" als Errichtungsvoraussetzung für ein MVZ in § 95 Abs. 1 SGB V neu definiert und hierdurch die **Anforderungen an die Errichtung gesenkt**: „Eine Einrichtung nach Satz 2 ist dann fachübergreifend, wenn in ihr Ärzte mit verschiedenen Facharzt- oder Schwerpunktbezeichnungen tätig sind; sie ist nicht fachübergreifend, wenn die Ärzte der hausärztlichen Arztgruppe nach § 101 Abs. 5 angehören und wenn die Ärzte oder Psychotherapeuten der psychotherapeutischen Arztgruppe nach § 101 Abs. 4 angehören. Sind in einer Einrichtung nach Satz 2 ein fachärztlicher und ein hausärztlicher Internist tätig, so ist die Einrichtung fachübergreifend."

So ist z. B. für viele MVZ die Einbindung fachärztlicher Internisten von Bedeutung. Im Bereich der fachärztlich tätigen Internisten gibt es eine Vielzahl von Schwerpunkten (z. B. Gastroenterologie, Hämatologie und Onkologie, Kardiologie, Nephrologie, Pneumologie, Rheumatologie). Ein fachärztlich ausgerichtetes MVZ kann nun z. B. ausschließlich mit den beiden Schwerpunkten Kardiologie und Gastroenterologie gegründet werden.

Umstritten ist weiterhin, inwieweit das MVZ an allen Standorten fachübergreifend tätig sein muss. Unzulässig dürfte es sein, wenn jedes Fachgebiet nur an einem Standort angeboten wird (vgl. SG Marburg v. 23.11.2007 – S 12 KA 465/07 ER, GesR 2008 S. 96). Andererseits kann in einer Zweigpraxis nur ein Fachgebiet angeboten werden, solange am Hauptstandort ein fachübergreifendes Angebot vorgehalten wird.

Besonderheiten bei Vertragszahnärzten

Im vertragszahnärztlichen Bereich ist die Bedeutung von MVZ – auch wegen der berufspolitischen Widerstände – eher unerheblich. Teilweise wurde der Einbindung von Zahnärzten in ein MVZ die Anerkennung versagt, weil zulassungsrechtlich die gemeinsame Ausübung vertragsärztlicher und vertragszahnärztlicher Tätigkeit untersagt sei. Dies hat der Gesetzgeber in seiner Begründung zum VÄndG insoweit korrigiert, als er die gemeinsame Anstellung von Humanmedizinern und Zahnmedizinern im MVZ ausdrücklich anerkannt hat. Somit ist es nicht zu beanstanden, wenn ein Zahnarzt in ein MVZ mit ärztlicher Ausrichtung eingebunden wird (vgl. Jahn, a. a. O., A 1800 Rn. 64 ff.). Die Zulässigkeit eines rein zahnmedizinischen MVZ – z. B. zwischen einem Zahnarzt und einem Kieferorthopäden – ist ebenfalls anzuerkennen (in diese Richtung auch LSG Baden-Württemberg v. 20.6.2007 – L 5 KA 2542/07 ER-B, GesR 2007 S. 470).

cc) Ärztliche Leitung

Das MVZ muss unter ärztlicher Leitung stehen. Welche Funktion der ärztliche Leiter hat und wie seine Rechte und Pflichten ausgestaltet sind, hat der Gesetzgeber nicht einmal ansatzweise beschrieben. Gleichwohl kann das Ziel des Gesetzgebers dahingehend verstanden werden, dass er – vergleichbar der Funktion des Ärztlichen Direktors eines Krankenhauses (z. B. § 31 Abs. 1 Satz 3 KHGG NRW) – eine **ärztliche Gesamtleitung** institutionalisiert hat. Die Zuweisung der ärztlichen Leitung separiert den ärztlichen vom kaufmännischen Bereich. Hierdurch soll sichergestellt werden, dass die medizinische Versorgung des MVZ sich an medizinischen Vorgaben orientiert. Regelmäßig wird der ärztliche Leiter Ansprechpartner für die KV in allen MVZ-Angelegenheiten sein. Ob er selbst persönlich zumindest teilzeitig ärztlich im MVZ tätig sein muss, ist strittig. In Vertragsarzt-MVZ ist der ärztliche Leiter häufig auch für die betriebswirtschaftlichen Abläufe verantwortlich.

Entgegen der teilweise von Zulassungsgremien und Kassenärztlichen Vereinigungen vertretenen Ansicht muss der ärztliche Leiter **nicht mit Geschäftsführungsbefugnissen** auf der Ebene der MVZ-Trägergesellschaft ausgestattet sein. Wesentlich ist, dass der ärztliche Leiter in medizinischen Angelegenheiten keinerlei Weisungen der Gesellschafter unterworfen wird.

Regelmäßig wird der ärztliche Leiter gegenüber den nachgeordneten – angestellten – Ärzten weisungsberechtigt sein. Ein fachliches Weisungsrecht gegenüber den Angehörigen einer anderen Berufsgruppe (Zahnarzt, Psychologischer Psychotherapeut) ist ausgeschlossen.

Das MVZ muss nicht für jeden fachlichen oder berufsgruppenspezifischen Bereich einen eigenen ärztlichen Leiter bestellen. § 95 Abs. 1 Satz 5 SGB V i. d. F. des VÄndG bestimmt: „Sind in einem medizinischen Versorgungszentrum Angehörige unterschiedlicher Berufsgruppen, die an der vertragsärztlichen Versorgung teilnehmen, tätig, ist auch eine kooperative Leitung möglich." Insofern ist die kooperative Leitungsmöglichkeit nunmehr auch gesetzlich anerkannt.

dd) Eintragung in das Arztregister

Im Versorgungszentrum dürfen nur Ärzte tätig werden, die in das Arztregister nach § 95 Abs. 2 Satz 3 Nr. 1 SGB V eingetragen sind. Das Arztregister wird von der Kassenärztlichen Vereinigung für jeden Zulassungsbezirk geführt (§ 1 Abs. 1 Ärzte-ZV). Voraussetzungen für die Eintragung sind

▶ die Approbation als Arzt,

▶ der erfolgreiche Abschluss einer Weiterbildung.

Zuständig für die Eintragung ist das Arztregister des Zulassungsbezirks, in dem der Arzt seinen Wohnort (= Wohnsitz i. S. d. § 7 BGB) hat.

ee) Tätigkeit als angestellter Arzt oder als Vertragsarzt

Das MVZ wird idealerweise in der Form der sog. „Angestelltenvariante" geführt. Dem entsprach über lange Zeit die parlamentarische Sichtweise im Gesetzgebungsvorhaben. Die Tätigkeit eines angestellten Arztes im MVZ setzt die Erteilung einer Anstellungsgenehmigung durch den Zulassungsausschuss voraus.

Die Tatsache, dass Vertragsärzten der Zugang zu Medizinischen Versorgungszentren versagt werden sollte, wurde auf Seiten der Ärzteschaft als „Kampfansage" betrachtet. Auf deren Initiative wurde der Gesetzesentwurf um die Wörter „oder Vertragsärzte" ergänzt, ohne dass im Übrigen hinsichtlich Konstruktion und Statik des MVZ Änderungen vorgenommen worden wären.

In der Tat ist es fragwürdig, ob bei der Eingliederung eines Vertragsarztes noch von freiberuflicher Tätigkeit ausgegangen werden kann. Eine dogmatisch saubere Einordnung ist bisher nicht gelungen. Der Vertragsarzt hat praktisch nur einen einzigen „Kunden", nämlich das MVZ. Ob seine Vertragsarztzulassung tatsächlich durch diejenige des MVZ überlagert wird, erscheint zweifelhaft.

Zum Teil tragen Zulassungsgremien und Kassenärztliche Vereinigungen der Besonderheit Rechnung, indem sie verlangen, dass der **Vertragsarzt Mitgesellschafter der MVZ-Trägergesellschaft** wird. In welchem Umfang er z. B. Geschäftsanteile an der MVZ-GmbH halten muss und welche Mitwirkungsrechte ihm gesellschaftsvertraglich eingeräumt werden müssen, ist indes vollkommen offen.

Zwischenzeitlich ist festzustellen, dass einige MVZ in der „Mischvariante" betrieben werden, da in ihnen sowohl Vertragsärzte als auch angestellte Ärzte tätig sind.

Seit Inkrafttreten des VÄndG zum 1.1.2007 ist es grundsätzlich zulässig, dass ein Vertragsarzt neben seiner freiberuflichen Tätigkeit teilzeitig als angestellter Arzt in einem MVZ beschäftigt ist. Dabei versteht es sich von selbst, dass die Vorgaben der Bedarfsplanung zu beachten sind. Beabsichtigt ein Vertragsarzt, auf seine Vertragsarztzulassung zu verzichten, um zukünftig als angestellter MVZ-Arzt tätig zu sein, muss er bedenken, dass dieser Statuswechsel in zulassungsgesperrten Bereichen nicht umkehrbar ist.

ff) Anforderungen an die Gründer

In der Gesetzesbegründung (BT-Drucks. 15/1525 S. 107 f.) sind – beispielhaft – als mögliche Gründer erwähnt:

▶ Vertragsärzte,

▶ Krankenhäuser,

▶ Heilmittelerbringer,

▶ häusliche Krankenpflege,

▶ Apotheken.

Nicht als Träger oder an einer Trägergesellschaft eines MVZ Beteiligte kommen in Betracht:

▶ Privatkrankenanstalten,

▶ pharmazeutische Unternehmer gem. §§ 130a, 130b SGB V,

▶ Krankenkassen oder deren Verbände (Ausnahme: Eigeneinrichtungen gem. § 140 Abs. 1 SGB V),

▶ Kassen(zahn)ärztliche Vereinigungen,

▶ Krankenhausgesellschaften,

▶ Träger von Managementgesellschaften,

▶ Zahntechniker.

Die meisten MVZ werden von Vertragsärzten oder Krankenhausträgern errichtet. Bei Vertragsärzten genügt eine Zulassung im Rahmen eines beschränkten Versorgungsauftrags oder als sog. Job-Sharer gem. § 101 Abs. 1 Nr. 4 SGB V.

In der Praxis ist die Tendenz festzustellen, dass sich zunehmend nicht zu dem anerkannten Gründerkreis zählende Investoren an MVZ-Trägergesellschaften beteiligen. Realisiert werden derartige Projekte über den „Umweg" der Errichtung eines in der Rechtsform der juristischen Person betriebenen Unternehmens zur Heilmittelerbringung (§ 124 SGB V – z. B. Physiotherapeuten-GmbH, Pflegedienst-GmbH) oder zur Hilfsmittelerbringung

(§ 126 SGB V – Sanitätshaus-GmbH). Wird ein solches Unternehmen von den gesetzlichen Krankenkassen zur Versorgung von GKV-Patienten zugelassen, erfüllt es den Status eines zugelassenen Leistungserbringers und ist berechtigt, MVZ in eigener Trägerschaft zu errichten. Nicht selten wird offen kommuniziert, dass Ziel des Projekts der Börsengang ist. Aus der Ärzteschaft hat sich erheblicher Widerstand gegen derartige Beteiligungsmodelle erhoben. Ein Antrag Bayerns, die Binnenstruktur von MVZ-Trägergesellschaften an die Vorgaben der MBO sowie des Berufsrechts anderer freier Berufe anzupassen (BR-Drucks. 342/5/08), scheiterte in der Sitzung des Bundesrats vom 4.7.2008.

Mit dem Verlust der Gründereigenschaft endet grundsätzlich auch die Berechtigung zur Beteiligung an einer MVZ-Trägergesellschaft. Ob dies auch für den Vertragsarzt gilt, der seine Praxis in das MVZ „einbringt", Gesellschafter der MVZ-GmbH wird und sich von dieser – ggf. als Geschäftsführer – anstellen lässt, ist nach wie vor ungeklärt.

Jeder anerkannte Leistungserbringer ist berechtigt, allein oder gemeinsam mit anderen gründungsberechtigten Leistungserbringern MVZ **bundesweit in unbegrenzter Anzahl** an unterschiedlichen Stellen und in einfacher oder variantenreicher Fachgebietskombination zu errichten. Es ist nicht erforderlich, dass für jedes MVZ eine separate Träger-Gesellschaft gegründet wird – dieser Aspekt sollte aber in der Planung ernsthaft erwogen werden. Sämtliche MVZ können als **selbständige Betriebsstätten** einer einzelnen Gesellschaft geführt werden. In jedem Einzelfall müssen die Zulassungsvoraussetzungen erfüllt sein. Demgemäß ist es einer bundesweit agierenden Krankenhauskette erlaubt, an jedem ihrer Krankenhausstandorte – und darüber hinaus – MVZ zu errichten.

gg) Rechtsformwahl

§ 95 Abs. 1 Satz 3 SGB V hebt hervor, dass Medizinische Versorgungszentren sich aller **zulässigen** Organisationsformen bedienen können. Die Gesetzesbegründung formuliert: „Medizinische Versorgungszentren können als juristische Personen, z. B. als GmbH oder als Gesamthandsgemeinschaft (BGB-Gesellschaft) betrieben werden."

Es kommen folgende Rechtsformen für die Gründung und den Betrieb eines MVZ in Betracht:

▶ natürliche Einzelperson,

▶ Stiftung,

▶ Gesellschaft bürgerlichen Rechts (GbR),

▶ Partnerschaftsgesellschaft,

▶ stille Gesellschaft,

▶ Gesellschaft mit beschränkter Haftung (GmbH),

▶ Aktiengesellschaft (AG),

▶ Europäische Kapitalgesellschaften (insbesondere „Ltd.").

In der Praxis werden die meisten MVZ in der **Rechtsform der GbR oder GmbH** gegründet. Bei der GmbH können Hindernisse aufgrund landesrechtlicher Vorgaben bestehen, wenn das jeweilige Heilberufe-Kammergesetz die Ausübung der ambulanten Heilkunde in der Rechtsform der GmbH untersagt. Insofern herrscht erheblicher Streit, inwieweit der für das Vertragsarztrecht zuständige Bundesgesetzgeber von landesrechtlichen berufsrechtlichen Vorgaben abzuweichen berechtigt ist.

Die Offene Handelsgesellschaft (OHG) wird derzeit überwiegend nicht als MVZ-Trägerin anerkannt. Begründet wird dies damit, dass der Gesellschaftszweck auf den „Betrieb eines Handelsgewerbes" ausgerichtet sei (§ 105 Abs. 1 HGB). Die Ausübung ärztlicher Tätigkeit falle nicht unter den Begriff des Handelsgewerbes. Auch wenn diese Ansicht zu eng erscheint, prägt sie die Auffassung der Kassenärztlichen Vereinigungen und die Praxis der Zulassungsgremien (vgl. auch SG Köln v. 24.10.2008 – S 26 KA 1/07, GesR 2009 S. 89).

Verwehrt man der OHG die Funktion als Gründerin eines MVZ, gilt dies zwangsläufig für die KG und die GmbH & Co. KG. Trotz der restriktiven Auffassung der Zulassungsgremien sollte solchen Krankenhausträgern, die in der Rechtsform der OHG oder KG betrieben werden, die Gründung eines MVZ in eigener Trägerschaft, also ohne zwischengeschaltete Gesellschaft, gestattet werden.

hh) Veränderungen auf der Trägerebene

Noch weitgehend ungeklärt sind die Voraussetzungen und/oder eventuellen Rechtsfolgen bei Veränderungen auf der Trägerebene. Diese können insbesondere entstehen durch die Veräußerung von Gegenständen, den Beitritt oder das Ausscheiden von Gesellschaftern, die Abtretung von Gesellschaftsanteilen sowie durch Änderung der Rechtsform. Fraglich ist insbesondere, welche Auswirkungen sich auf die MVZ-Zulassung ergeben.

Das MVZ ist eine selbst nicht rechtsfähige Unternehmung seines Trägers. Die statusbegründende Zulassung zur Teilnahme an der vertragsärztlichen Versorgung wird dem Träger und nicht dessen Gesellschaftern erteilt. Gleiches gilt für die Genehmigungen zur Anstellung von Ärzten. Ob die Gesellschafter der Trägergesellschaft in dem Zulassungsbeschluss zu nennen sind, ist gesetzlich nicht geregelt. Teilweise wird dies verneint, da die Angabe der Gesellschafter für den Fall deren Wegfalls als unzulässige auflösende Bedingung zu werten sei.

Allerdings besteht Konsens darin, dass kein Nichtleistungserbringer dem Gesellschafterkreis angehören darf. In diesem Fall hat zwingend die Entziehung der MVZ-Zulassung zu erfolgen, ohne dass die MVZ-Trägergesellschaft sich auf das Privileg der sechsmonatigen Übergangsfrist gem. § 95 Abs. 6 Satz 1 SGB V berufen könnte. Eine Ausnahme ist allerdings für den Fall der Vererbung eines Gesellschaftsanteils an einen Nichtleistungserbringer quasi im Rahmen einer Gnadenquartalsregelung entsprechend § 4 Abs. 3 BMV-Ä anzuerkennen.

Nachbesetzungsfähigkeit der MVZ-Zulassung

Die MVZ-Zulassung selbst ist keiner rechtsgeschäftlichen Verfügung zugänglich. Selbst wenn sämtliche dem MVZ dienenden Wirtschaftsgüter übertragen werden (sog. asset-deal), bleibt die Zulassung als höchstpersönlicher öffentlich-rechtlicher, nicht sachbezogener Genehmigungsstatus hiervon unberührt.

Auch wenn das Gesetz hierzu keine ausdrückliche Ermächtigungsgrundlage enthält, muss es zulässig sein, eine MVZ-Zulassung in Analogie zu § 103 Abs. 4, 5, 6 SGB V nachzubesetzen. Abzuleiten ist dies aus der Eigentumsgarantie des Art. 14 GG sowie aus dem Verhältnismäßigkeitsgrundsatz.

Beitritt

Durch den Beitritt eines gründungsberechtigten Gesellschafters in die MVZ-Trägergesellschaft ändern sich weder deren Rechtsform noch deren Zulassungsstatus. Der Beitritt muss der Registerstelle/dem Zulassungsausschuss angezeigt werden, damit geprüft werden kann, ob der Beitretende die Voraussetzungen des § 95 Abs. 1 Satz 6 SGB V erfüllt.

Ausscheiden

Das Ausscheiden eines Gesellschafters aus der MVZ-Trägergesellschaft ist für deren Status grundsätzlich unerheblich.

Eine andere Beurteilung kann sich bei Personengesellschaften im Falle des Ausscheidens des vorletzten Gesellschafters ergeben. In diesem Fall – die Existenz einer Fortführungsklausel unterstellt – vereinen sich sämtliche Gesellschaftsanteile bei der verbleibenden Person, die das MVZ als Einzelunternehmen im Wege der Gesamtrechtsnachfolge fortführt. Da der Zulassungsausschuss die Gründerfähigkeit der Gesellschafter geprüft hat, besteht kein sachlicher Grund für die Erteilung einer erneuten Zulassung. Angesichts des Charakters der MVZ-Zulassung als prinzipiell nachfolgefähige Personalgenehmigung gilt dies auch dann, wenn als letzte Gesellschafterin eine juristische Person verbleibt. Diese muss allerdings das Bürgschaftserfordernis des § 95 Abs. 2 Satz 6 SGB V erfüllen. Ob die Rechtsnachfolge in den Zulassungsstatus auch dann anerkannt wird, wenn z. B. eine juristische Person als Nichtgesellschafterin sämtliche Gesellschaftsanteile der Gesellschafter einer Personengesellschaft erwirbt oder die Gesellschaftszugehörigkeit nur von kurzer Dauer war, bleibt abzuwarten.

Übertragung von Gesellschaftsanteilen

Innerhalb des Kreises zulässiger Gesellschafter kann über Gesellschaftsanteile grds. frei verfügt werden, ohne dass dies Auswirkungen auf den Zulassungsstatus haben kann. Eine Ausnahme kann anzunehmen sein, wenn bei der sog. Vertragsarztvariante durch die Abtretung von Gesellschaftsanteilen der Status als „echter Gesellschafter" quasi unterlaufen wird und tatsächlich ein verkapptes Anstellungsverhältnis vorliegt.

Rechtsformwechsel

Ein Rechtsformwechsel ist für den Zulassungsstatus grundsätzlich unerheblich, wenn die Identität der Gesellschaft gewahrt bleibt. Die Auswirkungen von Verschmelzungen und Abspaltungen auf die MVZ-Zulassung bedürfen indes noch einer vertiefenden Diskussion.

ii) Bürgschaft

§ 95 Abs. 2 Satz 6 SGB V i. d. F. des VÄndG hebt die Gründungschwelle für in der Rechtsform der juristischen Person errichtete MVZ ab dem 1.1.2007 an: „Für die Zulassung eines medizinischen Versorgungszentrums in der Rechtsform einer juristischen Person ist außerdem Voraussetzung, dass die Gesellschafter selbstschuldnerische Bürgschaftserklärungen für Forderungen von Kassenärztlichen Vereinigungen und Krankenkassen gegen das medizinische Versorgungszentrum aus dessen vertragsärztlicher Tätigkeit abgeben; dies gilt auch für Forderungen, die erst nach Auflösung des medizinischen Versorgungszentrums fällig werden."

Der Gesetzgeber hat durch diese Regelung die juristischen Personen des Privatrechts haftungsrechtlich den als Personengesellschaften organisierten kooperativen Organisationsformen (Gemeinschaftspraxis, MVZ in der Freiberuflervariante) gleichstellen wollen (ausführlich Dahm, MedR 2008 S. 257; Rehborn, a. a. O.).

Nach richtiger Ansicht gilt die Regelung generell nicht für vor dem 1.1.2007 zugelassene MVZ-Trägergesellschaften. Weder aus dem Gesetzeswortlaut noch aus der Entstehungsgeschichte lässt sich etwas anderes herleiten (SG Marburg v. 12.12.2007 – S 12 KA 395/07, MedR 2008 S. 240). Eine bestandskräftige MVZ-Zulassung bleibt – wie z. B. eine Baugenehmigung bei geändertem Bebauungsplan – bestehen. Demgemäß kann von deren Gesellschaftern nicht die Beibringung einer selbstschuldnerischen Bürgschaft verlangt werden. Gleiches gilt für den Fall eines Gesellschafterbeitritts und sogar dann, wenn sämtliche Gesellschafter ausgetauscht werden.

Das Bürgschaftspostulat gilt nur für juristische Personen des Privatrechts. Soweit eine GmbH & Co. KG als MVZ-Trägergesellschaft anerkannt wird, handelt es sich um eine Personengesellschaft, für die die Verpflichtung nicht gilt. Die Bürgschaft ist von dem jeweiligen Gesellschafter auszuhändigen. Ist Gesellschafterin eine juristische Person, ist diese und sind nicht etwa deren Gesellschafter beibringungspflichtig.

Kommunen oder Hochschulkliniken kommen ebenfalls als Gründer von MVZ oder als Gesellschafter von MVZ-Trägergesellschaften in Betracht. Sie müssen keine Bürgschaft beibringen, wenn das MVZ als Eigeneinrichtung und nicht z. B. als GmbH geführt wird. Probleme ergeben sich, wenn die als zugelassene Leistungserbringerin anerkannte Krankenhaus-GmbH, deren alleinige Gesellschafterin oder deren Mitgesellschafterin eine Kommune ist, ein MVZ ohne eigene Rechtspersönlichkeit errichtet. In diesem Fall müsste die Kommune als Gesellschafterin eine Bürgschaftserklärung in unbegrenzter Höhe abgeben, was gegen Vorgaben des Kommunalrechts verstoßen kann. Das MVZ-Projekt ist möglicherweise allein aufgrund dieses Umstandes zum Scheitern verurteilt!

Das Bürgschaftspostulat stellt insbesondere gemeinnützige Krankenhausträger vor erhebliche Probleme. So wird die Befürchtung vorgetragen, bei Abgabe einer Bürgschaftserklärung zugunsten einer selbst als Alleingesellschafterin betriebenen MVZ-GmbH sei der Verlust der Gemeinnützigkeit zu befürchten. Dies gelte insbesondere dann, wenn die Inanspruchnahme aus der Bürgschaft erfolge.

Verlangt wird eine selbstschuldnerische Bürgschaft gem. § 773 Abs. 1 Nr. 1 BGB, keine Bürgschaft auf erstes Anfordern und erst recht **keine Bankbürgschaft**! Aufgrund der Verbürgung als Selbstschuldner ist die Einrede der Vorausklage ausgeschlossen. Die Bürgschaft darf betragsmäßig nicht beschränkt werden. Deshalb muss selbst der Gesellschafter mit einem „Mini-Anteil" eine Bankbürgschaft in unbeschränkter Höhe beibringen. Eine Befristung widerspricht dem Zweck der Einstandspflicht für nach Auflösung des MVZ bekannt gewordene Verbindlichkeiten ebenso wie die Möglichkeit zur Kündigung. Allerdings kann so eine „ewige Haftungsgefahr" entstehen, da ein Gesellschafter, der der MVZ-Trägergesellschaft vielleicht nur für kurze Zeit angehört hat, noch Jahrzehnte nach seinem Ausscheiden aus der Gesellschaft in Anspruch genommen werden könnte. Da der Gesetzgeber dies nicht gewollt haben kann, ist eine teleologische Reduktion vorzunehmen. Vom Sicherungszweck der Bürgschaft dürfen nur solche Ansprüche erfasst sein, die ihre wirtschaftliche Grundlage in der Zeit der Gesellschaftszugehörigkeit haben.

Die Bürgschaftsurkunde ist an den Bürgen zurückzugeben, wenn keine von der Sicherungsabrede erfassten Ansprüche (mehr) bestehen oder entstehen können oder diese anderweitig – z. B. durch Honorareinbehalte – abgesichert sind. Nach Auflösung des MVZ müssen grundsätzlich sämtliche Fristen zur Durchführung z. B. von Wirtschaftlichkeitsprüfungs-, Regress- oder Plausibilitätsverfahren abgelaufen und dürfen keine entsprechenden Verfahren mehr anhängig sein.

jj) Gesetzliche Generalverweisung

Zu den rechtlichen Auswirkungen der MVZ-Zulassung heißt es in § 95 Abs. 3 Satz 3 SGB V: „Die Zulassung des medizinischen Versorgungszentrums bewirkt, dass die in dem Versorgungszentrum angestellten Ärzte Mitglieder der für den Vertragsarztsitz des Versorgungszentrums zuständigen Kassenärztlichen Vereinigung sind und dass das zugelassene medizinische Versorgungszentrum insoweit zur Teilnahme an der vertragsärztlichen Versorgung berechtigt und verpflichtet ist. Die vertraglichen Bestimmungen über die vertragsärztliche Versorgung sind verbindlich."

Mit anderen Worten: **Die für Vertragsärzte geltenden Rechte und Pflichten bestimmen den Rahmen auch der MVZ-Tätigkeit! Aber:** Die MVZ-Trägergesellschaft wird nicht Mitglied der zuständigen Kassenärztlichen Vereinigung. Dies ist, und zwar abhängig vom zeitlichen Beschäftigungsumfang, nur bei dem angestellten Arzt der Fall.

kk) Status des angestellten Arztes

Die angestellten Ärzte müssen in einem **Dienstverhältnis** zum MVZ-Träger stehen. Insofern finden auf sie die arbeitsrechtlichen Vorgaben Anwendung. Tarifliche Bedingungen für das Arbeitsverhältnis bestehen je nach Tarifgebundenheit der Parteien. Ein freies Mitarbeiterverhältnis erfüllt die gesetzlichen Voraussetzungen nicht.

Erwirbt der MVZ-Träger eine Arztpraxis, wird regelmäßig ein Betriebsübergang gem. § 613a BGB vorliegen mit der Konsequenz, dass der MVZ-Träger in die bestehenden Arbeitsverhältnisse eintritt, sofern die Mitarbeiter nicht widersprechen.

Der im MVZ mindestens halbtätig angestellte Arzt unterliegt der Satzungsmacht seiner Kassenärztlichen Vereinigung (§ 77 Abs. 3 Satz 2 SGB V). Im Falle des Verstoßes gegen vertragsarztrechtliche Pflichten kann die Kassenärztliche Vereinigung den angestellten Arzt disziplinarrechtlich belangen.

II) Beschaffung von Zulassungen

Das MVZ kann die ärztlichen Leistungen bekanntlich durch angestellte Ärzte und/oder Vertragsärzte erbringen.

Soweit für das jeweilige Fachgebiet keine Zulassungsbeschränkungen gelten, ist die Situation einfach. Ist der Arzt zulassungsfähig, kann er eine Vertragsarztzulassung beantragen und auf dieser Grundlage im MVZ tätig werden. Stattdessen kann das MVZ die Genehmigung der Anstellung des Arztes beantragen. Durch die Genehmigung der Anstellung wird eine Arztstelle im MVZ geschaffen.

Der Gesetzgeber hat die MVZ im Übrigen zulassungsrechtlich nicht privilegiert. Bei bestehenden Zulassungsbeschränkungen muss die Besetzung der Fachgebiete im MVZ **bedarfsplanungsneutral** durch Umwandlung einer Vertragsarztzulassung in eine Arztstelle oder durch Einbindung eines Vertragsarztes erfolgen.

Die Generalnorm zur **Umwandlung einer Vertragsarztzulassung** ist § 103 Abs. 4a Satz 1 SGB V: „Verzichtet ein Vertragsarzt in einem Planungsbereich, für den Zulassungsbeschränkungen angeordnet sind, auf seine Zulassung, um in einem Medizinischen Versorgungszentrum tätig zu werden, so hat der Zulassungsausschuss die Anstellung zu genehmigen; ..."

In der Praxis ist festzustellen, dass insbesondere Krankenhausträger, die die Errichtung eines MVZ oder dessen Ausbau planen, als Interessenten auf dem Praxismarkt auftreten. Regelmäßig wird zwischen dem MVZ-Träger und dem Praxisinhaber ein Praxisübergabevertrag abgeschlossen. Teilweise werden derzeit wegen der hohen Nachfrage nach Vertragsarztzulassungen **strategisch hohe Preise** gezahlt. Der Inhalt des Praxisübergabevertrages entspricht dabei üblichen Standards, wobei die Vorgaben zum Datenschutz bei der Übertragung der Patientenkartei besonders beachtet werden müssen, um die Nichtigkeit des Gesamtvertrages zu verhindern. Der Vertragsarzt verlegt auf der Basis des abgeschlossenen Vertrages seine Praxis zum Sitz des MVZ und verzichtet dann auf seine Vertragsarztzulassung, um sich im MVZ anstellen zu lassen. In welchem zeitlichen Umfang und für welche Dauer die Anstellungstätigkeit auszuüben ist, sollte im Voraus mit dem Zulassungsausschuss abgeklärt werden.

Im Falle der Beendigung des Arbeitsverhältnisses ist die **Nachbesetzung der Arztstelle** ohne Durchführung eines komplizierten Verfahrens möglich, indem der MVZ-Träger mit einem anderen Arzt einen Arbeitsvertrag abschließt und zu diesem die Genehmigung des Zulassungsausschusses einholt. Die so im MVZ geschaffene Arztstelle kann nach Maßgabe der Bedarfsplanungs-Richtlinien-Ärzte mit bis zu vier teilzeitig tätigen Ärzten besetzt werden.

e) Behandlungsvertrag

Der Behandlungsvertrag kommt stets mit dem MVZ-Träger einerseits und dem Patienten andererseits zustande. Wird das MVZ z. B. in der Rechtsform der GmbH betrieben, wird die GmbH Vertragspartnerin. Für den Abschluss des Behandlungsvertrages ist es unerheblich, ob das MVZ mit angestellten Ärzten und/oder mit Vertragsärzten betrieben wird.

Erhalten die im MVZ tätigen Ärzte die Genehmigung, z. B. privatärztliche Leistungen im eigenen Namen und auf eigene Rechnung unter Inanspruchnahme der Ressourcen des MVZ-Trägers zu erbringen, ist zwecks Vermeidung einer Rechtsscheinhaftung gegenüber dem Patienten deutlich hervorzuheben, dass kein Behandlungsverhältnis mit dem MVZ-Träger begründet wird.

f) Abrechnung

Im vertragsärztlichen Bereich rechnet der MVZ-Träger die erbrachten ärztlichen Leistungen auf der Grundlage des **Einheitlichen Bewertungsmaßstabes** ab. Soweit einzelne Kassenärztliche Vereinigungen selbst den angestellten Ärzten eine Abrechnungsnummer erteilen, ist dies zwar systemwidrig, ermöglicht indes eine eindeutige Zuordnung der Leistungen. Das MVZ ist abrechnungstechnisch wie eine fachübergreifende Gemeinschaftspraxis zu behandeln und insofern weder besser noch schlechter als diese gestellt.

Im vertragsärztlichen Bereich dürfen viele Leistungen nur unter der Voraussetzung erbracht werden, dass die KV zuvor eine Genehmigung erteilt hat. Die rechtzeitige Antragstellung ist dringend zu empfehlen. Gleiches gilt für die Einholung anderer öffentlich-rechtlicher Genehmigungen z. B. nach der Strahlenschutzverordnung. Bei der zeitlichen Planung sind die unterschiedlichen Zuständigkeiten zu berücksichtigen.

Gegenüber Privatpatienten war umstritten, ob die privaten Krankenversicherer vor dem Hintergrund des § 4 Abs. 2 MB/KK zur Übernahme der Kosten einer MVZ-GmbH verpflichtet sind. Hier zeichnet sich eine Klärung dahingehend ab, dass die **Erstattung erfolgt,** wenn die MVZ-GmbH zur vertragsärztlichen Versorgungstätigkeit zugelassen ist und die **Rechnung nach Maßgabe der amtlichen Gebührenordnung (GOÄ)** erstellt.

g) Kooperationen

Das VÄndG hat mit § 33 Abs. 2 Ärzte-ZV eine weitere praxisrelevante Neuerung gebracht: „Die gemeinsame Ausübung vertragsärztlicher Tätigkeiten ist zulässig unter allen zur vertragsärztlichen Versorgung zugelassenen Leistungserbringern an einem gemeinsamen Vertragsarztsitz (örtliche Berufsausübungsgemeinschaft). Sie ist auch zulässig bei unterschiedlichen Vertragsarztsitzen der Mitglieder der Berufsausübungsgemeinschaft (überörtliche Berufsausübungsgemeinschaft), wenn die Erfüllung der Versorgungspflicht des jeweiligen Mitglieds an seinem Vertragsarztsitz unter Berücksichtigung der Mitwirkung angestellter Ärzte und Psychotherapeuten in dem erforderlichen Umfang gewährleistet ist sowie das Mitglied sowie die bei ihm angestellten Ärzte und Psychotherapeuten an den Vertragsarztsitzen der anderen Mitglieder nur in zeitlich begrenztem Umfang tätig sind.“

Die Gesetzesbegründung (BT-Drucks. 16/2474 S. 31) hebt hervor, dass selbst ein in der Rechtsform der GmbH geführtes MVZ eine überörtliche Berufsausübungsgemeinschaft mit allen zur vertragsärztlichen Versorgung zugelassenen Leistungserbringern zu gründen berechtigt ist. Ungeklärt ist jedoch, ob ein solcher Zusammenschluss auch dann zulässig ist, wenn das Berufsrecht die Ärztegesellschaft nicht anerkennt. Die Vielfalt an Kooperationsformen wird durch diese Gestaltungsmöglichkeiten deutlich bereichert.

h) Gebühren

Das VÄndG hat die Gebühren für die MVZ-Zulassung sowie die Genehmigung der Anstellung eines Arztes deutlich angehoben.

Bei Antragstellung sind folgende Gebühren zu entrichten:

▶ MVZ-Zulassung – 100 €

▶ Anstellungsgenehmigung – 120 €.

Darüber hinaus werden nach unanfechtbar gewordener Zulassung und nach erfolgter Genehmigung der Anstellung jeweils 400 € als Verwaltungsgebühren erhoben.

2. Steuerliche Aspekte

Literatur:

Welper, Medizinisches Versorgungszentrum, NWB F. 2 S. 9041; *Michels/Ketteler-Eising*, Steuerliche Fragestellungen bei der Gründung Medizinischer Versorgungszentren, MedR 2007 S. 28.

a) Grundzüge der Gründung eines MVZ

aa) Allgemeine Anmerkungen

Die arztrechtlichen Rahmenbedingungen medizinischer Versorgungszentren und die verschiedenen Möglichkeiten der Ausgestaltung erfordern eine differenzierte Betrachtung für die steuerliche Beurteilung. Hierbei sind grundsätzlich folgende Aspekte zu berücksichtigen:

▶ die Organisationsform des MVZ,

▶ die Tätigkeit als angestellter Arzt oder als Vertragsarzt und

▶ die Person der MVZ-Gründer.

Da sich medizinische Versorgungszentren nach § 95 Abs. 1 Satz 3 SGB V grundsätzlich aller zulässigen Organisationsformen bedienen können, sind sie aus steuerlicher Sicht sowohl als **Personengesellschaft** (insbesondere als GbR) als auch als **Kapitalgesellschaft** (insbesondere als GmbH) denkbar.

Unabhängig von der Organisationsform kann nach § 95 Abs. 1 Satz 2 SGB V ein Arzt in einem medizinischen Versorgungszentrum sowohl als Angestellter als auch als Vertragsarzt tätig sein. Dies führt jeweils zu einer **Angestellten-Variante** und einer **Vertragsarzt-Variante**.

Als Gründer und Betreiber medizinischer Versorgungszentren kommen zudem nicht nur Vertragsärzte in Betracht, sondern alle weiteren Leistungserbringer, die aufgrund von Zulassung, Ermächtigung oder Vertrag an der medizinischen Versorgung der Versicherten teilnehmen, somit z. B. auch Krankenhäuser oder Apotheker. Für diese weiteren Leistungserbringer stellen sich allerdings bei der Gründung medizinischer Versorgungszentren nur selten besondere steuerliche Fragen, sondern eher für die laufende Besteuerung, da diese i. d. R. über keine einzubringende Praxis verfügen.

Die steuerliche Darstellung wird sich daher zunächst auf die folgenden Alternativen bei Gründung durch Vertragsärzte bei Übertragung der ganzen Praxis bzw. des ganzen Gemeinschaftspraxisanteils konzentrieren:

▶ MVZ-GbR in der Angestellten-Variante,

▶ MVZ-GbR in der Vertragsarzt-Variante,

▶ MVZ-GmbH in der Angestellten-Variante,

▶ MVZ-GmbH in der Vertragsarzt-Variante.

Im Anschluss werden die Probleme im Zusammenhang mit der MVZ-Gründung aufgezeigt, die sich bei der Übertragung nur einer Vertragsarztzulassung aus einer Gemeinschaftspraxis oder einzelner Tätigkeiten am Beispiel der Verlagerung nur der kassenärztlichen Tätigkeit ergeben.

Vorab sei auf die allgemeinen Grundsätze zur Gründung von Ärzte-Gesellschaften als GmbH verwiesen, insbesondere die Problematik der verdeckten („verschleierten") Sachgründung, die gerade im Bereich der Gründung von MVZ-GmbH von besonderer Bedeutung sein kann (siehe S. 191 ff.).

bb) Gründung einer MVZ-GbR in der Angestellten-Variante

Streitig im Rahmen der Anforderungen an die Gründer ist, ob ein Vertragsarzt, der seine Zulassung auf das MVZ überträgt, um dort als Angestellter tätig zu sein, noch über die notwendigen Gründereigenschaften verfügt.

Folgt man der Auffassung, dass der ehemalige Vertragsarzt nach Übertragung seiner Zulassung auf das MVZ in der Angestellten-Variante seine Gründereigenschaft nicht verliert, kann er Gesellschafter der MVZ-GbR werden. In diesem Fall kann die **ganze Praxis oder der gesamte Gemeinschaftspraxisanteil** mit allen wesentlichen Betriebsgrundlagen gegen Gewährung von Gesellschaftsrechten an der MVZ-GbR auf Antrag zu Buchwerten nach § 24 UmwStG ohne Aufdeckung stiller Reserven eingebracht werden (siehe S. 110 ff.). Die richtige Zuordnung der stillen Reserven erfolgt dann über die Erstellung von Ergänzungsrechnungen. Da der ehemalige Vertragsarzt zugleich Mitunternehmer und Angestellter der MVZ-GbR ist, zählen nach § 18 Abs. 4 Satz 2 i. V. m. § 15 Abs. 1 Satz 1 Nr. 2 EStG die Vergütungen für seine Tätigkeit im Dienste der MVZ-GbR zu den Einkünften aus der Mitunternehmerschaft.

Vertritt man dagegen die Auffassung, dass der ehemalige Vertragsarzt in der Angestellten-Variante nicht mehr über die notwendigen Gründereigenschaften verfügt, scheidet eine Gesellschafterstellung in der MVZ-GbR aus. Kann oder will der ehemalige Vertragsarzt nicht Gesellschafter und damit steuerlich nicht Mitunternehmer der MVZ-GbR werden, ist eine Einbringung gegen eine Gewährung von Gesellschaftsrechten nicht möglich. Die einzige Möglichkeit besteht dann in der **Veräußerung der Praxis oder des gesamten Gemeinschaftspraxisanteils an die MVZ-GbR mit der Folge, dass ein entsprechender Veräußerungsgewinn zu versteuern ist. Dieser Veräußerungsgewinn kann** unter den Voraussetzungen der §§ 16, 34 EStG steuerlich begünstigt sein (Veräußerungsfreibetrag; „halber" Steuersatz, Fünftelungsregelung).

Eine der Voraussetzungen zur Anwendung der §§ 16, 34 EStG ist die Einstellung der selbständigen ärztlichen Tätigkeit in dem bisherigen **örtlichen Wirkungskreis** wenigstens für eine **gewisse Zeit**. Eine anschließende nichtselbständige Tätigkeit als angestellter Arzt im Rahmen des MVZ mit Einkünften i. S. d. § 19 EStG steht dem aber nicht entgegen (siehe S. 133 ff.).

cc) Gründung einer MVZ-GbR in der Vertragsarzt-Variante

In der Vertragsarzt-Variante ist die Gesellschafterstellung des Vertragsarztes bei Gründung einer MVZ-GbR aus steuerlicher Sicht unproblematisch. Steuerlich empfiehlt sich daher, die ganze Praxis bzw. den gesamten Gemeinschaftspraxisanteil mit allen wesentlichen Betriebsgrundlagen gegen Gewährung von Gesellschaftsrechten an der MVZ-GbR auf Antrag zu **Buchwerten nach § 24 UmwStG** steuerneutral einzubringen. Soweit hierbei wesentliche Betriebsgrundlagen zurückbehalten, aber als Sonderbetriebsvermögen der MVZ-GbR zur Nutzung überlassen werden, ist angesichts der zurzeit nicht eindeutig geklärten Rechtslage Vorsicht bei der Gestaltung geboten (siehe ausführlich S. 110 ff.).

dd) Gründung einer MVZ-GmbH in der Angestellten-Variante

Bei der Gründung einer MVZ-GmbH in der Angestellten-Variante ist für die Gestaltung entscheidend, ob der ehemalige Vertragsarzt nach Übertragung seiner Zulassung auf das MVZ Gesellschafter der MVZ-GmbH sein kann. Diese Frage ist ungeklärt.

Wird ein Arzt nicht Gesellschafter der MVZ-GmbH, bleibt für eine Gestaltung nur die unter den Voraussetzungen der §§ 16, 34 EStG begünstigte **Veräußerung** der Praxis bzw. des (gesamten) Gemeinschaftspraxisanteils an die MVZ-GmbH (siehe S. 133 ff.).

Wird der Arzt Gesellschafter der MVZ-GmbH, bietet es sich für eine Gestaltung an, die ganze Praxis bzw. den gesamten Gemeinschaftspraxisanteil mit allen wesentlichen Betriebsgrundlagen gegen Gewährung von Gesellschaftsrechten nach **§ 20 UmwStG zu Buchwerten** in die GmbH einzubringen (siehe S. 190 ff.).

Bei der Anwendung von § 20 UmwStG ist es nicht möglich, (funktional) wesentliche Betriebsgrundlagen zurückzubehalten und der MVZ-GmbH nur zur Nutzung zu überlassen, da zu einer GmbH **kein Sonderbetriebsvermögen** gebildet werden kann. Eine Einbringung aller wesentlichen Betriebsgrundlagen einschließlich etwaiger wesentlichen Betriebsgrundlagen im Sonderbetriebsvermögen der Praxis in das Vermögen der MVZ-GmbH ist daher erforderlich.

PRAXISHINWEISE:

Im Einzelfall sollte in Betracht gezogen werden, ob nicht der Verzicht auf eine Buchwertfortführung, sondern der Ansatz der gemeinen Werte und die **Aufdeckung sämtlicher stiller Reserven** in der Gesamtbetrachtung zu einem günstigeren Ergebnis führt, insbesondere, wenn bereits im Rahmen der Einbringung ein steuerbegünstigter

> Veräußerungsgewinn nach § 20 Abs. 4 UmwStG i. V. m. §§ 16, 34 Abs. 3 EStG (56 % des Durchschnittssteuersatzes) realisiert werden kann. Hiervon betroffen dürften insbesondere die Fälle sein, in denen ein Arzt, der das 55. Lebensjahr vollendet hat, Gesellschafter der MVZ-GmbH wird, aber sein Ausscheiden schon absehbar ist.

Bei der Buchwertfortführung gehen die stillen Reserven aus der Praxis auf die MVZ-GmbH als neues Steuersubjekt über. Die latente Steuerbelastung aus den stillen Reserven verteilt sich dann gleichmäßig auf alle Gesellschafter der MVZ-GmbH und nicht mehr allein auf den Einbringenden. Die Einbringung zu Buchwerten kann somit zu ungewollten Vermögensverschiebungen zwischen den Beteiligten führen. Die MVZ-GmbH verfügt zudem nur über ein eingeschränktes Abschreibungspotenzial.

Wählt der Einbringende den Ansatz der gemeinen Werte (bzw. die Veräußerung), zieht er zeitlich die Veräußerungsgewinnbesteuerung vor und verschafft gleichzeitig der MVZ-GmbH dafür zusätzliches Abschreibungspotenzial zur Verminderung des laufenden steuerlichen Gewinns. Dies ist dann sinnvoll, wenn sich aus einer sofortigen Besteuerung der stillen Reserven im Rahmen der Gründung der MVZ-GmbH und einer späteren Besteuerung der Veräußerung der Anteile an der MVZ-GmbH unter Berücksichtigung einer kalkulatorischen Verzinsung keine erheblichen Nachteile ergeben. Der Buchwertansatz wirkt insoweit nur wie eine Stundung der Steuern aus den stillen Reserven.

BEISPIEL: Der 57-jährige Arzt A bringt seine Einzelpraxis mit allen wesentlichen Betriebsgrundlagen (Buchwert 100.000 €, gemeiner Wert 275.000 €) im Jahr 01 in die MVZ-GmbH gegen Gewährung einer 20 %igen Beteiligung ein. Es ist bereits absehbar, dass A seinen Anteil an der MVZ-GmbH nach Ablauf von fünf Zeitjahren nach der Einbringung (Jahr 05) veräußern wird. § 34 Abs. 3 EStG wurde von A bisher noch nicht in Anspruch genommen.

Bringt A seine Einzelpraxis zu **Buchwerten** ein, setzt die MVZ-GmbH die Wirtschaftsgüter in ihrer Bilanz mit 100.000 € an und es entstehen einbringungsgeborene Anteile mit Anschaffungskosten i. H. v. 100.000 €. Bei einer Veräußerung für 275.000 € nach fünf Jahren entsteht ein Veräußerungsgewinn i. H. v. 175.000 €, auf den § 22 UmwStG Anwendung findet. Der Gewinn ermittelt sich wie folgt (aus Vereinfachungsgründen ohne Einbringungs-/Veräußerungskosten):

Einbringungsgewinn I nach § 22 Abs. 1 UmwStG

(rückwirkend im Jahr 01 als nicht begünstigter Gewinn nach § 16 EStG zu versteuern)

Gemeiner Wert im Zeitpunkt der Einbringung	275.000 €
Wert des Betriebsvermögens bei Einbringung	100.000 €
	175.000 €
Je abgelaufenes Zeitjahr nach dem Einbringungszeitpunkt zu kürzen um ein Siebtel	
5 Zeitjahre x 1/7 = 5/7 von 175.000 €	125.000 €
Einbringungsgewinn I (Jahr 01)	50.000 €

Veräußerungsgewinn nach § 17 EStG

(zu versteuern unter Anwendung des Halbeinkünfteverfahrens)

Veräußerungspreis		275.000 €
./. Anschaffungskosten nach § 20 UmwStG		100.000 €
Korrekturbetrag nach § 22 Abs. 1 Satz 4 UmwStG 2006	50.000 €	150.000 €
Veräußerungsgewinn i. S. d. § 17 EStG		125.000 €
davon steuerpflichtig im Teileinkünfteverfahren (60 %)		75.000 €

Unter den Voraussetzungen des § 23 UmwStG kann bei der MVZ-GmbH der Einbringungsgewinn wirtschaftsgutbezogen zur Aufstockung der Buchwerte angesetzt werden. Problematisch ist dann insbesondere der Fall, wenn einzelne eingebrachte Wirtschaftsgüter bereits aus dem Betriebsvermögen der MVZ-GmbH ausgeschieden sind.

Bringt A seine Einzelpraxis zum **gemeinen Wert** ein, setzt die MVZ-GmbH die Wirtschaftsgüter in ihrer Bilanz mit 275.000 € an und der entstehende Veräußerungsgewinn i. H. v. 175.000 € (275.000 € ./. 100.000 €) ist steuerbegünstigt nach § 20 Abs. 4 UmwStG, §§ 16, 34 EStG. Bei einer Veräußerung zu 275.000 € nach fünf Jahren entsteht aufgrund der Anschaffungskosten i. H. v. 275.000 € kein Veräußerungsgewinn. Das Vorziehen der Besteuerung der stillen Reserven nach §§ 16, 34 EStG führt beim Ansatz zum gemeinen Wert für die MVZ-GmbH zu einem um 175.000 € erhöhten Ansatz der Wirtschaftsgüter in der Bilanz und damit zu einem höheren Abschreibungspotential.

Das Beispiel zeigt, dass im Einzelfall genau geplant und berechnet werden muss, ob entweder die Einbringung zu Buchwerten oder die Einbringung zum gemeinen Wert zum voraussichtlich optimalen Ergebnis führt.

ee) Gründung einer MVZ-GmbH in der Vertragsarzt-Variante

Die steuerliche Beurteilung der MVZ-GmbH in der Vertragsarzt-Variante bereitet in der Praxis aufgrund der Beibehaltung des vertragsärztlichen Status nicht zuletzt wegen dogmatischer und arztrechtlicher Probleme besondere Schwierigkeiten.

Wird eine Buchwertfortführung ohne Aufdeckung der stillen Reserven angestrebt, bringt im Idealfall der Arzt seine ganze Praxis bzw. seinen gesamten Gemeinschaftspraxisanteil mit allen wesentlichen Betriebsgrundlagen nach **§ 20 UmwStG** in eine MVZ-GmbH ein. Bereits in diesem Fall wirft die Beibehaltung des Zulassungsstatus als Vertragsarzt die – nicht anschließend geklärte – Frage auf, ob dies als unzulässige Zurückbehaltung einer wesentlichen Betriebsgrundlage anzusehen ist.

Die Zulassung zur vertragsärztlichen Versorgung der Versicherten ist ein höchstpersönliches, nicht veräußerbares Recht. Nach Auffassung der Finanzverwaltung stellt aber der wirtschaftliche Vorteil der Vertragszulassung grundsätzlich ein selbständiges, immaterielles Wirtschaftsgut des Anlagevermögens dar und nicht nur einen unselbständigen wertbildenden Faktor im Rahmen des Praxiswertes (siehe S. 130). Diese Auffassung ist höchstrichterlich nicht geklärt und begegnet in der Literatur erheblichen Bedenken (hierzu Michels/Ketteler-Eising, DStR 2006 S. 95; DStR 2008 S. 314; DStR 2009 S. 814).

Folgt man der Auffassung der Finanzverwaltung, verhindert die Tatsache, dass die Zulassung zur vertragsärztlichen Versorgung nicht auf die MVZ-GmbH übertragen wird, die Anwendung von § 20 UmwStG, da nicht alle wesentlichen Betriebsgrundlagen übertragen werden.

PRAXISHINWEISE:

Auch wenn die Zulassung zur vertragsärztlichen Versorgung beim Vertragsarzt verbleibt, kann unter Umständen über vertragliche Gestaltungen eine Zurechnung des wirtschaftlichen Eigentums an der Vertragsarztzulassung nach § 39 AO zur MVZ-GmbH für die Dauer der Zugehörigkeit des Vertragsarztes erreicht werden. Ist die Vertragsarztzulassung der MVZ-GmbH im Rahmen der Einbringung zuzurechnen, dürfte § 20 UmwStG 2006 insoweit anwendbar sein. Aufgrund der Auswirkungen und der nicht abschließend geklärten Rechtslage empfiehlt sich allerdings dringend die Einholung einer verbindlichen Auskunft.

Scheidet der Vertragsarzt später wieder aus der MVZ-GmbH unter Rückführung seines Praxiswertes einschließlich seiner Vertragsarztzulassung aus, führt dies auf Ebene der MVZ-GmbH zur Aufdeckung der stillen Reserven. Die Übertragung stellt sich je nach Fall entweder als entgeltlicher Vorgang oder als verdeckte Gewinnausschüttung an den Vertragsarzt dar.

Auf Grundlage der zivilrechtlichen und arztrechtlichen Vorgaben dürften neben dem steuerlichen Idealfall auch folgende Gestaltungsmöglichkeiten für die Gründung eines MVZ bestehen (in Ermangelung einer bestimmten Bezeichnung wird der Begriff „Gesamt-MVZ" verwendet):

ABBILDUNG: Gesamt-MVZ

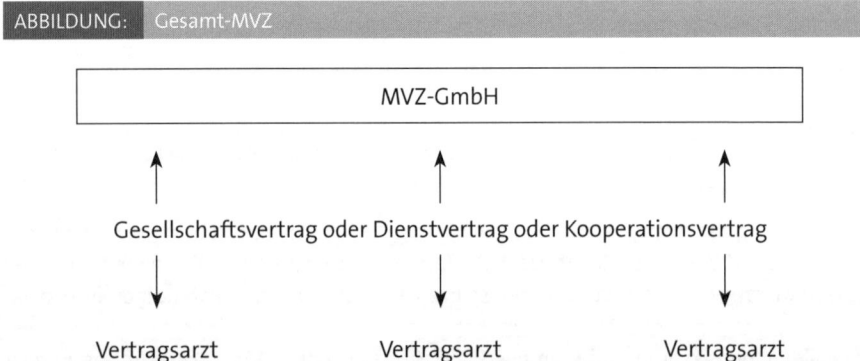

(1) Gründung eines Gesamt-MVZ als GbR mit einer MVZ-Träger-GmbH

Bilden die MVZ-GmbH im Sinne einer MVZ-Träger-GmbH und die Vertragsärzte durch Gesellschaftsvertrag eine GbR mit dem Zweck des gemeinsamen Betriebs eines MVZ, so stellt das „Gesamt-MVZ" steuerlich eine Mitunternehmerschaft dar. In diesem Fall können die Vertragsärzte ihre Praxen bzw. ihre gesamten Gemeinschaftspraxisanteile mit allen wesentlichen Betriebsgrundlagen nach § 24 UmwStG zu Buchwerten in das „Gesamt-MVZ" gegen Gewährung einer Mitunternehmerstellung im Rahmen der GbR einbringen.

BEISPIEL: Die Vertragsärzte A, B und C gründen eine MVZ-GmbH, die nunmehr in der Funktion einer Trägergesellschaft nach außen die Verträge mit den Patienten abschließt und mit den Kostenträgern abrechnet. Daneben schließen A, B und C und die MVZ-(Träger)-GmbH einen weiteren Gesellschaftsvertrag mit dem Zweck, das MVZ auf gemeinsame Rechnung zu betreiben und den insgesamt erzielten Gewinn je zu einem Viertel aufzuteilen. Hierzu verpflichten sich die Vertragsärzte, ihre gesamten Praxen in die Gesellschaft A, B, C und MVZ-GmbH einzubringen. Auf diese Weise entsteht eine Mitunternehmerschaft zwischen A, B, C und der MVZ-GmbH (vgl. H 15.8 Abs. 1 EStH). Die Einbringung der einzelnen Praxen in die Mitunternehmerschaft kann nach § 24 UmwStG zu Buchwerten erfolgen.

Dem steht nicht entgegen, dass nur die MVZ-(Träger)-GmbH nach außen auftritt. Auch eine reine Innengesellschaft kann die Voraussetzungen einer Mitunternehmerschaft erfüllen, insbesondere bei einem ausgeprägten Mitunternehmerrisiko (H 15.8 Abs. 1 EStH „Innengesellschaft").

Alternativ könnten die einzelnen Praxen nicht in das Gesamthandsvermögen der Mitunternehmerschaft eingebracht werden, sondern in das Sonderbetriebsvermögen zur Mitunternehmerschaft zwischen A, B, C und der MVZ-GmbH; angesichts der zurzeit nicht eindeutig geklärten Rechtlage ist allerdings Vorsicht bei der Gestaltung geboten (siehe ausführlich S. 111 ff.).

(2) Gründung eines Gesamt-MVZ im Rahmen von Dienstverträgen

Schließen die Vertragsärzte mit der MVZ-GmbH lediglich Dienstverträge (i. S. v. Subunternehmern für das MVZ) ab, wird es **nicht zur Errichtung einer Mitunternehmerschaft** kommen.

Der Vertragsarzt erbringt seine ärztlichen Leistungen weiter aus der eigenen Praxis heraus gegenüber seinem (einzigen) Kunden, der „MVZ-GmbH". Eine Übertragung von Wirtschaftsgütern aus dem Betriebsvermögen ist nicht erforderlich.

Bei der Bemessung der Honorare des Vertragsarztes sind die Grundsätze der verdeckten Gewinnausschüttung zu beachten.

(3) Gründung eines Gesamt-MVZ mit Kooperationsvereinbarungen

Erfolgt die Gründung des „Gesamt-MVZ" durch den Abschluss von Kooperationsverein-barungen, ist für die steuerliche Beurteilung zu unterscheiden, ob die Vergütung der Ver-tragsärzte gewinnabhängig oder gewinnunabhängig erfolgt.

Im Fall einer GbR, die als reine Innengesellschaft ausgestaltet ist, rechtfertigt nach Auf-fassung der Finanzverwaltung die Übernahme eines erheblichen unternehmerischen Ri-sikos bereits das Bestehen einer Mitunternehmerschaft (H 15.8 Abs. 1 EStH „Innengesell-schaft"). Stellt sich die Gewinnverteilung im Rahmen von Kooperationsverträgen als ge-winnabhängige Verteilung eines gemeinschaftlich erwirtschafteten Gewinns zwischen der MVZ-Träger-GmbH und den Vertragsärzten dar, dürfte in Anlehnung an diese Auffas-sung von einer Mitunternehmerschaft auszugehen sein. Andernfalls wäre wie beim Ab-schluss von Dienstverträgen der Vertragsarzt wie ein selbständiger Subunternehmer mit eigenem Betrieb zu behandeln.

(4) Risiko Betriebsaufspaltung

Ist nicht von einer **Mitunternehmerschaft** auszugehen, ist ergänzend zu prüfen, ob nicht die Voraussetzungen der sachlichen und personellen Verflechtung für die Annahme ei-ner **Betriebsaufspaltung** vorliegen (zur Betriebsaufspaltung H 15.7 Abs. 4 EStH).

Eine personelle Verflechtung liegt vor, wenn eine oder mehrere Personen (Personengrup-pentheorie) als Besitzunternehmen zusammen bei der MVZ-GmbH einen **einheitlichen geschäftlichen Betätigungswillen** durchsetzen können (H 15.7 Abs. 6 EStH: „Allgemei-nes"). Bei den Vertragsärzten wäre dies der Fall, wenn ein Vertragsarzt oder mehrere ge-sellschaftlich verbundene Vertragsärzte zusammen die Mehrheit der Stimmrechte an der MVZ-GmbH innehaben (H 15.7 Abs. 6 EStH: „Personengruppentheorie").

Eine sachliche Verflechtung liegt vor, wenn **wesentliche Betriebsgrundlagen** an die MVZ-GmbH (Betriebsunternehmen) überlassen werden. Bei einer Überlassung eines nicht ein-gebrachten **Praxiswertes** an die MVZ-GmbH zur Abrechnung mit den Kostenträgern, aus dem die MVZ-GmbH dann ihren Gewinn erwirtschaftet, wird eine sachliche Verflechtung vorliegen (H 15.7 Abs. 5 EStH „Wesentliche Betriebsgrundlage", „Immaterielle Wirt-schaftsgüter").

BEISPIEL: ▶ Die Gemeinschaftspraxis A & B und der Facharzt C gründen eine MVZ-GmbH in der Vertragsarzt-Variante, an der alle Ärzte zu je einem Drittel beteiligt sind. Die Gemeinschaftspra-xis und der Facharzt schließen mit der MVZ-GmbH Dienstverträge mit einer festen Vergütung für die zu erbringenden vertragsärztlichen Leistungen ab. Der Praxiswert (Patientenstamm) ein-schließlich aller Geräte und Einrichtungen verbleibt im Betriebsvermögen von A und B bzw. C. Die Behandlungsverträge mit den Patienten werden aber nunmehr von der MVZ-GmbH abge-schlossen. Die MVZ-GmbH rechnet über die Zulassung von A, B und C zur vertragsärztlichen Ver-sorgung die Leistungen gegenüber den gesetzlich versicherten Patienten der Praxen mit der KV und den anderen Kostenträgern ab. Über diese Abrechnung erwirtschaftet die MVZ-GmbH nach Abzug der Betriebsausgaben einen entsprechenden Gewinn. Die Voraussetzungen für eine personelle und sachliche Verflechtung zwischen der Gemeinschaftspraxis und der MVZ-GmbH liegen vor. Die nach außen gerichtete wirtschaftliche Betätigung der MVZ-GmbH gegenüber den Patienten und dem Kostenträger beruht im Wesentlichen auf der Nutzung des Praxiswertes (Patientenstamm) einschließlich der Vertragsarztzulassung. Soweit dieser nicht auf die MVZ-GmbH übergegangen ist, dürfte faktisch eine Nutzungsüberlassung seitens der Gesellschafter vorliegen. Auf die Frage der Entgeltlichkeit der Überlassung kommt es nicht entscheidend an (BFH v. 24.4.1991 – X R 84/88, BStBl 1991 II S. 713). Ebenfalls dürfte vermutlich selbst der Umstand, dass die Beziehungen zu den Patienten nicht vertraglich abgesichert sind, nicht erheblich sein (BFH v. 13.12.2005 – XI R 45/04, BFH/NV 2006 S. 1453). Zudem verfügen die Gesellschafter A und B der Gemeinschaftspraxis über 2/3 der Stimmrechte an der MVZ-GmbH. Die Gemeinschaftspraxis wird dann gewerbliches Besitzunternehmen im Rahmen einer Betriebsaufspaltung.

Verstärkt wird die Problematik zum Vorliegen einer Betriebsaufspaltung, da die Praxiswerte einschließlich der Vertragsarztzulassungen im Sinne einer faktischen Beherrschung für die MVZ-GmbH eigentlich eine unverzichtbare Betriebsgrundlage darstellen dürften (zur Frage der faktischen Beherrschung Schmidt/Wacker, EStG 2008, § 15 Rn. 836 m. w. N.). Die Annahme der „Unverzichtbarkeit" ergibt sich insbesondere aufgrund der Bedeutung der Vertragsarztzulassung und des Patientenstamms für die Zulassung und Abrechnung des medizinischen Versorgungszentrums im Rahmen der vertragsärztlichen Versorgung. „Unverzichtbar" bedeutet aber entscheidend mehr als „wesentlich" (Kempermann, Aktuelle Entwicklungen bei der Betriebsaufspaltung, NWB F. 3 S. 12501). Gründen Ärzte einer fachübergreifenden Gemeinschaftspraxis als Vertragsärzte zusammen mit einem Krankenhaus auf Basis von Dienstverträgen ein MVZ unter Überlassung der Vertragsarztzulassungen, könnte dann auch bei einer Beteiligung der Ärzte von nur 50 % eine Betriebsaufspaltung anzunehmen sein.

Als **Folge** der Betriebsaufspaltung wäre die Praxis als **gewerbliches Besitzunternehmen mit Einkünften aus Gewerbebetrieb** anzusehen.

ff) Gründung durch Verlagerung ausschließlich der kassenärztlichen Tätigkeit

Gestaltungsüberlegungen für Kooperationsmodelle können auch darin bestehen, lediglich die kassenärztliche Tätigkeit einer Praxis im Rahmen eines MVZ abzuwickeln und die privatärztliche Tätigkeit persönlich weiterzuführen.

In vielen Fällen wird dies allerdings zur Aufdeckung stiller Reserven führen, weil eine Fortführung der Buchwerte steuerlich nicht möglich ist.

(1) Zur Anwendbarkeit des Umwandlungssteuergesetzes

Eine Anwendung der §§ 20 oder 24 UmwStG scheitert in diesem Fall, da insgesamt kein Betrieb, Teilbetrieb oder Mitunternehmeranteil auf das MVZ übertragen wird.

Das Umwandlungssteuergesetz setzt die Übertragung eines Teils einer Praxis bzw. eines Praxisanteils ohne Realisation stiller Reserven einer Übertragung einer ganzen Praxis oder Gemeinschaftspraxis nur gleich, wenn es sich bei dem ausgelagerten Teil um einen

Teilbetrieb im steuerlichen Sinne handelt. Die kassenärztliche Tätigkeit stellt im Rahmen einer ärztlichen Praxis aber regelmäßig keinen Teilbetrieb dar (siehe S. 135).

Die Einbringung eines Betriebes in eine MVZ-GmbH erfordert nach § 20 UmwStG, dass alle wesentlichen Betriebsgrundlagen eingebracht werden (Umwandlungssteuererlass, a. a. O., Tz. 20.09 f.). Dies ist nicht der Fall, wenn nur der kassenärztliche Teil einer Praxis eingebracht wird, der privatärztliche Teil aber zurückgehalten wird.

Für die Anwendung des § 24 UmwStG ist hingegen bei Gründung einer MVZ-GbR nicht erforderlich, dass alle wesentlichen Betriebsgrundlagen in das Gesamthandsvermögen der Mitunternehmerschaft übertragen werden. Ausreichend für die Anwendung des § 24 UmwStG könnte auch die Übertragung in das Sonderbetriebsvermögen des jeweiligen Gesellschafters sein (Umwandlungssteuererlass, a. a. O., Tz. 24.06 f.; siehe aber Seite 111 f. zur Frage, ob dies weiter so gesehen werden kann). Naheliegend wäre es daher zu überlegen, die kassenärztliche Tätigkeit in das Gesamthandsvermögen einer MVZ-GbR einzubringen und die privatärztliche Tätigkeit, d. h. die restlichen wesentlichen Betriebsgrundlagen, in das Sonderbetriebsvermögen des Gesellschafters bei der MVZ-GbR.

Unseres Erachtens bestehen jedoch Bedenken, die diese Möglichkeit in Frage stellen. Je nach Umfang und Verhältnis der in das Gesamthandsvermögen eingebrachten und der zurückbehaltenen Wirtschaftsgüter, insbesondere des Praxiswertes der privatärztlichen Tätigkeit, ist zweifelhaft, ob diese steuerliches Sonderbetriebsvermögen beim medizinischen Versorgungszentrum werden können oder nicht vielmehr Betriebsvermögen einer **gesonderten Praxis** bleiben (BFH v. 9.2.1978 – IV R 85/77, BStBl 1979 II S. 111).

Wird außerhalb der kassenärztlichen Tätigkeit im Rahmen des medizinischen Versorgungszentrums eine erhebliche privatärztliche Tätigkeit ausgeübt, dürfte nach diesen Überlegungen eine Zuordnung des privatärztlichen Teils des Praxiswertes zum Sonderbetriebsvermögen der MVZ-GbR nicht möglich sein. Vielmehr entsteht im Einzelfall eine von der Beteiligung an der MVZ-GbR abzugrenzende privatärztliche Praxis. Wenn aber mit dem Praxiswert aus der privatärztlichen Tätigkeit einer Praxis wesentliche Betriebsgrundlagen in dieser Form nicht in das Sonderbetriebsvermögen zur MVZ-GbR eingebracht werden, kommt § 24 UmwStG nicht zur Anwendung.

(2) Zur Anwendbarkeit von § 6 Abs. 5 EStG

Bei der Übertragung einzelner Wirtschaftsgüter in eine MVZ-GmbH oder in eine Mitunternehmerschaft, an der eine GmbH, ggf. eine MVZ-(Träger-)GmbH oder eine Krankenhaus gGmbH, beteiligt ist, ist infolge der Sperrklausel des § 6 Abs. 5 Satz 5 EStG insoweit der Teilwert anzusetzen und eine Buchwertfortführung nicht möglich (siehe S. 124 ff.). Der Teilwert ist ebenfalls anzusetzen, wenn einzelne Wirtschaftsgüter aus dem Gesamthandsvermögen einer Gemeinschaftspraxis in das Gesamthandsvermögen einer anderen Mitunternehmerschaft überführt werden. Werden im Rahmen der Übertragung einzelner Wirtschaftsgüter auch Verbindlichkeiten mit übernommen, sind diese zudem als

Gegenleistung, d. h. als Entgelt, anzusehen (Schmidt/Glanegger, EStG 2006, § 6 Rn. 539) mit der Folge einer entgeltlichen oder teilentgeltlichen Überführung und der Aufdeckung stiller Reserven.

Begünstigt ist damit nach § 6 Abs. 5 EStG lediglich die Überführung einzelner Wirtschaftsgüter unentgeltlich oder gegen Gewährung von Gesellschaftsrechten aus einer Gemeinschaftspraxis in das Sonderbetriebsvermögen bei einer MVZ-GbR oder aus einer Einzelpraxis in das Gesamthandsvermögen einer MVZ-GbR ohne Beteiligung einer GmbH bzw. das Sonderbetriebsvermögen einer MVZ-GbR.

(3) Zur Anwendbarkeit von § 16 Abs. 3 EStG (Realteilung)

Die Anwendung des § 16 Abs. 3 Satz 2 EStG scheitert bereits an der Auffassung der Finanzverwaltung, dass nach § 16 Abs. 3 Satz 2 EStG die realgeteilte Mitunternehmerschaft untergeht, d. h. aufgegeben werden muss (BMF v. 28.2.2006 – IV B 2 – S 2242 – 6/ 06, BStBl 2006 I S. 228). Eine Betriebsaufgabe wird jedoch nicht verwirklicht, wenn die Praxis nach Verlagerung der kassenärztlichen Tätigkeit als rein privatärztliche Praxis ohne Ausscheiden eines Gesellschafters weitergeführt wird.

gg) Gründung durch Verlagerung einzelner Vertragsarztsitze

Einen weiteren Sonderfall bildet die Gründung eines MVZ unter Beteiligung einer Gemeinschaftspraxis, bei der lediglich eine Vertragsarztzulassung auf das MVZ verlagert werden soll, ansonsten aber die Gemeinschaftspraxis unverändert fortgeführt wird. Dies ist z. B. der Fall, wenn eine bestehende Gemeinschaftspraxis nur partiell eine MVZ-Kooperation eingehen will, ansonsten aber ihre Selbständigkeit erhalten möchte.

Wird die Gemeinschaftspraxis im Rahmen von Kooperations- oder Dienstverträgen mit festen Vergütungen vergleichbar einem Subunternehmer für das MVZ tätig, erzielt die Gemeinschaftspraxis Einnahmen aus einer Tätigkeit für ihren Auftraggeber MVZ. Es kommt dann nicht zu einer Überführung des Praxiswerts einschließlich der Vertragsarztzulassung aus dem Betriebsvermögen der Gemeinschaftspraxis. Stille Reserven sind demzufolge nicht aufzudecken. Es besteht allerdings das Risiko der Gewerblichkeit der Gemeinschaftspraxis durch eine entstehende Betriebsaufspaltung (siehe S. 103) oder aber auch nach § 15 Abs. 3 Nr. 1 EStG, wenn das Finanzamt in den Zahlungen der MVZ-GmbH eine Vergütung für die Überlassung des Praxiswerts einschließlich der Vertragsarztzulassung und nicht Vergütungen für eine ärztliche Tätigkeit sieht.

Werden die Vertragsärzte dagegen Gesellschafter einer Mitunternehmerschaft mit dem MVZ und wird der anteilige Praxiswert einschließlich der Vertragsarztzulassung in diese überführt oder wird die Vertragsarztzulassung direkt in eine Kapitalgesellschaft überführt, ist auf diese Überführung weder § 20 UmwStG, § 24 UmwStG noch § 6 Abs. 5 EStG anwendbar.

Die §§ 20 und 24 UmwStG scheitern an der Tatsache, dass eine einzelne Vertragsarztzulassung keinen Betrieb, Teilbetrieb oder Mitunternehmeranteil darstellt. Die Überführung einzelner Wirtschaftsgüter zum Buchwert aus dem Gesamthandsvermögen einer Mitunternehmerschaft in das Gesamthandsvermögen einer anderen Mitunternehmerschaft ist zudem in § 6 Abs. 5 EStG nicht vorgesehen (siehe S. 120). Erhöht oder begründet sich ferner unmittelbar oder mittelbar durch die Überführung der Anteil einer GmbH – hier insbesondere einer MVZ-(Träger-)GmbH oder z. B. einer Krankenhaus gGmbH – an dem Wirtschaftsgut, ist gem. § 6 Abs. 5 Satz 5 EStG ebenfalls der Teilwert anzusetzen. Die stillen Reserven in dem Praxiswert müssen in diesem Fall insoweit aufgedeckt werden.

Steuerneutral wäre lediglich die Überführung des Praxiswertes in das Sonderbetriebsvermögen bei einer MVZ-GbR als Mitunternehmerschaft nach § 6 Abs. 5 Satz 3 Nr. 2 EStG möglich.

Mit der gleichen Begründung wird ebenfalls in der Angestellten-Variante – zusätzlich verbunden mit der Frage, ob ein angestellter ehemaliger Vertragsarzt überhaupt Gesellschafter des MVZ werden kann – die Übertragung nur der Vertragsarztzulassung auf das MVZ immer mit der Aufdeckung der stillen Reserven verbunden sein.

b) Grundzüge der laufenden ertragsteuerlichen Beurteilung

aa) Grundsätzliches zur MVZ-GbR

Sind an einer MVZ-GbR ausschließlich freiberuflich tätige Ärzte beteiligt, erzielen diese im Rahmen einer leitenden und eigenverantwortlichen Tätigkeit Einkünfte aus selbständiger Arbeit gem. § 18 EStG. Erhält ein Gesellschafter der MVZ-GbR ein Gehalt für seine Tätigkeit, rechnet dieses nach § 18 Abs. 4 Satz 2 EStG i. V. m. § 15 Abs. 1 Satz 1 Nr. 2 EStG ebenfalls zu den Einkünften aus selbständiger Arbeit. Gehälter angestellter Ärzte, die nicht Gesellschafter der MVZ-GbR sind, führen für diese zu Einkünften aus nichtselbständiger Arbeit nach § 19 EStG und für die MVZ-GbR zu Betriebsausgaben.

Sind an der MVZ-GbR auch Nicht-Ärzte beteiligt, z. B. ein Krankenhaus oder eine Apotheke, ist insgesamt von einem Gewerbebetrieb auszugehen (H 15.6 EStH „Gesellschaft", siehe auch Seite 217).

Ein MVZ erfüllt auch nicht die Voraussetzungen zur Befreiung von der Gewerbesteuer nach § 3 Nr. 20 GewStG, denn ein MVZ ist kein Krankenhaus, Heim und keine andere Einrichtung zur vorübergehenden Aufnahme pflegebedürftiger Personen bzw. zur ambulanten Pflege kranker und pflegebedürftiger Personen, analog den ambulanten Vorsorge- und Rehabilitationseinrichtungen (BFH v. 22.11.2003 – I R 65/02, BStBl 2004 II S. 300; BFH v. 8.9.1994 – IV R 85/93, BStBl 1995 II S. 67).

Dies ist insbesondere dann unbefriedigend, wenn freiberuflich tätige Vertragsärzte eine MVZ-GbR zusammen mit einer Krankenhaus gGmbH gründen, welches die Voraussetzungen des § 3 Nr. 20 Buchst. b GewStG erfüllt. Bei einer Betriebsaufspaltung erstreckt sich die Gewerbesteuerbefreiung der Betriebskapitalgesellschaft auch auf die Vermietungs- oder Verpachtungstätigkeit des Besitzunternehmens (BFH v. 29.3.2006 – X R 59/00, BStBl 2006 II S. 661). Diese Rechtsprechung dürfte vermutlich nicht übertragbar sein. Die Tatsache, dass die gGmbH ausschließlich nach § 3 Nr. 20 Buchst. b GewStG gewerbesteuerfreie Einkünfte erzielt, führt zunächst nicht zugleich dazu, dass die Merkmale der Freiberuflichkeit bei allen Gesellschaftern der MVZ-GbR vorliegen. Ferner übt die MVZ-GbR als gesondertes Unternehmen eine Tätigkeit aus, die nicht von § 3 Nr. 20 GewStG erfasst wird. Es bleibt nur zu hoffen, dass irgendwann § 3 GewStG um eine Befreiungsvorschrift für medizinische Versorgungszentren erweitert wird.

Übt die MVZ-GbR im Rahmen ihrer Tätigkeit selbst eine nicht unwesentliche (H 15.8 Abs. 5 EStH „geringfügige gewerbliche Tätigkeit") gewerbliche Tätigkeit aus oder erzielt gewerbliche Einkünfte aus einer Beteiligung als Mitunternehmer an einer anderen Personengesellschaft, erzielt die MVZ-GbR nach § 15 Abs. 3 Nr. 1 EStG insgesamt Einkünfte aus Gewerbebetrieb (Abfärbe-/Infektionstheorie, siehe ausführlich Seite 102 ff.). Der Gewinn der MVZ-GbR ist gesondert und einheitlich zu ermitteln und auf die Beteiligten aufzuteilen.

bb) Grundsätzliches zur MVZ-GmbH

Die MVZ-GmbH unterhält als eigenständiges Steuersubjekt kraft Rechtsform einen Gewerbebetrieb und ermittelt ihren Gewinn nach § 5 Abs. 1 EStG durch bilanziellen Betriebsvermögensvergleich. Die Besteuerung erfolgt nach dem Körperschaftsteuergesetz (vgl. ausführlich Seite 190).

Ausschüttungen der MVZ-GmbH führen zu Einkünften aus Kapitalvermögen.

Der angestellte Arzt erzielt aus seiner Tätigkeit Einkünfte aus nichtselbständiger Arbeit i. S. d. § 19 EStG.

cc) Gesamt-MVZ mit MVZ-(Träger-)GmbH und Vertragsärzten

Ist zwischen der MVZ-(Träger-)GmbH und den Vertragsärzten von einer Mitunternehmerschaft auszugehen, erzielt diese aufgrund der Beteiligung der MVZ-GmbH Einkünfte aus Gewerbebetrieb (H 15.6 EStH „Gesellschaft", siehe auch Seite 217).

Der Gewinn der Mitunternehmerschaft ist gesondert und einheitlich zu ermitteln und auf die Beteiligten aufzuteilen.

Besteht im Rahmen von Kooperations- oder Dienstverträgen keine Mitunternehmerschaft, erzielen die Ärzte mit ihren Honoraren Einkünfte aus selbständiger Arbeit. Von Einkünften aus nichtselbständiger Arbeit dürfte nicht auszugehen sein, weil der Vertragsarzt i. d. R. Unternehmerinitiative entfaltet und auch ein Unternehmerrisiko trägt, insbesondere, da ihm der Praxiswert und die Vertragsarztzulassung zuzurechnen sind.

Liegen die Voraussetzungen für eine Betriebsaufspaltung vor, führt diese wiederum zu Einkünften aus Gewerbebetrieb (H 15.7 Abs. 4 EStH „Allgemeines", siehe auch Seite 264).

c) Grundzüge der laufenden umsatzsteuerlichen Beurteilung

Nach Auffassung der Finanzverwaltung (BMF v. 26.6.2009, IV B 9 – S 7170/08/10009, Tz. 46, zur Veröffentlichung vorgesehen) erbringen MVZ, die an der vertragsärztlichen Versorgung nach § 95 SGB V teilnehmen, steuerfreie Leistungen nach § 4 Nr. 14 Buchst. b Satz 2 Doppelbuchst. bb UStG in der Fassung des Jahressteuergesetzes 2009. Die an einem MVZ als selbständige Unternehmer tätigen Ärzte erbringen dagegen steuerfreie Leistungen i. S. d. § 4 Nr. 14 Buchst. a UStG in der Fassung des Jahressteuergesetzes 2009, wenn sie ihre Leistungen gegenüber dem MVZ erbringen. Die Finanzverwaltung ordnet damit MVZ offenbar grundsätzlich in die Kategorie der Krankenhäuser, Zentren für ärztliche Heilbehandlung und Diagnostik oder Befunderhebung etc. ein (vgl. ausführlich S. 146 f.), wohingegen bis zum 31.12.2008 die von einem MVZ erbrachten Leistungen, die der medizinischen Betreuung von Personen durch das Diagnostizieren und Behandeln von Krankheiten oder anderen Gesundheitsstörungen dienen, nach § 4 Nr. 14 Abs. 1 Satz 1 UStG a. F. umsatzsteuerfrei behandelt wurden (R 91a Abs. 2 Satz 1 UStR). Dies gilt unabhängig von der Rechtsform und der ertragsteuerlichen Qualifizierung der Einkünfte (R 93 UStR).

Unerheblich ist – insbesondere auch in den Vertragsarzt-Varianten – insofern, ob eine direkte Leistungsbeziehung zwischen dem Patienten als Leistungsempfänger und dem tätigen Arzt als Leistenden besteht oder das MVZ zwischengeschaltet ist, da die Umsatzsteuerbefreiung nicht voraussetzt, dass der Arzt als umsatzsteuerlicher Unternehmer die Umsätze gegenüber einem Patienten als Leistungsempfänger erbringt und mit ihm oder seiner Krankenkasse hierüber abrechnet (siehe S. 141 **Rechtsform** mit Hinweis auf BFH v. 25.11.2004 – V R 44/02, BStBl 2005 II S. 190). Hinsichtlich ärztlicher Leistungen dürften sich daher i. d. R. keine umsatzsteuerlichen Fragestellungen ergeben.

PRAXISHINWEISE:

Die Auffassung der Finanzverwaltung, die Leistungen eines MVZ grundsätzlich nach § 4 Nr. 14 Buchst. b Satz 2 Doppelbuchst. bb UStG und nicht nach § 4 Nr. 14 Buchst. a UStG von der Umsatzsteuer zu befreien, erscheint insofern fraglich, als ein MVZ in der Praxis die verschiedensten Ausprägungen annehmen kann. Für ein dem gesetzgeberischen Grundgedanken folgend im Sinne einer „Poliklinik" organisiertes MVZ mit einer Vielzahl von Fachrichtungen und Ärzten mag es zutreffen, das MVZ einem Krankenhaus gleichzusetzen und daher nach § 4 Nr. 14 Buchst. b Satz 2 Doppelbuchst. bb UStG von der Umsatzsteuer zu befreien. Eine Vielzahl von MVZ dagegen ist mit Ausnahme des vertragsarztrechtlichen Status nach der Verkehrsauffassung nicht von einer Gemeinschaftspraxis zu unterscheiden. Derartige MVZ dürften weiterhin entgegen der geäußerten Verwaltungsauffassung nach § 4 Nr. 14 Buchst. a UStG von der Umsatzsteuer zu befreien sein. In der Praxis in Bezug auf die umsatzsteuerliche

Beurteilung der ärztlichen Leistungen dürfte dies jedoch nebensächlich sein, sofern zumindest eine der beiden Befreiungsvorschriften zur Anwendung kommt.

Umsatzsteuerliche Probleme ergeben sich aber dann, wenn Gesellschafter nicht insgesamt ärztliche Leistungen erbringen, sondern gesondert Wirtschaftsgüter überlassen und die Überlassung auf einen Leistungsaustausch (Leistung gegen Entgelt) gerichtet ist. Umsatzsteuerrechtlich maßgebend für das Vorliegen eines Leistungsaustausches ist es, dass ein Leistender und ein Leistungsempfänger vorhanden sind und der Leistung eine Gegenleistung gegenübersteht. Auf die Bezeichnung der Gegenleistung z. B. als Aufwendungsersatz, als Umsatzbeteiligung oder als Kostenerstattung kommt es nicht an. Wird im Rahmen der Ergebnisverwendung allerdings ein gewinnabhängiger Gewinnvorab aus dem Gewinn verteilt, ist dieser Gewinnvorab kein Sonderentgelt, sondern die Überlassung führt dann zu einem nicht steuerbaren Gesellschafterbeitrag (vgl. ausführlich BMF v. 31.5.2007 – IV A 5 – S 7100/07/0031, BStBl 2007 I S. 503).

BEISPIEL: Die Ärzte A, B und C gründen eine MVZ-GbR. C bringt hierzu seine Praxis mit Ausnahme der medizinischen Geräte in die MVZ-GbR ein. Die zurückbehaltenen Geräte werden an die MVZ-GbR zur Nutzung überlassen (Sonderbetriebsvermögen). Als Aufwendungsersatz erhält C eine feste gewinnunabhängige jährliche Vorabvergütung i. H. v. 20.000 €, die als Betriebsausgabe zu Lasten des Gewinns erfasst wird. Die 20.000 € sind Entgelt im Rahmen eines umsatzsteuerbaren Leistungsaustausches. Da es sich um keine ärztliche Leistung i. S. d. § 4 Nr. 14 UStG handelt, ist die Leistung umsatzsteuerpflichtig.

BEISPIEL: Die Ärzte A, B und C gründen eine MVZ-GbR. C bringt hierzu seine Praxis mit Ausnahme der medizinischen Geräte in die MVZ-GbR ein. Die zurückbehaltenen Geräte werden an die MVZ-GbR zur Nutzung überlassen (Sonderbetriebsvermögen). Als Aufwendungsersatz erhält C im Rahmen der Gewinnverteilung unabhängig von der Höhe des Gewinns oder eines Verlustes ein Gewinnvorab i. H. v. 20.000 €. Ein danach verbleibender Gewinn bzw. Verlust wird nach der Anzahl der Gesellschafter bzw. den Beteiligungsverhältnissen verteilt. Die 20.000 € sind Entgelt im Rahmen eines umsatzsteuerbaren Leistungsaustausches, da das Gewinnvorab gewinnunabhängig gewährt wird und daher wie eine Betriebsausgabe wirkt. Da es sich um keine ärztliche Leistung i. S. d. § 4 Nr. 14 UStG handelt, ist die Leistung umsatzsteuerpflichtig.

BEISPIEL: Die Ärzte A, B und C gründen eine MVZ-GbR. C bringt hierzu seine Praxis mit Ausnahme der medizinischen Geräte in die MVZ-GbR ein. Die zurückbehaltenen Geräte werden an die MVZ-GbR zur Nutzung überlassen (Sonderbetriebsvermögen). C erhält im Gewinnfall 25 % des Gewinns vorab, maximal 20.000 €, im Übrigen wird der Gewinn bzw. Verlust nach der Anzahl der Gesellschafter bzw. den Beteiligungsverhältnissen verteilt. C erhält somit das Gewinnvorab nur, soweit entsprechende Gewinne vorhanden sind. Die ergebnisabhängigen Gewinnanteile des C sind kein Sonderentgelt; C führt die Geräteüberlassung nicht im Rahmen eines Leistungsaustauschs aus, sondern erbringt jeweils nicht umsatzsteuerbare Gesellschafterbeiträge, Umsatzsteuer entsteht nicht.

d) Gesellschaftereintritt, -wechsel und -austritt

Der Gesellschaftereintritt, -wechsel und -austritt vollzieht sich bei der MVZ-GbR nach den gleichen Grundsätzen wie bei der Gemeinschaftspraxis. Bei der MVZ-GmbH vollziehen sich diese Vorgänge wie bei der Ärztegesellschaft.

e) Exkurs: Gewährung einer Bürgschaft durch eine gemeinnützige Krankenhausgesellschaft

Seit dem 1.1.2007 sind die Gesellschafter einer MVZ-GmbH verpflichtet, für Forderungen von kassenärztlichen Vereinigungen und Krankenkassen gegen das medizinische Versorgungszentrum aus dessen vertragsärztlicher Tätigkeit eine selbstschuldnerische Bürgschaftserklärung abzugeben. Hierbei stellt sich die Frage, ob durch die Abgabe der Bürgschaftserklärung bzw. bei einer Inanspruchnahme aus der Bürgschaft die Gemeinnützigkeit der Krankenhausgesellschaft gefährdet wird.

Die Beteiligung an einer GmbH wird auf der Ebene der beteiligten Gesellschaft (Krankenhaus) grundsätzlich der Vermögensverwaltung zugeordnet (BFH v. 30.6.1971 – I R 57/70, BStBl 1971 II S. 753). Hierbei spielt es zunächst keine Rolle, ob die MVZ-GmbH gewerblich oder selbst steuerbegünstigt ist. Lediglich dann, wenn bei einer gewerblichen GmbH Personalunion zwischen der Geschäftsführung des Krankenhauses und der GmbH besteht oder über eine enge rechtliche Verflechtung von einer geschäftlichen Willensbildung des Krankenhauses ausgegangen werden kann, ist die Beteiligung dem steuerpflichtigen wirtschaftlichen Geschäftsbetrieb zuzurechnen.

Die Tätigkeit der MVZ-GmbH selbst stellt sich als wirtschaftlicher Geschäftsbetrieb i. S. d. § 14 AO dar. Dieser kann als Einrichtung der Wohlfahrtspflege nach § 66 AO steuerbegünstigter Zweckbetrieb sein. Hiernach ist eine solche Einrichtung ein Zweckbetrieb, wenn sie in besonderem Maße Personen dient, die aufgrund ihres körperlichen, geistigen oder seelischen Zustandes oder in bestimmter Weise materiell hilfsbedürftig sind. Das MVZ muss nachweisen können, dass mindestens 2/3 seiner Leistungen derart hilfsbedürftigen Personen zugute kommen (OFD Frankfurt v. 26.9.2006 – S 0184 A -11-St 53, DB 2006 S. 2261). Mithin kann die MVZ-GmbH grundsätzlich steuerbegünstigt sein. Auch in diesem Fall ist auf der Ebene der Träger-GmbH die Beteiligung dem Bereich der Vermögensverwaltung zuzuordnen.

Die Hingabe der Bürgschaft gegenüber der kassenärztlichen Vereinigung alleine stellt zunächst keine schädliche Mittelverwendung dar. Auch das Risiko einer möglichen Inanspruchnahme reicht alleine dafür nicht aus.

Kommt es zu einer Inanspruchnahme aus der Bürgschaft, so ist ein Ausgleich mit gemeinnützigkeitsrechtlich gebundenen Mitteln grundsätzlich steuerschädlich. Für die weiteren Überlegungen ist zu unterscheiden, ob die Beteiligung dem Bereich des steuerpflichtigen wirtschaftlichen Geschäftsbetriebes oder der Vermögensverwaltung auf der Trägerebene zuzurechnen ist.

Ist die Beteiligung dem steuerpflichtigen wirtschaftlichen Geschäftsbetrieb zuzurechnen, so kann der Verlust, der aus der Bürgschaftsinanspruchnahme entsteht, zunächst gegen eventuell vorhandene Überschüsse aus anderen steuerpflichtigen wirtschaftlichen Geschäftsbetrieben verrechnet werden (AEAO Nr. 4 zu § 54 AO). Ferner ist eine Mittelfehlverwendung nicht anzunehmen, wenn dem ideellen Bereich in den sechs vorangegangenen Jahren Gewinne des wirtschaftlichen steuerpflichtigen Geschäftsbetriebes in mindestens gleicher Höhe zugeführt worden sind. Und schließlich ist ein Verlust im steuerlichen Bereich auch dann unschädlich, wenn:

1. eine Fehlkalkulation vorliegt,

2. die Mittelverwendung im ideellen Bereich innerhalb von zwölf Monaten wieder aufgefüllt wird und

3. dieser Ausgleich wieder aus dem steuerpflichtigen Bereich finanziert werden kann (AEAO Nr. 6 zu § 55 AO).

Erzielt der steuerpflichtige wirtschaftliche Geschäftsbetrieb in den nächsten zwölf Monaten keine entsprechenden Überschüsse, kann der Verlust auch mit einem Darlehen zwischenfinanziert werden, wenn Zins- und Tilgungsleistungen dieses Darlehens wiederum aus Überschüssen des steuerpflichtigen Bereichs finanziert werden können.

Diese Überlegungen gelten analog, wenn die Beteiligung an der MVZ-GmbH der Sphäre der Vermögensverwaltung auf der Trägerebene zuzurechnen ist.

E. Konsiliararzt- und Belegarzttätigkeit

I. Konsiliarärztliche Tätigkeit

Literatur:

Peikert in Rieger/Dahm/Steinhilper (Hrsg.), Heidelberger Kommentar Arztrecht Krankenhausrecht Medizinrecht, 805 – Belegarzt (2002); *Dahm*, Rechtsprobleme des Vertrages „Ambulantes Operieren" gemäß § 115b SGB V und sektorübergreifende Kooperationen, ZMGR 2006 S. 161; *Quaas/Zuck*, Medizinrecht, 2. Aufl. 2008, § 15 Rn. 199 ff.; *Ratzel/Luxenburger* in Ratzel/Luxenburger (Hrsg.), Medizinrecht, 2008, § 19 Rn. 12 ff.; speziell zur systematischen Belegarzttätigkeit *Schäfer-Gölz* in Halbe/ Schirmer (Hrsg.), Handbuch Kooperationen im Gesundheitswesen, C 1300 – Systematische Konsiliararzttätigkeit (2008); *Schremp*, Die Anwendbarkeit der GOÄ im Rahmen von Kooperationsverträgen zwischen niedergelassenem Arzt und Krankenhaus, Festschrift 10 Jahre AG Medizinrecht im DAV, 2008, S. 815; *Bender*, Der Einsatz „selbständiger Drittärzte" als abrechenbare Krankenhausleistung?, KH 2009 S. 563; *Makoski*, Zusammenarbeit zwischen Krankenhäusern und Vertragsärzten – sozialrechtlich erwünscht, berufsrechtlich verboten?, MedR 2009 S. ?; *Wagener/Haag*, Ambulantes Operieren im Krankenhaus durch Vertragsärzte – Ist verboten, was nicht ausdrücklich erlaubt ist?, MedR 2009 S. 72.

1. Rechtliche Aspekte

Eine gesetzliche Definition des Konsiliararztes existiert nicht. Nach ärztlichem Sprachgebrauch versteht man in Anlehnung an Ziffer 60 GOÄ unter einem Konsil die Beratung zweier oder mehrerer Ärzte nach vorangegangener Untersuchung des Patienten zur Stellung der Diagnose und Festlegung des Behandlungsplanes.

Die Einbindung von Konsiliarärzten spielt eine besondere Rolle bei der stationären Behandlung. Für Krankenhausträger ergibt sich die Notwendigkeit zur Einschaltung von Konsiliarärzten aus ihrer Verpflichtung, im Rahmen ihrer Leistungsfähigkeit sämtliche zur Versorgung ihrer stationären Patienten erforderlichen Leistungen zu erbringen. Sind die Krankenhausärzte für bestimmte Fragestellungen nicht ausreichend qualifiziert oder fehlt ihnen die erforderliche Erfahrung, besteht die Verpflichtung, externen Rat einzuholen. Eine besondere Bedeutung wird zukünftig der Telemedizin zukommen, indem die Expertise von Externen – etwa im Rahmen eines Zweitmeinungsmodells – eingeholt wird.

Der Konsiliararztvertrag ist seiner Rechtsnatur nach Dienstvertrag zwischen dem Arzt und dem Krankenhausträger (§§ 611 ff. BGB). Der Konsiliararzt wird freiberuflich tätig und steht von daher nicht in einem Arbeitsverhältnis oder arbeitnehmerähnlichen Verhältnis zum Krankenhausträger.

Bei Regelleistungspatienten rechnet der Konsiliararzt mit dem Krankenhausträger ab. Häufig wird ein ermäßigter GOÄ-Satz zugrunde gelegt. Bei technischen Leistungen werden oftmals Pauschalen vereinbart. Möglich ist auch der Abschluss einer von der GOÄ abweichenden **Vergütungsvereinbarung**, z. B. nach Maßgabe von Pauschalen, da eine Anwendbarkeit der GOÄ (z. B. wegen der Dauerbeziehung, des Gleichgewichts der Partner und des Fehlens einer einseitigen Abhängigkeit) nicht zwingend ist.

Gegenüber Wahlleistungspatienten erfolgt die Abrechnung zwingend nach den Vorgaben der GOÄ. Dabei unterliegt der Konsiliararzt, auch soweit er außerhalb des Krankenhauses tätig wird, der Minderungspflicht des § 6a GOÄ.

Haftungsrechtlich ist der Konsiliararzt mangels einer eigenen vertraglichen Beziehung zum Patienten Erfüllungsgehilfe des Krankenhausträgers, der für dessen Fehler vertraglich über § 278 BGB haftet. Deliktisch ist der Konsiliararzt uneingeschränkt haftbar.

In jüngster Zeit intensiv diskutiert wird das Phänomen des sog. „unechten", „schwarzen" oder „systematischen" Konsiliararztes. Zu verstehen ist hierunter die regelhafte und nicht nur gelegentliche Tätigkeit von niedergelassenen Ärzten im Krankenhaus in einer den dort angestellten Ärzten vergleichbaren und sie ganz oder teilweise ersetzenden Weise (detailliert Schäfer-Gölz, a. a. O., C 1300). Beispielhaft seien Krankenhäuser angeführt, die auf ihrer orthopädischen oder chirurgischen Abteilung bestimmte Leistungen bei stationär aufgenommenen Patienten durch niedergelassene Orthopäden bzw. Chirurgen durchführen lassen und diese dann nach Maßgabe des für das Krankenhaus geltenden Vergütungssystems abrechnen. Teilweise kann das Spektrum des Krankenhauses hierdurch erweitert werden, ohne dass der Krankenhausträger zusätzliches ärztliches Personal fest anstellen muss.

Besonders problematisch ist die Einbindung niedergelassener Vertragsärzte in die Durchführung ambulanter Operationsleistungen. Auf der Grundlage des § 115b SGB V ist es Krankenhäusern seit 1993 möglich, ambulante, stationsersetzende Maßnahmen bei GKV-Patienten durchzuführen und diese direkt mit den Krankenkassen abzurechnen (sog. AOP-Vertrag). Der AOP-Vertrag geht davon aus, dass der Krankenhausträger die Operationsleistungen durch seine Krankenhausärzte erbringen lässt. Für erhebliches Aufsehen hat das Urteil des LSG Sachsen v. 30.4.2008 (L 1 KR 103/07, MedR 2008 S. 114) gesorgt. Das Gericht hat einen Vergütungsanspruch des Krankenhausträgers verneint, da dieser die streitgegenständlichen arthroskopischen Leistungen durch Vertragsärzte unter Nutzung seiner Einrichtungen habe erbringen lassen. Zusätzlich hat es eine Umgehung der vertragsärztlichen Pflichten auf Seiten der operierenden Vertragsärzte angenommen. Das beim BSG anhängige Revisionsverfahren hat sich durch Rücknahme der Revision erledigt. Von daher wird bis zur abschließenden Klärung der Zulässigkeit dieser „Kooperationsform" noch einige Zeit vergehen (siehe auch Bender, KH 2009 S. 563).

2. Steuerliche Aspekte

a) Ertragsteuerliche Grundsätze

Ertragsteuerlich dürfte i. d. R. der Konsiliararztvertrag als Rahmenvertrag aus steuerlicher Sicht kein Dauervertrag im Sinne eines Arbeitsvertrages sein. Der Konsiliararzt erzielt somit Einkünfte aus einer freiberuflichen Tätigkeit im Rahmen seiner freiberuflichen Einkünfte aus der eigenen Praxis und ist nicht im Rahmen einer konsiliarärztlichen Tätigkeit als Arbeitnehmer des Krankenhauses tätig.

Der Konsiliararzt schuldet eine Dienstleistung und nicht seine Arbeitskraft im Allgemeinen. Der Konsiliararzt ist gegenüber dem Krankenhaus ebenso nicht weisungsgebunden und wird ohne feste Arbeitszeiten und Urlaubsanspruch tätig. In den meisten Fällen erfolgt zwischen dem Konsiliararzt und dem Krankenhaus vielmehr eine Abstimmung der konkreten Zeiten im Einzelfall. Die konsiliarärztliche Tätigkeit ist insoweit eine freiberufliche Nebentätigkeit eines Arztes, der im Hauptberuf eine selbständige Tätigkeit in eigener Praxis ausübt. Die Ausgangssituation ist insoweit gegenüber einem Chefarzt, der grundsätzlich Arbeitnehmer des Krankenhauses ist, eine völlig andere (zu wahlärztlichen Leistungen eines Chefarztes vgl. Hagen/Lucke, Liquidationseinnahmen der Chefärzte und deren Mitarbeiter, NWB F. 6 S. 4693). In diesem Zusammenhang ist es daher unerheblich, dass die Abrechnung der konsiliarärztlichen Leistungen nur zum Teil direkt gegenüber dem Patienten – d. h. i. d. R. bei Patienten, die gem. § 22 BPflV wahlärztliche Leistungen vereinbart haben – abgerechnet werden.

b) Umsatzsteuerliche Grundsätze

Bei Patienten, die gem. § 22 BPflV wahlärztliche Leistungen mit dem Krankenhaus vereinbart haben, rechnet häufig der Konsiliararzt direkt gegenüber den Patienten ab; es besteht somit eine direkte Leistungsbeziehung. Bei allen anderen Patienten erfolgt die Abrechnung der konsiliarärztlichen Behandlungsleistung im Innenverhältnis zwischen dem Krankenhaus und dem Konsiliararzt. Der Behandlungsvertrag selbst kommt zwischen Krankenhaus und Krankenhauspatient zustande.

Eine direkte Leistungsbeziehung zwischen dem Patienten als Leistungsempfänger und dem Konsiliararzt als Leistenden ist jedoch nicht erforderlich, da die Steuerbefreiung nach § 4 Nr. 14 UStG nicht voraussetzt, dass der Arzt als umsatzsteuerlicher Unternehmer die Umsätze gegenüber einem Patienten als Leistungsempfänger erbringt und mit ihm oder seiner Krankenkasse hierüber abrechnet (BFH v. 25.11.2004 – V R 44/02, BStBl 2005 II S. 190).

Ungeklärt ist allerdings die Frage, wie sich die Rechtsprechung des EuGH zur Abgrenzung der Umsatzsteuerbefreiung nach § 4 Nr. 14 Buchst. a UStG (ärztliche Heilbehandlungsleistungen) und nach § 4 Nr. 14 Buchst. b UStG (Krankenhausbehandlung etc., siehe auch Seite 146 f.) auf die Beurteilung konsiliarärztlicher Leistungen auswirkt. Nach der Rechtsprechung des EuGH (EuGH v. 23.2.1988 – 353/85, HFR 1989 S. 401 Rn. 32 f.; EuGH v. 6.11.2003 – C 45/01, HFR 2004 S. 70 Rn. 47; EuGH v. 8.6.2006 – C 106/05, HFR 2006 S. 831 Rn. 22) steht das Kriterium, das für die Abgrenzung des Anwendungsbereichs der beiden Befreiungstatbestände zu berücksichtigen ist, weniger in Zusammenhang mit der Art der Leistung als vielmehr mit dem Ort ihrer Erbringung und dem Arzt-Patienten-verhältnis. Art. 132 Buchst. b MwStSystRL (§ 4 Nr. 14 Buchst. b UStG) befreit nämlich solche Leistungen, die aus einer Gesamtheit von ärztlichen Heilbehandlungen in Einrichtungen mit sozialer Zweckbestimmung wie der des Schutzes der menschlichen Gesundheit bestehen, während nach Art. 132 Buchst. c MwStSystRL (§ 4 Nr. 14 Buchst. a UStG) Leistungen steuerfrei sein sollen, die außerhalb von Krankenhäusern, Diagnosezentren und ähnlichen Einrichtungen im Rahmen einer auf Vertrauen gegründeten Beziehung zwischen Patient und Behandelndem erbracht werden, sei es in den Praxisräumen des Behandelnden, in der Wohnung des Patienten oder an einem anderen Ort. Allein aufgrund der Tatsache, dass der Ort der Leistungserbringung des Konsiliararztes im Krankenhaus liegt, die Leistungen nach den Voraussetzungen des § 4 Nr. 14 Buchst. b UStG und nicht mehr nach § 4 Nr. 14 Buchst. a UStG zu beurteilen, scheint einerseits wenig vorstellbar, denn der Konsiliararzt ist kaum einer krankenhausähnlichen Einrichtung oder einem Zentrum für ärztliche Heilbehandlung und Diagnostik oder Befunderhebung gleichzusetzen. Andererseits erbringt der Konsiliararzt vielfach seine ärztlichen Leistungen gerade nicht im Rahmen eines persönlichen Vertrauensverhältnisses in seinen Praxisräumen, in der Wohnung des Patienten oder an einem anderen Ort, sondern nun mal im Krankenhaus, und seine unterstützenden Leistungen sind aus Sicht des Patienten keine gesonderten Leistungen, sondern gehen regelmäßig in die Krankenhausbehandlung als Ganzes mit ein. Dennoch dürfte die Tätigkeit eines Konsiliararztes in diesem besonderen Fall aufgrund der Art der Tätigkeit überwiegend nach § 4 Nr. 14 Buchst. a UStG zu beurteilen sein, auch wenn seine Leistung in die Krankenhausleistung eingeht, die dann nach § 4 Nr. 14 Buchst. b UStG zu beurteilen ist. Seine Leistung besteht nicht aus einer Gesamtheit von ärztlichen Heilbehandlungsleistungen und damit eng verbundener Umsätze, sondern einer konkreten ärztlichen Heilbehandlung am Patienten im Rahmen der Ausübung der Tätigkeit als Arzt.

Eine Beurteilung nach § 4 Nr. 14 Buchst. b UStG würde das Problem mit sich bringen, dass der Konsiliararzt die in der Vorschrift geforderten Voraussetzungen i. d. R. nicht erfüllen kann. Die Krankenhausleistungen und ärztliche Heilbehandlungsleistungen privatrechtlicher Einrichtungen, d. h. Einrichtungen, die nicht Einrichtungen des öffentlichen Rechts sind, sind ebenso wie die Leistungen der Einrichtungen des öffentlichen Rechts umsatzsteuerfrei, wenn sie von u .a. zugelassenen Krankenhäusern nach § 108 SGB V oder Zentren für ärztliche Heilbehandlung und Diagnostik oder Befunderhebung, die an der vertragsärztlichen Versorgung nach § 95 SGB V teilnehmen oder für die Regelungen nach § 115 SGB V gelten, erbracht werden. Einen solchen Status kann ein Konsiliararzt nicht erreichen. Selbst wenn der Arzt neben seiner konsiliarärztlichen (Neben-)Tätigkeit zusätzlich (noch) an der vertragsärztlichen Versorgung nach § 95 SGB V teilnimmt, erstreckt sich diese Tätigkeit i. d. R. nicht auf die konsiliarärztliche Tätigkeit. Die vertragsärztliche Tätigkeit wird i. d. R. in einer eigenen Praxis im Rahmen eines persönlichen Arzt-Patienten-Vertrauensverhältnisses erbracht und fällt damit eindeutig unter § 4 Nr. 14 Buchst. a UStG. Die konsiliarärztliche Tätigkeit gegenüber den Krankenhauspatienten dagegen – sollte sie nicht nach § 4 Nr. 14 Buchst. a UStG, sondern nach § 4 Nr. 14 Buchst. b UStG zu erfassen sein – steht dann aber i. d. R. nicht im Zusammenhang mit der Teilnahme an der vertragsärztlichen Versorgung nach § 95 SGB V.

Sinn und Zweck der Umsatzsteuerbefreiung ist es, Heilbehandlungsleistungen im Bereich der Humanmedizin bzw. Krankenhausbehandlungen und ähnliche Heilbehandlungen von der Umsatzsteuer zu befreien, um die Kosten ärztlicher Heilbehandlungen für die Sozialversicherungsträger zu senken und so den Zugang zu diesen Leistungen zu erleichtern. Die konsiliarärztliche Tätigkeit entspricht diesem Sinn und Zweck eindeutig, insbesondere, da sie deutlich dem Zweck der Vorbeugung, der Diagnose, der Behandlung und, soweit möglich, der Heilung von Krankheiten oder Gesundheitsstörungen dient und somit als Heilbehandlung einzustufen ist. Es würde dem Grundsatz der steuerlichen Neutralität und dem Gleichbehandlungsgebot widersprechen, eine konsiliarärztliche Tätigkeit nicht von der Umsatzsteuer zu befreien.

Unter Umständen könnte auch die Auffassung der Finanzverwaltung zur umsatzsteuerlichen Beurteilung medizinischer Versorgungszentren (BMF v. 26.6.2009 – IV B 9 – S 7170/08/10009, Tz. 46, zur Veröffentlichung vorgesehen) analog für die Beurteilung einer konsiliarärztlichen Tätigkeit herangezogen werden. Nach Auffassung der Finanzverwaltung erbringen MVZ, die an der vertragsärztlichen Versorgung nach § 95 SGB V teilnehmen, steuerfreie Leistungen nach § 4 Nr. 14 Buchst. b Satz 2 Doppelbuchst. bb UStG in der Fassung des Jahressteuergesetzes 2009. Die an einem MVZ als selbständige Unternehmer tätigen Ärzte erbringen dagegen steuerfreie Leistungen i. S. d. § 4 Nr. 14 Buchst. a UStG in der Fassung des Jahressteuergesetzes 2009, wenn sie ihre Leistungen gegenüber dem MVZ erbringen.

II. Belegärztliche Tätigkeit

1. Rechtliche Aspekte

Literatur:

Peikert, in: Rieger/Dahm/Steinhilper (Hrsg.), Heidelberger Kommentar Arztrecht Krankenhausrecht Medizinrecht, 805 – Belegarzt (2002); *Baur*, Chefarzt- und Belegarztvertrag, 2003; ausführlich *Kallenberg*, in: Halbe/Schirmer (Hrsg.), Handbuch Kooperationen im Gesundheitswesen, C 1500 – Belegarzttätigkeit (2008); *Nebendahl*, Haftungsbeziehungen bei der Behandlung durch Belegärzte und Beleghebammen in Fällen der „Rollenkonfusion", Festschrift 10 Jahre AG Medizinrecht, 2008 S. 265; *Quaas/Zuck*, Medizinrecht, 2. Aufl. 2008, § 15 Rn. 91 f.; *Ratzel/Luxenburger* in Ratzel/Luxenburger (Hrsg.), Handbuch Medizinrecht, 2008, § 19 Rn. 3 f.; *Makoski*, Belegarzt mit Honorarvertrag – Modell der Zukunft?, GesR 2009 S. 225.

a) „Klassischer" Belegarzt = ohne Honorarvertrag

Definition

§ 121 Abs. 2 SGB V definiert **Belegärzte** seit jeher als „nicht am Krankenhaus angestellte Vertragsärzte, die berechtigt sind, ihre Patienten (Belegpatienten) im Krankenhaus unter Inanspruchnahme der hierfür bereitgestellten Dienste, Einrichtungen und Mittel vollstationär oder teilstationär zu behandeln, ohne hierfür vom Krankenhaus eine Vergütung zu erhalten".

Wesentliche Tatbestandselemente sind mithin die fehlende Anstellung des Belegarztes beim Krankenhausträger sowie der Umstand, dass der Krankenhausträger für die belegärztlichen Leistungen nicht vergütungspflichtig ist. Mit Wirkung zum 1.4.2009 hat sich durch Einführung des sog. Belegarztes mit Honorarvertrag eine maßgebliche Änderung ergeben (§ 121 Abs. 5 SGB V). Krankenhausträger und Belegarzt können nunmehr zur Vergütung der belegärztlichen Leistungen einen Honorarvertrag schließen. Zum Belegarzt mit Honorarvertrag siehe II.1.b).

Diese überkommene vertragsärztlich geprägte Begriffsbestimmung gilt auch für ausschließlich **privatärztlich tätige Belegärzte** (BGH v. 8.11.2005 – VI ZR 319/04, MedR 2006 S. 290).

Im Jahr 2007 gab es 5.982 Belegärzte. Die belegärztliche Tätigkeit deckt über 5 % der gesamten Krankenhausversorgung ab. Die Tendenz ist rückläufig. In dem Zeitraum von 1998 bis 2004 sank die Zahl der belegärztlichen Behandlungsfälle um 27,5 % von 1,67 Mio. auf 1,21 Mio. Hiermit korrespondierte ein Rückgang der belegärztlichen Honorare von 416 Mio. € auf 300 Mio. € (vgl. BT-Drucks. 16/6848 vom 26.10.2007 S. 2). Die Fachgruppen der Hals-Nasen-Ohrenärzte und der Gynäkologen stellen etwa 50 % sämtlicher Belegärzte. Weitere statistisch relevante Facharztgruppen sind die Augenärzte, die Chirurgen sowie die Orthopäden mit jeweils etwa 10 %. Etwa 39 % der HNO-Ärzte und 13 % der Frauenärzte sind belegärztlich tätig.

Der Belegarzt muss **Vertragsarzt** sein und darf nicht in einem Anstellungsverhältnis zum Krankenhausträger stehen. Nach richtiger Auffassung ist auch ein **MVZ berechtigt**, über seine angestellten Ärzte oder die im MVZ tätigen Vertragsärzte eine belegärztliche Funktion auszuüben (so auch SG Marburg v. 30.1.2008 – S 12 KA 77/07, MedR 2008 S. 458).

Unter bestimmten Voraussetzungen können in gesperrten Planungsbereichen **Sonderbedarfszulassungen** für die belegärztliche Tätigkeit erteilt werden (§ 103 Abs. 7 SGB V).

Zuständig für die Anerkennung als Belegarzt ist die für den Vertragsarztsitz zuständige Kassenärztliche Vereinigung im Einvernehmen mit den Landesverbänden der Krankenkassen und den Verbänden der Ersatzkassen (§ 40 Abs. 2 BMV-Ä, § 32 Abs. 2 AEKV). Die stationäre Tätigkeit darf nicht den Schwerpunkt der vertragsärztlichen Tätigkeit bilden. Die Anerkennung erfolgt grundsätzlich nur für ein Krankenhaus. Der Belegarzt muss dieses regelmäßig innerhalb von 30 Minuten erreichen können (**Residenzpflicht**). Voraussetzung für die Anerkennung als Belegarzt ist ferner die Aufnahme des Krankenhauses in den **Krankenhausplan** des Landes, sofern nicht ein Versorgungsvertrag nach § 109 SGB V abgeschlossen wurde. Darüber hinaus muss die Belegabteilung als solche im Krankenhausplan ausgewiesen sein.

Belegärztegemeinschaft

In der Praxis sind nicht selten Konstellationen anzutreffen, in denen mehrere Ärzte in ein **kooperatives Belegarztsystem** eingebunden sind (vgl. § 121 Abs. 1 Satz 2 SGB V). Ihnen stehen dann dieselben Rechtsformen zur Organisation ihrer Zusammenarbeit zur Verfügung wie bei ausschließlich ambulanter ärztlicher Tätigkeit. Schließen sich mehrere Belegärzte in der Rechtsform der BGB-Gesellschaft zu einer Belegarztgemeinschaft zusammen und sind sie zu gleichen Teilen am Ergebnis beteiligt, gilt dieser Maßstab grundsätzlich auch für den Haftungsausgleich im Innenverhältnis. Hat allein ein Belegarzt-Gesellschafter einen Schaden schuldhaft verursacht, kann dies im Rahmen des Gesamtschuldner-Innenausgleichs zur Alleinhaftung des jeweiligen Gesellschafters führen (BGH v. 9.6.2008 – II ZR 268/07, GesR 2008 S. 631).

Rechtsbeziehung zum Krankenhausträger

Die Rechtsbeziehung zwischen dem Belegarzt und dem Krankenhausträger wird maßgeblich geprägt durch den **Belegarztvertrag**. Nach ständiger Rechtsprechung des Bundesgerichtshofs handelt es sich hierbei um einen Dauervertrag atypischen Inhalts (zuletzt 20.7.2006 – III ZR 145/05, MedR 2006 S. 654). Arbeitsrechtliche Vorschriften finden auf das Rechtsverhältnis keine Anwendung.

Der Belegarzt unterliegt im Hinblick auf seine ärztliche Tätigkeit keinerlei Weisungen des Krankenhausträgers. Regelmäßig konkretisiert der Belegarztvertrag die Pflichten des Arztes dahin, dass dieser persönlich, durch genehmigte angestellte Ärzte oder durch seinen Vertreter zur Sicherstellung der umfassenden medizinischen Betreuung seiner Patienten „rund um die Uhr" verpflichtet ist. Dies setzt die Einrichtung eines **Bereitschaftsdienstes** voraus. In der Praxis wird hierbei oftmals – gegen Kostenerstattung – auf ohnehin diensthabende Krankenhausärzte zurückgegriffen.

Enthält der Belegarztvertrag keine Kündigungsfristen, ist i. d. R. davon auszugehen, dass eine **Kündigungsfrist von sechs Monaten** angemessen ist, um der anderen Vertragspartei Gelegenheit zu geben, die im Hinblick auf die Kündigung notwendigen Dispositionen zu treffen (BGH v. 20.7.2006 – III ZR 145/05, MedR 2006 S. 654).

Rechtsbeziehungen zum Patienten

Wird ein Patient zur stationären Betreuung in eine Belegabteilung aufgenommen, kommt – und zwar unabhängig von dessen Versichertenstatus – ein sog. **gespaltener Krankenhausaufnahmevertrag** zustande. Hiernach schulden der Krankenhausträger Unterbringung, Verpflegung und pflegerische Versorgung und der Belegarzt die medizinische Behandlung.

Bei Privatpatienten liquidiert der Belegarzt selbst die erbrachten ärztlichen Leistungen unter Anwendung der Gebührenordnung für Ärzte (GOÄ). Gemäß § 6a Abs. 1 GOÄ sind die Gebühren der Belegärzte für die von ihnen erbrachten Leistungen um 15 % zu mindern.

Die Abrechnung für die Behandlung von GKV-Patienten erfolgt gegenüber der Kassenärztlichen Vereinigung.

Gegenüber den Patienten haftet der Belegarzt nach den allgemein geltenden Grundsätzen für eigenes oder ihm zurechenbares ärztliches Fehlverhalten Dritter. Der Krankenhausträger haftet für ärztliches Fehlverhalten nur, sofern ein ihm vorwerfbares **Organisationsverschulden** vorliegt.

Treten mehrere Belegärzte eines **kooperativen Belegarztsystems** als „Belegarztgemeinschaft" auf und wird nach außen der Eindruck einer gemeinschaftlichen Berufsausübung erweckt, bejaht die Rechtsprechung eine **gesamtschuldnerische Haftung sämtlicher Belegärzte**, auch wenn einzelne von ihnen den Patienten nie gesehen haben (BGH v. 8.11.2005 – VI ZR 319/04, MedR 2006 S. 290)!

Rechtsbeziehung zur Kassenärztlichen Vereinigung

Der Belegarzt führt die Behandlung seiner Belegpatienten, soweit es sich um GKV-Versicherte handelt, im Rahmen seines **vertragsarztrechtlichen Versorgungsauftrages** unter Beachtung des Wirtschaftlichkeitsgebots sowie des Grundsatzes zur persönlichen Leistungserbringung durch. Genehmigte angestellte Ärzte dürfen in die Leistungserbringung eingebunden werden. Der Belegarzt rechnet seine Leistungen gegenüber der Kassenärztlichen Vereinigung ab, deren Mitglied er ist.

Die Vergütung der belegärztlichen Leistungen erfolgt aus der Gesamtvergütung (§ 121 Abs. 3 SGB V). Bestimmungen zur Gesamtvergütung finden sich in § 85 Abs. 1 SGB V. Demgemäß entrichten die Krankenkassen mit befreiender Wirkung den in den Gesamtverträgen vereinbarten Betrag an die Kassenärztliche Vereinigung. Gesetzlich nicht geregelt sind Art und Höhe der belegärztlichen Leistungen. Diese richten sich vielmehr nach Kapitel 36 des Einheitlichen Bewertungsmaßstabs (vgl. ausführlich Kallenberg, C 1500 Rn. 85 f.). Die teilweise unangemessen geringe Vergütung der belegärztlichen Leistungen veranlasste den Gesetzgeber, durch Einführung des § 121 Abs. 4 SGB V den Bewertungsausschuss zu verpflichten, eine Verbesserung der Vergütung belegärztlicher Leistungen mit Wirkung zum 1.4.2007 vorzunehmen. Der Erweiterte Bewertungsausschuss hat die Vergütungen für belegärztliche Leistungen bei der Ermittlung der für die Berechnung der Regelleistungsvolumina maßgeblichen Gesamtvergütung herausgerechnet (Beschluss vom 27./28.8.2008, DÄBl. 2008 S. A 1988).

b) Belegarzt mit Honorarvertrag

Zum 1.4.2009 hat der Gesetzgeber den „Belegarzt mit Honorarvertrag" geschaffen (ausführlich Makoski, GesR 2009 S. 225), indem § 121 SGB V um einen neuen Abs. 5 ergänzt wurde: „Abweichend von der Vergütungsregelung in Abs. 2 bis 4 können Krankenhäuser mit Belegbetten zur Vergütung der belegärztlichen Leistungen mit Belegärzten Honorarverträge schließen."

Ziel des Gesetzgebers war es, gleiche Wettbewerbsbedingungen zwischen Krankenhäusern mit Haupt- und Belegabteilungen zu schaffen, indem den Krankenhäusern ein Wahlrecht eingeräumt wurde, den Vertragsarzt entweder nach dem bisherigen System oder auf der Grundlage eines Honorarvertrages mit der stationären Leistungserbringung zu beauftragen. Im letzteren Fall werden die von dem Belegarzt erbrachten Leistungen nicht als solche des vertragsärztlichen Systems eingeordnet, obwohl die Leistungserbringung zwangsläufig an den Vertragsarztstatus gebunden ist. Auf der Finanzierungsebene des Krankenhausträgers gilt, dass dieser für die von einem Honorarbelegarzt erbrachten Leistungen die Fallpauschalen i. H. v. 80 % abrechnet (§ 18 Abs. 3 KHEntgG).

Die Neuregelung scheint auf den ersten Blick lediglich den Vergütungsschuldner auszutauschen. Tatsächlich wirft sie eine Fülle noch zu klärender Probleme auf. Im Einzelnen wird es maßgeblich auf die Ausgestaltung des Vertrages zwischen Krankenhausträger und Belegarzt ankommen. Je nach Einbindungsgrad des Belegarztes in die Organisations- und Ablaufstrukturen des Krankenhausträgers ist die Annahme eines Anstellungsverhältnisses nicht ausgeschlossen. Die Vertragsparteien sind gut beraten, die Elemente eines freiberuflich geprägten Dienstvertrages besonders zu betonen. Ob sie bei der Festlegung der Vergütung an die GOÄ gebunden sind, ist gesetzlich nicht vorgegeben. Um wechselseitig Planungssicherheit zu schaffen, bietet sich die Vereinbarung von – ggf. an bestimmte Parameter geknüpften – Pauschalen an, wie sie sich auch ansonsten in Kooperationsverträgen zwischen Krankenhausträgern und niedergelassenen Ärzten herausgebildet haben. Ungeklärt ist, ob der Honorarbelegarzt seine gegenüber Wahlleistungspatienten erbrachten Leistungen selbst abzurechnen berechtigt ist. Da der Typ des Honorarbelegarztes sozialrechtlich geprägt ist, sprechen gute Argumente für die Zulässigkeit eines solchen Vorgehens. Das Honorar ist in diesen Fällen gem. § 6a GOÄ um 15 % zu mindern und nicht wie bei einem Krankenhausarzt um 25 %.

2. Steuerliche Aspekte

a) Ertragsteuerliche Grundsätze beim „klassischen" Belegarzt ohne Honorarvertrag

Ausgangspunkt für die steuerliche Beurteilung der Tätigkeit als Belegarzt ist i. d. R. ein gespaltenes Vertragsverhältnis, d. h. auf der einen Seite der Vertrag zwischen dem Belegarzt und dem Patienten über die Erbringung belegärztlicher Leistungen und auf der anderen Seite der Vertrag zwischen dem Krankenhaus und dem Patienten über die weiteren allgemeinen Krankenhausleistungen. Beide Leistungen werden getrennt mit dem Patienten oder seiner Krankenkasse, d. h. dem eintretenden Kostenträger, abgerechnet.

Der Belegarzt ist verpflichtet, dem Krankenhaus die im Zusammenhang mit den belegärztlichen Leistungen entstehenden nicht pflegesatzfähigen Kosten (i. d. R. Überlassung von Räumen, Geräten, Personal und ggf. Material) zu erstatten, unter Umständen zuzüglich eines Vorteilsausgleichs.

Der Arzt erzielt im Rahmen der Erbringung seiner belegärztlichen Leistungen Einkünfte aus freiberuflicher Tätigkeit i. S. d. § 18 EStG.

b) Ertragsteuerliche Grundsätze beim Belegarzt mit Honorarvertrag

Ausgangspunkt für die steuerliche Beurteilung der Tätigkeit als Belegarzt mit Honorarvertrag sind die Regelungen im Honorarvertrag mit dem Krankenhaus. Je nach Ausgestaltung des Verhältnisses zwischen Belegarzt und Krankenhaus ist im Einzelfall zu prüfen, ob aus steuerlicher Sicht die Merkmale einer selbständigen freiberuflichen Tätigkeit oder einer nichtselbständigen Arbeit, insbesondere im Hinblick auf den Einbindungsgrad in die Organisations- und Ablaufstrukturen des Krankenhausträgers und die Vergütungsregelungen, überwiegen (im Einzelnen H 19.0 LStH, vgl. auch die Rechtsprechung und Verwaltungsauffassung zur Einordnung wahlärztlicher Leistungen eines Chefarztes, OFD Rheinland v. 28.4.2006 – S 2331 – 1000 -St 2, NWB EN Heft 20/2006 S. 1656; BFH v. 5.10.2005 – VI R 152/01, BStBl 2006 II S. 94).

c) Umsatzsteuerliche Grundsätze

Handelt es sich bei den belegärztlichen Leistungen um selbständig erbrachte ärztliche Heilbehandlungsleistungen i. S. d. § 4 Nr. 14 Buchst. a UStG, sind diese umsatzsteuerfrei. Allerdings stellt sich auch beim Belegarzt unter Umständen wie bei der konsiliarärztlichen Tätigkeit die Frage nach einer Abgrenzung zum Befreiungstatbestand des § 4 Nr. 14

Buchst. b UStG (siehe S. 146 f.). Gegenüber der konsiliarärztlichen Tätigkeit tritt bei einer belegärztlichen Tätigkeit die auf Vertrauen gegründete Beziehung zwischen Patient und Behandelndem wesentlich deutlicher zutage, so dass von einer Anwendung von § 4 Nr. 14 Buchst. a UStG auszugehen sein dürfte. Abschließend geklärt ist diese Frage allerdings noch nicht.

Im BMF-Schreiben vom 26.6.2009 (IV B 9 – S 7170/08/10009, zur Veröffentlichung vorgesehen) steht unter Textziffer 10: „Privatärztliche Leistungen, die ein im Krankenhaus angestellter Arzt als selbständiger Unternehmer (Belegarzt) gegenüber dem Patienten erbringt, sind demgegenüber nach § 4 Nr. 14 Buchst. a UStG steuerfrei". Entsprechend kann davon ausgegangen werden, dass die Finanzverwaltung die gleiche Auffassung auch zu vertragsärztlichen Leistungen eines selbständig tätigen Belegarztes mit oder ohne Honorarvertrag vertreten wird.

d) Kooperatives Belegarztwesen

Bilden Belegärzte in Kooperation ein Team, um das Wissen und Können mehrerer spezialisierter Ärzte zu vereinen, ergibt sich die steuerliche Beurteilung aus dem Vertrag im Einzelfall. In der Regel bleibt vertraglich jeder Belegarzt für die von ihm eingewiesenen oder ihm zugewiesenen Patienten verantwortlich. Erfolgt die Abrechnung der belegärztlichen Leistungen und die Kostenabrechnung mit dem Krankenhaus unmittelbar durch den Belegarzt, sind gegenüber der steuerlichen Beurteilung eines einzelnen Belegarztes keine Besonderheiten zu beachten. Die Kooperation beschränkt sich dann auf die Sicherstellung und Koordination der Patientenversorgung und die gegenseitige Unterstützung bei der belegärztlichen Tätigkeit.

Beinhaltet die Kooperation der Belegärzte daneben auch Elemente der gemeinsamen Kostentragung oder sogar Elemente des gemeinsamen Wirtschaftens, ist nach den Grundsätzen der Praxisgemeinschaft oder den Grundsätzen der Gemeinschaftspraxis als Mitunternehmerschaft zu verfahren.

Für ein (reines) Belegkrankenhaus, in dem die ärztlichen Leistungen ausschließlich von einem Belegarzt mit Liquidationsberechtigung erbracht und berechnet werden, kommt die Steuerfreiheit gem. § 4 Nr. 14 Buchst. b UStG nur in Betracht, wenn es sich um ein zugelassenes Krankenhaus nach § 108 SGB V oder ein Zentrum für ärztliche Heilbehandlung und Diagnostik oder Befunderhebung, das an der vertragsärztlichen Versorgung nach § 95 SGB V teilnimmt oder für das die Regelungen nach § 115 SGB V gelten, handelt. Es sind dann alle Leistungen von der Umsatzsteuer befreit, soweit es sich der Art nach um Leistungen handelt, auf die sich die Zulassung, der Vertrag oder die Regelung nach dem Sozialgesetzbuch jeweils bezieht.

F. Der angestellte Arzt in der (Vertrags-)Arztpraxis

1. Rechtliche Aspekte

Literatur:

Grundlegend *Steinhilper* in Halbe/Schirmer (Hrsg.), Handbuch Kooperationen im Gesundheitswesen, Angestellte Ärzte in der vertragsärztlichen Versorgung, A 1300 – Angestellte Ärzte in der vertragsärztlichen Versorgung (2007); *Bäune* in: *Bäune/Meschke/Rothfuß*, Kommentar zur Zulassungsverordnung für Vertragsärzte und Vertragszahnärzte, 2008, §§ 32a, 32b; *Fritz*, Angestellter Arzt versus ärztlicher Gesellschafter in der Gemeinschaftspraxis, Festschrift 10 Jahre Arbeitsgemeinschaft Medizinrecht im DAV, 2008, S. 721; *Orlowski/Halbe/Karch*, Vertragsarztrechtsänderungsgesetz, 2. Aufl. 2008, S. 68; *Schroeder-Printzen* in: Ratzel/Luxenburger (Hrsg.), Handbuch Medizinrecht, 2008, § 7 Rn. 490 f.; *Schäfer-Gölz*, Rechtsfragen um den angestellten Arzt, ZMGR 2002, 190.

a) Grundsätzliches

In der privatärztlichen Praxis war es auch vor der Liberalisierung des ärztlichen Berufsrechts zulässig, Ärzte anzustellen, wobei keinerlei berufsrechtliche Beschränkungen hinsichtlich der Anzahl oder Vorgaben zur Qualifikation der angestellten Ärzte existierten. Allerdings musste Fachgebietsgleichheit zwischen dem anstellenden und dem angestellten Arzt bestehen.

Bei einer Berufsausübungsgemeinschaft wird der Anstellungsvertrag regelmäßig mit dieser und nicht mit einem Gesellschafter abgeschlossen, auch wenn vertragsarztrechtlich eine personale Zuordnung erfolgen muss. Die Anstellung kann vollzeitig oder in Teilzeit erfolgen.

Die Tätigkeit des angestellten Arztes kann auf bestimmte Bereiche der Praxis beschränkt sein. So ist es denkbar, ein Anstellungsverhältnis ausschließlich für den privatärztlichen oder den vertragsärztlichen Teil der Praxis oder eine bestimmte Betriebsstätte zu begründen. Möglich erscheint es auch, dass ein Arzt für den vertragsärztlichen Teil angestellt wird und für die privatärztliche Tätigkeit als Gesellschafter eingebunden ist. Diese Konstruktion ist zulässig, da die Berufsausübungsgemeinschaft rechtsfähig ist und durchaus auch einen Anstellungsvertrag mit einem Gesellschafter abschließen darf.

Es versteht sich von selbst, dass arbeitsrechtliche und sozialversicherungsrechtliche Vorgaben zu beachten sind. Für den in einer Arztpraxis angestellten Arzt gilt grundsätzlich das allgemeine Arbeitsrecht. Regelmäßig wird ein schriftlicher Anstellungsvertrag abgeschlossen, der die Rechte und Pflichten der Parteien regelt. Das Arbeitsverhältnis ist regelmäßig nicht tarifgebunden. Die Vorgaben des Arbeitszeitgesetzes sind zu beachten mit der Folge, dass die tägliche Arbeitszeit grds. auf acht Stunden begrenzt ist und die Wochenarbeitszeit im Durchschnitt 48 Stunden nicht überschreiten darf.

Berufsrechtlich sind mit Ausnahme der Anzeige der Begründung des Anstellungsverhältnisses an die Ärztekammer (§ 19 Abs. 1 MBO) keine besonderen Formalien einzuhalten, insbesondere bedarf es keiner Genehmigung der Anstellung durch die Ärztekammer. Gemäß § 24 MBO soll der Arbeitsvertrag der Ärztekammer vorgelegt werden, damit die Wahrung der beruflichen Belange geprüft werden kann.

§ 19 Abs. 4 MBO bestimmt, dass die Patienten über die in der Praxis angestellten Ärzte in geeigneter Weise zu informieren sind. Dies kann in mannigfacher Weise – z. B. durch einen Aushang in den Praxisräumen, auf einem Flyer oder durch einen entsprechenden Hinweis auf dem Praxisschild – geschehen. Erweckt der Außenauftritt den Eindruck, der angestellte Arzt sei selbständig als „Mitinhaber" der Praxis tätig, kann er – je nach Lage des Falles – als „Scheingesellschafter" aus Grundsätzen der Anscheinshaftung persönlich in Anspruch genommen werden (vgl. BGH v. 16.4.2008 – VIII ZR 230/07, NJW 2008 S. 2330).

Keine freie Mitarbeit

Weder das ärztliche Berufsrecht noch das Vertragsarztrecht lassen im Rahmen der Patientenbetreuung den sog. freien Mitarbeiter zu. Es existiert ein Numerus clausus der Tätigkeitsform: Entweder freiberufliche Niederlassung in Einzelpraxis oder Berufsausübungsgemeinschaft einerseits oder Anstellung andererseits.

Anstellung fachgebietsfremder Ärzte – Probleme mit der Privatliquidation

§ 19 Abs. 2 MBO sieht nunmehr die – in den meisten Ärztekammern umgesetzte – Möglichkeit zur Anstellung auch fachgebietsfremder Ärzte vor, sofern die Patientenbehandlung regelmäßig nur von Ärzten verschiedener Fachgebiete gemeinschaftlich durchgeführt werden kann. Dies ist z. B. der Fall, wenn der Operateur einen Anästhesisten anstellt.

Nach § 4 Abs. 2 GOÄ ist der Praxisinhaber berechtigt, z. B. auch die Leistungen eines angestellten Arztes abzurechnen, sofern diese unter seiner Aufsicht nach fachlicher Weisung erbracht wurden. Ein fachliches Weisungsrecht kann indes bei fachgebietsfremden Leistungen i. d. R. nicht ausgeübt werden. Da der Praxisinhaber die für ihn fachfremden Leistungen nicht im eigenen Namen abrechnen dürfe, hält die BÄK (Hinweise und Erläuterungen zur Niederlassung und beruflichen Kooperation – Stand: 28.3.2008, DÄBl 2008 S. A-1019, 1023) es in dieser Konstellation für erforderlich, dem angestellten Arzt – vergleichbar einem Chefarzt – ein eigenes Liquidationsrecht einzuräumen mit der Folge, dass der angestellte Arzt die von ihm erbrachten privatärztlichen Leistungen im eigenen Namen und auf eigene Rechnung abrechnet. Der Praxisinhaber könne hieraus keine Gewinne erzielen, jedoch könne ihm eine Kostenerstattung zuzüglich eines Nutzungsentgeltes zugebilligt werden.

Leitungsmacht

§ 19 Abs. 1 MBO verpflichtet den Arzt, seine Praxis persönlich auszuüben. Die Beschäftigung ärztlicher Mitarbeiter setzt die Leitung der Praxis durch den niedergelassenen Arzt voraus. Der Arzt als Praxisinhaber hat die maßgeblichen Entscheidungen persönlich zu treffen. Bei der Auswahl der anzustellenden Ärzte muss er sich vergewissern, dass diese den ihnen zu übertragenden Aufgaben gewachsen sind. Er muss sie anleiten und – zumindest stichprobenhaft – überwachen. Der Praxisinhaber trägt die uneingeschränkte persönliche Verantwortung für sämtliche Praxisbelange. Er muss Ansprechstelle für die Patienten sein, die in der Lage sein müssen, sich bei ihm über das Verhalten der angestellten Ärzte beschweren zu können.

Auch der angestellte Arzt übt einen seiner Natur nach freien Beruf aus (vgl. § 1 Abs. 2 BÄO, § 1 Abs. 1 MBO). Dies ändert nichts daran, dass dem Praxisinhaber die Leitungsmacht zusteht. Die Ausübung eines seiner Natur nach freien Berufs schließt indes die Erteilung von Weisungen nicht generell aus. Dies gilt primär für den nichtmedizinischen – z. B. organisatorischen – Bereich. Grundsätzlich wird man dem oder den Praxisinhabern auch zugestehen müssen, verbindlich festzulegen, welche von mehreren anerkannten medizinischen Methoden in der Praxis zum Einsatz gelangen. Eine Grenze des Weisungsrechts ist die Gewissensentscheidung des angestellten Arztes.

Vergütung

Regelmäßig erfolgt die Vergütung auf der Grundlage eines festen Monatsgehalts. Um den angestellten Arzt zu motivieren, kann zusätzlich eine variable Vergütung vereinbart werden. Diese kann sich z. B. an individuellen Patientenkontakten oder dem wirtschaftlichen Erfolg einer Abteilung oder der Gesamtpraxis orientieren. Die Beteiligung am Ergebnis der Praxis will aber wegen der damit einhergehenden Verpflichtung zur Rechnungslegung gut überlegt sein. Im Zweifel ist aus Praktikabilitätsgründen einer umsatzbezogenen Regelung der Vorzug vor einer gewinnbezogenen einzuräumen.

Haftung

Da die Behandlungsverträge mit dem Praxisinhaber als anstellendem Arzt und nicht mit dem angestellten Arzt abgeschlossen werden, besteht für diesen grundsätzlich **kein vertragliches**, sondern ausschließlich **ein deliktisches** Haftungsrisiko. Hervorzuheben ist das Risiko der Anscheinshaftung, wenn der angestellte Arzt im Außenauftritt quasi wie ein Gesellschafter geführt wird. Dann kann der angestellte Arzt von Patienten auch wegen eines Behandlungsfehlers verklagt werden, wenn er den Patienten nicht betreut hat.

Aus § 21 MBO folgt, dass der Arzt verpflichtet ist, sich hinreichend gegen die aus seiner beruflichen Tätigkeit möglichen Haftpflichtansprüche zu versichern. Da angestellte Fachärzte regelmäßig nicht automatisch über die Berufshaftpflichtversicherung des Praxisinhabers mitversichert sind, ist der Versicherungsschutz –ggf. gegen Prämienerhöhung – individualvertraglich zu erweitern.

Nicht praxisfern sind Konstellationen, in welchen der angestellte Arzt unwirtschaftlich behandelt hat. Von Fällen der unerlaubten Handlung abgesehen, kann der angestellte Arzt weder von einem Patienten noch einer privaten Krankenversicherung noch von der Kassenärztlichen Vereinigung oder einer Krankenkasse in Anspruch genommen werden. Ansprüche sind stets gegen den Praxisinhaber zu richten. Diesem ist es nach allgemeinen arbeitsrechtlichen Grundsätzen möglich, den angestellten Arzt in Rückgriff zu nehmen. Die Haftung des Arztes ist dabei abhängig vom Grad des individuellen Verschuldens. Bei leichter Fahrlässigkeit haftet der Arzt nicht. Bei normaler Fahrlässigkeit erfolgt eine Aufteilung des Schadens nach Billigkeits- und Zumutbarkeitsgesichtspunkten. Nur bei gröbster Fahrlässigkeit und bei Vorsatz haftet der Arbeitnehmer unbeschränkt. Im Einzelfall kann es aber auch bei grober Fahrlässigkeit zu einer Haftungserleichterung kommen, wenn der Verdienst außer Verhältnis zum Schadensrisiko steht.

Teilnahme am allgemeinen Notfalldienst

Die Satzungen/Notfalldienstordnungen können vorsehen, dass auch angestellte Ärzte verpflichtet sind, am ärztlichen Notfall- oder Bereitschaftsdienst teilzunehmen. Bei Teilzeittätigkeit erfolgt regelmäßig eine dem zeitlichen Umfang der Tätigkeit entsprechende weniger häufige Einteilung.

PRAXISHINWEISE:

Es kann im Interesse sämtlicher Beteiligter liegen, dass der angestellte Arzt nicht persönlich am Notfall- oder Bereitschaftsdienst teilnimmt. Dann sollte individualvertraglich geregelt werden, dass an seiner Stelle auf Kosten des Arbeitgebers ein qualifizierter Vertreter tätig wird. Absolviert der angestellte Arzt den Notfalldienst persönlich, ist eine Regelung über den Arbeitszeitausgleich vorzusehen.

---

b) Besonderheiten im Vertragsarztrecht

aa) Allgemeines

§ 1a Nr. 8 BMV-Ä definiert den angestellten Arzt als „Arzt mit genehmigter Beschäftigung in einer Arztpraxis oder einem MVZ gemäß § 95 Abs. 9 SGB V bzw. § 95 Abs. 1 SGB V".

Bis zum Inkrafttreten des VÄndG zum 1.1.2007 war die Anstellung von Ärzten in Vertragsarztpraxen nur in äußerst beschränktem Umfang – von „Altfällen" abgesehen regelmäßig ausschließlich im Rahmen des sog. Job-Sharing sowie in Assistentenverhältnissen – zulässig. Bis dahin konnten nur Medizinische Versorgungszentren (MVZ) davon profitieren, dass ein Vertragsarzt in einem gesperrten Planungsbereich auf seine Vertragsarztzulassung verzichtet, um zukünftig als angestellter Arzt im MVZ tätig zu sein. Mit dem Vertragsarztrechtsänderungsgesetz hat der Gesetzgeber das Spektrum der Leistungserbringung im vertragsärztlichen Bereich durch die grundsätzliche Anerkennung von angestellten Ärzten maßgeblich geändert, wobei gem. § 95 Abs. 9, 9a SGB V zwischen zulassungsgesperrten und nicht zulassungsgesperrten Planungsbereichen zu unterscheiden ist.

Die KBV gibt die Anzahl der am 31.12.2007 in Praxen/MVZ angestellten Ärzte mit 10.400 an. Es ist damit zu rechnen, dass die Bedeutung von Anstellungsverhältnissen und damit auch diejenige des Arbeitsrechts sowohl in Praxen als auch in MVZ zunehmen wird.

Genehmigung

Die Tätigkeit eines angestellten Arztes im vertragsärztlichen Bereich einer Praxis bedarf der Genehmigung durch den Zulassungsausschuss. Die Anstellungsgenehmigung ist von dem Arbeitgeber und nicht von dem anzustellenden Arzt zu beantragen. Als statusbegründender Akt wird die Genehmigung nicht rückwirkend erteilt.

Vertragsarztrechtlich wird die Genehmigung an den Zulassungsstatus eines bestimmten Vertragsarztes gebunden, auch wenn Vertragspartner und somit Arbeitgeberin eine Berufsausübungsgemeinschaft ist. Dies kann auf der Ebene einer Berufsausübungsgemeinschaft zu Gestaltungsproblemen führen, da eine Änderung der Zuordnung nicht im Rahmen der Vertragsfreiheit durch die Gesellschafter, sondern wegen des höchstpersönlichen Charakters der Genehmigung ausschließlich durch den Zulassungsausschuss vorgenommen werden kann. Da der mit der Einbindung eines angestellten Arztes verbundene finanzielle Aufwand – in gesperrten Gebieten sind dies primär die durch den Erwerb der Praxis entstehenden Kosten – meist von der Berufsausübungsgemeinschaft getragen wird, ist ggf. im Innenverhältnis der Gesellschafter ein Ausgleich vorzunehmen, wenn ein Gesellschafter unter „Mitnahme" der Anstellungsgenehmigung aus der Berufsausübungsgemeinschaft ausscheidet. Im Falle des Todes geht die Anstellungsgenehmigung nicht automatisch auf den Erwerber der Praxis oder des Praxisanteils über, sondern muss von diesem beantragt werden.

Status

Die Erteilung der Anstellungsgenehmigung setzt die Eintragung des anzustellenden Arztes in das Arztregister voraus.

Ab einer Beschäftigung mit einem zeitlichen Umfang von wöchentlich mindestens 20 Stunden ist der angestellte Arzt (Pflicht-)Mitglied der KV (§ 77 Abs. 3 Satz 2 SGB V) mit der Folge, dass er deren Disziplinargewalt unterliegt und Wahlrechte ausüben darf. Gegen Ärzte, die weniger als 20 Stunden tätig sind, kann die Kassenärztliche Vereinigung keine Disziplinarmaßnahmen ergreifen. Ist die vertragsärztliche Pflichtverletzung jedoch – auch – dem anstellenden Vertragsarzt zuzurechnen, können sich die Disziplinarmaßnahmen möglicherweise gegen diesen richten. Gegebenenfalls kann es zum Widerruf der Anstellungsgenehmigung kommen.

Bedarfsplanung, Aufteilung der Anstellungsgenehmigung

Die Anstellung von Ärzten ist an die Beachtung der Bedarfsplanungsrichtlinien gebunden. Angestellte Ärzte werden bei der Bedarfsplanung entsprechend ihrer vertraglich geschuldeten Arbeitszeit berücksichtigt. Bei einer Beschäftigung mit mehr als 30 Stunden wöchentlich erfolgt eine Anrechnung mit dem Faktor 1,0, bei mehr als 20 bis maximal 30 Wochenstunden mit dem Faktor 0,5 und bei höchstens zehn Wochenstunden mit dem Faktor 0,25.

Bei der Besetzung der Anstellung besteht in zeitlicher Hinsicht weitgehende Flexibilität. Eine Vollzeitstelle kann in bis zu vier Teilzeitstellen mit einer vertraglich vereinbarten Arbeitszeit von jeweils bis zu zehn Stunden wöchentlich aufgeteilt werden. Hierdurch wird es möglich, z. B. mehrere Spezialisten in zeitlich beschränktem Umfang in die Patientenversorgung einzubinden. Relevant ist dies auch für Krankenhausärzte, die nunmehr auch auf Teilzeitbasis in eine mit dem Krankenhaus kooperierende Praxis eingebunden werden können.

Fachgebietsverschiedenheit

Vertragsarztrechtlich ist grundsätzlich auch die Anstellung von fachgebietsfremden Ärzten zulässig (§ 95 Abs. 9 SGB V). Die Partner der Bundesmantelverträge haben von dem ihnen eingeräumten Gestaltungsspielraum Gebrauch gemacht und bestimmt, dass die Anstellung eines Arztes mit einem anderen Fachgebiet dann nicht zulässig ist, wenn Angehörige dieses Fachgebietes nur auf Überweisung in Anspruch genommen werden dürfen (z. B. Fachärzte für Laboratoriumsmedizin, Radiologie, Pathologie) (§ 14a Abs. 2 BMV-Ä).

Die durch einen fachgebietsfremden Arzt im Rahmen dessen Fachgebietes erbrachten Leistungen werden dem Praxisinhaber als von diesem grundsätzlich abrechnungsfähig zugerechnet. Gleiches gilt bei Leistungen, für welche ausschließlich der angestellte Arzt qualifiziert ist. Der anstellende Vertragsarzt hat die Notwendigkeit der für ihn fachfremden Leistungen abrechnungstechnisch zu verantworten.

Vertragsärztliche Pflichten

Der angestellte Arzt muss die vertragsärztlichen Pflichten erfüllen, der Vertragsarzt hat ihn hierzu anzuhalten (so ausdrücklich § 32b Abs. 3 Ärzte-ZV).

Als wesentliche Pflichten sind beispielhaft zu nennen: Präsenzpflicht, Residenzpflicht (Letzteres eher im MVZ relevant), Einhaltung der Fachgebietsgrenzen, Verbot der Behandlungsablehnung aus sachwidrigen Gründen, Verbot der unzulässigen Delegation ärztlicher Leistungen, Beachtung des Wirtschaftlichkeitsgebots, Fortbildungspflicht.

Qualifikationsgebundene Leistungen

Im vertragsärztlichen Bereich ist die Erbringung und Abrechnung einer Vielzahl von Untersuchungs- und Behandlungsleistungen (z. B. Ultraschall, Speziallabor) von der Erteilung individueller Genehmigungen abhängig. Bei solchen qualifikationsgebundenen Maßnahmen muss der angestellte Arzt, der solche Leistungen eigenständig erbringt, persönlich über die erforderliche Qualifikation verfügen (§§ 11, 14 Abs. 1 Satz 2 BMV-Ä). Als zulässig wird es auch angesehen, wenn der angestellte Arzt Leistungen, für welche ausschließlich der Praxisinhaber qualifiziert ist, unter dessen Leitung erbringt. Bei längerer Abwesenheit des Praxisinhabers sind Zuordnungsprobleme vorprogrammiert.

Regelleistungsvolumen

Die Zuweisung des RLV erfolgt praxisbezogen. Die Höhe des RLV einer Praxis ergibt sich aus der Addition der jeweiligen individuellen RLV. Der angestellte Arzt, dessen Status dem eines Vertragsarztes entspricht (also nicht der Job-Sharer), erhält ein eigenes RLV, welches in die Bildung des Praxis-RLV einfließt. Bei der Ermittlung ist der – auch zeitliche – Umfang seiner Tätigkeit im Genehmigungsbescheid zu berücksichtigen. Beträgt die wöchentliche Arbeitszeit mehr als 30 Stunden, besetzt der angestellte Arzt bedarfsplanungsmäßig zwar eine volle Stelle. Im Rahmen der Abrechnung muss damit gerechnet werden, dass lediglich ein entsprechend verringertes RLV berücksichtigt wird.

Zahlenmäßige Beschränkung

Ausschließlich für die vertragsärztliche – mithin nicht die privatärztliche – Tätigkeit existieren zahlenmäßige Beschränkungen für die Anstellung (§ 14a Abs. 1 Satz 2 BMV-Ä bzw. § 20a EKV). Diese sind vor dem Hintergrund zu verstehen, dass der Vertragsarzt verpflichtet ist, seine Praxis persönlich zu führen. Je Vertragsarzt – bei Berufsausübungsgemeinschaften erfolgt eine Multiplikation nach Maßgabe der Anzahl der Gesellschafter sowie des Umfangs der jeweiligen Versorgungsaufträge – dürfen grds. nicht mehr als drei vollzeitig beschäftigte Ärzte oder Teilzeitangestellte in einem entsprechenden zeitlichen Umfang tätig sein. Die Anzahl erhöht sich auf vier Ärzte in medizinisch-technischen Fachgebieten. Verfügt der anzustellende Arzt lediglich über einen beschränkten Versorgungsauftrag ("halbe Zulassung"), ist die Anstellungsbefugnis auf zwei teilzeitig tätige Ärzte beschränkt. Der Zulassungsausschuss kann eine Erhöhung der Anzahl der beschäftigten Ärzte genehmigen, wenn der Arzt nachweist, durch welche Vorkehrungen die persönliche Leitung der Praxis gewährleistet ist. Von einer vollzeitigen Tätigkeit ist bei einem wöchentlichen Beschäftigungsumfang von mindestens 30 Wochenstunden auszugehen.

Im vertragszahnärztlichen Bereich sind die Vorgaben zur Anzahl der zulässigen angestellten Zahnärzte restriktiver. Gemäß § 4 Abs. 1 Satz 7 BMV-Z darf ein Vertragszahnarzt zwei in Vollzeit oder vier in Teilzeit tätige Zahnärzte anstellen.

Weiterbildungs- oder Entlastungsassistenten werden bei der Anstellungsquote nicht mitgezählt.

Einsatz in Berufsausübungsgemeinschaften und Zweigpraxen

Regelmäßig wird der angestellte Arzt am Vertragsarztsitz „seines" Vertragsarztes tätig werden. § 33 Abs. 2 Ärzte-ZV sieht ausdrücklich vor, dass der angestellte Arzt in die Erfüllung des Versorgungsauftrages „seines" Vertragsarztes eingebunden wird. Dies gilt auch bei einer Tätigkeit an einer weiteren Betriebsstätte der Gemeinschaftspraxis. Diese darf indes nicht eigenverantwortlich und ausschließlich durch einen angestellten Arzt betrieben werden. Die primäre Leitungsmacht muss durch den Vertragsarzt und nicht durch den angestellten Arzt ausgeübt werden.

Weniger stringent sind die Voraussetzungen für die Beschäftigung eines angestellten Arztes in einer Zweigpraxis gem. §§ 24 Abs. 3, 4 Ärzte-ZV i. V. m. den bundesmantelvertraglichen Bestimmungen (§ 15a Abs. 6 BMV-Ä). Hiernach ist die Beschäftigung eines angestellten Arztes allein zur Durchführung der Behandlung in der Zweigpraxis nur gestattet, wenn dies von der Zweigpraxisgenehmigung umfasst ist. Wird der angestellte Arzt nur zeitweise in der Zweigpraxis tätig, ist hierfür keine Genehmigung erforderlich.

bb) Anstellung in einem nicht gesperrten Planungsbereich

Bestehen für ein Fachgebiet in einem Planungsbereich keine Zulassungsbeschränkungen, besteht bei Vorliegen der Voraussetzungen ein Rechtsanspruch auf die Erteilung der Anstellungsgenehmigung. Die Genehmigung ist unmittelbar beim Zulassungsausschuss zu beantragen. Des in der Praxis häufig diskutierten Umwegs, zunächst eine Vertragsarztzulassung zu beantragen und diese dann in eine Anstellungsgenehmigung umzuwandeln, bedarf es nicht.

Werden später Zulassungsbeschränkungen für das entsprechende Fachgebiet eingeführt, hat dies keine Auswirkungen auf die bereits erteilte Anstellungsgenehmigung. Gute Argumente sprechen dafür, dass die Arztstelle auch in einer solchen Situation im Falle der Ausschreibung des Vertragsarztsitzes erhalten bleibt.

cc) Anstellung in einem gesperrten Planungsbereich nach dem „Umwandlungsmodell"

Rechtsgrundlage

§ 103 Abs. 4b SGB V bestimmt:

„Verzichtet ein Vertragsarzt in einem Planungsbereich, für den Zulassungsbeschränkungen angeordnet sind, auf seine Zulassung, um bei einem Vertragsarzt als nach § 95 Abs. 9 Satz 1 angestellter Arzt tätig zu werden, so hat der Zulassungsausschuss die Anstellung zu genehmigen; […]. Die Nachbesetzung der Stelle eines nach § 95 Abs. 9 Satz 1 angestellten Arztes ist möglich, auch wenn Zulassungsbeschränkungen angeordnet sind."

Motiv für den Gesetzgeber, die Umwandlung einer Vertragsarztzulassung in ein Anstellungsverhältnis zu ermöglichen, war es, Ärztinnen und Ärzten die Möglichkeit einzuräumen, ihren Beruf als Angestellte und mithin ohne Übernahme eines wirtschaftlichen Risikos ausüben zu können.

Verzicht

Der Verzicht auf die Zulassung richtet sich nach § 28 Abs. 1 Satz 1 Ärzte-ZV. Soweit dies von den Zulassungsgremien anerkannt wird, ist dringend zu empfehlen, die Verzichtserklärung mit der Bedingung zu versehen, dass die Anstellungsgenehmigung bestandskräftig erteilt wird! Ansonsten besteht die Gefahr, dass die Vertragsarztzulassung endet und die Tätigkeit als angestellter Arzt ggf. nicht aufgenommen werden kann oder im Falle des Widerspruchs eingestellt werden muss.

Genehmigung durch den Zulassungsausschuss

Auf die Erteilung der Genehmigung besteht ein Rechtsanspruch. Dem Zulassungsausschuss ist es insbesondere untersagt, ggf. Versorgungsaspekte anzuführen, um eine Versagung zu begründen.

Nachbesetzung der Arztstelle

Endet das Anstellungsverhältnis, kann die Arztstelle nachbesetzt werden. Hierzu ist – anders als bei der Nachbesetzung einer Vertragsarztzulassung im gesperrten Planungsbereich – kein (kompliziertes) Ausschreibungsverfahren durchzuführen. Es ist lediglich beim Zulassungsausschuss der Antrag auf Genehmigung der Anstellung einer anderen Ärztin/eines anderen Arztes zu stellen. Liegen die Genehmigungsvoraussetzungen in der Person des Nachfolgers vor, hat dieser die Anstellungsgenehmigung zu erteilen, ohne dass ein gesondertes Auswahlverfahren durchzuführen ist. Auch hierin liegt ein wesentlicher Vorteil der Umwandlung.

Wie bereits bisher bei MVZ ist auch bei Arztpraxen festzustellen, dass die neue gesetzliche Möglichkeit genutzt wird, um letztlich Zulassungen zu erwerben. Die Erwerberpraxis ist häufig nicht so sehr daran interessiert, den vormaligen Vertragsarzt dauerhaft zu beschäftigen. Ziel ist es eher, eine Zulassung zu akquirieren, um die so geschaffene Arztstelle durch eine jüngere Ärztin/einen jüngeren Arzt zu besetzen. Auch der vormalige Vertragsarzt ist oftmals wenig gewillt, sich dauerhaft in eine ihm fremde Organisation einbinden zu lassen. Langjährig praktizierte Freiberuflichkeit verträgt sich nicht unbedingt mit einem Anstellungsstatus!

Vor diesem Hintergrund ist die Frage besonders praxisrelevant, ob der ehemalige Vertragsarzt überhaupt und falls ja, für welchen Zeitraum tatsächlich in der Erwerberpraxis tätig sein muss. Das Gesetz schweigt zu diesem Problem. Soweit ersichtlich, differiert die Praxis der Zulassungsausschüsse. Statistiken existieren nicht. Teilweise wird berichtet, dass eine Tätigkeit von wenigen Stunden für ausreichend angesehen wird. Andere Zulassungsausschüsse verlangen eine konkrete Tätigkeit in der Praxis für mindestens ein Quartal. Durch Urlaub und Erkrankung kann sich die tatsächliche Dauer der Angestelltentätigkeit in vielen Einzelfällen erheblich reduzieren!

Vor allzu mutigen Konstruktionen sei indes gewarnt. Es ist damit zu rechnen, dass einzelne Kassenärztliche Vereinigungen/Zulassungsgremien bei zu kurzer ärztlicher Tätigkeit eine Umgehung der gesetzlichen Vorgaben annehmen werden. Gegebenenfalls kann die Erteilung der Anstellungsgenehmigung versagt oder eine bereits erteilte Genehmigung widerrufen werden. Auch können sich Probleme bei der anschließenden Nachbesetzung der Arztstelle ergeben.

Problem der Rückumwandlung

Der Gesetzgeber hat den Statuswechsel nur in eine Richtung, nämlich von der Vertragsarztzulassung zur Arztstelle und nicht die Rückumwandlung von der Arztstelle zur Vertragsarztzulassung vorgesehen. Ob Gerichte die Vorgaben des Gesetzgebers insoweit korrigieren werden, dass sie eine Rückumwandlung für zulässig erachten, erscheint äußerst zweifelhaft. Von daher sollte sich niemand zur Umwandlung seiner Vertragsarztzulassung in eine Arztstelle mit dem Argument überreden lassen, man könne alles rückgängig machen. Hervorzuheben ist, dass die Problematik der Rückumwandlung nur in gesperrten Gebieten relevant ist. Bestehen keine Zulassungsbeschränkungen, kann der angestellte Arzt später ohne weiteres als Vertragsarzt zugelassen werden.

Kauf der Praxis des zukünftigen Angestellten

Regelmäßig ist ein Vertragsarzt, der einer ärztlichen Tätigkeit auf freiberuflicher Basis nachgegangen ist, nur dann zur Umwandlung der Vertragsarztzulassung in eine Anstellung bereit, wenn ihm seine bisherige Praxis abgekauft wird. Aus rein strategischen Gründen werden teilweise – je nach Fachgebiet – relativ hohe Kaufpreise gezahlt, auch wenn es letztlich nur darum geht, die Vertragsarztzulassung überzuleiten. Nach Einführung der Regelleistungsvolumina wird zu prüfen sein, ob in der Praxis des anstellenden Arztes eine genügend große Fallzahl vorhanden ist.

Aus der Sicht der Erwerberpraxis kann es sich anbieten, die Fälligkeit der Kaufpreisforderung davon abhängig zu machen, dass die Arztstelle nicht nur entsteht, sondern auch bestandskräftig nachbesetzt wird.

Nachbesetzung der Zulassung mit Anstellungsgenehmigung im „Huckepack"

Im Falle der Ausschreibung eines Vertragsarztsitzes ist die Arztstelle von der Ausschreibung mit erfasst. Die Anstellungsgenehmigung geht allerdings nicht automatisch auf den Nachfolger über. Sie wird gemeinsam mit der Übertragung der Nachfolgezulassung erteilt, da die Praxis ansonsten in der bisherigen Weise nicht fortgeführt werden könnte.

Bewertung

Im Einzelfall mag es gute Argumente dafür geben, eine Vertragsarztzulassung in eine Arztstelle umzuwandeln. Dies kann insbesondere sinnvoll sein bei sog. Junior-Partnerschaften, die schon bisher in Anlehnung an ein Anstellungsverhältnis gestaltet waren.

Ob es sich für die Zielpraxis lohnt, Aufwendungen für den Erwerb einer Vertragsarztzulassung zu tätigen, ist im Einzelfall genauestens zu analysieren. Ungewissheit besteht insbesondere, weil niemand weiß, ob die Zulassungsbeschränkungen Bestand haben werden.

dd) Anstellung in einem gesperrten Planungsbereich im Job-Sharing

Unberührt von der (neuen) gesetzlichen Möglichkeit der Zulassungsumwandlung bleibt die Begründung eines sog. Job-Sharing-Anstellungsverhältnisses gem. § 101 Abs. 1 Nr. 5 SGB V. Erforderlich ist Fachgebietsidentität oder zumindest übereinstimmende Facharztkompetenz zwischen anstellendem Vertragsarzt und angestelltem Arzt. Wird das Anstellungsverhältnis mit einer Berufsausübungsgemeinschaft begründet, genügt Fachidentität zu einem der Vertragsärzte (zu den Anstellungsvoraussetzungen vgl. § 23i Bedarfsplanungs-Richtlinien-Ärzte).

Nachteilig für die Begründung einer Job-Sharing-Anstellung ist die Beschränkung des Leistungsumfangs der Praxis. Der Zulassungsausschuss hat auf der Grundlage der Abrechnungsbescheide der letzten vier Quartale ein Gesamtpunktzahlvolumen festzulegen. Bei Überschreitung des zulässigen Praxisumfangs wird die Honorarabrechnung um den Überschreitungsumfang gekürzt. Auch im Rahmen der Job-Sharing-Anstellung wird das Gesamtpunktzahlvolumen der Praxis nur um 3,0 % erhöht. Bezugsgröße ist das Gesamtpunktzahlvolumen des entsprechenden Vorjahresquartals. Dieses ist durch die Anzahl der in der Berufsausübungsgemeinschaft tätigen Ärzte zu dividieren.

Bei einer (teilweisen) Aufhebung der Zulassungsbeschränkungen werden zunächst Job-Sharing-Gesellschafter privilegiert, da deren Zulassungen im Rahmen des von dem Landesausschuss bestimmten zahlenmäßigen Umfangs zu Vollzulassungen erstarken. Erst wenn sämtliche Job-Sharing-Zulassungen den Status von Vollzulassungen erhalten haben, entfallen für angestellte Ärzte die Abrechnungsbeschränkungen. Reicht der zahlenmäßige Umfang nicht für sämtliche Anstellungsverhältnisse, so werden diese in der Reihenfolge der längsten Dauer ihres Bestehens berücksichtigt. Regelmäßig verbessert sich durch das Job-Sharing die Position des angestellten Arztes bei der Auswahl unter mehreren Bewerbern im Nachbesetzungsverfahren.

ee) Beschäftigung von Assistenten

Bei der Beschäftigung von Assistenten sind diverse Konstellationen zu unterscheiden. Auch insofern gilt, dass deren Einsatz im vertragsärztlichen Bereich deutlich umfassender reglementiert ist als in der Privatpraxis. § 1a Nr. 9 BMV-Ä führt als anzuerkennende

Assistenten Weiter- und Sicherstellungsassistenten auf. Letztere sind mit Entlastungsassistenten gleichzusetzen. Im vertragszahnärztlichen Bereich kommt dem Einsatz von Vorbereitungsassistenten erhebliche Bedeutung zu.

Weiterbildungsassistent

Unter Weiterbildungsassistent ist ein Arzt zu verstehen, der nach Erteilung seiner Approbation oder Berufserlaubnis die in der Weiterbildungsordnung vorgegebene Zeit in einer Arztpraxis ableistet. Die Weiterbildung erfolgt auf der Grundlage eines zivilrechtlichen, regelmäßig für die Dauer der Weiterbildung befristeten Arbeitsvertrages. Die Weiterbildung muss sich nicht stets auf das gesamte Fachgebiet erstrecken, sondern kann sich auf einen Schwerpunkt oder die Leistungen einer fakultativen Weiterbildung beschränken. Es ist nicht gerade selten, dass sich Ärzte nach ihrer Facharztanerkennung in Spezialbereichen weiterbilden lassen. Dabei versteht es sich von selbst, dass im Falle der auf bestimmte Leistungen beschränkten Weiterbildung diese im Vordergrund stehen muss und der Weiterbildungsassistent nicht quasi primär zur Entlastung seines Weiterbilders im allgemeinen Praxisbetrieb eingesetzt wird.

Unabdingbar für die Durchführung der Weiterbildung ist, dass der Arzt über eine Weiterbildungsbefugnis nach Maßgabe der Vorgaben der Weiterbildungsordnung verfügt. Weiterhin müssen die Räumlichkeiten, in denen die Weiterbildung erfolgt, als Weiterbildungsstätte anerkannt sein. Dieses Erfordernis ist auch bei Zweigpraxen und weiteren Betriebsstätten zu beachten.

Der Einsatz des Weiterbildungsassistenten bedarf im vertragsärztlichen Bereich der vorherigen Genehmigung der Kassenärztlichen Vereinigung (§ 32 Abs. 2 Ärzte-ZV). Auf die –befristet zu erteilende — Genehmigung besteht ein Rechtsanspruch. Allerdings darf die Beschäftigung des Assistenten nicht zu einer Vergrößerung des Umfangs der Vertragsarztpraxis oder zur Aufrechterhaltung eines übergroßen Praxisumfangs führen. Ohne Vorliegen einer Genehmigung können die von dem Weiterbildungsassistenten erbrachten Leistungen sachlich-rechnerisch berichtigt werden.

Entlastungsassistent

§ 32 Abs. 2 Ärzte-ZV sieht die Beschäftigung eines Assistenten auch „aus Gründen der Sicherstellung der vertragsärztlichen Versorgung" vor. Die Voraussetzungen sind praxisbezogen festzustellen. Regelmäßig werden in der Person des Praxisinhabers Gründe – wie z. B. eine längere Erkrankung – vorliegen, die den Einsatz des Assistenten erfordern. Anerkannt werden ferner die vorübergehende berufspolitische Tätigkeit oder die vorübergehende wissenschaftliche Betätigung des Vertragsarztes. Praxisrelevant sind auch Konstellationen, in denen z. B. die Nachbarpraxis geschlossen wird und der hierdurch entstehende Patientenzulauf durch den Praxisinhaber allein nicht bewältigt werden kann. Die Kassenärztlichen Vereinigungen sind aufgerufen, entgegen der bislang festzustellenden

Verwaltungspraxis auch Kindererziehungszeiten als Genehmigungstatbestand zu akzeptieren.

ff) Sondersituation: Vertragszahnarztrecht

Da bei Vertragszahnärzten keine Zulassungsbeschränkungen existieren, ist eine Unterscheidung nach gesperrten und nicht gesperrten Planungsbereichen überflüssig. Auch im vertragszahnärztlichen Bereich sind Weiterbildungs- und Entlastungsassistenten anerkannt.

Eine Besonderheit stellt der Vorbereitungsassistent dar. Hierunter ist ein Zahnarzt zu verstehen, der die für die Eintragung in das Zahnarztregister vorgeschriebene zweijährige Mindestvorbereitungszeit vollständig oder zumindest für die Dauer von sechs Monaten bei einem oder mehreren Vertragszahnärzten ableistet (§ 3 Abs. 2b Zahnärzte-ZV). Zweck der Vorbereitungszeit ist es, dem Assistenten Erfahrungen in der Praxis eines niedergelassenen Vertragszahnarztes zu vermitteln, bevor er selbst als Vertragszahnarzt zugelassen werden kann. Die Beschäftigung eines Vorbereitungsassistenten darf nicht zur Vergrößerung oder der Aufrechterhaltung einer übergroßen Vertragszahnarztpraxis führen. Teilweise wird vertreten, dass je nach dem Grad der Praxisorganisation und der damit einhergehenden Ausbildungs- und Überwachungsmöglichkeit die Beschäftigung auch von zwei Vorbereitungsassistenten zulässig sei. In jedem Fall ist die vorherige Genehmigung der Kassenzahnärztlichen Vereinigung erforderlich.

c) Sozialversicherungsrechtliche Aspekte

Wechselt ein noch nicht 55 Jahre alter, bisher privat krankenversicherter Arzt in die Anstellung, führt dies gem. § 6 Abs. 1 Nr. 1 SGB V zur gesetzlichen Pflichtmitgliedschaft in der GKV, und zwar unabhängig davon, welches Einkommen der Arzt als Freiberufler erzielt hat oder als Angestellter erhält. Erst wenn sein Einkommen drei Jahre über der Versicherungsgrenze (zzt. ca. 47.000 €) gelegen hat, kann er aus der GKV ausscheiden.

Gleichzeitig wird er zur Arbeitslosenversicherung beitragspflichtig. Von der gesetzlichen Rentenversicherung ist der Arzt befreit, solange er Mitglied im Versorgungswerk seiner Ärztekammer ist.

2. Steuerliche Aspekte

a) Einleitung

Wesentliches Merkmal der freiberuflichen Tätigkeit zur Abgrenzung gegenüber der gewerblichen Tätigkeit ist nach der ständigen Rechtsprechung die unmittelbare, persönliche und individuelle Arbeitsleistung des Freiberuflers (z. B. BFH v. 21.3.1995 – XI R 85/93, BStBl 1995 II S. 732). Ein Angehöriger eines freien Berufes ist nach § 18 Abs. 1 Nr. 1 Satz 3 EStG aber auch noch dann freiberuflich und nicht gewerblich tätig, wenn er sich bei der

Erledigung der Aufträge der Mithilfe fachlich vorgebildeter Arbeitskräfte bedient, vorausgesetzt, er wird weiterhin

▶ aufgrund eigener Fachkenntnisse

▶ leitend und

▶ eigenverantwortlich

tätig. Die Leistungen der Mitarbeiter müssen bei der Erledigung jedes einzelnen Auftrags den „Stempel der Persönlichkeit" des Arztes tragen (z. B. BFH v. 14.3.2007 – XI R 59/05, BFH/NV 2007 S. 1319 m. w. N.). Bei Gemeinschaftspraxen ist es ausreichend, wenn sich die gemeinsam tätigen Berufsträger die mit der Leitung des Unternehmens und der eigenverantwortlichen Bearbeitung der Aufträge verbundenen Aufgaben untereinander aufteilen und jeder von ihnen in seinem Aufgabenbereich aufgrund seiner Fachkenntnis leitend und eigenverantwortlich tätig ist. Dabei ist es nicht erforderlich, dass jedem Gesellschafter von Anfang an ein bestimmter Aufgabenbereich zugewiesen wird. Die Aufgabenverteilung kann von Fall zu Fall erfolgen. Auch der Umfang der Tätigkeit eines einzelnen Gesellschafters spielt keine Rolle. Wesentlich ist, dass jeder einzelne Mitunternehmer für sich bei den von ihm wahrgenommenen Aufgaben leitend und eigenverantwortlich tätig wird (BFH v. 20.4.1989 – IV R 299/83, BStBl 1989 II S. 727; vgl. HHR/Brandt, § 18 Rn. 231 m. w. N.).

Erbringen die Gesellschafter einer Gemeinschaftspraxis (Personengesellschaft) ihre Leistungen teilweise freiberuflich und teilweise – und sei es auch nur in dem Aufgabenbereich eines Gesellschafters aufgrund der Mithilfe fachlich vorgebildeter Arbeitskräfte, ohne weiterhin aufgrund eigener Fachkenntnisse leitend und eigenverantwortlich tätig zu sein – gewerblich, ist ihre Tätigkeit nach § 15 Abs. 3 Nr. 1 EStG insgesamt als gewerblich zu qualifizieren. Damit unterliegen alle Einkünfte der Gewerbesteuer (BFH v. 4.7.2007 – VIII R 77/05, BFH/NV 2008 S. 53). Bei einem Arzt in einer Einzelpraxis kann dagegen eine getrennte Beurteilung verbunden mit einer Aufteilung der Einkünfte in freiberufliche und gewerbliche Einkünfte je nach Einzelfall möglich sein, z. B. bei einem getrennten Patientenklientel, abgrenzbaren Aufträgen und insbesondere einer örtlichen Trennung (vgl. BFH v. 8.10.2008 – VIII R 53/07, BStBl II 2009 S. 143; BFH v. 25.10.1963 – IV 373/60 U, BStBl 1963 III S. 595).

b) „Fachlich vorgebildete Arbeitskräfte"

Nach Wortlaut und Wortsinn des § 18 Abs. 1 Nr. 1 Satz 3 EStG bedeutet „fachlich vorgebildet" weder, dass die Arbeitskräfte eine der Ausbildung des Berufsträgers gleichwertige Berufsausbildung aufweisen, noch dass ihre Tätigkeit mit der des Berufsträgers identisch sein muss. Unter fachlich vorgebildeten Arbeitskräften sind vielmehr auch solche zu verstehen, die eine gegenüber dem Berufsträger weniger qualifizierte Berufsausbildung haben. Mit Mithilfe fachlich vorgebildeter Arbeitskräfte ist eine Tätigkeit gemeint, die die

Arbeit des Berufsträgers jedenfalls in Teilbereichen ersetzt und nicht nur von untergeordneter Bedeutung ist. Bei einem Arzt für Laboratoriumsmedizin z. B. zählen MTA zu den fachlich vorgebildeten Arbeitskräften. Sie dürfen nach § 9 Abs. 1 Nr. 1 MTA-Gesetz medizinische und chemische Untersuchungen nach Standardverfahren durchführen, wobei sie insoweit nicht auf untergeordnete Tätigkeiten beschränkt sind (BFH v. 21.3.1995 – XI R 85/93, BStBl 1995 II S. 732 m. w. N.).

Als Arbeitskräfte i. S. d. § 18 Abs. 1 Nr. 1 Satz 3 EStG sind nicht nur die im Betrieb des Freiberuflers abhängig beschäftigten Arbeitnehmer, sondern auch Subunternehmer oder freie Mitarbeiter anzusehen (BFH v. 14.3.2007 – XI R 59/05, BFH/NV 2007 S. 1319).

c) „Aufgrund eigener Fachkenntnisse"

Um überhaupt leitend und eigenverantwortlich tätig sein zu können, ist es für die Überwachung fachlich vorgebildeter Arbeitskräfte zwingend erforderlich, dass der Arzt aufgrund eigener Fachkenntnisse in der Lage sein muss, diese Überwachung tatsächlich auch wahrnehmen zu können. Die eigenen Fachkenntnisse müssen sich dabei auf das gesamte Leistungsspektrum der Praxis beziehen (vgl. BFH v. 2.12.1980 – VIII R 32/75, BStBl 1981 II S. 170). Insbesondere in den Fällen, in denen Ärzte anderer Fachrichtungen angestellt werden, ist eine Tätigkeit aufgrund eigener Fachkenntnisse nicht mehr denkbar.

BEISPIEL: ▶ Die orthopädische Gemeinschaftspraxis A, B und C beschäftigt für den Bereich ambulanter Operationen einen eigenen Anästhesisten als angestellten Arzt. Die Gemeinschaftspraxis kann mangels eigener Fachkenntnisse nicht mehr aufgrund eigener Fachkenntnisse tätig sein. Die Gemeinschaftspraxis erzielt insgesamt gewerbliche Einkünfte.

Bei Gemeinschaftspraxen ist es allerdings ausreichend, wenn der jeweilige Gesellschafter bezogen auf seinen Aufgabenbereich die notwendige Fachkenntnis besitzt, um noch aufgrund eigener Fachkenntnisse tätig sein zu können.

BEISPIEL: ▶ Die fachübergreifende Gemeinschaftspraxis bestehend aus den Radiologen A, B und C und dem Nuklearmediziner D beschäftigt für den Aufgabenbereich von D einen weiteren Nuklearmediziner als angestellten Arzt. D kann noch aufgrund seiner eigenen Fachkenntnisse unter Mithilfe des angestellten Nuklearmediziners als fachlich vorgebildete Arbeitskraft leitend und eigenverantwortlich tätig sein.

d) „Leitend"

Unter einer leitenden Tätigkeit ist insbesondere die Festlegung der Grundzüge für die Organisation der Tätigkeitsbereiche, insbesondere die Organisation des Sach- und Personalbereichs, die Arbeitsplanung, die Arbeitsverteilung, die Erteilung von Ratschlägen und Besprechung von Zweifelsfällen, die dienstliche Aufsicht über die Mitarbeiter und deren Anleitung sowie die stichprobenweise Überprüfung der Ergebnisse zu verstehen (vgl. z. B. BFH v. 30.9.1999 – V R 56/97, BFH/NV 2000 S. 284).

e) „Eigenverantwortlich"

Die Tatbestandsmerkmale „leitend" und „eigenverantwortlich" stehen selbständig nebeneinander. Auch eine besonders intensive leitende Tätigkeit vermag daher die eigenverantwortliche Tätigkeit nicht zu ersetzen (BFH v. 20.12.2000 – XI R 8/00, BStBl 2002 II S. 478). Der Arzt muss auch die fachliche Verantwortung der Arbeitsergebnisse der Mitarbeiter tragen können.

Eine aufgrund eigener Fachkenntnisse eigenverantwortliche Tätigkeit liegt nur vor, wenn die persönliche Teilnahme des Berufsträgers an der praktischen Arbeit in ausreichendem Umfang gewährleistet ist. Die Eigenverantwortlichkeit erschöpft sich nicht darin, nach außen die Verantwortung für die ordnungsgemäße Durchführung des einzelnen Auftrags zu tragen. Die Ausführung jedes einzelnen Auftrags muss vielmehr dem Steuerpflichtigen selbst und nicht den qualifizierten Mitarbeitern zuzurechnen sein. Eine gelegentliche fachliche Überprüfung der Mitarbeiter genügt daher im Grundsatz nicht. In welchem Umfang der Berufsträger allerdings selbst tätig sein muss, hängt vom jeweiligen Berufsbild ab (BFH v. 8.10.2008 – VIII R 53/07, BStBl 2009 II S. 143 m. w. N.; BFH v. 30.9.1999 – V R 56/97, BFH/NV 2000 S. 284).

Der BFH hat in diesem Zusammenhang mehrfach klargestellt, dass es eine exakte Grenze, die Maßstab für die Bejahung der Eigenverantwortlichkeit eines Arztes sein kann, nicht gibt, sondern dass es immer auf die Verhältnisse des Einzelfalles ankommt (BFH v. 15.9.2004 – XI B 26/04, BFH/NV 2005 S. 200; BFH v. 29.4.2002 – IV B 29/01, BStBl 2002 II S. 581). Hierfür sind insbesondere die Praxisstruktur, die individuelle Leistungskapazität des Arztes, das in der Praxis anfallende Leistungsspektrum und die Qualifikation der Mitarbeiter zu berücksichtigen. Eine leitende und eigenverantwortliche Tätigkeit liegt im Einzelfall z. B. dann nicht vor, wenn die Zahl der vorgebildeten Arbeitskräfte und die Zahl der täglich anfallenden Untersuchungen eine Eigenverantwortlichkeit ausschließen (BMF v. 12.2.2009 – IV C 6 – S 2246/08/10001, BStBl 2009 I S. 398). Diese Kriterien sind im Zweifel bei einer Auseinandersetzung mit der Finanzverwaltung vom Finanzgericht als Tatsacheninstanz zu ermitteln und zu bewerten sowie ggf. beim BFH einer Revision zu unterziehen.

So hat sich z. B. das Finanzgericht des Landes Sachsen-Anhalt (FG des Landes Sachsen-Anhalt v. 24.8.2006 – 1 K 30035/02, EFG 2007 S. 587) bei einem Fall, in dem ein Zahnarzt einen weiteren approbierten Zahnarzt angestellt hatte, sehr intensiv mit der Frage des Berufsbildes auseinandergesetzt.

Das FG hält es zutreffend für falsch, den Begriff „eigenverantwortlich" in § 18 Abs. 1 Nr. 1 Satz 3 EStG in Bezug auf das Berufsbild des (Zahn-)Arztes allgemein nur über die Beteiligung des Arztes an jedem einzelnen Auftrag in allen Phasen der Erbringung zu definieren. Eine solche Orientierung würde bei konsequenter Anwendung zu offensichtlich sachwidrigen Ergebnissen führen.

Das Berufsbild des Arztes ist gekennzeichnet durch mannigfaltige Unterstützung durch angestellte Arzt- bzw. Zahnarzthelfer, medizinisch-technische Assistenten oder Angehörige ähnlicher Berufe. Diese erledigen regelmäßig einen Teil der in einer Praxis anfallenden (Teil-)Aufgaben eigenständig und häufig in eigener Verantwortung. Zu den Aufgaben gehören vielfältige medizinische Hilfsdienste, beispielsweise die Blutdruckmessung, die Blutabnahme, biochemische und bakteriologische Untersuchungen von Blutproben, Gewebeproben, mit technischen Hilfsmitteln vorzunehmende Überprüfungen der Augen, der Lungenfunktion, des Hörvermögens, Allergietests, Röntgenaufnahmen und dergleichen mehr. Diese Aufgaben werden i. d. R. erledigt, ohne dass der Arzt ständig anwesend ist und die Tätigkeit überwacht, vielmehr werden diese Tätigkeiten häufig erbracht, während der Arzt sich in einem anderen Behandlungsraum befindet. Der Arzt begleitet somit i. d. R. nicht sämtliche Arbeitsschritte der Untersuchung und Behandlung. Nimmt der Arzt aber – wie regelmäßig – nur das Ergebnis zur Kenntnis, um darauf aufbauend tätig zu werden, ist das bei restriktiver Auslegung keine Kontrolle in jedem Einzelfall. Wäre dies aber erforderlich, wäre im Ergebnis kein Arzt mehr freiberuflich tätig, wenn allein die berufsübliche Beschäftigung von Arzthelfern zu gewerblichen Einkünften führt. Dies kann aber nicht einer sinnhaften Auslegung von § 18 Abs. 1 Nr. 1 Satz 3 EStG entsprechen. Hiervon geht offensichtlich auch die Finanzverwaltung nicht aus. Wenn die Beschäftigung eines Mitarbeiters dem Arzt eine nennenswerte Entlastung und Hilfe sein soll, muss er sich grundsätzlich auf diese Zuarbeiten verlassen können und lediglich stichprobenartig Kontrollen vornehmen. In der Praxis erwartet niemand, dass der behandelnde Arzt diese begleitenden Maßnahmen und Voruntersuchungen in allen Schritten verfolgt und begleitet; das geschieht auch nicht (vgl. so zutreffend FG des Landes Sachsen-Anhalt v. 24.8.2006, a. a. O., wohl auch BFH v. 25.10.1963 – IV 373/60 U, BStBl 1963 III S. 595).

Auch der BFH hat z. B. den Grundsatz aufgestellt, dass ein selbständig tätiger Krankengymnast bei der Beschäftigung qualifizierter Arbeitskräfte (nur) dann leitend und eigenverantwortlich tätig ist, wenn er aufgrund seiner Fachkenntnisse durch regelmäßige und eingehende Kontrolle maßgeblich auf die Tätigkeit der Mitarbeiter bei jedem einzelnen Patienten Einfluss nimmt, so dass die Leistung den „Stempel der Persönlichkeit" des Krankengymnasten trägt (BFH v. 14.3.2007 – XI R 59/05, BFH/NV 2007 S. 1319; BFH v. 22.1.2004 – IV R 51/01, BStBl 2004 II S. 509).

Auch einem angestellten Arzt können nach den dargestellten Grundsätzen Teile der Patientenbehandlung übertragen werden. Es ist nicht erforderlich, dass der niedergelassene Arzt bei der Bearbeitung von einfachen Aufträgen teilweise oder gar im Wesentlichen selbst mit Hand anlegt. Erforderlich für eigenverantwortliches Handeln bleibt aber dann insbesondere, dass jede einzelne Arbeitsleistung der Mitarbeiter als solche des niedergelassenen Arztes erkennbar sein muss und er nicht nur die organisatorische, sondern auch die personale, rechtliche und ethische Verantwortung trägt (BFH v. 1.2.1990 – IV R 140/

88, BStBl 1990 II S. 507). Entsprechend kann auch ein niedergelassener Zahnarzt, der einen einzigen weiteren approbierten Zahnarzt beschäftigt, nach diesen Grundsätzen noch eigenverantwortlich i. S. d. § 18 Abs. 1 Nr. 1 Satz 3 EStG tätig sein, wenn feststeht, dass der niedergelassene Arzt die Behandlung verantwortet und maßgeblich prägt, so dass in der Wahrnehmung er und nicht sein angestellter Arzt Bezugsperson des Patienten ist (vgl. FG des Landes Sachsen-Anhalt v. 24.8.2006, a. a. O.).

Allein die Verantwortung nach außen zu tragen, dürfte aber im Einzelfall nicht ausreichen (FG Niedersachsen v. 19.6.2007 – 6 K 10865/03, n. v., NWB DokID: NAAAC-63655). Die Arbeitsleistung des angestellten Arztes muss tatsächlich den „Stempel der Persönlichkeit" des niedergelassenen Arztes tragen. Dies ist beispielsweise dann nicht der Fall, wenn z. B. ein Krankengymnast sowohl die Anamnese als auch den Großteil der anfallenden Patientenbehandlungen den fachlich vorgebildeten Mitarbeitern selbständig überlässt (BFH v. 31.8.2005 – IV B 205/03, BFH/NV 2006 S. 48 sowie BFH v. 20.12.2000 – XI R 8/00, BFH/NV 2001 S. 858 jeweils m. w. N.). Darüber hinaus ist auch die zunehmende Zahl der Aufträge und die Anzahl fachlich vorgebildeter Mitarbeiter und damit die für den niedergelassenen Arzt je Auftrag zur Verfügung stehende Zeit Indiz eines Gewerbebetriebes (HHR/Brandt, EStG/KStG, § 18 EStG Rn. 234; Schmidt/Wacker, EStG 2008, § 18 Rn. 27 jeweils m. w. N.).

Etwas anderes gilt zudem sicherlich bei den „technisierten" Arztberufen wie z. B. bei einem Facharzt für Laboratoriumsmedizin. Das Berufsbild dieser Fachgruppe entspricht weniger dem Leitbild des freiberuflichen Arztes in eigener Praxis, das durch ein persönliches Arzt-Patienten-Vertrauensverhältnis gekennzeichnet ist. Diese Fachgruppe lässt sich daher weniger nach den oben dargestellten Kriterien beurteilen. Hier kommen der Anzahl der Untersuchungen, der Anzahl der Arbeitskräfte und infolgedessen der zur Befundung zur Verfügung stehenden Zeit bezogen auf die einzelne Analyse erheblichere Bedeutung zu. Der Umfang der Praxis eines Arztes für Laboratoriumsmedizin lässt sich nicht beliebig vergrößern, ohne dass seine Freiberuflichkeit in Frage gestellt ist. Für den Laborarzt hat die Rechtsprechung daraus gefolgert, dass er, um eigenverantwortlich tätig zu sein, jeden eingegangenen Untersuchungsauftrag nach Inhalt und Fragestellung zur Kenntnis nehmen, die Bearbeitung durch die zuständigen Abteilungen sowie die Auswahl und Anwendung der Untersuchungsmethode kontrollieren und die Plausibilität des Ergebnisses (Befunderhebung und Befundauswertung) nachprüfen muss. Entsprechend ist nach Auffassung des BFH ein Arzt für Laboratoriumsmedizin, in dessen Praxis – 325 Arbeitstage jährlich unterstellt – täglich im Durchschnitt zwischen 277 und 345 Aufträge (mit jeweils durchschnittlich 2,5 Untersuchungen je Auftrag = 692 bis 862 Untersuchungen) erledigt werden, nicht mehr in der Lage ist, der einzelnen Untersuchung das Gepräge seiner persönlichen Arbeit zu geben, so dass nicht mehr von einer Eigenverantwortlichkeit ausgegangen werden kann (BFH v. 1.2.1990 – IV R 140/88, BStBl 1990 II S. 507). Damit liegt die kritische Grenze, nach der jedenfalls bei Laborärzten nicht mehr von einer eigenverantwortlichen und damit nicht mehr von einer freiberuflichen Tätigkeit ausgegangen werden kann, bei durchschnittlich etwa 30 Sekunden je Untersuchung (vgl. FG Münster v. 31. 5.2006 – 1 K 2819/04 G, EFG 2006 S. 1913 zu Beurteilung eines pathologischen Institutes; nach dem Urteil liegen die durchschnittlichen Untersuchungszeiten der Gesellschafter-Pathologen von 74 bzw. 117 Sekunden deutlich über der kritischen Grenze von 30 Sekunden bei Laborärzten und stehen der Freiberuflichkeit somit nicht entgegen). Entscheidend bleiben aber die Verhältnisse des Einzelfalls.

f) Ergänzende Hinweise zur Zweigpraxis/Praxisfiliale

Wird ein gesonderter Standort einer Praxis weitgehend durch einen angestellten Arzt geführt, ist die notwendige Eigenverantwortlichkeit ausgeschlossen. Die Gesellschafter können allein aufgrund der räumlichen Distanz faktisch nicht mehr im ausreichenden Maße an der praktischen Arbeit teilnehmen. In dem von dem angestellten Arzt geführten Standort werden folglich gewerbliche Einkünfte erzielt. Handelt es sich um eine Einzelpraxis, erzielt der Arzt nach der Trennungstheorie mit dem vom angestellten Arzt geführten Standort gewerbliche Einkünfte, kann aber an dem von ihm als Praxisinhaber betriebenen Praxissitz freiberufliche Einkünfte erzielen (BFH v. 8.10.2008 – VIII R 53/07, BStBl 2009 II S. 143). Bei einer Gemeinschaftspraxis führen die gewerblichen Einkünfte nach § 15 Abs. 3 Nr. 1 EStG zur gewerblichen Abfärbung (vgl. S. 102 ff.).

g) Ergänzende umsatzsteuerliche Hinweise

Die Umsatzsteuerbefreiung ärztlicher Heilbehandlungsleistungen nach § 4 Nr. 14 Buchst. a UStG setzt nicht voraus, dass der Unternehmer selbst persönlich die Leistungen gegenüber einem Patienten als Leistungsempfänger erbringt. Entscheidend ist, dass die Leistung einem **therapeutischen Ziel** dient und der Leistungserbringer die notwendige **berufliche Qualifikation** hat (vgl. ausführlich S. 141 f.). Die Leistung kann somit auch vom Arbeitnehmer oder Subunternehmer des Unternehmers erbracht werden (BFH v. 18.1.2005 – V R 99/01, BFH/NV 2005 S. 1392; BFH v. 22.4.2004 – V R 1/98, BStBl 2004 II S. 849). Eine Differenzierung zwischen einem niedergelassenen Arzt und einem angestellten Arzt ist für die Frage der Befreiung der Umsätze von der Umsatzsteuer ohne Bedeutung.

Die vorliegende (Muster-)Berufsordnung entfaltet erst Rechtswirkung, wenn sie durch die Kammerversammlungen der Ärztekammern als Satzung beschlossen und von den Aufsichtsbehörden genehmigt wurde.

(Muster-) Berufsordnung für die deutschen Ärztinnen und Ärzte (Stand 2006)

– MBO-Ä 1997 –[1] in der Fassung der Beschlüsse des 100. Deutschen Ärztetages 1997 in Eisenach

geändert durch die Beschlüsse des 103. Deutschen Ärztetages 2000 in Köln (§§ 27, 28 Kap. D. I Nr. 1-6, Kap. D. II Nr. 11)[2]

geändert durch die Beschlüsse des 105. Deutschen Ärztetages 2002 in Rostock (§§ 27, 28 Kap. D. I Nr. 1-5, §§ 17, 18, 22 a, 15, 20)[2]

geändert durch die Beschlüsse des 106. Deutschen Ärztetages 2003 in Köln (§§ 7 Abs. 4, 18, 26, 30 ff.)[2]

geändert durch die Beschlüsse des 107. Deutschen Ärztetages 2004 in Bremen (Präambel, §§ 17-19, 22, 22 a, 23 a-23, Kap. D II Nr. 7-11; §§ 4, 15)[2]

geändert durch den Beschluss des Vorstands der Bundesärztekammer in der Sitzung vom 24.11.2006 (§ 18 Absatz. 1)[2]

Gelöbnis

Für jede Ärztin und jeden Arzt gilt folgendes Gelöbnis:

„Bei meiner Aufnahme in den ärztlichen Berufsstand gelobe ich, mein Leben in den Dienst der Menschlichkeit zu stellen.

Ich werde meinen Beruf mit Gewissenhaftigkeit und Würde ausüben.

Die Erhaltung und Wiederherstellung der Gesundheit meiner Patientinnen und Patienten soll oberstes Gebot meines Handelns sein.

Ich werde alle mir anvertrauten Geheimnisse auch über den Tod der Patientin oder des Patienten hinaus wahren.

---

1 Bei der hier abgedruckten „Berufsordnung" handelt es sich um die (Muster-) Berufsordnung, wie sie von dem 100. Deutschen Ärztetag beschlossen und vom 103. Deutschen Ärztetag, 105. Deutschen Ärztetag, 106. Deutschen Ärztetag sowie 107. Deutschen Ärztetag novelliert wurde. Rechtswirkung entfaltet die Berufsordnung, wenn sie durch die Kammerversammlungen der Ärztekammern als Satzung beschlossen und von den Aufsichtsbehörden genehmigt wurde.
2 Geänderte Vorschriften.

Ich werde mit allen meinen Kräften die Ehre und die edle Überlieferung des ärztlichen Berufes aufrechterhalten und bei der Ausübung meiner ärztlichen Pflichten keinen Unterschied machen weder nach Religion, Nationalität, Rasse noch nach Parteizugehörigkeit oder sozialer Stellung.

Ich werde jedem Menschenleben von der Empfängnis an Ehrfurcht entgegenbringen und selbst unter Bedrohung meine ärztliche Kunst nicht in Widerspruch zu den Geboten der Menschlichkeit anwenden.

Ich werde meinen Lehrerinnen und Lehrern sowie Kolleginnen und Kollegen die schuldige Achtung erweisen. Dies alles verspreche ich auf meine Ehre."

A. Präambel

Die auf der Grundlage der Kammer- und Heilberufsgesetze beschlossene Berufsordnung stellt die Überzeugung der Ärzteschaft zum Verhalten von Ärztinnen und Ärzten gegenüber den Patientinnen und Patienten, den Kolleginnen und Kollegen, den anderen Partnerinnen und Partnern im Gesundheitswesen sowie zum Verhalten in der Öffentlichkeit dar. Dafür geben sich die deutschen Ärztinnen und Ärzte die nachstehende Berufsordnung. Mit der Festlegung von Berufspflichten der Ärztinnen und Ärzte dient die Berufsordnung zugleich dem Ziel,

▶ das Vertrauen zwischen Ärztinnen und Ärzten und Patientinnen und Patienten zu erhalten und zu fördern;

▶ die Qualität der ärztlichen Tätigkeit im Interesse der Gesundheit der Bevölkerung sicherzustellen;

▶ die Freiheit und das Ansehen des Arztberufes zu wahren;

▶ berufswürdiges Verhalten zu fördern und berufsunwürdiges Verhalten zu verhindern.

B. Regeln zur Berufsausübung

I. Grundsätze

§ 1 Aufgaben der Ärztinnen und Ärzte

(1) Ärztinnen und Ärzte dienen der Gesundheit des einzelnen Menschen und der Bevölkerung. Der ärztliche Beruf ist kein Gewerbe. Er ist seiner Natur nach ein freier Beruf.

(2) Aufgabe der Ärztinnen und Ärzte ist es, das Leben zu erhalten, die Gesundheit zu schützen und wiederherzustellen, Leiden zu lindern, Sterbenden Beistand zu leisten und an der Erhaltung der natürlichen Lebensgrundlagen im Hinblick auf ihre Bedeutung für die Gesundheit der Menschen mitzuwirken.

§ 2 Allgemeine ärztliche Berufspflichten

(1) Ärztinnen und Ärzte üben ihren Beruf nach ihrem Gewissen, den Geboten der ärztlichen Ethik und der Menschlichkeit aus. Sie dürfen keine Grundsätze anerkennen und keine Vorschriften oder Anweisungen beachten, die mit ihren Aufgaben nicht vereinbar sind oder deren Befolgung sie nicht verantworten können.

(2) Ärztinnen und Ärzte haben ihren Beruf gewissenhaft auszuüben und dem ihnen bei ihrer Berufsausübung entgegengebrachten Vertrauen zu entsprechen.

(3) Zur gewissenhaften Berufsausübung gehören auch die Grundsätze korrekter ärztlicher Berufsausübung in Kapitel C.

(4) Ärztinnen und Ärzte dürfen hinsichtlich ihrer ärztlichen Entscheidungen keine Weisungen von Nichtärzten entgegennehmen.

(5) Ärztinnen und Ärzte sind verpflichtet, sich über die für die Berufsausübung geltenden Vorschriften unterrichtet zu halten.

(6) Unbeschadet der in den nachfolgenden Vorschriften geregelten besonderen Auskunfts- und Anzeigepflichten haben Ärztinnen und Ärzte auf Anfragen der Ärztekammer, welche diese zur Erfüllung ihrer gesetzlichen Aufgaben bei der Berufsaufsicht an die Ärztinnen und Ärzte richtet, in angemessener Frist zu antworten.

§ 3 Unvereinbarkeiten

(1) Ärztinnen und Ärzten ist neben der Ausübung ihres Berufs die Ausübung einer anderen Tätigkeit untersagt, welche mit den ethischen Grundsätzen des ärztlichen Berufs nicht vereinbar ist. Ärztinnen und Ärzten ist auch verboten, ihren Namen in Verbindung mit einer ärztlichen Berufsbezeichnung in unlauterer Weise für gewerbliche Zwecke herzugeben. Ebenso wenig dürfen sie zulassen, dass von ihrem Namen oder vom beruflichen Ansehen der Ärztinnen und Ärzte in solcher Weise Gebrauch gemacht wird.

(2) Ärztinnen und Ärzten ist untersagt, im Zusammenhang mit der Ausübung ihrer ärztlichen Tätigkeit Waren und andere Gegenstände abzugeben oder unter ihrer Mitwirkung abgeben zu lassen sowie gewerbliche Dienstleistungen zu erbringen oder erbringen zu lassen, soweit nicht die Abgabe des Produkts oder die Dienstleistung wegen ihrer Besonderheiten notwendiger Bestandteil der ärztlichen Therapie sind.

§ 4 Fortbildung

(1) Ärztinnen und Ärzte, die ihren Beruf ausüben, sind verpflichtet, sich in dem Umfange beruflich fortzubilden, wie es zur Erhaltung und Entwicklung der zu ihrer Berufsausübung erforderlichen Fachkenntnisse notwendig ist.

(2) Auf Verlangen müssen Ärztinnen und Ärzte ihre Fortbildung nach Absatz 1 gegenüber der Ärztekammer durch ein Fortbildungszertifikat einer Ärztekammer nachweisen.

§ 5 Qualitätssicherung

Ärztinnen und Ärzte sind verpflichtet, an den von der Ärztekammer eingeführten Maßnahmen zur Sicherung der Qualität der ärztlichen Tätigkeit teilzunehmen und der Ärztekammer die hierzu erforderlichen Auskünfte zu erteilen.

§ 6 Mitteilung von unerwünschten Arzneimittelwirkungen

Ärztinnen und Ärzte sind verpflichtet, die ihnen aus ihrer ärztlichen Behandlungstätigkeit bekannt werdenden unerwünschten Arzneimittelwirkungen der Arzneimittelkommission der deutschen Ärzteschaft mitzuteilen (Fachausschuss der Bundesärztekammer).

II. Pflichten gegenüber Patientinnen und Patienten

§ 7 Behandlungsgrundsätze und Verhaltensregeln

(1) Jede medizinische Behandlung hat unter Wahrung der Menschenwürde und unter Achtung der Persönlichkeit, des Willens und der Rechte der Patientinnen und Patienten, insbesondere des Selbstbestimmungsrechts, zu erfolgen.

(2) Ärztinnen und Ärzte achten das Recht ihrer Patientinnen und Patienten, die Ärztin oder den Arzt frei zu wählen oder zu wechseln. Andererseits sind – von Notfällen oder besonderen rechtlichen Verpflichtungen abgesehen – auch Ärztinnen und Ärzte frei, eine Behandlung abzulehnen. Den begründeten Wunsch der Patientin oder des Patienten, eine weitere Ärztin oder einen weiteren Arzt zuzuziehen oder einer anderen Ärztin oder einem anderen Arzt überwiesen zu werden, soll die behandelnde Ärztin oder der behandelnde Arzt in der Regel nicht ablehnen.

(3) Ärztinnen und Ärzte dürfen individuelle ärztliche Behandlung, insbesondere auch Beratung, weder ausschließlich brieflich noch in Zeitungen oder Zeitschriften noch ausschließlich über Kommunikationsmedien oder Computerkommunikationsnetze durchführen.

(4) Angehörige von Patientinnen und Patienten und andere Personen dürfen bei der Untersuchung und Behandlung anwesend sein, wenn die verantwortliche Ärztin oder der verantwortliche Arzt und die Patientin oder der Patient zustimmen.

§ 8 Aufklärungspflicht[1]

Zur Behandlung bedürfen Ärztinnen und Ärzte der Einwilligung der Patientin oder des Patienten. Der Einwilligung hat grundsätzlich die erforderliche Aufklärung im persönlichen Gespräch vorauszugehen.

---

1 Die zu § 2 (Muster-) Berufsordnung in der Fassung des 98. Deutschen Ärztetages (jetzt § 8) niedergelegten „Empfehlungen zur Patientenaufklärung" sind in Heft 16 des Deutschen Ärzteblattes vom 19. April 1990 erschienen.

§ 9 Schweigepflicht

(1) Ärztinnen und Ärzte haben über das, was ihnen in ihrer Eigenschaft als Ärztin oder Arzt anvertraut oder bekannt geworden ist – auch über den Tod der Patientin oder des Patienten hinaus – zu schweigen. Dazu gehören auch schriftliche Mitteilungen der Patientin oder des Patienten, Aufzeichnungen über Patientinnen und Patienten, Röntgenaufnahmen und sonstige Untersuchungsbefunde.

(2) Ärztinnen und Ärzte sind zur Offenbarung befugt, soweit sie von der Schweigepflicht entbunden worden sind oder soweit die Offenbarung zum Schutze eines höherwertigen Rechtsgutes erforderlich ist. Gesetzliche Aussage- und Anzeigepflichten bleiben unberührt. Soweit gesetzliche Vorschriften die Schweigepflicht der Ärztin oder des Arztes einschränken, soll die Ärztin oder der Arzt die Patientin oder den Patienten darüber unterrichten.

(3) Ärztinnen und Ärzte haben ihre Mitarbeiterinnen und Mitarbeiter und die Personen, die zur Vorbereitung auf den Beruf an der ärztlichen Tätigkeit teilnehmen, über die gesetzliche Pflicht zur Verschwiegenheit zu belehren und dies schriftlich festzuhalten.

(4) Wenn mehrere Ärztinnen und Ärzte gleichzeitig oder nacheinander dieselbe Patientin oder denselben Patienten untersuchen oder behandeln, so sind sie untereinander von der Schweigepflicht insoweit befreit, als das Einverständnis der Patientin oder des Patienten vorliegt oder anzunehmen ist.

§ 10 Dokumentationspflicht

(1) Ärztinnen und Ärzte haben über die in Ausübung ihres Berufes gemachten Feststellungen und getroffenen Maßnahmen die erforderlichen Aufzeichnungen zu machen. Diese sind nicht nur Gedächtnisstützen für die Ärztin oder den Arzt, sie dienen auch dem Interesse der Patientin oder des Patienten an einer ordnungsgemäßen Dokumentation.

(2) Ärztinnen und Ärzte haben Patientinnen und Patienten auf deren Verlangen grundsätzlich in die sie betreffenden Krankenunterlagen Einsicht zu gewähren; ausgenommen sind diejenigen Teile, welche subjektive Eindrücke oder Wahrnehmungen der Ärztin oder des Arztes enthalten. Auf Verlangen sind der Patientin oder dem Patienten Kopien der Unterlagen gegen Erstattung der Kosten herauszugeben.

(3) Ärztliche Aufzeichnungen sind für die Dauer von zehn Jahren nach Abschluss der Behandlung aufzubewahren, soweit nicht nach gesetzlichen Vorschriften eine längere Aufbewahrungspflicht besteht.

(4) Nach Aufgabe der Praxis haben Ärztinnen und Ärzte ihre ärztlichen Aufzeichnungen und Untersuchungsbefunde gemäß Absatz 3 aufzubewahren oder dafür Sorge zu tragen, dass sie in gehörige Obhut gegeben werden. Ärztinnen und Ärzte, denen bei einer Praxisaufgabe oder Praxisübergabe ärztliche Aufzeichnungen über Patientinnen und Patienten in Obhut gegeben werden, müssen diese Aufzeichnungen unter Verschluss halten und

dürfen sie nur mit Einwilligung der Patientin oder des Patienten einsehen oder weitergeben.

(5) Aufzeichnungen auf elektronischen Datenträgern oder anderen Speichermedien bedürfen besonderer Sicherungs- und Schutzmaßnahmen, um deren Veränderung, Vernichtung oder unrechtmäßige Verwendung zu verhindern. Ärztinnen und Ärzte haben hierbei die Empfehlungen der Ärztekammer zu beachten.

§ 11 Ärztliche Untersuchungs- und Behandlungsmethoden

(1) Mit Übernahme der Behandlung verpflichten sich Ärztinnen und Ärzte den Patientinnen und Patienten gegenüber zur gewissenhaften Versorgung mit geeigneten Untersuchungs- und Behandlungsmethoden.

(2) Der ärztliche Berufsauftrag verbietet es, diagnostische oder therapeutische Methoden unter missbräuchlicher Ausnutzung des Vertrauens, der Unwissenheit, der Leichtgläubigkeit oder der Hilflosigkeit von Patientinnen und Patienten anzuwenden. Unzulässig ist es auch, Heilerfolge, insbesondere bei nicht heilbaren Krankheiten, als gewiss zuzusichern.

§ 12 Honorar und Vergütungsabsprachen

(1) Die Honorarforderung muss angemessen sein. Für die Bemessung ist die Amtliche Gebührenordnung (GOÄ) die Grundlage, soweit nicht andere gesetzliche Vergütungsregelungen gelten. Ärztinnen und Ärzte dürfen die Sätze nach der GOÄ nicht in unlauterer Weise unterschreiten. Bei Abschluss einer Honorarvereinbarung haben Ärztinnen und Ärzte auf die Einkommens- und Vermögensverhältnisse der oder des Zahlungspflichtigen Rücksicht zu nehmen.

(2) Ärztinnen und Ärzte können Verwandten, Kolleginnen und Kollegen, deren Angehörigen und mittellosen Patientinnen und Patienten das Honorar ganz oder teilweise erlassen.

(3) Auf Antrag eines Beteiligten gibt die Ärztekammer eine gutachterliche Äußerung über die Angemessenheit der Honorarforderung ab.

III. Besondere medizinische Verfahren und Forschung

§ 13 Besondere medizinische Verfahren[1]

(1) Bei speziellen medizinischen Maßnahmen oder Verfahren, die ethische Probleme aufwerfen und zu denen die Ärztekammer Empfehlungen zur Indikationsstellung und zur Ausführung festgelegt hat, haben Ärztinnen und Ärzte die Empfehlungen zu beachten.

---

1 Ein besonderes medizinisches Verfahren stellt z.B. die assistierte Reproduktion dar; die hierzu verfassten Richtlinien sind in Heft 45 des Deutschen Ärzteblattes vom 24. Dezember 1998 erschienen.

(2) Soweit es die Ärztekammer verlangt, haben Ärztinnen und Ärzte die Anwendung solcher Maßnahmen oder Verfahren der Ärztekammer anzuzeigen.

(3) Vor Aufnahme entsprechender Tätigkeiten haben Ärztinnen und Ärzte auf Verlangen der Ärztekammer den Nachweis zu führen, dass die persönlichen und sachlichen Voraussetzungen entsprechend den Empfehlungen erfüllt werden.

§ 14 Erhaltung des ungeborenen Lebens und Schwangerschaftsabbruch

(1) Ärztinnen und Ärzte sind grundsätzlich verpflichtet, das ungeborene Leben zu erhalten. Der Schwangerschaftsabbruch unterliegt den gesetzlichen Bestimmungen. Ärztinnen und Ärzte können nicht gezwungen werden, einen Schwangerschaftsabbruch vorzunehmen oder ihn zu unterlassen.

(2) Ärztinnen und Ärzte, die einen Schwangerschaftsabbruch durchführen oder eine Fehlgeburt betreuen, haben dafür Sorge zu tragen, dass die tote Leibesfrucht keiner missbräuchlichen Verwendung zugeführt wird.

§ 15 Forschung[1]

(1) Ärztinnen und Ärzte müssen sich vor der Durchführung biomedizinischer Forschung am Menschen – ausgenommen bei ausschließlich epidemiologischen Forschungsvorhaben – durch eine bei der Ärztekammer oder bei einer Medizinischen Fakultät gebildeten Ethik-Kommission über die mit ihrem Vorhaben verbundenen berufsethischen und berufsrechtlichen Fragen beraten lassen. Dasselbe gilt vor der Durchführung gesetzlich zugelassener Forschung mit vitalen menschlichen Gameten und lebendem embryonalen Gewebe.

(2) Zum Zwecke der wissenschaftlichen Forschung und Lehre dürfen der Schweigepflicht unterliegende Tatsachen und Befunde grundsätzlich nur soweit offenbart werden, als dabei die Anonymität der Patientin oder des Patienten gesichert ist oder diese oder dieser ausdrücklich zustimmt.

(3) In Publikationen von Forschungsergebnissen sind die Beziehungen der Ärztin oder des Arztes zum Auftraggeber und dessen Interessen offenzulegen.

(4) Ärztinnen und Ärzte beachten bei der Forschung am Menschen die in der Deklaration von Helsinki des Weltärztebundes niedergelegten ethischen Grundsätze für die medizinische Forschung am Menschen.

---

1 Empfehlungen zur Anwendung des § 3 Absatz 7 (Muster)-Berufsordnung in der Fassung des 98. Deutschen Ärztetages (jetzt § 15) – Schweigepflicht und medizinische Forschung – sind vom Vorstand der Bundesärztekammer in seiner Sitzung am 8. März 1991 beschlossen worden.

§ 16 Beistand für Sterbende

Ärztinnen und Ärzte dürfen – unter Vorrang des Willens der Patientin oder des Patienten – auf lebensverlängernde Maßnahmen nur verzichten und sich auf die Linderung der Beschwerden beschränken, wenn ein Hinausschieben des unvermeidbaren Todes für die sterbende Person lediglich eine unzumutbare Verlängerung des Leidens bedeuten würde.

Ärztinnen und Ärzte dürfen das Leben der oder des Sterbenden nicht aktiv verkürzen. Sie dürfen weder ihr eigenes noch das Interesse Dritter über das Wohl der Patientin oder des Patienten stellen.

IV. Berufliches Verhalten

1. Berufsausübung

§ 17 Niederlassung und Ausübung der Praxis

(1) Die Ausübung ambulanter ärztlicher Tätigkeit außerhalb von Krankenhäusern einschließlich konzessionierter Privatkliniken ist an die Niederlassung in einer Praxis (Praxissitz) gebunden, soweit nicht gesetzliche Vorschriften etwas anderes zulassen.

(2) Ärztinnen und Ärzten ist es gestattet, über den Praxissitz hinaus an zwei weiteren Orten ärztlich tätig zu sein. Ärztinnen und Ärzte haben Vorkehrungen für eine ordnungsgemäße Versorgung ihrer Patientinnen und Patienten an jedem Ort ihrer Tätigkeiten zu treffen.

(3) Die Ausübung ambulanter ärztlicher Tätigkeit im Umherziehen ist berufsrechtswidrig. Zum Zwecke der aufsuchenden medizinischen Gesundheitsversorgung kann die Ärztekammer auf Antrag der Ärztin oder des Arztes von der Verpflichtung nach Absatz 1 Ausnahmen gestatten, wenn sichergestellt ist, dass die beruflichen Belange nicht beeinträchtigt werden und die Berufsordnung beachtet wird.

(4) Der Praxissitz ist durch ein Praxisschild kenntlich zu machen.

Ärztinnen und Ärzte haben auf ihrem Praxisschild

▶ den Namen,

▶ die (Fach-) Arztbezeichnung,

▶ die Sprechzeiten sowie

▶ ggf. die Zugehörigkeit zu einer Berufsausübungsgemeinschaft gem. § 18 a anzugeben.

Ärztinnen und Ärzte, welche nicht unmittelbar patientenbezogen tätig werden, können von der Ankündigung ihres Praxissitzes durch ein Praxisschild absehen, wenn sie dies der Ärztekammer anzeigen.

(5) Ort und Zeitpunkt der Aufnahme der Tätigkeiten am Praxissitz sowie die Aufnahme weiterer Tätigkeiten und jede Veränderung haben Ärztinnen und Ärzte der Ärztekammer unverzüglich mitzuteilen.

§ 18 Berufliche Kooperationen

(1) Ärztinnen und Ärzte dürfen sich zu Berufsausübungsgemeinschaften, Organisationsgemeinschaften, Kooperationsgemeinschaften und Praxisverbünden zusammenschließen. Der Zusammenschluss zur gemeinsamen Ausübung des Arztberufs kann zum Erbringen einzelner Leistungen erfolgen, sofern er nicht lediglich einer Umgehung des § 31 dient. Eine Umgehung liegt insbesondere vor, wenn sich der Beitrag der Ärztin oder des Arztes auf das Erbringen medizinisch-technischer Leistungen auf Veranlassung der übrigen Mitglieder einer Teil-Berufsausübungsgemeinschaft beschränkt oder der Gewinn ohne Grund in einer Weise verteilt wird, die nicht dem Anteil der von ihnen persönlich erbrachten Leistungen entspricht. Die Anordnung einer Leistung, insbesondere aus den Bereichen der Labormedizin, der Pathologie und der bildgebenden Verfahren, stellt keinen Leistungsanteil im Sinne des Satzes 3 dar. Verträge über die Gründung von Teil-Berufsausübungsgemeinschaften sind der Ärztekammer vorzulegen.

(2) Ärztinnen und Ärzte dürfen ihren Beruf einzeln oder gemeinsam in allen für den Arztberuf zulässigen Gesellschaftsformen ausüben, wenn ihre eigenverantwortliche, medizinisch unabhängige sowie nicht gewerbliche Berufausübung gewährleistet ist. Bei beruflicher Zusammenarbeit, gleich in welcher Form, hat jede Ärztin und jeder Arzt zu gewährleisten, dass die ärztlichen Berufspflichten eingehalten werden.

(3) Die Zugehörigkeit zu mehreren Berufausübungsgemeinschaften ist zulässig. Die Berufausübungsgemeinschaft erfordert einen gemeinsamen Praxissitz. Eine Berufausübungsgemeinschaft mit mehreren Praxissitzen ist zulässig, wenn an dem jeweiligen Praxissitz verantwortlich mindestens ein Mitglied der Berufausübungsgemeinschaft hauptberuflich tätig ist.

(4) Bei allen Formen der ärztlichen Kooperation muss die freie Arztwahl gewährleistet bleiben.

(5) Soweit Vorschriften dieser Berufsordnung Regelungen des Partnerschaftsgesellschaftsgesetzes (Gesetz über Partnerschaftsgesellschaften Angehöriger Freier Berufe [PartGG] vom 25.07.1994 – BGBl. I S. 1744) einschränken, sind sie vorrangig aufgrund von § 1 Absatz 3 PartGG.

(6) Alle Zusammenschlüsse nach Absatz 1 sowie deren Änderung und Beendigung sind der zuständigen Ärztekammer anzuzeigen. Sind für die beteiligten Ärztinnen und Ärzte mehrere Ärztekammern zuständig, so ist jede Ärztin und jeder Arzt verpflichtet, die für ihn zuständige Kammer auf alle am Zusammenschluss beteiligten Ärztinnen und Ärzte hinzuweisen.

§ 18 a Ankündigung von Berufsausübungsgemeinschaften und sonstigen Kooperationen

(1) Bei Berufsausübungsgemeinschaften von Ärztinnen und Ärzten sind – unbeschadet des Namens einer Partnerschaftsgesellschaft oder einer juristischen Person des Privatrechts – die Namen und Arztbezeichnungen aller in der Gemeinschaft zusammengeschlossenen Ärztinnen und Ärzte sowie die Rechtsform anzukündigen. Bei mehreren Praxissitzen ist jeder Praxissitz gesondert anzukündigen. § 19 Absatz 4 gilt entsprechend. Die Fortführung des Namens einer/eines nicht mehr berufstätigen, einer/eines ausgeschiedenen oder verstorbenen Partnerin/Partners ist unzulässig.

(2) Bei Kooperationen gemäß § 23 b muss sich die Ärztin oder der Arzt in ein gemeinsames Praxisschild mit den Kooperationspartnern aufnehmen lassen. Bei Partnerschaften gemäß § 23 c darf die Ärztin oder der Arzt, wenn die Angabe ihrer oder seiner Berufsbezeichnung vorgesehen ist, nur gestatten, dass die Bezeichnung „Ärztin" oder „Arzt" oder eine andere führbare Bezeichnung angegeben wird.

(3) Zusammenschlüsse zu Organisationsgemeinschaften dürfen angekündigt werden. Die Zugehörigkeit zu einem Praxisverbund gemäß § 23 d kann durch Hinzufügen des Namens des Verbundes angekündigt werden.

§ 19 Beschäftigung angestellter Praxisärztinnen und -ärzte

(1) Ärztinnen und Ärzte müssen die Praxis persönlich ausüben. Die Beschäftigung ärztlicher Mitarbeiterinnen und Mitarbeiter in der Praxis setzt die Leitung der Praxis durch die niedergelassene Ärztin oder den niedergelassenen Arzt voraus. Die Ärztin oder der Arzt hat die Beschäftigung der ärztlichen Mitarbeiterin oder des Mitarbeiters der Ärztekammer anzuzeigen.

(2) In Fällen, in denen der Behandlungsauftrag der Patientin oder des Patienten regelmäßig nur von Ärztinnen und Ärzten verschiedener Fachgebiete gemeinschaftlich durchgeführt werden kann, darf eine Fachärztin oder ein Facharzt als Praxisinhaberin oder Praxisinhaber die für sie oder ihn fachgebietsfremde ärztliche Leistung auch durch eine angestellte Fachärztin oder einen angestellten Facharzt des anderen Fachgebiets erbringen.

(3) Ärztinnen und Ärzte dürfen nur zu angemessenen Bedingungen beschäftigt werden. Angemessen sind insbesondere Bedingungen, die der beschäftigten Ärztin oder dem beschäftigten Arzt eine angemessene Vergütung gewähren sowie angemessene Zeit zur Fortbildung einräumen und bei der Vereinbarung von Wettbewerbsverboten eine angemessene Ausgleichszahlung vorsehen.

(4) Über die in der Praxis tätigen angestellten Ärztinnen und Ärzte müssen die Patientinnen und Patienten in geeigneter Weise informiert werden.

§ 20 Vertretung

(1) Niedergelassene Ärztinnen und Ärzte sollen grundsätzlich zur gegenseitigen Vertretung bereit sein; übernommene Patientinnen und Patienten sind nach Beendigung der Vertretung zurückzuüberweisen. Ärztinnen und Ärzte dürfen sich grundsätzlich nur durch eine Fachärztin oder einen Facharzt desselben Fachgebiets vertreten lassen.

(2) Die Beschäftigung einer Vertreterin oder eines Vertreters in der Praxis ist der Ärztekammer anzuzeigen, wenn die Vertretung in der Praxisausübung insgesamt länger als drei Monate innerhalb von zwölf Monaten dauert.

(3) Die Praxis einer verstorbenen Ärztin oder eines verstorbenen Arztes kann zugunsten ihres Witwers oder seiner Witwe oder eines unterhaltsberechtigten Angehörigen in der Regel bis zur Dauer von drei Monaten nach dem Ende des Kalendervierteljahres, in dem der Tod eingetreten ist, durch eine andere Ärztin oder einen anderen Arzt fortgesetzt werden.

§ 21 Haftpflichtversicherung

Ärztinnen und Ärzte sind verpflichtet, sich hinreichend gegen Haftpflichtansprüche im Rahmen ihrer beruflichen Tätigkeit zu versichern.

§ 22 und § 22 a – aufgehoben –

§ 23 Ärztinnen und Ärzte im Beschäftigungsverhältnis

(1) Die Regeln dieser Berufsordnung gelten auch für Ärztinnen und Ärzte, welche ihre ärztliche Tätigkeit im Rahmen eines privatrechtlichen Arbeitsverhältnisses oder öffentlich-rechtlichen Dienstverhältnisses ausüben.

(2) Auch in einem Arbeits- oder Dienstverhältnis darf eine Ärztin oder ein Arzt eine Vergütung für ihre oder seine ärztliche Tätigkeit nicht dahingehend vereinbaren, dass die Vergütung die Ärztin oder den Arzt in der Unabhängigkeit ihrer oder seiner medizinischen Entscheidungen beeinträchtigt.

§ 23 a Ärztegesellschaften

(1) Ärztinnen und Ärzte können auch in der Form der juristischen Person des Privatrechts ärztlich tätig sein. Gesellschafter einer Ärztegesellschaft können nur Ärztinnen und Ärzte sowie Angehörige der in § 23 b Absatz 1 Satz 1 genannten Berufe sein. Sie müssen in der Gesellschaft beruflich tätig sein. Gewährleistet sein muss zudem, dass

a. die Gesellschaft verantwortlich von einer Ärztin oder einem Arzt geführt wird; Geschäftsführer müssen mehrheitlich Ärztinnen und Ärzte sein,

b. die Mehrheit der Gesellschaftsanteile und der Stimmrechte Ärztinnen und Ärzten zustehen,

c. Dritte nicht am Gewinn der Gesellschaft beteiligt sind,

315

d. eine ausreichende Berufshaftpflichtversicherung für jede/jeden in der Gesellschaft tätige Ärztin/tätigen Arzt besteht.

(2) Der Name der Ärztegesellschaft des Privatrechts darf nur die Namen der in der Gesellschaft tätigen ärztlichen Gesellschafter enthalten. Unbeschadet des Namens der Gesellschaft können die Namen und Arztbezeichnungen aller ärztlichen Gesellschafter und der angestellten Ärztinnen und Ärzte angezeigt werden.

§ 23 b Medizinische Kooperationsgemeinschaft zwischen Ärztinnen und Ärzte und Angehörigen anderer Fachberufe

(1) Ärztinnen und Ärzte können sich auch mit selbständig tätigen und zur eigenverantwortlichen Berufsausübung befugten Berufsangehörigen anderer akademischer Heilberufe im Gesundheitswesen oder staatlicher Ausbildungsberufe im Gesundheitswesen sowie anderen Naturwissenschaftlerinnen und Naturwissenschaftlern und Angehörigen sozialpädagogischer Berufe – auch beschränkt auf einzelne Leistungen – zur kooperativen Berufsausübung zusammenschließen (medizinische Kooperationsgemeinschaft). Die Kooperation ist in der Form einer Partnerschaftsgesellschaft nach dem PartGG oder aufgrund eines schriftlichen Vertrages über die Bildung einer Kooperationsgemeinschaft in der Rechtsform einer Gesellschaft bürgerlichen Rechts oder einer juristischen Person des Privatrechts gem. § 23 a gestattet. Ärztinnen und Ärzten ist ein solcher Zusammenschluss im Einzelnen nur mit solchen anderen Berufsangehörigen und in der Weise erlaubt, dass diese in ihrer Verbindung mit der Ärztin oder dem Arzt einen gleichgerichteten oder integrierenden diagnostischen oder therapeutischen Zweck bei der Heilbehandlung, auch auf dem Gebiete der Prävention und Rehabilitation, durch räumlich nahes und koordiniertes Zusammenwirken aller beteiligten Berufsangehörigen erfüllen können. Darüber hinaus muss der Kooperationsvertrag gewährleisten, dass

a. die eigenverantwortliche und selbständige Berufsausübung der Ärztin oder des Arztes gewahrt ist;

b. die Verantwortungsbereiche der Partner gegenüber den Patientinnen und Patienten getrennt bleiben;

c. medizinische Entscheidungen, insbesondere über Diagnostik und Therapie, ausschließlich die Ärztin oder der Arzt trifft, sofern nicht die Ärztin oder der Arzt nach ihrem oder seinem Berufsrecht den in der Gemeinschaft selbständig tätigen Berufsangehörigen eines anderen Fachberufs solche Entscheidungen überlassen darf;

d. der Grundsatz der freien Arztwahl gewahrt bleibt;

e. die behandelnde Ärztin oder der behandelnde Arzt zur Unterstützung in seinen diagnostischen Maßnahmen oder zur Therapie auch andere als die in der Gemeinschaft kooperierenden Berufsangehörigen hinzuziehen kann;

f. die Einhaltung der berufsrechtlichen Bestimmungen der Ärztinnen und Ärzte, insbesondere die Pflicht zur Dokumentation, das Verbot der berufswidrigen Werbung und die Regeln zur Erstellung einer Honorarforderung, von den übrigen Partnerinnen und Partnern beachtet wird;

g. sich die medizinische Kooperationsgemeinschaft verpflichtet, im Rechtsverkehr die Namen aller Partnerinnen und Partner und ihre Berufsbezeichnungen anzugeben und – sofern es sich um eine eingetragene Partnerschaftsgesellschaft handelt – den Zusatz „Partnerschaft" zu führen.

Die Voraussetzungen der Buchstaben a – f gelten bei der Bildung einer juristischen Person des Privatrechts entsprechend. Der Name der juristischen Person muss neben dem Namen einer ärztlichen Gesellschafterin oder eines ärztlichen Gesellschafters die Bezeichnung „Medizinische Kooperationsgemeinschaft" enthalten. Unbeschadet des Namens sind die Berufsbezeichnungen aller in der Gesellschaft tätigen Berufe anzukündigen.

(2) Die für die Mitwirkung der Ärztin oder des Arztes zulässige berufliche Zusammensetzung der Kooperation im einzelnen richtet sich nach dem Gebot des Absatzes 1 Satz 3; es ist erfüllt, wenn Angehörige aus den vorgenannten Berufsgruppen kooperieren, die mit der Ärztin oder dem Arzt entsprechend ihrem oder seinem Fachgebiet einen gemeinschaftlich erreichbaren medizinischen Zweck nach der Art ihrer beruflichen Kompetenz zielbezogen erfüllen können.

§ 23 c Beteiligung von Ärztinnen und Ärzten an sonstigen Partnerschaften

Ärztinnen und Ärzten ist es gestattet, in Partnerschaften gemäß § 1 Absatz 1 und Absatz 2 PartGG mit Angehörigen anderer Berufe als den in § 23 b beschriebenen zusammenzuarbeiten, wenn sie in der Partnerschaft nicht die Heilkunde am Menschen ausüben. Der Eintritt in eine solche Partnerschaftsgesellschaft ist der Ärztekammer anzuzeigen.

§ 23 d Praxisverbund

(1) Ärztinnen und Ärzte dürfen, auch ohne sich zu einer Berufsausübungsgemeinschaft zusammenzuschließen, eine Kooperation verabreden (Praxisverbund), welche auf die Erfüllung eines durch gemeinsame oder gleichgerichtete Maßnahmen bestimmten Versorgungsauftrags oder auf eine andere Form der Zusammenarbeit zur Patientenversorgung, z. B. auf dem Felde der Qualitätssicherung oder Versorgungsbereitschaft, gerichtet ist. Die Teilnahme soll allen dazu bereiten Ärztinnen und Ärzten ermöglicht werden; soll die Möglichkeit zur Teilnahme beschränkt werden, z. B. durch räumliche oder qualitative Kriterien, müssen die dafür maßgeblichen Kriterien für den Versorgungsauftrag notwendig und nicht diskriminierend sein und der Ärztekammer gegenüber offengelegt werden. Ärztinnen und Ärzte in einer zulässigen Kooperation dürfen die medizinisch gebotene

oder von der Patientin oder dem Patienten gewünschte Überweisung an nicht dem Verbund zugehörige Ärztinnen und Ärzte nicht behindern.

(2) Die Bedingungen der Kooperation nach Absatz 1 müssen in einem schriftlichen Vertrag niedergelegt werden, der der Ärztekammer vorgelegt werden muss.

(3) In eine Kooperation nach Absatz 1 können auch Krankenhäuser, Vorsorge- und Rehabilitationskliniken und Angehörige anderer Gesundheitsberufe nach § 23 b einbezogen werden, wenn die Grundsätze nach § 23 b gewahrt sind.

§ 24 Verträge über ärztliche Tätigkeit

Ärztinnen und Ärzte sollen alle Verträge über ihre ärztliche Tätigkeit vor ihrem Abschluss der Ärztekammer vorlegen, damit geprüft werden kann, ob die beruflichen Belange gewahrt sind.

§ 25 Ärztliche Gutachten und Zeugnisse

Bei der Ausstellung ärztlicher Gutachten und Zeugnisse haben Ärztinnen und Ärzte mit der notwendigen Sorgfalt zu verfahren und nach bestem Wissen ihre ärztliche Überzeugung auszusprechen. Gutachten und Zeugnisse, zu deren Ausstellung Ärztinnen und Ärzte verpflichtet sind oder die auszustellen sie übernommen haben, sind innerhalb einer angemessenen Frist abzugeben. Zeugnisse über Mitarbeiterinnen und Mitarbeiter sowie Ärztinnen und Ärzte in Weiterbildung müssen grundsätzlich innerhalb von drei Monaten nach Antragstellung, bei Ausscheiden unverzüglich, ausgestellt werden.

§ 26 Ärztlicher Notfalldienst

(1) Niedergelassene Ärztinnen und Ärzte sind verpflichtet, am Notfalldienst teilzunehmen. Auf Antrag einer Ärztin oder eines Arztes kann aus schwerwiegenden Gründen eine Befreiung vom Notfalldienst ganz, teilweise oder vorübergehend erteilt werden. Dies gilt insbesondere:

▶ wenn sie oder er wegen körperlicher Behinderung hierzu nicht in der Lage ist,

▶ wenn ihr oder ihm aufgrund besonders belastender familiärer Pflichten die Teilnahme nicht zuzumuten ist,

▶ wenn sie oder er an einem klinischen Bereitschaftsdienst mit Notfallversorgung teilnimmt,

▶ für Ärztinnen ab dem Zeitpunkt der Bekanntgabe ihrer Schwangerschaft und bis zu 12 Monaten nach der Entbindung sowie für weitere 24 Monate, soweit nicht der andere Elternteil die Versorgung des Kindes gewährleistet,

▶ für Ärzte ab dem Tag der Geburt des Kindes für einen Zeitraum von 36 Monaten, soweit nicht der andere Elternteil die Versorgung des Kindes gewährleistet,

▶ für Ärztinnen und Ärzte über 65 Jahre.

(2) Für die Einrichtung und Durchführung eines Notfalldienstes im Einzelnen sind die von der Ärztekammer erlassenen Richtlinien maßgebend. Die Verpflichtung zur Teilnahme am Notfalldienst gilt für den festgelegten Notfalldienstbereich.

(3) Die Einrichtung eines Notfalldienstes entbindet die behandelnden Ärztinnen und Ärzte nicht von ihrer Verpflichtung, für die Betreuung ihrer Patientinnen und Patienten in dem Umfange Sorge zu tragen, wie es deren Krankheitszustand erfordert.

(4) Ärztinnen und Ärzte haben sich auch für den Notfalldienst fortzubilden, wenn sie gemäß Absatz 1 nicht auf Dauer von der Teilnahme am Notfalldienst befreit sind.

2. Berufliche Kommunikation

§ 27 Erlaubte Information und berufswidrige Werbung[1]

(1) Zweck der nachstehenden Vorschriften der Berufordnung ist die Gewährleistung des Patientenschutzes durch sachgerechte und angemessene Information und die Vermeidung einer dem Selbstverständnis der Ärztin oder des Arztes zuwiderlaufenden Kommerzialisierung des Arztberufs.

(2) Auf dieser Grundlage sind Ärztinnen und Ärzte sachliche berufsbezogene Informationen gestattet.

(3) Berufswidrige Werbung ist Ärztinnen und Ärzten untersagt. Berufswidrig ist insbesondere eine anpreisende, irreführende oder vergleichende Werbung. Ärztinnen und Ärzte dürfen eine solche Werbung durch andere weder veranlassen noch dulden.

Werbeverbote aufgrund anderer gesetzlicher Bestimmungen bleiben unberührt.

(4) Ärztinnen und Ärzte können

1. nach der Weiterbildungsordnung erworbene Bezeichnungen,

2. nach sonstigen öffentlich-rechtlichen Vorschriften erworbene Qualifikationen,

3. Tätigkeitsschwerpunkte

und

4. organisatorische Hinweise

ankündigen.

Die nach Nr. 1 erworbenen Bezeichnungen dürfen nur in der nach der Weiterbildungsordnung zulässigen Form geführt werden. Ein Hinweis auf die verleihende Ärztekammer ist zulässig.

---

1 Hinweise und Erläuterungen zu den §§ 27 ff. der (Muster-)Berufsordnung, beschlossen von den Berufsordnungsgremien der Bundesärztekammer am 12.08.2003, sind in Heft 5 des Deutschen Ärzteblattes vom 30. Januar 2004 erschienen.

Andere Qualifikationen und Tätigkeitsschwerpunkte dürfen nur angekündigt werden, wenn diese Angaben nicht mit solchen nach geregeltem Weiterbildungsrecht erworbenen Qualifikationen verwechselt werden können.

(5) Die Angaben nach Absatz 4 Nr. 1 bis 3 sind nur zulässig, wenn die Ärztin oder der Arzt die umfassten Tätigkeiten nicht nur gelegentlich ausübt.

Ärztinnen und Ärzte haben der Ärztekammer auf deren Verlangen die zur Prüfung der Voraussetzungen der Ankündigung erforderlichen Unterlagen vorzulegen. Die Ärztekammer ist befugt, ergänzende Auskünfte zu verlangen.

§ 28 Verzeichnisse

Ärztinnen und Ärzte dürfen sich in Verzeichnisse eintragen lassen, wenn diese folgenden Anforderungen gerecht werden:

1. sie müssen allen Ärztinnen und Ärzten, die die Kriterien des Verzeichnisses erfüllen, zu denselben Bedingungen gleichermaßen mit einem kostenfreien Grundeintrag offen stehen,

2. die Eintragungen müssen sich auf die ankündigungsfähigen Informationen beschränken und

3. die Systematik muss zwischen den nach der Weiterbildungsordnung und nach sonstigen öffentlich-rechtlichen Vorschriften erworbenen Qualifikationen einerseits und Tätigkeitsschwerpunkten andererseits unterscheiden.

3. Berufliche Zusammenarbeit mit Ärztinnen und Ärzten

§ 29 Kollegiale Zusammenarbeit

(1) Ärztinnen und Ärzte haben sich untereinander kollegial zu verhalten. Die Verpflichtung der Ärztin oder des Arztes, in einem Gutachten, auch soweit es die Behandlungsweise einer anderen Ärztin oder eines anderen Arztes betrifft, nach bestem Wissen ihre ärztliche Überzeugung auszusprechen, bleibt unberührt. Unsachliche Kritik an der Behandlungsweise oder dem beruflichen Wissen einer Ärztin oder eines Arztes sowie herabsetzende Äußerungen über deren oder dessen Person sind berufsunwürdig.

(2) Es ist berufsunwürdig, eine Kollegin oder einen Kollegen aus ihrer oder seiner Behandlungstätigkeit oder als Mitbewerberin oder Mitbewerber um eine berufliche Tätigkeit durch unlautere Handlungen zu verdrängen. Es ist insbesondere berufsunwürdig, wenn sich Ärztinnen und Ärzte innerhalb eines Zeitraums von einem Jahr ohne Zustimmung der Praxisinhaberin oder des Praxisinhabers im Einzugsbereich derjenigen Praxis niederlassen, in welcher sie in der Aus- oder Weiterbildung mindestens drei Monate tätig waren. Ebenso ist es berufsunwürdig, in unlauterer Weise eine Kollegin oder einen Kollegen ohne angemessene Vergütung oder unentgeltlich zu beschäftigen oder eine solche Beschäftigung zu bewirken oder zu dulden.

(3) Ärztinnen und Ärzte, die andere Ärztinnen und Ärzte zu ärztlichen Verrichtungen bei Patientinnen und Patienten heranziehen, denen gegenüber nur sie einen Liquidationsanspruch haben, sind verpflichtet, diesen Ärztinnen und Ärzten eine angemessene Vergütung zu gewähren. Erbringen angestellte Ärztinnen und Ärzte für liquidationsberechtigte Ärztinnen und Ärzte abrechnungsfähige Leistungen, so ist der Ertrag aus diesen Leistungen in geeigneter Form an die beteiligten Mitarbeiterinnen und Mitarbeiter abzuführen.

(4) In Gegenwart von Patientinnen und Patienten oder Nichtärzten sind Beanstandungen der ärztlichen Tätigkeit und zurechtweisende Belehrungen zu unterlassen. Das gilt auch für Ärztinnen und Ärzte als Vorgesetzte und Untergebene und für den Dienst in den Krankenhäusern.

(5) Die zur Weiterbildung befugten Ärztinnen und Ärzte haben im Rahmen der gegebenen Möglichkeiten ärztlichen Mitarbeiterinnen und Mitarbeitern unbeschadet deren Pflicht, sich selbst um eine Weiterbildung zu bemühen, in dem gewählten Weiterbildungsgang nach Maßgabe der Weiterbildungsordnung weiterzubilden.

4. Wahrung der ärztlichen Unabhängigkeit bei der Zusammenarbeit mit Dritten

§ 30 Zusammenarbeit von Ärztinnen und Ärzten mit Dritten

(1) Die nachstehenden Vorschriften dienen dem Patientenschutz durch Wahrung der ärztlichen Unabhängigkeit gegenüber Dritten.

(2) Ärztinnen und Ärzten ist es nicht gestattet, zusammen mit Personen, die weder Ärztinnen oder Ärzte sind, noch zu ihren berufsmäßig tätigen Mitarbeiterinnen und Mitarbeitern gehören, zu untersuchen oder zu behandeln. Dies gilt nicht für Personen, welche sich in der Ausbildung zum ärztlichen Beruf oder zu einem medizinischen Assistenzberuf befinden.

(3) Die Zusammenarbeit mit Angehörigen anderer Gesundheitsberufe ist zulässig, wenn die Verantwortungsbereiche der Ärztin oder des Arztes und des Angehörigen des Gesundheitsberufs klar erkennbar voneinander getrennt bleiben.

§ 31 Unerlaubte Zuweisung von Patientinnen und Patienten gegen Entgelt

Ärztinnen und Ärzten ist es nicht gestattet, für die Zuweisung von Patientinnen und Patienten oder Untersuchungsmaterial ein Entgelt oder andere Vorteile sich versprechen oder gewähren zu lassen oder selbst zu versprechen oder zu gewähren.

§ 32 Annahme von Geschenken und anderen Vorteilen

Ärztinnen und Ärzten ist es nicht gestattet, von Patientinnen und Patienten oder Anderen Geschenke oder andere Vorteile für sich oder Dritte zu fordern, sich oder Dritten versprechen zu lassen oder anzunehmen, wenn hierdurch der Eindruck erweckt wird, dass die Unabhängigkeit der ärztlichen Entscheidung beeinflusst wird. Eine Beeinflussung liegt dann nicht vor, wenn der Wert des Geschenkes oder des anderen Vorteils geringfügig ist.

§ 33 Ärzteschaft und Industrie[1]

(1) Soweit Ärztinnen und Ärzte Leistungen für die Hersteller von Arznei-, Heil- und Hilfsmitteln oder Medizinprodukten erbringen (z.b. bei der Entwicklung, Erprobung und Begutachtung), muss die hierfür bestimmte Vergütung der erbrachten Leistung entsprechen.

Die Verträge über die Zusammenarbeit sind schriftlich abzuschließen und sollen der Ärztekammer vorgelegt werden.

(2) Die Annahme von Werbegaben oder anderen Vorteilen ist untersagt, sofern der Wert nicht geringfügig ist.

(3) Ärztinnen und Ärzten ist es nicht gestattet, für den Bezug der in Absatz 1 genannten Produkte, Geschenke oder andere Vorteile für sich oder einen Dritten zu fordern. Diese dürfen sie auch nicht sich oder Dritten versprechen lassen oder annehmen, es sei denn, der Wert ist geringfügig.

(4) Die Annahme von geldwerten Vorteilen in angemessener Höhe für die Teilnahme an wissenschaftlichen Fortbildungsveranstaltungen ist nicht berufswidrig. Der Vorteil ist unangemessen, wenn er die Kosten der Teilnahme (notwendige Reisekosten, Tagungsgebühren) der Ärztin oder des Arztes an der Fortbildungsveranstaltung übersteigt oder der Zweck der Fortbildung nicht im Vordergrund steht.Satz 1 und 2 gelten für berufsbezogene Informationsveranstaltungen von Herstellern entsprechend.

§ 34 Verordnungen, Empfehlungen und Begutachtung von Arznei-, Heil- und Hilfsmitteln

(1) Ärztinnen und Ärzten ist es nicht gestattet, für die Verordnung von Arznei-, Heil- und Hilfsmitteln oder Medizinprodukten eine Vergütung oder andere Vorteile für sich oder Dritte zu fordern, sich oder Dritten versprechen zu lassen oder anzunehmen.

(2) Ärztinnen und Ärzten dürfen Ärztemuster nicht gegen Entgelt weitergeben.

(3) Ärztinnen und Ärzten ist es nicht gestattet, über Arznei-, Heil- und Hilfsmittel, Körperpflegemittel oder ähnliche Waren Werbevorträge zu halten oder zur Werbung bestimmte Gutachten zu erstellen.

(4) Ärztinnen und Ärzte dürfen einer missbräuchlichen Anwendung ihrer Verschreibung keinen Vorschub leisten.

---

1 Hinweise und Erläuterungen zu § 33 (Muster-)Berufsordnung, beschlossen von den Berufsordnungsgremien der Bundesärztekammer am 12.08.2003, sind in Heft 5 des Deutschen Ärzteblattes vom 30. Januar 2004 erschienen.

(5) Ärztinnen und Ärzten ist nicht gestattet, Patientinnen und Patienten ohne hinreichenden Grund an bestimmte Apotheken, Geschäfte oder Anbieter von gesundheitlichen Leistungen zu verweisen.

§ 35 Fortbildungsveranstaltungen und Sponsoring

Werden Art, Inhalt und Präsentation von Fortbildungsveranstaltungen allein von einem ärztlichen Veranstalter bestimmt, so ist die Annahme von Beiträgen Dritter (Sponsoring) für Veranstaltungskosten in angemessenem Umfang erlaubt. Beziehungen zum Sponsor sind bei der Ankündigung und Durchführung offen darzulegen.

C. Verhaltensregeln (Grundsätze korrekter ärztlicher Berufsausübung)

Nr. 1 Umgang mit Patientinnen und Patienten

Eine korrekte ärztliche Berufsausübung verlangt, dass Ärztinnen und Ärzte beim Umgang mit Patientinnen und Patienten

▶ ihre Würde und ihr Selbstbestimmungsrecht respektieren,

▶ ihre Privatsphäre achten,

▶ über die beabsichtigte Diagnostik und Therapie, ggf. über ihre Alternativen und über ihre Beurteilung des Gesundheitszustandes in für die Patientinnen und Patienten verständlicher und angemessener Weise informieren und insbesondere auch das Recht, empfohlene Untersuchungs- und Behandlungsmaßnahmen abzulehnen, respektieren,

▶ Rücksicht auf die Situation der Patientinnen und Patienten nehmen,

▶ auch bei Meinungsverschiedenheiten sachlich und korrekt bleiben,

▶ den Mitteilungen der Patientinnen und Patienten gebührende Aufmerksamkeit entgegenbringen und einer Patientenkritik sachlich begegnen.

Nr. 2 Behandlungsgrundsätze

Übernahme und Durchführung der Behandlung erfordern die gewissenhafte Ausführung der gebotenen medizinischen Maßnahmen nach den Regeln der ärztlichen Kunst. Dazu gehört auch

▶ rechtzeitig andere Ärztinnen und Ärzte hinzuzuziehen, wenn die eigene Kompetenz zur Lösung der diagnostischen und therapeutischen Aufgabe nicht ausreicht,

▶ rechtzeitig die Patientin oder den Patienten an andere Ärztinnen und Ärzte zur Fortsetzung der Behandlung zu überweisen,

▶ dem Wunsch von Patientinnen und Patienten nach Einholung einer Zweitmeinung sich nicht zu widersetzen,

▶ für die mit- oder weiterbehandelnden Ärztinnen und Ärzte die erforderlichen Patientenberichte zeitgerecht zu erstellen.

Nr. 3 Umgang mit nichtärztlichen Mitarbeiterinnen und Mitarbeitern

Eine korrekte ärztliche Berufsausübung verlangt auch, dass Ärztinnen und Ärzte bei der Ausübung ihrer ärztlichen Tätigkeit

▶ nichtärztliche Mitarbeiterinnen und Mitarbeiter nicht diskriminieren und insbesondere die arbeitsrechtlichen Bestimmungen beachten.

D. Ergänzende Bestimmungen zu einzelnen ärztlichen Berufspflichten

I. Regeln der beruflichen Kommunikation, insbesondere zulässiger Inhalt und Umfang sachlicher Informationen über die berufliche Tätigkeit

Nrn. 1 – 6 – aufgehoben –

II . Formen der Zusammenarbeit (Gemeinschaftspraxis, Partnerschaft, Medizinische Kooperationsgemeinschaft, Praxisverbund)

Nr. 7 – 11 – aufgehoben –

III. Pflichten bei grenzüberschreitender ärztlicher Tätigkeit

Nr. 12 Praxen deutscher Ärztinnen und Ärzte in anderen EU-Mitgliedstaaten

Führen Ärztinnen und Ärzte neben ihrer Niederlassung oder neben ihrer ärztlichen Berufstätigkeit im Geltungsbereich dieser Berufsordnung in einem anderen Mitgliedstaat der Europäischen Union eine Praxis oder üben sie dort eine weitere ärztliche Berufstätigkeit aus, so haben sie dies der Ärztekammer anzuzeigen. Ärztinnen und Ärzte haben Vorkehrungen für eine ordnungsgemäße Versorgung ihrer Patientinnen und Patienten am Ort ihrer Berufsausübung im Geltungsbereich dieser Berufsordnung während ihrer Tätigkeit in den anderen Mitgliedstaaten zu treffen. Die Ärztekammer kann verlangen, dass Ärztinnen und Ärzte die Zulässigkeit der Eröffnung der weiteren Praxis nach dem Recht des betreffenden Mitgliedstaats der Europäischen Union nachweisen.

Nr. 13 Grenzüberschreitende ärztliche Tätigkeit von Ärztinnen und Ärzten aus anderen EU-Mitgliedstaaten

Werden Ärztinnen und Ärzte, die in einem anderen Mitgliedstaat der Europäischen Union niedergelassen sind oder dort ihre berufliche Tätigkeit entfalten, vorübergehend im Geltungsbereich dieser Berufsordnung grenzüberschreitend ärztlich tätig, ohne eine Niederlassung zu begründen, so haben sie die Vorschriften dieser Berufsordnung zu beachten. Dies gilt auch, wenn Ärztinnen und Ärzte sich darauf beschränken wollen, im Geltungsbereich dieser Berufsordnung auf ihre Tätigkeit aufmerksam zu machen; die Ankündigung ihrer Tätigkeit ist ihnen nur in dem Umfang gestattet, als sie nach dieser Berufsordnung erlaubt ist.

IV. Pflichten in besonderen medizinischen Situationen

Nr. 14 Schutz des menschlichen Embryos

Die Erzeugung von menschlichen Embryonen zu Forschungszwecken sowie der Gentransfer in Embryonen und die Forschung an menschlichen Embryonen und totipotenten Zellen sind verboten. Verboten sind diagnostische Maßnahmen an Embryonen vor dem Transfer in die weiblichen Organe; es sei denn, es handelt sich um Maßnahmen zum Ausschluss schwerwiegender geschlechtsgebundener Erkrankungen im Sinne des § 3 Embryonenschutzgesetz.

Nr. 15 In-vitro-Fertilisation, Embryotransfer

(1) Die künstliche Befruchtung einer Eizelle außerhalb des Mutterleibes und die anschließende Einführung des Embryos in die Gebärmutter oder die Einbringung von Gameten oder Embryonen in den Eileiter der genetischen Mutter sind als Maßnahme zur Behandlung der Sterilität ärztliche Tätigkeiten und nur nach Maßgabe des § 13 zulässig. Die Verwendung fremder Eizellen (Eizellenspende) ist bei Einsatz dieser Verfahren verboten.

(2) Ärztinnen und Ärzte können nicht verpflichtet werden, an einer In-vitro-Fertilisation oder einem Embryotransfer mitzuwirken.

Zulassungsverordnung für Vertragsärzte (Ärzte-ZV)

Ausfertigungsdatum: 28.05.1957

Vollzitat:

„Zulassungsverordnung für Vertragsärzte in der im Bundesgesetzblatt Teil III, Gliederungsnummer 8230-25, veröffentlichten bereinigten Fassung, die zuletzt durch Artikel 13 des Gesetzes vom 28. Mai 2008 (BGBl. I S. 874) geändert worden ist"

Stand: Zuletzt geändert durch Art. 13 G v. 28.5.2008 I 874

Eingangsformel

Auf Grund des § 368c Abs. 1 der Reichsversicherungsordnung in der Fassung des Gesetzes über Änderungen von Vorschriften des Zweiten Buches der Reichsversicherungsordnung und zur Ergänzung des Sozialgerichtsgesetzes (Gesetz über Kassenarztrecht – GKAR) vom 17. August 1955 (Bundesgesetzbl. I S. 513) wird nach Beratung mit dem Bundesausschuß der Ärzte und Krankenkassen mit Zustimmung des Bundesrates verordnet:

Abschnitt I
Arztregister

§ 1

(1) Für jeden Zulassungsbezirk führt die Kassenärztliche Vereinigung neben dem Arztregister die Registerakten.

(2) Das Arztregister erfaßt

   a) die zugelassenen Ärzte und Psychotherapeuten,

   b) Ärzte, die die Voraussetzungen des § 3 und Psychotherapeuten, die die Voraussetzungen des § 95c des Fünften Buches Sozialgesetzbuch erfüllen und ihre Eintragung nach § 4 beantragt haben.

(3) Diese Verordnung gilt für

   1. die Psychotherapeuten und die dort angestellten Psychotherapeuten,

   2. die medizinischen Versorgungszentren und die dort angestellten Ärzte und Psychotherapeuten sowie

   3. die bei Vertragsärzten angestellten Ärzte und Psychotherapeuten

entsprechend.

§ 2

(1) Das Arztregister muß die Angaben über die Person und die berufliche Tätigkeit des Arztes enthalten, die für die Zulassung von Bedeutung sind.

(2) Das Arztregister ist nach dem Muster der Anlage zu führen.

§ 3

(1) Die Eintragung in das Arztregister ist bei der nach § 4 zuständigen Kassenärztlichen Vereinigung zu beantragen.

(2) Voraussetzungen für die Eintragung sind

a) die Approbation als Arzt,

b) der erfolgreiche Abschluß entweder einer allgemeinmedizinischen Weiterbildung oder einer Weiterbildung in einem anderen Fachgebiet mit der Befugnis zum Führen einer entsprechenden Gebietsbezeichnung oder der Nachweis einer Qualifikation, die gemäß § 95a Abs. 4 und 5 des Fünften Buches Sozialgesetzbuch anerkannt ist.

(3) Eine allgemeinmedizinische Weiterbildung im Sinne von Absatz 2 Buchstabe b ist nachgewiesen, wenn der Arzt nach landesrechtlichen Vorschriften zum Führen der Facharztbezeichnung für Allgemeinmedizin berechtigt ist und diese Berechtigung nach einer mindestens fünfjährigen erfolgreichen Weiterbildung in der Allgemeinmedizin bei zur Weiterbildung ermächtigten Ärzten und in dafür zugelassenen Einrichtungen erworben hat.

(4) Die allgemeinmedizinische Weiterbildung muß unbeschadet ihrer mindestens fünfjährigen Dauer inhaltlich mindestens den Anforderungen nach Artikel 28 der Richtlinie 2005/36/EG des Europäischen Parlaments und des Rates vom 7. September 2005 über die Anerkennung von Berufsqualifikationen (ABl. EU Nr. L 255 S. 22, 2007 Nr. L 271 S. 18) entsprechen und mit dem Erwerb der Facharztbezeichnung für Allgemeinmedizin abschließen. Sie hat insbesondere folgende Tätigkeiten einzuschließen:

a) mindestens sechs Monate in der Praxis eines zur Weiterbildung in der Allgemeinmedizin ermächtigten niedergelassenen Arztes,

b) mindestens sechs Monate in zugelassenen Krankenhäusern,

c) höchstens sechs Monate in anderen zugelassenen Einrichtungen oder Diensten des Gesundheitswesen, die sich mit Allgemeinmedizin befassen, soweit der Arzt mit einer patientenbezogenen Tätigkeit betraut ist.

(5) Soweit die Tätigkeit als Arzt im Praktikum

a) im Krankenhaus in den Gebieten Innere Medizin, Chirurgie, Frauenheilkunde und Geburtshilfe, Kinderheilkunde oder Nervenheilkunde oder

b) in der Praxis eines niedergelassenen Arztes abgeleistet worden ist,

wird diese auf die Weiterbildung nach Absatz 2 Buchstabe b bis zur Höchstdauer von insgesamt 18 Monaten angerechnet.

§ 4

(1) Der Arzt ist in das Arztregister des Zulassungsbezirks einzutragen, in dem er seinen Wohnort hat. Sofern er keinen Wohnort im Geltungsbereich dieser Verordnung hat, steht ihm die Wahl des Arztregisters frei.

(2) Der Antrag muß die zur Eintragung erforderlichen Angaben enthalten. Die Angaben sind nachzuweisen, insbesondere sind beizufügen

a) die Geburtsurkunde,

b) die Urkunde über die Approbation als Arzt,

c) der Nachweis über die ärztliche Tätigkeit nach bestandener ärztlicher Prüfung.

(3) An Stelle von Urschriften können ausnahmsweise amtlich beglaubigte Abschriften beigefügt werden.

(4) Können die in Absatz 2 bezeichneten Unterlagen nicht vorgelegt werden, sind die nachzuweisenden Tatsachen glaubhaft zu machen. Zur Glaubhaftmachung der Approbation als Arzt und der ärztlichen Tätigkeit (Absatz 2 Buchstaben b und c) genügt eine eidesstattliche Erklärung des Antragstellers allein nicht.

§ 5

(1) Verzieht ein im Arztregister eingetragener nicht zugelassener Arzt aus dem bisherigen Zulassungsbezirk, so wird er auf seinen Antrag in das für den neuen Wohnort zuständige Arztregister umgeschrieben.

(2) Wird ein Arzt zugelassen, so wird er von Amts wegen in das Arztregister umgeschrieben, das für den Vertragsarztsitz geführt wird.

(3) Die bisher registerführende Stelle hat einen Registerauszug und die Registerakten des Arztes der zuständigen registerführenden Stelle zu übersenden.

§ 6

(1) Die Zulassung eines Arztes ist im Arztregister kenntlich zu machen.

(2) Tatsachen, die für die Zulassung, ihr Ruhen, ihren Entzug oder ihr Ende von Bedeutung sind, werden von Amts wegen oder auf Antrag des Arztes, einer Kassenärztlichen Vereinigung, einer Krankenkasse oder eines Landesverbands der Krankenkassen in den Registerakten eingetragen. Der Arzt ist zu dem Antrag auf Eintragung zu hören, falls er die Eintragung nicht selbst beantragt hat.

(3) Unanfechtbar gewordene Beschlüsse in Disziplinarangelegenheiten (§ 81 Abs. 5 des Fünften Buches Sozialgesetzbuch), mit Ausnahme der Verwarnung, sind zu den Registerakten zu nehmen; sie sind nach Ablauf von fünf Jahren, nachdem der Beschluß unanfechtbar geworden ist, aus den Registerakten zu entfernen und zu vernichten.

§ 7

Der Arzt wird im Arztregister gestrichen, wenn

a) er es beantragt,

b) er gestorben ist,

c) die Voraussetzungen für seine Eintragung nach § 3 Abs. 2 Buchstabe a nicht oder nicht mehr gegeben sind,

d) die Voraussetzungen nach § 3 Abs. 2 Buchstabe b auf Grund falscher Angaben des Arztes irrtümlich als gegeben angenommen worden sind.

§ 8

(1) Über Eintragungen und Streichungen im Arztregister und in den Registerakten beschließt der Vorstand der Kassenärztlichen Vereinigung oder die durch die Satzung bestimmte Stelle.

(2) Der Arzt erhält über die seine Person betreffenden Eintragungen und Streichungen sowie über die Ablehnung seiner Anträge auf Eintragung oder Streichung einen schriftlichen Bescheid.

§ 9

(1) Die Kassenärztlichen Vereinigungen, die Krankenkassen und die Landesverbände der Krankenkassen können das Arztregister und bei Darlegung eines berechtigten Interesses die Registerakten einsehen.

(2) Der Arzt kann selbst oder durch einen Bevollmächtigten bei berechtigtem Interesse das Arztregister und die seine Person betreffenden Registerakten einsehen.

(3) Den Zulassungs- und Berufungsausschüssen sind die Registerakten der am Zulassungsverfahren beteiligten Ärzte auf Anfordern zur Einsicht zu überlassen.

§ 10

(1) Die Kassenärztliche Bundesvereinigung führt das Bundesarztregister nach dem Muster der Anlage.

(2) Die Kassenärztlichen Vereinigungen teilen Eintragungen und Veränderungen in den Arztregistern der Kassenärztlichen Bundesvereinigung unverzüglich mit.

(3) Die Kassenärztliche Bundesvereinigung teilt Tatsachen, die für das Arztregister von Bedeutung sind, der zuständigen Kassenärztlichen Vereinigung unverzüglich mit.

Abschnitt II
Bildung und Abgrenzung der Zulassungsbezirke

§ 11

(1) Die Zulassungsbezirke werden von den Kassenärztlichen Vereinigungen und den Landesverbänden der Krankenkassen sowie den Ersatzkassen gemeinsam gebildet und abgegrenzt.

(2) Werden Zulassungsbezirke für Teile des Bezirks einer Kassenärztlichen Vereinigung gebildet, so sind bei der Abgrenzung in der Regel die Grenzen der Stadt- und Landkreise zu berücksichtigen.

(3) Die Kassenärztliche Vereinigung hat die Zulassungsbezirke unverzüglich in den für ihre amtlichen Bekanntmachungen zuständigen Blättern bekanntzugeben.

Abschnitt III
Bedarfsplanung

§ 12

(1) Durch die den Kassenärztlichen Vereinigungen im Einvernehmen mit den Landesverbänden der Krankenkassen und den Ersatzkassen obliegende Bedarfsplanung sollen zum Zwecke einer auch mittel- und langfristig wirksamen Sicherstellung der vertragsärztlichen Versorgung und als Grundlage für Sicherstellungsmaßnahmen umfassende und vergleichbare Übersichten über den Stand der vertragsärztlichen Versorgung und die absehbare Entwicklung des Bedarfs vermittelt werden.

(2) Der Bedarfsplan ist für den Bereich einer Kassenärztlichen Vereinigung aufzustellen und der Entwicklung anzupassen. Für die Bereiche mehrerer Kassenärztlicher Vereinigungen kann mit Zustimmung der beteiligten für die Sozialversicherung zuständigen obersten Landesbehörden auch ein gemeinschaftlicher Bedarfsplan aufgestellt werden, wenn besondere Verhältnisse dies geboten erscheinen lassen.

(3) Der Bedarfsplan hat nach Maßgabe der Richtlinien des Gemeinsamen Bundesausschusses und unter Beachtung der Ziele und Erfordernisse der Raumordnung und Landesplanung auf der Grundlage einer regionalen Untergliederung des Planungsbereichs nach Absatz 2 Feststellungen zu enthalten insbesondere über

– die ärztliche Versorgung auch unter Berücksichtigung der Arztgruppen,

– Einrichtungen der Krankenhausversorgung sowie der sonstigen medizinischen Versorgung, soweit sie Leistungen der vertragsärztlichen Versorgung erbringen und erbringen können,

– Bevölkerungsdichte und -struktur,

– Umfang und Art der Nachfrage nach vertragsärztlichen Leistungen, ihre Deckung sowie ihre räumliche Zuordnung im Rahmen der vertragsärztlichen Versorgung,

– für die vertragsärztliche Versorgung bedeutsame Verkehrsverbindungen.

Bei der Abgrenzung der regionalen Planungsbereiche sollen die Grenzen den Stadt- und Landkreisen entsprechen; Abweichungen für einzelne Arztgruppen sind zulässig.

(4) Der Bedarfsplan bildet auch die Grundlage für die Beratung von Ärzten, die zur Teilnahme an der vertragsärztlichen Versorgung bereit sind. Die Kassenärztlichen Vereinigungen sollen darauf hinwirken, daß die Ärzte bei der Wahl ihres Vertragsarztsitzes auf die sich aus den Bedarfsplänen ergebenden Versorgungsbedürfnisse Rücksicht nehmen.

§ 13

(1) Die Kassenärztlichen Vereinigungen haben andere Träger der Krankenversicherung und die kommunalen Verbände, soweit deren Belange durch die Bedarfsplanung berührt werden, zu unterrichten und bei der Aufstellung und Fortentwicklung der Bedarfspläne rechtzeitig hinzuziehen. Auch andere Sozialversicherungsträger und die Krankenhausgesellschaften sind zu unterrichten; sie können bei der Bedarfsplanung hinzugezogen werden.

(2) Die Bedarfspläne sind im Benehmen mit den zuständigen Landesbehörden aufzustellen und fortzuentwickeln; sie sind deshalb so rechtzeitig zu unterrichten, daß ihre Anregungen in die Beratungen einbezogen werden können.

(3) Die aufgestellten oder fortentwickelten Bedarfspläne sind den Landesausschüssen der Ärzte und Krankenkassen und den für die Sozialversicherung zuständigen obersten Landesbehörden zuzuleiten.

(4) Die Kassenärztlichen Vereinigungen, die Landesverbände der Krankenkassen und die Ersatzkassen sollen die Erfahrungen aus der Anwendung der Bedarfspläne im Abstand von drei Jahren auswerten, das Ergebnis gemeinsam beraten und die in Absatz 3 genannten Stellen von der Auswertung und dem Beratungsergebnis unterrichten.

(5) Die Kassenärztliche Bundesvereinigung und der Spitzenverband Bund der Krankenkassen sollen die Kassenärztlichen Vereinigungen, die Landesverbände der Krankenkassen und die Ersatzkassen unterstützen. Die Kassenärztliche Bundesvereinigung und der Spitzenverband Bund der Krankenkassen sollen die Ergebnisse nach Absatz 4 auswerten, gemeinsam beraten sowie den Bundesausschuß der Ärzte und Krankenkassen und das Bundesministerium für Gesundheit von der Auswertung und dem Beratungsergebnis unterrichten.

§ 14

(1) Kommt das Einvernehmen bei der Aufstellung und Fortentwicklung des Bedarfsplans zwischen der Kassenärztlichen Vereinigung, den Landesverbänden der Krankenkassen und den Ersatzkassen nicht zustande, hat der Landesausschuß der Ärzte und Krankenkassen nach Anrufung durch einen der Beteiligten unverzüglich darüber zu beraten und zu entscheiden. Soweit die Hinzuziehung weiterer Beteiligter notwendig ist, gilt § 13 Abs. 1 und 2 entsprechend.

(2) Der Landesausschuß hat die für die Sozialversicherung zuständige oberste Landesbehörde über das Ergebnis der Beratungen zu unterrichten.

Abschnitt IV
Unterversorgung

§ 15

Weist der Bedarfsplan einen Bedarf an Vertragsärzten für einen bestimmten Versorgungsbereich aus und werden über einen Zeitraum von mehr als sechs Monaten Vertragsarztsitze dort nicht besetzt, so hat die Kassenärztliche Vereinigung spätestens nach Ablauf dieses Zeitraums Vertragsarztsitze in den für ihre amtlichen Bekanntmachungen vorgesehenen Blättern auszuschreiben.

§ 16

(1) Der Landesausschuss der Ärzte und Krankenkassen hat von Amts wegen zu prüfen, ob in einem Planungsbereich eine ärztliche Unterversorgung besteht oder droht. Die Prüfung ist nach den tatsächlichen Verhältnissen unter Berücksichtigung des Zieles der Sicherstellung und auf der Grundlage des Bedarfsplans vorzunehmen; die in den Richtlinien des Bundesausschusses der Ärzte und Krankenkassen zur Beurteilung einer Unterversorgung vorgesehenen einheitlichen und vergleichbaren Grundlagen, Maßstäbe und Verfahren sind zu berücksichtigen.

(2) Stellt der Landesausschuß eine bestehende oder in absehbarer Zeit drohende Unterversorgung fest, so hat er der Kassenärztlichen Vereinigung aufzugeben, binnen einer von ihm zu bestimmenden angemessenen Frist die Unterversorgung zu beseitigen. Der Landesausschuß kann bestimmte Maßnahmen empfehlen.

(3) Dauert die bestehende oder in absehbarer Zeit drohende Unterversorgung auch nach Ablauf der Frist an, hat der Landesausschuß festzustellen, ob die in § 100 Abs. 2 des Fünften Buches Sozialgesetzbuch bestimmten Voraussetzungen für Zulassungsbeschränkungen gegeben sind und zur Beseitigung der bestehenden oder in absehbarer Zeit drohenden Unterversorgung mit verbindlicher Wirkung für einen oder mehrere Zulassungsausschüsse Zulassungsbeschränkungen anzuordnen. Die betroffenen Zulassungsausschüsse sind vor der Anordnung zu hören.

(4) Für die Dauer der bestehenden oder in absehbarer Zeit drohenden Unterversorgung sind als Beschränkungen zulässig:

a) Ablehnung von Zulassungen in Gebieten von Zulassungsbezirken, die außerhalb der vom Landesausschuß als unterversorgt festgestellten Gebiete liegen;

b) Ablehnung von Zulassungen für bestimmte Arztgruppen in den in Buchstabe a bezeichneten Gebieten.

(5) Der Zulassungsausschuß kann im Einzelfall eine Ausnahme von einer Zulassungsbeschränkung zulassen, wenn die Ablehnung der Zulassung für den Arzt eine unbillige Härte bedeuten würde.

(6) Der Landesausschuß hat spätestens nach jeweils sechs Monaten zu prüfen, ob die Voraussetzungen für die Anordnung von Zulassungsbeschränkungen fortbestehen. Absatz 3 Satz 2 gilt entsprechend.

(7) Die Anordnung und Aufhebung von Zulassungsbeschränkungen ist in den für amtliche Bekanntmachungen der Kassenärztlichen Vereinigungen vorgesehenen Blättern zu veröffentlichen.

Abschnitt IV a
Überversorgung

§ 16a

(weggefallen)

§ 16b

(1) Der Landesausschuß hat von Amts wegen zu prüfen, ob in einem Planungsbereich eine ärztliche Überversorgung vorliegt. Überversorgung ist anzunehmen, wenn der allgemeine bedarfsgerechte Versorgungsgrad um 10 vom Hundert überschritten ist. Hierbei sind die in den Richtlinien des Bundesausschusses der Ärzte und Krankenkassen vorgesehenen Maßstäbe, Grundlagen und Verfahren zu berücksichtigen.

(2) Stellt der Landesausschuß fest, daß eine Überversorgung vorliegt, so hat er mit verbindlicher Wirkung für einen oder mehrere Zulassungsausschüsse nach Maßgabe des § 103 Abs. 2 des Fünften Buches Sozialgesetzbuch Zulassungsbeschränkungen anzuordnen.

(3) Der Landesausschuß hat spätestens nach jeweils sechs Monaten zu prüfen, ob die Voraussetzungen für die Anordnung von Zulassungsbeschränkungen fortbestehen. Entfallen die Voraussetzungen, so hat der Landesausschuß mit verbindlicher Wirkung für die Zulassungsausschüsse die Zulassungsbeschränkungen unverzüglich aufzuheben. Absatz 2 Satz 2 gilt entsprechend.

(4) Die Anordnung und Aufhebung von Zulassungsbeschränkungen ist in den für amtliche Bekanntmachungen der Kassenärztlichen Vereinigungen vorgesehenen Blättern zu veröffentlichen.

Abschnitt V
Voraussetzungen für die Zulassung

§ 17

(weggefallen)

§ 18

(1) Der Antrag muß schriftlich gestellt werden. In dem Antrag ist anzugeben, für welchen Vertragsarztsitz und unter welcher Arztbezeichnung die Zulassung beantragt wird. Dem Antrag sind beizufügen

  a) ein Auszug aus dem Arztregister, aus dem der Tag der Approbation, der Tag der Eintragung in das Arztregister und gegebenenfalls der Tag der Anerkennung des Rechts zum Führen einer bestimmten Facharzt-, Schwerpunkt- oder Zusatzbezeichnung hervorgehen müssen,

  b) Bescheinigungen über die seit der Approbation ausgeübten ärztlichen Tätigkeiten,

  c) gegebenenfalls eine Erklärung nach § 19a Abs. 2 Satz 1, mit der der aus der Zulassung folgende Versorgungsauftrag auf die Hälfte beschränkt wird.

(2) Ferner sind beizufügen

  a) ein Lebenslauf,

  b) ein polizeiliches Führungszeugnis,

  c) Bescheinigungen der Kassenärztlichen Vereinigungen, in deren Bereich der Arzt bisher niedergelassen oder zur Kassenpraxis zugelassen war, aus denen sich Ort und Dauer der bisherigen Niederlassung oder Zulassung und der Grund einer etwaigen Beendigung ergeben,

  d) eine Erklärung über im Zeitpunkt der Antragstellung bestehende Dienst- oder Beschäftigungsverhältnisse unter Angabe des frühestmöglichen Endes des Beschäftigungsverhältnisses,

  e) eine Erklärung des Arztes, ob er rauschgiftsüchtig ist oder innerhalb der letzten fünf Jahre gewesen ist, ob er sich innerhalb der letzten fünf Jahre einer Entziehungskur wegen Trunksucht oder Rauschgiftsucht unterzogen hat und daß gesetzliche Hinderungsgründe der Ausübung des ärztlichen Berufs nicht entgegenstehen.

(3) An Stelle von Urschriften können amtlich beglaubigte Abschriften beigefügt werden.

(4) Können die in Absatz 1 Buchstabe b und in Absatz 2 Buchstabe c bezeichneten Unterlagen nicht vorgelegt werden, so ist der nachzuweisende Sachverhalt glaubhaft zu machen.

Abschnitt VI
Zulassung und Vertragsarztsitz

§ 19

(1) Über den Antrag befindet der Zulassungsausschuß durch Beschluß. Wegen Zulassungsbeschränkungen kann ein Antrag nur dann abgelehnt werden, wenn diese bereits bei Antragstellung angeordnet waren.

(2) Wird der Arzt zugelassen, so ist in dem Beschluß der Zeitpunkt festzusetzen, bis zu dem die vertragsärztliche Tätigkeit aufzunehmen ist. Liegen wichtige Gründe vor, so kann der Zulassungsausschuß auf Antrag des Arztes nachträglich einen späteren Zeitpunkt festsetzen.

(3) Wenn die vertragsärztliche Tätigkeit in einem von Zulassungsbeschränkungen betroffenen Planungsbereich nicht innerhalb von drei Monaten nach Zustellung des Beschlusses über die Zulassung aufgenommen wird, endet die Zulassung.

§ 19a

(1) Die Zulassung verpflichtet den Arzt, die vertragsärztliche Tätigkeit vollzeitig auszuüben.

(2) Der Arzt ist berechtigt, durch schriftliche Erklärung gegenüber dem Zulassungsausschuss seinen Versorgungsauftrag auf die Hälfte des Versorgungsauftrages nach Absatz 1 zu beschränken. Die Beschränkung des Versorgungsauftrages wird entweder im Rahmen eines Beschlusses nach § 19 Abs. 1 oder durch gesonderten Beschluss festgestellt.

(3) Auf Antrag des Arztes kann eine Beschränkung des Versorgungsauftrages nach Absatz 2 Satz 2 durch Beschluss aufgehoben werden. Der Antrag muss schriftlich gestellt werden. Es gelten die Vorschriften dieses Abschnitts.

§ 20

(1) Für die Ausübung vertragsärztlicher Tätigkeit ist nicht geeignet ein Arzt, der wegen eines Beschäftigungsverhältnisses oder wegen anderer nicht ehrenamtlicher Tätigkeit für die Versorgung der Versicherten persönlich nicht in erforderlichem Maß zur Verfügung steht. Ein Arzt steht auch dann für die Versorgung der Versicherten in erforderlichem Maße zur Verfügung, wenn er neben seiner vertragsärztlichen Tätigkeit im

Rahmen eines Vertrages nach den §§ 73b, 73c oder 140b des Fünften Buches Sozial-gesetzbuch tätig wird.

(2) Für die Ausübung vertragsärztlicher Tätigkeit ist nicht geeignet ein Arzt, der eine ärztliche Tätigkeit ausübt, die ihrem Wesen nach mit der Tätigkeit des Vertragsarztes am Vertragsarztsitz nicht zu vereinbaren ist. Die Tätigkeit in oder die Zusammenar-beit mit einem zugelassenen Krankenhaus nach § 108 des Fünften Buches Sozialge-setzbuch oder einer Vorsorge- oder Rehabilitationseinrichtung nach § 111 des Fünf-ten Buches Sozialgesetzbuch ist mit der Tätigkeit des Vertragsarztes vereinbar.

(3) Ein Arzt, bei dem Hinderungsgründe nach den Absätzen 1 oder 2 vorliegen, kann un-ter der Bedingung zugelassen werden, daß der seiner Eignung entgegenstehende Grund spätestens drei Monate nach dem Zeitpunkt beseitigt wird, in dem die Ent-scheidung über die Zulassung unanfechtbar geworden ist.

§ 21

Ungeeignet für die Ausübung der Kassenpraxis ist ein Arzt mit geistigen oder sonstigen in der Person liegenden schwerwiegenden Mängeln, insbesondere ein Arzt, der innerhalb der letzten fünf Jahre vor seiner Antragstellung rauschgiftsüchtig oder trunksüchtig war.

§§ 22 und 23

(weggefallen)

§ 24

(1) Die Zulassung erfolgt für den Ort der Niederlassung als Arzt (Vertragsarztsitz).

(2) Der Vertragsarzt muß am Vertragsarztsitz seine Sprechstunde halten. Er hat seine Wohnung so zu wählen, daß er für die ärztliche Versorgung der Versicherten an sei-nem Vertragsarztsitz zur Verfügung steht. Liegt der Vertragsarztsitz in einem unter-versorgten Gebiet, gilt die Pflicht bei der Wohnungswahl nach Satz 2 nicht.

(3) Vertragsärztliche Tätigkeiten außerhalb des Vertragsarztsitzes an weiteren Orten sind zulässig, wenn und soweit

1. dies die Versorgung der Versicherten an den weiteren Orten verbessert und

2. die ordnungsgemäße Versorgung der Versicherten am Ort des Vertragsarztsitzes nicht beeinträchtigt wird.

Sofern die weiteren Orte im Bezirk der Kassenärztlichen Vereinigung liegen, in der der Vertragsarzt Mitglied ist, hat er bei Vorliegen der Voraussetzungen nach Satz 1 An-spruch auf vorherige Genehmigung durch seine Kassenärztliche Vereinigung. Sofern die weiteren Orte außerhalb des Bezirks seiner Kassenärztlichen Vereinigung liegen, hat der Vertragsarzt bei Vorliegen der Voraussetzungen nach Satz 1 Anspruch auf Er-mächtigung durch den Zulassungsausschuss, in dessen Bezirk er die Tätigkeit aufnehmen will; der Zulassungsausschuss, in dessen Bezirk er seinen Vertragsarztsitz hat, sowie die beteiligten Kassenärztlichen Vereinigungen sind vor der Beschlussfassung anzuhören. Der nach Satz 3 ermächtigte Vertragsarzt kann die für die Tätigkeit an seinem Vertragsarztsitz angestellten Ärzte auch im Rahmen seiner Tätigkeit an dem weiteren Ort beschäftigen. Er kann außerdem Ärzte für die Tätigkeit an dem weiteren Ort nach Maßgabe der Vorschriften anstellen, die für ihn als Vertragsarzt gelten würden, wenn er an dem weiteren Ort zugelassen wäre. Zuständig für die Genehmigung der Anstellung nach Satz 6 ist der für die Erteilung der Ermächtigung nach Satz 3 zuständige Zulassungsausschuss. Keiner Genehmigung bedarf die Tätigkeit eines Vertragsarztes an einem der anderen Vertragsarztsitze eines Mitglieds der überörtlichen Berufsausübungsgemeinschaft nach § 33 Abs. 2, der er angehört.

(4) Die Genehmigung und die Ermächtigung zur Aufnahme weiterer vertragsärztlicher Tätigkeiten nach Absatz 3 können mit Nebenbestimmungen erteilt werden, wenn dies zur Sicherung der Erfüllung der Versorgungspflicht des Vertragsarztes am Vertragsarztsitz und an den weiteren Orten unter Berücksichtigung der Mitwirkung angestellter Ärzte erforderlich ist. Das Nähere hierzu ist einheitlich in den Bundesmantelverträgen zu regeln.

(5) Erbringt der Vertragsarzt spezielle Untersuchungs- und Behandlungsleistungen an weiteren Orten in räumlicher Nähe zum Vertragsarztsitz (ausgelagerte Praxisräume), hat er Ort und Zeitpunkt der Aufnahme der Tätigkeit seiner Kassenärztlichen Vereinigung unverzüglich anzuzeigen.

(6) Ein Vertragsarzt darf die Facharztbezeichnung, mit der er zugelassen ist, nur mit vorheriger Genehmigung des Zulassungsausschusses wechseln.

(7) Der Zulassungsausschuß hat den Antrag eines Vertragsarztes auf Verlegung seines Vertragsarztsitzes zu genehmigen, wenn Gründe der vertragsärztlichen Versorgung dem nicht entgegenstehen.

§ 25

(weggefallen)

Abschnitt VII
Ruhen, Entziehung und Ende der Zulassung

§ 26

(1) Der Zulassungsausschuß hat das vollständige oder hälftige Ruhen der Zulassung eines Vertragsarztes zu beschließen, wenn die Voraussetzungen des § 95 Abs. 5 des Fünften Buches Sozialgesetzbuch erfüllt sind und Gründe der Sicherstellung der vertragsärztlichen Versorgung nicht entgegenstehen.

(2) Tatsachen, die das Ruhen der Zulassung bedingen können, haben der Vertragsarzt, die Kassenärztliche Vereinigung, die Krankenkassen und die Landesverbände der Krankenkassen dem Zulassungsausschuß mitzuteilen.

(3) In dem Beschluß ist die Ruhenszeit festzusetzen.

(4) Über die ruhenden Zulassungen führt die Kassenärztliche Vereinigung (Registerstelle) ein besonderes Verzeichnis.

§ 27

Der Zulassungsausschuß hat von Amts wegen über die vollständige oder hälftige Entziehung der Zulassung zu beschließen, wenn die Voraussetzungen nach § 95 Abs. 6 des Fünften Buches Sozialgesetzbuch gegeben sind. Die Kassenärztliche Vereinigung und die Landesverbände der Krankenkassen sowie die Ersatzkassen können die Entziehung der Zulassung beim Zulassungsausschuß unter Angabe der Gründe beantragen.

§ 28

(1) Der Verzicht auf die Zulassung wird mit dem Ende des auf den Zugang der Verzichtserklärung des Vertragsarztes beim Zulassungsausschuß folgenden Kalendervierteljahrs wirksam. Diese Frist kann verkürzt werden, wenn der Vertragsarzt nachweist, daß für ihn die weitere Ausübung der vertragsärztlichen Tätigkeit für die gesamte Dauer oder einen Teil der Frist unzumutbar ist. Endet die Zulassung aus anderen Gründen (§ 95d Abs. 3 und 5 und § 95 Abs. 7 des Fünften Buches Sozialgesetzbuch), so ist der Zeitpunkt ihres Endes durch Beschluß des Zulassungsausschusses festzustellen.

(2) Tatsachen, die das Ende der Zulassung bedingen, haben die Kassenärztliche Vereinigung, die Krankenkassen und die Landesverbände der Krankenkassen dem Zulassungsausschuß mitzuteilen.

§§ 29 und 30

–

Abschnitt VIII
Ermächtigung

§ 31

(1) Die Zulassungsausschüsse können über den Kreis der zugelassenen Ärzte hinaus weitere Ärzte, insbesondere in Krankenhäusern und Einrichtungen der beruflichen Rehabilitation, oder in besonderen Fällen Einrichtungen zur Teilnahme an der vertragsärztlichen Versorgung ermächtigen, sofern dies notwendig ist, um

a) eine bestehende oder unmittelbar drohende Unterversorgung abzuwenden oder

b) einen begrenzten Personenkreis zu versorgen, beispielsweise Rehabilitanden in Einrichtungen der beruflichen Rehabilitation oder Beschäftigte eines abgelegenen oder vorübergehenden Betriebes.

(2) Die Kassenärztliche Bundesvereinigung und der Spitzenverband Bund der Krankenkassen können im Bundesmantelvertrag Regelungen treffen, die über die Voraussetzungen des Absatzes 1 hinaus Ermächtigungen zur Erbringung bestimmter ärztlicher Leistungen im Rahmen der vertragsärztlichen Versorgung vorsehen.

(3) Die Kassenärztlichen Vereinigungen können unter den Voraussetzungen des Absatzes 1 auch Ärzte, die eine Approbation nach deutschen Rechtsvorschriften nicht besitzen, zur Teilnahme an der vertragsärztlichen Versorgung ermächtigen, soweit ihnen von der zuständigen deutschen Behörde eine Erlaubnis zur vorübergehenden Ausübung des ärztlichen Berufs erteilt worden ist.

(4) (weggefallen)

(5) Die Kassenärztliche Bundesvereinigung und der Spitzenverband Bund der Krankenkassen haben im Bundesmantelvertrag Regelungen über die Ermächtigung von Ärzten zu treffen, die als Staatsangehörige eines Mitgliedstaats der Europäischen Union oder eines anderen Vertragsstaates des Abkommens über den Europäischen Wirtschaftsraum oder eines Vertragsstaates, dem Deutschland und die Europäische Gemeinschaft oder Deutschland und die Europäische Union vertraglich einen entsprechenden Rechtsanspruch eingeräumt haben, den ärztlichen Beruf im Inland zur vorübergehenden Erbringung von Dienstleistungen im Sinne des Artikels 50 des Vertrages zur Gründung der Europäischen Gemeinschaft oder des Artikels 37 des Abkommens über den Europäischen Wirtschaftsraum ausüben dürfen.

(6) Der Antrag auf Ermächtigung ist schriftlich an den Zulassungsausschuß zu richten. Ihm sind die Approbationsurkunde sowie die in § 18 Abs. 2 Buchstabe e genannten Erklärungen beizufügen. § 18 Abs. 3 gilt entsprechend.

(7) Die Ermächtigung ist zeitlich, räumlich und ihrem Umfang nach zu bestimmen. In dem Ermächtigungsbeschluß ist auch auszusprechen, ob der ermächtigte Arzt unmittelbar oder auf Überweisung in Anspruch genommen werden kann. Die Sätze 1 und 2 gelten nicht für Ermächtigungen nach § 119b des Fünften Buches Sozialgesetzbuch.

(8) Ein Arzt darf nicht ermächtigt werden, wenn die in § 21 genannten Gründe ihn für die Teilnahme an der vertragsärztlichen Versorgung ungeeignet erscheinen lassen. Die Ermächtigung ist zurückzunehmen, wenn nachträglich bekannt wird, daß bei ihrer Erteilung Versagungsgründe im Sinne des Satzes 1 vorgelegen haben. Sie ist zu widerrufen, wenn nachträglich durch einen in der Person des Arztes liegenden Grund der

mit der Ermächtigung verfolgte Zweck nicht erreicht wird. Die Sätze 1 bis 3 gelten entsprechend, wenn Einrichtungen ermächtigt werden.

(9) (weggefallen)

(10) Über die Ermächtigungen führt die Kassenärztliche Vereinigung (Registerstelle) ein besonderes Verzeichnis.

§ 31a

(1) Die Zulassungsausschüsse können Krankenhausärzte mit abgeschlossener Weiterbildung mit Zustimmung des Krankenhausträgers zur Teilnahme an der vertragsärztlichen Versorgung der Versicherten ermächtigen. Die Ermächtigung ist zu erteilen, soweit und solange eine ausreichende ärztliche Versorgung der Versicherten ohne die besonderen Untersuchungs- und Behandlungsmethoden oder Kenntnisse von hierfür geeigneten Krankenhausärzten nicht sichergestellt wird.

(2) Der Antrag eines Krankenhausarztes auf Ermächtigung ist schriftlich an den Zulassungsausschuß zu richten, in dessen Bereich das Krankenhaus gelegen ist. Ihm sind die in § 31 Abs. 6 genannten Bescheinigungen und Erklärungen, die Urkunde, aus der sich die Berechtigung zum Führen einer Gebietsbezeichnung ergibt, sowie eine schriftliche Zustimmungserklärung des Krankenhausträgers beizufügen. § 18 Abs. 3 gilt entsprechend.

(3) § 31 Abs. 7 bis 10 gilt entsprechend.

Abschnitt IX
Vertreter, Assistenten, angestellte Ärzte und Berufsausübungsgemeinschaft

§ 32

(1) Der Vertragsarzt hat die vertragsärztliche Tätigkeit persönlich in freier Praxis auszuüben. Bei Krankheit, Urlaub oder Teilnahme an ärztlicher Fortbildung oder an einer Wehrübung kann er sich innerhalb von zwölf Monaten bis zur Dauer von drei Monaten vertreten lassen. Eine Vertragsärztin kann sich in unmittelbarem zeitlichen Zusammenhang mit einer Entbindung bis zu einer Dauer von sechs Monaten vertreten lassen; die Vertretungszeiten dürfen zusammen mit den Vertretungszeiten nach Satz 2 innerhalb eines Zeitraums von zwölf Monaten eine Dauer von sechs Monaten nicht überschreiten. Dauert die Vertretung länger als eine Woche, so ist sie der Kassenärztlichen Vereinigung mitzuteilen. Der Vertragsarzt darf sich grundsätzlich nur durch einen anderen Vertragsarzt oder durch einen Arzt, der die Voraussetzungen des § 3 Abs. 2 erfüllt, vertreten lassen. Überschreitet innerhalb von zwölf Monaten die Dauer der Vertretung einen Monat, kann die Kassenärztliche Vereinigung beim Vertragsarzt oder beim Vertreter überprüfen, ob der Vertreter die Voraussetzungen nach Satz 5 erfüllt und keine Ungeeignetheit nach § 21 vorliegt.

(2) Die Beschäftigung von Assistenten gemäß § 3 Abs. 3 bedarf der Genehmigung der Kassenärztlichen Vereinigung. Im übrigen darf der Vertragsarzt einen Vertreter oder einen Assistenten nur beschäftigen, wenn dies im Rahmen der Aus- oder Weiterbildung oder aus Gründen der Sicherstellung der vertragsärztlichen Versorgung erfolgt; die vorherige Genehmigung der Kassenärztlichen Vereinigung ist erforderlich. Die Dauer der Beschäftigung ist zu befristen. Die Genehmigung ist zu widerrufen, wenn die Beschäftigung eines Vertreters oder Assistenten nicht mehr begründet ist; sie kann widerrufen werden, wenn in der Person des Vertreters oder Assistenten Gründe liegen, welche beim Vertragsarzt zur Entziehung der Zulassung führen können.

(3) Die Beschäftigung eines Assistenten darf nicht der Vergrößerung der Kassenpraxis oder der Aufrechterhaltung eines übergroßen Praxisumfangs dienen.

(4) Der Vertragsarzt hat Vertreter und Assistenten zur Erfüllung der vertragsärztlichen Pflichten anzuhalten.

§ 32a

Der ermächtigte Arzt hat die in dem Ermächtigungsbeschluß bestimmte vertragsärztliche Tätigkeit persönlich auszuüben. Bei Krankheit, Urlaub oder Teilnahme an ärztlicher Fortbildung oder an einer Wehrübung kann er sich innerhalb von zwölf Monaten bis zur Dauer von drei Monaten vertreten lassen. Satz 2 gilt nicht für Ermächtigungen nach § 31 Abs. 1 Buchstabe b.

§ 32b

(1) Der Vertragsarzt kann Ärzte nach Maßgabe des § 95 Abs. 9 und 9a des Fünften Buches Sozialgesetzbuch anstellen. In den Bundesmantelverträgen sind einheitliche Regelungen zu treffen über den zahlenmäßigen Umfang der Beschäftigung angestellter Ärzte unter Berücksichtigung der Versorgungspflicht des anstellenden Vertragsarztes.

(2) Die Anstellung bedarf der Genehmigung des Zulassungsausschusses. Für den Antrag gelten § 4 Abs. 2 bis 4 und § 18 Abs. 2 bis 4 entsprechend. § 21 gilt entsprechend. § 95d Abs. 5 des Fünften Buches Sozialgesetzbuch gilt entsprechend.

(3) Der Vertragsarzt hat den angestellten Arzt zur Erfüllung der vertragsärztlichen Pflichten anzuhalten.

(4) Über die angestellten Ärzte führt die Kassenärztliche Vereinigung (Registerstelle) ein besonderes Verzeichnis.

§ 33

(1) Die gemeinsame Nutzung von Praxisräumen und Praxiseinrichtungen sowie die gemeinsame Beschäftigung von Hilfspersonal durch mehrere Ärzte ist zulässig. Die Kassenärztlichen Vereinigungen sind hiervon zu unterrichten. Nicht zulässig ist die ge-

meinsame Beschäftigung von Ärzten und Zahnärzten; dies gilt nicht für medizinische Versorgungszentren.

(2) Die gemeinsame Ausübung vertragsärztlicher Tätigkeit ist zulässig unter allen zur vertragsärztlichen Versorgung zugelassenen Leistungserbringern an einem gemeinsamen Vertragsarztsitz (örtliche Berufsausübungsgemeinschaft). Sie ist auch zulässig bei unterschiedlichen Vertragsarztsitzen der Mitglieder der Berufsausübungsgemeinschaft (überörtliche Berufsausübungsgemeinschaft), wenn die Erfüllung der Versorgungspflicht des jeweiligen Mitglieds an seinem Vertragsarztsitz unter Berücksichtigung der Mitwirkung angestellter Ärzte und Psychotherapeuten in dem erforderlichen Umfang gewährleistet ist sowie das Mitglied und die bei ihm angestellten Ärzte und Psychotherapeuten an den Vertragsarztsitzen der anderen Mitglieder nur in zeitlich begrenztem Umfang tätig werden. Die gemeinsame Berufsausübung, bezogen auf einzelne Leistung, ist zulässig, sofern diese Berufsausübungsgemeinschaft nicht zur Erbringung überweisungsgebundener medizinisch-technischer Leistungen mit überweisungsberechtigten Leistungserbringern gebildet wird.

(3) Die Berufsausübungsgemeinschaft bedarf der vorherigen Genehmigung des Zulassungsausschusses. Für überörtliche Berufsausübungsgemeinschaften mit Vertragsarztsitzen in mehreren Zulassungsbezirken einer Kassenärztlichen Vereinigung wird der zuständige Zulassungsausschuss durch Vereinbarung zwischen der Kassenärztlichen Vereinigung sowie den Landesverbänden der Krankenkassen und den Ersatzkassen bestimmt. Hat eine überörtliche Berufsausübungsgemeinschaft Mitglieder in mehreren Kassenärztlichen Vereinigungen, so hat sie den Vertragsarztsitz zu wählen, der maßgeblich ist für die Genehmigungsentscheidung sowie für die auf die gesamte Leistungserbringung dieser überörtlichen Berufsausübungsgemeinschaft anzuwendenden ortsgebundenen Regelungen, insbesondere zur Vergütung, zur Abrechnung sowie zu den Abrechnungs-, Wirtschaftlichkeits- und Qualitätsprüfungen. Die Wahl hat jeweils für einen Zeitraum von mindestens zwei Jahren unwiderruflich zu erfolgen. Die Genehmigung kann mit Auflagen erteilt werden, wenn dies zur Sicherung der Anforderungen nach Absatz 2 erforderlich ist; das Nähere hierzu ist einheitlich in den Bundesmantelverträgen zu regeln.

Abschnitt X
Zulassungs- und Berufungsausschüsse

§ 34

(1) Der Zulassungsausschuß besteht aus sechs Mitgliedern, und zwar aus je drei Vertretern der Ärzte und der Krankenkassen sowie aus Stellvertretern in der nötigen Zahl.

(2) Die Vertreter der Krankenkassen werden von den Landesverbänden der Krankenkassen und den Ersatzkassen gemeinsam bestellt. Kommt es nicht zu einer gemeinsa-

men Bestellung, so werden die Vertreter aus der Reihe der von den Landesverbänden der Krankenkassen und den Ersatzkassen vorgeschlagenen Personen ausgelost.

(3) Die Amtsdauer der Mitglieder beträgt vier Jahre.

(4) Scheidet ein Mitglied vorzeitig aus, so erfolgt Neubestellung. Die Amtsdauer neubestellter Mitglieder endet mit der Amtsdauer der übrigen Mitglieder nach Absatz 3.

(5) Ein Mitglied kann aus einem wichtigen Grund durch die Stelle abberufen werden, von der es bestellt ist. Das Ehrenamt des nicht zugelassenen Arztes endet mit seiner Zulassung.

(6) Die Niederlegung des Ehrenamts hat gegenüber dem Zulassungsausschuß schriftlich zu erfolgen.

(7) Die Mitglieder der Ausschüsse haben Anspruch auf Erstattung ihrer baren Auslagen und auf eine Entschädigung für Zeitverlust nach den für die Mitglieder der Organe der bestellenden Körperschaften geltenden Grundsätze. Der Anspruch richtet sich gegen die bestellenden Körperschaften.

(8) Die Kosten der Zulassungsausschüsse werden, soweit sie nicht durch Gebühren gedeckt sind, je zur Hälfte von der Kassenärztlichen Vereinigung einerseits und den Landesverbänden der Krankenkassen sowie den Ersatzkassen andererseits – von letzteren entsprechend der Anzahl der Versicherten ihrer Mitgliedskassen – getragen.

(9) Für die Stellvertreter gelten die Vorschriften für die Mitglieder entsprechend.

§ 35

(1) Der Berufungsausschuß besteht aus einem Vorsitzenden mit der Befähigung zum Richteramt und aus je drei Vertretern der Ärzte und der Krankenkassen. Stellvertreter sind in der nötigen Zahl zu bestellen.

(2) Die Vorschriften des § 34 gelten entsprechend.

(3) Mitglieder eines Zulassungsausschusses können nicht gleichzeitig Beisitzer in dem für den Zulassungsausschuß zuständigen Berufungsausschuß sein.

Abschnitt XI
Verfahren vor den Zulassungs- und Berufungsausschüssen

1. Zulassungsausschuß für Ärzte

§ 36

(1) Der Zulassungsausschuß beschließt in Sitzungen. Zu den Sitzungen lädt der Vorsitzende unter Angabe der Tagesordnung ein.

(2) In den Fällen des § 140f Abs. 3 des Fünften Buches Sozialgesetzbuch sind die Patientenvertreterinnen und -vertreter unter Einhaltung einer Frist von zwei Wochen unter Angabe der Tagesordnung zu laden.

§ 37

(1) Über Zulassungen und über die Entziehung von Zulassungen beschließt der Zulassungsausschuß nach mündlicher Verhandlung. In allen anderen Fällen kann der Zulassungsausschuß eine mündliche Verhandlung anberaumen.

(2) Die Kassenärztliche Vereinigung, die Landesverbände der Krankenkassen und die Ersatzkassen sowie die an dem Verfahren beteiligten Ärzte sind unter Einhaltung einer Frist von zwei Wochen zur mündlichen Verhandlung zu laden; die Ladung ist zuzustellen. Es kann auch in Abwesenheit Beteiligter verhandelt werden, falls in der Ladung darauf hingewiesen ist.

§ 38

Über gebührenpflichtige Anträge wird erst nach Entrichtung der nach § 46 zu zahlenden Gebühr verhandelt. Wird die Gebühr nach Anforderung nicht innerhalb der gesetzten Frist eingezahlt, so gilt der Antrag als zurückgenommen, es sei denn, der Vorsitzende stundet die Gebühr. Die Zahlungsfrist und die Folgen ihrer Nichteinhaltung sind in der Anforderung zu vermerken.

§ 39

(1) Der Zulassungsausschuß erhebt die ihm erforderlich erscheinenden Beweise.

(2) Die vom Zulassungsausschuß herangezogenen Sachverständigen und Auskunftspersonen erhalten eine Vergütung oder Entschädigung entsprechend dem Justizvergütungs- und -entschädigungsgesetz.

§ 40

Die Sitzung ist nicht öffentlich. Sie beginnt nach dem Aufruf der Sache mit der Darstellung des Sachverhalts durch den Vorsitzenden oder das von ihm als Berichterstatter bestellte Mitglied. Der Vorsitzende leitet die Verhandlung, Beratung und Abstimmung. Der Vorsitzende hat dahin zu wirken, daß der Sachverhalt ausreichend geklärt wird. Jedes Mitglied des Zulassungsausschusses kann sachdienliche Fragen und Anträge stellen.

§ 41

(1) Beratung und Beschlußfassung erfolgen in Abwesenheit der am Verfahren Beteiligten. Die Anwesenheit eines von der Kassenärztlichen Vereinigung gestellten Schriftführers für den Zulassungsausschuß ist zulässig. In den Fällen des § 140f Abs. 3 des Fünften Buches Sozialgesetzbuch nehmen die Patientenvertreterinnen und -vertre-

ter mit beratender Stimme an den Sitzungen teil; sie haben ein Recht auf Anwesenheit bei der Beschlussfassung.

(2) Beschlüsse können nur bei vollständiger Besetzung des Zulassungsausschusses gefaßt werden. Stimmenthaltung ist unzulässig.

(3) Über den Hergang der Beratungen und über das Stimmenverhältnis ist Stillschweigen zu bewahren.

(4) Das Ergebnis des Verfahrens ist in einem Beschluß niederzulegen. In dem Beschluß sind die Bezeichnung des Zulassungsausschusses, die an der Beschlußfassung beteiligten Mitglieder und der Tag der Beschlußfassung anzugeben. Der Beschluß ist mit Gründen zu versehen und vom Vorsitzenden und je einem Vertreter der Ärzte und der Krankenkassen zu unterzeichnen. Dem Beschluß ist eine Belehrung über die Zulässigkeit des Rechtsbehelfs, die einzuhaltende Frist und den Sitz des zuständigen Berufungsausschusses beizufügen.

(5) Den Beteiligten wird alsbald je eine Ausfertigung des Beschlusses zugestellt; eine weitere Ausfertigung erhält die Kassenärztliche Vereinigung für die Registerakten. In den Fällen des § 140f Abs. 3 des Fünften Buches Sozialgesetzbuch erhalten die Patientenvertreterinnen und -vertreter eine Abschrift des Beschlusses. Der Zulassungsausschuß kann beschließen, daß auch andere Stellen Abschriften des Beschlusses erhalten, wenn sie ein berechtigtes Interesse nachweisen.

(6) (weggefallen)

§ 42

Über jede Sitzung ist eine Niederschrift anzufertigen. Sie soll die Namen der Sitzungsteilnehmer, die Anträge und wesentlichen Erklärungen der Beteiligten, das Ergebnis der Beweiserhebung und die Beschlüsse enthalten. Die Niederschrift ist von dem Vorsitzenden zu unterzeichnen. Die Patientenvertreterinnen und -vertreter erhalten eine Niederschrift über die Tagesordnungspunkte der Sitzung, die sie gemäß § 140f Abs. 3 des Fünften Buches Sozialgesetzbuch mitberaten haben.

§ 43

Die Akten des Zulassungsausschusses sind fünf Jahre, Niederschriften und Urschriften von Beschlüssen zwanzig Jahre aufzubewahren.

2. Berufungsausschuß für Ärzte (Widerspruchsverfahren)

§ 44

Der Widerspruch ist schriftlich oder zur Niederschrift der Geschäftsstelle des Berufungsausschusses beim Berufungsausschuß einzulegen. Er muß den Beschluß bezeichnen, gegen den er sich richtet.

§ 45

(1) Der Widerspruch gilt als zurückgenommen, wenn die Gebühr nach § 46 nicht innerhalb der gesetzten Frist entrichtet ist. Die Zahlungsfrist und die Folgen ihrer Nichteinhaltung sind in der Anforderung zu vermerken.

(2) Der Widerspruch kann ohne mündliche Verhandlung zurückgewiesen werden, wenn der Berufungsausschuß die Zurückweisung einstimmig beschließt.

(3) Die Vorschriften der §§ 36 bis 43 gelten entsprechend.

Abschnitt XII
Gebühren

§ 46

(1) Für das Verfahren werden nachstehende Gebühren erhoben:

a) bei Antrag auf Eintragung des Arztes
in das Arztregister .... 100 Euro

b) bei Antrag des Arztes oder des
medizinischen Versorgungszentrums
auf Zulassung .... 100 Euro

c) bei sonstigen Anträgen, mit denen der
Arzt, das medizinische Versorgungszentrum
oder die sonstige ärztlich geleitete
Einrichtung die Beschlußfassung des
Zulassungsausschusses anstrebt .... 120 Euro

d) bei Einlegung eines Widerspruchs,
durch den der Arzt, das medizinische
Versorgungszentrum oder die sonstige
ärztlich geleitete Einrichtung die
Änderung eines Verwaltungsaktes
anstrebt .... 200 Euro.

Die Gebühren sind mit der Stellung des Antrags oder Einlegung des Widerspruchs fällig. Wird einem Widerspruch ganz oder teilweise stattgegeben, so wird die nach Buchstabe d entrichtete Gebühr zurückgezahlt.

(2) Außer der Gebühr nach Absatz 1 werden als Verwaltungsgebühren erhoben:

a) nach unanfechtbar gewordener Zulassung .... 400 Euro

b) nach erfolgter Eintragung einer auf § 31
Abs. 1 bis 3 oder § 31a Abs. 1

beruhenden Ermächtigung in
das Verzeichnis nach § 31 Abs. 10 .... 400 Euro

c) nach erfolgter Genehmigung
der Anstellung eines Arztes bei einem
Vertragsarzt, in einem medizinischen
Versorgungszentrum nach § 95 Abs. 2 des
Fünften Buches Sozialgesetzbuch oder
einer Einrichtung nach § 311 Abs. 2 des
Fünften Buches Sozialgesetzbuch .... 400 Euro

d) nach erfolgter Eintragung einer
auf § 32b Abs. 2 beruhenden Genehmigung
in das Verzeichnis nach § 32b Abs. 4 .... 400 Euro.

(3) Es sind zu zahlen

a) die Gebühren nach Absatz 1 Buchstabe a an die Kassenärztliche Vereinigung,

b) die Gebühren nach Absatz 1 Buchstaben b und c und Absatz 2 Buchstaben a und b an die Geschäftsstelle des Zulassungsausschusses,

c) die Gebühr nach Absatz 1 Buchstabe d an die Geschäftsstelle des Berufungsausschusses.

Abschnitt XIII
Übergangs- und Schlußbestimmungen

§ 47

(1) Diese Zulassungsordnung tritt am Ersten des auf die Verkündung folgenden Monats in Kraft.

(2) Die §§ 25 und 31 Abs. 9 gelten erst für Anträge von Psychotherapeuten, die nach dem 31. Dezember 1998 gestellt werden.

§§ 48 bis 52

–

§ 53

(1) Nach dem Inkrafttreten dieser Zulassungsordnung sind Arztregister nach dem in § 2 vorgeschriebenen Muster anzulegen.

(2) bis (4)

§ 54

–

§ 55

(1) Diese Verordnung gilt nach § 14 des Dritten Überleitungsgesetzes vom 4. Januar 1952 (Bundesgesetzbl. I S. 1) in Verbindung mit Artikel 3 Abs. 2 des Gesetzes über Kassenarztrecht auch im Land Berlin ...

(2)

Schlußformel

Der Bundesminister für Arbeit

Anlage (zu § 2 Abs. 2)

Fundstelle des Originaltextes: BGBl. I 1988, 2574

Muster für das Arztregister

Das Arztregister hat folgende Angaben zu enthalten:

1. Laufende Nummer..
2. Name und Titel ....
3. Vorname ....
4. Wohnort ....
5. Geburtsdatum und -ort ....
6. a) Wohnungsanschrift ....
    b) Praxisanschrift ....
7. Staatsangehörigkeit ....
8. Fremdsprachenkenntnisse ....
9. Datum des Staatsexamens ....
10. Datum der Approbation ....
11. Datum der Promotion ....
12. Datum der Facharztanerkennung und Fachgebiet
13. Niedergelassen als
     prakt. Arzt .... ab ....
     Arzt für .... ab ....
14. Ausübung sonstiger ärztlicher Tätigkeit ....
15. Eingetragen am ....
16. Zugelassen am ....
17. Zulassung beendet am ....
18. Zulassung ruht seit ....
19. Zulassung entzogen am ....
20. Approbation entzogen am ....
21. Approbation ruht seit ....

22. Verhängung eines Berufsverbots am ....

23. Im Arztregister gestrichen am ....

24. Bemerkungen ....

Bundesmantelvertrag – Ärzte (Auszug)

Stand: 17.03.2009

1. Abschnitt – Regelungs- und Geltungsbereich

§ 1 Vertragsgegenstand, Sondervereinbarungen

(1) Dieser Vertrag regelt als allgemeiner Inhalt der Gesamtverträge die vertragsärztliche Versorgung. Sein Geltungsbereich erstreckt sich auf den Geltungsbereich des SGB V. Soweit sich Regelungen nur auf das in Artikel 3 des Einigungsvertrages genannte Gebiet beziehen, wird im Folgenden dafür der Begriff „neue Bundesländer" verwendet.

[...]

(6) Sofern sich die Vorschriften dieses Vertrages und seiner Anlage auf Vertragsärzte beziehen, gelten sie entsprechend für Medizinische Versorgungszentren, sofern nicht ausdrücklich etwas anderes vorgesehen ist oder Abweichendes aus der Besonderheit Medizinischer Versorgungszentren folgt.

§ 1a Begriffsbestimmungen (Glossar)

Für die Anwendung des Vertrages gelten ergänzend zu Definitionen in den einzelnen Vorschriften die nachfolgenden Begriffsbestimmungen:

1. Die nachstehenden Bezeichnungen „Vertragsarzt/Vertragspsychotherapeut, Arzt oder Psychotherapeut" werden einheitlich und neutral für Vertragsärzte und Vertragsärztinnen, Vertragspsychotherapeuten und Vertragspsychotherapeutinnen, Ärzte und Ärztinnen sowie Psychotherapeuten und Psychotherapeutinnen verwendet.

2. **Arzt:** Im jeweiligen Regelungszusammenhang entweder Vertragsarzt, ermächtigter Arzt, angestellter Arzt oder Assistent.

3. **Psychotherapeut:** Psychotherapeut entspricht der Definition in § 28 Abs. 3 SGB V; danach sind „Psychotherapeuten" Psychologische Psychotherapeuten und Kinder- und Jugendlichen-Psychotherapeuten. Im jeweiligen Sachzusammenhang kann der Begriff „Psychotherapeut" Vertragspsychotherapeut, angestellter Psychotherapeut, ermächtigter Psychotherapeut bedeuten.

4. **Vertragsarzt/Vertragspsychotherapeut:** Arzt oder Psychotherapeut im vollen Zulassungsstatus oder mit Teilzulassung (s. 4a).

4a. **Teilzulassung:** In § 19a Ärzte-ZV geregelter hälftiger Versorgungsauftrag.

5. **Ermächtigter Arzt oder Psychotherapeut:** Arzt oder Psychotherapeut im Ermächtigungsstatus gemäß § 116 SGB V (Krankenhausarzt) oder § 31, § 31a Ärzte-ZV (er-

mächtigter Arzt) oder § 24 Abs. 3 Satz 3 Ärzte-ZV (zur weiteren Tätigkeit ermächtigter Arzt).

6. **Medizinisches Versorgungszentrum:** Eine nach § 95 Abs. 1 SGB V zugelassene ärztlich geleitete Einrichtung sowie im Sinne der Bezeichnung eine Einrichtung nach § 311 Abs. 2 SGB V.

7. **Ermächtigte ärztlich geleitete Einrichtung:** Eine ärztlich geleitete Einrichtung im Ermächtigungsstatus gemäß §§ 117 ff. SGB V bzw. § 31 Ärzte-ZV.

8. **Angestellter Arzt/angestellter Psychotherapeut:** Arzt mit genehmigter Beschäftigung in einer Arztpraxis oder einem Medizinischen Versorgungszentrum gemäß § 95 Abs. 9 SGB V bzw. § 95 Abs. 1 SGB V; dasselbe gilt für Psychotherapeuten.

9. **Assistenten:** Weiterbildungs- oder Sicherstellungsassistenten gemäß § 32 Abs. 2 Ärzte-ZV; dasselbe gilt für Psychotherapeuten; sie können auch als Ausbildungsassistenten gemäß § 32 Abs. 2 Ärzte-ZV i.V.m. § 8 Abs. 3 PsychThG beschäftigt sein.

10. **Belegarzt:** Vertragsarzt mit Versorgungsstatus am Krankenhaus gemäß § 121 Abs. 2 SGB V.

11. **Tätigkeitsformen:** Tätigkeitsformen in der vertragsärztlichen Versorgung sind Kooperationsformen in Form von Berufsausübungsgemeinschaften, Teilberufsausübungsgemeinschaften, Leistungserbringergemeinschaften, auch in KV-bereichsübergreifender Form (Definitionen s. Nrn. 12 bis 15).

12. **Berufsausübungsgemeinschaft:** Rechtlich verbindliche Zusammenschlüsse von Vertragsärzten oder/und Vertragspsychotherapeuten oder Vertragsärzten/Vertragspsychotherapeuten und Medizinischen Versorgungszentren oder Medizinischen Versorgungszentren untereinander zur gemeinsamen Ausübung der Tätigkeit.

12a. **Berufsausübungsgemeinschaften sind nicht** Praxisgemeinschaften, Apparategemeinschaften oder Laborgemeinschaften und andere Organisationsgemeinschaften.

13. **Teilberufsausübungsgemeinschaft:** Teilberufsausübungsgemeinschaften sind im Rahmen von § 33 Abs. 3 Satz 2 Ärzte-ZV i.V.m. § 15a Abs. 5 erlaubte auf einzelne Leistungen bezogene Zusammenschlüsse zu Berufsausübungsgemeinschaften bei Vertragsärzten, Vertragspsychotherapeuten und Medizinischen Versorgungszentren in Entsprechung zu der vorstehenden Nr. 12.

14. **Leistungserbringergemeinschaft:** Eine bundesmantelvertraglich bestimmte Form der Zusammenarbeit von Vertragsärzten, insbesondere im Bereich der medizinisch-technischen Leistungen gemäß § 15 Abs. 3 BMV-Ä als Sonderfall der Leistungszuordnung im Rahmen der persönlichen Leistungserbringung.

14a. **Laborgemeinschaften** sind Gemeinschaftseinrichtungen von Vertragsärzten, welche dem Zweck dienen, laboratoriumsmedizinische Analysen regelmäßig in derselben gemeinschaftlich genutzten Betriebsstätte zu erbringen.

15. **KV-bereichsübergreifende Tätigkeit:** Eine KV-bereichsübergreifende Berufsausübung liegt vor, wenn der Arzt

1. gleichzeitig als Vertragsarzt mit zwei Teilzulassungen nach § 19a Ärzte-ZV oder als Vertragsarzt und gemäß § 24 Ärzte-ZV ermächtigter Arzt an einem weiteren Tätigkeitsort (Zweigpraxis) in Bereichen von mindestens zwei Kassenärztlichen Vereinigungen tätig ist; dasselbe gilt für ein Medizinisches Versorgungszentrum, wenn es in Bereichen von mindestens zwei Kassenärztlichen Vereinigungen an der vertragsärztlichen Versorgung teilnimmt;

2. als Beteiligter einer Berufsausübungsgemeinschaft tätig ist, deren Vertragsarztsitze (Orte der Zulassung) in Bereichen von mindestens zwei Kassenärztlichen Vereinigungen gelegen sind (§ 33 Abs. 2 Satz 2 und Abs. 3 Satz 2 Ärzte-ZV);

3. als Beteiligter einer Teilberufsausübungsgemeinschaft (§ 33 Abs. 2 Satz 3 Ärzte-ZV) an seinem Vertragsarztsitz und in einer Teilberufsausübungsgemeinschaft an einem weiteren Tätigkeitsort im Bereich einer weiteren Kassenärztlichen Vereinigung tätig ist;

4. als zugelassener Vertragsarzt gleichzeitig als angestellter Arzt in einem Medizinischen Versorgungszentrum im Bereich einer weiteren Kassen-ärztlichen Vereinigung tätig ist;

5. als angestellter Arzt in Medizinischen Versorgungszentren in Bereichen von mindestens zwei Kassenärztlichen Vereinigungen tätig ist.

Die vorstehenden Definitionen gelten auch für Vertragspsychotherapeuten und angestellte Psychotherapeuten. Ebenso können Medizinische Versorgungszentren in KV-bereichs-übergreifenden Tätigkeitsformen zusammenwirken.

16. **Vertragsarztsitz:** Ort der Zulassung für den Vertragsarzt oder Vertragspsychotherapeuten oder das Medizinische Versorgungszentrum.

17. **Tätigkeitsort:** Ort der ärztlichen oder psychotherapeutischen Berufsausübung oder Versorgung durch ein Medizinisches Versorgungszentrum, der als Betriebsstätte oder Nebenbetriebsstätte zulässigerweise ausgewiesen ist.

18. **Arztpraxis:** Tätigkeitsort des Vertragsarztes oder Vertragspsychotherapeuten an seiner Betriebsstätte, der auch die Nebenbetriebsstätten der Arztpraxis einschließt. Arztpraxis in diesem Sinne ist auch die Berufsausübungsgemeinschaft oder ein Medizinisches Versorgungszentrum.

19. **Zweigpraxis:** Genehmigter weiterer Tätigkeitsort des Vertragsarztes oder die Nebenbetriebsstätte eines Medizinischen Versorgungszentrums (vgl. Nr. 22).

20. **Ausgelagerte Praxisstätte:** Ein zulässiger nicht genehmigungsbedürftiger, aber anzeigepflichtiger Tätigkeitsort des Vertragsarztes, Vertragspsychotherapeuten oder eines Medizinischen Versorgungszentrums in räumlicher Nähe zum Vertragsarztsitz (vgl. § 24 Abs. 5 Ärzte-ZV); ausgelagerte Praxisstätte in diesem Sinne ist auch ein Operationszentrum, in welchem ambulante Operationen bei Versicherten ausgeführt werden, welche den Vertragsarzt an seiner Praxisstätte in Anspruch genommen haben.

21. **Betriebsstätte:** Betriebsstätte des Vertragsarztes oder Vertragspsychotherapeuten oder des Medizinischen Versorgungszentrums ist der Vertragsarztsitz. Betriebsstätte des Belegarztes ist auch das Krankenhaus. Betriebsstätte des ermächtigten Arztes ist nach Nr. 5 der Ort der Berufsausübung im Rahmen der Ermächtigung. Betriebsstätte des angestellten Arztes ist der Ort seiner Beschäftigung. Betriebsstätte einer Berufsausübungsgemeinschaft sind die örtlich übereinstimmenden Vertragsarztsitze der Mitglieder der Berufsausübungsgemeinschaft, bei örtlich unterschiedlichen Vertragsarztsitzen der Mitglieder der Berufsausübungsgemeinschaft ist Betriebsstätte der gewählte Hauptsitz im Sinne von § 15a Abs. 4 BMV-Ä bzw. § 33 Abs. 3 Ärzte-ZV.

22. **Nebenbetriebsstätte:** Nebenbetriebsstätten sind in Bezug auf Betriebsstätten zulässige weitere Tätigkeitsorte, an denen der Vertragsarzt, der Vertragspsychotherapeut, der angestellte Arzt und die Berufsausübungsgemeinschaft oder ein Medizinisches Versorgungszentrum neben ihrem Hauptsitz an der vertragsärztlichen Versorgung teilnehmen.

23. **Versorgungsauftrag:** Der inhaltliche und zeitliche sowie fachliche Umfang der Versorgungspflichten von Vertragsärzten, Vertragspsychotherapeuten und Medizinischen Versorgungszentren.

24. **Persönliche Leistungserbringung:** Die durch gesetzliche und vertragliche Bestimmungen näher geregelte Verpflichtung des Vertragsarztes bzw. angestellten Arztes zur unmittelbaren Erbringung der vorgesehenen medizinischen Leistungen, auch im Rahmen zulässiger Delegationen.

25. **Persönliche Leitung der Arztpraxis:** Voraussetzungen, nach denen bei in der Arztpraxis beschäftigten angestellten Ärzten im Hinblick auf deren Zahl, Tätigkeitsumfang und Tätigkeitsinhalt sichergestellt ist, dass der Praxisinhaber den Versorgungsauftrag im notwendigen Umfang auch persönlich erfüllt und dafür die Verantwortung übernehmen kann.

26. **Präsenzpflicht:** Der zeitliche Umfang des Zur-Verfügung-Stehens des Vertragsarztes/Vertragspsychotherapeuten bzw. der Ärzte / Psychotherapeuten des Medizinischen Versorgungszentrums am Vertragsarztsitz und gegebenenfalls Nebenbetriebsstätten, in Form von angekündigten Sprechstunden.

27. **Kennzeichnungen:** Verfahren oder Formen (nach Nrn. 28 bis 33), mit denen die an der vertragsärztlichen Versorgung Teilnehmenden nach Maßgabe der näheren vertraglichen Bestimmungen die ärztlich erbrachten und/oder verordneten Leistungen sowie den Ort der Leistungserbringung kennzeichnen.

28. **Behandlungsfall:** Die gesamte von derselben Arztpraxis (Nr. 18) innerhalb desselben Kalendervierteljahres an demselben Versicherten ambulant zu Lasten derselben Krankenkasse vorgenommene Behandlung gilt jeweils als Behandlungsfall; Behandlungsfälle beziehen sich auf die Rechtsbeziehungen zwischen Kassenärztlichen Vereinigungen und Krankenkassen im Abrechnungswesen.

29. **Betriebsstättenfall:** Die gesamten innerhalb desselben Kalendervierteljahres in derselben Betriebsstätte oder Nebenbetriebsstätte bei demselben Versicherten zu Lasten derselben Krankenkasse vorgenommene Behandlungsleistungen gelten jeweils als Betriebsstättenfall. Ein Betriebsstättenfall liegt auch vor, wenn die ärztlichen Leistungen bei demselben Versicherten von einem angestellten Arzt des Vertragsarztes oder einem angestellten Arzt des Medizinischen Versorgungszentrums in einer Betriebsstätte oder Nebenbetriebsstätte erbracht werden und von diesem nicht selbst, sondern dem Träger der Betriebsstätte abgerechnet werden. Werden von demselben Arzt bei demselben Versicherten ärztliche Leistungen an unterschiedlichen Betriebsstätten erbracht, in welchen der Arzt in einem jeweils unterschiedlichen vertragsarztrechtlichen Status tätig ist (Vertragsarzt, angestellter Arzt, Arzt im Medizinischen Versorgungszentrum, ermächtigter Arzt, Arzt in genehmigter Berufsausübungsgemeinschaft), liegt jeweils ein gesonderter Betriebsstättenfall (insoweit auch ein gesonderter Behandlungsfall nach Nr. 28) vor. Ein jeweils gesonderter Betriebsstättenfall liegt auch vor, wenn ein Vertragsarzt an zwei Orten gemäß § 19a Ärzte-ZV zugelassen ist.

30. **Arztfall:** Alle Leistungen bei einem Versicherten, welche durch denselben Arzt unabhängig vom vertragsarztrechtlichen Status in der vertragsärztlichen Versorgung in demselben Kalendervierteljahr und unabhängig von der Betriebsstätte/Nebenbetriebsstätte zu Lasten derselben Krankenkasse erbracht werden.

31. **Arztnummer:** Eine nach § 37a BMV-Ä vorgeschriebene Kennzeichnung der Vertragsärzte und sonstiger Ärzte und entsprechend Psychotherapeuten. Die Arztnummer ist unabhängig vom Status oder der Betriebsstätte gültig.

32. **Betriebsstättennummer:** Eine nach § 37a BMV-Ä vorgeschriebene Kennzeichnung von Betriebsstätten- und Nebenbetriebsstätten. Die Betriebsstättennummer ermöglicht die Zuordnung ärztlicher Leistungen zum Ort der Leistungserbringung.

33. **Arztpraxisübergreifende Behandlung:** Arztfall in zwei oder mehreren Arztpraxen. Die Bestimmung eines arztpraxisübergreifenden Behandlungsfalls dient als Grundlage für besondere einzelne Abrechnungsregelungen im EBM.

2. Abschnitt – Vertragsärztliche Versorgung: Inhalt und Umfang

§ 2 Umfang der vertragsärztlichen Versorgung

(1) Die vertragsärztliche Versorgung umfasst:

1. die ärztliche Behandlung,

2. die ärztliche Betreuung bei Schwangerschaft und Mutterschaft,

3. die ärztlichen Maßnahmen zur Früherkennung von Krankheiten,

4. die ärztlichen Maßnahmen zur Empfängnisregelung, Sterilisation und zum Schwangerschaftsabbruch, soweit die Leistungspflicht nicht durch gesetzliche Regelungen ausgeschlossen ist,

5. die ärztlichen Leistungen zur Herstellung der Zeugungs- oder Empfängnisfähigkeit sowie die medizinischen Maßnahmen zur Herbeiführung einer Schwangerschaft,

6. die Verordnung von Arznei-, Verband-, Heil- und Hilfsmitteln, von Krankentransporten, von Krankenhausbehandlung, von Behandlung in Vorsorge- oder Rehabilitationseinrichtungen sowie die Veranlassung von ambulanten Operationen, auch soweit sie im Krankenhaus durchgeführt werden sollen,

7. die Beurteilung der Arbeitsunfähigkeit,

8. die ärztliche Verordnung von ambulanten Vorsorgeleistungen in anerkannten Kurorten,

9. die Ausstellung von Bescheinigungen und Erstellung von Berichten, welche die Krankenkassen oder der Medizinische Dienst zur Durchführung ihrer gesetzlichen Aufgaben oder welche die Versicherten für den Anspruch auf Fortzahlung des Arbeitsentgelts benötigen,

10. die Verordnung von häuslicher Krankenpflege,

11. die Verordnung von medizinischen Leistungen der Rehabilitation, Belastungserprobung und Arbeitstherapie,

12. die vom Arzt angeordneten und unter seiner Verantwortung erbrachten Hilfeleistungen anderer Personen,

13. die psychotherapeutische Behandlung einer Krankheit durch Psychologische Psychotherapeuten und Kinder- und Jugendlichenpsychotherapeuten und Vertragsärzte im Rahmen des SGB V und der Richtlinien des Gemeinsamen Bundesausschusses,

14. die Verordnung von Soziotherapie.

(2) Zur ärztlichen Behandlung im Rahmen der vertragsärztlichen Versorgung gehören auch

1. die belegärztlichen Leistungen im Sinne von § 121 SGB V,

2. die ambulante ärztliche Behandlung als medizinische Vorsorgeleistung im Sinne von § 23 Abs. 1 SGB V,

3. ärztliche Leistungen bei interkurrenten Erkrankungen während ambulanter Vorsorgeleistungen in anerkannten Kurorten sowie ambulant ausgeführte Leistungen, die während einer stationären Rehabilitation erforderlich werden und nicht mit dem Heilbehandlungsleiden im Zusammenhang stehen,

4. die in Notfällen ambulant ausgeführten ärztlichen Leistungen durch nicht an der vertragsärztlichen Versorgung teilnehmende Ärzte,

4.1 Leistungen auf der Grundlage von Verträgen nach § 73b und § 73c SGB V, soweit dies in den Gesamtverträgen vereinbart ist,

5. die ärztlichen Leistungen bei vorübergehender Erbringung von Dienstleistungen gemäß Artikel 60 des EWG-Vertrages (§ 8).

(3) Zur vertragsärztlichen Versorgung gehören auch die ärztlichen Leistungen in ermächtigten poliklinischen Institutsambulanzen der Hochschulen und, unbeschadet der besonderen Regelungen über die Vergütung, die ärztlichen Leistungen in ermächtigten psychiatrischen Institutsambulanzen sowie in ermächtigten sozialpädiatrischen Zentren, und Leistungen der Psychotherapie nach den Richtlinien des Gemeinsamen Bundesausschusses an poliklinischen Institutsambulanzen psychologischer Universitätsinstitute und Ausbildungsstätten nach § 6 des Psychotherapeutengesetzes.

(4) Zur vertragsärztlichen Versorgung gehören nach Maßgabe des dazu abgeschlossenen Vertrages (Kurarztvertrag) ambulante Vorsorgeleistungen in anerkannten Kurorten.

(5) Zur vertragsärztlichen Versorgung gehören auch Maßnahmen zur Erhaltung und Förderung der Gesundheit und zur Verhütung von Krankheiten und zur Rehabilitation, soweit dies in den Gesamtverträgen vereinbart ist.

(6) Die Durchführung von Leistungen der Psychotherapie und der Psychosomatik in der vertragsärztlichen Versorgung wird ergänzend zu diesem Vertrag durch besondere Vereinbarung geregelt, die Bestandteil dieses Vertrages ist (Anlage 1).

(7) Zur Sicherung der Versorgungsqualität und der Wirtschaftlichkeit der Leistungserbringung können die Vertragspartner Inhalt und Umfang der Versorgung von definierten Patientengruppen durch besondere Versorgungsaufträge festlegen. Ein Versorgungsauftrag ist die Übernahme der ärztlichen Behandlung und Betreuung für eine definierte Patientengruppe im Sicherstellungsauftrag unter Einbeziehung konsiliarer ärztlicher Kooperation, die eine an der Versorgungsnotwendigkeit orientierte vertraglich vereinbarte Qualitätssicherung voraussetzt. In den Versorgungsaufträgen kann festgelegt werden, dass bestimmte Leistungen nur im konsiliarischen Zusammenwirken erbracht werden. Dabei können zu § 15 (Persönliche Leistungserbringung) abweichende Bestimmungen festgelegt werden. Die Durchführung der in den Versorgungsaufträgen genannten Leistungen kann unter einen Genehmigungsvorbehalt gestellt werden. (Anlage 9)

(8) Zur vertragsärztlichen Versorgung gehören auch die nach Maßgabe besonderer vertraglicher Regelungen vereinbarten Leistungen.

(9) Voraussetzung für die Abrechnung von Leistungen gegenüber der Kassenärztlichen Vereinigung ist eine Leistungsbeschreibung im Einheitlichen Bewertungsmaßstab, welche die vertragsärztliche Leistung eindeutig definiert oder der eine ärztliche Leistung durch die Vertragspartner verbindlich zugeordnet wurde, oder eine Vereinbarung nach Abs. 7.

§ 3 Leistungen außerhalb der vertragsärztlichen Versorgung

(1) Die vertragsärztliche Versorgung umfasst keine Leistungen, für welche die Krankenkassen nicht leistungspflichtig sind oder deren Sicherstellung anderen Leistungserbringern obliegt. Dies gilt insbesondere für Leistungen, die nach der Entscheidung des Gemeinsamen Bundesausschusses in den Richtlinien nach § 92 SGB V von der Leistungspflicht der gesetzlichen Krankenversicherung ausgeschlossen wurden.

Leistungen, für die eine Leistungspflicht der Krankenkassen nicht besteht, können nur im Rahmen einer Privatbehandlung erbracht werden, über die mit dem Versicherten vor Beginn der Behandlung ein schriftlicher Behandlungsvertrag abgeschlossen werden muss.

(2) Der Ausschluss aus der vertragsärztlichen Versorgung gilt insbesondere für folgende Leistungen:

1. Die Ausstellung von Bescheinigungen und Erstellung von Berichten, welche die Krankenkassen oder der Medizinische Dienst zur Durchführung ihrer gesetzlichen Aufgaben oder welche die Versicherten für den Anspruch auf Fortzahlung des Ar-

beitsentgelts nicht benötigen (z. B. sonstige Bescheinigungen für den Arbeitgeber, für Privatversicherungen, für andere Leistungsträger, Leichenschauscheine),

2. die Behandlung von Zahnkrankheiten, die in der Regel durch Zahnärzte erfolgt, mit Ausnahme

2.1 der Behandlung von Mund- und Kieferkrankheiten durch die an der vertragsärztlichen Versorgung teilnehmenden Ärzte für Mund-, Kiefer-, Gesichtschirurgie,

2.2 der Leistungen, die auch von an der vertragsärztlichen Versorgung teilnehmenden Ärzten gelegentlich vorgenommen werden (z. B. Zahnextraktionen),

2.3 der Leistungen, die auf Veranlassung von Vertragszahnärzten durch an der vertragsärztlichen Versorgung teilnehmende Ärzte ausgeführt werden,

3. Reihen-, Einstellungs-, Eignungs- und Tauglichkeitsuntersuchungen (einschließlich Sporttauglichkeit), auch wenn sie für bestimmte Betätigungen für Angehörige bestimmter Berufsgruppen vorgeschrieben sind,

4. Leistungen, für die ein Träger der Unfall-, der Rentenversicherung, der Sozialhilfe oder ein anderer Träger (z. B. Versorgungsbehörde) zuständig ist oder dem Arzt einen Auftrag gegeben hat,

5. die ärztliche Versorgung von Personen, die aufgrund dienstrechtlicher Vorschriften über die Gewährung von Heilfürsorge einen Anspruch auf unentgeltliche ärztliche Versorgung haben, ärztliche Untersuchungen zur Durchführung der allgemeinen Wehrpflicht sowie Untersuchungen zur Vorbereitung von Personalentscheidungen und betriebs- und fürsorgeärztliche Untersuchungen, die von öffentlich-rechtlichen Kostenträgern veranlasst werden,

6. die ärztliche Behandlung von Gefangenen in Justizvollzugsanstalten,

7. Maßnahmen zur Früherkennung von Krankheiten, wenn sie im Rahmen der Krankenhausbehandlung oder der stationären Entbindung durchgeführt werden, es sei denn, diese ärztlichen Leistungen werden von einem Belegarzt oder auf einer Belegabteilung von einem anderen Vertragsarzt erbracht, wenn das Krankenhaus die Leistungen nicht sicherstellen kann,

8. Leistungen für Krankenhäuser, Vorsorgeeinrichtungen oder Rehabilitationseinrichtungen – auch im Rahmen vor- und nachstationärer Behandlung, teilstationärer Behandlung oder ambulanter Operationen, soweit das Krankenhaus oder die Einrichtung diese Leistungen zu erbringen hat –, die auf deren Veranlassung durch Vertragsärzte, ermächtigte Ärzte oder ärztlich geleitete Einrichtungen in den oben genannten Häusern oder ambulanten Einrichtungen im Rahmen der genannten Behandlung erbracht werden, auch wenn die Behandlung des Versicherten im Krankenhaus oder in den Einrichtungen nur zur Durchführung der ver-

anlassten Leistungen unterbrochen wird; dies gilt nicht für die von einem Belegarzt veranlassten Leistungen nach § 121 Abs. 3 SGB V,

9. ärztliche Behandlung außerhalb des Geltungsbereichs dieses Vertrages, sofern Gegenteiliges nicht ausdrücklich vereinbart wird,

10. Leistungen in einer zeitlich begrenzten vor- und nachstationären Behandlung im Krankenhaus (§ 115 a SGB V),

11. ambulant im Krankenhaus durchgeführte Operationen und stationsersetzende Eingriffe (§ 115 b Absatz 1 SGB V),

12. Leistungen, die im Krankenhaus teilstationär erbracht werden,

13. ambulante Behandlung im Krankenhaus gemäß § 116 b SGB V.

(3) Die ärztliche Versorgung in Eigeneinrichtungen der Krankenkassen richtet sich nach den hierfür abgeschlossenen Verträgen.

3. Abschnitt – Teilnahme an der vertragsärztlichen Versorgung

§ 4 Zulassung und Ermächtigung

(1) An der vertragsärztlichen Versorgung nehmen zugelassene Ärzte (Vertragsärzte), zugelassene medizinische Versorgungszentren, nach § 311 Abs. 2 Satz 1 und 2 SGB V zugelassene Einrichtungen in dem Umfang, in dem sie am 31.12.2003 zur vertragsärztlichen Versorgung zugelassen waren (neue Bundesländer), sowie ermächtigte Ärzte und ermächtigte ärztlich geleitete Einrichtungen teil. Angestellte Ärzte in Vertragsarztpraxen und in Medizinischen Versorgungszentren nehmen an der vertragsärztlichen Versorgung im Rahmen ihres Status teil; sie haben die sich aus der Teilnahme an der vertragsärztlichen Versorgung ergebenden Pflichten zu beachten, auch wenn sie nicht Mitglied der Kassenärztlichen Vereinigung sind.

(2) An der vertragsärztlichen Versorgung nehmen auch zugelassene und ermächtigte Psychologische Psychotherapeuten und Kinder- und Jugendlichenpsychotherapeuten sowie ermächtigte Einrichtungen nach § 117 Absatz 2 SGB V teil. Absatz 1 Satz 2 gilt entsprechend für angestellte Psychotherapeuten.

(3) Die Kassenärztliche Vereinigung kann die Weiterführung der Praxis eines verstorbenen Vertragsarztes durch einen anderen Arzt bis zur Dauer von zwei Quartalen genehmigen. Sie informiert darüber die Landesverbände der Krankenkassen.

§ 5 Ermächtigung zur Durchführung bestimmter ärztlicher Leistungen

(1) Die Zulassungsausschüsse können über die Ermächtigungstatbestände des § 31 Absatz 1 Ärzte-ZV hinaus gemäß § 31 Absatz 2 Ärzte-ZV geeignete Ärzte und in Ausnahmefällen ärztlich geleitete Einrichtungen zur Durchführung bestimmter, in ei-

nem Leistungskatalog definierter Leistungen auf der Grundlage des EBM ermächtigen, wenn dies zur Sicherstellung der vertragsärztlichen Versorgung erforderlich ist.

(2) Die Zulassungsausschüsse können ferner ohne Prüfung eines Bedürfnisses auf Antrag für folgende Leistungsbereiche Ärzte und ärztlich geleitete Einrichtungen zur Teilnahme an der vertragsärztlichen Versorgung ermächtigen:

1. Zytologische Diagnostik von Krebserkrankungen, wenn der Arzt oder die Einrichtung mindestens 6000 Untersuchungen jährlich in der Exfoliativ-Zytologie durchführt und regelmäßig die zum Erwerb der Fachkunde in der zytologischen Diagnostik notwendigen eingehenden Kenntnisse und Erfahrungen vermittelt,

2. ambulante Untersuchungen und Beratungen zur Planung der Geburtsleitung im Rahmen der Mutterschaftsvorsorge gemäß den Richtlinien des Gemeinsamen Bundesausschusses.

(3) Für Ärzte, die am 31. Dezember 1994 zur Erbringung von Leistungen der Mutterschaftsvorsorge und Früherkennung von Krankheiten ermächtigt waren, ist bei der Prüfung des Bedürfnisses für die Fortsetzung der Ermächtigung zu berücksichtigen, ob und inwieweit hierdurch die Inanspruchnahme dieser Untersuchungen gefördert wird.

(4) Die Zulassungsausschüsse können abweichend von § 31 Abs. 9 Satz 1 Zulassungsverordnung für Vertragsärzte (Ärzte-ZV) Ärzte, die das 55. Lebensjahr überschritten haben, zur Erbringung von Leistungen zur Früherkennung von Brustkrebs im Rahmen des Früherkennungsprogramms nach Abschnitt B Nr. 4 Krebsfrüherkennungs-Richtlinien des Gemeinsamen Bundesausschusses für die Funktion als ärztlicher Leiter eines Referenzzentrums zur Sicherstellung der vertragsärztlichen Versorgung von anspruchsberechtigten Frauen ermächtigen.

[...]

4. Abschnitt –
Hausärztliche und fachärztliche Versorgung
§ 10 Inhalt und Umfang

Die vertragsärztliche Versorgung gliedert sich in die hausärztliche und die fachärztliche Versorgung. Das Nähere über Inhalt und Umfang der hausärztlichen Versorgung regeln die Vertragspartner in einer Anlage zu diesem Vertrag (Anlage 5).

5. Abschnitt – Qualität der vertragsärztlichen Versorgung

[...]

6. Abschnitt – Allgemeine Grundsätze der vertragsärztlichen Versorgung

§ 13 Anspruchsberechtigung und Arztwahl

(1) Anspruchsberechtigt nach diesem Vertrag sind alle Versicherten, die ihre Anspruchsberechtigung durch Vorlage der Elektronische Gesundheitskarte oder eines anderen gültigen Behandlungsausweises nachweisen. Die Versicherten sind verpflichtet, die Elektronische Gesundheitskarte vor jeder Inanspruchnahme eines Vertragsarztes vorzulegen. Die Krankenkassen werden ihre Mitglieder entsprechend informieren.

(2) Kostenerstattungsberechtigte Versicherte, die sich nicht nach Abs. 1 ausweisen, sind Privatpatienten. Unberührt davon bleiben die Regelungen nach § 18 Abs. 8 Nr. 1 und Absatz 9. Ärztliche Leistungen im Rahmen einer Privatbehandlung sind nach den Grundsätzen der Gebührenordnung für Ärzte (GOÄ) in Rechnung zu stellen. Die Krankenkassen erstatten nach Maßgabe ihrer Satzung ihren kostenerstattungsberechtigten Versicherten höchstens hierfür die entsprechende Vergütung, die die Krankenkassen bei Erbringung als Sachleistung zu tragen hätten, abzüglich des Erstattungsbetrages für Verwaltungskosten und fehlende Wirtschaftlichkeitsprüfung sowie vorgesehene Zuzahlungen.

(3) Den Versicherten steht die Wahl unter den Vertragsärzten, zugelassenen medizinischen Versorgungszentren, den nach § 311 Abs. 2 SGB V zugelassenen Einrichtungen, den ermächtigten Ärzten und den ermächtigten ärztlich geleiteten Einrichtungen im Umfang der jeweiligen Ermächtigung sowie den zu ambulanten Operationen in den betreffenden Leistungsbereichen zugelassenen Krankenhäusern frei. Andere Ärzte und ärztlich geleitete Einrichtungen dürfen nur in Notfällen in Anspruch genommen werden.

(4) Ärzte für Laboratoriumsmedizin, Mikrobiologie und Infektionsepidemiologie, Nuklearmedizin, Pathologie, Radiologische Diagnostik bzw. Radiologie, Strahlentherapie und Transfusionsmedizin können nur auf Überweisung in Anspruch genommen werden. Abweichend von Satz 1 können Ärzte für Radiologische Diagnostik bzw. Radiologie im Rahmen des Programms zur Früherkennung von Brustkrebs durch Mammographie-Screening gemäß den Krebsfrüherkennungs-Richtlinien des Gemeinsamen Bundesausschusses i.V.m. Anlage 9.2 des Bundesmantelvertrages direkt in Anspruch genommen werden. Sie sind berechtigt, gemäß Anlage 9.2 die notwendigen Leistungen zu veranlassen.

(5) Im Einheitlichen Bewertungsmaßstab (EBM) können hochspezialisierte Leistungen bestimmt werden, die wegen besonderer apparativer und fachlicher Voraussetzun-

gen oder zur Sicherung der Qualität der Versorgung nur auf Überweisung in Anspruch genommen werden können.

(6) Bei psychotherapeutischer Behandlung durch Psychologische Psychotherapeuten und Kinder- und Jugendlichenpsychotherapeuten ist spätestens nach den probatorischen Sitzungen der Konsiliarbericht einzuholen. Das Nähere bestimmt Anlage 1 zu diesem Vertrag.

(7) Der Vertragsarzt ist berechtigt, die Behandlung eines Versicherten, der das 18. Lebensjahr vollendet hat, abzulehnen, wenn dieser nicht vor der Behandlung sowohl die Elektronische Gesundheitskarte vorlegt als auch in den in § 28 Absatz 4 SGB V i.V.m. § 18 Absatz 1 bestimmten Fällen eine Zuzahlung von 10,00 € leistet. Dies gilt nicht bei akuter Behandlungsbedürftigkeit sowie für die nicht persönliche Inanspruchnahme des Vertragsarztes durch den Versicherten. Der Vertragsarzt darf die Behandlung eines Versicherten im Übrigen nur in begründeten Fällen ablehnen. Er ist berechtigt, die Krankenkasse unter Mitteilung der Gründe zu informieren.

(8) Die Übernahme der Behandlung verpflichtet den Vertragsarzt dem Versicherten gegenüber zur Sorgfalt nach den Vorschriften des bürgerlichen Vertragsrechtes. Hat der Vertragsarzt die Behandlung übernommen, ist er auch verpflichtet, die in diesem Rahmen notwendigen Verordnungen zu treffen, soweit die zu verordnenden Leistungen in die Leistungspflicht der gesetzlichen Krankenversicherung fallen.

(9) Bei der Verordnung von zuzahlungspflichtigen Arznei-, Verband-, Heil- und Hilfsmitteln – sofern der Patient das 18. Lebensjahr vollendet hat – und Verordnung von Krankenbeförderungen ist von der Zuzahlungspflicht des Patienten auszugehen. Dies gilt nicht im Falle von Verordnungen im Rahmen der Behandlung von Schwangeren. Vertragsärzte dürfen nur dann die Befreiung von der Zuzahlung kenntlich machen, wenn der Versicherte einen gültigen Befreiungsbescheid seiner Krankenkasse vorlegt.

§ 14 Vertreter, Assistenten, angestellte Ärzte, nichtärztliche Mitarbeiter

(1) Erbringen Vertreter Leistungen, für deren Erbringung eine Qualifikation gemäß § 11 dieses Vertrages Voraussetzung ist, hat sich der vertretene Arzt darüber zu vergewissern, dass die Qualifikationsvoraussetzungen erfüllt sind. Sind diese Qualifikationsvoraussetzungen nicht erfüllt, dürfen die Leistungen, die eine besondere Qualifikation erfordern, nicht erbracht werden. Für die Leistungserbringung durch angestellte Ärzte in einer Vertragsarztpraxis oder in einem Medizinischen Versorgungszentrum gilt § 11 Abs. 1 Satz 3. Sind die Qualifikationsvoraussetzungen nicht erfüllt, darf der angestellte Arzt diese Leistungen nicht eigenverantwortlich ausführen.

(2) Werden Assistenten, angestellte Ärzte oder Vertreter (§§ 32, 32 a, 32 b Ärzte-ZV) beschäftigt, so haftet der Vertragsarzt oder das medizinische Versorgungszentrum für

die Erfüllung der vertragsärztlichen Pflichten wie für die eigene Tätigkeit. Das Gleiche gilt bei der Beschäftigung nichtärztlicher Mitarbeiter.

(3) Vertretung bei genehmigungspflichtigen psychotherapeutischen Leistungen einschließlich der probatorischen Sitzungen ist grundsätzlich unzulässig. Im Übrigen ist eine Vertretung nur im Rahmen der Absätze 1 und 2 und unter Beachtung der berufsrechtlichen Befugnisse zulässig.

§ 14a Persönliche Leitung der Vertragsarztpraxis bei angestellten Ärzten

(1) In Fällen, in denen nach § 95 Abs. 9 SGB V i.V.m. § 32b Abs. 1 Ärzte-ZV1 der Vertragsarzt einen angestellten Arzt oder angestellte Ärzte beschäftigen darf, ist sicherzustellen, dass der Vertragsarzt die Arztpraxis persönlich leitet. Die persönliche Leitung ist anzunehmen, wenn je Vertragsarzt nicht mehr als drei voll-zeitbeschäftigte oder teilzeitbeschäftigte Ärzte in einer Anzahl, welche im zeitlichen Umfang ihrer Arbeitszeit drei vollzeitbeschäftigten Ärzten entspricht, angestellt werden. Bei Vertragsärzten, welche überwiegend medizinisch-technische Leistungen erbringen, wird die persönliche Leitung auch bei der Beschäftigung von bis zu vier vollzeitbeschäftigten Ärzten vermutet; Satz 2 2. Halbsatz gilt entsprechend. Bei Vertragsärzten, welche eine Zulassung nach § 19a Ärzte-ZV für einen hälftigen Versorgungsauftrag haben, vermindert sich die Beschäftigungsmöglichkeit auf einen vollzeitbeschäftigten oder zwei teilzeitbeschäftigte Ärzte je Vertragsarzt. Die Beschäftigung eines Weiterbildungsassistenten wird insoweit nicht angerechnet. Will der Vertragsarzt über den Umfang nach Sätzen 2 bis 4 hinaus weitere Ärzte beschäftigen, hat er dem Zulassungsausschuss vor der Erteilung der Genehmigung nachzuweisen, durch welche Vorkehrungen die persönliche Leitung der Praxis gewährleistet ist.

(2) Die Beschäftigung eines angestellten Arztes eines anderen Fachgebiets oder einer anderen Facharztkompetenz als desjenigen Fachgebiets oder derjenigen Facharztkompetenz, für die der Vertragsarzt zugelassen ist, ist nicht zulässig, wenn der anzustellende Arzt Facharzt eines Fachgebiets oder einer Facharztkompetenz ist, bei der die entsprechenden Ärzte gemäß § 13 Abs. 4 nur auf Überweisung in Anspruch genommen werden dürfen oder wenn durch diesen Facharzt Leistungen erbracht werden sollen, welche gemäß § 13 Abs. 5 nur auf Überweisung in Anspruch genommen werden können. Satz 1 gilt entsprechend, wenn ein Vertragsarzt, welcher gemäß § 13 Abs. 4 nur auf Überweisung in Anspruch genommen werden darf, einen Arzt eines anderen Fachgebiets oder einer anderen Facharztkompetenz anstellen will; handelt es sich um Leistungen, welche gemäß § 13 Abs. 5 nur auf Überweisung in Anspruch genommen werden dürfen, so ist der angestellte Arzt des entsprechenden Fachgebiets oder der entsprechenden Facharztkompetenz von der Erbringung dieser Leistungen in der Vertragsarztpraxis ausgeschlossen. Beschäftigt der Vertragsarzt einen angestellten Arzt eines anderen Fachgebiets oder einer anderen Facharztkompetenz,

der in diesem Fachgebiet oder unter dieser Facharztkompetenz tätig wird, so ist die gleichzeitige Teilnahme dieser Arztpraxis an der hausärztlichen und fachärztlichen Versorgung zulässig. Im übrigen gelten Absatz 1 und § 15 Abs. 1 Satz 1 mit der Maßgabe, dass der Vertragsarzt bei der Erbringung der fachärztlichen Leistungen des angestellten Arztes die Notwendigkeit der Leistung mit zu verantworten hat.

§ 15 Persönliche Leistungserbringung

(1) Jeder an der vertragsärztlichen Versorgung teilnehmende Arzt ist verpflichtet, die vertragsärztliche Tätigkeit persönlich auszuüben. Persönliche Leistungen sind auch ärztliche Leistungen durch genehmigte Assistenten und angestellte Ärzte gemäß § 32 b Ärzte-ZV, soweit sie dem Praxisinhaber als Eigenleistung zugerechnet werden können. Dem Praxisinhaber werden die ärztlichen selbständigen Leistungen des angestellten Arztes zugerechnet, auch wenn sie in der Betriebsstätte oder Nebenbetriebsstätte der Praxis in Abwesenheit des Vertragsarztes erbracht werden. Dasselbe gilt für fachärztliche Leistungen eines angestellten Arztes eines anderen Fachgebiets (§ 14a Abs. 2), auch wenn der Praxisinhaber sie nicht selbst miterbracht oder beaufsichtigt hat. Persönliche Leistungen sind ferner Hilfeleistungen nichtärztlicher Mitarbeiter, die der an der vertragsärztlichen Versorgung teilnehmende Arzt, der genehmigte Assistent oder ein angestellter Arzt anordnet und fachlich überwacht, wenn der nichtärztliche Mitarbeiter zur Erbringung der jeweiligen Hilfeleistung qualifiziert ist. Das Nähere zur Erbringung von ärztlich angeordneten Hilfeleistungen durch nicht-ärztliche Mitarbeiter in der Häuslichkeit der Patienten, in Alten- oder Pflegeheimen oder in anderen beschützenden Einrichtungen regeln die Vertragspartner in einer Anlage zu diesem Vertrag.

(2) Verordnungen dürfen vom Vertragsarzt nur ausgestellt werden, wenn er sich persönlich von dem Krankheitszustand des Patienten überzeugt hat oder wenn ihm der Zustand aus der laufenden Behandlung bekannt ist. Hiervon darf nur in begründeten Ausnahmefällen abgewichen werden.

(3) Vertragsärzte können sich bei gerätebezogenen Untersuchungsleistungen zur gemeinschaftlichen Leistungserbringung mit der Maßgabe zusammenschließen, dass die ärztlichen Untersuchungsleistungen nach fachlicher Weisung durch einen der beteiligten Ärzte persönlich in seiner Praxis oder in einer gemeinsamen Einrichtung durch einen gemeinschaftlich beschäftigten angestellten Arzt nach § 32 b Ärzte-ZV erbracht werden. Die Leistungen sind persönliche Leistungen des jeweils anweisenden Arztes, der an der Leistungsgemeinschaft beteiligt ist. Sind Qualifikationsvoraussetzungen gemäß § 11 dieses Vertrages vorgeschrieben, so müssen alle Gemeinschaftspartner und ein angestellter Arzt nach § 32 b Ärzte-ZV, sofern er mit der Ausführung der Untersuchungsmaßnahmen beauftragt ist, diese Voraussetzungen erfüllen.

(4) Ein Zusammenschluss von Vertragsärzten bei gerätebezogenen Untersuchungsleistungen zur gemeinschaftlichen Leistungserbringung von Laboratoriumsleistungen des Abschnitts 32.2 des Einheitlichen Bewertungsmaßstabes ist mit Wirkung ab 1. Januar 2009 ausgeschlossen. Bestehende Leistungserbringergemeinschaften (Gründung vor dem 1. Januar 2009) dürfen bis zum 31.12.2009 fortgeführt werden.

§ 15a Vertragsärztliche Tätigkeit an weiteren Orten (Betriebsstätten) und in gemeinschaftlicher Berufsausübung

(1) Der Vertragsarzt kann unter den Voraussetzungen des Absatzes 2 an weiteren Orten vertragsärztlich tätig sein. Betriebsstätte ist der Vertragsarztsitz. Jeder Ort einer weiteren Tätigkeit des Vertragsarztes ist eine Nebenbetriebsstätte der vertragsärztlichen Tätigkeit. Wird der Vertragsarzt gleichzeitig als angestellter Arzt in einem Medizinischen Versorgungszentrum oder bei einem anderen Vertragsarzt tätig, ist dieser Tätigkeitsort des Arztes die Betriebsstätte des Medizinischen Versorgungszentrums oder die Betriebsstätte des anderen Vertragsarztes. Wird der Vertragsarzt außerhalb seines Vertragsarztsitzes gemäß Absatz 4 in einer Berufsausübungsgemeinschaft tätig, ist der weitere Tätigkeitsort die Betriebsstätte der Berufsausübungsgemeinschaft. Dies gilt auch, wenn sich die gemeinsame Berufsausübung auf einzelne Leistungen beschränkt. Betriebsstätten des Belegarztes sind sowohl die Arztpraxis als auch das Krankenhaus. Betriebsstätte des ermächtigten Arztes ist der Ort der Ausübung seiner vertragsärztlichen Tätigkeit, zu der er ermächtigt ist.

(2) Die Tätigkeit des Vertragsarztes in einer weiteren Nebenbetriebsstätte außerhalb des Vertragsarztsitzes ist zulässig, wenn sie gemäß § 24 Ärzte-ZV genehmigt worden ist oder nach dieser Vorschrift ohne Genehmigung erlaubt ist. Tätigkeitsorte, an denen Anästhesisten vertragsärztliche Leistungen außerhalb ihres Vertragsarztsitzes erbringen, gelten als Nebenbetriebsstätten des Anästhesisten; Nebenbetriebsstätten des Anästhesisten sind auch Vertragszahnarztpraxen. Die Nebenbetriebsstätten der Anästhesisten bedürfen der Genehmigung der Kassenärztlichen Vereinigung. Soweit es sich um Nebenbetriebsstätten handelt, an denen schmerztherapeutische Leistungen erbracht werden, ist die Genehmigung zu erteilen, wenn die Voraussetzungen des § 24 Abs. 3 Ärzte-ZV vorliegen. Werden nur anästhesiologische Leistungen erbracht, ist die Genehmigung zu erteilen, wenn die Versorgung durch die Anzahl der Nebenbetriebsstätten nicht gefährdet ist. Nebenbetriebsstätten des Anästhesisten in Bezirken einer anderen Kassenärztlichen Vereinigung bedürfen der Genehmigung der Kassenärztlichen Vereinigung seines Vertragsarztsitzes; § 24 Abs. 3 Ärzte-ZV bleibt unberührt, sofern es sich um schmerztherapeutische Leistungen handelt.

(3) Absätze 1 und 2 gelten für Medizinische Versorgungszentren entsprechend. Weitere Einrichtungen von Medizinischen Versorgungszentren sind Nebenbetriebsstätten des Medizinischen Versorgungszentrums.

(4) Die gemeinsame Berufsausübung ist mit Genehmigung des Zulassungsausschusses gemäß § 33 Ärzte-ZV zulässig. Haben die Berufsausübungsgemeinschaftspartner denselben Vertragsarztsitz ist dieser Ort Betriebsstätte der Berufsausübungsgemeinschaft. Die Bildung weiterer Nebenbetriebsstätten bedarf, soweit vorgeschrieben, der Genehmigung nach Absatz 2. Hat die Berufsausübungsgemeinschaft mehrere örtlich unterschiedliche Vertragsarztsitze im Bezirk einer Kassenärztlichen Vereinigung, bestimmen die Berufsausübungsgemeinschaftspartner durch Anzeige an die Kassenärztliche Vereinigung einen Vertragsarztsitz als Betriebsstätte und den oder die weiteren Vertragsarztsitze als Nebenbetriebsstätten; die Wahl des Sitzes ist für den Ort zulässig, wo der Versorgungsschwerpunkt der Tätigkeit der Berufsausübungsgemeinschaft liegt. Die Wahlentscheidung ist für die Dauer von zwei Jahren verbindlich. Sie kann nur jeweils für den Beginn eines Quartals getroffen werden. Unterbleibt die Festlegung nach Fristsetzung der Kassenärztlichen Vereinigung, bestimmt diese die Betriebsstätte und die Nebenbetriebsstätte. Sind die Berufsausübungsgemeinschaftspartner wechselseitig an diesen Vertragsarztsitzen tätig, bedarf dies nicht der Genehmigung nach Absatz 2, wenn die Voraussetzungen der Präsenzverpflichtung nach § 17 erfüllt sind und eine Tätigkeit am jeweils anderen Vertragsarztsitz nur in begrenztem Umfang ausgeübt wird; hinsichtlich des zeitlichen Umfangs einer entsprechenden Tätigkeit gilt insoweit § 17 Abs. 1a. Auf Verlangen der zuständigen Kassenärztlichen Vereinigung ist dies nachzuweisen; sie kann die Verpflichtung durch Auflagen sichern. Sollen neben der Tätigkeit an den Vertragsarztsitzen weitere Nebenbetriebsstätten errichtet werden, bedarf dies der Genehmigung nach Absatz 2, soweit diese vorgesehen ist. Für Gemeinschaftspraxen mit Vertragsarztsitzen in Bereichen von mindestens zwei Kassenärztlichen Vereinigungen gilt ergänzend § 15b.

(5) Die gemeinsame Berufsausübung kann sich auf die Erbringung einzelner Leistungen beschränken (Teilberufsausübungsgemeinschaft). Unbeschadet des Erfordernisses der Genehmigung nach § 33 Abs. 3 Ärzte-ZV ist eine solche Teilberufsausübungsgemeinschaft nur zulässig, wenn das zeitlich begrenzte Zusammenwirken der Ärzte erforderlich ist, um Patienten zu versorgen, die einer gemeinschaftlichen Versorgung der der Teilberufsausübungsgemeinschaft angehörenden Ärzte bedürfen, und die Ärzte gemeinschaftlich im Rahmen des § 17 Abs. 1a zur Verfügung stehen. Die Möglichkeit für den Patienten, die Zweitmeinung anderer Ärzte, welche nicht in der Teilberufsausübungsgemeinschaft zusammengeschlossen sind, einzuholen, darf nicht beeinträchtigt werden.

(6) Wird die Tätigkeit in einer Nebenbetriebsstätte nach Absatz 2 genehmigt, ist der Arzt verpflichtet, die Behandlung von Versicherten an diesem Tätigkeitsort grundsätzlich persönlich durchzuführen. Die Beschäftigung eines Assistenten (angestellter Arzt) al-

lein zur Durchführung der Behandlung an dieser Nebenbetriebsstätte ist gestattet, wenn dies von der Genehmigung der Tätigkeit an diesem Ort umfasst ist. § 17 Abs. 1a Satz 3 bleibt unberührt.

(7) Wird die Genehmigung nach Absatz 2 widerrufen, ist dem Vertragsarzt eine angemessene Übergangszeit zur Beendigung seiner Tätigkeit an der Nebenbetriebsstätte einzuräumen.

§ 15b KV-bereichsübergreifende Berufsausübungsgemeinschaften

Für Berufsausübungsgemeinschaften, welche Vertragsarztsitze in Bereichen mehrerer Kassenärztlicher Vereinigungen haben, gelten ergänzend die Richtlinien der Kassenärztlichen Bundesvereinigung gemäß § 75 Abs. 7. Die Wahl des Vertragsarztsitzes für zwei Jahre gemäß § 33 Abs. 3 Satz 2 Ärzte-ZV [Hauptsitz der bereichsübergreifenden Berufsausübung] kann nur jeweils zum Beginn eines Quartals durch Anzeige an die maßgebliche Kassenärztliche Vereinigung erfolgen. Für die Tätigkeit der Mitglieder der Berufsausübungsgemeinschaft an örtlich unterschiedlichen Vertragsarztsitzen gilt § 17 Abs. 1a.

§ 15c Berufsausübungsgemeinschaften zwischen Medizinischen Versorgungszentren und Vertragsärzten

§§ 15a und 15b gelten entsprechend für Berufsausübungsgemeinschaften zwischen Medizinischen Versorgungszentren und Vertragsärzten unabhängig von der jeweiligen Rechtsform.

§ 16 Regeln der ärztlichen Kunst, Qualität, Wirtschaftlichkeit

Jeder Vertragsarzt hat die vertragsärztlichen Leistungen nach den Regeln der ärztlichen Kunst und unter Berücksichtigung des allgemein anerkannten Standes der medizinischen Erkenntnisse zu erbringen sowie das Gebot der Wirtschaftlichkeit (§ 12 SGB V) zu beachten und hierauf seine Behandlungs- und Verordnungsweise einzurichten. Die vom Gemeinsamen Bundesausschuss beschlossenen Richtlinien nach § 92 SGB V zur Sicherung einer ausreichenden, zweckmäßigen und wirtschaftlichen Versorgung sind für den Vertragsarzt, die Krankenkasse und für den Leistungsanspruch des Versicherten verbindlich. Außerdem hat der Vertragsarzt die Anforderungen an die Qualität der Leistungserbringung nach § 11 zu beachten.

§ 17 Sprechstunden, Besuche

(1) Der Vertragsarzt ist gehalten, an seinem Vertragsarztsitz sowie weiteren Tätigkeitsorten Sprechstunden entsprechend dem Bedürfnis nach einer ausreichenden und zweckmäßigen vertragsärztlichen Versorgung mindestens in dem in Absatz 1a geregelten Umfang festzusetzen und seine Sprechstunden auf einem Praxisschild bekannt zu geben; die Höchstzeiten für Tätigkeiten an weiteren Tätigkeitsorten sind zu beachten. Die Sprechstunden sind grundsätzlich mit festen Uhrzeiten auf dem

Praxisschild anzugeben. Sprechstunden „nach Vereinbarung" oder die Ankündigung einer Vorbestellpraxis dürfen zusätzlich angegeben werden. Die Ankündigung besonderer Sprechstunden ist nur für die Durchführung von Früherkennungsuntersuchungen zulässig.

(1a) Der sich aus der Zulassung des Vertragsarztes ergebende Versorgungsauftrag ist dadurch zu erfüllen, dass der Vertragsarzt an seinem Vertragsarztsitz persönlich mindestens 20 Stunden wöchentlich in Form von Sprechstunden zur Verfügung steht. Für einen Teilversorgungsauftrag nach § 19a Ärzte-ZV gelten die in Satz 1 festgelegten Sprechstundenzeiten entsprechend auf der Grundlage von zehn Stunden wöchentlich für den Vertragsarztsitz. In allen Fällen der Ausübung vertragsärztlicher Tätigkeit an einem weiteren oder mehreren Tätigkeitsorten außerhalb des Vertragsarztsitzes gilt, dass die Tätigkeit am Vertragsarztsitz alle Tätigkeiten außerhalb des Vertragsarztsitzes zeitlich insgesamt überwiegen muss. Bei Medizinischen Versorgungszentren gelten die vorgenannten Regelungen mit der Maßgabe, dass die angegebenen Mindestzeiten für den Versorgungsauftrag des Medizinischen Versorgungszentrums insgesamt unabhängig von der Zahl der beschäftigten Ärzte anzuwenden sind. Satz 3 gilt entsprechend. Zur Sicherung der Versorgungspräsenz am Vertragsarztsitz und den weiteren Orten sollen Mindest- und/oder Höchstzeiten an den weiteren Orten festgelegt werden.

(1b) Absatz 1a gilt hinsichtlich des zeitlichen Umfangs nicht für Anästhesisten und Belegärzte.

(2) Bei der Verteilung der Sprechstunden auf den einzelnen Tag sind die Besonderheiten des Praxisbereiches und die Bedürfnisse der Versicherten (z. B. durch Sprechstunden am Abend oder an Samstagen) zu berücksichtigen.

(3) Ist der Vertragsarzt länger als eine Woche an der Ausübung seiner Praxis verhindert, so hat er dies der Kassenärztlichen Vereinigung unter Benennung der vertretenden Ärzte unverzüglich mitzuteilen. Darüber hinaus soll der Vertragsarzt – auch bei Verhinderung von weniger als einer Woche – dies in geeigneter Weise (z. B. durch Aushang) bekanntgeben. Die Vertretung ist jeweils mit dem vertretenden Arzt abzusprechen. Bei Krankheit, Urlaub oder Teilnahme an ärztlicher Fortbildung oder an einer Wehrübung kann sich der Vertragsarzt innerhalb von zwölf Monaten bis zu einer Dauer von drei Monaten ohne Genehmigung der Kassenärztlichen Vereinigung vertreten lassen. Eine Vertragsärztin kann sich in unmittelbarem zeitlichen Zusammenhang mit einer Entbindung bis zu einer Dauer von sechs Monaten vertreten lassen; die Vertretungszeiten dürfen zusammen mit den Vertretungszeiten nach Satz 4 innerhalb eines Zeitraums von zwölf Monaten eine Dauer von sechs Monaten nicht überschreiten.

(4) Besuche außerhalb seines üblichen Praxisbereiches kann der Vertragsarzt ablehnen, es sei denn, dass es sich um einen dringenden Fall handelt und ein Vertragsarzt, in dessen Praxisbereich die Wohnung des Kranken liegt, nicht zu erreichen ist.

(5) Wird ohne zwingenden Grund ein anderer als einer der nächsterreichbaren Vertragsärzte in Anspruch genommen, hat der Versicherte die Mehrkosten zu tragen.

(6) Die Besuchsbehandlung ist grundsätzlich Aufgabe des behandelnden Hausarztes. Ein Arzt mit Gebietsbezeichnung, der nicht die Funktion des Hausarztes wahrnimmt, ist unbeschadet seiner Verpflichtung zur Hilfeleistung in Notfällen auch zur Besuchsbehandlung berechtigt und verpflichtet:

1. Wenn er zur konsiliarischen Beratung hinzugezogen wird und nach dem Ergebnis der gemeinsamen Beratung weitere Besuche durch ihn erforderlich sind,

2. wenn bei Patienten, die von ihm behandelt werden, wegen einer Erkrankung aus seinem Fachgebiet ein Besuch notwendig ist.

(7) Die Krankenkassen haben ihre Versicherten darüber aufzuklären, dass sie einen Anspruch auf Besuchsbehandlung nur haben, wenn ihnen das Aufsuchen des Arztes in dessen Praxisräumen wegen Krankheit nicht möglich oder nicht zumutbar ist.

[...]

§ 21 Behandlungsfall/Krankheitsfall/Betriebsstättenfall/Arztfall

(1) Die gesamte von derselben Arztpraxis (Vertragsarzt, Vertragspsychotherapeut, Berufsausübungsgemeinschaft, Medizinisches Versorgungszentrum) innerhalb desselben Kalendervierteljahres an demselben Versicherten ambulant zu Lasten derselben Krankenkasse vorgenommene Behandlung gilt jeweils als Behandlungsfall. Ein einheitlicher Behandlungsfall liegt auch dann vor, wenn sich aus der zuerst behandelten Krankheit eine andere Krankheit entwickelt oder während der Behandlung hinzutritt oder wenn der Versicherte, nachdem er eine Zeitlang einer Behandlung nicht bedurfte, innerhalb desselben Kalendervierteljahres wegen derselben oder einer anderen Krankheit von demselben Vertragsarzt behandelt wird. Ein einheitlicher Behandlungsfall liegt auch dann vor, wenn sich der Versichertenstatus während des Quartals ändert. Es wird der Versichertenstatus bei der Abrechnung zugrunde gelegt, der bei Quartalsbeginn besteht. Stationäre belegärztliche Behandlung ist ein eigenständiger Behandlungsfall auch dann, wenn in demselben Quartal ambulante Behandlung durch denselben Belegarzt erfolgt. Unterliegt die Häufigkeit der Abrechnung bestimmter Leistungen besonderen Begrenzungen durch entsprechende Regelungen im Einheitlichen Bewertungsmaßstab (EBM), die auf den Behandlungsfall bezogen sind, können sie nur in diesem Umfang abgerechnet werden, auch wenn sie durch denselben Arzt in demselben Kalendervierteljahr bei demselben Ver-

sicherten sowohl im ambulanten als auch stationären Behandlungsfall durchgeführt werden.

Alle Leistungen, die in einer Einrichtung nach § 311 SGB V oder einem medizinischen Versorgungszentrum bei einem Versicherten pro Quartal erbracht werden, gelten als ein Behandlungsfall. Die Abrechnung der Leistungen, ihre Vergütung sowie die Verpflichtung zur Erfassung der erbrachten Leistungen werden durch die Gesamtvertragspartner geregelt.

Ein Krankheitsfall umfasst das aktuelle sowie die nachfolgenden drei Kalendervierteljahre, die der Berechnung der krankheitsfallbezogenen Leistungsposition folgen.

(1a) Die gesamten innerhalb desselben Kalendervierteljahres in derselben Betriebsstätte oder Nebenbetriebsstätte bei demselben Versicherten zu Lasten derselben Krankenkasse vorgenommenen Behandlungsleistungen gelten jeweils als Betriebsstättenfall. Ein Betriebsstättenfall liegt auch vor, wenn die ärztlichen Leistungen bei demselben Versicherten von einem angestellten Arzt des Vertragsarztes oder einem angestellten Arzt des Medizinischen Versorgungszentrums in einer Betriebsstätte oder Nebenbetriebsstätte erbracht werden und von diesem nicht selbst, sondern dem Träger der Betriebsstätte abgerechnet werden. Werden von demselben Arzt bei demselben Versicherten ärztliche Leistungen an unterschiedlichen Betriebsstätten erbracht, in welchen der Arzt in einem jeweils unterschiedlichen vertragsarztrechtlichen Status tätig ist (Vertragsarzt, angestellter Arzt, Arzt im Medizinischen Versorgungszentrum, ermächtigter Arzt, Arzt in genehmigter Berufsausübungsgemeinschaft), liegt jeweils ein gesonderter Betriebsstättenfall vor. Betriebsstättenfälle sind nach Maßgabe der dazu bestehenden besonderen Vorschriften, insbesondere bei der Abrechnung, zu kennzeichnen.

(1b) Als Arztfall werden alle Leistungen bei einem Versicherten bezeichnet, welche durch denselben Arzt unabhängig vom vertragsarztrechtlichen Status in der vertragsärztlichen Versorgung in demselben Kalendervierteljahr und unabhängig von der Betriebsstätte/Nebenbetriebsstätte zu Lasten derselben Krankenkasse erbracht werden. Der Bewertungsausschuss trifft im Einheitlichen Bewertungsmaßstab (EBM) besondere Abrechnungsregelungen für Arztfälle. Für Arztfälle bei verordneten Leistungen kann in den maßgeblichen Prüfungsvereinbarungen (z.B. Prüfung von Richtgrößen) nach dem vertragsarztrechtlichen Status unterschieden werden.

(2) Die ausschließliche Abrechnung von Befundberichten und schriftlichen Mitteilungen an andere Ärzte bzw. von Kosten zu Lasten der Krankenkasse in einem auf das Behandlungsquartal folgenden Quartal lösen keinen erneuten Behandlungsfall aus.

(3) Endet die Anspruchsberechtigung eines Versicherten bei seiner Krankenkasse im Laufe eines Behandlungsfalles, ohne dass dies dem Vertragsarzt bei der Behandlung

bekannt ist, so hat die Krankenkasse die Vergütung für die bis zum Zeitpunkt der Unterrichtung des Vertragsarztes erbrachten Leistungen zu entrichten. Dasselbe gilt für den Fall des Kassenwechsels, solange der Versicherte dem Vertragsarzt die elektronische Gesundheitskarte bzw. den Behandlungsausweis der neuen Krankenkasse nicht vorgelegt hat.

Legt der Versicherte noch während des laufenden Kalendervierteljahres die neue Krankenversichertenkarte bzw. den neuen Behandlungsausweis vor, gilt dieser rückwirkend zum Tage des Kassenwechsels; bereits bis dahin ausgestellte Verordnungen oder Überweisungen des Vertragsarztes bleiben davon unberührt.

(4) Die Krankenkasse hält die Versicherten dazu an, einen Vertragsarzt innerhalb eines Kalendervierteljahres nur bei Vorliegen eines wichtigen Grundes zu wechseln.

[...]

8. Abschnitt – Vertragsärztliche Leistungen
1. Unterabschnitt Überweisungen

§ 24 Überweisungen

(1) Der Vertragsarzt hat die Durchführung erforderlicher diagnostischer oder therapeutischer Leistungen durch einen anderen Vertragsarzt, eine nach § 311 Abs. 2 Satz 1 und 2 zugelassene Einrichtung, ein medizinisches Versorgungszentrum, einen ermächtigten Arzt oder eine ermächtigte ärztlich geleitete Einrichtung durch Überweisung auf vereinbartem Vordruck (Muster 6 bzw. Muster 10 der Vordruckvereinbarung) zu veranlassen. Dies gilt auch nach Einführung der Elektronischen Gesundheitskarte. Ein Überweisungsschein ist auch dann zu verwenden, wenn der Vertragsarzt eine ambulante Operation im Krankenhaus veranlasst. Ärztliche Leistungen, die im Rahmen des Programms zur Früherkennung von Brustkrebs durch Mammographie-Screening erbracht werden, bedürfen abweichend von Satz 1 keiner Überweisung auf Vordruck.

(2) Eine Überweisung kann – von begründeten Ausnahmefällen abgesehen – nur dann vorgenommen werden, wenn dem überweisenden Vertragsarzt ein gültiger Behandlungsausweis oder die Elektronische Gesundheitskarte vorgelegen hat. Eine Überweisung hat auf dem Überweisungsschein (Muster 6 bzw. Muster 10 der Vordruckvereinbarung) zu erfolgen; die Krankenkassen informieren ihre Versicherten darüber, dass ein ausgestellter Überweisungsschein dem in Anspruch genommenen Vertragsarzt vorzulegen ist. Der ausführende Arzt ist grundsätzlich an den Überweisungsschein gebunden und darf sich keinen eigenen Abrechnungsschein ausstellen.

Überweisungen durch eine ermächtigte Krankenhausfachambulanz sind nicht zulässig, wenn die betreffenden Leistungen in dieser Einrichtung erbracht werden können oder in Polikliniken und Ambulatorien als verselbständigte Organisationseinheiten desselben Krankenhauses erbracht werden. Das Recht des Versicherten, auch einen anderen an der vertragsärztlichen Versorgung teil-nehmenden Arzt zu wählen, bleibt davon unberührt (§ 13).

(3) Eine Überweisung an einen anderen Arzt kann erfolgen:

1. Zur Auftragsleistung oder

2. zur Konsiliaruntersuchung oder

3. zur Mitbehandlung oder

4. zur Weiterbehandlung.

Dabei ist in der Regel nur die Überweisung an einen Arzt einer anderen Arztgruppe zulässig.

(4) Überweisungen an einen Vertragsarzt derselben Arztgruppe sind, vorbehaltlich abweichender Regelungen im Gesamtvertrag, nur zulässig zur

1. Inanspruchnahme besonderer Untersuchungs- und Behandlungsmethoden, die vom behandelnden Vertragsarzt nicht erbracht werden,

2. Übernahme der Behandlung durch einen anderen Vertragsarzt bei Wechsel des Aufenthaltsortes des Kranken,

3. Fortsetzung einer abgebrochenen Behandlung.

(5) Zur Gewährleistung der freien Arztwahl soll die Überweisung nicht auf den Namen eines bestimmten Vertragsarztes, sondern auf die Gebiets-, Teilgebiets- oder Zusatzbezeichnung ausgestellt werden, in deren Bereich die Überweisung ausgeführt werden soll. Eine namentliche Überweisung kann zur Durchführung bestimmter Untersuchungs- oder Behandlungsmethoden an hierfür ermächtigte Ärzte bzw. ermächtigte ärztlich geleitete Einrichtungen erfolgen.

(6) Der Vertragsarzt hat dem auf Überweisung tätig werdenden Vertragsarzt, soweit es für die Durchführung der Überweisung erforderlich ist, von den bisher erhobenen Befunden und/oder getroffenen Behandlungsmaßnahmen Kenntnis zu geben. Der auf Grund der Überweisung tätig gewordene Vertragsarzt hat seinerseits den erstbehandelnden Vertragsarzt über die von ihm erhobenen Befunde und Behandlungsmaßnahmen zu unterrichten, soweit es für die Weiterbehandlung durch den überweisenden Arzt erforderlich ist. Nimmt der Versicherte einen Facharzt unmittelbar in Anspruch, übermittelt der Facharzt mit Einverständnis des Versicherten die relevanten medizinischen Informationen an den vom Versicherten benannten Hausarzt.

(7) Der überweisende Vertragsarzt soll grundsätzlich die Diagnose, Verdachtsdiagnose oder Befunde mitteilen. Er ist verpflichtet, auf dem Überweisungsschein zu kennzeichnen, welche Art der Überweisung vorliegt:

1. Auftragsleistung

Die Überweisung zur Ausführung von Auftragsleistungen erfordert

1. die Definition der Leistungen nach Art und Umfang (Definitionsauftrag) oder

2. eine Indikationsangabe mit Empfehlung der Methode (Indikationsauftrag).

Für die Notwendigkeit der Auftragserteilung ist der auftragserteilende Vertragsarzt verantwortlich. Die Wirtschaftlichkeit der Auftragsausführung ist vom auftragsausführenden Arzt zu gewährleisten. Dies erfordert bei Aufträgen nach Nr. 1 dann eine Rücksprache mit dem überweisenden Arzt, wenn der beauftragte Arzt aufgrund seines fachlichen Urteils eine andere als die in Auftrag gegebene Leistung für medizinisch zweckmäßig, ausreichend und notwendig hält.

Auftragserteilungen nach Nr. 2 erfordern eine Rücksprache nur dann, wenn der beauftragte Arzt eine konsiliarische Absprache zur Indikation für notwendig hält.

Ist eine Auftragsleistung hinsichtlich Art, Umfang oder Indikation nicht exakt angegeben, das Auftragsziel – ggf. nach Befragung des Patienten – aber hinreichend bestimmbar, gelten für die Auftragsausführung die Regelungen zu Nr. 2.

2. Konsiliaruntersuchung

Die Überweisung zur Konsiliaruntersuchung erfolgt ausschließlich zur Erbringung diagnostischer Leistungen. Sie gibt dem überweisenden Arzt die Möglichkeit, den Überweisungsauftrag auf die Klärung einer Verdachtsdiagnose einzugrenzen. Art und Umfang der zur Klärung dieser Verdachtsdiagnose notwendigen Leistungen sind vom ausführenden Vertragsarzt nach medizinischem Erfordernis und den Regeln der Stufendiagnostik unter Beachtung des Wirtschaftlichkeitsgebotes zu bestimmen. Die Verantwortung für die Wirtschaftlichkeit liegt hinsichtlich der Indikationsstellung beim auftraggebenden Vertragsarzt, hinsichtlich der ausgeführten Leistungen beim auftragnehmenden Vertragsarzt.

3. Mitbehandlung

Die Überweisung zur Mitbehandlung erfolgt zur gebietsbezogenen Erbringung begleitender oder ergänzender diagnostischer oder therapeutischer Maßnahmen, über deren Art und Umfang der Vertragsarzt, an den überwiesen wurde, entscheidet.

4. Weiterbehandlung

Bei einer Überweisung zur Weiterbehandlung wird die gesamte diagnostische und therapeutische Tätigkeit dem weiterbehandelnden Vertragsarzt übertragen.

(8) Überweisungen zur Durchführung von Leistungen des Kapitels 32 BMÄ und von ent-sprechenden laboratoriumsmedizinischen Leistungen des Kapitels 1.7 sind nur als Auftragsleistung zulässig. Hierfür ist der Vordruck Muster 10 zu verwenden.

(9) Überweisungen an Zahnärzte sind nicht zulässig.

(10) Eine von einem Vertragszahnarzt ausgestellte formlose Überweisung an einen aus-schließlich auftragnehmenden Vertragsarzt gemäß § 13 Absatz 4 gilt als Behand-lungsausweis im Sinne dieses Vertrages. Der Vertragsarzt rechnet seine Leistungen auf einem selbst ausgestellten Überweisungsschein ab, dem die formlose Über-weisung des Vertragszahnarztes beizufügen ist.

(11) Psychologische Psychotherapeuten und Kinder- und Jugendlichenpsychotherapeu-ten können Überweisungen nur im Rahmen des in den Psychotherapie-Richtlinien des Gemeinsamen Bundesausschusses geregelten Konsiliarverfahrens vornehmen.

§ 25 Erbringung und Abrechnung von Laborleistungen

(1) Ziel der laboratoriumsmedizinischen Untersuchung ist die Erhebung eines ärztlichen Befundes. Die Befunderhebung ist in vier Teile gegliedert:

1. Ärztliche Untersuchungsentscheidung,

2. Präanalytik,

3. Laboratoriumsmedizinische Analyse unter Bedingungen der Qualitätssicherung,

4. ärztliche Beurteilung der Ergebnisse.

(2) Für die Erbringung von laboratoriumsmedizinischen Untersuchungen gilt § 15 mit folgender Maßgabe:

1. Bei Untersuchungen des Kapitels 32.2 und bei entsprechenden laboratoriumsme-dizinischen Leistungen des Kapitels 1.7 des BMÄ ist der Teil 3 der Befunderhebung einschließlich ggf. verbliebener Anteile von Teil 2 beziehbar.

2. Bei Untersuchungen des Kapitels 32.3 und entsprechenden laboratoriumsmedizi-nischen Leistungen des Kapitels 1.7 des BMÄ kann der Teil 3 der Befunderhebung nicht bezogen werden, sondern muss entweder nach den Regeln der persönlichen Leistungserbringung selbst erbracht oder an einen anderen zur Erbringung dieser Untersuchung qualifizierten und zur Abrechnung berechtigten Vertragsarzt überwiesen werden.

(3) Der Teil 3 der Befunderhebung kann nach Maßgabe von Abs. 2 aus Laborgemein-schaften bezogen werden, deren Mitglied der Arzt ist. Der den Teil 3 der Befunderhe-bung beziehende Vertragsarzt rechnet die Analysekosten gemäß dem Anhang zum Kapitel 32.2 durch seine Laborgemeinschaft gegenüber der Kassenärztlichen Vereini-gung an deren Sitz ab. Der Arzt, der die Befunderhebung anweist, ist durch Angabe der Arztnummer und der (Neben-) Betriebsstättennummer der veranlassenden Arzt-

praxis kenntlich zu machen. Die Abrechnung erfolgt auf der Basis der bei der Abrechnung nachzuweisenden Kosten der Laborgemeinschaft, höchstens jedoch nach den Kostensätzen des Anhangs zum Kapitel 32.2.

Die Kassenärztliche Vereinigung meldet der Kassenärztlichen Bundesvereinigung die kurativ- ambulanten Fälle mit angewiesenen Befunderhebungen des Anhangs zum Kapitel 32.2, die von den Vertragsärzten außerhalb ihres Zuständigkeitsbereichs angewiesen und von der Laborgemeinschaft mit Sitz in ihrem Zuständigkeitsbereich abgerechnet worden sind.

Die Kassenärztliche Bundesvereinigung übermittelt die Daten anweiserbezogen an die für den anweisenden Arzt zuständige Kassenärztliche Vereinigung.

Laborgemeinschaften sind Gemeinschaftseinrichtungen von Vertragsärzten, welche dem Zweck dienen, laboratoriumsmedizinische Analysen des Kapitels 32.2 regelmäßig in derselben gemeinschaftlich genutzten Betriebsstätte zu erbringen.

(4) Der Vertragsarzt, der den Teil 3 der Befunderhebung bezieht, ist ebenso wie der Vertragsarzt, der Laborleistungen persönlich erbringt, für die Qualität der erbrachten Leistungen verantwortlich, indem er sich insbesondere zu vergewissern hat, dass die „Richtlinien der Bundesärztekammer zur Qualitätssicherung in medizinischen Laboratorien" von dem Erbringer der Analysen eingehalten worden sind.

(4a) Laboratoriumsmedizinische Untersuchungen des Kapitels 32 BMÄ und entsprechende laboratoriumsmedizinische Leistungen des Kapitels 1.7 des EBM dürfen nur an Fachärzte überwiesen werden, bei denen diese Leistungen zum Kern ihres Fachgebietes gehören. Bei laboratoriumsmedizinischen Untersuchungen des Kapitels 32.3 BMÄ und entsprechenden laboratoriumsmedizinischen Leistungen des Kapitels 1.7 des EBM dürfen Teil 3 und 4 der Befunderhebung nur von Vertragsärzten erbracht und abgerechnet werden, für die diese Leistungen zum Kern ihres Fachgebietes gehören. Die Zugehörigkeit laboratoriumsmedizinischer Untersuchungen zum Kern eines Fachgebietes bestimmt sich nach der Anlage zu § 25 Abs. 4 a BMV-Ä.1

(5) Für die Abrechnung überwiesener kurativ-ambulanter Auftragsleistungen des Kapitels 32 BMÄ gelten folgende ergänzende Bestimmungen:

Die vom Vertragsarzt eingereichte Abrechnung überwiesener kurativ-ambulanter Auftragsleistungen des Kapitels 32 muss die Abrechnungsnummer der überweisenden Praxis (Veranlasser) und ggf. die Kennziffer des Kapitels 32 enthalten. Die Kennziffer teilt der Veranlasser zusammen mit dem Überweisungsauftrag mit. Im Falle der Weiterüberweisung eines Auftrags hat die abrechnende Arztpraxis die Abrechnungsnummer derjenigen überweisenden Praxis anzugeben, die den ersten Überweisungsauftrag erteilt hat (Erstveranlasser).

Die Kassenärztliche Vereinigung meldet der Kassenärztlichen Bundesvereinigung die kurativ-ambulanten Fälle mit überwiesenen Auftragsleistungen des Kapitels 32, die von Vertragsärzten außerhalb ihres Zuständigkeitsbereichs veranlasst und von Vertragsärzten ihres Zuständigkeitsbereichs durchgeführt worden sind.

Die Kassenärztliche Bundesvereinigung übermittelt die Daten veranlasserbezogen an die für die überweisende Arztpraxis zuständige Kassenärztliche Vereinigung.

(6) Die Arztpraxis, die auf Überweisung kurativ-ambulante Auftragsleistungen des Kapitels 32 BMÄ durchführt, teilt der überweisenden Arztpraxis zum Zeitpunkt der abgeschlossenen Untersuchung die Gebührennummern dieser Leistungen und die Höhe der Kosten in Euro getrennt nach Leistungen der Anhänge zu den Kapiteln 32.2 und 32.3 BMÄ mit.

Im Falle der Weiterüberweisung eines Auftrages oder eines Teilauftrages hat jede weiterüberweisende Arztpraxis dem vorhergehenden Überweiser die Angaben nach Satz 1 sowohl über die selbst erbrachten Leistungen als auch über die Leistungen mitzuteilen, die ihr von der Praxis gemeldet wurden, an die sie weiterüberwiesen hatte.

2. Unterabschnitt Verordnungen und Bescheinigungen

[...]

9. Abschnitt – Vordrucke, Bescheinigungen und Auskünfte, Vertragsarztstempel

[...]

§ 37a Betriebsstättennummer, Arztnummer

(1) In den vorgeschriebenen Fällen hat der Vertragsarzt die ihm von der Kassenärztlichen Vereinigung zugewiesene Betriebsstättennummer, gegebenenfalls eine Nebenbetriebsstättennummer sowie die Arztnummer zu verwenden. Satz 1 gilt entsprechend für die Anstellung von Ärzten.

(2) Wird der Arzt außerhalb des Bereichs der Kassenärztlichen Vereinigung tätig, die die Arztnummer vergeben hat, hat er der Kassenärztlichen Vereinigung, in deren Bereich er die weitere Tätigkeit aufnimmt, vor Aufnahme der Tätigkeit seine Arztnummer mitzuteilen. Diese prüft die Richtigkeit der Angabe.

(3) Die Regelung über die Verwendung der Arztnummer und der Betriebsstättennummer nach Maßgabe der Absätze 1 und 2 gilt ab 1. Juli 2008.

10. Abschnitt – Belegärztliche Versorgung

§ 38 Stationäre vertragsärztliche (belegärztliche) Behandlung

Stationäre vertragsärztliche Behandlung (belegärztliche Behandlung) liegt vor,

1. wenn und soweit das Krankenhaus gemäß § 108 SGB V zur Krankenbehandlung zugelassen ist,

2. wenn die Krankenkasse Krankenhausbehandlung oder stationäre Entbindung gewährt,

3. wenn die stationäre ärztliche Behandlung nach dem zwischen der Krankenkasse und dem Krankenhaus bestehenden Rechtsverhältnis nicht aus dem Pflegesatz abzugelten ist und

4. wenn der Vertragsarzt gemäß § 40 als Belegarzt für dieses Krankenhaus anerkannt ist.

§ 39 Belegärzte

(1) Belegärzte sind nicht am Krankenhaus angestellte Ärzte, die berechtigt sind, Patienten (Belegpatienten) im Krankenhaus unter Inanspruchnahme der hierfür bereitgestellten Dienste, Einrichtungen und Mittel vollstationär oder teilstationär zu behandeln, ohne hierfür vom Krankenhaus eine Vergütung zu erhalten.

(2) Die stationäre Tätigkeit des Vertragsarztes darf nicht das Schwergewicht der Gesamttätigkeit des Vertragsarztes bilden. Er muss im erforderlichen Maße der ambulanten Versorgung zur Verfügung stehen.

(3) Die Anerkennung als Belegarzt kann grundsätzlich für nur ein Krankenhaus ausgesprochen werden.

(4) Als Belegarzt ist nicht geeignet,

1. wer neben seiner ambulanten ärztlichen Tätigkeit eine anderweitige Nebentätigkeit ausübt, die eine ordnungsgemäße stationäre Versorgung von Patienten nicht gewährleistet,

2. ein Arzt, bei dem wegen eines in seiner Person liegenden wichtigen Grundes die stationäre Versorgung der Patienten nicht gewährleistet ist,

3. ein Arzt, dessen Wohnung und Praxis nicht so nahe am Krankenhaus liegen, dass die unverzügliche und ordnungsgemäße Versorgung der von ihm ambulant und stationär zu betreuenden Versicherten gewährleistet ist; hat der Arzt mehrere Betriebsstätten, gilt dies für die Betriebsstätte, in welcher hauptsächlich die vertragsärztliche Tätigkeit ausgeübt wird.

(5) Die Belegärzte sind verpflichtet, einen Bereitschaftsdienst für die Belegpatienten vorzuhalten, für den von den Krankenkassen ein leistungsgerechtes Entgelt zu zahlen ist (§ 121 Abs. 3 SGB V). Das Nähere regeln die Partner auf Landesebene.

(6) Ärztlicher Bereitschaftsdienst wird wahrgenommen, wenn sich der bereitschaftsdiensthabende Arzt auf Anordnung des Krankenhauses oder des Belegarztes außerhalb der regelmäßigen Arbeitszeit im Krankenhaus aufhält, um im Bedarfsfall auf der (den) Belegabteilung(en) rechtzeitig tätig zu werden.

Die Krankenkassen entgelten die Wahrnehmung dieses Bereitschaftsdienstes, wenn dem Belegarzt durch seine belegärztliche Tätigkeit Aufwendungen für diesen ärztlichen Bereitschaftsdienst entstehen.

Der Belegarzt hat – ggf. durch eine Bestätigung des Krankenhausträgers – gegenüber der Kassenärztlichen Vereinigung nachzuweisen, dass ihm Kosten für den ärztlichen Bereitschaftsdienst für Belegpatienten entstanden sind. Die Kassenärztliche Vereinigung unterrichtet hierüber die Krankenkassen.

Der von Belegärzten selbst wahrgenommene Bereitschaftsdienst fällt nicht unter die vorstehende Regelung. Für einen solchen Bereitschaftsdienst wird kein Entgelt gezahlt. Dies gilt auch für jegliche Art von Rufbereitschaft des Belegarztes, seines Assistenten oder von Krankenhausärzten für den Belegarzt.

§ 40 Verfahren zur Anerkennung als Belegarzt

(1) Die Anerkennung als Belegarzt setzt voraus, dass an dem betreffenden Krankenhaus eine Belegabteilung der entsprechenden Fachrichtung nach Maßgabe der Gebietsbezeichnung (Schwerpunkt) der Weiterbildungsordnung in Übereinstimmung mit dem Krankenhausplan oder mit dem Versorgungsvertrag eingerichtet ist und der Praxissitz des Vertragsarztes im Einzugsbereich dieser Belegabteilung liegt.

(2) Über die Anerkennung als Belegarzt entscheidet die für seinen Niederlassungsort zuständige Kassenärztliche Vereinigung auf Antrag im Einvernehmen mit allen Landesverbänden der Krankenkassen und den Verbänden der Ersatzkassen. Die Ziele der Krankenhausplanung sind zu berücksichtigen.

(3) Dem Antrag ist eine Erklärung des Krankenhauses über die Gestattung belegärztlicher Tätigkeit und die Zahl der zur Verfügung gestellten Betten beizufügen. Die Erklärung wird den Landesverbänden der Krankenkassen zur Kenntnis gegeben.

(4) Die Anerkennung als Belegarzt endet mit der Beendigung seiner vertragsärztlichen Zulassung oder mit der Beendigung der Tätigkeit als Belegarzt an dem Krankenhaus, für welches er anerkannt war. Die Landesverbände der Krankenkassen und die Verbände der Ersatzkassen sind vom Ende der Anerkennung zu benachrichtigen. Ist ein Ruhen der vertragsärztlichen Zulassung angeordnet, ruht auch die belegärztliche Tätigkeit.

(5) Die Anerkennung als Belegarzt ist durch die Kassenärztliche Vereinigung zurückzunehmen oder zu widerrufen, wenn ihre Voraussetzungen nicht oder nicht mehr vorliegen. Die Kassenärztliche Vereinigung kann die Anerkennung außerdem widerrufen, wenn entweder in der Person des Vertragsarztes ein wichtiger Grund vorliegt oder der Vertragsarzt seine Pflichten gröblich verletzt hat, so dass er für die weitere belegärztliche Tätigkeit ungeeignet ist. Die Entscheidung der Kassenärztlichen Vereinigung ist dem Vertragsarzt und den Landesverbänden der Krankenkassen und den Verbänden der Ersatzkassen mitzuteilen.

(6) Der Widerruf der Anerkennung kann auch von den Landesverbänden der Krankenkassen bei der Kassenärztlichen Vereinigung beantragt werden.

§ 41 Abgrenzung, Vergütung und Abrechnung der stationären vertragsärztlichen Tätigkeit

(1) Ambulant ausgeführte vertragsärztliche Leistungen werden einem Vertragsarzt nach den Grundsätzen der Vergütung für stationäre Behandlung honoriert, wenn der Kranke an demselben Tag in die stationäre Behandlung dieses Vertragsarztes (Belegarztes) genommen wird. Werden diese Leistungen bei Besuchen erbracht oder in dringenden Fällen, in denen nach ambulanter vertrags-ärztlicher Behandlung außerhalb des Krankenhauses die Krankenhauseinweisung erfolgt, so werden sie als ambulante vertragsärztliche Leistungen vergütet.

(2) Über die weitere Abgrenzung, Berechnung, Abrechnung und Vergütung treffen die Partner des Gesamtvertrages nähere Bestimmungen.

(3) Liegt für die Abrechnung stationärer vertragsärztlicher Leistungen eine gültige Elektronische Gesundheitskarte nicht vor oder ist sie aus technischen Gründen nicht lesbar, finden die Regelungen des Ersatzverfahrens Anwendung.

(4) Vereinbart der Versicherte mit dem Belegarzt Privatbehandlung gem. § 18, besteht für den Vertragsarzt insoweit kein Vergütungsanspruch im Rahmen der vertragsärztlichen Versorgung.

(5) Nimmt ein Versicherter als Wahlleistungen Unterbringung und/oder Verpflegung in Anspruch, ohne dass eine Vereinbarung nach Abs. 4 abgeschlossen wurde, verbleibt es beim Vergütungsanspruch aus vertragsärztlicher Tätigkeit.

(6) Ein Belegarzt darf für eine Auftragsleistung, eine Konsiliaruntersuchung oder eine Mitbehandlung einen Vertragsarzt hinzuziehen, wenn das betreffende Fach an dem Krankenhaus nicht vertreten ist.

(7) Zugezogene Vertragsärzte rechnen ihre Leistungen auf einem vom behandelnden Belegarzt mit der Elektronische Gesundheitskarte oder im Rahmen des Ersatzverfahrens ausgestellten und im Feld „bei belegärztlicher Behandlung" angekreuzten Überweisungsschein (Muster 6 bzw. Muster 10) ab.

(8) Die Verordnung und Abrechnung von Arznei-, Verband-, Heil- und Hilfsmitteln sowie sonstiger Materialien für die stationäre Behandlung ist nicht zulässig.

11. Abschnitt – Abrechnung der vertragsärztlichen Leistungen

[...]

12. Abschnitt – Prüfung der Abrechnung und Wirtschaftlichkeit, Sonstiger Schaden

[...]

13. Abschnitt – Allgemeine Regeln zur vertragsärztlichen Gesamtvergütung und ihren Abrechnungsgrundlagen

[...]

14. Abschnitt – Besondere Rechte und Pflichten des Vertragsarztes, der Kassenärztlichen Vereinigungen und der Krankenkassen

§ 57 Dokumentation

(1) Der Vertragsarzt hat die Befunde, die Behandlungsmaßnahmen sowie die veranlassten Leistungen einschließlich des Tages der Behandlung in geeigneter Weise zu dokumentieren.

(2) Sofern die ärztlichen Aufzeichnungen in elektronischer Form durchgeführt werden, hat der Vertragsarzt dafür Sorge zu tragen, dass die Archivierung der Daten in einer Art und Weise durchgeführt werden, die auch anderen EDV-Systemen eine Weiterverarbeitung ermöglicht. Die Archivierung der Daten hat ab dem 1.1.2008 mit einer Software zu erfolgen, die von der KBV auf der Basis der standardisierten Schnittstelle PVS-Com zertifiziert wurde. Gegenstand der Zertifizierung sind Datenexport und Datenimport. Jede für diese Schnittstelle zertifizierte Software erhält eine Prüfnummer.

(3) Die ärztlichen Aufzeichnungen sind vom Vertragsarzt mindestens 10 Jahre nach Abschluss der Behandlung aufzubewahren, soweit nicht andere Vorschriften – z. B. die Verordnung über den Schutz vor Schäden durch Röntgenstrahlen (Röntgenverordnung – RöV) – eine abweichende Aufbewahrungszeit vorschreiben.

[...]

§ 60 Verstöße gegen vertragsärztliche Pflichten, Disziplinarverfahren

(1) Bei Disziplinarverfahren wegen Verstoßes gegen vertragsärztliche Pflichten finden die Disziplinarordnungen der Kassenärztlichen Vereinigungen (§ 81 Abs. 5 SGB V) Anwendung.

(2) Die Kassenärztliche Vereinigung unterrichtet in Fällen, in denen auf Anregung einer Krankenkasse oder eines Landesverbandes der Krankenkassen gegen einen Vertragsarzt wegen Verletzung vertragsärztlicher Pflichten ein Disziplinarverfahren eingeleitet wurde, die Krankenkasse oder deren Landesverband über die Einleitung und über das Ergebnis des Verfahrens. Die Kassenärztliche Vereinigung unterrichtet die Landesverbände auch über Disziplinarmaßnahmen, die von ihr beantragt worden sind, soweit das Verhältnis des Vertragsarztes zu den Krankenkassen berührt wird.

(3) Die Befragung von Versicherten durch eine Krankenkasse in bezug auf die Behandlung durch einen Vertragsarzt ist zulässig, wenn die notwendige Aufklärung des Sachverhaltes ohne eine Befragung nicht möglich ist. Die Krankenkasse soll dies der Kassenärztlichen Vereinigung vor einer Befragung mitteilen. Bei der Befragung ist darauf zu achten, dass sie gezielt und individualisiert erfolgt und dass durch Form und Art der Befragung Ansehen und Ruf des Vertragsarztes nicht geschädigt werden. Die Kassenärztliche Vereinigung wird über das Ergebnis der Befragung unterrichtet. Das Nähere regeln die Partner der Gesamtverträge.

[...]

15. Abschnitt – Medizinischer Dienst

§ 62 Auskünfte und Gutachten

(1) Der Medizinische Dienst der Krankenversicherung (MDK) gibt auf Anforderung der Krankenkassen in den gesetzlich bestimmten Fällen oder, wenn es nach Art, Schwere, Dauer oder Häufigkeit der Erkrankung oder nach dem Krankheitsverlauf erforderlich ist, eine gutachtliche Stellungnahme ab. Er hat das E-gebnis der Begutachtung der Krankenkasse und dem Vertragsarzt sowie die erforderlichen Angaben über den Befund der Krankenkasse mitzuteilen. Er ist befugt, den an der vertragsärztlichen Versorgung teilnehmenden Ärzten und den sonstigen Leistungserbringern, über deren Leistungen er eine gutachtliche Stellungnahme abgegeben hat, die erforderlichen Angaben über den Befund mitzuteilen. Der Versicherte kann der Mitteilung über den Befund an den Vertragsarzt widersprechen.

(2) Haben die Krankenkassen nach § 275 Abs. 1 – 3 SGB V eine gutachtliche Stellungnahme oder Prüfung durch den MDK veranlasst, sind die Leistungserbringer verpflichtet, Sozialdaten auf Anforderung des MDK unmittelbar an diesen zu übermitteln, soweit dies für die gutachtliche Stellungnahme und Prüfung erforderlich ist.

(3) Das Gutachten des MDK zur Beurteilung der Arbeitsunfähigkeit ist vorbehaltlich der Bestimmung in Abs. 4 verbindlich.

(4) Bestehen zwischen dem behandelnden Arzt und dem MDK Meinungsverschiedenheiten über eine Leistung, über die der MDK eine Stellungnahme abgegeben hat, das

Vorliegen von Arbeitsunfähigkeit oder über Maßnahmen zur Wiederherstellung der Arbeitsfähigkeit, kann der behandelnde Arzt unter Darlegung seiner Gründe bei der Krankenkasse ein Zweitgutachten beantragen. Kann die Krankenkasse die Meinungsverschiedenheiten nicht ausräumen, soll der MDK mit dem Zweitgutachten einen Arzt des Gebietes beauftragen, in das die verordnete Leistung oder die Behandlung der vorliegenden Erkrankung fällt.

[...]

STICHWORTVERZEICHNIS

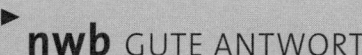